행정법
5년간 최신판례

PREFACE

본서는 변호사시험을 비롯한 각종 고시 및 군무원, 일반행정직 시험에 만전을 기하기 위해 제작된 최근 판례집이다.

행정법 판례는 행정법 이론을 뒷받침하는 필수불가결한 내용을 이룬다.

본서는 이러한 명약관화한 점을 즉시하고 모든 시험의 영역에 있어서 최고의 점수를 획득함으로써 순조로이 합격의 영광을 누릴 수 있도록 심혈을 기울였다.

본서는 모두 4편으로 구성되어 있다.

제1편은 최근 5년간의 판시사항을 다루고 있다. 제1편은 위에서 언급한 범주에 속하는 수험생들이 필수적으로 검토해야 할 내용을 다뤘다.

제2편은 시간에 쫓기는 수험생들을 위해 기본적 판례(요약)를 다뤘다. 핵심적인 내용을 다뤘기 때문에 객관식 시험에 유용할 것으로 판단된다.

또한 제3편은 제1편과 제2편에서 간과했던 내용을 서술하였다. 보충판례가 주를 이룬다.

마지막으로 제4편은 실전판례를 실었다. 실전판례는 언제고 다가올 불의타에 대비하는데 유용한 내용을 다뤘다.

필자는, 수십여년간 행정법에 대한 연구를 해오고 있고, 무엇보다도 판례에 대한 분석을 쉼 없이 해왔다. 이 모든 것은, 오로지 수험생들을 위한 작업이었다. 따라서, 부디 본서를 잘 활용하여 목적하는 시험에 합격하길 두 손 모아 빌어본다. 합격의 영광으로, 제군들의 인생에 꽃길이 펼쳐지길 염원하는 바이다.

법학박사　이 찬 엽
대표강사　정 태 화
대표강사　한 신 만

행정법
5년간 최신판례

CONTENTS

제1편 최신 5개년간 핵심 심화 판례(2018-2022) | 007

제2편 최근 기본 판례 정리(참고판례 첨부)(2017-2020) | 229

제3편 최신 보충 판례(2016-2022) | 327

제4편 실전 판례 | 385

행정법
5년간 최신판례

제1편

최신 5개년간 핵심 심화 판례(2018-2022)

판례 001

판시사항

[1] 공공기관의 운영에 관한 법률 제39조 제2항과 그 하위법령에 따른 입찰참가자격제한 조치가 행정처분에 해당하는지 여부(★★★적극) 및 한국수력원자력 주식회사가 법령에 따라 행정처분권한을 위임받은 공공기관으로서 행정청에 해당하는지 여부(★★★적극)

[2] 행정기관이 소속 공무원이나 하급행정기관에 대하여 세부적인 업무처리절차나 법령의 해석·적용 기준을 정해 주는 '행정규칙'이 대외적으로 국민이나 법원을 구속하는 효력이 있는지 여부(원칙적 소극) 및 행정기관의 재량에 속하는 사항에 관한 행정규칙의 경우, 법원은 이를 존중해야 하는지 여부(원칙적 적극) / 상위법령이나 법의 일반원칙을 위반한 행정규칙의 효력(당연무효) 및 이 경우 법원이 위 행정규칙에 따라 행정기관이 한 조치의 당부를 판단하는 방법

[3] 한국수력원자력 주식회사의 '공급자관리지침' 중 등록취소 및 그에 따른 일정 기간의 거래제한조치에 관한 규정들이 대외적 구속력이 없는 행정규칙인지 여부(★★★적극)

[4] 한국수력원자력 주식회사가 자신의 '공급자관리지침'에 근거하여 등록된 공급업체에 대하여 하는 '등록취소 및 그에 따른 일정 기간의 거래제한조치'가 행정처분에 해당하는지 여부(★★★적극)

[5] 공공기관의 어떤 제재조치가 계약에 따른 제재조치에 해당하기 위한 요건

판결요지

[1] 행정절차에 관한 일반법인 행정절차법은 행정청을 "행정에 관한 의사를 결정하여 표시하는 국가 또는 지방자치단체의 기관", "그 밖에 법령 또는 자치법규에 따라 행정권한을 가지고 있거나 위임 또는 위탁받은 공공단체 또는 그 기관이나 사인(私人)"이라고 정의하고 있고(제2조 제1호), 행정소송법도 "이 법을 적용함에 있어서 행정청에는 법령에 의하여 행정권한의 위임 또는 위탁을 받은 행정기관, 공공단체 및 그 기관 또는 사인이 포함된다."라고 규정하고 있다(제2조 제2항).

공공기관의 운영에 관한 법률(이하 '공공기관운영법'이라 한다) 제39조는 공기업·준정부기관은 공정한 경쟁이나 계약의 적정한 이행을 해칠 것이 명백하다고 판단되는 사람·법인 또는 단체 등에 대하여 2년의 범위 내에서 일정 기간 입찰참가자격을 제한할 수 있고(제2항), 그에 따른 입찰참가자격의 제한기준 등에 관하여 필요한 사항은 기획재정부령으로 정하도록 규정하고 있다(제3항). 그 위임에 따른 '공기업·준정부기관 계약사무규칙' 제15조는 기관장은 공정한 경쟁이나 계약의 적정한 이행을 해칠 것이 명백하다고 판단되는 자에 대해서는 '국가를 당사자로 하는 계약에 관한 법률' 제27조에 따라 입찰참가자격을 제한할 수 있다고 규정하고 있다. 이와 같이 공공기관운영법 제39조 제2항과 그 하위법령에 따른 입찰참가자격제한 조치는 '구체적 사실에 관한 법집행으로서의 공권력의 행사'로서 행정처분에 해당한다. 공공기관운영법은 공공기관을 공기업, 준정부기관, 기타공공기관으로 구분하고(제5조), 그중에서 《《공기업, 준정부기관에 대해서는 입찰참가자격제한처분을 할 수 있는 권한을 부여》》하였다.

한국수력원자력 주식회사는 한국전력공사법에 의하여 설립된 공법인인 한국전력공사가 종래 수행하던 발전사업 중 수력·원자력 발전사업 부문을 전문적·독점적으로 수행하기 위하여 2000. 12. 23. 법률 제6282호로 제정된 '전력산업 구조개편 촉진에 관한 법률'에 의하여 한국전력공사에서 분할되어 설립된 회사로서, 한국전력공사가 그 주식 100%를 보유하고 있으며, 공공기관운영법 제5조 제3항 제1호에 따라 '시장형 공기업'으로 지정·고시된 '공공기관'이다. 한국수력원자력 주식회사는 공공기관운영법에 따른 '공기업'으로 지정됨으로써 공공기관운영업 제39조 제2항에 따라 입찰참가자격제한처분을 할 수 있는 권한을 부여받았으므로 ★'법령에 따라 행정처분권한을 위임받은 공공기관'으로서 행정청에 해당한다.

[2] 행정기관이 소속 공무원이나 하급행정기관에 대하여 세부적인 업무처리절차나 법령의 해석·적용 기준을 정해 주는 '행정규칙'은 상위법령의 구체적 위임이 있지 않는 한 조직 내부에서만 효력을 가질 뿐 대외적으로 ★★국민이나 법원을 구속하는 효력이 없다. 행정규칙이 이를 정한 행정기관의 재량에 속하는 사항에 관한 것인 때에는 그 규정 내용이 객관적 합리성을 결여하였다는 등의 특별한 사정이 없는 한 법원은 이를 존중하는 것이 바람직하다. 그러나 행정규칙의 내용이 상위법령이나 법의 일반원칙에 반하는 것이라면 법치국가원리에서 파생되는 법질서의 통일성과 모순금지 원칙에 따라 그것은 법질서상 당연무효이고, 행정내부적 효력도 인정될 수 없다. 이러한 경우 법원은 해당 행정규칙이 법질서상 부존재하는 것으로 취급하여 행정기관이 한 조치의 당부를 상위법령의 규정과 입법 목적 등에 따라서 판단하여야 한다.

[3] 공공기관의 운영에 관한 법률(이하 '공공기관운영법'이라 한다)이나 그 하위법령은 공기업이 거래상대방 업체에 대하여 공공기관운영법 제39조 제2항 및 공기업·준정부기관 계약사무규칙 제15조에서 정한 범위를 뛰어넘어 추가적인 제재조치를 취할 수 있도록 위임한 바 없다. 따라서 한국수력원자력 주식회사가 조달하는 기자재, 용역 및 정비공사, 기기수리의 공급자에 대한 관리업무 절차를 규정함을 목적으로 제정·운용하고 있는 ★★★《'공급자관리지침' 중 등록취소 및 그에 따른 일정 기간의 거래제한조치에 관한 규정들》은 공공기관으로서 행정청에 해당하는 한국수력원자력 주식회사가 상위법령의 구체적 위임 없이 정한 것이어서 대외적 구속력이 없는 행정규칙이다.

[4] 한국수력원자력 주식회사가 자신의 '공급자관리지침'에 근거하여 등록된 공급업체에 대하여 하는 '등록취소 및 그에 따른 일정 기간의 거래제한조치'는 행정청이 행하는 구체적 사실에 관한 법집행으로서의 공권력의 행사인 ★★★'처분'에 해당한다.

[5] 계약당사자 사이에서 계약의 적정한 이행을 위하여 일정한 계약상 의무를 위반하는 경우 계약해지, 위약벌이나 손해배상액 약정, 장래 일정 기간의 거래제한 등의 제재조치를 약정하는 것은 상위법령과 법의 일반원칙에 위배되지 않는 범위에서 허용되며, 그러한 계약에 따른 제재조치는 법령에 근거한 공권력의 행사로서의 제재처분과는 법적 성질을 달리한다.

그러나 공공기관의 어떤 제재조치가 계약에 따른 제재조치에 해당하려면 일정한 사유가 있을 때 그러한 제재조치를 할 수 있다는 점을 공공기관과 그 거래상대방이 미리 구체적으로 약정하였어야 한다. 공공기관이 여러 거래업체들과의 계약에 적용하기 위하여 거래업체가 일정한 계약상 의무를 위반하는 경우 장래 일정 기간의 거래제한 등의 제재조치를 할 수 있다는 내용을 계약특수조건 등의 일정한 형식으로 미리 마련하였다고 하더라도, 약관의 규제에 관한 법률 제3조에서 정한 바와 같이 계약상대방에게 그 중요 내용을 미리 설명하여 계약내용으로 편입하는 절차를 거치지 않았다면 계약의 내용으로 주장할 수 ★★없다(대법원 2020. 5. 28. 선고 2017두66541 판결).

판례 002

판시사항

[1] 침익적 행정처분의 근거가 되는 행정법규의 해석 원칙

[2] 공기업·준정부기관이 입찰을 거쳐 계약을 체결한 상대방에 대해 공공기관의 운영에 관한 법률 제39조 제2항 등에 따라 계약조건 위반을 이유로 입찰참가자격제한처분을 하기 위해서는 입찰공고와 계약서에 미리 계약조건과 그 계약조건을 위반할 경우 입찰참가자격 제한을 받을 수 있다는 사실을 모두 명시해야 하는지 여부(★★★적극)

판결요지

[1] 침익적 행정처분은 상대방의 권익을 제한하거나 상대방에게 의무를 부과하는 것이므로 헌법상 요구되는 명확성의 원칙에 따라 그 근거가 되는 행정법규를 더욱 엄격하게 해석·적용해야 하고, 행정처분의 상대방에게 지나치게 불리한 방향으로 확대해석이나 유추해석을 해서는 안 된다.

[2] 침익적 행정처분의 근거 규정에 관한 엄격해석 원칙에 비추어 보면, 공공기관의 운영에 관한 법률 제39조 제2항, 제3항, 공기업·준정부기관 계약사무규칙 제15조, 구 국가를 당사자로 하는 계약에 관한 법률(2021. 1. 5. 법률 제17816호로 개정되기 전의 것) 제27조 제1항 제8호 (나)목, 구 국가를 당사자로 하는 계약에 관한 법률 시행령(2021. 7. 6. 대통령령 제31864호로 개정되기 전의 것) 제76조 제1항 제2호 (가)목은 다음과 같이 해석해야 한다.

공기업·준정부기관이 입찰을 거쳐 계약을 체결한 상대방에 대해 위 규정들에 따라 계약조건 위반을 이유로 입찰참가자격제한처분을 하기 위해서는 입찰공고와 계약서에 미리 계약조건과 그 계약조건을 위반할 경우 입찰참가자격 제한을 받을 수 있다는 사실을 모두 명시해야 한다. 계약상대방이 입찰공고와 계약서에 기재되어 있는 계약조건을 ★위반한 경우에도 ★★《공기업·준정부기관이 입찰공고와 계약서에 미리 계약조건을 위반할 경우 입찰참가자격이 제한될 수 있음을 명시해 두지 않았다면, 위 규정들을 근거로 입찰참가자격제한처분을 할 수 없다》(대법원 2021. 11. 11. 선고 2021두43491 판결).

판례 003

판시사항

[1] 헌법상 법치주의의 핵심적 내용인 법률유보원칙에 내포된 의회유보원칙에서 어떠한 사안이 국회가 형식적 법률로 스스로 규정하여야 하는 본질적 사항에 해당하는지 결정하는 방법 / 국민의 권리·의무에 관한 기본적이고 본질적인 사항 및 헌법상 보장된 국민의 자유나 권리를 제한할 때 그 제한의 본질적인 사항에 관하여 국회가 법률로써 스스로 규율하여야 하는지 여부(★★적극)

[2] 법률의 시행령이 법률에 의한 위임 없이 법률이 규정한 개인의 권리·의무에 관한 내용을 변경·보충하거나 법률에 규정되지 아니한 새로운 내용을 규정할 수 있는지 여부(★★소극)

[3] 노동조합 및 노동관계조정법 시행령 제9조 제2항이 법률의 위임 없이 법률이 정하지 아니한 법외노조 통보에 관하여 규정함으로써 헌법상 노동3권을 본질적으로 제한하여 그 자체로 무효인지 여부(적극)

[4] 고용노동부장관이 전국의 국공립학교와 사립학교 교원을 조합원으로 하여 설립된 갑 노동조합의 노동조합 설립신고를 수리하고 신고증을 교부하였는데, 그 후 갑 노동조합에 대하여 '두 차례에 걸쳐 해직자의 조합원 가입을 허용하는 규약을 시정하도록 명하였으나 이행하지 않았고, 실제로 해직자가 조합원으로 가입하여 활동하고 있는 것으로 파악된다'는 이유로 해당 규약 조항의 시정 등의 조치를 요구하였으나 갑 노동조합이 이를 이행하지 않자 교원의 노동조합 설립 및 운영 등에 관한 법률 제14조 제1항, 노동조합 및 노동관계조정법 제12조 제3항 제1호, 제2조 제4호 (라)목 및 교원의 노동조합 설립 및 운영 등에 관한 법률 시행령 제9조 제1항, 노동조합 및 노동관계조정법 시행령 제9조 제2항에 따라 갑 노동조합을 '교원의 노동조합 설립 및 운영 등에 관한 법률에 의한 노동조합으로 보지 아니함'을 통보한 사안에서, 법외노조 통보에 관한 노동조합 및 노동관계조정법 시행령 제9조 제2항은 헌법상 법률유보의 원칙에 위반되어 그 자체로 무효이므로 그에 기초한 위 법외노조 통보는 ★★★법적 근거를 상실하여 위법하다고 한 사례

판결요지

[1] 헌법 제37조 제2항은 "국민의 모든 자유와 권리는 국가안전보장·질서유지 또는 공공복리를 위하여 필요한 경우에 한하여 법률로써 제한할 수 있으며, 제한하는 경우에도 자유와 권리의 본질적인 내용을 침해할 수 없다."라고 규정하고 있다. 헌법상 법치주의는 법률유보원칙, 즉 행정작용에는 국회가 제정한 형식적 법률의 근거가 요청된다는 원칙을 핵심적 내용으로 한다. 나아가 오늘날의 법률유보원칙은 단순히 행정작용이 법률에 근거를 두기만 하면 충분한 것이 아니라, 국가공동체와 그 구성원에게 기본적이고도 중요한 의미를 갖는 영역, 특히 국민의 기본권 실현에 관련된 영역에 있어서는 행정에 맡길 것이 아니고 국민의 대표자인 입법자 스스로 그 본질적 사항에 대하여 결정하여야 한다는 요구, 즉 의회유보원칙까지 내포하는 것으로 이해되고 있다. 여기서 어떠한 사안이 국회가 형식적 법률로 스스로 규정하여야 하는 본질적 사항에 해당되는지는, 구체적 사례에서 관련된 이익 내지 가치의 중요성, 규제 또는 침해의 정도와 방법 등을 고려하여 개별적으로 결정하여야 하지만, 규율대상이 국민의 기본권과 관련한 중요성을 가질수록 그리고 그에 관한 공개적 토론의 필요성 또는 상충하는 이익 사이의 조정 필요성이 클수록, 그것이 국회의 법률에 의하여 직접 규율될 필요성은 더 증대된다. 따라서 국민의 권리·의무에 관한 기본적이

고 본질적인 사항은 국회가 정하여야 하고, 헌법상 보장된 국민의 자유나 권리를 제한할 때에는 적어도 그 제한의 본질적인 사항에 관하여 국회가 법률로써 스스로 규율하여야 한다.

[2] 헌법 제75조는 "대통령은 법률에서 구체적으로 범위를 정하여 위임받은 사항과 법률을 집행하기 위하여 필요한 사항에 관하여 대통령령을 발할 수 있다."라고 규정하고 있다. 따라서 대통령은 법률에서 구체적으로 범위를 정하여 위임받은 사항과 법률을 집행하기 위하여 필요한 사항에 관하여만 대통령령을 발할 수 있으므로, 법률의 시행령은 모법인 법률에 의하여 위임받은 사항이나 법률이 규정한 범위 내에서 법률을 현실적으로 집행하는 데 필요한 세부적인 사항만을 규정할 수 있을 뿐, 법률에 의한 위임이 없는 한 법률이 규정한 개인의 권리·의무에 관한 내용을 변경·보충하거나 법률에 규정되지 아니한 새로운 내용을 규정할 수는 없다.

[3] [다수의견] 법외노조 통보는 적법하게 설립된 노동조합의 법적 지위를 박탈하는 중대한 침익적 처분으로서 원칙적으로 국민의 대표자인 입법자가 스스로 형식적 법률로써 규정하여야 할 사항이고, 행정입법으로 이를 규정하기 위하여는 반드시 법률의 명시적이고 구체적인 위임이 있어야 한다. 그런데 노동조합 및 노동관계조정법 시행령(이하 '노동조합법 시행령'이라 한다) 제9조 제2항은 법률의 위임 없이 법률이 정하지 아니한 법외노조 통보에 관하여 규정함으로써 헌법상 노동3권을 본질적으로 제한하고 있으므로 그 자체로 ★★★무효이다. 구체적인 이유는 아래와 같다.

법외노조 통보는 이미 법률에 의하여 법외노조가 된 것을 사후적으로 고지하거나 확인하는 행위가 아니라 그 통보로써 비로소 법외노조가 되도록 하는 형성적 행정처분이다. 이러한 법외노조 통보는 단순히 노동조합에 대한 법률상 보호만을 제거하는 것에 그치지 않고 헌법상 노동3권을 실질적으로 제약한다. 그런데 노동조합 및 노동관계조정법(이하 '노동조합법'이라 한다)은 법상 설립요건을 갖추지 못한 단체의 노동조합 설립신고서를 반려하도록 규정하면서도, 그보다 더 침익적인 설립 후 활동 중인 노동조합에 대한 법외노조 통보에 관하여는 아무런 규정을 두고 있지 않고, 이를 시행령에 위임하는 명문의 규정도 두고 있지 않다. 더욱이 법외노조 통보 제도는 입법자가 반성적 고려에서 폐지한 노동조합 해산명령 제도와 실질적으로 다를 바 없다. 결국 노동조합법 시행령 제9조 제2항은 법률이 정하고 있지 아니한 사항에 관하여, 법률의 구체적이고 명시적인 위임도 없이 헌법이 보장하는 노동3권에 대한 본질적인 제한을 규정한 것으로서 법률유보원칙에 반한다.

[4] 고용노동부장관이 전국의 국공립학교와 사립학교 교원을 조합원으로 하여 설립된 갑 노동조합의 노동조합 설립신고를 수리하고 신고증을 교부하였는데, 그 후 갑 노동조합에 대하여 '두 차례에 걸쳐 해직자의 조합원 가입을 허용하는 규약을 시정하도록 명하였으나 이행하지 않았고, 실제로 해직자가 조합원으로 가입하여 활동하고 있는 것으로 파악된다'는 이유로 해당 규약 조항의 시정 등의 조치를 요구하였으나 갑 노동조합이 이를 이행하지 않자 교원의 노동조합 설립 및 운영 등에 관한 법률 제14조 제1항, 노동조합 및 노동관계조정법 제12조 제3항 제1호, 제2조 제4호 (라)목 및 교원의 노동조합 설립 및 운영 등에 관한 법률 시행령 제9조 제1항, 노동조합 및 노동관계조정법 시행령 제9조 제2항에 따라 갑 노동조합을 '교원의 노동조합 설립 및 운영 등에 관한 법률에 의한 노동조합으로 보지 아니함'을 통보한 사안에서, 노동조합 및 노동관계조정법 시행령 제9조 제2항은 법률의 구체적이고 명시적인 위임 없이 법률이 정하고 있지 아니한 법외노조 통보에 관하여 규정함으로써 헌법이 보장하는 노동3권을 본질적으로 제한하는 것으로 법률유보의 원칙에 위반되어 그 자체로 무효이므로 그에 기초한 위 법외노조 통보는 법적 근거를 상실하여 위법하다고 한 사례(대법원 2020. 9. 3. 선고 2016두32992 전원합의체 판결)

○ 판례 004

판시사항

[1] 지방자치단체가 일방 당사자가 되는 이른바 '공공계약'이 사경제의 주체로서 상대방과 대등한 위치에서 체결하는 사법상 계약에 해당하는 경우, 사적 자치와 계약자유의 원칙 등 사법의 원리가 적용되는지 여부(★★★원칙적 적극)

[2] 민사사건을 행정소송 절차로 진행한 경우, 그 자체로 위법한지 여부(★★원칙적 소극)

[3] 지방자치단체가 계약의 적정한 이행을 위하여 계약상대방과의 계약에 근거하여 계약당사자 사이에 효력이 있는 계약특수조건 등을 부가하는 것이 금지되거나 제한되는지 여부(★★원칙적 소극) / 구 지방자치단체를 당사자로 하는 계약에 관한 법률 제6조 제1항에서 금지하는 계약상대방의 계약상 이익을 부당하게 제한하는 특약에 해당하기 위한 요건 및 그러한 특약인지 판단하는 기준

판결요지

[1] 지방자치단체가 일방 당사자가 되는 이른바 ★★★《'공공계약'》이 사경제의 주체로서 상대방과 대등한 위치에서 체결하는 사법상 계약에 해당하는 경우 그에 관한 법령에 특별한 정함이 있는 경우를 제외하고는 사적 자치와 계약자유의 원칙 등 사법의 원리가 그대로 적용된다.

[2] ★★★행정사건의 심리절차는 행정소송의 특수성을 감안하여 행정소송법이 정하고 있는 특칙이 적용될 수 있는 점을 제외하면 심리절차 면에서 민사소송 절차와 큰 차이가 없으므로, 특별한 사정이 없는 한 민사사건을 행정소송 절차로 진행한 것 자체가 위법하다고 볼 수 ★★★없다.

[3] 지방자치단체가 계약의 적정한 이행을 위하여 계약상대방과의 계약에 근거하여 계약당사자 사이에 효력이 있는 계약특수조건 등을 부가하는 것이 금지되거나 제한된다고 할 이유는 없고, 사적 자치와 계약자유의 원칙상 관련 법령에 이를 금지하거나 제한하는 내용이 ★없는데도 그러한 계약내용이나 조치의 효력을 함부로 부인할 것은 아니다.

다만 구 지방자치단체를 당사자로 하는 계약에 관한 법률(2013. 8. 6. 법률 제12000호로 개정되기 전의 것) 제6조 제1항에 따라 공공계약에서 계약상대방의 계약상 이익을 부당하게 제한하는 특약은 효력이 없으나, 이에 해당하기 위해서는 그 특약이 계약상대방에게 다소 불이익하다는 점만으로는 부족하고 지방자치단체 등이 계약상대방의 정당한 이익과 합리적인 기대에 반하여 형평에 어긋나는 특약을 정함으로써 계약상대방에게 부당하게 불이익을 주었다는 점이 인정되어야 한다. 계약상대방의 계약상 이익을 부당하게 제한하는 특약인지는 그 특약에 의하여 계약상대방에게 생길 수 있는 불이익의 내용과 정도, 불이익 발생 가능성, 전체 계약에 미치는 영향, 당사자들 사이의 계약체결과정, 관계 법령의 규정 등 모든 사정을 종합하여 판단하여야 한다(대법원 2018. 2. 13. 선고 2014두11328 판결).

판례 005

판시사항

[1] 공기업·준정부기관의 계약상대방에 대한 입찰참가자격 제한 조치가 법령에 근거한 행정처분인지 계약에 근거한 권리행사인지 판단하는 방법

[2] 공공기관의 운영에 관한 법률 제39조 제2항의 규정 취지 및 위 조항이 ★★★《《공기업·준정부기관을 상대로 하는 부정당행위에 대해서만 적용되는지》》 여부(★★★적극)

판결요지

[1] 공기업·준정부기관이 법령 또는 계약에 근거하여 선택적으로 입찰참가자격 제한 조치를 할 수 있는 경우, 계약상대방에 대한 입찰참가자격 제한 조치가 법령에 근거한 행정처분인지 아니면 계약에 근거한 권리행사인지는 원칙적으로 의사표시의 해석 문제이다. 이때에는 공기업·준정부기관이 계약상대방에게 통지한 문서의 내용과 해당 조치에 이르기까지의 과정을 객관적·종합적으로 고찰하여 판단하여야 한다. 그럼에도 불구하고 공기업·준정부기관이 법령에 근거를 둔 행정처분으로서의 입찰참가자격 제한 조치를 한 것인지 아니면 계약에 근거한 권리행사로서의 입찰참가자격 제한 조치를 한 것인지가 여전히 불분명한 경우에는, 그에 대한 불복방법 선택에 중대한 이해관계를 가지는 그 조치 상대방의 인식가능성 내지 예측가능성을 중요하게 고려하여 규범적으로 이를 확정함이 타당하다.

[2] 공공기관의 운영에 관한 법률 제39조 제2항은, 공기업·준정부기관이 공정한 경쟁이나 계약의 적정한 이행을 해칠 것이 명백하다고 판단되는 행위를 한 부정당업자를 향후 일정 기간 입찰에서 배제하는 조항으로서, 공적 계약의 보호라는 일반예방적 목적을 달성함과 아울러 해당 부정당업자를 제재하기 위한 규정이다. 따라서 위 조항이 적용되는 부정당행위는 공기업·준정부기관을 상대로 하는 행위에 한정되는 것으로 해석함이 타당하다(대법원 2018. 10. 25. 선고 2016두33537 판결).

판례 006

판시사항

[1] 폐기물처리업 허가의 성격 및 구 폐기물관리법 제33조 제3항에 따라 권리·의무 승계신고를 수리하는 허가관청 행위의 성격

[2] 구 폐기물관리법 제33조 제3항에서 정한 '허가에 따른 권리·의무 승계'의 효과는 폐기물처리시설 등 인수자의 권리·의무 승계신고를 허가관청이 수리한 경우에 발생하는지 여부(★★적극) 및 같은 법 제40조 제3항에서 정한 방치폐기물 처리명령을 할 수 있는 '제33조 제2항에 따라 권리·의무를 승계한 자' 역시 위 승계신고가 수리됨으로써 영업허가자의 지위를 얻게 된 자를 의미하는지 여부(★★적극)

【주 문】

원심판결을 파기하고, 사건을 광주고등법원에 환송한다.

【이 유】

상고이유(상고이유서 제출기간이 지난 다음 제출된 각 준비서면의 기재는 상고이유를 보충하는 범위에서)를 판단한다.

1. 사건의 개요와 쟁점

가. 원심판결 이유와 기록에 의하면, 다음과 같은 사정을 알 수 있다.

1) 원고는 2012. 10. 1.경부터 '(상호 생략)'라는 상호로 화장지 등 제조·판매업을 영위하고 있는 사람이고, 유한회사 은진산업(이하 '은진산업'이라 한다)은 2004. 2. 6. 폐기물 수집·운반업 허가 및 2015. 7. 20. 폐기물 중간재활용업 허가를 받아 전북 완주군 (주소 생략) 외 2필지 및 그 지상 공장 건물 등(이하 '이 사건 사업장'이라 한다)에서 폐기물처리업을 영위하던 업체이다.

2) 피고는 2016. 4. 7. 이 사건 사업장에 허용보관량(672t)을 초과한 약 5,000t의 폐기물이 보관되어 있음을 확인하여 은진산업에 대하여 폐기물관리법 제39조의3에 따라 폐기물조치명령 및 반입중지 명령을 하였고, 2016. 6. 2.에는 폐기물처리업자 준수사항 위반, 폐기물처리시설 미신고 설치운영을 사유로 2개월의 영업정지처분 및 개선명령을 하였다.

3) 피고는 2016. 7. 25. 은진산업에 대하여 방치폐기물처리 이행보증금 계약갱신명령위반을 사유로 폐기물 중간재활용업 허가취소처분을 하였고, 2016. 7. 29. 폐기물 중간재활용업 허가가 취소됨에 따라 방치폐기물에 대한 처리명령을 하였으나, 은진산업은 위 명령을 이행하지 아니하였다.

4) 원고는 2017. 5. 8. 이 사건 사업장 및 사업장에 있던 폐기물 중간재활용업 관련 시설·장비인 파쇄·분쇄 시설 등(이하 '이 사건 폐기물처리시설 등'이라 한다)에 대한 부동산임의경매절차에서 이 사건 폐기물처리시설 등을 경락받아 2017. 6. 7. 그 소유권을 이전받고, 2017. 7. 27.경 위 폐기물처리시설 등을 인도받았다.

5) 피고는 2017. 7. 5. 원고에게 '원고가 이 사건 폐기물처리시설 등을 인수하여 허가 등에 따른 권리·의무를 승계하므로 방치폐기물처리를 명할 계획이니 폐기물처리계획서를 제출하라.'는 내용의 사전통지를 하였다. 피고는 2018. 12. 6. 원고가 경매를 통하여 이 사건 폐기물처리시설 등을 인수하여 허가에 따른 권리·의무를 승계하였음을 이유로, 구 폐기물관리법(2017. 4. 18. 법률 제14783호로 개정되기 전의 것, 이하 '법'이라 한다) 제33조 제2항, 제40조 제3항에 의하여 원고에게 은진산업이 이 사건 사업장에 방치한 폐기물을 2019. 2. 28.까지 처리할 것을 명령(이하 '이 사건 처분'이라 한다)하였다.

나. 쟁점

이 사건의 쟁점은, 경매로 이 사건 폐기물처리시설 등을 인수한 원고가 법 제33조 제2항, 제40조 제3항에 정한 '허가에 따른 권리·의무를 승계한 자'에 해당하는지 여부이다.

2. 판단

가. 관련 규정과 법리

1) 폐기물처리업을 하려는 자는 환경부령으로 정하는 바에 따라 사업계획서를 제출하고, 사업계획서에 대한 환경부장관 또는 시·도지사의 검토를 거쳐 허가를 받아야 한다(법 제25조). 민사집행법에 따른 경매에 의해 폐기물처리업자로부터 폐기물처리시설 등을 인수한 자는 허가에 따른 권리·의무를 승계하고, 이 경우 종전의 폐기물처리업자에 대한 허가는 그 효력을 잃으며(법 제33조 제2항), 위 조항에 따라 권리·의무를 승계한 자는 환경부령으로 정하는 바에 따라 환경부장관 또는 시·도지사에게 신고하여야 한다(법 제33조 제3항).

2) 폐기물처리업 허가는 폐기물처리를 위한 시설·장비 및 기술능력 등 대물적 요소를 주된 대상으로 하면서, 법을 위반하여 형을 선고받거나 폐기물처리업의 허가가 취소된 후 2년이 지나지 아니한 자 등에 대하여 허가를 받을 수 없도록 하는 등(법 제26조) 대인적 요소가 결합된 혼합적 허가이다(대법원 2008. 4. 11. 선고 2007두17113 판결 등 참조). 법 제33조 제3항에 의한 권리·의무 승계신고를 수리하는 허가관청의 행위는 경매 등을 통해 이미 발생한 법률효과에 의하여 폐기물처리시설 등의 인수인이 그 영업을 승계하였다는 사실의 신고를 접수하는 행위에 ★그치는 것이 아니라, 영업허가자의 변경이라는 법률효과를 발생시키는 행위이다(대법원 1995. 2. 24. 선고 94누9146 판결, 대법원 2012. 12. 13. 선고 2011두29144 판결 등 참조).

3) 이와 같은 관련 규정과 법리에 비추어 보면, 법 제33조 제2항에 정한 '허가에 따른 권리·의무 승계'의 효과는 폐기물처리시설 등 인수자가 같은 조 제3항에 정한 바에 따라 허가관청에 권리·의무의 승계를 신고하여 허가관청이 이를 수리한 경우에 발생한다고 할 것이다. 법 제40조 제3항에 정한 방치폐기물 처리명령을 할 수 있는 '제33조 제2항에 따라 권리·의무를 승계한 자' 역시 위 승계신고가 수리됨으로써 영업허가자의 지위를 얻게 된 자를 의미한다.

나. 원심판결 이유 및 기록에 의하면, 원고는 경매로 이 사건 폐기물처리시설 등을 인수한 다음 허가관청에 폐기물처리업 허가에 따른 권리·의무의 승계신고를 한 바 없고, 폐기물처리업과는 관련 없는 사업을 영위하고 있는 사정을 알 수 있다. 이러한 사실관계를 앞서 본 법리에 비추어 보면, 원고는 경매를 통하여 '허가에 따른 권리·의무를 승계'한다고 볼 수 ★없고, 따라서 법 제40조 제3항에 정한 방치폐기물 처리명령의 수범자가 될 수 ★없다. 그런데도 원심은 원고가 허가에 따른 권리·의무를 승계한다는 전제에서 법 제40조 제3항에 근거한 이 사건 처분이 적법하다고 판단하였다. 이러한 원심의 판단에는 폐기물처리업 허가에 따른 권리·의무 승계에 관한 법리를 오해하여 판결에 영향을 미친 ★잘못이 있다. 이를 지적하는 원고의 상고이유는 이유 있다(대법원 2021. 7. 15. 선고 2021두31429 판결).

◦판례 007

판시사항

[1] 식품위생법 제39조 제1항, 제3항에 의한 영업양도에 따른 지위승계 신고를 행정청이 수리하는 행위의 법률효과 및 양수인이 영업자 지위승계 신고서를 제출할 때 해당 영업장에서 적법하게 영업할 수 있는 요건을 갖추었다는 점에 관한 소명자료를 첨부해야 하는지 여부(★★적극) / 식품위생법 제37조 제4항, 식품위생법 시행령 제26조 제4호에 따른 영업장 면적 변경에 관한 신고의무가 이행되지 않은 영업을 양수한 자가 그 신고의무를 이행하지 않은 채 영업을 계속하는 경우, 시정명령 또는 영업정지 등 제재처분의 대상이 되는지 여부(적극)

[2] 식품위생법상 일반음식점영업을 하려는 자가 건축법상 건축물의 용도를 제2종 근린생활시설로 변경하는 절차를 거치지 않은 채 단독주택에서 일반음식점영업을 할 수 있는지 여부(★★★소극)

판결요지

[1] 식품위생법 제39조 제1항, 제3항에 의한 영업양도에 따른 지위승계 신고를 행정청이 수리하는 행위는 단순히 양도·양수인 사이에 이미 발생한 사법상의 영업양도의 법률효과에 의하여 양수인이 그 영업을 승계하였다는 사실의 신고를 접수하는 행위에 그치는 것이 아니라, 양도자에 대한 영업허가 등을 취소함과 아울러 양수자에게 적법하게 영업을 할 수 있는 지위를 설정하여 주는 행위로서 영업허가자 등의 변경이라는 법률효과를 발생시키는 행위이다. 따라서 양수인은 영업자 지위승계 신고서에 해당 영업장에서 적법하게 영업을 할 수 있는 요건을 모두 갖추었다는 점을 확인할 수 있는 소명자료를 첨부하여 제출하여야 하며(식품위생법 시행규칙 제48조 참조), 그 요건에는 신고 당시를 기준으로 해당 영업의 종류에 사용할 수 있는 적법한 건축물(점포)의 사용권원을 확보하고 식품위생법 제36조에서 정한 시설기준을 갖추어야 한다는 점도 포함된다.

영업장 면적이 변경되었음에도 그에 관한 신고의무가 이행되지 않은 영업을 양수한 자 역시 그와 같은 신고의무를 이행하지 않은 채 영업을 계속한다면 시정명령 또는 영업정지 등 ★제재처분의 대상이 될 수 있다.

[2] 건축법 제2조 제2항, 제19조 제2항 제1호, 건축법 시행령 제3조의5 및 [별표 1] 제4호 (자)목, 제14조 제5항에 따르면, 일반음식점은 건축물의 용도가 제2종 근린생활시설이어야 하고, 단독주택(주거업무시설군)에 속하는 건축물의 용도를 제2종 근린생활시설(근린생활시설군)로 변경하려면 시장 등의 허가를 받아야 한다. 따라서 ★★일반음식점영업을 하려는 자는 용도가 제2종 근린생활시설인 건축물에 영업장을 마련하거나, 제2종 근린생활시설이 아닌 건축물의 경우 그 건축물의 용도를 제2종 근린생활시설로 변경하는 절차를 거쳐야 한다. ★★미리 이러한 건축물 용도 변경절차를 거치지 않은 채 단독주택에서 일반음식점영업을 하는 것은 현행 식품위생법과 건축법 하에서는 허용될 수 없다(대법원 2020. 3. 26. 선고 2019두38830 판결).

판례 008

판시사항

[1] 휴양 콘도미니엄업이 교육환경 보호에 관한 법률 제9조 제27호에서 교육환경보호구역에서의 금지행위 및 시설로 규정한 '공중위생관리법 제2조 제1항 제2호에 따른 숙박업'에 해당하는지 여부(★★★적극)

[2] 갑 주식회사가 교육환경보호구역에 해당하는 사업부지에 콘도미니엄을 신축하기 위하여 교육환경평가승인신청을 한 데 대하여, 관할 교육지원청 교육장이 갑 회사에 '관광진흥법 제3조 제1항 제2호 (나)목에 따른 휴양 콘도미니엄업이 교육환경 보호에 관한 법률에 따른 금지행위 및 시설로 규정되어 있지는 않으나 성매매 등에 대한 우려를 제기하는 민원에 대한 구체적인 예방대책을 제시하시기 바람'이라고 기재된 보완요청서를 보낸 후 교육감으로부터 '콘도미니엄업에 관하여 교육환경보호구역에서 금지되는 행위 및 시설에 관한 교육환경 보호에 관한 법률 제9조 제27호를 적용하라'는 취지의 행정지침을 통보받고 갑 회사에 교육환경평가승인신청을 반려하는 처분을 한 사안에서, 위 처분은 신뢰의 대상이 되는 교육장의 공적 견해표명이 있었다고 보기 어렵고, 교육장의 교육환경평가승인이 공익 또는 제3자의 정당한 이익을 현저히 해할 우려가 있는 경우에 해당하므로 신뢰보호원칙에 반하지 않는다고 한 사례

판결요지

[1] 교육환경 보호에 관한 법률 제9조 제27호는 교육환경보호구역에서의 금지행위 및 시설로 '공중위생관리법 제2조 제1항 제2호에 따른 숙박업 및 관광진흥법 제3조 제1항 제2호 (가)목에 따른 호텔업'을 규정하고 있다. 공중위생관리법 제2조 제1항 제2호는 '숙박업'을 '손님이 잠을 자고 머물 수 있도록 시설 및 설비 등의 서비스를 제공하는 영업'이라고 정의하고 있고, 같은 조 제2항의 위임에 따른 공중위생관리법 시행령 제4조 제1호는 숙박업을 취사시설 포함 여부에 따라 '일반숙박업'과 '생활숙박업'으로 세분하고 있다. 관광진흥법 제3조 제1항 제2호는 관광숙박업을 '호텔업'과 '휴양 콘도미니엄업'으로 나누면서, 휴양 콘도미니엄업을 '관광객의 숙박과 취사에 적합한 시설을 갖추어 이를 그 시설의 회원이나 공유자, 그 밖의 관광객에게 제공하거나 숙박에 딸리는 음식·운동·오락 등에 적합한 시설 등을 함께 갖추어 이용하게 하는 업'이라고 정의하고 있다.

교육환경 보호에 관한 법률 제9조 제27호는 학생들의 주요 활동공간인 학교 주변의 일정 지역을 최소한의 범위에서 교육환경보호구역으로 설정하여 쾌적한 학교환경을 조성함으로써 청소년들이 건전하고 조화로운 인격을 형성할 수 있게 하고, 교육환경보호구역 안에서 숙박업을 못하게 함으로써 숙박시설 안에서 은밀하게 이루어질 수 있는 윤락행위 또는 음란행위, 음란한 물건의 유통, 도박 등의 사행행위 등으로 인한 각종 유해환경으로부터 학생들을 차단·보호하여 학생들의 건전한 육성과 학교 교육의 능률화를 기하고자 하는 것이다.

위와 같은 관련 규정들의 내용과 체계에 위 법률조항의 입법 취지를 종합하면, 휴양 콘도미니엄업은 위 법률조항에서 교육환경보호구역에서의 금지행위 및 시설로 규정한 '공중위생관리법 제2조 제1항 제2호에 따른 ★★★숙박업'에 해당한다고 보아야 한다.

[2] 갑 주식회사가 교육환경보호구역에 해당하는 사업부지에 콘도미니엄을 신축하기 위하여 교육환경평가승인신청을 한 데 대하여, 관할 교육지원청 교육장이 갑 회사에 '관광진흥법 제3조 제1

항 제2호 (나)목에 따른 휴양 콘도미니엄업이 교육환경 보호에 관한 법률에 따른 금지행위 및 시설로 규정되어 있지는 않으나 성매매 등에 대한 우려를 제기하는 민원에 대한 구체적인 예방대책을 제시하시기 바람'이라고 기재된 보완요청서를 보낸 후 교육감으로부터 '콘도미니엄업에 관하여 교육환경보호구역에서 금지되는 행위 및 시설에 관한 교육환경 보호에 관한 법률(이하 '교육환경법'이라 한다) 제9조 제27호를 적용하라'는 취지의 행정지침을 통보받고 갑 회사에 교육환경평가승인신청을 반려하는 처분을 한 사안에서, 교육장이 보완요청서에서 '휴양 콘도미니엄업이 교육환경법 제9조 제27호에 따른 금지행위 및 시설로 규정되어 있지 않다'는 의견을 밝힌 바 있으나, 이는 교육장이 최종적으로 교육환경평가를 승인해 주겠다는 취지의 공적 견해를 표명한 것이라고 볼 수 없고 오히려 수차례에 걸쳐 갑 회사에 보낸 보완요청서에 의하면 현 상태로는 교육환경평가승인이 어렵다는 취지의 견해를 밝힌 것에 해당하는 점, 갑 회사는 사업 준비 단계에서 휴양 콘도미니엄업을 계획하고 교육장의 보완요청에 따른 추가 검토를 진행한 정도에 불과하여 위 처분으로 침해받는 갑의 이익이 그다지 크다고 보기 어려운 반면 교육환경보호구역에서 휴양 콘도미니엄이 신축될 경우 학생들의 학습권과 교육환경에 미치는 ★★★부정적 영향이 매우 큰 점 등에 비추어, ★★위 처분은 신뢰의 대상이 되는 교육장의 공적 견해표명이 있었다고 보기 어렵고, 교육장의 교육환경평가승인이 공익 또는 제3자의 정당한 이익을 현저히 해할 우려가 있는 경우에 해당하므로 신뢰보호원칙에 반하지 않는다고 한 사례(대법원 2020. 4. 29. 선고 2019두52799 판결).

판례 009

판시사항

[1] 개발제한구역의 지정 및 관리에 관한 특별조치법 부칙(2009. 2. 6.) 제2조의 규정 취지 / 2009. 2. 6. 법률 제9436호로 개정된 개발제한구역의 지정 및 관리에 관한 특별조치법 시행 후에 받은 제12조 제1항 단서에 따른 행위허가가 종전에 허가받은 건축연면적을 확대하거나 새로운 건축물의 건축을 최초로 허가하는 내용인 경우, 개정된 법률 제21조 제1항을 적용하여 개발제한구역 보전 부담금을 부과할 수 있는지 여부(★★★적극)

[2] 특정 사항에 관하여 신뢰보호원칙상 행정청이 그와 배치되는 조치를 할 수 없을 정도의 행정관행이 성립되었다고 하기 위한 요건 및 행정청이 단순한 착오로 어떠한 처분을 계속하다가 추후 오류를 발견하여 합리적인 방법으로 변경하는 경우, 신뢰보호원칙에 위배되는지 여부(★★★소극)

【주 문】

원심판결을 파기하고, 사건을 서울고등법원에 환송한다.

【이 유】

상고이유를 판단한다.

1. 사안의 개요와 쟁점

가. 원심판결 이유와 기록에 의하면 다음과 같은 사정들을 알 수 있다.

(1) 원고는 경부고속철도 서울차량기지·정비창 건설사업(이하 '이 사건 사업'이라 한다)의 시행자이다.

(2) 원고는 이 사건 사업과 관련하여 개발제한구역인 고양시 행주내동, 강매동, 행신동, 토당동 일원 740필지에 경부고속철도 차량기지 및 완충녹지를 설치하고자 1995. 12. 29. 피고로부터 1,280,000㎡의 토지형질변경 및 건축물 24개 동(연면적 212,369㎡)의 신축을 위한 개발제한구역 내 행위허가를 받았다(이하 '최초 행위허가'라 한다). 원고는 2000. 10. 14. 고양시 덕양구청장(이하 '덕양구청장'이라 한다)으로부터 토지형질변경 면적을 1,354,122㎡로, 건축 연면적을 204,994㎡로 각 변경하는 내용의 행위허가를 받았고, 이후 2014. 1. 15.까지 여러 차례에 걸쳐 최초 행위허가의 내용을 변경하는 허가 또는 별동 증축을 위한 행위허가를 받음으로써, 토지형질변경 허가를 받은 총면적은 1,314,446㎡로, 건축물 연면적은 206,175.89㎡로 각각 변경되었다.

(3) 원고는 최초 행위허가에 의해 토지형질변경이 허가된 면적에 포함되어 있는 고양시 덕양구 (주소 1 생략) 철도용지 98,224㎡에 차륜전삭고 700.32㎡(이하 '이 사건 차륜전삭고'라 한다)를 증축하기 위하여 2017. 7. 11. 덕양구청장에게 추가적인 토지형질변경 없이 건축물 연면적만 700.32㎡ 증가시키는 내용의 개발제한구역 내 행위허가 신청을 하였고, 덕양구청장은 2017. 8. 11. 이를 허가하였다(이하 '이 사건 행위허가'라 한다). 이 사건 행위허가서에 기재된 전체 대지면적은 1,314,446㎡, 건축물 연면적은 206,386.32㎡, 증축 부분(이 사건 차륜전삭고)의 연면적은 700.32㎡이다.

(4) 피고는 2017. 8. 21. 원고에게, 원고가 이 사건 행위허가를 받았음을 이유로 「개발제한구역의 지정 및 관리에 관한 특별조치법」(이하 '개발제한구역법'이라 한다) 제21조, 제24조에 따른 개발제한구역 보전 부담금 536,410,100원을 부과하는 처분을 하였다(이하 '이 사건 처분'이라 한다).

나. 이 사건의 쟁점은, (1) 2009. 2. 6. 법률 제9436호 개발제한구역법 개정법률의 부칙 제2조의 해석·적용과 관련하여 이 사건 행위허가가 개발제한구역 보전 부담금의 부과대상이 될 수 있는지 여부, (2) 이 사건 처분이 이 사건 행위허가와 관련하여 부담금을 부과하지 않겠다는 피고 소속 공무원의 공적인 견해표명에 배치되는 것이어서 신뢰보호원칙 위배에 해당하는지 여부이다.

2. 개발제한구역 보전 부담금 부과대상인지 여부

가. (1) 개발제한구역법 제12조 제1항은 개발제한구역에서는 건축물의 건축 및 용도변경, 공작물의 설치, 토지의 형질변경, 죽목의 벌채, 토지의 분할, 물건을 쌓아놓는 행위 또는 「국토의 계획 및 이용에 관한 법률」 제2조 제11호에 따른 도시·군계획사업의 시행을 원칙적으로 금지하면서, 다만 각 호에 해당하는 행위의 경우에는 예외적으로 시장 등의 허가를 받아 할 수 있도록 규정하고 있다. 나아가 개발제한구역법 제21조 제1항은 개발제한구역의 보전과 관리를 위한 재원을 확보하기 위하여 "해제대상지역 개발사업자 중 제4조 제6항에 따라 복구계획을 제시하지 아니하거나 복구를 하지 아니하기로 한 자"(제1호) 또는 "제12조 제1항 단서 또는 제13조에 따른 허가(토지의 형질변경허가나 건축물의 건축허가에 해당하며, 다른 법령에 따라 제12조 제1항 단서 또는 제13조에 따른 허가가

의제되는 협의를 거친 경우를 포함한다)를 받은 자"(제2호)에게 개발제한구역 보전 부담금을 부과·징수하도록 규정하고 있다.

(2) 2009. 2. 6. 법률 제9436호로 개정되기 전의 구 개발제한구역의 지정 및 관리에 관한 특별조치법 제21조 제1항은 개발제한구역의 훼손을 억제하고 개발제한구역의 관리를 위한 재원을 확보하기 위하여 "제12조 제1항 단서 또는 제13조에 따른 허가(토지의 형질변경허가나 토지의 형질변경이 따르는 허가만 해당하며, 다른 법령에 따라 제12조 제1항 단서 또는 제13조에 따른 허가가 의제되는 협의를 거친 경우를 포함한다)를 받은 자"에게 '개발제한구역 훼손 부담금'을 부과·징수하도록 규정함으로써, 제12조 제1항 단서에 따른 허가를 받은 자의 경우 '토지의 형질변경허가 또는 토지의 형질변경이 수반되는 허가'만을 부담금 부과대상으로 하였다.

2009. 2. 6. 법률 제9436호 개발제한구역법 개정법률은 부담금의 명칭을 '개발제한구역 보전 부담금'(이하 '부담금'이라 한다)으로 변경하는 한편, 제21조 제1항에서 제12조 제1항 단서에 따른 개발제한구역 내 행위허가의 경우 '토지의 형질변경허가' 이외에 '건축물의 건축허가'도 부담금 부과대상에 포함하고, 제24조 제2항에서 부담금 산정 기준에 관하여 종전에는 '허가대상토지의 면적'을 기준으로 하였던 것을 '허가받은 토지형질변경 면적과 건축물 바닥면적의 2배 면적'을 기준으로 하도록 하였다.

이를 통해 '토지의 형질변경이 수반되지 않는 건축물의 건축허가'도 부담금 부과대상이 되었는데, 위 개정법률의 부칙 제2조는 "제21조부터 제26조까지의 개정규정은 이 법 시행 후 최초로 개발제한구역에서 해제되어 제4조 제5항에 따라 개발계획의 결정을 하거나 제12조 제1항 단서 또는 제13조에 따른 허가를 받는 분부터 적용한다."라고 규정하였다(이하 '이 사건 부칙조항'이라 한다).

(3) 이 사건 부칙조항은 개정법률의 시행일(2009. 8. 7.) 이전에 제12조 제1항 단서에 따른 행위허가를 받았으나 종전 규정에 의하면 부담금 부과대상이 아니었던 경우에는 이미 확정된 법률관계에 개정된 개발제한구역법 제21조 제1항을 적용하여 소급적으로 부담금 부과대상에 포함하지 않기로 함을 분명히 규정함으로써 법적 안정성을 도모하는 데 그 취지가 있다.

개발제한구역의 보전과 관리를 위한 재원을 확보하고자 하는 개발제한구역 보전 부담금 제도 자체의 입법 취지 및 이 사건 부칙조항의 입법 취지를 고려하면, 개정법률 시행 후에 제12조 제1항 단서에 따른 행위허가를 받은 경우라고 하더라도 ★★★<<그 행위허가의 내용이 개정법률의 시행일 이전에 이미 받은 행위허가에 관하여 건축연면적의 규모를 유지하면서 건축계획의 내용만 일부 변경하는 것이거나 단순히 허가기간을 연장하는 등 허가조건을 일부 변경하는 것에 그친다면 개정된 개발제한구역법 제21조 제1항을 적용하여 부담금을 부과할 수 없다고 보아야 한다(대법원 2013. 4. 11. 선고 2011두2323 판결 참조)>>. 그러나 ★★★<<개정법률 시행 후에 받은 제12조 제1항 단서에 따른 행위허가가 종전에 허가받은 건축연면적을 확대하거나 새로운 건축물의 건축을 최초로 허가하는 내용이라면 개정된 개발제한구역법 제21조 제1항을 적용하여 부담금을 부과하여야 한다>>.

나. 이러한 법리에 비추어 앞서 본 사실관계를 살펴보면, 다음과 같이 판단할 수 있다.

(1) 개발제한구역법이 2009. 2. 6. 법률 제9436호로 개정됨에 따라 개발제한구역에서 토지의 형질변경 없이 건축물을 건축하는 것을 내용으로 하는 행위허가도 부담금 부과대상이 되었는데, 이 사건

행위허가는 위 개정법률의 시행 후 이루어졌다. 이 사건 행위허가는 최초 행위허가 등 이미 받은 건축허가에 관하여 건축연면적의 규모를 유지하면서 건축계획의 내용만 일부 변경하는 것이거나 단순히 허가기간을 연장하는 등 허가조건을 일부 변경하는 것에 그치지 아니하고, 이 사건 차륜전삭고를 증축하여(기록에 의하면 원고는 건축법상 '증축허가'를 받기는 하였으나, 기존 건축물과 결합되어 있지 않으므로 실질적으로 신축에 해당하는 것으로 보인다) 건축연면적을 확대하는 것을 내용으로 하므로 위 개정법률 부칙 제2조에 의하여 개정된 개발제한구역법 제21조 제1항을 적용하여 부담금을 부과하여야 한다.

(2) 그런데도 원심은, 이 사건 행위허가가 사실상 최초 행위허가의 내용을 변경하는 허가에 해당하므로, 이 사건 부칙조항에 의하여 개정된 개발제한구역법 제21조 제1항이 이 사건 행위허가에 대해서는 적용되지 않는다고 판단하였다. 이러한 원심판단에는 이 사건 부칙조항의 해석에 관한 법리를 오해하여 판결에 영향을 미친 잘못이 있다. 이를 지적하는 상고이유 주장은 이유 있다.

3. 신뢰보호원칙 위배 여부

가. 일반적으로 행정청의 행위에 대하여 신뢰보호원칙이 적용되기 위해서는, ① 행정청이 개인에 대하여 신뢰의 대상이 되는 공적인 견해표명을 하여야 하고, ② 행정청의 견해표명이 정당하다고 신뢰한 데에 대하여 그 개인에게 귀책사유가 없어야 하며, ③ 그 개인이 그 견해표명을 신뢰하고 이에 상응하는 어떠한 행위를 하였어야 하고, ④ 행정청이 그 견해표명에 반하는 처분을 함으로써 견해표명을 신뢰한 개인의 이익이 침해되는 결과가 초래되어야 하며, ⑤ 그 견해표명에 따른 행정처분을 할 경우 이로 인하여 공익 또는 제3자의 정당한 이익을 현저히 해할 우려가 있는 경우가 아니어야 한다(대법원 2006. 6. 9. 선고 2004두46 판결 등 참조).

특정 사항에 관하여 신뢰보호원칙상 행정청이 그와 배치되는 조치를 할 수 없다고 할 수 있을 정도의 행정관행이 성립되었다고 하려면 상당한 기간에 걸쳐 그 사항에 관하여 동일한 처분을 하였다는 객관적 사실이 존재할 뿐만 아니라, 행정청이 그 사항에 관하여 다른 내용의 처분을 할 수 있음을 알면서도 어떤 특별한 사정 때문에 그러한 처분을 하지 않는다는 의사가 있고 이와 같은 의사가 명시적 또는 묵시적으로 표시되어야 한다. ★★★단순히 착오로 어떠한 처분을 계속한 경우는 이에 해당되지 않고, 따라서 처분청이 추후 오류를 발견하여 합리적인 방법으로 변경하는 것은 ★신뢰보호원칙에 위배되지 않는다(대법원 1993. 6. 11. 선고 92누14021 판결 등 참조).

나. 원심판결 이유와 기록에 의하면 다음과 같은 사정들을 알 수 있다.

(1) 원고의 ○○○○처 △△으로 근무하던 소외 1은 2016. 7. 5. 고양시청을 방문하여 당시 □□□□과 주무관이던 소외 2와 이 사건 차륜전삭고 건축과 관련한 인허가사항 등을 협의한 다음, 그 협의내용을 요약한 '(보고서 명칭 생략)'라는 제목의 보고서를 작성하였는데, 위 보고서에는 '고양시청과 협의 결과 보전부담금은 부과 면제가 가능하다'는 내용이 기재되어 있다.

(2) 최초 행위허가 이후 이 사건 사업과 관련하여 토지형질변경 총면적이나 건축물 연면적이 증감되는 내용의 개발제한구역 내 행위허가가 여러 차례 이루어졌으나, 피고는 이 사건 처분 이전까지 원고에게 개발제한구역법에 따른 부담금을 부과한 적이 없었다.

(3) 덕양구청장은 2013. 12.경 피고에게 '이 사건 사업과 관련하여 직장어린이집(이하 '이 사건 어린이집'이라 한다)을 건축하기 위한 개발제한구역 내 행위허가를 할 경우 원고에게 개발제한구역 보전 부담금이 부과되는지'를 질의하였는데, 피고는 덕양구청장에게 '(주소 1 생략) 일원(대지면적: 1,314,446㎡)의 행위허가(어린이집 위치: (주소 2 생략), (주소 3 생략), (주소 4 생략))는 개발제한구역의 지정 및 관리에 관한 특별조치법 시행령 제36조 제1호 (나)목에서 규정하는 이미 토지의 형질변경허가를 받은 부지에 해당되어 보전부담금 부과 면제대상임을 알려드립니다'라고 회신하였다.

(4) 소외 1이 작성한 위 보고서에 기재된 부담금 부과 면제의 근거는 '개발제한구역의 지정 및 관리에 관한 특별조치법 시행령 제36조 제1호 (나)목에 따라 이미 토지형질변경을 받고 부담금을 납부한 경우'에 해당한다는 것인데, 이는 피고가 2013. 12.경 덕양구청장에게 이 사건 어린이집 건축을 위한 행위허가와 관련하여 통보한 부담금 면제사유와 동일하다.

다. 위와 같은 사실관계를 앞서 본 법리에 비추어 살펴보면, 다음과 같이 판단할 수 있다.

(1) 이 사건 사업과 관련하여 최초 행위허가는 1995. 12. 29. 이루어졌고, 개발제한구역법은 2000. 1. 28. 법률 제6241호로 제정되어 2000. 7. 1.부터 시행되었는데, 위 제정 법률의 부칙 제3조는 "부담금은 이 법 시행 후 제11조 제1항 각호 외의 부분 단서 또는 제12조의 규정에 의한 허가를 신청한 분부터 이를 적용한다."라고 규정하여 최초 행위허가는 부담금 부과대상이 아니었다. 앞서 본 바와 같이 개발제한구역법은 개발제한구역 내 행위허가 중에서 '토지의 형질변경허가 또는 토지의 형질변경이 수반되는 허가'만을 부담금 부과대상으로 하였다가, 2009. 2. 6. 법률 제9436호로 개정되면서 토지형질변경을 수반하지 않는 건축물의 건축허가도 부담금 부과대상에 포함하였다.

(2) 기록상 이 사건 사업과 관련하여 다른 행위허가의 경우 부담금 부과대상인지 불분명하고, 다만 이 사건 어린이집 건축을 위한 행위허가의 경우 2009. 2. 6. 법률 제9436호 개정법률 시행 후이어서 부담금 부과대상으로 보이는데 피고가 법령을 잘못 해석하여 그에 관하여 부담금을 부과하지 않은 것으로 보인다.

(3) 소외 2는 고양시청 □□□□과에서 개발제한구역 내 행위허가 업무를 담당하였으나, 행위허가와 관련한 부담금 부과·징수 업무의 담당자는 □□□□과에 별도로 있었다. 소외 1은 사전에 이 사건 차륜전삭고 건축에 관한 제반 자료를 미리 제출하지 아니한 상태에서 고양시청을 방문하여 소외 2와 이 사건 차륜전삭고 건축에 관한 인허가사항을 협의하였다. 그 과정에서 소외 2가 사전검토 없이 이 사건 차륜전삭고 건축을 위한 행위허가와 관련하여 부담금 부과에 관하여 언급한 것은 종전의 이 사건 어린이집 사례에 비추어 마찬가지로 부담금이 부과되지 않을 수도 있다는 가능성을 언급한 것일 뿐, 필요한 법리검토의 결과는 아니라고 보인다.

(4) 사정이 이러하다면, 소외 2가 소외 1에게 부담금 부과 면제가 가능하다고 말하였다 할지라도, 소외 2의 조직상의 지위와 임무, 그와 같은 언동을 하게 된 경위 등에 비추어 그 사유만으로 신뢰의 대상이 되는 공적인 견해가 표명된 것이라고 보기 어렵고, 그 후 피고가 개발제한구역법령의 정당한 해석에 따라 원고에게 부담금을 부과한 것이 신뢰보호원칙에 위배된다고 볼 수 없다.

(5) 그런데도 원심은, 소외 2의 위 언급이 공적인 견해표명에 해당하고 신뢰보호원칙의 나머지 적용요건도 모두 충족하였다고 보아 이 사건 처분이 신뢰보호원칙에 위배된다고 판단하였으니, 이러

한 원심판단에는 신뢰보호원칙에 관한 법리를 오해하여 판결에 영향을 미친 ★잘못이 있다. 이를 지적하는 상고이유 주장도 이유 있다(대법원 2020. 7. 23. 선고 2020두33824 판결).

판례 010

판시사항

[1] 의료기관을 개설할 수 없는 자가 개설한 의료기관이 요양기관으로서 요양급여를 실시하고 그 급여비용을 청구한 경우, 구 국민건강보험법 제52조 제1항, 제70조 제1항, 제3항에서 정한 부당이득징수 처분의 상대방인 요양기관에 해당하는지 여부(★적극) 및 이러한 의료기관이 요양급여비용을 청구하는 것이 '사위 기타 부당한 방법'에 해당하는지 여부(★적극)

[2] 구 국민건강보험법 제52조 제1항이 정한 부당이득징수가 재량행위인지 여부(★★★적극) / 의료기관의 개설명의인을 상대로 요양급여비용을 징수할 때 고려할 사항 및 이러한 사정을 고려하지 않고 의료기관의 개설명의인을 상대로 요양급여비용 전액을 징수하는 경우, 재량권을 일탈·남용한 때에 해당하는지 여부(★★★원칙적 적극)

판결요지

[1] 구 국민건강보험법(2011. 12. 31. 법률 제11141호로 전부 개정되기 전의 것, 이하 같다) 제39조, 제43조, 제52조 제1항, 제70조 제1항, 제3항, 제40조 제1항 제1호, 구 의료법(2007. 4. 11. 법률 제8366호로 전부 개정되기 전의 것) 제30조 제2항, 제53조 제1항 제2호, 제66조 제3호, 제69조의 내용과 체재 등에 비추어 보면, 의료기관을 개설할 수 없는 자가 개설한 의료기관은 국민건강보험법상 요양기관이 될 수 없지만, 이러한 의료기관이라 하더라도 요양기관으로서 요양급여를 실시하고 그 급여비용을 청구한 이상 구 국민건강보험법 제52조 제1항에서 정한 부당이득징수 처분의 상대방인 요양기관에 해당하고, 이러한 의료기관이 요양급여비용을 청구하는 것은 '사위 기타 부당한 방법'에 ★해당한다.

[2] 구 국민건강보험법(2011. 12. 31. 법률 제11141호로 전부 개정되기 전의 것, 이하 같다) 제52조 제1항은 "공단은 사위 기타 부당한 방법으로 보험급여를 받은 자 또는 보험급여비용을 받은 요양기관에 대하여 그 급여 또는 급여비용에 상당하는 금액의 전부 또는 일부를 징수한다."라고 규정하여 문언상 일부 징수가 가능함을 명시하고 있다. 위 조항은 요양기관이 부당한 방법으로 급여비용을 지급청구하는 것을 방지함으로써 바람직한 급여체계의 유지를 통한 건강보험 및 의료급여 재정의 건전성을 확보하려는 데 입법 취지가 있다. 그러나 요양기관으로서는 부당이득징수로 인하여 이미 실시한 요양급여에 대하여 그 비용을 상환받지 못하는 결과가 되므로 침익적 성격이 크다.

한편 구 의료법(2007. 4. 11. 법률 제8366호로 전부 개정되기 전의 것, 이하 같다) 제30조 제2항이 금지하는 '비의료인의 의료기관 개설행위'는 비의료인이 의료기관의 시설 및 인력의 충원·관리, 개설신고, 의료업의 시행, 필요한 자금의 조달, 운영성과의 귀속 등을 주도적으로 처리하는 것을 의미한다. 즉, 의료인인 개설명의인은 개설자에게 자신의 명의를 제공할 뿐 의료기관의 개설과 운영에 관여하지 않으며, 그에게 고용되어 근로 제공의 대가를 받을 뿐 의료기관 운영에 따른 손익이 그대로 귀속되지도 않는다. 이 점을 반영하여 구 의료법은 제30조 제2항 위반행위의 주체인 비의료인 개설자는 5년 이하의 징역 또는 2천만 원 이하의 벌금에 처하도록 규정한 반면, 의료인인 개설명의인은 제69조에서 '의료기관의 개설자가 될 수 없는 자에게 고용되어 의료행위를 한 자'로서 300만 원 이하의 벌금에 처하도록 규정하고 있다.

이상에서 살펴본 위 각 법 규정의 내용, 체재와 입법 취지, 부당이득징수의 법적 성질 등을 고려할 때, 구 국민건강보험법 제52조 제1항이 정한 부당이득징수는 재량행위라고 보는 것이 옳다. 그리고 요양기관이 실시한 요양급여 내용과 요양급여비용의 액수, 의료기관 개설·운영 과정에서의 개설명의인의 역할과 불법성의 정도, 의료기관 운영성과의 귀속 여부와 개설명의인이 얻은 이익의 정도, 그 밖에 조사에 대한 협조 여부 등의 사정을 고려하지 않고 의료기관의 개설명의인을 상대로 요양급여비용 전액을 징수하는 것은 다른 특별한 사정이 없는 한 비례의 원칙에 위배된 것으로 재량권을 ★일탈·남용한 때에 해당한다고 볼 수 있다(대법원 2020. 6. 4. 선고 2015두39996 판결).

판례 011

판시사항

[1] 회사합병이 있는 경우, 피합병회사의 권리·의무는 모두 합병으로 존속한 회사에 승계되는지 여부(★원칙적 적극)

[2] 공정거래위원회가 구 독점규제 및 공정거래에 관한 법률 제23조 제1항 또는 제2항, 제23조의2 또는 제23조의3, 구 대리점거래의 공정화에 관한 법률 제6조부터 제12조를 위반한 사업자에 대하여 위반행위를 시정하기 위해 필요한 제반 조치를 할 수 있는지 여부(★★적극) 및 공정거래위원회에 이러한 시정의 필요성 및 시정에 필요한 조치 내용의 판단에 관한 재량이 인정되는지 여부(★★적극)

[3] 공정거래위원회가 구 독점규제 및 공정거래에 관한 법률 제24조, 구 대리점거래의 공정화에 관한 법률 제23조에 따라 해당 사업자에 대하여 시정명령을 받은 사실을 통지하도록 명하는 경우, 통지명령의 상대방이 될 수 있는 자의 범위

판결요지

[1] 회사합병이 있는 경우에는 피합병회사의 권리·의무는 사법상의 관계 혹은 공법상의 관계를 불문하고 그 성질상 이전이 허용되지 않는 것을 제외하고는 모두 합병으로 인하여 존속한 회사에 승계되는 것으로 보아야 한다.

[2] 구 독점규제 및 공정거래에 관한 법률(2017. 4. 18. 법률 제14813호로 개정되기 전의 것, 이하 '구 공정거래법'이라 한다) 제24조, 구 대리점거래의 공정화에 관한 법률(2018. 1. 16. 법률 제15361호로 개정되기 전의 것, 이하 '구 대리점법'이라 한다) 제23조의 문언 내용에 비추어 보면, 공정거래위원회는 구 공정거래법 제23조 제1항 또는 제2항, 제23조의2 또는 제23조의3, 구 대리점법 제6조부터 제12조를 위반한 사업자에 대하여 위반행위를 시정하기 위하여 필요하다

고 인정되는 제반 조치를 할 수 있고, 이러한 시정의 필요성 및 시정에 필요한 조치의 내용에 관하여는 공정거래위원회에 그 판단에 관한 재량이 인정된다.

[3] 공정거래위원회는 구 독점규제 및 공정거래에 관한 법률(2017. 4. 18. 법률 제14813호로 개정되기 전의 것, 이하 '구 공정거래법'이라 한다) 제24조, 구 대리점거래의 공정화에 관한 법률(2018. 1. 16. 법률 제15361호로 개정되기 전의 것, 이하 '구 대리점법'이라 한다) 제23조에 따라 위반행위를 시정하기 위하여 필요하다고 인정되는 조치의 하나로 해당 사업자에 대하여 시정명령을 받은 사실을 통지하도록 명할 수 있다. 이러한 시정조치는 현재의 법 위반행위를 중단시키고, 향후 유사행위의 재발을 방지·억지하며, 왜곡된 경쟁질서를 회복시키고, 공정하고 자유로운 경쟁을 촉진시키는 데에 취지가 있는 것으로, 그중 ★★《통지명령》은 통지명령의 상대방에 대한 피해구제가 목적이 아니고, 통지명령의 상대방으로 하여금 해당 사업자의 위반행위를 명확히 인식하도록 함과 동시에 해당 사업자로 하여금 통지명령의 상대방이 지속적으로 위반행위 여부를 감시하리라는 것을 의식하게 하여 향후 유사행위의 재발 방지·억지를 보다 효율적으로 하기 위한 것이다. 따라서 통지명령의 상대방은 반드시 당해 위반행위에 의하여 직접 영향을 받았던 자로 한정되어야 하는 것은 아니고, 그 취지와 필요성 등을 고려하여 향후 영향을 받을 가능성이 큰 자도 이에 포함될 수 있다(대법원 2022. 5. 12. 선고 2022두31433 판결).

판례 012

판시사항

행정청이 국토의 계획 및 이용에 관한 법률에 따른 개발행위허가 기준에 부합하지 않는다는 점을 이유로 구 건축법상 가설건축물 축조신고의 수리를 거부할 수 있는지 여부(★★★원칙적 소극)

판결요지

2017. 1. 17. 개정 전 구 건축법은 가설건축물이 축조되는 지역과 용도에 따라 허가제와 신고제를 구분하면서, 가설건축물 신고와 관련하여서는 국토의 계획 및 이용에 관한 법률에 따른 개발행위허가 등 인·허가 의제 내지 협의에 관한 규정을 전혀 두고 있지 아니하다. 이러한 신고대상 가설건축물 규제 완화의 취지를 고려하면, 행정청은 특별한 사정이 없는 한 개발행위허가 기준에 부합하지 않는다는 점을 이유로 가설건축물 축조신고의 수리를 거부할 수는 없다.

【주 문】

원심판결을 파기하고, 사건을 대전고등법원에 환송한다.

【이 유】

상고이유를 판단한다.

1. 구 건축법(2017. 1. 17. 법률 제14535호로 개정되기 전의 것, 이하 같다) 제20조 제1항은 "도시·군계획시설 및 도시·군계획시설예정지에서 가설건축물을 건축하려는 자는 특별자치시장·특별자치도

지사 또는 시장·군수·구청장의 허가를 받아야 한다."라고 규정하고 있는 반면, 제3항은 "제1항에도 불구하고 재해복구, 흥행, 전람회, 공사용 가설건축물 등 대통령령으로 정하는 용도의 가설건축물을 축조하려는 자는 대통령령으로 정하는 존치 기간, 설치 기준 및 절차에 따라 특별자치시장·특별자치도지사 또는 시장·군수·구청장에게 신고한 후 착공하여야 한다."라고 규정하고 있다. 그 위임에 따라, 건축법 시행령 제15조 제5항 각호는 가설건축물의 용도를, 제15조 제7항은 가설건축물의 존치 기간을 구체적으로 규정하고 있고, 제9항은, 특별자치시장·특별자치도지사 또는 시장·군수·구청장이 가설건축물 축조신고서를 제출받았으면, 그 내용을 확인한 후 국토교통부령으로 정하는 가설건축물 축조신고 증명서를 신고인에게 발급하도록 규정하고 있다.

이처럼 2017. 1. 17. 개정 전 구 건축법은 가설건축물이 축조되는 지역과 용도에 따라 허가제와 신고제를 구분하면서, 가설건축물 신고와 관련하여서는 국토의 계획 및 이용에 관한 법률(이하 '국토계획법'이라 한다)에 따른 개발행위허가 등 인·허가 의제 내지 협의에 관한 규정을 전혀 두고 있지 아니하다. 이러한 신고대상 가설건축물 규제 완화의 취지를 고려하면, 행정청은 특별한 사정이 없는 한 ★★★개발행위허가 기준에 부합하지 않는다는 점을 이유로 가설건축물 축조신고의 수리를 거부할 수는 없다.

2. 가. 원심판결이 인용한 제1심판결의 이유에 의하면, 다음과 같은 사실을 알 수 있다.

1) 원고들은 충북 진천군 (주소 1 생략) 답 3,892㎡, (주소 2 생략) 답 4,046㎡(이 토지들을 통틀어 '이 사건 토지'라 한다)를 매수하고, 2016. 3. 9. 피고에게 이 사건 토지에 축사 용도로 건축 연면적이 각각 2,480㎡인 가설건축물을 1동씩 축조하겠다는 내용의 가설건축물 축조신고를 하였다.

2) 피고는 2016. 3. 11. 원고들에 대하여, 이 사건 토지는 농지가 집단화되어 농업 목적으로 이용할 필요가 있는 농림지역 내 경지 정리된 우량농지에 해당하고, 이를 축사부지로 사용하는 것은 국토계획법 제58조 및 같은 법 시행령 제56조에 규정한 개발행위허가기준인 '주변환경과의 조화' 요건을 충족하지 못한다는 사유로, 그 신고 수리를 거부하였다.

나. 이러한 사실관계를 앞서 본 법리에 비추어 보면, 원고들이 국토계획법상 개발행위허가를 받은 이후에야 비로소 축사용 가설건축물 축조행위로 나아가는 것이 허용된다고 하더라도, 원고들이 피고에게 국토계획법상 개발행위허가를 신청한 것이 아니라 구 건축법상 가설건축물 축조신고를 한 것인 이상, 피고로서는 구 건축법령에서 정하고 있는 가설건축물 축조의 요건이 충족되었는지를 확인하여 그 신고 수리 여부를 결정하여야 할 뿐, 국토계획법상 개발행위허가의 요건을 충족하지 못한다는 사유로 가설건축물 축조신고의 수리를 거부할 수는 ★없다.

다만 그 신고가 수리된 이후에 원고들이 이 사건 토지에 콘크리트 포장을 하는 등의 방법으로 토지의 형질을 변경한 다음 축사용 가설건축물을 축조하려고 한다면, 이는 국토계획법상 '건축물의 건축 또는 공작물의 설치', '토지의 형질 변경'에 해당하므로, 국토계획법 시행령 제53조 제1호부터 제3호까지에서 정한 '경미한 행위'에 해당한다는 특별한 사정이 없는 한, 원칙적으로 국토계획법상 개발행위허가를 받는 것이 필요할 따름이다.

다. 그런데도 원심은 이와 달리, 구 건축법 제20조 제3항에 따른 가설건축물 축조신고를 수리하는 경우, 국토계획법상 개발행위허가 등 구 건축법 제11조 제5항 각호의 관련 인·허가도 의제된다는 잘못된 전제 아래, 원고들의 가설건축물 축조신고에 대하여 국토계획법상 개발행위허가기준을 충족하지 못한다는 사유를 든 이 사건 거부처분을 적법하다고 판단하였다. 이러한 원심의 판단에는 구 건축법상 가설건축물 축조신고에 관한 법리를 오해하여 판결에 영향을 미친 ★위법이 있다. 이 점을 지적하는 상고이유 주장은 이유 있다(대법원 2019. 1. 10. 선고 2017두75606 판결).

판례 013

판시사항

[1] 제재적 행정처분이 재량권의 범위를 일탈하였거나 남용하였는지 판단하는 방법 및 제재적 행정처분의 기준이 부령의 형식으로 되어 있는 경우, 그 기준에 따른 처분이 적법한지 판단하는 방법

[2] 구 근로자직업능력 개발법이 직업능력개발훈련과정의 인정을 받은 사람이 '거짓이나 그 밖의 부정한 방법으로 비용을 지급받은 경우' 부정수급액의 반환명령 및 추가징수를 통한 환수 외에 '시정명령·훈련과정 인정취소·인정제한'을 할 수 있도록 규정한 취지 및 구 근로자직업능력 개발법 시행규칙 제8조의2 [별표 2]에서 정한 기준이 그 자체로 헌법 또는 법률에 합치되지 않는다거나 그 처분기준을 적용한 결과가 현저히 부당한지 여부(★소극)

판결요지

[1] 제재적 행정처분이 재량권의 범위를 일탈하였거나 남용하였는지는, 처분사유인 위반행위의 내용과 위반의 정도, 처분에 의하여 달성하려는 공익상의 필요와 개인이 입게 될 불이익 및 이에 따르는 여러 사정 등을 객관적으로 심리하여 공익침해의 정도와 처분으로 개인이 입게 될 불이익을 비교·교량하여 판단하여야 한다. 이러한 제재적 행정처분의 기준이 부령 형식으로 규정되어 있더라도 그것은 행정청 내부의 사무처리준칙을 규정한 것에 지나지 않아 대외적으로 국민이나 법원을 기속하는 효력이 없다. 따라서 그 처분의 적법 여부는 처분기준만이 아니라 관계 법령의 규정 내용과 취지에 따라 판단하여야 한다. 그러므로 처분기준에 부합한다 하여 곧바로 처분이 적법한 것이라고 할 수는 없지만, 처분기준이 그 자체로 헌법 또는 법률에 합치되지 않거나 그 기준을 적용한 결과가 처분사유인 위반행위의 내용 및 관계 법령의 규정과 취지에 비추어 현저히 부당하다고 인정할 만한 합리적인 이유가 없는 한, 섣불리 그 기준에 따른 처분이 재량권의 범위를 일탈하였다거나 재량권을 남용한 것으로 판단해서는 ★안 된다.

[2] 구 근로자직업능력 개발법(2020. 3. 31. 법률 제17186호로 개정되기 전의 것, 이하 '구 직업능력개발법'이라 한다)이 직업능력개발훈련과정의 인정을 받은 사람이 '거짓이나 그 밖의 부정한 방법으로 비용을 지급받은 경우' 부정수급액의 반환명령 및 추가징수를 통한 환수 외에 '시정명령·훈련과정 인정취소·인정제한'을 할 수 있도록 규정한 취지는, 부정수급자를 엄중하게 제재하여 부정수급 행위를 방지하고 직업능력개발훈련에 대한 건전한 신뢰와 법질서를 확립하며 직업능력개발훈련 지원금 예산의 재정건전성을 유지하고자 함에 있다. 이와 같은 구 직업능력개발법 제24조 제2항, 제3항의 입법 취지나 목적, 그에 따른 인정취소 및 위탁·인정제한의 세부기준을 정한 구 근로자직업능력 개발법 시행규칙(2020. 7. 14. 고용노동부령 제288호로 개정되기 전의 것) 조항들의 구체적인 내용 등에 비추어 보면, 같은 시행규칙 제8조의2 [별표 2]에서 정한 기준이 그 자체로 헌법 또는 법률에 합치되지 않는다거나 그 처분기준을 적용한 결과가 현저히 부당하다고 보이지 ★않는다(대법원 2022. 4. 14. 선고 2021두60960 판결).

※1. 사건의 경위와 원심의 판단

가. 원심판결 이유와 기록에 의하면, 다음과 같은 사정들을 알 수 있다.

1) 원고는 온라인 원격평생교육시설 운영업 등을 목적으로 설립된 회사로서 고용보험법 제27조 및 구 「근로자직업능력 개발법」(2020. 3. 31. 법률 제17186호로 개정되기 전의 것, 이하 '구 직업능력개발법'이라고 한다) 제20조 제1항 제1호에 따라 직업능력개발훈련을 실시하려는 사업주들로부터 온라인 원격훈련을 위탁받아 실시하는 훈련기관이다.

2) 광주지방고용노동청은 고용노동부의 통보에 따라 원고에 대해 직업능력개발훈련 특별 지도·감독을 실시하여 원고의 영업사원 소외인이 7개 과정에서 위탁사업장 훈련생들에 대하여 대리수강을 함으로써 훈련비용 4,819,920원을 부정 수급한 사실(이하 '이 사건 위반행위'라고 한다)을 적발하였다.

3) 피고는 2020. 4. 29. 원고에 대하여 '거짓이나 그 밖의 부정한 방법으로 비용을 받은 경우'로서 그 금액이 '100만 원 이상 500만 원 미만인 경우'에 해당한다는 이유로 구 직업능력개발법 제24조 제2항 제2호, 제3항, 구 근로자직업능력 개발법 시행규칙(2020. 7. 14. 고용노동부령 제288호로 개정되기 전의 것, 이하 '구 직업능력개발법 시행규칙'이라고 한다) 제8조의2 [별표 2]의 처분기준에 따라 '인정취소와 3개월 전 과정 위탁·인정제한 처분'을, '훈련과정에 대하여 인정받은 내용을 위반하여 직업능력개발훈련을 실시한 경우'로서 '거짓이나 그 밖의 부정한 방법으로 훈련인원을 조작하거나 출결석 관리를 하는 등 훈련기간·시간의 중요 사항에 관하여 훈련목적에 위배될 정도로 인정받은 내용을 위반한 경우'에 해당한다는 이유로 같은 법 제24조 제2항 제5호, 제3항, 같은 시행규칙 제8조의2 [별표 2]의 처분기준에 따라 '인정취소와 6개월 해당과정 위탁·인정제한 처분'을 하였다(이하 '이 사건 각 처분'이라고 한다).

나. 원심은 다음과 같은 이유를 들어 이 사건 각 처분은 재량권을 일탈·남용한 위법이 있어 취소되어야 한다고 판단하였다.

1) 이 사건 각 처분은 사후적 조치에 불과하므로, 훈련비용 부정수급을 방지함으로써 근로자의 직업능력개발에 필요한 직무수행능력을 습득, 향상시키고 근로자의 훈련기회를 보장하고자 하는 공익 목적의 달성이 불확실하거나 달성될 공익 목적이 추상적이다. 훈련비용 부정수급 및 대리수강 행위는 구 직업능력개발법 제56조 제2항, 제3항에 의한 부정수급액의 반환 및 추가징수를 통하여도 방지할 수 있다.

2) 이 사건 위반행위로 인한 원고의 부정수급액은 4,819,920원으로 전체 훈련비용 대비 약 0.4786%에 불과하고, 전체 훈련 수료생 32,877명에 비하여 대리수강 훈련생은 총 60명에 불과하며, 원고의 영업사원인 소외인이 독자적으로 이 사건 위반행위를 실행하였을 뿐 원고가 대리수강 행위를 지시하는 등 조직적으로 이루어진 부정행위로 볼 수 없으므로, 이 사건 위반행위는 그 위반의 정도가 경미한 경우에 해당한다.

3) 이 사건 각 처분 이전 사전유보조치로 인하여 원고에게 손실이 발생하였고, 이 사건 각 처분 이후 인증유예 등급이 부여될 경우 해당 기간 영업을 하지 못함으로 인하여 사실상 폐업에 준하는 결

과가 발생할 것으로 예상되므로, 이와 같은 사정 등을 고려하면, 이 사건 각 처분으로 인하여 달성될 공익 목적보다 그로 인하여 입게 될 원고의 불이익이 더 중대하다.

2. 그러나 원심의 판단은 다음과 같은 이유로 수긍할 수 없다.

가. 제재적 행정처분이 재량권의 범위를 일탈하였거나 남용하였는지는, 처분사유인 위반행위의 내용과 그 위반의 정도, 그 처분에 의하여 달성하려는 공익상의 필요와 개인이 입게 될 불이익 및 이에 따르는 여러 사정 등을 객관적으로 심리하여 공익침해의 정도와 처분으로 인하여 개인이 입게 될 불이익을 비교·교량하여 판단하여야 한다. 이러한 제재적 행정처분의 기준이 부령 형식으로 규정되어 있더라도 그것은 행정청 내부의 사무처리준칙을 규정한 것에 지나지 않아 대외적으로 국민이나 법원을 기속하는 효력이 없다. 따라서 그 처분의 적법 여부는 처분기준만이 아니라 관계 법령의 규정 내용과 취지에 따라 판단하여야 한다. 그러므로 처분기준에 부합한다 하여 곧바로 처분이 적법한 것이라고 할 수는 없지만, 처분기준이 그 자체로 헌법 또는 법률에 합치되지 않거나 그 기준을 적용한 결과가 처분사유인 위반행위의 내용 및 관계 법령의 규정과 취지에 비추어 현저히 부당하다고 인정할 만한 합리적인 이유가 없는 한, 섣불리 그 기준에 따른 처분이 재량권의 범위를 일탈하였다거나 재량권을 남용한 것으로 판단해서는 안 된다(대법원 2018. 5. 15. 선고 2016두57984 판결, 대법원 2019. 9. 26. 선고 2017두48406 판결 등 참조).

나. 구 직업능력개발법 제24조 제2항 제2호, 제5호에 의하면, 고용노동부장관은 직업능력개발훈련과정의 인정을 받은 자가 '거짓이나 그 밖의 부정한 방법으로 비용 또는 융자를 받았거나 받으려고 한 경우(제2호)'에는 그 훈련과정의 인정을 취소하여야 하고, '인정받은 내용을 위반하여 직업능력개발훈련을 실시한 경우(제5호)'에는 그 훈련과정의 인정을 취소할 수 있다. 같은 조 제3항에 의하면, 제2항에 따라 인정이 취소된 자에 대하여는 그 취소일부터 5년의 범위에서 제16조 제1항에 따른 직업능력개발훈련의 위탁과 제1항 및 제19조에 따른 인정을 하지 아니할 수 있다.

같은 법 시행규칙 제8조의2 및 [별표 2]는 같은 법 제24조 제5항의 위임에 따라 인정취소의 세부기준, 인정취소 사유별 구체적인 인정 제한기간의 기준을 정하고 있는데, 제1호의 일반기준 (가)목은 '법 제24조에 따라 훈련과정의 인정을 받은 자가 법 제24조 제2항 각호의 어느 하나에 해당하는 행위를 한 경우에는 제2호의 개별기준에 따라 시정명령, 인정취소 또는 위탁 및 인정제한의 처분을 하여야 한다. 다만 고의 또는 중대한 과실이 없거나 위반의 정도가 경미한 경우에는 개별기준에서 정한 기준의 2분의 1(인정취소의 경우에는 시정명령)의 범위에서 감경하여 조치할 수 있다.'라고 규정하고 있고, 같은 일반기준 (라)목은 '둘 이상의 위탁 및 인정제한 사유가 동시에 발생한 경우 또는 위탁 및 인정제한 기간에 추가로 제한 사유가 발생한 경우의 위탁 및 인정제한 기간은 3년의 범위에서 각 제한 기간을 합산한 기간으로 한다.'라고 규정하고 있다. 또한, 제2호의 개별기준 (나)목은 '거짓이나 그 밖의 부정한 방법으로 비용을 지원받은 금액이 100만 원 이상 500만 원 미만'인 경우 '인정취소와 3개월 전 과정 위탁·인정제한' 처분을 하도록 규정하고 있고, 같은 개별기준 (마)목은 '거짓이나 그 밖의 부정한 방법으로 훈련인원을 조작하거나 출결석 관리를 하는 등 훈련기간·시간의 중요 사항에 관하여 훈련목적에 위배될 정도로 인정받은 내용을 위반한 경우'에는 '인정취소와 6개월 해당직종 위탁·인정제한' 처분을 하도록 규정하고 있다.

다. 구 직업능력개발법이 직업능력개발훈련과정의 인정을 받은 사람이 '거짓이나 그 밖의 부정한 방법으로 비용을 지급받은 경우' 부정수급액의 반환명령 및 추가징수를 통한 환수 외에 '시정명령·훈련과정 인정취소·인정제한'을 할 수 있도록 규정한 취지는, 부정수급자를 엄중하게 제재하여 부정수급 행위를 방지하고 직업능력개발훈련에 대한 건전한 신뢰와 법질서를 확립하며 직업능력개발훈련 지원금 예산의 재정건전성을 유지하고자 함에 있다. 이와 같은 구 직업능력개발법 제24조 제2항, 제3항의 입법 취지나 목적, 그에 따른 인정취소 및 위탁·인정제한의 세부기준을 정한 구 직업능력개발법 시행규칙 조항들의 구체적인 내용 등에 비추어 보면, 같은 시행규칙 제8조의2 [별표 2]에서 정한 기준이 그 자체로 헌법 또는 법률에 합치되지 않는다거나 그 처분기준을 적용한 결과가 현저히 부당하다고 보이지 않는다.

라. 또한, 원심판결 이유와 기록에 의하여 알 수 있는 다음과 같은 사정들을 고려하면, 위 [별표 2]에서 정한 기준에 따른 이 사건 각 처분이 재량권의 범위를 일탈하였다거나 재량권을 남용하였다고 보기 어렵다.

1) 원고는 2017. 4. 17.경부터 2017. 12. 24.경까지 60명의 훈련생에 대한 대리수강 행위를 통하여 합계 4,819,920원의 훈련비용을 부정수급하였는데, 대리수강 건수와 부정수급 비용의 액수 등에 비추어 볼 때, 이 사건 위반행위의 정도가 경미하다고 단정할 수 없다.

2) 원고가 영업사원 소외인에 대하여 관리·감독을 철저히 하는 등 주의의무를 다하였다고 볼 만한 사정도 찾아볼 수 없다.

3) 이 사건 각 처분 이전에 사전유보조치가 있었다는 점이나 이후 인증유예 등급이 부여될 우려가 있다는 점 등은 이 사건 각 처분 전후 발생할 수 있는 부수적인 사정에 불과하고, 이 사건 각 처분으로 인하여 원고가 입게 되는 직접적인 불이익이라고 볼 수 없으므로, 이 사건 각 처분으로 달성하고자 하는 공익 목적과 비교·교량하는 원고의 불이익으로 고려하기에는 적절치 않다.

3. 그런데도 원심은, 그 판시와 같은 사정만으로 이 사건 각 처분에 재량권을 일탈·남용한 위법이 있어 취소되어야 한다고 판단하였다. 이러한 원심판결에는 제재적 행정처분에 있어 재량권의 일탈·남용에 관한 법리를 오해하여 판결에 영향을 미친 위법이 있다. 이 점을 지적하는 상고이유 주장은 이유 있다.

판례 014

판시사항

[1] 공증인이 직무수행을 하면서 공증인의 감독기관인 법무부장관이 제정한 '집행증서 작성사무지침'을 위반한 경우, 공증인법 제79조 제1호에 근거한 직무상 명령을 위반한 것인지 여부(적극)

[2] 공무원이 상급행정기관이나 감독권자의 직무상 명령을 위반하였다는 점을 징계사유로 삼으려면 직무상 명령이 상위법령에 반하지 않는 적법·유효한 것이어야 하는지 여부(적극)

[3] 행정규칙의 내용이 상위법령에 반하는 경우, 당연무효인지 여부(적극) 및 법원이 위 행정규칙에 따라 행정기관이 한 조치의 당부를 판단하는 방법

[4] '대부업자 등'이 금전대부계약과 관련하여 쌍방대리 형태의 촉탁행위를 할 경우 공증인에게 촉탁을 거절할 의무를 부과하고 있는 '집행증서 작성사무 지침' 제4조가 무효인지 여부(★★적극)

> **판결요지**

[1] 일반적으로 상급행정기관은 소속 공무원이나 하급행정기관에 대하여 업무처리지침이나 법령의 해석·적용 기준을 정해주는 '행정규칙'을 제정할 수 있다. 공증인은 직무에 관하여 공무원의 지위를 가지고, 법무부장관은 공증인에 대한 감독기관이므로 공증인법 제79조 제1호에 근거한 직무상 명령을 개별·구체적인 지시의 형식으로 할 수도 있으나, 행정규칙의 형식으로 일반적인 기준을 제시하거나 의무를 부과할 수도 있다.

법무부장관은 공증인의 '집행증서'(이는 법령상 용어는 아니고 강제집행을 승낙하는 의사표시가 기재되어 민사집행법에 따른 강제집행의 집행권원이 되는 공정증서를 강학상, 실무상으로 지칭하는 용어이다) 작성 사무에 관한 사항을 정하여 그 사무의 적절성과 공정성을 확보하고 집행증서 작성 과정에서 집행채무자의 권리가 부당하게 침해되는 것을 방지함을 목적으로, 2013. 10. 1. '집행증서 작성사무 지침'을 제정하였다. 이는 공증인의 감독기관인 법무부장관이 상위법령의 구체적인 위임 없이 공증인이 직무수행에서 준수하여야 할 세부적인 사항을 규정한 '행정규칙'이라고 보아야 한다. 따라서 공증인이 직무수행에서 위 지침을 위반한 경우에는 공증인법 제79조 제1호에 근거한 직무상 명령을 위반한 것이다.

[2] 공무원이 상급행정기관이나 감독권자의 직무상 명령을 위반하였다는 점을 징계사유로 삼으려면 직무상 명령이 상위법령에 반하지 않는 ★적법·유효한 것이어야 한다.

[3] '행정규칙'은 상위법령의 구체적 위임이 있지 않는 한 행정조직 내부에서만 효력을 가질 뿐 대외적으로 국민이나 법원을 구속하는 효력이 없다. 다만 행정규칙이 이를 정한 행정기관의 재량에 속하는 사항에 관한 것인 때에는 그 규정 내용이 객관적 합리성을 결여하였다는 등의 특별한 사정이 없는 한 법원은 이를 존중하는 것이 바람직하다. 그러나 행정규칙의 내용이 상위법령에 반하는 것이라면 법치국가원리에서 파생되는 법질서의 통일성과 모순금지 원칙에 따라 그것은 법질서상 당연무효이고, 행정내부적 효력도 인정될 수 없다. 이러한 경우 법원은 해당 행정규칙이 법질서상 부존재하는 것으로 취급하여 행정기관이 한 조치의 당부를 상위법령의 규정과 입법 목적 등에 따라서 판단하여야 한다.

[4] '집행증서 작성사무 지침' 제4조는 법률에 의하여 허용되는 쌍방대리 형태의 촉탁행위에 대하여 '대부업자 등'의 금전대부계약에 따른 채권·채무에 관한 경우에는 행정규칙의 형식으로 일반적으로 공증인에게 촉탁을 거절하여야 할 의무를 부과하는 것이어서 '법률우위원칙'에 위배되어 ★★★무효라고 보아야 한다(대법원 2020. 11. 26. 선고 2020두42262 판결).

○ 판례 015

판시사항

'위반사업자 또는 그 소속 임원·종업원이 위반행위 조사를 거부·방해 또는 기피한 경우' 과징금을 가중할 수 있도록 규정한 구 과징금부과 세부기준 등에 관한 고시 Ⅳ. 3. 나. (4)항의 법적 근거 및 법적 성질(★★=재량준칙) / 위 고시조항이 가급적 존중되어야 하는지 여부(★적극)

판결요지

구 독점규제 및 공정거래에 관한 법률(2017. 4. 18. 법률 제14813호로 개정되기 전의 것) 제55조의3 제1항, 제5항, 구 독점규제 및 공정거래에 관한 법률 시행령(2016. 3. 8. 대통령령 제27034호로 개정되기 전의 것) 제61조 제1항 [별표 2] 제2호 (다)목, 제3호의 문언·내용과 체계에 따르면, 독점규제 및 공정거래에 관한 법령은 과징금 산정에 필요한 참작사유를 포괄적·예시적으로 규정하면서 구체적인 고려사항과 세부기준은 공정거래위원회의 고시에 위임하고 있음을 알 수 있다. 공정거래위원회가 구 과징금부과 세부기준 등에 관한 고시(2013. 6. 5. 공정거래위원회 고시 제2013-2호로 개정되기 전의 것) Ⅳ. 3. 나. (4)항(이하 '고시조항'이라 한다)에서 2차 조정을 위한 가중사유로 "위반사업자 또는 그 소속 임원·종업원이 위반행위 조사를 거부·방해 또는 기피한 경우"를 정한 것은 위와 같은 법령의 규정과 위임에 근거를 두고 있다.

한편 공정거래위원회는 독점규제 및 공정거래에 관한 법령상 과징금 상한의 범위에서 과징금 부과 여부와 과징금 액수를 정할 재량을 가지고 있다. 위 고시조항은 과징금 산정에 관한 재량권 행사의 기준으로 마련된 행정청 내부의 사무처리준칙, 즉 ★★재량준칙이다. 이러한 재량준칙은 그 기준이 헌법이나 법률에 합치되지 않거나 객관적으로 합리적이라고 볼 수 없어 재량권을 남용한 것이라고 인정되지 않는 이상 가급적 존중되어야 한다.

【이 유】

상고이유(상고이유서 제출기간이 지난 다음 제출된 상고이유보충서들은 이를 보충하는 범위에서)를 판단한다.

1. 조사방해를 이유로 한 과징금 가중의 법적 근거(상고이유 제2점)

가. 구 「독점규제 및 공정거래에 관한 법률」(2017. 4. 18. 법률 제14813호로 개정되기 전의 것) 제55조의3 제1항은 과징금을 부과하는 경우 '위반행위의 내용 및 정도(제1호), 위반행위의 기간 및 횟수(제2호), 위반행위로 인해 취득한 이익의 규모 등(제3호)'을 참작하도록 정하고, 제5항에서 제1항의 규정에 따른 과징금의 부과기준은 대통령령으로 정하도록 하고 있다.

구 「독점규제 및 공정거래에 관한 법률 시행령」(2016. 3. 8. 대통령령 제27034호로 개정되기 전의 것) 제61조 제1항 [별표 2] 제2호는 과징금의 산정기준에 관하여 "과징금은 법 제55조의3(과징금 부과) 제1항 각호에서 정한 참작사유와 이에 영향을 미치는 사항을 고려하여 산정하되, 위반행위 유형에 따른 기본 산정기준에 위반행위의 기간 및 횟수 등에 따른 조정, 위반사업자의 고의·과실 등에 따른 조정을 거쳐 부과과징금을 산정한다."라고 정하고, 그 아래 (다)목에서 위반사업자의 고의·과실 등에 따른 조정('2차 조정')에 관하여 "법 제55조의3(과징금 부과) 제1항 각호의 사항에 영향을 미치는 위반사업자의 고의·과실, 위반행위의 성격과 사정 등의 사유를 고려하여 1차 조정된 산정기준의 100분의 50의 범위에서 공정거래위원회가 정하여 고시하는 기준에 따라 조정한다."라고 정하며, 제3호에서 시행령에 규정한 사항 외에 과징금의 부과에 관하여 필요한 세부기준은 공정거래위원회가 정하여 고시하도록 하고 있다.

이러한 법령의 문언·내용과 체계에 따르면, 독점규제 및 공정거래에 관한 법령(이하 '공정거래법령'이라 한다)은 과징금 산정에 필요한 참작사유를 포괄적·예시적으로 규정하면서 구체적인 고려사항과 세부기준은 공정거래위원회의 고시에 위임하고 있음을 알 수 있다. 공정거래위원회가 구 「과징금부과 세부기준 등에 관한 고시」(2013. 6. 5. 공정거래위원회 고시 제2013-2호로 개정되기 전의 것) Ⅳ. 3. 나. (4)항(이하 '이 사건 고시조항'이라 한다)에서 2차 조정을 위한 가중사유로 "위반사업자 또는 그 소속 임원·종업원이 위반행위 조사를 거부·방해 또는 기피한 경우"를 정한 것은 위와 같은 법령의 규정과 위임에 근거를 두고 있다.

한편 공정거래위원회는 공정거래법령상 과징금 상한의 범위에서 과징금 부과 여부와 과징금 액수를 정할 재량을 가지고 있다. 이 사건 고시조항은 과징금 산정에 관한 재량권 행사의 기준으로 마련된 행정청 내부의 사무처리준칙, 즉 재량준칙이다. 이러한 재량준칙은 그 기준이 헌법이나 법률에 합치되지 않거나 객관적으로 합리적이라고 볼 수 없어 재량권을 남용한 것이라고 인정되지 않는 이상 가급적 존중되어야 한다(대법원 2017. 1. 12. 선고 2016두35199 판결 참조).

나. 원심은 다음과 같이 판단하였다. 공정거래법령은 과징금을 산정할 때 고려하여야 할 참작사유를 한정적으로 규정하지 않고 포괄적으로 규정함으로써 공정거래위원회에 과징금 제도의 취지와 목적 달성에 필요한 요소를 추가로 고려할 수 있도록 하고 있다. 피고가 법령상 상한의 범위에서 과징금을 산정하면서 위반사업자의 조사협력 행위를 감경적 요소로, 조사방해 행위를 가중적 요소로 고려할 수 있도록 기준을 정하였다고 하더라도 법령상 근거가 없는 규제로서 ★무효라고 볼 수 없다. 이러한 사정은 이후 이 사건 고시조항이 삭제되었다고 하더라도 그러한 사유만으로 달리 볼 수 없다.

위에서 본 법리에 비추어 살펴보면, 원심판결은 정당하고 조사방해를 이유로 한 과징금 가중의 법적 근거에 관한 법리를 오해한 잘못이 없다.

2. 원고에 대한 조사방해 가중의 위법 여부(상고이유 제1점)

가. 조사방해의 인정

원심은 다음과 같은 이유로 피고가 원고의 조사방해를 인정한 것에 잘못이 없다고 판단하였다. 이 사건 고시조항은 "위반사업자 또는 그 소속 임원·종업원이 위반행위 조사를 거부·방해 또는 기피한 경우" 과징금을 가중할 수 있도록 규정하고 있을 뿐 조사방해의 결과를 요구하고 있지 않다. 위 조항의 조사방해를 인정하는 데 조사를 방해하는 행위 외에 실제로 조사가 방해된 결과가 발생할 필요는 없다.

관련 법리와 기록에 비추어 살펴보면, 원심은 위와 같은 조사방해 여부를 판단하기 위한 사정이 과징금 부과의 대상인 위반행위의 성립과 관련한 처분사유가 아니라 구체적인 과징금 액수 산정을 위한 재량적 고려사항임을 전제로 판단한 것으로서, 행정소송에서 처분사유, 과징금 가중사유로서 조사방해의 성립요건에 관한 법리를 오해하거나 자유심증주의의 한계를 벗어난 잘못이 없다.

나. 과징금의 가중과 가중비율

원심은 다음과 같이 판단하였다. 피고가 사안의 경중을 비교하여 이 사건 사업자들 중 한일시멘트 주식회사의 조사방해에 관해서는 10%의 가중비율을 적용하고, 원고의 조사방해에 관해서는 20%의 가중비율을 적용한 것은 위법하지 않다. 원고가 원고의 행위보다 위법성이 큰 조사방해 행위에 대해서도 과태료만이 부과되었을 뿐 조사방해 가중규정이 적용되지 않은 경우라며 들고 있는 사례들은 이 사건과 구체적 사실관계에서 차이가 있다. 종래 피고가 판단을 달리한 일부 의결 사례들이 있다는 사정만으로 조사방해 가중규정을 적용하지 않는 것에 관하여 피고에게 자기구속력 있는 행정관행이 성립되었다고 인정하기는 어렵다. 피고가 합리적 이유 없이 자의적으로 이 사건 공동행위와 동일하거나 유사한 위반행위를 한 사업자들과 원고를 달리 취급하였다고 인정하기도 부족하다.

관련 법리와 기록에 비추어 살펴보면, 원심판결에 조사방해를 이유로 한 과징금의 가중 여부와 가중비율 적용에 관하여 재량권을 일탈·남용한 잘못이 없다(대법원 2020. 11. 12. 선고 2017두36212 판결).

판례 016

판시사항

[1] 국토의 계획 및 이용에 관한 법률 제56조 제1항에 따른 개발행위허가 요건에 해당하는지 여부가 행정청의 재량판단 영역에 속하는지 여부(★★★적극) / 환경의 훼손이나 오염을 발생시킬 우려가 있는 개발행위에 대한 행정청의 허가와 관련하여 재량권의 일탈·남용 여부를 심사하는 방법 / '환경오염 발생 우려'와 같이 장래에 발생할 불확실한 상황과 파급효과에 대한 예측이 필요한 요건에 관한 행정청의 재량적 판단은 법원이 존중해야 하는지 여부(원칙적 적극)

[2] 행정규칙의 효력 및 행정규칙에 근거한 처분이 적법한지 판단하는 기준

[3] 《행정기관의 재량에 속하는 사항에 관한 행정규칙의 경우》, 《법원은 이를 존중해야 하는지 여부(★★원칙적 적극)》

[4] 항고소송에서 행정청이 처분 당시에 제시한 구체적 사실을 변경하지 않는 범위 내에서 단지 처분의 근거 법령만을 추가·변경하거나 당초의 처분사유를 구체적으로 표시하는 것에 불과한 경우, 새로운 처분사유를 추가·변경하는 것인지 여부(소극)

[5] 개발행위허가신청에 대하여 행정청이 처분서에 불확정개념으로 규정된 법령상의 허가기준 등을 충족하지 못하였다는 취지만 간략히 기재하여 거부처분을 한 경우, 소송절차에서 행정청은 처분사유를 구체화하여야 하는지 여부(★★적극) 및 개발행위허가 거부처분의 효력을 다투는 원고는 행정청이 제시한 구체적인 판단과 근거에 재량권 일탈·남용의 위법이 있음을 밝히기 위해 추가적인 주장 및 자료를 제출할 필요가 있는지 여부(★★적극)

【이 유】

상고이유를 판단한다.

1. 사건의 개요

원심판결 이유와 원심이 인용한 제1심판결 이유 및 기록에 의하면, 아래와 같은 사정을 알 수 있다.

가. 원고는 2017. 12. 8. 피고에게 강원 양양군 (주소 1 생략) 임야 8,126㎡, (주소 2 생략) 임야 20,470㎡ 중 17,703㎡ 부분 합계 25,829㎡(이하 '이 사건 사업부지'라고 한다)에 태양광발전시설을 설치하기 위하여 국토의 계획 및 이용에 관한 법률(이하 '국토계획법'이라고 한다)에 따른 개발행위(토지형질변경)허가를 신청하였다.

나. 피고는 2018. 6. 1. 원고에게 '이 사건 사업부지 대부분이 고속국도 65호선, 이도(이도) 203호선으로부터 100m 이내에 위치하여 구 양양군 개발행위허가 운영지침(2019. 1. 29. 예규 제216호로 개정되기 전의 것, 이하 같다) 제6조 제1항 제1호(이하 '이 사건 지침 조항'이라고 한다)에 저촉된다'는 이유로 거부처분을 하였다(이하 '이 사건 처분'이라고 한다).

다. 원고가 이 사건 처분의 취소를 구하는 이 사건 소를 제기하자, 피고는 소송절차에서 이 사건 사업부지에 태양광발전시설이 설치됨으로써 산림이 훼손되고, 주변 경관을 저해하며, 운전자의 눈부심 현상으로 교통 지장 등이 발생할 우려가 있으므로 이 사건 처분은 적법하다고 주장하였다.

2. 원심의 판단

원심은 다음과 같은 이유로 이 사건 처분은 위법하다고 판단하였다.

가. 피고가 이 사건 처분을 하면서 제시한 '당초 처분사유'는 이 사건 사업부지 대부분이 이 사건 지침 조항에 저촉된다는 것인데, 이 사건 지침 조항은 대외적 구속력이 없는 행정규칙에 불과하므로 이 사건 지침 조항에 저촉된다는 점은 개발행위허가를 거부할 적법한 처분사유로 볼 수 없다.

나. 피고가 소송절차에서 추가로 주장한 처분사유인 산림 훼손, 주변 경관 저해, 교통 지장 등의 우려는 당초 처분사유와 기본적 사실관계가 동일하다고 할 수 없어 처분사유의 추가가 허용되지 않는다.

3. 상고이유 제1점, 제2점에 관한 판단

가. 관련 법리

1) 국토계획법 제56조 제1항에 의한 개발행위허가는 허가기준 및 금지요건이 불확정개념으로 규정된 부분이 많아 그 요건에 해당하는지 여부는 행정청의 재량판단의 영역에 속한다. 특히 환경의 훼손이나 오염을 발생시킬 우려가 있는 개발행위에 대한 행정청의 허가와 관련하여 재량권의 일탈·남용 여부를 심사할 때에는, 해당 지역 주민들의 토지이용실태와 생활환경 등 구체적 지역 상황과 상

반되는 이익을 가진 이해관계자들 사이의 권익 균형 및 환경권의 보호에 관한 각종 규정의 입법 취지 등을 종합하여 신중하게 판단하여야 한다. '환경오염 발생 우려'와 같이 장래에 발생할 불확실한 상황과 파급효과에 대한 예측이 필요한 요건에 관한 행정청의 재량적 판단은 그 내용이 현저히 합리성을 결여하였다거나 상반되는 이익이나 가치를 대비해 볼 때 형평이나 비례의 원칙에 뚜렷하게 배치되는 등의 사정이 없는 한 법원은 이를 존중하는 것이 바람직하다(대법원 2017. 3. 15. 선고 2016두55490 판결 등 참조).

2) 상급행정기관이 소속 공무원이나 하급행정기관에 대하여 업무처리지침이나 법령의 해석·적용 기준을 정해 주는 '행정규칙'은 일반적으로 행정조직 내부에서만 효력을 가질 뿐 대외적으로 국민이나 법원을 구속하는 효력이 없다. 처분이 행정규칙을 위반하였다고 해서 그러한 사정만으로 곧바로 위법하게 되는 것은 아니고, 처분이 행정규칙을 따른 것이라고 해서 적법성이 보장되는 것도 아니다. 처분이 적법한지는 행정규칙에 적합한지 여부가 아니라 헌법과 법률, 대외적으로 구속력 있는 법령의 규정과 입법 목적, 비례·평등원칙과 같은 법의 일반원칙에 적합한지 여부에 따라 판단해야 한다(대법원 2019. 7. 11. 선고 2017두38874 판결 등 참조).

행정규칙이 이를 정한 행정기관의 재량에 속하는 사항에 관한 것인 때에는 그 규정 내용이 객관적 합리성을 결여하였다는 등의 특별한 사정이 없는 한 법원은 이를 존중하는 것이 바람직하다(대법원 2019. 1. 10. 선고 2017두43319 판결 참조).

나. 이 사건 ★지침 조항의 법적 성질

1) 국토계획법 제58조 제1항 제4호, 제3항은 개발행위허가 신청 내용이 "주변지역의 토지이용실태 또는 토지이용계획, 건축물의 높이, 토지의 경사도, 수목의 상태, 물의 배수, 하천·호소·습지의 배수 등 주변 환경이나 경관과 조화를 이룰 것"이라는 기준에 맞는 경우에만 개발행위허가를 하여야 하고, 개발행위허가기준은 지역의 특성, 지역의 개발상황, 기반시설의 현황 등을 고려하여 대통령령으로 정한다고 규정하고 있다.

그 위임에 따른 구 국토의 계획 및 이용에 관한 법률 시행령(2017. 12. 29. 대통령령 제28521호로 개정되기 전의 것, 이하 '구 국토계획법 시행령'이라고 한다) 제56조 제1항 [별표 1의2] '개발행위허가기준' 제1호 (라)목 (1), (2)는 "개발행위로 건축 또는 설치하는 건축물 또는 공작물이 주변의 자연경관 및 미관을 훼손하지 아니하고, 그 높이·형태 및 색채가 주변건축물과 조화를 이루어야 하며, 도시·군계획으로 경관계획이 수립되어 있는 경우에는 그에 적합할 것", "개발행위로 인하여 당해 지역 및 그 주변지역에 대기오염·수질오염·토질오염·소음·진동·분진 등에 의한 환경오염·생태계파괴·위해발생 등이 발생할 우려가 없을 것"을 규정하고, 제56조 제4항은 국토교통부장관은 제1항의 개발행위허가기준에 대한 세부적인 검토기준을 정할 수 있다고 규정하고 있다.

그에 따라 국토교통부장관이 정한 구 개발행위허가 운영지침(2018. 4. 18. 국토교통부훈령 제997호로 개정되기 전의 것, 이하 같다)은 허가권자가 국토계획법령에서 위임하거나 정한 범위 안에서 도시·군계획조례를 마련하거나 법령 및 이 지침에서 정한 범위 안에서 별도의 지침을 마련하여 개발행위허가제를 운영할 수 있고(1-2-2), 개발행위허가기준을 적용함에 있어 지역특성을 감안하여 지방도시계획위원회의 자문을 거쳐 높이·거리·배치·범위 등에 관한 구체적인 기준을 정할 수 있다[3-2-6(3)]고 규정하였다.

이에 따라 피고가 정한 구 양양군 개발행위허가 운영지침 중 이 사건 지침 조항은 발전시설의 세부 허가기준으로 "왕복 2차로 이상의 포장된 도로로부터 100m 이내에 입지하지 아니할 것"을 규정하였다.

2) 구 국토계획법 시행령 제56조 제1항 [별표 1의2] '개발행위허가기준'은 국토계획법 제58조 제3항의 위임에 따라 제정된 대외적으로 구속력 있는 법규명령에 해당한다. 그러나 구 국토계획법 시행령 제56조 제4항은 국토교통부장관이 제56조 제1항 [별표 1의2]에서 정한 개발행위허가기준에 대한 '세부적인 검토기준'을 정할 수 있다고 규정하였을 뿐이므로, 그에 따라 국토교통부장관이 정한 구 개발행위허가 운영지침은 세부적인 검토기준일 뿐 그 자체가 대외적으로 구속력 있는 규범이라고 볼 수는 없고, 상급행정기관인 국토교통부장관이 소속 공무원이나 하급행정기관에 대하여 개발행위허가업무와 관련하여 국토계획법령에 규정된 개발행위허가기준의 해석·적용에 관한 세부 기준을 정해 주는 ★★'행정규칙'이라고 보아야 한다.

피고가 정한 구 양양군 개발행위허가 운영지침 역시 관계 법령과 구 개발행위허가 운영지침의 범위 안에서 개발행위 허가권자인 피고가 개발행위허가제를 운영하기 위하여 각 지방자치단체의 특성에 맞도록 별도로 마련한 개발행위 허가에 관한 세부적인 검토기준으로, 그 형식 및 내용에 비추어 피고 내부의 사무처리준칙 또는 재량준칙에 불과하므로 일반 국민이나 법원을 구속하는 대외적 구속력은 없다.

3) 한편 ★★★태양광발전시설이 초래할 수 있는 환경훼손의 문제점과 양양군의 지리적·환경적 특성을 고려하면, 이 사건 지침 조항은 양양군 내 발전시설이 주변 환경이나 경관과 조화를 이루고 환경오염·생태계파괴·위해발생 등의 우려가 없도록 국토계획법령의 개발행위허가기준을 구체화한 것이라 볼 수 있고, 발전시설의 이격거리를 100m로 획일적으로 제한하고 있다고 하여 국토계획법령에 반하거나 객관적 합리성을 결여한 것이라고 볼 수 없다(대법원 2019. 10. 17. 선고 2018두40744 판결 참조).

다. 이 사건에 관한 판단

1) 이 사건 처분은 이 사건 지침 조항에 따라 이루어졌으나, 이 사건 지침 조항은 대외적 구속력이 없으므로, 이 사건 처분이 적법한지 여부는 국토계획법령에서 정한 개발행위허가기준과 비례·평등원칙과 같은 법의 일반원칙에 적합한지 여부에 따라 판단해야 한다.

2) 그런데도 원심은 이 사건 지침 조항이 대외적 구속력이 없는 행정규칙에 불과하므로 이 사건 지침 조항에 저촉된다는 점은 개발행위허가를 거부할 적법한 처분사유로 볼 수 없다고 하면서, 이 사건 처분이 국토계획법령에서 정한 개발행위허가기준 등에 적합한지에 관하여 전혀 심리·판단하지 않은 채, 이 사건 처분이 위법하다고 단정하였다. 이러한 원심의 판단에는 국토계획법령상 개발행위허가기준과 행정규칙의 효력 등에 관한 법리를 오해하여 필요한 심리를 다하지 않음으로써 판결 결과에 영향을 미친 위법이 있다. 이 점을 지적하는 상고이유 주장은 이유 있다.

4. 상고이유 제3점에 관한 판단

가. 관련 법리

1) 항고소송에서는 실질적 법치주의와 행정처분의 상대방인 국민에 대한 신뢰보호라는 견지에서 행정청이 당초 처분의 근거로 삼은 사유와 기본적 사실관계에 있어서 동일성이 있다고 인정되지 않는 별개의 사실을 들어 처분사유로 주장함은 허용되지 않는다. 여기서 기본적 사실관계의 동일성 유무는 처분사유를 법률적으로 평가하기 이전의 구체적인 사실에 착안하여 그 기초가 되는 사회적 사실관계가 기본적인 점에서 동일한지 여부에 따라 결정된다(이를 '처분사유 추가·변경 제한 법리'라고 한다, 대법원 2006. 10. 13. 선고 2005두10446 판결 등 참조). 그러나 ★★★행정청이 처분 당시에 제시한 구체적 사실을 변경하지 않는 범위 내에서 단지 처분의 근거 법령만을 추가·변경하거나 당초의 처분사유를 구체적으로 표시하는 것에 불과한 경우에는 새로운 처분사유를 추가하거나 변경하는 것이라고 볼 수 없다(대법원 2008. 2. 28. 선고 2007두13791, 13807 판결 등 참조).

2) 개발행위허가신청에 대하여 행정청이 거부처분을 하면서 처분서에 불확정개념으로 규정된 법령상 허가기준을 충족하지 못한다는 취지만을 간략하게 기재하였다면, 소송절차에서 행정청은 그와 같은 판단을 하게 된 근거나 자료 등을 제시하여 처분사유를 구체화하여야 하며, 재량행위인 개발행위허가 거부처분의 효력을 다투는 원고로서는 행정청이 제시한 구체적인 판단과 근거에 재량권 일탈·남용의 위법이 있음을 밝히기 위하여 소송에서 추가적인 주장을 하고 자료를 제출할 필요가 있다(대법원 2018. 12. 27. 선고 2018두49796 판결 참조).

나. 이 사건에 관한 판단

1) 앞서 살펴본 바와 같이, 이 사건 지침 조항은 대외적 구속력이 없는 행정규칙에 불과하지만, 구 국토계획법 시행령 제56조 제1항 [별표 1의2]에서 정한 '주변의 자연경관 및 미관을 훼손하지 아니하고 조화를 이룰 것', '환경오염·생태계파괴·위해발생 등이 발생할 우려가 없을 것'이라는 개발행위허가기준을 구체화한 것이라고 볼 수 있고, 행정처분이 적법한지 여부는 상위법령의 규정 등에 적합한지 여부에 따라 판단하여야 한다.

2) ★★★피고가 이 사건 처분을 하면서 '원고가 시행하려는 사업계획이 이 사건 지침 조항에 저촉된다'는 이유를 제시하였고, 이 사건 소송절차에서 '이 사건 사업부지에 태양광발전시설이 설치됨으로써 산림이 훼손되고, 주변 경관을 저해하며, 운전자에게 눈부심 현상을 발생시키는 등으로 교통지장이 초래될 우려가 있다'고 주장하였다고 하더라도, 이는 새로운 처분사유를 추가로 주장하는 것이 아니라, 당초 처분사유를 구체적으로 설명한 것에 불과하다고 보아야 한다.

3) 그렇다면 원심으로서는 피고가 이 사건 소송절차에서 구체적으로 제시한 처분사유가 인정되는지, 즉 원고의 사업계획에 따라 개발행위를 할 경우에 산림 훼손, 주변 경관 저해, 교통 지장 등이 실제 발생할 우려가 있는지에 관하여 ★★심리·판단하였어야 한다.

4) 그런데도 원심은 피고의 소송상 주장이 당초 처분사유와 기본적 사실관계의 동일성이 인정되지 않는 처분사유의 추가로서 허용되지 않는다고 판단하였다. 이러한 원심판단에는 처분사유의 추가·변경에 관한 법리를 오해하여 필요한 심리를 다하지 않음으로써 판결 결과에 영향을 미친 위법이 있다. 이 점을 지적하는 상고이유 주장도 이유 있다(대법원 2020. 8. 27. 선고 2019두60776 판결).

판례 017

판시사항

여객자동차운송사업의 한정면허를 신규로 발급하는 때 및 한정면허의 갱신 여부를 결정하는 때에 관계 법규 내에서 한정면허의 기준이 충족되었는지를 판단하는 것이 관할 행정청의 재량에 속하는지 여부(★적극) / 한정면허의 기준을 충족하였는지 여부를 심사한 시·도지사의 의사는 가능한 존중되어야 하는지 여부(원칙적 적극) 및 이에 대한 사법심사의 대상 및 판단 기준 / 한정면허의 갱신 여부를 심사하는 과정에서 고려할 사항 및 시·도지사가 한정면허의 갱신 여부를 심사할 때 한정면허 갱신 신청자가 거부처분으로 입게 되는 불이익의 내용과 정도 등을 전혀 비교형량하지 않았거나 비교형량의 고려대상에 포함해야 할 사항을 누락한 경우 또는 비교형량을 하였으나 정당성·객관성이 결여된 경우, 한정면허의 갱신에 관한 거부처분이 위법한지 여부(★★★적극)

판결요지

여객자동차 운수사업법 제4조 제1항 단서 및 제2항, 제3항, 여객자동차 운수사업법 시행규칙 제17조 제1항 제1호 (가)목 1), 제5항 및 제6항을 종합하면, 여객자동차운송사업의 한정면허는 특정인에게 권리나 이익을 부여하는 수익적 행정행위로서, 교통수요, 운송업체의 수송 및 공급능력 등에 관한 기술적·전문적 판단이 필요하고, 원활한 운송체계의 확보, 일반 공중의 교통 편의성 제고 등 운수행정을 통한 공익적 측면과 함께 관련 운송사업자들 사이의 이해관계 조정 등 사익적 측면을 고려하는 등 합목적성과 구체적 타당성을 확보하기 위한 적합한 기준에 따라야 하므로, 그 범위 내에서는 법령이 특별히 규정한 바가 없으면 행정청이 재량을 보유하고 이는 한정면허가 기간만료로 실효되어 갱신되는 경우에도 마찬가지이다. 따라서 한정면허가 신규로 발급되는 때는 물론이고 한정면허의 갱신 여부를 결정하는 때에도 관계 법규 내에서 한정면허의 기준이 충족되었는지를 판단하는 것은 관할 행정청의 재량에 속한다. 그러므로 시·도지사가 한정면허의 기준을 충족하였는지 여부를 심사한 것이 객관적으로 합리적이지 않거나 타당하지 않다고 보이지 아니하는 한 그 의사는 가능한 존중되어야 하고, 이에 대한 사법심사는 원칙적으로 재량권의 일탈이나 남용이 있는지 여부만을 대상으로 하며, 사실오인과 비례·평등의 원칙 위반 여부 등이 판단 기준이 된다.

특히 한정면허의 갱신은 신규면허 당시에 구비하였던 여객자동차 운수사업법 시행규칙 제17조 제1항 각호의 요건이 그 후 시간의 경과에 따라 해당 요건을 충족하지 않게 된 경우, 종전의 한정면허가 더는 유지되지 않게 함으로써 여객자동차 운수사업의 건전한 발전을 도모하는 데에 목적이 있다. 다른 한편으로, 한정면허의 갱신을 신청하는 자가 과거에 여객자동차 운수사업법 시행규칙 제17조 제1항 각호의 요건을 충족한 것으로 인정받아 한정면허를 받은 바 있고 그에 따라 이미 많은 자본을 투자하여 상당한 인원과 설비를 갖추었다면, 한정면허의 갱신 여부에 관하여 신규로 면허를 신청하는 경우보다 훨씬 중대한 이해관계를 갖는다. 따라서 이러한 사정은 한정면허의 내용, 그 경위와 목적, 종전 한정면허 당시와 비교한 사정 변경 여부 등과 함께 한정면허의 갱신 여부를 심사하는 과정에서 고려대상에 포함되어야 한다. 만일 이와 달리 행정청인 시·도지사가 한정면허의 갱신 여부를 심사할 때 한정면허의 갱신을 신청한 자가 거부처분으로 입게 되는 불이익의 내용과 정도 등을 ★★★전혀 비교형량하지 아니하였거나 비교형량의 고려대상에 마땅히 포함시켜야 할 사항을 누락한 경우 또는 비교형량을 하였으나 정당성·객관성이 결여된 경우에는 한정면허의 갱신에 관한 거부처분은 ★★★재량권을 일탈·남용하여 위법하다고 할 수밖에 없다(대법원 2020. 6. 11. 선고 2020두34384 판결).

○판례018

판시사항

구 국민건강보험법 제85조 제1항 제1호에 따른 요양기관 업무정지처분의 법적 성격(=대물적 처분) 및 대상(★★★=요양기관의 업무 자체) / 속임수나 그 밖의 부당한 방법으로 보험자에게 요양급여비용을 부담하게 한 요양기관이 폐업한 경우, 그 요양기관 및 폐업 후 그 요양기관의 개설자가 새로 개설한 요양기관에 대하여 업무정지처분을 할 수 있는지 여부(★★★소극)

판결요지

구 국민건강보험법(2011. 12. 31. 법률 제11141호로 전부 개정되기 전의 것, 이하 같다) 제40조 제1항, 제85조 제1항 제1호, 제85조의2 제1항, 국민건강보험법 제98조 제1항 제1호, 구 국민건강보험법 시행령(2012. 8. 31. 대통령령 제24077호로 전부 개정되기 전의 것) 제21조 제1항 제4호, 제3항, 구 의료법(2016. 5. 29. 법률 제14220호로 개정되기 전의 것, 이하 같다) 제33조 제3항, 제36조, '업무정지처분에 갈음한 과징금 적용기준'(2008. 11. 26. 보건복지가족부 고시 제2008-153호) 제2조 제2호 (다)목을 종합하면, 요양기관이 속임수나 그 밖의 부당한 방법으로 보험자에게 요양급여비용을 부담하게 한 때에 구 국민건강보험법 제85조 제1항 제1호에 의해 받게 되는 요양기관 업무정지처분은 의료인 개인의 자격에 대한 제재가 아니라 요양기관의 업무 자체에 대한 것으로서 대물적 처분의 성격을 갖는다. 따라서 속임수나 그 밖의 부당한 방법으로 보험자에게 요양급여비용을 부담하게 한 요양기관이 폐업한 때에는 그 요양기관은 업무를 할 수 없는 상태일 뿐만 아니라 그 처분대상도 없어졌으므로 그 요양기관 및 폐업 후 그 요양기관의 개설자가 새로 개설한 요양기관에 대하여 업무정지처분을 할 수는 ★없다.

이러한 해석은 침익적 행정행위의 근거가 되는 행정법규는 엄격하게 해석·적용하여야 하고, 입법 취지와 목적 등을 고려한 목적론적 해석이 전적으로 배제되는 것이 아니라고 하더라도 그 해석이 문언의 통상적인 의미를 벗어나서는 아니 된다는 법리에도 부합한다. 더군다나 구 의료법 제66조 제1항 제7호에 의하면 보건복지부장관은 의료인이 속임수 등 부정한 방법으로 진료비를 거짓 청구한 때에는 1년의 범위에서 면허자격을 정지시킬 수 있고 이와 같이 요양기관 개설자인 의료인 개인에 대한 제재수단이 별도로 존재하는 이상, 위와 같은 사안에서 제재의 실효성 확보를 이유로 구 국민건강보험법 제85조 제1항 제1호의 '요양기관'을 확장해석할 필요도 ★없다.

【이 유】

상고이유를 판단한다.

1. 사안의 개요와 쟁점

가. 원심판결 이유와 기록에 의하면 다음의 사실을 알 수 있다.

1) 원고는 2010. 7. 12. 서울 용산구 (주소 1 생략)에서 의사 소외 1과 함께 '○○○○이비인후과의원'(이하 '이 사건 의원'이라 한다)을 개설하여 운영한 의사이다.

2) 이 사건 의원의 개설자는 2011. 1. 3.경 원고와 의사 소외 2로 변경되었고, 그들은 2014. 5. 7.경 이 사건 의원을 폐업하였다. 그 후 원고는 2014. 7. 5.경 세종시 (주소 2 생략)에서 '△△△이비인후과의원'을 개설하여 운영하고 있다.

3) 피고는 2017. 5. 29. 원고에게 '원고와 소외 2는 2011. 5.부터 2011. 9.까지 이 사건 의원을 개설·운영하면서 국민건강보험법 제42조 제1항에 따라 요양급여는 의료법에 따라 개설된 의료기관 등에서 실시하여야 그 비용을 청구할 수 있음에도 이 사건 의원이 아닌 □□□□□□□타운에서 수진자들을 진료한 다음 그 진찰료를 요양급여비용으로 청구하고 위 진료에 관한 원외처방전을 요양급여대상으로 발급하여 약국 약제비를 청구하도록 함으로써 국민건강보험공단에 합계 2,570,180원의 요양급여비용을 부담하게 하였다.'는 이유로 구 국민건강보험법(2011. 12. 31. 법률 제11141호로 전부 개정되기 전의 것, 이하 같다) 제85조 제1항 제1호에 근거하여 '△△△이비인후과의원'의 업무를 10일 동안 정지하는 처분(이하 '이 사건 처분'이라 한다)을 하였다.

나. 이 사건의 쟁점은, 구 국민건강보험법 제85조 제1항 제1호의 요양기관 업무정지처분의 법적 성격 및 대상과 관련하여 폐업한 요양기관에서 발생한 위반행위를 이유로 그 요양기관의 개설자가 새로 개설한 요양기관에 대하여 업무정지처분을 할 수 있는지 여부이다.

2. 업무정지처분의 법적 성격 및 대상

가. 업무정지처분의 대상인 요양기관

1) 구 국민건강보험법 제85조 제1항 제1호는 '보건복지부장관은 요양기관이 속임수나 그 밖의 부당한 방법으로 보험자에게 요양급여비용을 부담하게 한 때에는 1년의 범위 안에서 기간을 정하여 요양기관의 업무정지를 명할 수 있다.'라고 규정하여 법문상 업무정지처분의 처분대상을 '요양기관'으로 정하고 있다. 이후 2011. 12. 31. 전부 개정된 국민건강보험법 제98조 제1항 제1호는 '그 요양기관에 대하여 업무정지를 명할 수 있다.'라고 규정하여 처분대상을 위반행위 당시의 요양기관으로 명확하게 규정하고 있다.

2) 구 국민건강보험법 제40조 제1항은 '요양급여는 각호의 요양기관에서 행한다.'라고 하면서 제1호에서 '의료법에 의하여 개설된 의료기관'을 규정하고 있다. 또한 구 의료법(2016. 5. 29. 법률 제14220호로 개정되기 전의 것, 이하 같다) 제33조 제3항, 제36조에 의하면 의원 등을 개설하려는 의사 등은 보건복지부령으로 정한 의료기관의 종류에 따른 시설기준 및 규격에 관한 사항, 의료기관의 안전관리시설 기준에 관한 사항, 의료기관 및 요양병원의 운영 기준에 관한 사항 등을 준수하여 시장·군수·구청장에게 신고하여야 한다.

이와 같이 요양기관과 요양기관 개설자는 구별되는 개념이고 요양기관인 의료기관 등의 개설 신고는 의료기관 등의 시설·운영 등에 관한 사항 등을 준수하여야 하는 대물적 성격을 가지고 있다.

나. 관련 법령에 규정된 요양기관에 대한 제재처분의 승계사유

1) 구 국민건강보험법 제85조 제3항은 "제1항에 따른 업무정지처분의 효과는 그 처분이 확정된 요양기관을 양수한 자 또는 합병 후 존속하는 법인에 승계되고, 업무정지처분의 절차가 진행 중인 때

에는 양수인 또는 합병 후 존속하는 법인에 대하여 그 절차를 계속 진행할 수 있다. 다만 양수인 또는 합병 후 존속하는 법인이 그 처분 또는 위반사실을 알지 못하였음을 증명하는 때에는 그러하지 아니하다."라고 규정하여 요양기관이 양수 또는 합병된 경우 양수인 등에 대한 제재사유의 승계를 인정하고 있다.

2) 구 국민건강보험법 제40조 제1항 및 그 위임에 따른 구 국민건강보험법 시행령(2012. 8. 31. 대통령령 제24077호로 전부 개정되기 전의 것, 이하 같다) 제21조 제1항 제4호는 구 국민건강보험법 제85조의 규정에 의한 업무정지처분의 절차가 진행 중이거나 업무정지처분을 받은 요양기관의 개설자가 개설한 의료기관에 대하여는 국민건강보험의 요양기관에서 제외할 수 있도록 정하고 있다. 구 국민건강보험법 시행령 제21조 제3항은 '의료기관 등이 요양기관에서 제외되는 기간은 업무정지처분 기간이 끝나는 날까지로 한다.'라고 규정하고 있다.

3) 또한 구 국민건강보험법 제85조의2 제1항은 '보건복지부장관은 요양기관이 제85조 제1항 제1호에 해당하여 업무정지처분을 하여야 하는 경우로서 그 업무정지처분이 그 요양기관을 이용하는 자에게 심한 불편을 주거나 보건복지부장관이 정하는 특별한 사유가 있는 경우 그 업무정지처분에 갈음하여 과징금을 부과·징수할 수 있다.'라고 정하고 있다. 「업무정지처분에 갈음한 과징금 적용기준」(2008. 11. 26. 보건복지가족부고시 제2008-153호) 제2조 제2호 (다)목은 특별한 사유가 있다고 인정되는 경우 중 하나로 '요양기관이 행정처분 절차 중에 폐업하는 등으로 인하여 업무정지처분이 제재수단으로서 실효성이 없어 과징금 처분이 타당하다고 판단되는 경우'를 규정하고 있다.

4) 이와 같이 관련 법령에는 업무정지처분의 절차가 진행되기 이전에 이미 폐업한 요양기관에서 발생한 위반행위를 이유로 그 요양기관의 개설자가 새로 개설한 요양기관에 대하여 업무정지처분을 할 수 있는 규정을 두고 있지 아니하다.

다. 업무정지처분의 적법 여부

1) 앞서 본 관련 규정들을 종합하여 보면, 요양기관이 속임수나 그 밖의 부당한 방법으로 보험자에게 요양급여비용을 부담하게 한 때에 구 국민건강보험법 제85조 제1항 제1호에 의해 받게 되는 요양기관 업무정지처분은 의료인 개인의 자격에 대한 제재가 아니라 요양기관의 업무 자체에 대한 것으로서 대물적 처분의 성격을 갖는다. 따라서 속임수나 그 밖의 부당한 방법으로 보험자에게 요양급여비용을 부담하게 한 요양기관이 폐업한 때에는 그 요양기관은 업무를 할 수 없는 상태일 뿐만 아니라 그 처분대상도 ★없어졌으므로 그 요양기관 및 폐업 후 그 요양기관의 개설자가 새로 개설한 요양기관에 대하여 업무정지처분을 할 수는 ★없다.

2) 이러한 해석은 침익적 행정행위의 근거가 되는 행정법규는 엄격하게 해석·적용하여야 하고, 그 입법 취지와 목적 등을 고려한 목적론적 해석이 전적으로 배제되는 것이 아니라고 하더라도 그 해석이 문언의 통상적인 의미를 벗어나서는 아니 된다는 법리에도 부합한다(대법원 2008. 2. 28. 선고 2007두13791 판결, 대법원 2018. 2. 28. 선고 2016두64982 판결 등 참조). 더군다나 구 의료법 제66조 제1항 제7호에 의하면 보건복지부장관은 의료인이 속임수 등 부정한 방법으로 진료비를 거짓 청구한 때에는 1년의 범위에서 면허자격을 정지시킬 수 있고 이와 같이 요양기관 개설자인 의료인 개인에 대한 제재수단이 별도로 존재하는 이상, 이 사건과 같은 사안에서 제재의 실효성 확보를 이유로 구 국민건강보험법 제85조 제1항 제1호의 '요양기관'을 ★확장해석할 필요도 없다.

3. 이 사안에 대한 판단

가. 위에서 본 사실관계를 이러한 법리에 비추어 살펴보면, 속임수나 그 밖의 부당한 방법으로 보험자에게 요양급여비용을 부담하게 한 요양기관이 폐업한 때에는 그 요양기관뿐만 아니라 요양기관의 개설자가 새로 개설한 요양기관에 대하여 업무정지처분을 할 수 없음에도 이 사건 처분은 이 사건 의원 폐업 후 원고가 새로 개설하여 운영하고 있는 요양기관에 대하여 이루어진 것으로 ★★<<처분의 대상이 아닌 다른 요양기관에 대한 처분이므로 위법하다.>>

나. 같은 취지에서 원심은 이 사건 처분이 위법하다고 판단하였고, 이러한 원심판단은 위에서 본 법리에 기초한 것으로서, 상고이유 주장과 같이 구 국민건강보험법 제85조 제1항 제1호에서 정한 요양기관 업무정지처분의 법적 성격 및 처분대상 등에 관한 법리를 오해한 잘못이 없다(대법원 2022. 1. 27. 선고 2020두39365 판결).

판례 019

판시사항

택지개발사업으로 조성된 토지를 취득하여 개발계획에서 정해진 규모 및 용도에 따라 건축물의 건축행위를 한 자가 수도법령에 따른 상수도원인자부담금 납부의무를 부담하는지 여부(★★★원칙적 소극)

【이 유】

상고이유(상고이유서 제출기간이 지난 다음 제출된 상고이유보충서의 기재는 상고이유를 보충하는 범위에서)를 판단한다.

1. 이 사건의 개요와 쟁점

가. 원심판결 이유와 기록에 의하면, 다음과 같은 사정들을 알 수 있다.

1) 한국토지주택공사는 2007. 4.경 건설교통부장관으로부터 대구 동구 신서동 일원의 '대구신서혁신도시 개발사업'(이하 '이 사건 택지개발사업'이라 한다)의 시행자로 지정되어, 2012. 12.경 이 사건 택지개발사업을 완료하였다.

2) 원고는 한국토지주택공사로부터 이 사건 택지개발사업지구 내 ○-○○○ 토지(이하 '이 사건 사업지구'라 한다)를 분양받은 후, 2015. 12. 29. 국토교통부장관으로부터 이 사건 사업지구에 공공임대주택(이하 '이 사건 아파트'라 한다)을 건축하는 내용의 공공주택건설사업(이하 '이 사건 주택건설사업'이라 한다)의 사업계획승인을 받았다.

3) 원고는 이 사건 주택건설사업을 시행하는 과정에서 2017. 6.경 피고에게 이 사건 아파트를 위한 급수공사를 신청하였다.

4) 피고는 2017. 6. 5. 위 급수공사신청을 승인하면서, 원고에 대하여 수도법 제71조 제1항, 수도법 시행령 제65조, 「대구광역시 상수도원인자부담금 징수 조례」 제5조 제1항, 제6조 제1항 [별표]를 근거로 상수도원인자부담금 합계 224,512,000원을 부과하는 이 사건 처분을 하였다.

나. 이 사건의 쟁점은, 1) 택지개발사업의 시행자로부터 주택건설용지를 분양받아 주택을 건축한 원고가 수도법령에 따른 상수도원인자부담금 납부의무를 부담하는지 여부, 2) 원고가 납부의무를 부담하지 않는다고 볼 경우 상수도원인자부담금 납부의무자가 아닌 자를 상대방으로 한 이 사건 처분의 하자가 중대·명백한지 여부이다.

2. 원고가 상수도원인자부담금 납부의무를 부담하는지 여부

가. 1) 수도법 제3조는 '수도'를 관로(관로), 그 밖의 공작물을 사용하여 원수나 정수를 공급하는 시설의 전부(제5호), '수도시설'을 원수나 정수를 공급하기 위한 취수·저수·도수·정수·송수·배수시설, 급수설비, 그 밖에 수도에 관련된 시설(제17호), '수도공사'를 수도시설을 신설·증설 또는 개조하는 공사(제25호)라고 정의하고 있다. 수도법 제71조는 원인자부담금에 관하여 규정하면서, 제1항에서 "수도사업자는 수도공사를 하는 데에 비용 발생의 원인을 제공한 자(주택단지·산업시설 등 수돗물을 많이 쓰는 시설을 설치하여 수도시설의 신설이나 증설 등의 원인을 제공한 자를 포함한다)에게 그 수도공사에 필요한 비용의 전부 또는 일부를 부담하게 할 수 있다."라고 규정하고 있다.

2) 택지개발사업은 '일단(일단)의 토지를 활용하여 주택건설 및 주거생활이 가능한 택지를 조성하는 사업'으로서(택지개발촉진법 제2조 제4호 참조), 사업의 시행 과정에서 택지개발계획 승인 등을 통해 조성되는 택지에 건축되는 건축물 등의 규모 및 용도가 예정되어 있다. 조성된 택지 가운데 주택건설사업계획의 승인을 받아 주택과 그 부대시설 및 복리시설을 건설하거나 대지를 조성하는 데 사용되는 일단의 토지는 '주택단지'에 해당한다(주택법 제2조 제12호 참조). 주택단지 조성 등을 위한 택지개발사업이 시행되는 경우, '수도시설의 신설이나 증설 등의 원인'은 택지개발행위를 하였을 때 발생하는 것이지, 택지개발사업의 시행자가 직접 또는 그로부터 주택건설용지 등을 분양받은 주택건설사업자가 조성된 택지에 주택 등의 건축물을 건축하였을 때에 비로소 발생한다고 볼 것은 아니다.

3) 따라서 택지개발사업으로 조성된 택지에 그 개발계획에서 정해진 규모 및 용도에 따라 건축물이 건축된 경우 수도법령에 따른 상수도원인자부담금 납부의무는 택지개발사업의 ★★<<사업시행자가 부담하는 것이 원칙>>이고, 해당 건축물이 원래 택지개발사업에서 예정된 범위를 초과하는 등의 특별한 사정이 없는 한 ★★★<<택지를 분양받아 건축물의 건축행위를 한 자는 별도로 상수도원인자부담금 납부의무를 부담하지 않는다>>고 보아야 한다(대법원 2012. 10. 11. 선고 2010두7604 판결 참조).

나. 앞서 본 사실관계를 이러한 법리에 비추어 살펴본다. 이 사건에서 한국토지주택공사가 이 사건 택지개발사업을 시행하였고, 원고는 한국토지주택공사가 조성한 택지 중 한 구역인 이 사건 사업지구를 분양받아 이 사건 주택건설사업을 시행한 주택건설사업자이다. 따라서 이 사건 사업지구에서 이 사건 택지개발사업에서 예정된 범위를 초과하는 규모의 건축물이 건축되었다는 등의 특별한 사정이 없는 한, 이 사건 사업지구와 관련하여 수도법 제71조 제1항과 그 하위 법령에 따른 상수도원인자부담금 납부의무를 부담하는 자는 이 사건 택지개발사업을 시행하여 '수도공사를 하는 데에 비용 발생의 원인을 제공한 자'에 해당하는 한국토지주택공사이고, 원고는 상수도원인자부담금 납부의무자가 아니라고 보아야 한다.

같은 취지에서 원심은 이 사건 처분이 상수도원인자부담금 납부의무를 부담하지 않는 자를 상대방으로 한 것으로서 위법하다고 판단하였다. 이러한 원심판단에 상고이유 주장과 같이 수도법상 상수도원인자부담금 부과요건 등에 관한 법리를 오해한 잘못이 없다.

3. 이 사건 처분의 하자가 중대·명백한지 여부

가. 하자 있는 행정처분이 당연무효가 되기 위해서는 그 하자가 법규의 중요한 부분을 위반한 중대한 것일 뿐만 아니라 객관적으로 명백한 것이어야 한다. 하자가 중대하고 명백한지를 판단할 때에는 그 법규의 목적, 의미, 기능 등을 목적론적으로 고찰함과 동시에 구체적 사안 자체의 특수성도 합리적으로 고찰하여야 한다(대법원 2012. 2. 16. 선고 2010두10907 전원합의체 판결 등 참조).

나. 원심은 이 사건 사업지구에 관한 상수도원인자부담금의 납부의무자는 이 사건 택지개발사업의 시행자인 한국토지주택공사인데, 그 납부의무자가 아닌 원고에 대하여 상수도원인자부담금을 부과한 이 사건 처분은 그 하자가 중대·명백하여 ★★당연무효라고 판단하였다.

이러한 원심판단은 앞서 본 법리에 기초한 것으로서(대법원 2008. 3. 20. 선고 2007두6342 전원합의체 판결 참조) 거기에 상고이유 주장과 같이 행정처분의 당연무효에 관한 법리를 오해한 잘못이 없다(대법원 2020. 7. 29. 선고 2019두30140 판결).

판례 020

판시사항

[1] 공인중개사법 제38조 제1항 제7호에서 정한 '중개업무'에 거래 당사자 쌍방의 의뢰를 받아 이루어지는 경우 외에 거래 당사자 일방의 의뢰를 받아 이루어지는 경우가 포함되는지 여부(적극) 및 어떠한 행위가 '중개업무의 수행'에 해당하는지 판단하는 기준

[2] 선행처분과 후행처분이 서로 독립하여 별개의 법률효과를 발생시키는 경우, 선행처분에 불가쟁력이 생겨 그 효력을 다툴 수 없게 되면 선행처분의 하자를 이유로 후행처분의 효력을 다툴 수 있는지 여부(★원칙적 소극) 및 예외적으로 선행처분의 하자를 이유로 후행처분의 효력을 다툴 수 있는 경우

판결요지

[1] 공인중개사법 제38조 제1항 제7호는 '업무정지기간 중에 중개업무를 하는 경우'를 중개사무소의 개설등록 취소사유로 규정하고 있다. 여기에서 말하는 중개업무란 중개대상물에 대하여 거래 당사자 간의 매매·교환·임대차 기타 권리의 득실·변경에 관한 행위를 알선하는 업무를 말한다(공인중개사법 제2조 제1호). 그러한 업무는 거래 당사자 쌍방의 의뢰를 받아 이루어지는 경우뿐만 아니라 거래 당사자 일방의 의뢰를 받아 이루어지는 경우도 포함한다. 한편 어떠한 행위가 '중개업무의 수행'에 해당하는지는 중개업자의 행위를 객관적으로 보아 사회통념상 거래의 알선·중개를 위한 행위라고 인정되는지에 따라 판단하여야 한다.

[2] 2개 이상의 행정처분이 연속적 또는 단계적으로 이루어지는 경우 선행처분과 후행처분이 서

로 합하여 1개의 법률효과를 완성하는 때에는 선행처분에 하자가 있으면 그 하자는 후행처분에 승계된다. 이러한 경우에는 선행처분에 불가쟁력이 생겨 그 효력을 다툴 수 없게 되더라도 선행처분의 하자를 이유로 후행처분의 효력을 다툴 수 있다. 그러나 선행처분과 후행처분이 서로 독립하여 별개의 법률효과를 발생시키는 경우에는 선행처분에 불가쟁력이 생겨 그 효력을 다툴 수 없게 되면 선행처분의 하자가 중대하고 명백하여 선행처분이 당연무효인 경우를 제외하고는 특별한 사정이 없는 한 선행처분의 하자를 이유로 후행처분의 효력을 다툴 수 없는 것이 원칙이다. 다만 ★그 경우에도 선행처분의 불가쟁력이나 구속력이 그로 인하여 불이익을 입게 되는 자에게 수인한도를 넘는 가혹함을 가져오고, 그 결과가 당사자에게 예측가능한 것이 아니라면, 국민의 재판받을 권리를 보장하고 있는 헌법의 이념에 비추어 선행처분의 후행처분에 대한 구속력을 인정할 수 없다.

【이 유】

상고이유를 판단한다.

1. 상고이유 제1점에 대하여

가. 공인중개사법 제38조 제1항 제7호는 '업무정지기간 중에 중개업무를 하는 경우'를 중개사무소의 개설등록 취소사유로 규정하고 있다. 여기에서 말하는 중개업무란 중개대상물에 대하여 거래 당사자 간의 매매·교환·임대차 기타 권리의 득실·변경에 관한 행위를 알선하는 업무를 말한다(공인중개사법 제2조 제1호). 그러한 업무는 거래 당사자 쌍방의 의뢰를 받아 이루어지는 경우뿐만 아니라 거래 당사자 일방의 의뢰를 받아 이루어지는 경우도 포함한다. 한편 어떠한 행위가 '중개업무의 수행'에 해당하는지 여부는 중개업자의 행위를 객관적으로 보아 사회통념상 거래의 알선·중개를 위한 행위라고 인정되는지에 따라 판단하여야 한다(대법원 1995. 9. 29. 선고 94다47261 판결 등 참조).

나. 원심은, 원고가 업무정지기간 중에 부동산 매매 등을 의뢰받아 인터넷 포털사이트에 부동산 매물 광고를 한 것은 '업무정지기간 중에 중개업무를 한 경우'에 해당한다고 판단하였다. 이러한 원심의 판단은 앞에서 본 법리에 기초한 것으로서, 거기에 상고이유 주장과 같이 공인중개사법 제38조 제7호에서 정한 '중개업무'의 해석·적용에 관한 법리를 오해한 잘못이 없다.

2. 상고이유 제2점에 대하여

가. 2개 이상의 행정처분이 연속적 또는 단계적으로 이루어지는 경우 선행처분과 후행처분이 서로 합하여 1개의 법률효과를 완성하는 때에는 선행처분에 하자가 있으면 그 하자는 후행처분에 승계된다. 이러한 경우에는 선행처분에 불가쟁력이 생겨 그 효력을 다툴 수 없게 되더라도 선행처분의 하자를 이유로 후행처분의 효력을 다툴 수 있다. 그러나 선행처분과 후행처분이 서로 독립하여 별개의 법률효과를 발생시키는 경우에는 선행처분에 불가쟁력이 생겨 그 효력을 다툴 수 없게 되면 선행처분의 하자가 중대하고 명백하여 선행처분이 당연무효인 경우를 제외하고는 특별한 사정이 없는 한 선행처분의 하자를 이유로 후행처분의 효력을 다툴 수 없는 것이 원칙이다. 다만 그 경우에도 선행처분의 불가쟁력이나 구속력이 그로 인하여 불이익을 입게 되는 자에게 <<수인한도를 넘는 가혹함을 가져오고, 그 결과가 당사자에게 예측가능한 것이 ★★★아니라면>>, 국민의 재판받을 권리를 보장하고 있는 헌법의 이념에 비추어 ★★★선행처분의 후행처분에 대한 구속력을 인정할 수 없다

(대법원 1994. 1. 25. 선고 93누8542 판결 등 참조).

나. 원심은, 아래와 같이 선행처분인 업무정지처분은 위법하지만 그 하자가 후행처분인 이 사건 처분에 승계되지는 않는다고 판단하였다.

(1) 피고는, 원고가 공인중개사법 제25조 제3항, 제4항의 규정을 위반하여 중개대상물 확인·설명서에 서명·날인하지 않았다는 이유로 선행처분인 업무정지처분을 하였으나, 그 처분사유가 인정되지 않는다. 다만 그와 같은 처분사유 부존재의 하자가 중대하고 명백하다고 볼 수는 없다.

(2) 이 사건은 업무정지처분의 불가쟁력이나 구속력이 그로 인하여 불이익을 입게 되는 원고에게 수인한도를 넘는 가혹함을 가져오고 그 결과가 예측가능하지 않은 경우에 해당한다고 보기 어렵다. 따라서 선행처분인 업무정지처분의 이 사건 처분에 대한 구속력이 인정된다.

다. 이 사건 선행처분인 업무정지처분은 일정 기간 중개업무를 하지 못하도록 하는 처분인 반면, 후행처분인 이 사건 처분은 위와 같은 업무정지처분에 따른 업무정지기간 중에 중개업무를 하였다는 ★별개의 처분사유를 근거로 중개사무소의 개설등록을 취소하는 처분이다. 비록 이 사건 처분이 업무정지처분을 전제로 하지만, 양 처분은 그 내용과 효과를 달리하는 독립된 행정처분으로서, 서로 결합하여 1개의 법률효과를 완성하는 때에 해당한다고 볼 수 없다. 따라서 원고는 선행처분이 당연무효가 아닌 이상 그 하자를 이유로 후행처분인 이 사건 처분의 효력을 다툴 수 없다. 또한 ★원고는 업무정지기간 중에 중개업무를 하여서는 안 된다는 것을 인식하고 있었던 점, 원고가 불복기간 내에 업무정지처분의 취소를 구하는 행정심판이나 행정소송을 제기하는 데에 특별히 어려움이 있었다고 인정할 만한 사정 또한 엿보이지 않는 점 등의 사정에 비추어 보면, 업무정지처분의 불가쟁력이나 구속력이 원고에게 수인한도를 넘는 가혹함을 가져오고 그 결과가 예측가능하지 않았던 경우에 해당한다고 볼 수도 없다.

라. 같은 취지에서, 원심이 업무정지처분의 하자가 이 사건 처분에 승계되지 않는다고 판단한 것은 정당하고, 거기에 상고이유 주장과 같이 하자의 승계에 관한 법리를 오해한 잘못이 없다(대법원 2019. 1. 31. 선고 2017두40372 판결).

판례 021

판시사항

[1] 행정청이 지정폐기물이 아닌 폐기물처리업 허가 신청에 앞서 제출된 폐기물처리사업계획서의 적합 여부를 판단할 때 검토할 사항 및 그 판단에 관하여 행정청에 광범위한 재량권이 인정되는지 여부(★적극) / 법원이 위 폐기물처리사업계획서의 적합 여부 결정과 관련한 행정청의 재량권 일탈·남용 여부를 심사하는 방법과 대상

[2] 행정청이 폐기물처리사업계획서 부적합 통보를 하면서 처분서에 불확정개념으로 규정된 법령상의 허가기준 등을 충족하지 못하였다는 취지만 간략히 기재한 경우, 부적합 통보에 대한 취소소송절차에서 행정청은 구체적 불허가사유를 분명히 하여야 하는지 여부(★적극) 및 이 경우 부적합 통보의 효력을 다투는 상대방은 구체적인 불허가사유에 관한 판단과 근거에 재량권 일탈·남

용의 위법이 있음을 밝히기 위하여 추가적인 주장 등을 할 필요가 있는지 여부(★적극)

[3] 행정절차법 제17조 제5항이 행정청으로 하여금 신청에 대하여 거부처분을 하기 전에 반드시 신청인에게 신청의 내용이나 처분의 실체적 발급요건에 관한 사항까지 보완할 기회를 부여하여야 할 의무를 정한 것인지 여부(★★★소극)

판결요지

[1] 폐기물관리법과 환경정책기본법은 지정폐기물이 아닌 폐기물의 경우에도 폐기물관리법과 환경정책기본법의 입법 목적에 입각하여 환경 친화적으로 폐기물처리업을 영위하도록 요구하고 있다.

폐기물관리법 제25조 제1항, 제2항, 제3항, 환경정책기본법 제12조 제1항, 제13조, 제3조 제1호의 내용과 체계, 입법 취지에 비추어 보면, 행정청은 사람의 건강이나 주변 환경에 영향을 미치는지 여부 등 생활환경과 자연환경에 미치는 영향을 두루 검토하여 폐기물처리사업계획서의 적합 여부를 판단할 수 있으며, 이에 관해서는 행정청에 광범위한 재량권이 인정된다.

따라서 법원이 적합 여부 결정과 관련한 행정청의 재량권 일탈·남용 여부를 심사할 때에는 해당 지역의 자연환경, 주민들의 생활환경 등 구체적 지역 상황, 상반되는 이익을 가진 이해관계자들 사이의 권익 균형과 환경권의 보호에 관한 각종 규정의 입법 취지 등을 종합하여 신중하게 판단하여야 한다. '자연환경·생활환경에 미치는 영향'과 같이 장래에 발생할 불확실한 상황과 파급효과에 대한 예측이 필요한 요건에 관한 행정청의 재량적 판단은 그 내용이 현저히 합리적이지 않다거나 상반되는 이익이나 가치를 대비해 볼 때 형평이나 비례의 원칙에 뚜렷하게 배치되는 등의 사정이 없는 한 폭넓게 존중하여야 한다. 그리고 이 경우 ★행정청의 당초 예측이나 평가와 일부 다른 내용의 감정의견이 제시되었다는 등의 사정만으로 쉽게 행정청의 판단이 위법하다고 단정할 것은 아니다. 또한 이때 제출된 폐기물처리사업계획 그 자체가 독자적으로 생활환경과 자연환경에 미칠 수 있는 영향을 분리하여 심사대상으로 삼을 것이 아니라, 기존의 주변 생활환경과 자연환경 상태를 기반으로 그에 더하여 제출된 폐기물처리사업계획까지 실현될 경우 주변 환경에 총량적·누적적으로 어떠한 악영향을 초래할 우려가 있는지를 심사대상으로 삼아야 한다.

[2] 처분이 재량권을 일탈·남용하였다는 사정은 처분의 효력을 다투는 자가 주장·증명하여야 한다. 행정청이 폐기물처리사업계획서 부적합 통보를 하면서 처분서에 불확정개념으로 규정된 법령상의 허가기준 등을 충족하지 못하였다는 취지만을 간략히 기재하였다면, 부적합 통보에 대한 취소소송절차에서 행정청은 처분을 하게 된 판단 근거나 자료 등을 제시하여 구체적 불허가사유를 분명히 하여야 한다. 이러한 경우 재량행위인 폐기물처리사업계획서 부적합 통보의 효력을 다투는 원고로서는 행정청이 제시한 구체적인 불허가사유에 관한 판단과 근거에 재량권 일탈·남용의 위법이 있음을 밝히기 위하여 소송절차에서 추가적인 주장을 하고 자료를 제출할 필요가 있다.

[3] 행정절차법 제17조에 따르면, 행정청은 신청에 구비서류의 미비 등 흠이 있는 경우에는 보완에 필요한 상당한 기간을 정하여 지체 없이 신청인에게 보완을 요구하여야 하고(제5항), 신청인이 그 기간 내에 보완을 하지 않았을 때에는 그 이유를 구체적으로 밝혀 접수된 신청을 되돌려 보낼 수 있으며(제6항), 신청인은 처분이 있기 전에는 그 신청의 내용을 보완·변경하거나 취하할 수 있다(제8항 본문).

이처럼 행정절차법 제17조가 '구비서류의 미비 등 흠의 보완'과 '신청 내용의 보완'을 분명하게 구분하고 있는 점에 비추어 보면, 행정절차법 제17조 제5항은 신청인이 신청할 때 관계 법령에서 필수적으로 첨부하여 제출하도록 규정한 서류를 첨부하지 않은 경우와 같이 쉽게 보완이 가능한 사항을 누락하는 등의 흠이 있을 때 행정청이 곧바로 거부처분을 하는 것보다는 신청인에게 보완할 기회를 주도록 함으로써 행정의 공정성·투명성 및 신뢰성을 확보하고 국민의 권익을 보호하려는 행정절차법의 입법 목적을 달성하고자 함이지, 행정청으로 하여금 신청에 대하여 거부처분을 하기 전에 반드시 신청인에게 신청의 내용이나 처분의 실체적 발급요건에 관한 사항까지 보완할 기회를 부여하여야 할 의무를 정한 것은 ★아니라고 보아야 한다.

【이 유】

상고이유를 판단한다.

1. 관련 규정과 법리

가. 폐기물관리법에 의하면, 폐기물처리업 중 지정폐기물이 아닌 폐기물의 수집·운반, 재활용 또는 처분을 업으로 하려는 사람은 허가신청에 앞서 사업의 개요와 시설·장비 설치내용 등을 기재한 '폐기물처리사업계획서'를 시·도지사에게 제출하여야 하고(제25조 제1항), 시·도지사는 제출된 폐기물처리사업계획서를 '폐기물처리사업계획서상의 시설·장비와 기술능력이 제25조 제3항에 따른 폐기물처리업 허가기준에 맞는지 여부', '폐기물처리시설의 설치·운영으로 수도법 제7조에 따른 상수원보호구역의 수질이 악화되거나 환경정책기본법 제12조에 따른 환경기준의 유지가 곤란하게 되는 등 사람의 건강이나 주변 환경에 영향을 미치는지 여부' 등에 관하여 검토한 후 그 적합 여부를 통보하여야 한다(제25조 제2항). 이러한 절차에 따라 적합 통보를 받은 자는 그 통보를 받은 날부터 원칙적으로 2년 이내에 환경부령으로 정하는 기준에 따른 시설·장비 및 기술능력을 갖추어 폐기물처리업 허가를 받아야 한다(제25조 제3항).

폐기물관리법 제25조 제2항 제4호가 인용하고 있는 환경정책기본법 제12조 제1항은 국가에 대하여 '생태계 또는 인간의 건강에 미치는 영향 등'을 고려하여 환경기준을 설정할 의무를 부과하고 환경 여건의 변화에 따라 그 적정성이 유지되도록 할 의무가 있음을 명확히 선언하고 있다. 나아가 환경정책기본법 제13조는 '환경기준의 유지'라는 제목으로 환경기준 유지를 위하여 고려해야 할 사항으로, 환경 악화의 예방 및 그 요인의 제거(제1호), 환경오염지역의 원상회복(제2호), 새로운 과학기술의 사용으로 인한 환경오염 및 환경훼손의 예방(제3호), 환경오염방지를 위한 재원의 적정 배분(제4호)을 들고 있다. 여기서 '환경'에는 생활환경과 자연환경이 모두 포함된다(환경정책기본법 제3조 제1호).

이와 같이 폐기물관리법과 환경정책기본법은 지정폐기물이 아닌 폐기물의 경우에도 폐기물관리법과 환경정책기본법의 입법 목적에 입각하여 환경 친화적으로 폐기물처리업을 영위하도록 요구하고 있다.

위와 같은 관련 규정들의 내용과 체계, 입법 취지에 비추어 보면, 행정청은 사람의 건강이나 주변 환경에 영향을 미치는지 여부 등 생활환경과 자연환경에 미치는 영향을 두루 검토하여 폐기물처리사업계획서의 적합 여부를 판단할 수 있으며, 이에 관해서는 행정청에 광범위한 재량권이 인정된다

(대법원 2017. 10. 31. 선고 2017두46783 판결 참조).

따라서 법원이 적합 여부 결정과 관련한 행정청의 재량권 일탈·남용 여부를 심사할 때에는 해당 지역의 자연환경, 주민들의 생활환경 등 구체적 지역 상황, 상반되는 이익을 가진 이해관계자들 사이의 권익 균형과 환경권의 보호에 관한 각종 규정의 입법 취지 등을 종합하여 신중하게 판단하여야 한다. '자연환경·생활환경에 미치는 영향'과 같이 장래에 발생할 불확실한 상황과 파급효과에 대한 예측이 필요한 요건에 관한 행정청의 재량적 판단은 그 내용이 현저히 합리적이지 않다거나 상반되는 이익이나 가치를 대비해 볼 때 형평이나 비례의 원칙에 뚜렷하게 배치되는 등의 사정이 없는 한 폭넓게 존중하여야 한다. 그리고 이 경우 행정청의 당초 예측이나 평가와 일부 다른 내용의 감정의견이 제시되었다는 등의 사정만으로 쉽게 행정청의 판단이 위법하다고 단정할 것은 아니다(대법원 2017. 3. 15. 선고 2016두55490 판결 등 참조). 또한 이때 제출된 폐기물처리사업계획 그 자체가 독자적으로 생활환경과 자연환경에 미칠 수 있는 영향을 분리하여 심사대상으로 삼을 것이 아니라, 기존의 주변 생활환경과 자연환경 상태를 기반으로 그에 더하여 제출된 폐기물처리사업계획까지 실현될 경우 주변 환경에 총량적·누적적으로 어떠한 악영향을 초래할 우려가 있는지를 심사대상으로 삼아야 한다.

나. 처분이 재량권을 일탈·남용하였다는 사정은 그 처분의 효력을 다투는 자가 주장·증명하여야 한다(대법원 2016. 10. 27. 선고 2015두41579 판결 등 참조). 행정청이 폐기물처리사업계획서 부적합 통보를 하면서 그 처분서에 불확정개념으로 규정된 법령상의 허가기준 등을 충족하지 못하였다는 취지만을 간략히 기재하였다면, 부적합 통보에 대한 취소소송절차에서 행정청은 그 처분을 하게 된 판단 근거나 자료 등을 제시하여 구체적 불허가사유를 분명히 하여야 한다. 이러한 경우 재량행위인 폐기물처리사업계획서 부적합 통보의 효력을 다투는 원고로서는 행정청이 제시한 구체적인 불허가사유에 관한 판단과 근거에 재량권 일탈·남용의 위법이 있음을 밝히기 위하여 소송절차에서 추가적인 주장을 하고 자료를 제출할 필요가 있다(대법원 2018. 12. 27. 선고 2018두49796 판결 참조).

다. 행정절차법 제17조에 의하면, 행정청은 신청에 구비서류의 미비 등 흠이 있는 경우에는 보완에 필요한 상당한 기간을 정하여 지체 없이 신청인에게 보완을 요구하여야 하고(제5항), 신청인이 그 기간 내에 보완을 하지 않았을 때에는 그 이유를 구체적으로 밝혀 접수된 신청을 되돌려 보낼 수 있으며(제6항), 신청인은 처분이 있기 전에는 그 신청의 내용을 보완·변경하거나 취하할 수 있다(제8항 본문).

이처럼 ★★행정절차법 제17조가 '구비서류의 미비 등 흠의 보완'과 '신청 내용의 보완'을 분명하게 구분하고 있는 점에 비추어 보면, 행정절차법 제17조 제5항은 신청인이 신청할 때 관계 법령에서 필수적으로 첨부하여 제출하도록 규정한 서류를 첨부하지 않은 경우와 같이 쉽게 보완이 가능한 사항을 누락하는 등의 흠이 있을 때 행정청이 곧바로 거부처분을 하는 것보다는 신청인에게 보완할 기회를 주도록 함으로써 행정의 공정성·투명성 및 신뢰성을 확보하고 국민의 권익을 보호하려는 행정절차법의 입법 목적을 달성하고자 함이지, 행정청으로 하여금 신청에 대하여 거부처분을 하기 전에 반드시 신청인에게 신청의 내용이나 처분의 실체적 발급요건에 관한 사항까지 보완할 기회를 부여하여야 할 의무를 정한 것은 아니라고 보아야 한다(대법원 2015. 9. 15. 선고 2013두27005 판결 참조).

2. 원심의 판단

원심은 다음과 같은 이유로 이 사건 폐기물처리사업계획서 부적합 통보(이하 '이 사건 처분'이라고 한다)가 재량권을 일탈·남용하여 위법하다고 판단하였다.

가. 피고는 이 사건 폐기물처리시설에서 발생할 것으로 예상되는 악취물질이 주민의 건강이나 주변 환경에 미치는 영향에 대한 과학적 조사 없이 원고에게 악취저감시설 등에 대한 보완 기회도 부여하지 않은 채 '악취로 인한 주민의 건강이나 주변 환경에 미치는 영향'이라는 포괄적·추상적인 사유만을 들어 이 사건 처분을 하였다.

나. 원심 감정인은 이 사건 사업 예정부지 경계선에서 배출되는 복합악취(두 가지 이상의 악취물질이 함께 작용하여 사람의 후각을 자극하여 불쾌감과 혐오감을 주는 냄새, 악취방지법 제2조 제4호)는 악취방지법령에서 정한 한계치를 초과하지 않는다는 의견을 제시하였다.

3. 대법원의 판단

가. 그러나 원심이 적법하게 채택한 증거들에 의하여 알 수 있는 다음과 같은 사정을 앞서 본 법리에 비추어 살펴보면, 원심의 판단은 그대로 받아들이기 어렵다.

1) 이 사건 폐기물처리사업계획서에 의하면, 이 사건 폐기물처리시설에서 매일 동물성유지류 60t, 축산물가공잔재물 10t, 그 밖의 동물성 잔재물 8t, 동물사체 2t 합계 80t의 폐기물을 처리하여 동물 사료 등을 제조할 계획이다.

이 사건 사업 예정부지로부터 약 700m 거리에 102가구가 거주하는 ○○○○ ○○마을이, 약 720m 거리에 67가구가 거주하는 △△△△ □□□ 마을이, 약 1,600m 거리에 ◇◇◇ 마을이, 약 1,400m 거리에 ☆☆☆ 마을이, 약 1,300m 거리에 ▽▽초등학교가, 약 1,500m 거리에 ▽▽중학교가 있다. 또한 이 사건 사업 예정부지 인근에는 이미 ▽▽ 일반산업단지와 ◎◎영농조합 등이 위치하고 있다.

위와 같은 이 사건 폐기물처리시설의 규모나 입지, 기존의 주변 환경 등에 비추어 보면, 이 사건 폐기물처리시설에서 동물성유지류 등의 폐기물을 수집·보관하고, 처리하는 과정에서 악취가 발생하여 인근 주민의 생활환경은 물론 학생들의 교육환경에 악영향을 줄 우려가 크고, 나아가 기존의 악취 유발 요인과 결합하여 참을 수 있는 한도를 넘는 악취가 발생할 여지가 있어 보인다.

★실제 환경부 산하 중앙환경분쟁조정위원회에서 제정한 '배출원을 기준으로 한 악취피해조사 및 배상액 추정방안에 관한 연구'에서는 주거지역의 악취가 참을 수 있는 한도를 초과하여 손해배상 의무가 발생하는 기준치를 희석배수 10배로 규정하고 있는데, 원심이 채택한 원심 감정인의 감정 결과에 의하더라도 이 사건 폐기물처리시설이 운영될 경우 기존의 악취 유발 요인과 결합하여 총량적·누적적으로 ◇◇◇ 마을에는 희석배수 11.29배, ☆☆☆ 마을에는 희석배수 10.15배의 악취가 발생할 것으로 예측된다는 것이다.

2) 뿐만 아니라 이 사건 폐기물처리시설에서 악취방지법이 정한 한도를 초과하는 수준의 악취가 발생할 것으로도 예측된다. 즉 악취방지법 제7조 제1항의 위임에 따라 악취방지법 시행규칙 제8조 제

1항 [별표 3]은 '공업지역'을 산업입지 및 개발에 관한 법률 제6조, 제7조, 제7조의2 및 제8조에 따른 국가산업단지·일반산업단지·도시첨단산업단지 및 농공단지, 국토의 계획 및 이용에 관한 법률 시행령 제30조 제3호 (가)목에 따른 전용공업지역, 국토의 계획 및 이용에 관한 법률 시행령 제30조 제3호 (나)목에 따른 일반공업지역(자유무역지역의 지정 및 운영에 관한 법률 제4조에 따른 자유무역지역만 해당함)으로 정의하면서(비고 제7항), 이 사건 사업 예정부지와 같이 공업지역에 속하지 않는 '기타지역'의 복합악취 배출허용기준을 부지경계선 기준 희석배수 '15배' 이하로 정하고 있는데(제1항), 제1심 감정인은 이 사건 사업 예정부지 경계선에서 1시간 평균 최고예측 악취도가 희석배수 '46.315배'로 ★예측된다는 감정의견을 제시하였다.

3) 피고가 이 사건 처분에 앞서 원고에게 따로 보완 요구를 하지 않은 것은 원고가 악취방지시설을 설치·가동하더라도 이 사건 폐기물처리시설에서 발생하는 악취를 완전히 제거할 수 없다고 판단한 데 따른 것으로 보인다. 그러한 판단이 객관적으로 합리적이지 않다거나 명백한 사실오인에서 비롯되었다고 보이지 않으므로, 이 사건 처분이 보완 요구 없이 이루어졌다는 이유만으로 재량권의 범위를 벗어났다고 할 수는 없다.

4) 이 사건 처분서에는 이 사건 폐기물처리시설이 설치·운영될 경우 주변의 생활환경 등에 악영향을 미칠 것이라는 취지만 간략히 기재되어 있으나, 피고는 이 사건 소송 과정에서 판단 근거나 자료 등을 제시하여 구체적 불허가사유를 분명히 하였다.

나. 그런데도 원심은 판시와 같은 이유만으로 이 사건 처분이 재량권을 일탈·남용한 것으로서 위법하다고 판단하였다. 이러한 원심판단에는 폐기물관리법상 폐기물처리사업계획서 적합 여부 통보 등에 관한 법리를 오해하여 필요한 심리를 다하지 않음으로써 판결에 영향을 미친 위법이 있다(대법원 2020. 7. 23. 선고 2020두36007 판결).

판례 022

판시사항

[1] 항공 기상정보 사용료의 결정은 기상청장의 폭넓은 재량과 정책 판단에 맡겨진 사항으로 기상청장의 결정이 가능한 존중되어야 하는지 여부(원칙적 적극)

[2] 기상법령에서 항공기상청장이 항공 기상정보 사용료를 부과·징수하는 단계에서 국토교통부장관과 '협의'하도록 규정한 취지 및 기상청장이 항공 기상정보 사용료를 결정할 때 국토교통부장관의 의견을 그대로 반영하여야 할 법적 의무가 있는지 여부(★소극)

【이 유】

상고이유(상고이유서 제출기간이 지난 다음 제출된 상고이유보충서는 이를 보충하는 범위에서)를 판단한다.

1. 사안의 개요와 쟁점

가. 원심판결 이유에 의하면, 다음과 같은 사정을 알 수 있다.

1) 원고들은 국내외 항공운수업 등을 목적으로 하는 국내 항공사들이다. 피고는 기상에 관한 사무를 관장하는 중앙행정기관인 기상청(정부조직법 제39조 제2항)의 장으로서, 그 소속하에 항공 기상업무를 수행하는 하급 행정기관(책임운영기관)으로 항공기상청을 두고(기상청과 그 소속기관 직제 제2조 제2항), 항공 기상정보를 생산하여 그 정보를 이용하는 자에게 제공하고 그에 따른 사용료를 부과·징수하고 있다.

2) 피고는 기상법 제37조 제1항, 제3항, 기상법 시행령 제21조 제1항, 제2항에 따라 항공기상청장이 항공 기상정보를 이용하는 자에게 부과·징수할 항공 기상정보 사용료 중 항공기가 대한민국 공항에 착륙하는 경우의 금액을, ① 2014. 2. 21. 기상청 고시 제2014-1호(이하 '개정 전 고시'라 한다)에서는 6,170원으로 결정하고 부칙 제2항에서 "향후 사용료 인상협의는 물가상승률 등을 고려하여 2016년에 실시한다."라고 규정하였으나, ② 2018. 5. 9. 기상청 고시 제2018-6호에서는 이를 11,400원으로 인상 결정(이하 '이 사건 결정'이라 한다)하였다.

나. 이 사건 쟁점은 이 사건 결정이 재량권을 일탈·남용하여 위법한지 여부이다.

2. 원심의 판단

원심은 아래와 같은 이유로 이 사건 결정이 항공 기상정보 사용료 산정에 관한 재량권을 일탈·남용하여 위법하다고 판단하였다.

가. 개정 전 고시의 부칙 제2항의 취지는 피고로 하여금 향후 항공 기상정보 사용료를 산정할 때 개정 전 고시 발령 이후의 물가상승률을 최우선적으로 고려하도록 하는 데 있다. 2014년도부터 2017년도까지의 누적 소비자물가상승률은 4.9%이다.

나. 기상법 시행령 제21조 제1항에 의하면, 항공 기상업무를 수행하는 기관의 장이 항공 기상정보 사용료를 부과·징수할 때 국토교통부장관과 반드시 사전에 협의하여야 하는데, 국토교통부장관은 이 사건 결정 전 피고에게 항공 기상정보 사용료 인상률을 2014년도 대비 약 15% 내외로 정하는 것이 적절하다는 의견을 제시하였다.

다. 그런데 피고는 이 사건 결정을 통해 항공기 착륙 시 납부하여야 할 항공 기상정보 사용료를 개정 전 고시에서 정한 6,170원에서 11,400원으로 85%가량 인상하였다. 그 인상률은 위 누적 소비자물가상승률인 4.9%를 크게 초과할 뿐만 아니라 국토교통부장관이 제시한 적정 인상률인 15%와도 현저한 차이가 있다.

3. 대법원의 판단

원심의 이러한 판단은 다음과 같은 이유로 그대로 수긍하기 어렵다.

가. 1) 재량행위에 대한 사법심사에서는 기속행위의 경우와는 달리, 행정청의 공익판단에 관한 재량

의 여지를 감안하여 법원이 독자적인 결론을 도출할 수 없고 행정청의 판단에 재량권의 일탈·남용이 있는지 여부만을 심리·판단할 수 있을 뿐이다. 재량권 일탈·남용 여부는 행정청이 재량판단에서 고려한 사유에 관하여 관련 법령을 잘못 해석하였거나 사실을 오인하였는지, 공익과 사익의 비교형량에서 비례·평등원칙과 같은 법의 일반원칙을 위반하였는지를 기준으로 판단하여야 한다. 그리고 재량권 일탈·남용에 관해서는 그 행정행위의 효력을 다투는 사람이 증명책임을 진다(대법원 2019. 7. 4. 선고 2016두47567 판결 등 참조).

2) 기상법 제37조 제1항, 제3항은 책임운영기관의 설치·운영에 관한 법률 제4조에 따라 설치된 책임운영기관으로서 항공 기상업무를 수행하는 기관의 장은 항공 기상정보를 이용하는 자로부터 항공 기상정보 사용료를 징수할 수 있고, 항공 기상정보 사용료의 징수 등에 필요한 사항은 대통령령으로 정한다고 규정하고 있다. 그 위임에 따라 기상법 시행령 제21조 제1항, 제2항은 항공 기상업무를 수행하는 기관의 장은 국토교통부장관과 협의하여 항공기가 대한민국 공항에 착륙하거나 인천비행정보구역을 통과하는 경우 매 운항 시 항공 기상정보 사용료를 부과·징수하고, 기상청장은 항공 기상정보 사용료, 산정내역 및 그 징수방법을 관보에 고시하고 항공 기상업무를 수행하는 기관의 인터넷 홈페이지에 게시하도록 하여야 한다고 규정하고 있다.

3) 이처럼 기상법령은 항공기가 대한민국 공항에 착륙하거나 인천비행정보구역을 통과할 때 매 운항 시마다 항공 기상정보 사용료를 부과·징수할 권한은 항공 기상업무를 수행하는 기관의 장, 즉 하급 행정기관장인 항공기상청장에게 부여한 반면, 그 부과·징수할 항공 기상정보 사용료를 결정할 권한은 중앙행정기관장인 기상청장에게 부여하고 있다. 기상법 시행령 제21조 제2항은 기상청장으로 하여금 결정한 사용료의 산정내역을 공개하도록 하는 외에 사용료 산정에서 준수하여야 할 구체적인 기준이나 방법을 규정하지 않았다. 따라서 항공 기상정보 사용료의 결정은 '사용료 부과기준 정립 행위'로서 기상청장의 폭넓은 재량과 정책 판단에 맡겨진 사항이므로, 기상청장의 사용료 산정내역이 객관적으로 합리적이지 않다거나 타당하지 않다고 볼 만한 특별한 사정이 없는 이상 기상청장의 결정은 가능한 한 존중되어야 한다.

4) 기상법령은 항공기상청장이 항공 기상정보 사용료를 부과·징수하는 단계에서 국토교통부장관과 협의하도록 규정하고 있는데, 여기에 '협의'는 미리 항공에 관한 사무의 주무부처인 국토교통부장관의 의견을 청취하라는 취지이지, 국토교통부장관의 의견에 구속되어야 한다는 취지는 아니다. 또한 기상법령은 기상청장이 항공 기상정보 사용료를 결정하는 단계에서 국토교통부장관과 협의하도록 규정하지 않았다. 따라서 기상청장이 항공 기상정보 사용료를 결정할 때 국토교통부장관의 의견을 그대로 반영하여야 할 ★법적 의무가 있다고 볼 수 없다.

나. 이러한 관련 규정과 법리에 비추어 원심판결 이유와 기록에 의하여 알 수 있는 다음과 같은 사정을 살펴보면, 피고가 이 사건 결정을 통해 그동안 '정보 생산 원가'에 현저하게 못 미치는 수준에 머물러 있던 항공 기상정보 사용료를 일부 현실화한 것이므로, 그 사용료 인상률이 물가상승률을 초과한다거나 국토교통부장관이 제시한 의견과 차이가 있다는 점만으로 이 사건 결정이 합리적이지 않다거나 비례·평등원칙과 같은 법의 일반원칙을 위반하여 재량권을 일탈·남용한 것이라고 평가하기는 어렵다.

1) 피고가 항공 기상정보 사용료를 인상하는 결정을 할 때 '물가상승률 이하'로만 하여야 한다거나 국토교통부장관의 의견을 그대로 반영하여야 한다는 제한을 두는 법령 규정은 없다. 개정 전 고시의

부칙 제2항은 해당 고시일로부터 약 2년 후에 물가상승률 등을 고려하여 사용료를 인상할 예정임을 미리 공표하는 취지로서, 문언 자체에 의하더라도 물가상승률은 사용료 인상 결정에서 고려할 수 있는 요소를 예시한 것에 불과하다.

2) 2001. 12. 19. 법률 제6527호로 개정되어 2002. 3. 20.부터 시행된 구 기상업무법(2005. 12. 30. 법률 제7804호로 전부 개정되면서 명칭이 '기상법'으로 변경되기 전의 것)에서 항공 기상정보 사용료 부과·징수의 근거(제25조의2)를 마련한 이래 2005년도부터 국내외 항공사 등 항공 기상정보 사용자들에게 부과·징수해 온 사용료 총액은 '정보 생산 원가'의 10%에도 못 미치는 수준이었다. 그로 인해 2005년도부터 2015년도까지 정보 생산 원가 대비 사용료 징수 부족 금액 누적 합계 약 1,300억 원이 항공 기상정보 이용자가 아닌 국가의 재정으로 충당되어 왔다. 이 사건 결정에 따라 인상된 금액을 기준으로 하더라도 사용료 징수 예상 금액은 여전히 정보 생산 원가 대비 약 15%에 불과하다.

3) 국제민간항공기구(ICAO)는 '국제민간항공기구의 공항 및 항행서비스 사용료 정책'을 통해 시설 운영 및 자본투자비용 등이 포함된 원가 산정을 통해 항행서비스에 대한 사용료를 징수할 것을 권고하고 있다. 또한 세계기상기구도 '항공기상서비스 비용회수 안내'를 통해 마찬가지로 항공 기상정보 생산비용을 사용자로부터 회수하는 것을 일반원칙으로 정하고 있다. 실제로 영국, 프랑스 등의 항공 기상정보 사용료는 모두 정보 생산 원가 대비 95% 이상 수준에서 결정되고 있고, 미국도 2015년도를 기준으로 항공기 착륙 시마다 납부하여야 하는 항공 기상정보 사용료를 미화 약 43.1달러(2015. 12. 3. 환율 기준 약 50,211원)로 정하고 있다.

다. 그런데도 원심은 판시와 같은 이유만으로 이 사건 결정이 재량권을 일탈·남용한 위법한 처분이라고 판단하였다. 이러한 원심판단에는 재량권 일탈·남용에 관한 법리를 오해하여 판결에 영향을 미친 위법이 있다(대법원 2020. 7. 9. 선고 2020두31798 판결).

판례 023

판시사항

[1] 처분상대방에게 법령에서 정한 임의적 감경사유가 있는데도, 행정청이 감경사유를 전혀 고려하지 않았거나 감경사유에 해당하지 않는다고 오인하여 개별처분기준에서 정한 상한으로 처분을 한 경우, 재량권을 일탈·남용한 것인지 여부(★적극)

[2] 구 국민건강보험법 제98조 제1항 제1호에서 정한 '속임수나 그 밖의 부당한 방법으로 보험자·가입자 및 피부양자에게 요양급여비용을 부담하게 한 경우'에 요양기관이 요양급여비용으로 지급받을 수 없는 비용을 청구하여 지급받는 행위도 모두 포함되는지 여부(★적극) / 위 규정에 따른 업무정지처분을 하기 위해 행정청이 증명할 사항 및 해당 요양기관이 '속임수'를 사용하지 않았다는 사정에 관한 증명책임의 소재

[3] 구 국민건강보험법 제98조 제1항 제1호에서 정한 '속임수'와 '그 밖의 부당한 방법'의 의미 및 요양기관이 어떤 진료행위에 관하여 요양급여비용으로 지급받을 수 없다는 사정을 알았는지 판단하는 기준이 되는 자

[4] 주된 진료행위가 구 국민건강보험 요양급여의 기준에 관한 규칙 제9조 제1항 [별표 2]에서 정한 '비급여대상'에 해당하는 경우, 주된 진료행위에 부수하여 그 전후에 이루어지는 진찰·검사·처치 등의 진료행위 역시 비급여대상에 해당하는지 여부(★적극) 및 이때 요양기관이 부수적인 진료행위에 관하여 요양급여비용을 청구할 수 있는지 여부(★소극)

판결요지

[1] 행정청이 제재처분 양정을 하면서 공익과 사익의 형량을 전혀 하지 않았거나 이익형량의 고려대상에 마땅히 포함하여야 할 사항을 누락한 경우 또는 이익형량을 하였으나 정당성·객관성이 결여된 경우에는 제재처분은 재량권을 일탈·남용한 것이라고 보아야 한다. 처분상대방에게 법령에서 정한 임의적 감경사유가 있는 경우에, 행정청이 감경사유까지 고려하고도 감경하지 않은 채 개별처분기준에서 정한 상한으로 처분을 한 경우에는 재량권을 일탈·남용하였다고 단정할 수는 없으나, 행정청이 감경사유를 전혀 고려하지 않았거나 감경사유에 해당하지 않는다고 오인하여 개별처분기준에서 정한 상한으로 처분을 한 경우에는 마땅히 고려대상에 포함하여야 할 사항을 누락하였거나 고려대상에 관한 사실을 오인한 경우에 해당하여 재량권을 일탈·남용한 것이라고 보아야 한다.

[2] 구 국민건강보험법(2016. 2. 3. 법률 제13985호로 개정되기 전의 것, 이하 같다) 제98조 제1항 제1호에서 '속임수나 그 밖의 부당한 방법으로 보험자·가입자 및 피부양자에게 요양급여비용을 부담하게 한 경우'란 요양기관이 요양급여비용을 받기 위하여 허위의 자료를 제출하거나 사실을 적극적으로 은폐할 것을 요하는 것은 아니고, 국민건강보험법령과 그 하위 규정들에 따르면 요양급여비용으로 지급받을 수 없는 비용임에도 불구하고, 이를 청구하여 지급받는 행위를 모두 포함한다.

따라서 구 국민건강보험법 제98조 제1항 제1호에 따른 업무정지처분을 하려면 행정청은 처분사유, 즉 요양기관이 요양급여비용을 청구하여 지급받은 어떤 진료행위가 국민건강보험법령과 그 하위 규정들에 따르면 요양급여비용으로 지급받을 수 없는 경우에 해당한다는 객관적 사정을 증명하는 것으로 족하며, 해당 요양기관이 '속임수'를 사용하지 않았다는 사정은 행정청의 처분양정 단계에서 그리고 이에 대한 법원의 재량권 일탈·남용 여부 심사 단계에서 고려할 사정이므로 이를 자신에게 유리한 사정으로 주장하는 원고가 증명하여야 한다.

[3] 구 국민건강보험법(2016. 2. 3. 법률 제13985호로 개정되기 전의 것) 제98조 제1항 제1호에서 '속임수'란 요양기관이 어떤 진료행위에 관하여 국민건강보험법령과 그 하위 규정들에 따르면 요양급여비용으로 지급받을 수 없다는 사정을 알면서도 요양급여비용을 지급받을 수 있는 진료행위가 이루어진 것처럼 요양급여비용청구서나 진료기록부 등의 관련 서류를 실제와 다르게 거짓으로 또는 부풀려 작성하여 제출하는 등의 적극적인 방법으로 공단 등을 기망한 경우를 말하고, '그 밖의 부당한 방법'이란 요양기관이 과실로 국민건강보험법령과 그 하위 규정들에 따르면 요양급여비용으로 지급받을 수 없다는 사정을 알지 못한 채 요양급여비용을 청구하였을 뿐 공단 등을 기망하기 위하여 관련 서류를 거짓으로 작성하는 등의 적극적인 방법을 사용하지 않은 경우를 말한다.

요양기관이 어떤 진료행위에 관하여 국민건강보험법령과 그 하위 규정들에 따르면 요양급여비용으로 지급받을 수 없다는 사정을 알았는지 여부는 요양기관 개설자만을 기준으로 판단할 것이 아니라, 요양급여비용청구서나 진료기록부 등의 관련 서류의 작성 등의 행위가 대리인 또는 피용인 등에 의하여 이루어진 경우에는 대리인 등 관계자 모두를 기준으로 판단하여야 한다.

[4] 주된 진료행위가 구 국민건강보험법(2016. 2. 3. 법률 제13985호로 개정되기 전의 것) 제41조 제3항의 위임에 따른 구 국민건강보험 요양급여의 기준에 관한 규칙(2016. 8. 4. 보건복지부령 제431호로 개정되기 전의 것) 제9조 제1항 [별표 2]에서 정한 '비급여대상'에 해당하는 경우에는 주된 진료행위에 부수하여 그 전후에 이루어지는 진찰·검사·처치 등의 진료행위 역시 ★★비급여대상에 해당하므로, 요양기관이 부수적인 진료행위에 관하여 요양급여비용을 청구하는 것은 허용될 수 ★★없다.

【이 유】

상고이유(상고이유서 제출기간이 경과한 후에 제출된 상고이유보충서의 기재는 상고이유를 보충하는 범위 내에서)를 판단한다.

1. 사안의 개요와 쟁점

가. 원심판결 이유와 기록에 의하면, 다음과 같은 사정들을 알 수 있다.

(1) 원고는 성남시 분당구 (주소 생략)에서 ○○○○한의원(이하 '이 사건 한의원'이라고 한다)을 개설·운영한 한의사이다.

(2) 원고는 2013. 7. 1.부터 2013. 12. 31.까지의 기간 동안에 이 사건 한의원에서 일부 환자들에게 실제로는 ① 국민건강보험 비급여대상인 '비강내치요법'이나 '추나삼차원교정술'을 시술하였을 뿐, ② 요양급여대상인 침술(경혈침술-2부위 이상, 척추간 침술, 침전기 자극술 등), 온냉경락요법-경피적외선조사요법 등을 시술한 바 없음에도, ②에 관하여 요양급여비용을 청구하여 국민건강보험공단(이하 '공단'이라고 한다)으로부터 합계 47,724,060원의 요양급여비용을 지급받았다(이하 '이 사건 위반행위'라고 한다).

(3) 피고는, 이 사건 위반행위가 '속임수나 그 밖의 부당한 방법으로 공단에 요양급여비용을 부담하게 한 경우'에 해당한다는 이유로 2017. 5. 2. 원고에 대하여 구 국민건강보험법(2016. 2. 3. 법률 제13985호로 개정되기 전의 것, 이하 같다) 제98조 제1항 제1호, 구 국민건강보험법 시행령(2016. 8. 2. 대통령령 제27433호로 개정되기 전의 것, 이하 같다) 제70조 제1항 [별표 5] '업무정지 처분 및 과징금 부과의 기준'에 따라 145일의 요양기관 업무정지 처분을 하였다(이하 '이 사건 처분'이라고 한다).

나. 이 사건 위반행위가 구 국민건강보험법 제98조 제1항 제1호에서 정한 처분사유에 해당한다는 점에 관해서는 원고도 다투지 않고 있다. 이 사건의 쟁점은 이 사건 위반행위가 구 국민건강보험법 시행령 제70조 제1항 [별표 5] '업무정지 처분 및 과징금 부과의 기준'에 따른 처분양정(량정)에서 고려하여야 할 사정으로서 '속임수'를 사용한 경우에 해당하는지, 아니면 '그 밖의 부당한 방법'을 사용한 경우에 해당하는지 여부이다.

2. 관련 규정과 법리

가. 제재적 행정처분에 관한 일반 법리

(1) 일반적으로 제재적 행정처분은 행정목적의 달성을 위하여 행정법규 위반이라는 객관적 사실에 착안하여 가하는 제재이므로, 반드시 현실적인 행위자가 아니라도 법령상 책임자로 규정된 자에게 부과되고, 처분의 근거 법령에서 달리 규정하거나 또는 위반자에게 의무 위반을 탓할 수 없는 정당한 사유가 있는 경우와 같은 특별한 사정이 없는 한 위반자에게 고의나 과실이 없다고 하더라도 부과할 수 있다(대법원 2017. 5. 11. 선고 2014두8773 판결 등 참조).

(2) 행정청이 제재처분 양정을 하면서 공익과 사익의 형량을 전혀 하지 않았거나 이익형량의 고려 대상에 마땅히 포함하여야 할 사항을 누락한 경우 또는 이익형량을 하였으나 정당성·객관성이 결여된 경우에는 그 제재처분은 재량권을 일탈·남용한 것이라고 보아야 한다. 처분상대방에게 법령에서 정한 임의적 감경사유가 있는 경우에, 행정청이 그 감경사유까지 고려하고도 감경하지 않은 채 개별처분기준에서 정한 상한으로 처분을 한 경우에는 재량권을 일탈·남용하였다고 단정할 수는 없으나, 행정청이 감경사유를 전혀 고려하지 않았거나 감경사유에 해당하지 않는다고 오인하여 개별처분기준에서 정한 상한으로 처분을 한 경우에는 마땅히 고려대상에 포함하여야 할 사항을 누락하였거나 고려대상에 관한 사실을 오인한 경우에 해당하여 재량권을 일탈·남용한 것이라고 보아야 한다(대법원 2005. 9. 15. 선고 2005두3257 판결 등 참조).

(3) 증명책임 분배의 일반원칙에 따라 일반적으로 항고소송에서는 처분의 적법성을 주장하는 피고 행정청에게 그 처분사유의 존재에 관한 증명책임이 있으나, 재량권 일탈·남용에 해당하는 특별한 사정은 이를 주장하는 원고가 증명하여야 한다(대법원 1987. 12. 8. 선고 87누861 판결 등 참조).

(4) 행정청이 현장조사를 실시하는 과정에서 조사상대방으로부터 구체적인 위반사실을 자인하는 내용의 확인서를 작성받았다면, 그 확인서가 작성자의 의사에 반하여 강제로 작성되었거나 또는 그 내용의 미비 등으로 인하여 구체적인 사실에 대한 증명자료로 삼기 어렵다는 등의 특별한 사정이 없는 한 그 확인서의 증거가치를 쉽게 부정할 수 없다(대법원 2017. 7. 11. 선고 2015두2864 판결 등 참조).

나. 국민건강보험법령의 규정 내용

(1) 구 국민건강보험법 제98조 제1항 제1호, 제5항은 요양기관이 '속임수나 그 밖의 부당한 방법으로 보험자·가입자 및 피부양자에게 요양급여비용을 부담하게 한 경우' 보건복지부장관은 그 요양기관에 대하여 1년의 범위에서 기간을 정하여 업무정지를 명할 수 있고 업무정지를 부과하는 위반행위의 종류, 위반 정도 등에 따른 행정처분기준이나 그 밖에 필요한 사항은 대통령령으로 정하도록 규정하고 있다. 그 위임에 따른 구 국민건강보험법 시행령 제70조 제1항 [별표 5] '업무정지 처분 및 과징금 부과의 기준'은 제1항에서 월평균 부당금액과 부당비율에 따른 업무정지기간 산정기준을 규정하고, 제4항에서 "위반행위의 동기·목적·정도 및 위반 횟수 등을 고려하여 업무정지기간 또는 과징금 금액의 2분의 1 범위에서 감경할 수 있다. 다만 속임수를 사용하여 공단·가입자 및 피부양자에게 요양급여비용을 부담하게 하였을 때에는 그러하지 아니하다."라고 규정하고 있다.

(2) 따라서 요양기관이 요양급여비용을 부당청구한 방법이 '속임수'에 해당하는 경우에는 구 국민건강보험법 시행령 [별표 5] 제1항에서 정한 업무정지기간에서 감경하여 처분을 하는 것이 허용되지 않는 반면, '그 밖의 부당한 방법'에 해당하는 경우에는 위반행위의 동기·목적·정도 및 위반 횟수 등을 고려하여 구 국민건강보험법 시행령 [별표 5] 제1항에서 정한 업무정지기간의 2분의 1 범위에서 감경하여 처분을 할 수 있다.

다. 요양기관의 요양급여비용 부당청구에 관한 법리

(1) 구 국민건강보험법 제98조 제1항 제1호에서 '속임수나 그 밖의 부당한 방법으로 보험자·가입자 및 피부양자에게 요양급여비용을 부담하게 한 경우'란 요양기관이 요양급여비용을 받기 위하여 허위의 자료를 제출하거나 사실을 적극적으로 은폐할 것을 요하는 것은 아니고, 국민건강보험법령과 그 하위 규정들에 따르면 요양급여비용으로 지급받을 수 없는 비용임에도 불구하고, 이를 청구하여 지급받는 행위를 모두 포함한다(대법원 2010. 9. 30. 선고 2010두8959 판결 등 참조).

따라서 구 국민건강보험법 제98조 제1항 제1호에 따른 업무정지처분을 하려면 행정청은 처분사유, 즉 요양기관이 요양급여비용을 청구하여 지급받은 어떤 진료행위가 국민건강보험법령과 그 하위 규정들에 따르면 요양급여비용으로 지급받을 수 없는 경우에 해당한다는 객관적 사정을 증명하는 것으로 족하며(대법원 2012. 6. 18. 선고 2010두27639, 27646 전원합의체 판결 참조), 해당 요양기관이 '속임수'를 사용하지 않았다는 사정은 행정청의 처분양정 단계에서 그리고 이에 대한 법원의 재량권 일탈·남용 여부 심사 단계에서 고려할 사정이므로 이를 자신에게 유리한 사정으로 주장하는 원고가 증명하여야 한다.

(2) 여기에서 '속임수'란 요양기관이 어떤 진료행위에 관하여 국민건강보험법령과 그 하위 규정들에 따르면 요양급여비용으로 지급받을 수 없다는 사정을 알면서도 요양급여비용을 지급받을 수 있는 진료행위가 이루어진 것처럼 요양급여비용청구서나 진료기록부 등의 관련 서류를 실제와 다르게 거짓으로 또는 부풀려 작성하여 제출하는 등의 적극적인 방법으로 공단 등을 기망한 경우를 말하고, '그 밖의 부당한 방법'이란 요양기관이 과실로 국민건강보험법령과 그 하위 규정들에 따르면 요양급여비용으로 지급받을 수 없다는 사정을 알지 못한 채 요양급여비용을 청구하였을 뿐 공단 등을 기망하기 위하여 관련 서류를 거짓으로 작성하는 등의 적극적인 방법을 사용하지 않은 경우를 말한다.

요양기관이 어떤 진료행위에 관하여 국민건강보험법령과 그 하위 규정들에 따르면 요양급여비용으로 지급받을 수 없다는 사정을 알았는지 여부는 요양기관 개설자만을 기준으로 판단할 것이 아니라, 요양급여비용청구서나 진료기록부 등의 관련 서류의 작성 등의 행위가 대리인 또는 피용인 등에 의하여 이루어진 경우에는 대리인 등 관계자 모두를 기준으로 판단하여야 한다(대법원 2016. 7. 27. 선고 2016두36079 판결 참조).

(3) 주된 진료행위가 구 국민건강보험법 제41조 제3항의 위임에 따른 국민건강보험 요양급여의 기준에 관한 규칙 제9조 제1항 [별표 2]에서 정한 '비급여대상'에 해당하는 경우에는 주된 진료행위에 부수하여 그 전후에 이루어지는 진찰·검사·처치 등의 진료행위 역시 비급여대상에 해당하므로, 요양기관은 부수적인 진료행위에 관하여 요양급여비용을 청구하는 것은 허용될 수 없다(대법원 2012. 10. 11. 선고 2008두19345 판결 등 참조).

3. 이 사건에 관한 판단

가. 앞서 본 사실관계, 제1심판결 및 원심판결의 이유와 기록에 의하여 알 수 있는 다음과 같은 사정들을 이러한 법리에 비추어 살펴보면, 원고가 이 사건 한의원에서 실제 시술되지 않은 진료행위가 이루어진 것처럼 진료기록부를 허위로 작성하였기 때문에 그에 기초하여 실제와 다른 내용으로 요양급여비용 청구가 이루어진 것으로 보이고, 따라서 이 사건 위반행위는 원고가 '속임수'를 사용하여 공단에 요양급여비용을 부담하게 한 경우로 볼 여지가 크다.

(1) 원고는, ⅰ) 종전에는 이 사건 한의원에서 환자들에게 ① 국민건강보험 비급여대상인 '비강내치요법'이나 '추나삼차원교정술'(이하 통틀어 '제1진료행위'라고 한다)을 시술하면서 그 전후에 환자들의 염증과 긴장을 완화하여 제1진료행위의 치료효과를 더욱 높이기 위하여 ② '유침법'(침을 시술하고 일정 시간 유지한 후 제거하는 침법)의 일종인 침술(경혈침술-2부위 이상, 척추간 침술, 침전기자극술 등)과 온냉경락요법-경피적외선조사요법 등(이하 통틀어 '제2진료행위'라고 한다)을 시술하였으나, ⅱ) 2013. 7. 1.부터 2013. 12. 31.까지의 기간 동안에는 제1진료행위의 전후에 ③ 사혈침, 소아침과 같은 '행침법'(침을 이용하여 반복적으로 경혈을 자극하는 침법, 이하 통틀어 '제3진료행위'라고 한다)을 시술하는 것으로 시술방법을 변경하였는데, 요양급여비용 청구업무를 담당하는 직원(간호사)이 시술방법 변경의 의미를 이해하지 못하고 종전처럼 제2진료행위가 이루어진 것으로 오해하여 제2진료행위에 관하여 요양급여비용을 청구하는 입력작업을 함에 따라 단순 착오로 부당청구가 이루어진 것일 뿐이라고 주장한다. 그러나 이러한 주장은 다음과 같은 이유에서 그대로 믿기 어렵다.

(2) 이러한 원고의 주장에 의하더라도, 2013. 7. 1.부터 2013. 12. 31.까지의 기간 동안에 이 사건 한의원에서 비급여대상인 제1진료행위에 부수하여 제3진료행위가 이루어졌을 뿐, 제2진료행위는 이루어진 바 없다. 그런데도 원고는 수기(수기) 진료기록부에는 제1진료행위만 기록한 반면, 전자 진료기록부에는 제2진료행위가 이루어진 것처럼 허위로 기재하였다. 원고는 2015. 10. 23. 이 사건 한의원에 대한 현지조사 과정에서 '전자 진료기록부에 요양급여비용 청구가 가능한 내역으로 원고 본인이 입력하였음'을 자인하는 내용의 사실확인서(갑 제6호증의 1)를 작성하였는데, 그 내용을 믿기 어렵다고 볼 만한 특별한 사정이 없다.

(3) 전자 진료기록부 자체가 원고에 의해서 허위로 작성된 것이라면, 이 사건 한의원의 직원이 실제 이루어진 바 없는 제3진료행위에 관하여 요양급여비용을 청구하는 내용으로 입력작업을 한 것은, 해당 직원이 단순한 부주의나 착오 때문이 아니라 이미 허위로 작성된 전자 진료기록부대로 입력작업을 하였기 때문으로 보인다.

(4) 위와 같은 원고의 주장을 그대로 믿더라도, 제3진료행위는 비급여대상인 제1진료행위에 부수하여 이루어진 것이라고 보아야 하므로, 제3진료행위도 비급여대상에 해당하여 요양급여비용을 청구하는 것이 허용되지 않는 경우에 해당한다.

그런데 원고는 제3진료행위가 제1진료행위와 병행하여 이루어졌을 뿐, 제1진료행위와 별개의 독립적인 요양급여 제공행위에 해당한다고 주장하고 있다. 만약 진료행위 당시에 원고 스스로가 제3진료행위가 제1진료행위와 별개의 독립적인 요양급여 제공행위에 해당하는 것으로 인식하였다면, 수기 진료기록부나 전자 진료기록부 중 어느 한쪽에는 제3진료행위가 이루어진 사실을 '있는 그대로 진실하게' 기재하는 것이 자연스럽고, 그렇게 한 경우에는 다른 진료기록부에 실제 진료행위와 다른 내용이 일부 기재되어 있다고 하더라도 이는 단순한 부주의나 착오 때문이라고 선해할 여지도 있다. 그러나 원고는 요양급여비용 청구서 입력과정에서 담당직원의 부주의나 착오를 탓할 뿐, 정작 본인이 굳이 양쪽 진료기록부 모두에 진실한 사실과 다르게 기재한 이유에 관하여 납득할 만한 설명을 제시하지 못하고 있다. 오히려 원고가 제3진료행위를 수기 진료기록부나 전자 진료기록부에 기재하지 않은 것은, 실제 제3진료행위가 이루어지지 않았거나 또는 제3진료행위가 이루어졌다고 하더라도 제3진료행위가 요양급여비용을 청구할 수 있는 대상이 아니라는 점을 스스로 인식하고 있었기 때문이라고 보인다.

나. 그런데도 원심은, 그 판시와 같은 사정만을 들어 이 사건 위반행위는 직원의 착오로 인한 것일 뿐 원고가 '속임수'를 사용한 경우로는 볼 수 없다고 판단한 다음, 원고가 속임수를 사용하여 부당청구를 하였다는 전제에서 이루어진 이 사건 처분은 감경사유를 전혀 고려하지 않은 채 이루어진 것이어서 재량권을 일탈·남용한 것이라고 판단하였다. 이러한 원심판단에는 국민건강보험법상 '속임수'에 의한 요양급여비용 부당청구에 관한 법리 등을 오해하여 필요한 심리를 다하지 않았거나 논리와 경험칙에 반하여 자유심증주의의 한계를 벗어나 판결에 영향을 미친 위법이 있다. 이 점을 지적하는 상고이유 주장은 이유 있다(대법원 2020. 6. 25. 선고 2019두52980 판결).

판례 024

판시사항

기속행위와 재량행위를 구분하는 방법 및 각 행위에 대한 사법심사 방식 / 교육환경보호구역에서 건축법 제11조 제1항 단서 등에 따른 건축물을 건축하려는 자가 제출한 교육환경평가서를 심사한 결과 그 내용 중에 교육환경 영향평가 결과와 교육환경 보호를 위한 조치 계획이 교육환경 보호에 관한 법률 시행규칙 제2조 [별표 1]에서 정한 '평가대상별 평가 기준'에 부합하거나 그 이상이 되도록 할 수 있는 구체적인 방안과 대책 등이 포함되어 있는 경우, 교육감은 제출된 교육환경평가서를 승인하여야 하는지 여부(★★★원칙적 적극)

판결요지

행정행위가 재량성의 유무 및 범위와 관련하여 이른바 기속행위와 재량행위로 구분된다고 할 때, 그 구분은 해당 행위의 근거가 된 법규의 체재·형식과 문언, 해당 행위가 속하는 행정 분야의 주된 목적과 특성, 해당 행위 자체의 개별적 성질과 유형 등을 모두 고려하여 판단하여야 한다. 이렇게 구분되는 양자에 대한 사법심사는, 전자의 경우 그 법규에 대한 원칙적인 기속성으로 인하여 법원이 사실인정과 관련 법규의 해석·적용을 통하여 일정한 결론을 도출한 후 그 결론에 비추어 행정청이 한 판단의 적법 여부를 독자의 입장에서 판정하는 방식에 의하게 되나, 후자의 경우 행정청의 재량에 기한 공익판단의 여지를 고려하여 법원은 독자의 결론을 도출함이 없이 해당 행위에 재량권의 일탈·남용이 있는지만을 심사하게 된다.

이러한 법리를 전제로 하여 교육환경 보호에 관한 법령 관련 규정들의 체계와 내용, 교육환경평가서 승인제도의 입법 연혁과 취지, 특성 등을 종합하여 볼 때, 교육환경보호구역에서 건축법 제11조 제1항 단서, 건축법 시행령 제8조 제1항에 따른 건축물(층수가 21층 이상이거나 연면적의 합계가 10만㎡ 이상인 경우)을 건축하려는 자가 제출한 교육환경평가서를 심사한 결과 그 내용

중 교육환경 영향평가 결과와 교육환경 보호를 위한 조치 계획이 교육환경 보호에 관한 법률 시행규칙 제2조 [별표 1]에서 정한 '평가대상별 평가 기준'에 부합하거나 그 이상이 되도록 할 수 있는 구체적인 방안과 대책 등이 포함되어 있다면, 교육감은 원칙적으로 제출된 교육환경평가서를 승인하여야 하고, 다만 교육환경 보호를 위하여 추가로 필요한 사항을 사업계획에 반영할 수 있도록 사업시행자에게 권고하는 한편 사업시행으로 인한 교육환경의 피해를 방지하기 위하여 ★★★교육환경평가서의 승인 내용과 권고사항의 이행 여부를 계속적으로 관리·감독할 권한과 의무가 있을 뿐이라고 보아야 한다.

【이 유】

상고이유를 판단한다.

1. 사건의 개요와 쟁점

가. 원심판결 이유와 기록에 의하면, 다음과 같은 사실을 알 수 있다.

1) 원고는 「국토의 계획 및 이용에 관한 법률」에 따른 도시·군 관리계획상 용도지역이 '일반상업지역'으로 지정된 부산 해운대구 (주소 1 생략) 일원 합계 4,398㎡(이하 '이 사건 부지'라고 한다)에 지하 5층, 지상 44층 및 지상 48층 규모의 주상복합건물 2개 동(아파트 320세대 및 근린생활시설 8호, 이하 이를 통틀어 '이 사건 건물'이라고 한다)을 신축하는 사업계획을 가지고 있었다.

2) 이 사건 부지는 부산 해운대구 (주소 2 생략)에 있는 ○○○초등학교의 경계로부터 19.1m, 정문으로부터 234m, 후문으로부터 212m 떨어진 곳으로, 「교육환경 보호에 관한 법률」(이하 '교육환경법'이라고 한다) 제8조 제1항 제2호의 교육환경보호구역(상대보호구역) 내에 있다.

3) 원고는 2018. 2. 2. 교육환경법 제6조 제1항에 따라 피고에게 이 사건 건물의 건축이 인근 ○○○초등학교 등의 교육환경에 미치는 영향에 관한 평가서(이하 '이 사건 교육환경평가서'라고 한다)를 제출하였다.

4) 피고는 2018. 3. 2. 원고에게 이 사건 교육환경평가서를 승인하지 않는다는 통보(이하 '이 사건 불승인 통보'라고 한다)를 하였는데, 그 사유는 다음과 같이 조망, 일조, 대기 환경 및 통학 안전에 있어서 ○○○초등학교의 교육환경을 침해하거나 침해할 우려가 있다는 것이다.

가) 이 사건 건물의 신축으로 인하여 ○○○초등학교의 조망에 상당한 장애가 발생할 것이 명확하고, 이로 인하여 학생들이 정서적·심리적 위압감이나 불안감을 느낄 수 있으므로 학생들의 성장과 발달에 부정적인 영향을 끼칠 수 있다.

나) ○○○초등학교는 이미 주변에 건설된 대규모 고층 아파트의 영향으로 일조 여건이 매우 열악한 상태이고, 이 사건 건물이 신축될 경우 추가적인 일조 침해가 발생하므로 학교와 인접한 지역에서의 고층건물의 신축은 억제되어야 한다.

다) 환경오염에 대한 저항력이 약한 어린 학생들이 장기간의 공사 중 발생하는 소음·진동 및 비산먼

지에 노출되어 건강상의 피해를 입을 우려가 있고, 학교 담장 바로 옆으로 12m 계획도로가 개설될 경우 도로개설에 따른 공사 소음뿐만 아니라 그 이후 차량통행으로 인한 소음이 현재보다 증가할 것으로 예상된다.

라) 장기간의 공사로 인한 안전사고의 우려가 높고, 이 사건 건물의 완공 이후 입주민 차량의 진·출입구와 학생 통학로가 서로 겹치게 되어 교통사고의 위험이 증가한다.

나. 이 사건의 쟁점은, 교육환경법령에서 정한 교육환경평가서 승인제도의 법적 성격, 이 사건 교육환경평가서가 교육환경 보호에 관한 법률 시행규칙 제2조 [별표 1]에서 정한 '평가대상별 평가 기준'(이하 '이 사건 평가 기준'이라고 한다)을 충족하는지 여부, 만일 충족한다고 인정될 경우 피고의 이 사건 불승인 통보가 위법한지 여부이다.

2. 교육환경평가서 승인제도의 법적 성격

가. 교육환경보호구역에서 일정한 규모 이상의 건물을 건축하는 경우의 교육환경평가서 심사·승인과 관련된 교육환경법령 규정들의 요지는 다음과 같다(교육환경법과 그 하위의 시행령, 시행규칙을 이하 이 항에서는 '법', '시행령', '시행규칙'이라고만 한다).

1) 교육환경보호구역에서 건축법 제11조 제1항 단서, 건축법 시행령 제8조 제1항에 따른 건축물(층수가 21층 이상이거나 연면적의 합계가 10만㎡ 이상인 경우, 이하 '대규모 건축물'이라 한다)을 건축하려는 자는 건축허가 신청예정일 60일 전까지 교육환경평가서를 관할 교육감에게 제출하고 그 승인을 받아야 한다(법 제6조 제1항 제5호, 시행령 제16조 제5항 제3호). 교육환경평가서의 작성 항목·절차·기준과 각 항목별 작성방법 등 그 밖에 필요한 사항은 대통령령으로 정한다(법 제6조 제8항). 교육환경평가서의 내용 중 '교육환경 영향평가 결과' 부분에는 평가대상별로 교육부령으로 정하는 평가 기준에 따라 평가한 결과를 기재하여야 하고, '교육환경 보호를 위한 조치 계획' 부분에는 평가대상별로 교육부령으로 정하는 평가 기준 이상이 되도록 할 수 있는 구체적인 방안 및 계획 등을 기재하여야 한다(시행령 제16조 제3항 제3호, 제4호). 그 위임에 따라 마련된 평가대상별 평가 기준이 시행규칙 제2조 [별표 1]의 이 사건 평가 기준이다.

2) 교육감은 교육환경평가서를 제출받은 날부터 45일 이내에 시·도 교육환경보호위원회의 심의 등을 거쳐 그 승인 여부를 결정하고, 평가서 작성자에게 '교육환경평가서의 승인 여부와 승인하지 아니하는 경우 그 사유' 등을 명시하여 그 결과를 통보하여야 한다(법 제6조 제3항, 시행령 제17조 제3항). 교육감은 교육환경평가서를 승인하는 경우 교육환경 보호를 위하여 필요한 사항에 대하여 그 내용과 사유를 명시하여 사업시행자에게 권고하여야 하고, 이 경우 사업시행자는 특별한 사유가 없으면 그 권고에 따라야 하며, 그 조치결과를 교육감에게 통보하여야 한다(법 제6조 제5항, 시행령 제17조 제3항). 교육감은 교육환경평가서의 승인결과를 관련 행정기관의 장에게 통보할 수 있다(시행령 제17조 제4항).

3) 교육감은 교육환경의 피해를 방지하기 위하여 교육환경평가서 승인 내용의 이행사항을 확인하여야 하고(법 제7조 제2항), 사업시행자가 승인받은 교육환경평가서의 내용 또는 권고를 이행하지 않거나 교육환경평가서의 승인 당시 예상하지 못한 사유 등으로 인하여 교육환경에 대한 나쁜 영향이 발생하였거나 발생할 것이 예상되는 경우 사업시행자로 하여금 사후교육환경평가서를 작성하여 제

출하도록 명하여야 한다(법 제7조 제4항, 시행령 제20조 제1항, 제2항).

나. 행정행위가 그 재량성의 유무 및 범위와 관련하여 이른바 기속행위와 재량행위로 구분된다고 할 때, 그 구분은 해당 행위의 근거가 된 법규의 체재·형식과 그 문언, 해당 행위가 속하는 행정 분야의 주된 목적과 특성, 해당 행위 자체의 개별적 성질과 유형 등을 모두 고려하여 판단하여야 한다. 이렇게 구분되는 양자에 대한 사법심사는, 전자의 경우 그 법규에 대한 원칙적인 기속성으로 인하여 법원이 사실인정과 관련 법규의 해석·적용을 통하여 일정한 결론을 도출한 후 그 결론에 비추어 행정청이 한 판단의 적법 여부를 독자의 입장에서 판정하는 방식에 의하게 되나, 후자의 경우 행정청의 재량에 기한 공익판단의 여지를 고려하여 법원은 독자의 결론을 도출함이 없이 해당 행위에 재량권의 일탈·남용이 있는지 여부만을 심사하게 된다(대법원 2001. 2. 9. 선고 98두17593 판결, 대법원 2014. 4. 10. 선고 2012두16787 판결 등 참조).

이러한 법리를 전제로 하여 교육환경법령 관련 규정들의 체계와 내용, 아래에서 살펴보는 바와 같은 교육환경평가서 승인제도의 입법 연혁과 취지, 특성 등을 종합하여 볼 때, 교육환경보호구역에서 대규모 건축물을 건축하려는 자가 제출한 교육환경평가서를 심사한 결과 그 내용 중 교육환경 영향평가 결과와 교육환경 보호를 위한 조치 계획이 이 사건 평가 기준에 부합하거나 그 이상이 되도록 할 수 있는 구체적인 방안과 대책 등이 포함되어 있다면, 교육감은 원칙적으로 제출된 교육환경평가서를 승인하여야 하고, 다만 교육환경 보호를 위하여 추가로 필요한 사항을 사업계획에 반영할 수 있도록 사업시행자에게 권고하는 한편 사업시행으로 인한 교육환경의 피해를 방지하기 위하여 교육환경평가서의 승인 내용과 권고사항의 이행 여부를 계속적으로 관리·감독할 권한과 의무가 있을 뿐이라고 보아야 한다.

1) 2007. 4. 27. 법률 제8391호로 개정된 학교보건법은 제6조의2를 신설하면서 '교육환경평가제도'를 처음으로 도입하였는데, 그 취지는 택지개발 등의 경우에 상업성 용지가 우선적으로 개발되고 외곽 자투리땅에 학교를 짓는 일이 빈번해지면서 신설학교의 교육환경이 위협받게 되자 학교용지를 선정할 때부터 주변의 유해요인을 사전에 평가하도록 함으로써 신설학교의 교육환경을 보호하기 위한 것이었다. 이후 2016. 2. 3. 법률 제13937호로 교육환경법이 제정되면서 교육환경보호구역에서 대규모 건축물을 건축하려는 자도 교육환경평가서의 승인을 받도록 함으로써, 교육환경평가를 통한 교육환경의 보호 범위가 신설학교뿐만 아니라 기존학교에까지 확대되었다.

2) 교육환경보호구역에서 대규모 건축물을 건축하는 경우 교육환경평가서의 승인을 받도록 하는 이유는, 학교 주변에 대규모 건축물이 들어설 경우 교육환경에 미치는 영향이 크기 때문에 사전에 이를 면밀히 평가·검토하고, 교육환경을 보호할 수 있는 구체적인 방안과 계획 등을 마련하여 조치하도록 함으로써 쾌적한 환경에서 교육받을 수 있는 학생들의 건강권과 학습권을 보장하려는 것이다. 즉 교육환경평가서 승인제도는 대규모 건축물의 건축 등 국민의 재산권 행사를 원칙적으로 금지하거나 제한하려는 것이 아니라, 재산권과 교육환경권의 조화를 도모함으로써 건전하고 지속 가능한 개발과 함께 교육환경 보호의 실효성을 확보하기 위한 것이라고 보아야 한다. 한편 교육환경법령 및 건축 관련 법령은 교육환경평가서의 승인을 건축허가의 요건으로 하거나 불승인을 그 제한 사유로 정하고 있지 않는바, 교육환경법 제9조에서 금지하는 행위나 시설에 해당하지 않는 한 교육환경보호구역에서도 건축주는 원칙적으로 관할 행정청의 건축허가를 받아 대규모 건축물을 건축할 수 있다 할 것이다.

3) 이 사건 평가 기준은 교육환경법과 그 시행령의 위임을 받아 평가대상별로 구체적인 평가 기준을 정하고 있고, 교육환경평가서에는 이 사건 평가 기준에 따라 평가한 교육환경 영향평가의 결과와 교육환경이 평가대상별로 이 사건 평가 기준 이상이 되도록 할 수 있는 구체적인 조치방안 및 계획 등을 기재하여야 한다. 그리고 이처럼 교육환경 영향평가의 결과와 교육환경 보호를 위한 조치 계획에 관하여 평가대상별로 구체적인 평가 기준을 마련한 취지는, 교육환경 보호의 실효성을 확보함과 동시에 교육관청의 자의적인 재량을 배제하고 교육환경평가서의 승인 여부에 대한 국민들의 예측가능성과 법적 안정성을 보장함으로써 교육환경평가서 승인제도의 공정성·투명성·신뢰성을 확보하기 위한 것이라고 볼 수 있다. 따라서 이 사건 평가 기준은 교육환경법 및 그 시행령과 결합하여 대외적인 구속력이 있는 ★★★법규명령이라고 보아야 한다.

4) 교육환경법은 교육환경평가서 승인제도의 실효성을 확보하기 위한 수단으로 교육환경평가서의 승인을 받지 않고 사업을 시행하는 경우 이를 형사처벌의 대상으로 규정하고 있다(제16조 제2항 제1호). 교육환경보호구역에서 대규모 건축물을 건축하려는 자가 이 사건 평가 기준에 부합하는 내용의 교육환경평가서를 작성·제출하였음에도, 교육감이 교육환경 보호를 위한 추가적인 권고 조치 등은 전혀 고려하지 아니한 채 이 사건 평가 기준 이외의 사유나 교육환경에 나쁜 영향이 우려된다는 이유 등으로 이를 승인하지 않는다면, 건축주는 건축법령에 따른 적법한 건축허가를 받았더라도 형사처벌의 위험을 감수하지 않는 한 대규모 건축물의 건축을 할 수 없게 된다. 이러한 경우 교육환경평가서 승인제도는 사실상 건축법령상의 건축허가와는 별개의 독립된 '허가'로서의 기능을 하게 되는바, 교육환경법상 공사의 중지·제한, 영업의 정지 및 허가·인가·등록·신고의 거부·취소 등과 같은 강력한 조치가 가능한 교육환경보호구역에서 금지되는 행위·시설과 달리, 대규모 건축물의 건축행위 또는 그 건축물 자체는 원칙적으로 허용되는 행위와 시설에 해당된다는 점을 감안하면, 위와 같은 사실상의 기능 또는 결과가 당초 교육환경평가서 승인제도를 마련한 입법자의 입법 의도라고 보기는 어렵다.

5) 앞서 본 바와 같이 교육환경법령이 교육감으로 하여금 교육환경평가서를 승인하는 경우에도 학생들의 건강권과 학습권 등 교육환경 보호를 위하여 필요한 사항을 추가로 권고하도록 하고, 사업시행으로 인하여 교육환경이 침해되지 않도록 승인된 교육환경평가서의 내용과 권고사항의 이행 여부를 지속적으로 관리·감독할 수 있는 권한과 의무를 부여하면서 교육환경평가서 승인제도가 형식적인 절차에 그치지 않도록 제재수단까지 마련하고 있는 점 등에 비추어 보더라도, 교육환경 영향평가의 결과와 추가적인 조치 계획 등이 이 사건 평가 기준에 부합하는 이상 교육감으로서는 제출받은 교육환경평가서의 승인을 거부할 수 없고, 다만 추가적인 권고 조치와 사후적인 관리·감독 등을 통하여 교육환경을 보호하고 그 피해를 방지하여야 한다고 보는 것이 타당하다.

3. 이 사건 불승인 통보의 위법성 여부

가. 피고가 조망·일조·대기 환경·통학 안전을 이유로 이 사건 불승인 통보를 하였음은 앞서 본 바와 같다. 원심판결 이유와 이 사건 기록에 의하여 알 수 있는 위 평가대상별 이 사건 평가 기준과 그에 대한 이 사건 교육환경평가서의 구체적인 내용은 다음과 같다.

1) 조망

가) 이 사건 평가 기준은 조망에 대하여 '조망에 장애가 없을 것'이라고만 규정하고 있을 뿐이다. 다

만 이와 관련하여 교육부가 발간한 「교육환경보호제도 운영안내서」는 기존학교의 경우 사업구역 내 건물 등으로 인한 조망 장애의 정도를 기술하도록 하고 있다.

나) 이 사건 교육환경평가서에 의하면, 교육환경 영향평가 결과 ○○○초등학교는 이미 그 주변이 고층건물로 둘러싸여 있고, 교사(校舍)가 향하고 있는 동남쪽에 추가로 고층건물의 완공이 예정되어 있어 같은 방향에 위치할 예정인 이 사건 건물의 신축으로 인한 추가적인 조망권의 침해는 거의 발생하지 않는다는 것이다. 구체적으로 조망분석용 3차원 모델링을 통하여 이 사건 건물의 신축으로 인한 ○○○초등학교의 조망권 침해의 정도를 정량적으로 평가한 결과, 각 교실별 조망침해율은 이 사건 건물의 신축을 전후하여 아무런 변동이 없는 것으로 나타났다. 그 밖에 이 사건 교육환경평가서에는 조망환경 보호를 위한 구체적인 조치 계획이 포함되어 있다.

2) 일조

가) 이 사건 평가 기준의 비고 제4항에 따라 부산광역시 교육감이 강화된 일조 기준으로 제정한 「부산광역시 학교 일조기준에 관한 규칙」(이하 '이 사건 일조 규칙'이라고 한다)은 초등학교의 경우 동짓날을 기준으로 교사(校舍)는 8시부터 16시까지 중 총 4시간 이상(단, 12시 이전 총 2시간 이상)의 일조시간이 확보되거나, 9시부터 13시까지 중 연속하여 2시간 이상의 일조시간이 확보되어야 하고, 옥외 체육장은 8시부터 16시까지 중 총 2시간 이상(단, 12시 이전 총 1시간 이상)의 일조시간이 확보되거나, 9시부터 13시까지 중 연속하여 1시간 이상의 일조시간이 확보되어야 한다고 규정하고 있다.

나) 이 사건 교육환경평가서에 의하면, 일조 시뮬레이션을 실시한 결과 이 사건 건물의 신축으로 인하여 ○○○초등학교의 교사 및 운동장의 일조시간이 일부 감소하지만 이 사건 일조 규칙을 충족한다는 것이다.

3) 대기 환경

가) 이 사건 평가 기준은 대기 환경에 대하여 교지 내 대기가 「환경정책기본법」 제12조 제2항에 따른 환경기준에 적합하여야 하고, 교지 내 소음·진동이 위 환경기준과 「소음·진동관리법」 제21조 제2항에 따른 규제기준에 적합하며, 교사 내 소음은 55dB 이하일 것을 요구하고 있다.

나) 이 사건 교육환경평가서에 의하면, 이 사건 건물의 신축공사로 인한 대기오염물질 및 신축공사로 인한 예측진동이 모두 위 기준을 충족하고, 다만 소음의 경우 이 사건 건물의 신축공사로 예상되는 소음이 환경기준과 생활소음 규제기준 등을 초과하나, 가설 방음 패널(6m)과 이동식 방음벽(2m)을 설치할 경우에는 위 기준을 충족한다는 것이다. 그 밖에 이 사건 교육환경평가서에는 이 사건 건물의 신축공사로 인한 대기오염물질과 소음·진동 등의 발생을 저감할 수 있는 추가적인 조치 계획이 포함되어 있다.

4) 통학 안전

가) 이 사건 평가 기준은 통학 안전에 대하여 '해당 계획 또는 사업 등을 위한 공사로 학생의 통학에 지장 또는 위험이 발생하지 않을 것'이라고 정하고 있다.

나) 이 사건 교육환경평가서에 의하면, 교육환경 영향평가 결과 ○○○초등학교의 통학로 주변 도로는 보도 펜스, 과속방지턱, 횡단보도, 아스콘 포장 등 교통안전 시설물이 설치되어 있고, 어린이보호구역 지정으로 차량운전자에게 시각적인 효과를 주어 보행환경은 적절하다는 것이다. 나아가 이 사건 교육환경평가서는 이 사건 건물의 신축공사에 따른 학생들의 통학 안전을 확보하기 위한 추가적인 조치 계획 및 이 사건 건물이 완공된 이후의 통학 안전 개선대책을 수립하고 있다.

나. 앞서 본 법리에 비추어 이 사건 교육환경평가서의 내용을 살펴보면, 교육환경 영향평가의 결과와 교육환경 보호를 위한 조치 계획이 이 사건 평가 기준에 부합하거나 그 이상이 되도록 할 수 있는 구체적인 방안 및 계획 등을 포함하고 있다고 볼 여지가 있다. 그렇다면 피고는 원칙적으로 이 사건 교육환경평가서를 승인하여야 하고, 다만 교육환경 보호를 위하여 추가로 필요한 사항이 있으면 이를 사업계획에 반영할 수 있도록 권고할 수 있을 뿐이며, 이 사건 불승인 통보의 처분 사유와 같이 이 사건 평가 기준 이외의 사유나 ★★★포괄적·추상적인 사유를 근거로 이 사건 교육환경평가서의 승인을 거부할 수 ★없다고 보아야 한다.

그럼에도 원심은 교육환경평가서의 승인 여부에 관하여 피고에게 폭넓은 재량권이 있음을 전제로, 이 사건 교육환경평가서를 승인하지 아니할 중대한 공익상의 필요가 있다고 보아, 이 사건 불승인 통보가 적법하다고 판단하였다. 이러한 원심의 판단은 교육환경법상 교육환경평가서 승인제도의 법적 성격 등에 관한 법리를 오해하여 필요한 심리를 다하지 아니함으로써 판결에 영향을 미친 잘못이 있다. 이 점을 지적하는 상고이유 주장은 이유 있다(대법원 2020. 10. 15. 선고 2019두45739 판결).

판례 025

판시사항

[1] 가축분뇨의 관리 및 이용에 관한 법률에 따른 가축분뇨 처리방법 변경허가가 허가권자의 재량행위에 해당하는지 여부(★적극) 및 가축분뇨 처리방법 변경 불허가처분에 대한 사법심사의 대상과 판단 기준

[2] 환경의 훼손이나 오염을 발생시킬 우려가 있다는 것을 처분사유로 하는 가축분뇨 처리방법 변경 불허가처분의 재량권 일탈·남용 여부를 판단하는 방법 / '환경오염 발생 우려'와 같이 장래에 발생할 불확실한 상황과 파급효과에 대한 예측이 필요한 요건에 관한 허가권자의 재량적 판단은 폭넓게 존중해야 하는지 여부(★원칙적 적극) / 처분이 재량권을 일탈·남용하였다는 사정에 관한 증명책임의 소재(=처분의 효력을 다투는 자)

판결요지

[1] 가축분뇨의 관리 및 이용에 관한 법률(이하 '가축분뇨법'이라 한다)의 입법 목적, 가축분뇨법 제11조 제1항, 제2항, 가축분뇨의 관리 및 이용에 관한 법률 시행령 제7조 제1항, 제2항, 구 가축분뇨의 관리 및 이용에 관한 법률 시행규칙(2020. 2. 20. 환경부령 제849호로 개정되기 전의 것) 제5조 제1항 제4호의 체제·형식과 문언, 특히 가축분뇨법 제11조 제1항, 제2항에서 배출시설 설치허가와 변경허가의 기준을 따로 구체적으로 정하고 있지는 않은 사정 등을 종합하면, 다음과 같은 결론을 도출할 수 있다.

가축분뇨법에 따른 처리방법 변경허가는 허가권자의 재량행위에 해당한다. 허가권자는 변경허가

신청 내용이 가축분뇨법에서 정한 처리시설의 설치기준(제12조의2 제1항)과 정화시설의 방류수 수질기준(제13조)을 충족하는 경우에도 반드시 이를 허가하여야 하는 것은 아니고, 자연과 주변 환경에 미칠 수 있는 영향 등을 고려하여 허가 여부를 결정할 수 있다. 가축분뇨 처리방법 변경 불허가처분에 대한 사법심사는 법원이 허가권자의 재량권을 대신 행사하는 것이 아니라 허가권자의 공익판단에 관한 재량의 여지를 감안하여 원칙적으로 재량권의 일탈·남용이 있는지 여부만을 판단하여야 하고, 사실오인과 비례·평등원칙 위반 여부 등이 판단 기준이 된다.

[2] 환경의 훼손이나 오염을 발생시킬 우려가 있다는 것을 처분사유로 하는 가축분뇨 처리방법 변경 불허가처분의 재량권 일탈·남용 여부를 심사할 때에는 가축분뇨의 관리 및 이용에 관한 법률의 입법 취지와 목적, 자연환경과 환경권의 보호에 관한 각종 규정의 입법 취지, 구체적 지역 상황과 상반되는 이익을 가진 이해관계자들 사이의 권익 균형 등을 종합하여 신중하게 판단하여야 한다. 그리고 '환경오염 발생 우려'와 같이 장래에 발생할 불확실한 상황과 파급효과에 대한 예측이 필요한 요건에 관한 허가권자의 재량적 판단은 그 내용이 현저히 합리성을 잃었다거나 상반되는 이익이나 가치를 대비해 볼 때 형평이나 비례의 원칙에 뚜렷하게 배치되는 등의 사정이 없는 한 폭넓게 존중하여야 한다. 또한 처분이 재량권을 일탈·남용하였다는 사정은 <u>처분의 효력을 다투는 자가 주장·증명하여야 한다.</u>

【이 유】

상고이유를 판단한다.

1. 사안 개요

원심판결의 이유에 따르면 다음 사실을 알 수 있다.

가. 원고는 1994. 10. 17. 피고로부터 전북 완주군 (주소 생략) 지상 돼지 축사(이하 '이 사건 축사'라 한다)에 관하여 「가축분뇨의 관리 및 이용에 관한 법률」(이하 '가축분뇨법'이라 한다)에 따라 배출시설 설치허가를 받고 이 사건 축사를 운영하고 있다.

나. 원고는 이 사건 축사에서 발생하는 가축분뇨를 아래 두 가지 방법을 혼용하여 처리해 왔다.

① 완주군 공공처리시설에서 정화하여 방류하는 방법(이하 '공공처리시설 정화 후 방류 방법'이라 한다)

② 이 사건 축사 부지에 설치된 액비(液肥) 자원화시설 등에서 액비로 만든 다음 인근 농경지 등에 살포하는 방법(이하 '액비화 살포 방법'이라 한다)

다. 원고는 2018. 12. 6. 피고에게 이 사건 축사 부지에 정화시설(이하 '이 사건 정화시설'이라 한다)을 설치하고 그곳에서 가축분뇨를 정화하여 방류하는 방법(이하 '자체 정화 후 방류 방법'이라 한다)으로 처리방법 변경허가 신청(이하 '이 사건 신청'이라 한다)을 하였다.

라. 피고는 2018. 12. 24. 원고에 대하여 다음과 같은 사유를 들어 처리방법 변경 불허가처분(이하

'이 사건 처분'이라 한다)을 하였다.

이 사건 신청은 공공처리시설과 자원화시설의 활용을 유도하는 정부의 정책에 부합하지 않고, 원고가 가축분뇨법령이 정한 방류수 수질기준을 준수할 것이라고 보이지도 않으며, 설령 수질기준을 준수한다고 하더라도 이 사건 정화시설의 방류수로 인해 새만금 수질 목표 달성에 지장을 초래할 수 있다. 특히 갈수기에는 오염물질이 퇴적되어 지하수가 오염되고 악취도 발생할 수 있다.

마. 원고는 이 사건 처분이 재량권을 일탈·남용하여 위법하다고 주장하면서 행정심판을 거쳐 이 사건 소를 제기하였다.

2. 가축분뇨 처리방법 변경 불허가처분에 대한 사법심사 기준과 방법에 관한 법리

가. 가축분뇨법은 가축분뇨를 자원화하거나 적정하게 처리하여 환경오염을 방지함으로써 환경과 조화되는 지속가능한 축산업의 발전 및 국민건강의 향상에 이바지하는 것을 목적으로 제정되었다(제1조). 이 법률에 따르면, 배출시설을 설치하려고 하는 자는 대통령령으로 정하는 바에 따라 시장·군수·구청장(이하 '허가권자'라 한다)으로부터 배출시설 설치허가를 받아야 한다(제11조 제1항). 배출시설 설치허가 신청인은 신청서에 '가축사육 마릿수와 가축분뇨의 배출량에 대한 예측내역서', '처리시설의 설치내역서와 그 도면' 등을 첨부하여야 하고, 허가권자는 '가축분뇨를 법 제13조에 따른 방류수 수질기준 이하로 처리할 수 있는지 여부', '가축분뇨의 배출량에 대한 예측내역서의 정확성 여부' 등을 고려하여 허가 여부를 결정하여야 한다고 정하고 있다(「가축분뇨의 관리 및 이용에 관한 법률 시행령」 제7조 제1항, 제2항). 또한 배출시설 설치허가를 받은 자가 처리시설의 처리방법을 변경하는 경우에는 변경허가를 받아야 한다[가축분뇨법 제11조 제2항, 구 「가축분뇨의 관리 및 이용에 관한 법률 시행규칙」(2020. 2. 20. 환경부령 제849호로 개정되기 전의 것, 이하 '구 가축분뇨법 시행규칙'이라 한다) 제5조 제1항 제4호].

위와 같은 가축분뇨법의 입법 목적, 관련 법령의 체제·형식과 문언, 특히 가축분뇨법 제11조 제1항, 제2항에서 배출시설 설치허가와 변경허가의 기준을 따로 구체적으로 정하고 있지는 않은 사정 등을 종합하면, 다음과 같은 결론을 도출할 수 있다.

가축분뇨법에 따른 처리방법 변경허가는 허가권자의 재량행위에 해당한다. 허가권자는 변경허가 신청 내용이 가축분뇨법에서 정한 처리시설의 설치기준(제12조의2 제1항)과 정화시설의 방류수 수질기준(제13조)을 충족하는 경우에도 반드시 이를 허가하여야 하는 것은 아니고, 자연과 주변 환경에 미칠 수 있는 영향 등을 고려하여 허가 여부를 결정할 수 있다. 가축분뇨 처리방법 변경 불허가처분에 대한 사법심사는 법원이 허가권자의 재량권을 대신 행사하는 것이 아니라 허가권자의 공익판단에 관한 재량의 여지를 감안하여 원칙적으로 재량권의 일탈·남용이 있는지 여부만을 판단하여야 하고, 사실오인과 비례·평등원칙 위반 여부 등이 그 판단 기준이 된다.

나. 환경의 훼손이나 오염을 발생시킬 우려가 있다는 것을 처분사유로 하는 가축분뇨 처리방법 변경 불허가처분의 재량권 일탈·남용 여부를 심사할 때에는 가축분뇨법의 입법 취지와 목적, 자연환경과 환경권의 보호에 관한 각종 규정의 입법 취지, 구체적 지역 상황과 상반되는 이익을 가진 이해관계자들 사이의 권익 균형 등을 종합하여 신중하게 판단하여야 한다. 그리고 '환경오염 발생 우려'와 같이 장래에 발생할 불확실한 상황과 파급효과에 대한 예측이 필요한 요건에 관한 허가권자의 재량

적 판단은 그 내용이 현저히 합리성을 잃었다거나 상반되는 이익이나 가치를 대비해 볼 때 형평이나 비례의 원칙에 뚜렷하게 배치되는 등의 사정이 없는 한 폭넓게 존중하여야 한다. 또한 처분이 재량권을 일탈·남용하였다는 사정은 그 처분의 효력을 다투는 자가 주장·증명하여야 한다(대법원 2017. 3. 15. 선고 2016두55490 판결, 대법원 2017. 10. 31. 선고 2017두46783 판결, 대법원 2021. 3. 25. 선고 2020두51280 판결 참조).

3. 이 사건에 관한 판단

가. 원심은 위와 같은 법리를 기본적인 전제로 하면서도, 제1심판결과 달리, 이 사건 처분에 재량권을 일탈·남용한 위법이 있다고 판단하였다. 이 사건 신청은 공공처리시설 정화 후 방류 방법과 액비화 살포 방법을 혼용하던 종전 처리방법을 자체 정화 후 방류 방법으로 단일화하겠다는 것으로, 원심이 제시한 논거들을 처리방법별로 분류하여 요약·정리하면 다음과 같다.

(1) '공공처리시설 정화 후 방류'를 '자체 정화 후 방류'로 변경하는 부분

원고는 이 사건 정화시설을 운영하면서 가축분뇨법 제13조 제1항, 구 가축분뇨법 시행규칙 제11조 [별표 4] 제2호에서 정한 방류수 수질기준(기타지역, 허가대상배출시설)을 준수할 것으로 예상된다. 완주군 공공처리시설의 방류수 수질기준은 이보다 엄격하기는 하나, 이는 피고가 합리적 근거 없이 임의로 정한 기준이다. 또한 완주군 공공처리시설의 처리용량은 완주군 내 가축분뇨 발생량에 비해 부족하다. 만일 원고가 방류수 수질기준을 위반할 경우 형사처벌이나 행정적 제재를 할 수도 있다.

(2) '액비화 살포'를 '자체 정화 후 방류'로 변경하는 부분

액비화 살포 방법은 행정청이 그 살포 시기와 장소를 미리 알 수 없어 관리·감독이 어려운 단점이 있다. 일부 전문가들도 미숙한 액비를 살포할 경우 악취, 토양오염, 수질오염이 발생할 수 있으므로, 액비화 살포 방법보다 정화 후 방류 방법이 바람직하다는 의견을 제시하였다. 특히 제1심법원의 현장검증 결과에 따르면, 이 사건 축사 부지의 액비 자원화시설에서 상당한 악취가 나는 반면, 이 사건 정화시설과 유사한 인근 정화시설에서 나는 악취는 미미한 것으로 확인되었다.

새만금 유역 인근 지방자치단체장 등이 가축분뇨 공공처리시설의 부족 현상을 막고 액비 살포로 인한 악취발생과 토양, 지하수 오염을 예방하기 위해 액비 자원화시설을 정화시설로 변경하는 것을 허가한 사례들도 있다.

나. 그러나 위에서 본 법리에 비추어 보면, 원심판결은 그대로 받아들일 수 없다.

(1) '공공처리시설 정화 후 방류'를 '자체 정화 후 방류'로 변경하는 부분

다음과 같은 사정에 비추어 볼 때, 완주군 공공처리시설 대신 이 사건 정화시설을 이용할 경우 수질오염 가능성이 있고 이를 방지할 필요가 있다는 피고의 재량적 판단이 현저히 합리성을 잃었다고 보기 어렵다.

(가) 완주군 공공처리시설에 적용되는 방류수 수질기준이 이 사건 정화시설에 적용되는 방류수 수질기준보다 엄격하다. 즉, 가축분뇨법 제13조 제1항의 위임을 받은 구 가축분뇨법 시행규칙 제11조 [별표 4]에 따르면, 완주군 공공처리시설에 적용되는 방류수 수질기준은 '생물화학적 산소요구량 30㎎/L 이하, 화학적 산소요구량 50㎎/L 이하, 부유물질량 30㎎/L 이하, 대장균 군수 3,000개/㎎ 이하, 총질소 60㎎/L 이하, 총인 8㎎/L 이하'인 반면(제1호), 이 사건 정화시설에 적용되는 방류수 수질기준은 '생물화학적 산소요구량 120㎎/L 이하, 부유물질량 120㎎/L 이하, 총질소 250㎎/L 이하, 총인 100㎎/L 이하'이다[제2호(기타지역, 허가대상배출시설)]. 따라서 원고가 이 사건 정화시설에 적용되는 방류수 수질 기준을 준수하더라도 그 방류수 수질은 완주군 공공처리시설의 방류수 수질보다 낮을 수 있다.

또한 원고가 이 사건 축사를 운영하면서 면적 합계 약 909㎡의 축사동을 무단으로 증축하고 가축분뇨를 불법적으로 배출하여 세 차례 형사처벌을 받은 전력도 있음을 고려할 때, 원고가 이 사건 정화시설에 적용되는 방류수 수질기준을 준수할 의지가 있는지 의문이다.

(나) 이 사건 축사는 새만금 상류 지역에 있고, 사육두수가 약 9,893두, 가축분뇨 배출량이 1일 약 15.86㎡에 이른다. 또한 원심이 인정한 사실관계에 따르더라도 이 사건 정화시설의 방류수는 이 사건 축사 인근의 저수지인 오상제를 거쳐 오상천을 통해 새만금 상류 하천인 소양천으로 유입된다. 나아가 이 사건 축사의 인근 수계는 「금강수계 물관리 및 주민지원 등에 관한 법률」에 따라 시행되는 오염총량관리제도에서 정한 만경A 단위구역에 속해 있는데, 만경A 단위구역의 최근 3년간 평균수질은 생물화학적 산소요구량과 총인 항목에서 모두 목표에 미달하였다. 이 사건 축사의 입지적 특성과 주변 환경을 고려할 때, 이 사건 정화시설의 방류수로 수질오염이 발생할 경우 그 피해가 적지 않을 것으로 예상되고 수질오염의 특성상 그 피해를 되돌리기 어렵다.

(2) '액비화 살포'를 '자체 정화 후 방류'로 변경하는 부분

(가) ★★액비화 살포 방법을 중단할 경우 일부 긍정적 효과를 기대할 수 있다고 하더라도 그것이 공공처리시설 대신 이 사건 정화시설을 이용함에 따라 발생할 수 있는 수질악화 등의 부정적 효과를 모두 상쇄할 수 있다고 단정하기는 어렵다. 원심이 원용한 일부 전문가들의 의견은 일반적인 관점에서 액비화 살포 방법과 정화 후 방류 방법의 장단점을 비교한 내용일 뿐 이 사건 신청을 구체적으로 염두에 두고 그 허가 여부에 따라 환경에 미칠 수 있는 영향을 비교·분석한 내용이 아니다.

(나) 또한 인근 지역의 처리방법 변경허가 사례도 처리시설의 입지와 주변 환경 등이 이 사건과 다르다.

다. 원심으로서는 이 사건 신청을 받아들일 경우 환경오염의 우려가 있다는 피고의 재량적 판단이 현저히 합리성을 잃었다거나 형평이나 비례의 원칙에 뚜렷하게 배치되는 등의 사정이 있는지에 관하여 추가 심리하거나 원고가 증명책임을 다하지 못하였다는 이유로 원고의 청구를 배척하여야 한다. 이 사건 처분에 재량권을 일탈·남용한 위법이 있다고 본 원심판결에는 재량권 일탈·남용에 관한 법리, 증명책임의 소재 등을 오해하고 필요한 심리를 다하지 않아 판결에 영향을 미친 잘못이 있다. 이를 지적하는 상고이유 주장은 정당하다(대법원 2021. 6. 30. 선고 2021두35681 판결).

판례 026

판시사항

[1] 공인중개사법 제38조 제1항 제7호에서 정한 '중개업무'에 거래 당사자 쌍방의 의뢰를 받아 이루어지는 경우 외에 거래 당사자 일방의 의뢰를 받아 이루어지는 경우가 포함되는지 여부(적극) 및 어떠한 행위가 '중개업무의 수행'에 해당하는지 판단하는 기준

[2] 선행처분과 후행처분이 서로 독립하여 별개의 법률효과를 발생시키는 경우, 선행처분에 불가쟁력이 생겨 그 효력을 다툴 수 없게 되면 선행처분의 하자를 이유로 후행처분의 효력을 다툴 수 있는지 여부(원칙적 소극) 및 예외적으로 선행처분의 하자를 이유로 후행처분의 효력을 다툴 수 있는 경우

판결요지

[1] 공인중개사법 제38조 제1항 제7호는 '업무정지기간 중에 중개업무를 하는 경우'를 중개사무소의 개설등록 취소사유로 규정하고 있다. 여기에서 말하는 중개업무란 중개대상물에 대하여 거래 당사자 간의 매매·교환·임대차 기타 권리의 득실·변경에 관한 행위를 알선하는 업무를 말한다(공인중개사법 제2조 제1호). 그러한 업무는 거래 당사자 쌍방의 의뢰를 받아 이루어지는 경우뿐만 아니라 거래 당사자 일방의 의뢰를 받아 이루어지는 경우도 포함한다. 한편 어떠한 행위가 '중개업무의 수행'에 해당하는지는 중개업자의 행위를 객관적으로 보아 사회통념상 거래의 알선·중개를 위한 행위라고 인정되는지에 따라 판단하여야 한다.

[2] <u>2개 이상의 행정처분이 연속적 또는 단계적으로 이루어지는 경우 선행처분과 후행처분이 서로 합하여 1개의 법률효과를 완성하는 때에는 선행처분에 하자가 있으면 그 하자는 후행처분에 승계된다. 이러한 경우에는 선행처분에 불가쟁력이 생겨 그 효력을 다툴 수 없게 되더라도 선행처분의 하자를 이유로 후행처분의 효력을 다툴 수 있다. 그러나 선행처분과 후행처분이 서로 독립하여 별개의 법률효과를 발생시키는 경우에는 선행처분에 불가쟁력이 생겨 그 효력을 다툴 수 없게 되면 선행처분의 하자가 중대하고 명백하여 선행처분이 당연무효인 경우를 제외하고는 특별한 사정이 없는 한 선행처분의 하자를 이유로 후행처분의 효력을 다툴 수 없는 것이 원칙이다.</u> 다만 그 경우에도 선행처분의 불가쟁력이나 구속력이 그로 인하여 불이익을 입게 되는 자에게 수인한도를 넘는 가혹함을 가져오고, 그 결과가 당사자에게 예측가능한 것이 아니라면, 국민의 재판받을 권리를 보장하고 있는 헌법의 이념에 비추어 선행처분의 후행처분에 대한 구속력을 인정할 수 ★없다.

【이 유】

상고이유를 판단한다.

1. 상고이유 제1점에 대하여

가. 공인중개사법 제38조 제1항 제7호는 '업무정지기간 중에 중개업무를 하는 경우'를 중개사무소의 개설등록 취소사유로 규정하고 있다. 여기에서 말하는 중개업무란 중개대상물에 대하여 거래 당사자 간의 매매·교환·임대차 기타 권리의 득실·변경에 관한 행위를 알선하는 업무를 말한다(공인중개

사법 제2조 제1호). 그러한 업무는 거래 당사자 쌍방의 의뢰를 받아 이루어지는 경우뿐만 아니라 거래 당사자 일방의 의뢰를 받아 이루어지는 경우도 포함한다. 한편 어떠한 행위가 '중개업무의 수행'에 해당하는지 여부는 중개업자의 행위를 객관적으로 보아 사회통념상 거래의 알선·중개를 위한 행위라고 인정되는지에 따라 판단하여야 한다(대법원 1995. 9. 29. 선고 94다47261 판결 등 참조).

나. 원심은, 원고가 업무정지기간 중에 부동산 매매 등을 의뢰받아 인터넷 포털사이트에 부동산 매물 광고를 한 것은 '업무정지기간 중에 중개업무를 한 경우'에 해당한다고 판단하였다. 이러한 원심의 판단은 앞에서 본 법리에 기초한 것으로서, 거기에 상고이유 주장과 같이 공인중개사법 제38조 제7호에서 정한 '중개업무'의 해석·적용에 관한 법리를 오해한 잘못이 없다.

2. 상고이유 제2점에 대하여

가. 2개 이상의 행정처분이 연속적 또는 단계적으로 이루어지는 경우 선행처분과 후행처분이 서로 합하여 1개의 법률효과를 완성하는 때에는 선행처분에 하자가 있으면 그 하자는 후행처분에 승계된다. 이러한 경우에는 선행처분에 불가쟁력이 생겨 그 효력을 다툴 수 없게 되더라도 선행처분의 하자를 이유로 후행처분의 효력을 다툴 수 있다. 그러나 선행처분과 후행처분이 서로 독립하여 별개의 법률효과를 발생시키는 경우에는 선행처분에 불가쟁력이 생겨 그 효력을 다툴 수 없게 되면 선행처분의 하자가 중대하고 명백하여 선행처분이 당연무효인 경우를 제외하고는 특별한 사정이 없는 한 선행처분의 하자를 이유로 후행처분의 효력을 다툴 수 없는 것이 원칙이다. 다만 그 경우에도 선행처분의 불가쟁력이나 구속력이 그로 인하여 불이익을 입게 되는 자에게 수인한도를 넘는 가혹함을 가져오고, 그 결과가 당사자에게 예측가능한 것이 아니라면, 국민의 재판받을 권리를 보장하고 있는 헌법의 이념에 비추어 선행처분의 후행처분에 대한 구속력을 인정할 수 없다(대법원 1994. 1. 25. 선고 93누8542 판결 등 참조).

나. 원심은, 아래와 같이 선행처분인 업무정지처분은 위법하지만 그 하자가 후행처분인 이 사건 처분에 승계되지는 않는다고 판단하였다.

(1) 피고는, 원고가 공인중개사법 제25조 제3항, 제4항의 규정을 위반하여 중개대상물 확인·설명서에 서명·날인하지 않았다는 이유로 선행처분인 업무정지처분을 하였으나, 그 처분사유가 인정되지 않는다. 다만 그와 같은 처분사유 부존재의 하자가 중대하고 명백하다고 볼 수는 없다.

(2) 이 사건은 업무정지처분의 불가쟁력이나 구속력이 그로 인하여 불이익을 입게 되는 원고에게 수인한도를 넘는 가혹함을 가져오고 그 결과가 예측가능하지 않은 경우에 해당한다고 보기 어렵다. 따라서 선행처분인 업무정지처분의 이 사건 처분에 대한 구속력이 인정된다.

다. 이 사건 선행처분인 업무정지처분은 일정 기간 중개업무를 하지 못하도록 하는 처분인 반면, 후행처분인 이 사건 처분은 위와 같은 업무정지처분에 따른 업무정지기간 중에 중개업무를 하였다는 별개의 처분사유를 근거로 중개사무소의 개설등록을 취소하는 처분이다. 비록 이 사건 처분이 업무정지처분을 전제로 하지만, 양 처분은 그 내용과 효과를 달리하는 독립된 행정처분으로서, 서로 결합하여 1개의 법률효과를 완성하는 때에 해당한다고 볼 수 없다. 따라서 원고는 선행처분이 당연무효가 아닌 이상 그 하자를 이유로 후행처분인 이 사건 처분의 효력을 다툴 수 없다. 또한 원고는 업무정지기간 중에 중개업무를 하여서는 안 된다는 것을 인식하고 있었던 점, 원고가 불복기간 내에 업무정지처분의 취소를 구하는 행정심판이나 행정소송을 제기하는 데에 특별히 어려움이 있었다고 인정할 만한 사정 또한 엿보이지 않는 점 등의 사정에 비추어 보면, 업무정지처분의 불가쟁력이나 구속력이 원고에게 수인한도를 넘는 가혹함을 가져오고 그 결과가 예측가능하지 않았던 경우에 해당한다고 볼 수도 ★없다.

라. 같은 취지에서, 원심이 업무정지처분의 하자가 이 사건 처분에 승계되지 않는다고 판단한 것은 정당하고, 거기에 상고이유 주장과 같이 하자의 승계에 관한 법리를 오해한 잘못이 없다(대법원 2019. 1. 31. 선고 2017두40372 판결).

판례 027

판시사항

[1] 공무원연금법 제65조 제1항 제1호에서 정한 사유에 해당하면 행정청은 퇴직급여 및 퇴직수당의 감액 여부 또는 비율을 선택할 재량을 가지지 못하고 공무원연금법 시행령 제61조 제1항 제1호에서 정한 비율대로 퇴직급여와 퇴직수당을 감액하여 지급하는 급여제한처분을 할 의무가 있는지 여부(★적극) 및 같은 법 제37조 제1항 제1문에 근거한 급여환수처분 역시 행정청이 환수 여부 또는 범위를 선택할 재량을 가지지 못하는 기속행위인지 여부(★★적극) / 이때 공무원연금법에 따른 급여환수·제한처분에도 '수익적 행정처분 직권취소·철회 제한 법리'가 적용되는지 여부(★★적극)

[2] 공무원이었던 자가 범한 재직 중 범죄가 퇴직 후 범죄와 경합범으로 함께 기소되어 하나의 금고 이상의 형을 받은 경우, 공무원연금법 제65조 제1항 제1호에서 정한 '재직 중의 사유로 금고 이상의 형이 확정된 때'에 해당하는지 여부(적극)

【이 유】

상고이유를 판단한다.

1. 사건의 개요

원심판결 이유와 기록에 의하면, 다음과 같은 사실들을 알 수 있다.

가. 원고는 1978. 11. 4. 경찰공무원으로 임용되어 2014. 6. 30. 퇴직하였고, 피고로부터 2014. 7.경 퇴직수당 68,051,530원을 지급받았고 2014. 8.경부터 퇴직연금으로 월 2,640,210원을 지급받고 있었다.

나. 원고는 형법 제37조 전단의 경합범 관계에 있는 2011. 7. 7. 자 상해 범죄사실, 2015. 11. 13. 자 폭행치상 범죄사실, 2016. 5. 4. 자 상해 범죄사실에 대하여 각 징역형이 선택되고 형법 제38조에 의한 경합범 가중을 거쳐 징역 1년, 집행유예 2년 등의 형을 선고받았고(대구지방법원 서부지원 2016. 6. 23. 선고 2016고단961 판결, 이하 '관련 형사판결'이라 한다), 위 판결은 2016. 7. 1. 확정되었다. 위 범죄사실 중 2011. 7. 7. 자 상해 범죄사실은 원고가 공무원으로 재직하던 중 저지른 범행이었다.

다. 피고는 2019. 9. 28. 원고에 대하여 관련 형사판결 확정으로 공무원연금법 제65조 제1항 제1호에서 정한 '재직 중의 사유로 금고 이상의 형이 확정된 경우'에 해당한다는 이유로, ① 공무원연금법 제37조 제1항에 근거하여 원고가 이미 지급받은 퇴직수당 및 퇴직연금액의 1/2에 해당하는 합계 74,948,860원을 환수하고, ② 공무원연금법 제65조 제1항 제1호에 근거하여 원고에게 장래에 지급하여야 하는 퇴직연금액을 1/2 감액하여 월 1,320,100원을 지급한다는 결정을 통보하였다(이하 '이 사건 처분'이라 한다).

2. 상고이유 제2점에 관하여

가. 공무원연금법은 제4장 제6절(제63조부터 제65조까지)에서 '급여의 제한'에 관하여 규정하고 있는데, 그중 제63조 제3항, 제64조, 제65조 제3항은 일정한 사유에 해당하면 '지급하지 아니할 수 있다.', '지급 정지할 수 있다.'라고 규정하는 반면, 제65조 제1항은 "공무원이거나 공무원이었던 사람이 다음 각호의 어느 하나에 해당하는 경우에는 대통령령으로 정하는 바에 따라 퇴직급여 및 퇴직수당의 일부를 줄여서 지급한다. 이 경우 퇴직급여액은 이미 낸 기여금의 총액에 민법 제379조에 따른 이자를 가산한 금액 이하로 줄일 수 없다."라고 규정하여[그 위임에 따른 공무원연금법 시행령 제61조 제1항 제1호 (나)목은 공무원 재직기간이 5년 이상인 사람이 공무원연금법 제65조 제1항 제1호에 해당하게 되었을 때에는 퇴직급여 및 퇴직수당의 각 1/2을 감액한 후 지급한다고 규정하고 있다], 각각의 급여제한사유가 발생한 경우에 행정청이 취하여야 할 조치를 분명하게 구분하고 있다.

이와 같은 공무원연금법의 명확한 문언과 규정 체계, 입법 취지 등을 종합하면, 공무원연금법 제65조 제1항 제1호에서 정한 사유에 해당하면 행정청은 공무원연금법 시행령 제61조 제1항 제1호에서 정한 비율대로 퇴직급여와 퇴직수당을 감액하여 지급하는 급여제한처분을 할 의무가 있고, 감액 여부 또는 비율을 선택할 재량을 가지지 못한다.

나아가 공무원연금법 제37조 제1항 제1문은 급여를 받은 사람이 거짓이나 그 밖의 부정한 방법으로 급여를 받은 경우, 급여를 받은 후 그 급여의 사유가 소급하여 소멸된 경우, 그 밖에 급여가 잘못 지급된 경우에는 그 급여액(지급받은 급여액과 지급하여야 할 급여액과의 차액이 발생한 경우에는 그 차액)을 환수하여야 한다고 규정하고 있다. 이에 근거한 급여환수처분 역시 기속행위이고, 행정청이 환수 여부 또는 범위를 선택할 재량을 가지지 못한다.

다만 공무원연금법에 따른 급여환수·제한처분에도 '수익적 행정처분 직권취소·철회 제한 법리'가 적용되어, 급여 과오급 발생에 수급인에게 고의 또는 중과실이 없어 선행 급여결정에 관한 수급인의 신뢰에 보호가치가 있는 때에는 급여환수·제한 처분으로 달성하려는 공익과 그로 말미암아 수급인이 입게 될 불이익의 내용·정도를 형량하여 사익이 우월한 경우에는 급여환수·제한처분이 허용되지 않는다는 규범적 제한이 있을 뿐이다(대법원 2017. 3. 30. 선고 2015두43971 판결 등 참조).

나. 위 법리에 비추어 보면, 공무원연금법 제65조 제1항 제1호에 따른 급여환수·제한처분이 기속행위라는 상고이유 주장은 옳다. 그러나 원심은 원고에게 공무원연금법 제65조 제1항 제1호 등에서 정한 급여환수·제한의 처분사유가 인정되지 않는다고 판단하였을 뿐, 이 사건 처분이 재량행위라거나 재량권을 일탈·남용하여 위법하다고 판단한 바 없다. 따라서 원심의 판단에 상고이유와 같이 공무원연금법 제65조 제1항 제1호의 해석·적용, 재량권 일탈·남용 등에 관한 법리를 오해한 잘못이 없다.

3. 상고이유 제1점에 관하여

가. 공무원연금법 제65조 제1항 제1호는 재직 중 사유(직무와 관련이 없는 과실로 인한 경우 및 소속 상관의 정당한 직무상의 명령에 따르다가 과실로 인한 경우는 제외한다. 이하 '재직 중 사유'라고만 한다)로 금고 이상의 형이 확정된 경우를 급여제한사유로 규정하고 있다. 공무원이었던 자가 범한 재직 중 범죄가 퇴직 후 범죄와 경합범으로 함께 기소되어 하나의 금고 이상의 형을 받은 경우에는 재직 중의 죄에 대하여도 금고 이상의 형이 선택되어 형을 받은 것이므로, 공무원연금법 제65조 제1항 제1호에서 정한 '재직 중의 사유로 금고 이상의 형이 확정된 때'에 해당한다고 보아야 한다(대법원 2006. 1. 26. 선고 2005두8740 판결 참조). 그 구체적인 이유는 다음과 같다.

1) 공무원연금법 제65조 제1항 제1호는 공무원 범죄를 예방하고 공무원이 재직 중 성실히 근무하도록 유도하기 위하여, 재직 중의 사유로 금고 이상의 형을 선고받은 자에 대하여 퇴직급여 중 공로보상 또는 사회보장적 성격을 강하게 갖는 부분(후불적 임금의 성격을 강하게 갖는 공무원 본인의 기여금과 그 이자에 해당하는 부분을 제외한 나머지 부분)을 지급하지 않으려는 데 그 입법 취지가 있다(대법원 1997. 4. 25. 선고 95누14046 판결, 헌법재판소 2013. 8. 29. 선고 2010헌바354 등 전원재판부 결정 참조).

2) 공무원연금법은 재직 중 범죄와 다른 죄의 경합범에 대하여 분리 선고를 하도록 형법 제38조에 대한 예외 규정을 따로 두지 않았으므로, 공무원이었던 자에 대하여 재직 중 범죄와 퇴직 후 범죄가 경합범으로 기소되어 유죄판결이 선고되는 경우, 재직 중 범죄와 퇴직 후 범죄를 분리 심리하여 따로 선고할 수 없다(대법원 2004. 4. 9. 선고 2004도606 판결 등 참조). 따라서 법원은 경합범 관계에 있는 공무원의 재직 중 범죄와 퇴직 후 범죄에 대하여 형법 제38조에 의하여 형을 정하여야 한다.

경합범 관계에 있는 여러 범죄행위에 대하여 유죄판결을 선고하는 경우, 먼저 각 범죄행위에 대한 형종을 선택한 이후 형법 제38조에 따라 경합범 가중을 하여 최종 처단형을 정하게 된다. 만일 경합범 관계에 있는 여러 범죄에 대하여 사형 또는 무기징역이나 무기금고를 제외한 하나의 금고 이상의 형이 선고되었다면, 경합범 관계에 있는 모든 죄에 대하여 징역 또는 금고 이상의 형이 선택되어 형법 제38조 제1항 제2호에 의하여 처단형이 결정된 것임을 분명히 알 수 있다. 또한 형사소송법 제323조 제1항은 형의 선고를 하는 때에는 판결 이유에 법령의 적용을 명시하여야 한다고 규정하고 있으므로, 형사재판의 판결문으로도 재직 중 범죄에 대하여 어떠한 법정형이 선택되었는지 알 수 있다.

3) 공무원연금법 제65조 제1항 제1호는 급여제한사유를 '금고 이상의 형'이 확정된 경우로 한정하면서, '재직 중 사유 그 자체'의 경중이 아닌 '재직 중 사유에 대하여 형사재판에서 선고된 형'의 경중에 따라 급여제한 여부를 결정하도록 규정하였으므로, 공무원연금법 제65조 제1항 제1호의 적용 여부는 재직 중 범죄에 대하여 형사재판에서 선고된 형을 기준으로 판단하여야 한다. 급여제한처분을 하는 행정청 또는 행정재판을 담당하는 법원이 사후에 재직 중 범죄의 양형조건을 별도로 고려하여 '재직 중 사유로 금고 이상의 형이 확정된 경우'에 해당하는지 여부를 구체적으로 심리·판단하는 것은 형사재판에서 선고된 형의 경중에 따라 급여제한 여부를 결정하도록 규정한 명확한 문언과 제도의 입법 취지에 반한다.

4) 재직 중 범죄에 대하여 금고 이상의 형을 선택할 것인지 여부는 경합범 관계에 있는 다른 죄에 대하여 어떠한 형을 선택할 것인지와는 독립적으로 결정되고, 경합범 관계에 있는 모든 범죄에 대하

여 단일한 형을 선택하여야 하는 것은 아니다. 형사재판을 담당하는 법원은 각 범죄사실별로 양형조건을 고려하여, 재직 중 범죄에 대하여 금고 이상의 형을 선택하여 피고인이 공무원연금법상 급여환수·제한처분을 받게 되는 것이 과도하다고 판단할 경우에는 벌금 이하의 형을 선택하는 것이 가능하다.

또한 공무원연금법 제65조 제1항 제1호는 재직 중 사유로 '금고 이상의 형'이 확정되었는지에 따라 그 적용 여부를 결정하도록 규정하였을 뿐, 형량에는 아무런 제한을 두지 않았으므로, 경합범 관계에 있는 다른 범죄에 대하여 어떠한 형이 선택되어 형법 제38조에 따라 경합범 가중이 되었는지는 공무원연금법상 급여제한사유 해당 여부에 아무런 영향을 끼치지 않는다. 따라서 재직 중의 범죄에 대하여 금고 이상의 형이 선택되었다면, 그 재직 중 범죄에 대하여 금고 이상의 형이 선고된 것으로 볼 수 있다.

나. 그런데도 원심은, '재직 중의 사유만으로는 금고 이상의 형이 확정되지 아니하였다고 평가할 수 있는 예외적인 경우'에는 공무원이었던 사람의 재직 중 범죄와 퇴직 후 범죄가 경합범으로 함께 기소되어 금고 이상의 하나의 형이 선고되어 확정되었더라도 공무원연금법 제65조 제1항 제1호에서 정한 '재직 중의 사유로 금고 이상의 형이 확정된 경우'에 해당하지 않는 것으로 보아야 한다고 전제한 다음, 원고의 경우 재직 중 범죄만으로는 금고 이상의 형이 확정되지 아니하였다고 평가할 수 있는 예외적인 경우에 해당한다고 보아 이 사건 처분이 전부 위법하다고 판단하였다.

이러한 원심의 판단에는 공무원연금법 제65조 제1항 제1호의 해석·적용에 관한 법리를 오해하여 판결에 영향을 미친 잘못이 있다. 이 점을 지적하는 상고이유 주장은 이유 있다(대법원 2021. 8. 12. 선고 2020두40693 판결).

판례 028

판시사항

[1] 위법한 행정처분에 대한 취소판결이 확정된 경우, 행정청이 취할 조치

[2] 행정계획의 의미 및 행정주체가 구체적인 행정계획을 입안·결정할 때 가지는 형성의 자유의 한계 / 행정청이 행정계획을 입안·결정할 때 이익형량을 전혀 하지 않거나 이익형량의 고려 대상에 마땅히 포함시켜야 할 사항을 누락한 경우 또는 이익형량을 하였으나 정당성과 객관성이 결여된 경우, 행정계획 결정이 위법한지 여부(★적극) / 행정청이 주민 등의 도시관리계획 입안 제안을 받아들여 도시관리계획결정을 할 것인지 결정하는 경우에도 마찬가지 법리가 적용되는지 여부(★적극)

[3] 주민 등의 도시관리계획 입안 제안을 거부한 처분에 이익형량의 하자가 있어 위법하다고 판단하여 취소하는 판결이 확정된 경우, 행정청에 그 입안 제안을 그대로 수용하는 내용의 도시관리계획을 수립할 의무가 있는지 여부(★★소극) 및 행정청이 다시 새로운 이익형량을 하여 도시관리계획을 수립한 경우, 취소판결의 기속력에 따른 재처분의 의무를 이행한 것인지 여부(적극) / 이때 행정청이 다시 적극적으로 수립한 도시관리계획의 내용이 계획재량의 한계를 일탈한 것인지 여부는 별도로 심리·판단하여야 하는지 여부(적극)

【이 유】

상고이유를 판단한다.

1. 사안의 개요와 쟁점

가. 원심판결 이유와 기록에 의하면, 다음과 같은 사정들을 알 수 있다.

1) 피고가 1991. 12. 26. 영동(1, 2지구) 토지구획정리사업의 환지처분을 함에 따라, 한국토지개발공사가 그 사업구역에 포함되어 있던 서울 서초구 (주소 1 생략) 학교용지 10,562.3㎡(이하 '이 사건 부지'라고 한다)를 환지로 배정받아 소유권을 취득하였다. 한편 이 사건 부지와 이에 접한 (주소 2 생략) 학교용지 2,614.6㎡ 합계 13,176.9㎡(이하 '이 사건 학교용지'라고 한다)에 관하여는 1986. 5. 17. 서울특별시 고시 제308호로 도시계획시설(학교)결정이 이루어진 상태였다.

2) 원고는 2001. 4. 12. 한국토지개발공사로부터 이 사건 부지를 매수한 다음, 그 무렵 서울특별시 서초구청장(이하 '서초구청장'이라고 한다)으로부터 가설건축물 건축허가를 받아 이 사건 부지에 근린생활시설(A동)과 운동시설(B동)(이하 통틀어 '이 사건 가설건축물'이라고 한다)을 건축한 후 그 존치기간을 계속 연장하면서 옥외골프연습장 등을 운영하고 있다.

3) 원고는 2014. 10. 24. 서초구청장에게 이 사건 부지에 관하여 도시계획시설(학교)결정을 폐지하고 이 사건 가설건축물의 건축용도를 유지하는 내용의 지구단위계획안을 입안 제안하였고, 서초구청장은 이 제안을 사실상 그대로 수용하는 내용으로 지구단위계획안(이하 '이 사건 계획안'이라고 한다)을 입안하였는데, 피고가 2016. 1. 28. 서초구청장을 통해 원고에 대하여 이 사건 계획안에 공공기여 25%를 반영하고 옥외골프연습장을 불허용도에 포함시키지 않았음을 이유로 이 사건 계획안대로 지구단위계획을 수립하길 거부한다는 통보를 하였다(이하 '종전 거부처분'이라고 한다).

4) 이에 원고가 피고를 상대로 종전 거부처분의 취소를 구하는 소를 제기하였고, 종전 거부처분은 다음과 같은 두 가지 점에서 이익형량에 하자가 있어 위법하다는 이유로 종전 거부처분을 취소하는 판결이 선고, 확정되었다(서울행정법원 2016. 9. 23. 선고 2016구합54916 판결, 서울고등법원 2017. 2. 23. 선고 2016누70255 항소기각 판결, 이하 '선행판결'이라고 한다).

① 피고는 원고가 이 사건 부지를 매수할 당시 이 사건 부지에 도시계획제한이 설정되어 있다는 사실을 알고 있었고, 지역실정에 비추어 기반시설 확충을 위한 기부채납이 필요하다는 등의 사유로 이 사건 계획안에 공공기여 25%를 반영할 것을 요구하였는데, 이는 개발계획의 수립이라는 측면만 우선시하고 토지소유자의 불이익을 해소한다는 측면을 무시한 것이므로 정당성과 객관성을 갖춘 이익형량에 기초한 것이라고 보기 어렵다.

② 피고는 아파트지구 내에서는 「서울특별시 아파트지구개발기본계획 수립에 관한 조례」(이하 '아파트지구 조례'라고 한다)에 따라 옥외골프연습장이 허용되지 않는다는 등의 사유로 이 사건 계획안에 옥외골프연습장을 불허용도에 포함시킬 것을 요구하였는데, 피고가 기존의 아파트지구를 점진적으로 해제하는 방향으로 정책을 수립하였고, 이 사건 계획안 역시 이 사건 부지를 아파트지구에서 제외하는 것을 전제로 하고 있는 점 등에 비추어 보면, 이는 정당성과 객관성을 갖춘 이익형량에 기

초한 것이라고 보기 어렵다.

5) 피고는 2017. 11. 16. ① 기존 도시계획시설(학교)결정을 폐지하고 이 사건 학교용지를 특별계획구역으로 지정하는 내용의 도시관리계획결정(서울특별시 고시 제2017-411호), ② 반포아파트지구 중 이 사건 학교용지에 관한 토지이용계획을 도시계획시설용지(학교용지)에서 기타용지로 변경하되 건축물 규제사항은 서울특별시 고시 제2017-411호에 의하도록 하는 내용의 반포아파트지구 개발기본계획 및 반포아파트지구 3주구 정비계획(경미한)변경결정(서울특별시 고시 제2017-418호)을 고시하였다(이하 통틀어 '이 사건 결정'이라고 한다).

6) 피고는 이 사건 결정에서 '도시계획시설(학교)결정 폐지에 따른 대규모 필지의 효율적 토지이용 및 주변 지역의 개발현황(계획)과 연계한 체계적 도시관리계획 수립 필요, 현재 수립 중인 반포아파트지구 지구단위계획 및 주변지역 특성을 고려한 구체적 개발계획을 통해 주변에 미치는 부영향 최소화계획 필요'를 특별계획구역 결정사유로 명시하였고, 특별계획구역지침 부분에서 용적률에 관하여 '기준용적률 120% 이하, 허용용적률 150% 이하, 상한용적률 200% 이하, 상한용적률 = 기준(허용)용적률 × (1 + 1.3 × a) 이하'로 결정하였다.

나. 이 사건의 쟁점은 이 사건 결정이 선행판결의 기속력에 위배되는지 여부이다.

2. 원심의 판단

가. 원심은 다음과 같은 이유로 이 사건 결정이 선행판결의 기속력에 위배된다고 판단하였다.

1) 이 사건 결정에서는 이 사건 부지의 기준용적률과 허용용적률을 이 사건 계획안에서 정한 내용보다 대폭 낮추면서 상한용적률을 200% 이하로 정하여, 원고가 이 사건 계획안에 따른 기준용적률 및 허용용적률과 동일한 200% 이하의 용적률을 적용받기 위하여는 적어도 20% 이상의 기부채납 등 공공기여를 하지 않을 수 없는 점, 피고의 재량준칙인 「서울특별시 지구단위계획 수립기준」(이하 '이 사건 수립기준'이라고 한다)의 용적률에 관한 규정은 용도지역의 변경이 없는 제2종일반주거지역에서는 기준용적률과 허용용적률을 모두 200% 이하로 정하도록 하고 있고, 피고는 특별한 사정이 없는 한 용적률에 관하여 개정된 기준을 그대로 적용하여 왔던 것으로 보이는 점 등에 비추어 보면, 이 사건 결정의 용적률 관련 부분은 사실상 선행판결에서 위법하다고 판단한 공공기여를 요구하는 것이나 마찬가지이다.

2) 이 사건 결정에서 이 사건 부지의 추상적인 불허용도로 '기타 주변 정주환경, 교육환경, 경관 저해용도 등'을 정하고 있는데, 여기에는 그 문언상 옥외골프연습장이 포함된다고 해석될 여지가 충분한 점, 아파트지구 조례에 따르면 서울특별시의 아파트지구 내에서는 옥외골프연습장이 허용되지 않는데, 이 사건 부지가 아파트지구에서 제외되지 않아 결국 이 사건 부지에 관하여 아파트지구 조례가 적용될 수밖에 없는 점 등에 비추어 보면, 이 사건 결정은 이 사건 부지를 실질적으로 옥외골프연습장이 허용되지 않는 용도로 결정한 것이나 마찬가지이다.

3) 이 사건 부지를 특별계획구역으로 지정한 것이 종전 거부처분 이후에 발생한 새로운 사유이거나 선행판결에서 이익형량을 그르쳐 위법하다고 판단한 처분사유인 공공기여 요구, 용도계획 변경요구와 기본적 사실관계를 달리하는 사정에 해당한다고 평가할 수 없고, 「아파트지구 도시관리체계 개

선 시행계획」(이하 '아파트지구 개선 시행계획'이라고 한다)은 서울특별시 행정2부시장의 내부 행정지침에 불과하고, 위 지침의 시행 이전에도 여전히 특별계획구역 지정의 근거가 되는 법령은 마련되어 있었던 이상 아파트지구 개선 시행계획의 시행이 특별계획구역 지정에 관한 법령이나 사실관계의 변경이 있는 경우에 해당한다고 볼 수 없다.

나. 그러나 이러한 원심판단은 다음과 같은 이유에서 그대로 수긍하기 어렵다.

3. ★대법원의 판단

가. 관련 법리

1) 행정소송법 제30조에 의하면, 처분 등을 취소하는 확정판결은 그 사건에 관하여 당사자인 행정청과 그 밖의 관계행정청을 기속하고(제1항), 판결에 의하여 취소되는 처분이 당사자의 신청을 거부하는 것을 내용으로 하는 경우에는 그 처분을 행한 행정청은 판결의 취지에 따라 다시 이전의 신청에 대한 처분을 하여야 한다(제2항). 따라서 어떤 행정처분을 위법하다고 판단하여 취소하는 판결이 확정되면 행정청은 취소판결의 기속력에 따라 그 판결에서 확인된 위법사유를 배제한 상태에서 다시 처분을 하거나 그 밖에 위법한 결과를 제거하는 조치를 할 의무가 있다(대법원 2015. 10. 29. 선고 2013두27517 판결 등 참조).

2) 행정계획은 도시의 건설·정비·개량 등과 같은 특정한 행정목표를 달성하기 위하여 행정에 관한 전문적·기술적 판단을 기초로 관련되는 행정수단을 종합·조정함으로써 장래의 일정한 시점에 일정한 질서를 실현하기 위하여 설정한 활동기준이나 그 설정행위를 말한다. 행정청은 구체적인 행정계획을 입안·결정할 때 비교적 광범위한 형성의 재량을 가진다. 다만 행정청의 이러한 형성의 재량이 무제한적이라고 할 수는 없고, 행정계획에서는 그에 관련되는 자들의 이익을 공익과 사익 사이에서는 물론이고 공익 사이에서나 사익 사이에서도 정당하게 비교·교량하여야 한다는 제한이 있으므로, ★행정청이 행정계획을 입안·결정할 때 이익형량을 전혀 행하지 아니하거나 이익형량의 고려 대상에 마땅히 포함시켜야 할 사항을 누락한 경우 또는 이익형량을 하였으나 정당성과 객관성이 결여된 경우에는 그 행정계획 결정은 이익형량에 하자가 있어 위법하게 될 수 있다. 이러한 법리는 행정청이 「국토의 계획 및 이용에 관한 법률」(이하 '국토계획법'이라고 한다)에 따라 주민 등의 도시관리계획 입안 제안을 받아들여 도시관리계획결정을 할 것인지를 결정하는 경우에도 마찬가지로 적용된다(대법원 2018. 10. 12. 선고 2015두50382 판결 등 참조).

3) 취소 확정판결의 기속력의 범위에 관한 법리 및 도시관리계획의 입안·결정에 관하여 행정청에 부여된 재량을 고려하면, 주민 등의 도시관리계획 입안 제안을 거부한 처분을 이익형량에 하자가 있어 위법하다고 판단하여 취소하는 판결이 확정되었더라도 행정청에 그 입안 제안을 그대로 수용하는 내용의 도시관리계획을 수립할 의무가 있다고는 볼 수 없고, 행정청이 다시 새로운 이익형량을 하여 적극적으로 도시관리계획을 수립하였다면 취소판결의 기속력에 따른 재처분의무를 이행한 것이라고 보아야 한다. 다만 취소판결의 기속력 위배 여부와 계획재량의 한계 일탈 여부는 별개의 문제이므로, 행정청이 적극적으로 수립한 도시관리계획의 내용이 취소판결의 기속력에 위배되지는 않는다고 하더라도 계획재량의 한계를 일탈한 것인지의 여부는 별도로 심리·판단하여야 한다.

나. 기록에 의하여 알 수 있는 다음과 같은 사정들을 종합하면, ★선행판결에서 종전 거부처분의 이

익형량에 하자가 있다고 지적한 '공공기여 25% 반영 요구' 부분이 이 사건 결정에 직접 또는 사실상 포함되어 있다고 보기 어렵다.

1) 이 사건 결정에는 명시적으로 원고에게 이 사건 부지의 개발 등을 위한 공공기여를 요구하는 문언은 없다. 종전 거부처분은 이 사건 계획안에 공공기여 25%가 반영되어 있지 않다는 이유로 피고가 이 사건 학교용지에 관하여 장기간 미집행된 기존 도시계획시설결정의 폐지 자체를 거부하는 것을 내용으로 하는 반면, 이 사건 결정은 이 사건 학교용지에 관하여 기존 도시계획시설결정을 폐지하면서 장래의 건축사업에서 공공시설 부지로 제공하는 면적의 비율에 따라 용적률을 차등 적용하도록 규정하여 건축주에게 선택권을 부여하는 것을 내용으로 하는 점에서 큰 차이가 있다.

2) 선행판결의 취지는 피고가 이 사건 계획안의 '기준(허용)용적률 200% 이하' 부분을 반드시 수용하여야 한다는 것이 아니다. 따라서 이 사건 결정의 용적률 규정에 의하면 장래에 이 사건 부지에서 건축사업을 시행할 때 이 사건 부지의 20%를 공공시설 부지로 제공하여야 이 사건 계획안에서 제시한 것과 같은 용적률 200%의 결과가 도출된다고 하더라도, 이 사건 결정의 용적률 규정이 선행판결의 기속력을 잠탈할 목적으로 마련된 것이라고는 볼 수 없다.

3) 국토계획법 제78조 제1항 제1호 (가)목, 제2항, 구 국토의 계획 및 이용에 관한 법률 시행령(2019. 8. 6. 대통령령 제30031호로 개정되기 전의 것) 제85조 제1항 제4호, 「서울특별시 도시계획 조례」제55조 제1항 제4호에 의하면, 행정청에는 제2종일반주거지역의 용적률을 '200% 이하'의 범위에서 결정할 수 있는 재량이 부여되어 있다. 피고가 '200% 이하'의 범위에 있는 '120%'를 기준용적률의 상한으로, '150%'를 허용용적률의 상한으로 각각 정한 것은 용적률에 관한 관계 법령과 조례에 부합한다. 한편 용적률에 관한 규정들의 체계 등에 비추어 보면, 행정규칙에 불과한 이 사건 수립기준에서 제2종일반주거지역의 기준용적률, 허용용적률을 '200% 이하'라고 규정하고 있는 것도 이러한 관계 법령과 조례의 규정 내용과 동일하게 이해하여야 한다.

4) 또한 서울특별시 안에서 제2종일반주거지역에 대한 기준용적률의 상한을 200%로 결정하는 행정관행이 확립되어 있다고 단정하기도 어렵다. 설령 제2종일반주거지역에 대한 기준용적률의 상한이 200%로 결정된 사례가 여러 건 있다고 하더라도 그것만으로 그러한 행정관행이 확립된 것으로 단정하는 것은 개별 계획구역의 특수성이나 행정청의 광범위한 계획재량을 실질적으로 부정하는 것과 마찬가지이므로 적절하지 ★않다.

다. 다음으로 기록에 의하여 알 수 있는 다음과 같은 사정들을 종합하면, 선행판결에서 종전 거부처분의 이익형량에 하자가 있다고 지적한 '옥외골프연습장 불허용도 포함 요구' 부분이 이 사건 결정에 직접 또는 사실상 포함되어 있다고 보기도 어렵다.

1) 이 사건 결정은 특별계획구역에서 불허되는 건축물의 용도로 안마원, 장의사 등을 열거하고 "기타 주변 정주환경, 교육환경, 경관 저해용도 등"이라고 규정하였을 뿐, 옥외골프연습장을 불허한다고 규정하지 않았다. 따라서 이 사건 결정에 의해서 이 사건 부지에서 옥외골프연습장의 건축이 불허된 것이라고 볼 수는 없다.

2) 당초 피고는 아파트지구 내에서는 아파트지구 조례에 따라 옥외골프연습장이 허용되지 않는다는 등의 사유로 이 사건 계획안에 옥외골프연습장을 불허용도에 포함시킬 것을 요구하였다. 아파트지

구 조례는 제9조 제1항에서 아파트지구에 건축하는 건축물은 [별표 2]의 범위에서 계획하여야 한다고 규정하는 한편, [별표 2]에서 아파트지구 중 지구중심, 주구중심, 분구중심, 주택용지, 학교용지, 공원용지, 도로용지에서 옥외골프연습장의 건축을 허용하지 않고 있다. 그런데 이 사건 부지는 이 사건 결정에 의해 아파트지구 중 '기타용지'로 구분되었기 때문에, 아파트지구 조례 제9조 제1항 [별표 2]에 의하여 이 사건 부지에서 옥외골프연습장의 건축이 불허되었다고 볼 수도 없다. 오히려 피고가 이 사건 결정에서 이 사건 부지를 아파트지구 중 '기타용지'로 구분한 것은 피고 스스로 이 사건 부지에서 허용되는 건축물의 범위를 아파트지구 조례 제9조 제1항 [별표 2]에 따라 의율하지는 않겠다고 결정한 것으로 볼 수 있다.

3) 한편 이 사건 수립기준은 간선가로변에는 '미관저해 시설의 입지 규제'로서 '옥외에 철탑이 있는 골프연습장'은 불허할 수 있는 건축물 용도로 예시하고 있는데, 이는 행정청이 지구단위계획을 수립할 때 참고하여야 하는 내부기준에 불과하다. 또한 피고가 2018. 4. 12. 열람·공고한 '반포아파트지구 지구단위계획구역 및 계획 결정(안)'은 반포아파트지구에서 건축이 불허되는 건축물의 용도로 '운동시설 중 옥외철탑이 설치된 골프연습장'을 명시하였으나, 이대로 반포아파트지구 지구단위계획이 수립·결정된다고 하더라도 이 사건 부지에서 옥외골프연습장의 건축이 불허되는 것은 별도의 도시관리계획결정의 효과일 뿐이고, 이 사건 결정과는 ★관련이 없다.

라. 마지막으로 기록에 의하여 알 수 있는 다음과 같은 사정들을 종합하면, 피고가 종전 거부처분 당시에는 고려되지 않았던 새로운 사정을 추가적으로 고려하여 이 사건 결정을 한 것으로 봄이 타당하다.

1) 우선 국토계획법 제49조 제2항의 위임에 따라 국토교통부장관이 정한 훈령인 '지구단위계획수립지침'은 특별계획구역을 지구단위계획구역 중에서 현상설계 등에 의하여 창의적 개발안을 받아들일 필요가 있거나 계획의 수립 및 실현에 상당한 기간이 걸릴 것으로 예상되어 충분한 시간을 가질 필요가 있을 때에 별도의 개발안을 만들어 지구단위계획으로 수용 결정하는 구역이라고 정의하고(3-15-1), 특별계획구역 지정대상으로 공공사업의 시행, 대형건축물의 건축 또는 2필지 이상의 토지소유자의 공동개발 기타 지구단위계획구역의 지정목적을 달성하기 위하여 특별계획구역으로 지정하여 개발하는 것이 필요한 경우 등을 규정하고 있다(3-15-2). 이 사건 수립기준은 학교 등 대규모 이전적지와 용도지역·지구 변경으로 계획적 개발이 필요한 지역 등을 특별계획구역 지정대상 지역으로 하면서, 특별계획구역의 지정기준의 규모를 '나대지 및 이전적지(영세필지 포함 유도하여 정형화)인 경우 5,000㎡ 이상'으로 규정하고 있다(1-8-3). 피고가 이 사건 부지를 포함한 이 사건 학교용지를 특별계획구역으로 지정한 것은 관계 규정들에 부합한다.

2) ★★★피고가 종전 거부처분을 하기 전에 이 사건 계획안에 대한 사전타당성 자문절차를 거치는 과정에서 2015. 4. 7. 서초구청장에게 특별계획구역 수립 및 지정기준에 부합하는지 여부를 검토하라는 협의의견을 제시하였고, 이에 대하여 원고는 2015. 4. 30. 이 사건 부지가 특별계획구역 수립 및 지정 기준에 부합하지 않는다는 조치계획서를 제출하였다. 그 후 피고가 종전 거부처분에서 이 사건 부지를 특별계획구역으로 지정할 필요가 있다는 점을 명시적으로 밝히지는 않았으나, 이러한 사정만으로 피고가 종전 거부처분을 통해 향후 이 사건 학교용지를 특별계획구역으로 지정하지 않겠다는 ★★★<<공적 견해를 표명한 것으로 볼 수는 없다.>>

오히려 종전 거부처분과 이 사건 결정이 이루어진 과정과 각 처분서의 문언 등을 종합하면, 피고는 종전 거부처분에서는 원고가 입안 제안한 이 사건 계획안이 적절하지 않다는 이유로 이 사건 학교용지에 관하여 기존 도시계획시설결정을 폐지하고 새로 도시관리계획을 수립하는 것 자체를 거부하였기 때문에 '이 사건 학교용지를 특별계획구역으로 지정할 필요성'을 적극적으로 고려하지 않았으나, 그 후 선행판결의 취지에 따라 새로 도시관리계획을 수립하여 이 사건 결정을 하게 되는 과정에서는 기존 도시계획시설결정을 폐지함에 따라 최상위 법정계획인 '2030 서울도시기본계획(2030 서울플랜)', 별도의 도시계획인 '한강변관리기본계획', 수립 진행 중이었던 '아파트지구 개선 시행계획' 등과의 정합성 있는 개발계획을 수립하여야 할 필요성을 고려하여 이 사건 학교용지를 특별계획구역으로 지정한 것으로 보인다. 따라서 ★★★피고가 이 사건 결정을 통해 다른 행정계획 등을 고려하여 이 사건 학교용지를 특별계획구역으로 지정한 것이 선행판결의 기속력에 위배된다고 볼 수는 없다.

3) '2030 서울도시기본계획(2030 서울플랜)'이나 '한강변관리기본계획'이 종전 거부처분 당시에 이미 존재하고 있었던 것이라고 하더라도 달리 보기 어렵다. 또한 당초 거부처분의 '공공기여 25% 반영 요구'와 관련하여 선행판결에서 심리·판단된 '지역실정 또는 당해 구역여건 등으로 기반시설 확충 필요성'이라는 고려요소와 '2030 서울도시기본계획(2030 서울플랜)', '한강변관리기본계획' 등과의 정합성 있는 개발계획을 수립하여야 할 필요성이라는 고려요소가 동일한 것이라고 보기도 어렵다.

4) 이 사건 결정 당시에 별도로 수립 진행 중이었던 '아파트지구 개선 시행계획'은 주변과의 연계가 결여된 기존의 개별 단지별 정비사업 중심의 아파트지구 개발기본계획을 일대의 주거환경과 교통여건, 도로 등 기반시설, 주변지역과의 연계 등을 종합적으로 고려하여 체계적으로 통합하여 관리하는 것을 목적으로 하는 광역적 도시관리계획을 목표로 한다. 따라서 도시계획의 최상위 기준 제시를 목적으로 하는 '2030 서울도시기본계획(2030 서울플랜)'이나, 기존 아파트지구 폐지에 대하여 유형별 대체 가능한 방안을 모색하는 정도로의 기본틀을 제시하는 내용이 포함된 '한강변관리기본계획'과는 계획수립 목적을 달리하므로, '아파트지구 개선 시행계획'에서 고려되는 공익적 요소가 '2030 서울도시기본계획(2030 서울플랜)'이나 '한강변관리기본계획'의 경우와 반드시 중첩된다고 보기는 어렵다. 그렇다면 기존 아파트지구에 관한 종합적·통합적 도시관리계획 수립의 필요성은 '2030 서울도시기본계획(2030 서울플랜)'이나 '한강변관리기본계획'의 고려 여부와는 별개로, 종전 거부처분 당시에는 고려되지 않은 새로운 사정으로 볼 수 있다.

한편 피고가 2017. 4. 19. 보도자료를 통해 '아파트지구 개선 시행계획' 수립 추진을 밝힘으로써 아파트지구에 관한 향후 도시관리계획 등의 수립기준을 대외적으로 표명한 것으로 볼 수 있으므로, 그 시행계획이 아직 확정되지는 않았더라도 조속한 시일 내에 확정·시행되리라는 사정을 피고가 이 사건 결정을 하면서 고려한 것이 위법하다고 보기도 어렵다.

마. 이상을 종합하면, 종전 거부처분을 취소하는 선행판결이 확정된 후 피고가 종전 거부처분 당시에는 고려되지 않았던 새로운 사정을 추가적으로 고려하여 새로운 이익형량을 한 결과로서 적극적으로 도시관리계획을 수립하는 내용의 이 사건 결정을 하였고, 이 사건 결정에는 선행판결에서 종전 거부처분의 이익형량에 하자가 있다고 지적한 ★★★<<'공공기여 25% 반영 요구' 부분이나 '옥외 골프연습장 불허용도 포함 요구' 부분이 그대로 포함되어 있지도 않으므로, 이 사건 결정이 선행판결의 기속력에 위배된다고 볼 수는 없다.>> 그런데도 원심은 그 판시와 같은 사정만으로 이 사건 결정이 선행판결의 기속력에 위배된다고 판단하였다. 이러한 원심판단에는 계획재량과 취소판결의 기속력에 관한 법리 등을 오해한 잘못이 있다(대법원 2020. 6. 25. 선고 2019두56135 판결).

○ 판례 029

판시사항

[1] 행정계획의 의미 및 행정청이 구체적인 행정계획을 입안·결정할 때 가지는 형성의 재량의 한계 / 행정청이 행정계획을 입안·결정할 때 이익형량을 전혀 하지 않거나 이익형량의 고려 대상에 마땅히 포함시켜야 할 사항을 누락한 경우 또는 이익형량을 하였으나 정당성과 객관성이 결여된 경우, 행정계획 결정이 위법한지 여부(적극) / 산업입지 및 개발에 관한 법률상 산업단지개발계획 변경권자가 산업단지 입주업체 등의 신청에 따라 산업단지개발계획을 변경할 것인지를 결정하는 경우에도 마찬가지 법리가 적용되는지 여부(★적극)

[2] 환경의 훼손이나 오염을 발생시킬 우려가 있다는 점을 처분사유로 하는 산업단지개발계획 변경신청 거부처분과 관련하여 재량권의 일탈·남용 여부를 판단하는 방법 / '환경오염 발생 우려'와 같이 장래에 발생할 불확실한 상황과 파급효과에 대한 예측이 필요한 요건에 관한 행정청의 재량적 판단은 폭넓게 존중하여야 하는지 여부(★원칙적 적극) 및 처분이 재량권을 일탈·남용하였다는 사정에 관한 주장·증명책임의 소재(=처분의 효력을 다투는 자)

판결요지

[1] 행정계획은 특정한 행정목표를 달성하기 위하여 행정에 관한 전문적·기술적 판단을 기초로 관련되는 행정수단을 종합·조정함으로써 장래의 일정한 시점에 일정한 질서를 실현하기 위하여 설정한 활동기준이나 그 설정행위를 말한다. 행정청은 구체적인 행정계획을 입안·결정할 때 비교적 광범위한 형성의 재량을 가진다. 다만 행정청의 이러한 형성의 재량이 무제한적이라고 할 수는 없고, 행정계획에서는 그에 관련되는 자들의 이익을 공익과 사익 사이에서는 물론이고 공익 사이에서나 사익 사이에서도 정당하게 비교·교량하여야 한다는 제한이 있으므로, 행정청이 행정계획을 입안·결정할 때 이익형량을 전혀 행하지 아니하거나 이익형량의 고려 대상에 마땅히 포함시켜야 할 사항을 누락한 경우 또는 이익형량을 하였으나 정당성과 객관성이 결여된 경우에는 그 행정계획 결정은 이익형량에 하자가 있어 위법하게 될 수 있다. 이러한 법리는 산업입지 및 개발에 관한 법률상 산업단지개발계획 변경권자가 산업단지 입주업체 등의 신청에 따라 산업단지개발계획을 변경할 것인지를 결정하는 경우에도 마찬가지로 적용된다.

[2] 환경의 훼손이나 오염을 발생시킬 우려가 있다는 점을 처분사유로 하는 산업단지개발계획 변경신청 거부처분과 관련하여 재량권의 일탈·남용 여부를 심사할 때에는 산업입지 및 개발에 관한 법률의 입법 취지와 목적, 인근 주민들의 토지이용실태와 생활환경 등 구체적 지역 상황, 환경권의 보호에 관한 각종 규정의 입법 취지 및 상반되는 이익을 가진 이해관계자들 사이의 권익 균형 등을 종합하여 신중하게 판단하여야 한다. 그리고 '환경오염 발생 우려'와 같이 장래에 발생할 불확실한 상황과 파급효과에 대한 예측이 필요한 요건에 관한 행정청의 재량적 판단은 그 내용이 현저히 합리성을 결여하였다거나 상반되는 이익이나 가치를 대비해 볼 때 형평이나 비례의 원칙에 뚜렷하게 배치되는 등의 사정이 없는 한 폭넓게 존중하여야 한다. 또한 처분이 재량권을 일탈·남용하였다는 사정은 그 처분의 효력을 다투는 자가 주장·증명하여야 한다(대법원 2021. 7. 29. 선고 2021두33593 판결).

※사건의 경위

원심판결의 이유와 기록에 의하면, 다음과 같은 사정들을 알 수 있다.

가. 원고는 「산업입지 및 개발에 관한 법률」(이하 '산업입지법'이라 한다)에 따라 국가산업단지로 지정·개발된 울산·미포 국가산업단지(이하 '이 사건 산업단지'라 한다)에 입주한 폐기물처리업체이고, 피고는 산업입지법령에 따라 국토교통부장관으로부터 국가산업단지의 산업단지개발계획 변경 권한을 위임받은 행정청이다.

나. 피고는 2019. 3. 14. 이 사건 산업단지에 입주한 다른 폐기물처리업체인 NC울산 주식회사(이하 'NC울산'이라 한다)의 신청을 받아들여 NC울산이 사업장폐기물 소각시설 1기(1일 소각량 206t)를 증설할 수 있도록 산업단지개발계획을 변경하였다.

다. 원고는 2019. 3. 19. 피고에게 원고 공장에 사업장폐기물 소각시설 1기(1일 소각량 163t, 이하 '이 사건 소각시설'이라 한다)를 증설하기 위해 산업단지개발계획 변경신청을 하였다.

라. 피고는 2019. 5. 8. '국가산업단지 대기보전특별대책지역 대기배출시설(소각시설) 설치 제한 검토 보고서'를 작성하여 울산광역시의 대기오염물질 배출량을 줄이기 위해 향후 관할구역 내 사업장폐기물 소각시설 증설을 제한하기로 결정하였다.

마. 피고는 2019. 5. 16. 원고의 산업단지개발계획 변경신청을 다음과 같은 사유(이하 '종전 처분사유'라 한다)로 거부하였다.

1) 대기환경보전법에 따르면, 특별대책지역에서는 대기오염물질 중 먼지·황산화물 및 질소산화물의 발생량 합계가 연간 10t 이상인 배출시설의 설치를 제한할 수 있다.

2) 울산광역시의 초미세먼지 농도는 환경정책기본법에서 정한 기준을 초과하고, 시민들의 건강에 대한 불안이 고조되고 있으며, 2019. 4. 2. 제정·공포된 「대기관리권역의 대기환경개선에 관한 특별법」(이하 '대기관리권역법'이라 한다)에 따라 조만간 '대기관리권역별 대기오염물질 배출허용총량제'(이하 '배출허용총량제'라 한다)가 시행될 예정이다. 피고 관할구역 안의 사업장폐기물 소각시설은 관할구역 바깥에서 발생한 사업장폐기물을 처리하는 비중이 높다. 피고는 이러한 사정들을 고려하여 사업장폐기물 소각시설의 증설을 제한하고 있다.

바. 원고는 2019. 8. 9. 피고에게 다시 같은 내용의 산업단지개발계획 변경신청(이하 '이 사건 신청'이라 한다)을 하면서, 이 사건 소각시설에 질소산화물 저감장치와 굴뚝원격감시체계를 설치하겠다고 밝히고, 주식회사 푸른이엔텍이 작성한 환경성검토서(이하 '이 사건 환경검토서'라 한다)를 제출하였다.

사. 피고는 2019. 9. 6. 종전 처분사유에다가 '원고는 이 사건 소각시설에서 발생하는 열에너지를 인근 SKC 공장에 공급하여 SKC 공장의 화석연료 사용을 줄일 수 있다고 하나, 화석연료를 사용하면 먼지·질소산화물 등 일반적인 대기오염물질을 배출할 뿐이지만, 폐기물 소각 과정에서는 다이옥신 등 시민의 건강과 환경에 직간접적으로 위해를 끼치는 다양한 특정대기유해물질이 배출된다.'는 사

유를 추가하여 이 사건 신청을 거부하였다(이하 '이 사건 처분'이라 한다).
※이러한 법리와 기록에 비추어 살펴보면, 이 사건 신청을 받아들일 경우 대기오염 발생이 우려된다는 피고의 재량적 판단이 현저히 합리성을 결여하였다거나 비례의 원칙이나 형평의 원칙에 뚜렷하게 배치된다고 보기 어렵다. 그 이유는 다음과 같다.

1) 구 대기환경보전법(2019. 4. 2. 법률 제16305호로 개정되기 전의 것, 이하 같다)에 따르면, 환경정책기본법 제38조에 따른 특별대책지역으로 지정된 곳에서 배출시설을 설치하려는 자는 시·도지사의 허가를 받아야 하고[제23조 제1항, 구 대기환경보전법 시행령(2019. 7. 16. 대통령령 제29988호로 개정되기 전의 것, 이하 같다) 제11조 제1항 제2호], 시·도지사는 특별대책지역에 대기오염물질 중 먼지·황산화물 및 질소산화물의 발생량 합계가 연간 10t 이상인 배출시설의 설치를 제한할 수 있다(제23조 제6항, 구 대기환경보전법 시행령 제12조 제2호).

그런데 이 사건 산업단지는 환경정책기본법 제38조 제1항의 위임에 따라 환경부장관이 고시한 「대기보전특별대책지역 지정 및 동지역 내 대기오염저감을 위한 종합대책 고시」 제2조 제1호에 따라 대기보전특별대책지역으로 지정되어 있다. 또한 원고 스스로 이 사건 신청서를 통해 이 사건 소각시설에서 연간 먼지 1.67t, 황산화물 10.18t, 질소산화물 29.49t이 배출될 것으로 예측하고 있다. 따라서 원고가 추후 대기환경보전법에 따라 배출시설 설치허가를 신청할 경우 피고는 사정변경이 없는 한 이 사건 소각시설이 대기보전특별대책지역 안에서 먼지·황산화물 및 질소산화물을 연간 합계 10t 이상 배출하는 시설에 해당한다는 사유로 불허가처분을 할 수 있다.

피고는 이 사건 신청을 당장 허가하더라도 이 사건 소각시설은 대기환경보전법령에 따라 설치가 제한되는 배출시설에 해당하여 최종적으로 설치 허가를 받기 어렵다는 점을 미리 고려한 것으로 보인다. 이러한 피고의 결정이 현저히 불합리하다고 보이지 않는다.

2) 환경이 오염되면 원상회복이 거의 불가능한 경우가 많아 사후 규제만으로 환경오염으로 인한 피해를 회복하는 데 한계가 있다. 따라서 환경이 심각하게 오염될 우려가 있는 경우에는 이를 미리 방지하는 것이 중요하다. 그런데 다음과 같은 점에 비추어 보면, 원고가 제시한 대기오염 방지 대책이 충분하다고 보기도 어렵다.

이 사건 환경검토서에 따르면 이 사건 소각시설의 대기오염물질 배출량이 대기환경보전법이 정한 기준을 초과하지 않을 것으로 예측된다. 그러나 이는 원고가 상당한 비용을 지속적으로 투입하여 질소산화물 저감장치의 성능을 최상의 수준으로 유지하는 경우를 전제로 한 것이다. 또한 그 예측에 따르더라도 이 사건 소각시설에서 배출되는 먼지·황산화물 및 질소산화물의 양은 구 대기환경보전법령에서 시·도지사가 특별대책지역 내 배출시설 설치를 제한할 수 있도록 정한 기준을 여전히 초과한다. 그리고 굴뚝원격감시체계로는 대기환경보전법상 대기오염물질 중 먼지, 산소포화도, 질소산화물, 염화수소, 불화수소, 암모니아, 일산화탄소를 측정할 수 있을 뿐, 대기환경보전법상 나머지 대기오염물질들과 특정대기유해물질인 다이옥신, 크롬, 납, 카드뮴 등은 측정할 수 없다.

3) 피고가 2019. 5. 8. 관할구역 내 사업장폐기물 소각시설 증설을 제한하기로 결정한 것은 초미세먼지 배출량을 줄이기 위해 선택가능한 적절한 수단의 하나로 보인다. 2016년도 울산광역시 폐기물처리업체의 초미세먼지 배출량은 약 75t으로 울산광역시의 같은 기간 초미세먼지 총 배출량(약 2,501t)의 약 3%에 달하는데, 이는 같은 기간 다른 특별시와 광역시의 폐기물처리업체의 초미세먼

지 배출량(서울 약 11t, 부산 약 10t, 대구 약 4t, 인천 약 8t, 광주 약 2t, 대전 약 5t)보다 많고, 울산광역시 초미세먼지의 연평균 농도는 환경정책기본법 제12조 제2항, 같은 법 시행령 제2조 [별표 1]에서 정한 기준을 초과하고 있기 때문이다.

또한 원고가 2019. 3. 19. 산업단지개발계획 변경신청을 한 후 배출허용총량제를 도입하는 내용을 담은 대기관리권역법이 2019. 4. 2. 법률 제16305호로 제정·공포되었다. 비록 위 법률 부칙 제1조에서 법률 시행일을 공포일로부터 1년이 경과한 날로 정하였으나, 피고로서는 배출허용총량제 시행을 앞두고 선제적·적극적으로 대기오염 방지 대책을 수립·시행할 ★필요도 있었다고 보인다.

4) 이 사건 처분이 NC울산 사례와 비교하여 형평의 원칙에 뚜렷하게 반한다고 보기 어렵다. 산업단지개발계획 변경권자가 특정 폐기물처리업체가 폐기물소각시설을 증설할 수 있도록 산업단지개발계획을 변경한 경우 형평의 원칙상 반드시 그 주변의 동종 업체들도 같은 혜택을 누릴 수 있도록 산업단지개발계획을 변경하여야 한다고 보면 산업단지 내 각종 업종의 합리적 배치를 통해 균형 있는 국토개발과 지속적인 산업발전을 도모하고자 하는 산업단지개발계획 제도가 유명무실하게 될 수 있기 때문이다. 또한 피고가 NC울산이 사업장폐기물 소각시설 1기를 증설할 수 있도록 산업단지개발계획을 변경한 것은 대기관리권역법이 제정·공포되기 전인 반면 원고의 이 사건 신청 및 피고의 이 사건 처분은 그 후에 이루어졌다.

★★성암소각장은 피고가 폐기물관리법 제14조 제1항에 따라 관할구역에서 배출되는 생활폐기물을 처리하기 위해 운영하는 시설로, 사업장폐기물 처리를 위한 이 사건 소각시설과는 소각 대상과 법적 근거가 다르다. 따라서 이 사건 처분이 피고의 성암소각장 소각시설 증설 계획과 모순된다고 볼 수도 없다.

다. 사정이 이와 같다면, 원심은 환경오염 방지를 위해 이 사건 소각시설의 증설을 제한한 피고의 재량적 판단이 현저히 합리성을 결여하였거나 형평이나 비례의 원칙에 뚜렷하게 배치되는 등의 사정이 있는지에 관하여 추가 심리하거나 원고의 증명책임으로 돌려 원고의 청구를 배척하여야 한다. 그런데도 그 판시와 같은 사정만을 들어 이 사건 처분에 재량권을 일탈·남용한 위법이 있다고 본 원심판단에는 재량권 일탈·남용에 관한 법리, 증명책임의 소재 등을 오해하고 필요한 심리를 다하지 않아 판결에 영향을 미친 잘못이 있다. 이를 지적하는 상고이유 주장은 이유 있다.

판례 030

판시사항

[1] 행정계획의 의미 및 행정주체가 구체적인 행정계획을 입안·결정할 때 가지는 형성의 자유의 한계 / 행정주체가 행정계획을 입안·결정할 때 이익형량을 전혀 하지 않거나 이익형량의 고려 대상에 마땅히 포함시켜야 할 사항을 누락한 경우 또는 이익형량을 하였으나 정당성과 객관성이 결여된 경우, 행정계획 결정이 위법한지 여부(적극)

[2] 어떤 개발사업이 '자연환경·생활환경에 미치는 영향'과 같이 장래에 발생할 불확실한 상황과 파급효과에 대한 예측이 필요한 요건에 관한 행정청의 재량적 판단은 폭넓게 존중되어야 하는지 여부(원칙적 적극) 및 이 경우 행정청의 당초 예측이나 평가와 일부 다른 내용의 감정의견이 제

시되었다는 사정만으로 행정청의 판단을 위법하다고 할 수 있는지 여부(★소극) / 이때 개발사업의 적합 여부 판단과 관련한 행정청의 재량권 일탈·남용 여부를 심사하는 방법과 대상

【이 유】

상고이유를 판단한다.

1. 사건의 개요와 쟁점

가. 원심판결 이유와 기록에 의하면, 다음과 같은 사정을 알 수 있다.

(1) 원고는 경기 ○○읍 △△리 (지번 1 생략) 일대에서 장례식장, 묘지, 수목장지, 납골당 등으로 구성된 장사시설인 '□□□□공원'을 운영하고 있다.

(2) 원고는 □□□□공원 부지와 인접한 경기 ○○읍 △△리 (지번 2 생략) 외 5필지 중 4,995㎡ (이하 '이 사건 토지'라고 한다)에서 도시·군계획시설사업의 시행자로 지정받아 '도시·군계획시설'로서 화장장을 설치·운영하려는 사업계획을 세우고 2018. 5. 10. 피고에게 도시·군관리계획 변경 입안을 제안하였다.

(3) 이 사건 토지 중 절반가량은 국토의 계획 및 이용에 관한 법률(이하 '국토계획법'이라고 한다) 제36조 제1항에 따른 '보전관리지역', 나머지는 같은 조항에 따른 '계획관리지역'으로 지정되어 있다. 이 사건 토지에서 약 150m 거리에는 인근 군부대의 군인아파트가 위치해 있고, 약 360m 거리에는 △△◇리 마을회관이 위치해 있다.

(4) 피고는, 이 사건 토지가 ○○읍 주도심권과의 거리가 2~3km에 불과하고 인근에 마을과 군부대, 군인아파트가 있으며 전원주택지 개발증가로 거주인구가 지속적으로 증가하는 지역으로서 인근 주거환경이 악화될 것이 우려되므로 화장장 입지로는 부적합하다는 이유로, 2018. 5. 25. 원고의 입안 제안을 거부하는 이 사건 처분을 하였다.

나. 이 사건 쟁점은, 이 사건 처분에 도시·군관리계획 입안에 관한 피고의 재량권을 일탈·남용한 하자가 있는지 여부이다.

2. 관련 규정과 법리

가. 국토계획법상 기반시설은 도시 공동생활을 위해 기본적으로 공급되어야 하지만 공공성이나 외부경제성이 크기 때문에 시설의 입지 결정, 설치 및 관리 등에 공공의 개입이 필요한 시설을 의미한다. 국토계획법 제2조는 기반시설의 하나로 '장사시설 등 보건위생시설'을 규정하고 있고[제6호 (바)목], '도시·군계획시설'이란 기반시설 중 도시·군관리계획으로 결정된 시설을 말하며(제7호), '도시·군계획시설사업'이란 도시·군계획시설을 설치·정비 또는 개량하는 사업을 말한다(제10호)고 규정하고 있다. 국토계획법 제43조 제2항의 위임에 따른 도시·군계획시설의 결정·구조 및 설치기준에 관한 규칙 제8조 제1항은 도시·군계획시설결정을 하는 경우에는 환경, 생태계 및 자연경관의 훼손을 최소화하여야 한다고 규정하고 있다.

한편 국토계획법 제36조 제1항 제2호 (가)목, (다)목에 의하면, '보전관리지역'이란 자연환경 보호, 산림 보호, 수질오염 방지, 녹지공간 확보 및 생태계 보전 등을 위하여 보전이 필요하나, 주변 용도지역과의 관계 등을 고려할 때 자연환경보전지역으로 지정하여 관리하기가 곤란한 지역을 말하고, '계획관리지역'이란 도시지역으로의 편입이 예상되는 지역이나 자연환경을 고려하여 제한적인 이용·개발을 하려는 지역으로서 계획적·체계적인 관리가 필요한 지역을 말한다.

나. 행정계획은 특정한 행정목표를 달성하기 위하여 전문적·기술적 판단을 기초로 관련되는 행정수단을 종합·조정함으로써 장래의 일정한 시점에 일정한 질서를 실현하기 위한 활동기준으로 설정된 것으로서, 국토계획법 등 관계 법령에서 추상적인 행정목표와 절차가 규정되어 있을 뿐 행정계획의 내용에 관하여는 별다른 규정을 두고 있지 않으므로 행정주체는 구체적인 행정계획의 입안·결정에 관하여 광범위한 형성의 재량을 가진다. 다만 그러한 형성의 재량은 무제한적인 것이 아니라, 관련되는 제반 공익과 사익을 비교·형량하여야 한다는 제한이 있다. 행정주체가 행정계획을 입안·결정할 때 이러한 이익형량을 전혀 하지 않거나 이익형량의 고려 대상에 마땅히 포함시켜야 할 사항을 누락한 경우, 또는 이익형량을 하였으나 정당성과 객관성이 결여된 경우에는 재량권을 일탈·남용한 것으로 위법하다고 보아야 한다(대법원 2007. 4. 12. 선고 2005두1893 판결 등 참조).

어떤 개발사업이 '자연환경·생활환경에 미치는 영향'과 같이 장래에 발생할 불확실한 상황과 파급효과에 대한 예측이 필요한 요건에 관한 행정청의 재량적 판단은 그 내용이 현저히 합리적이지 않다거나 상반되는 이익이나 가치를 대비해 볼 때 형평이나 비례의 원칙에 뚜렷하게 배치되는 등의 사정이 없는 한 폭넓게 존중되어야 한다. 그리고 ★★이 경우 행정청의 당초 예측이나 평가와 일부 다른 내용의 감정의견이 제시되었다는 등의 사정만으로 쉽게 행정청의 판단이 위법하다고 단정할 것은 아니다(대법원 2017. 3. 15. 선고 2016두55490 판결 등 참조). 또한 이때 해당 개발사업 자체가 ★독자적으로 생활환경과 자연환경에 미칠 수 있는 영향을 분리하여 심사대상으로 삼을 것이 ★아니라, 기존의 주변 생활환경과 자연환경 상태를 기반으로 그에 더하여 해당 개발사업까지 실현될 경우 주변 환경에 총량적·누적적으로 어떠한 악영향을 초래할 우려가 있는지를 심사대상으로 삼아야 한다(대법원 2020. 7. 23. 선고 2020두36007 판결 참조).

3. 이 사건에 관한 판단

가. 앞서 본 사정을 관련 법리와 규정에 비추어 살펴본다. 이 사건 토지는 국토계획법에 따른 보전관리지역, 계획관리지역으로 지정되어 있으므로, 지정 후의 사정변경으로 인하여 숲과 녹지가 이미 복구 불가능할 정도로 훼손되어 더 이상 기존 계획제한을 유지할 필요를 인정하기 어렵다고 볼 만한 특별한 사정이 없는 한, 그 자연환경을 보전할 필요가 여전히 높다고 보아 이 사건 토지 위에 화장장을 도시·군관리계획시설로서 설치하고자 하는 도시·군관리계획의 입안을 거부한 피고의 재량적 판단은 폭넓게 존중되어야 한다. 또한 ★★원고가 이미 장례식장, 묘지, 납골당 등으로 구성된 추모공원을 운영하고 있는 상황에서, 여기에 화장장까지 추가로 설치·운영함으로써 인근 마을과 군인아파트에 거주하는 주민들의 생활환경에 미칠 총량적·누적적인 영향이 그리 크지 않다고 보기도 어렵다. 따라서 ★★화장장을 설치할 공익상 필요 등 원심이 판시한 사정을 고려하더라도 원고의 입안 제안을 거부한 이 사건 처분이 정당성과 객관성을 결여하여 재량권을 일탈·남용한 것이라고 단정하기 어렵다(대법원 2020. 9. 3. 선고 2020두34346 판결).

○판례 031

판시사항

[1] 사업계획승인 신청 민원의 처리기간과 승인 의제에 관한 중소기업창업 지원법 제33조 제3항이 민원 처리에 관한 법률 제3조 제1항에서 정한 '다른 법률에 특별한 규정이 있는 경우'에 해당하는지 여부(★적극) 및 사업계획승인 신청을 받은 시장 등에게 민원 처리에 관한 법률 시행령 제21조 제1항 본문에 따라 처리기간을 임의로 연장할 수 있는 재량이 있는지 여부(★소극)

[2] 중소기업창업 지원법 제35조 제1항, 제4항에서 정한 인허가 의제 제도의 입법 취지 및 관련 인허가 사항에 관한 사전 협의가 이루어지지 않은 채 중소기업창업 지원법 제33조 제3항에서 정한 20일의 처리기간이 지난 날의 다음 날에 사업계획승인처분이 이루어진 것으로 의제된 경우, 창업자는 관련 인허가를 관계 행정청에 별도로 신청하는 절차를 거쳐야 하는지 여부(★★적극)

판결요지

[1] 중소기업창업 지원법(이하 '중소기업창업법'이라 한다) 제33조 제1항 제1문, 제3항, 민원 처리에 관한 법률(이하 '민원처리법'이라 한다) 제3조 제1항, 제18조, 민원 처리에 관한 법률 시행령(이하 '민원처리법 시행령'이라 한다) 제21조 제1항 본문의 내용과 체계, 입법 취지를 종합하면, 사업계획승인 신청 민원의 처리기간과 승인 의제에 관한 중소기업창업법 제33조 제3항은 민원처리법 제3조 제1항에서 정한 '다른 법률에 특별한 규정이 있는 경우'에 해당한다. 따라서 사업계획승인 신청을 받은 시장 등은 민원처리법 시행령 제21조 제1항 본문에 따라 처리기간을 임의로 연장할 수 있는 재량이 없고, 사업계획승인 신청을 받은 날부터 20일 이내에 승인 여부를 알리지 않은 때에는 중소기업창업법 제33조 제3항에 따라 20일이 지난 날의 다음 날에 해당 사업계획에 대한 승인처분이 이루어진 것으로 의제된다.

[2] 중소기업창업 지원법(이하 '중소기업창업법'이라 한다) 제35조 제1항, 제4항에 따르면 시장 등이 사업계획을 승인할 때 제1항 각호에서 정한 관련 인허가에 관하여 소관 행정기관의 장과 협의를 한 사항에 대해서는 관련 인허가를 받은 것으로 본다고 정하고 있다. 이러한 인허가 의제 제도는 목적사업의 원활한 수행을 위해 창구를 단일화하여 행정절차를 간소화하는 데 입법 취지가 있고 목적사업이 관계 법령상 인허가의 실체적 요건을 충족하였는지에 관한 심사를 배제하려는 취지는 아니다. 따라서 시장 등이 사업계획을 승인하기 전에 관계 행정청과 미리 협의한 사항에 한하여 사업계획승인처분을 할 때에 관련 인허가가 의제되는 효과가 발생할 뿐이다.

관련 인허가 사항에 관한 사전 협의가 이루어지지 않은 채 중소기업창업법 제33조 제3항에서 정한 20일의 처리기간이 지난 날의 다음 날에 사업계획승인처분이 이루어진 것으로 의제된다고 하더라도, 창업자는 중소기업창업법에 따른 사업계획승인처분을 받은 지위를 가지게 될 뿐이고 관련 인허가까지 받은 지위를 가지는 것은 아니다. 따라서 ★★창업자는 공장을 설립하기 위해 필요한 관련 인허가를 관계 행정청에 별도로 신청하는 절차를 거쳐야 한다. 만일 창업자가 공장을 설립하기 위해 필요한 국토의 계획 및 이용에 관한 법률에 따른 개발행위허가를 신청하였다가 거부처분이 이루어지고 그에 대하여 제소기간이 도과하는 등의 사유로 더 이상 다툴 수 없는 효력이 발생한다면, 시장 등은 공장설립이 객관적으로 불가능함을 이유로 중소기업창업법에 따른 사업계획승인처분을 ★★《《직권으로 철회하는 것도 가능》》하다(대법원 2021. 3. 11. 선고 2020두42569 판결).

판례 032

[판시사항]

[1] 구 임대주택법 제14조 제1항에 따른 공익사업 지정을 받은 임대사업자가 구 주택법 제16조 제1항에 따른 사업계획승인을 받기 위해서는 구 주택법 제16조 제4항 제1호에서 정한 주택건설대지의 소유권 취득 요건을 추가로 충족해야 하는지 여부(★소극)

[2] 구 임대주택법 제14조 제1항의 '임대사업자가 임대주택을 건설하기 위한 사업대상 토지면적'의 의미

[3] 주택건설사업주체가 '주택단지 밖'의 진입도로를 설치하여 행정청에 귀속시키도록 하는 도시·군계획시설사업 시행자 지정 등이 있는 경우, 그 '주택단지 밖의 진입도로 부지'가 구 임대주택법 제14조 제1항에서 정한 '임대주택건설 사업대상 토지'에 포함되는지 여부(소극)

[4] 주택건설사업계획 승인처분에 따라 의제된 인허가에 하자가 있어 이해관계인이 위법함을 다투고자 하는 경우, 취소를 구할 대상(=의제된 인허가) 및 의제된 인허가가 주택건설사업계획 승인처분과 별도로 항고소송의 대상이 되는 처분에 해당하는지 여부(적극)

[5] 주택건설사업계획 승인권자가 도시·군관리계획 결정권자와 협의를 거쳐 주택건설사업계획을 승인함으로써 도시·군관리계획결정이 이루어진 것으로 의제되기 위해서는 협의 절차와 별도로 국토의 계획 및 이용에 관한 법률 제28조 등에 따른 주민 의견청취 절차를 거쳐야 하는지 여부(★소극)

[6] 구 주택법 제17조 제1항에 따른 인허가 의제가 해당 주택건설 사업대상 토지(주택단지)에 국한하여 허용되는지 여부(소극) 및 주택건설사업계획의 승인으로 주택건설 사업구역 밖의 토지에 설치될 도시·군계획시설 등에 대하여 지구단위계획결정 등 인허가가 의제되기 위한 요건

[7] 국토의 계획 및 이용에 관한 법률 제65조에 따라 '공공시설을 관리할 관리청에 무상으로 귀속되는 공공시설을 설치하고자 하는 자'가 도시·군계획시설사업의 시행자로 지정 받기 위해서는 사인(사인)을 도시·군계획시설사업의 시행자로 지정하기 위한 별도의 소유 및 동의 요건이 요구되는지 여부(소극)

[판결요지]

[1] 구 주택법(2016. 1. 19. 법률 제13805호로 전부 개정되기 전의 것, 이하 '구 주택법'이라 한다) 제16조 제4항 제1호의 입법 취지는 주택건설사업주체가 해당 주택건설대지 전체의 소유권을 확보하지 못한 때에도 향후 구 주택법 제18조의2 등에 규정된 매도청구권 제도를 통하여 그 대지 전체의 소유권을 확보할 수 있게 되는 경우에는 사업계획승인을 받을 수 있게 함으로써 주택건설사업을 촉진하려는 데에 있다. 그리고 구 임대주택법(2015. 8. 28. 법률 제13499호 민간임대주택에 관한 특별법으로 전부 개정되기 전의 것, 이하 '구 임대주택법'이라 한다) 제14조 제1항에 규정된 공익사업 지정 제도의 입법 취지는 임대사업자에게 일정한 요건을 갖춘 경우 제한적으로 토지수용권을 부여함으로써 임대주택의 공급을 활성화하려는 데에 있다.

위 각 규정에 따르면, 구 주택법 제16조 제4항 제1호에 따라 사업계획승인을 받은 주택건설사업주체는 나머지 토지를 주택법상 매도청구권 제도를 통해 확보하여야 하는 반면, 구 임대주택법 제14조 제1항에 따라 공익사업 지정을 받은 임대사업자는 사업계획승인을 받은 후 나머지 토지를 수용의 방식으로 확보할 수 있다.

이러한 위 각 규정의 문언 및 내용, 입법 취지 등에 비추어 보면, 구 임대주택법 제14조 제1항에 따른 공익사업 지정을 받은 임대사업자가 구 주택법 제16조 제1항에 따른 사업계획승인을 받기 위하여 구 주택법 제16조 제4항 제1호의 요건까지 갖추어야 한다고 볼 수는 없다.

[2] 구 주택법(2016. 1. 19. 법률 제13805호로 전부 개정되기 전의 것)은 "제16조에 따른 주택건설사업계획 또는 대지조성사업계획의 승인을 받아 주택과 그 부대시설 및 복리시설(복리시설)을 건설하거나 대지를 조성하는 데 사용되는 일단(일단)의 토지"를 '주택단지'라고 정의함으로써(제2조 제6호), 주택건설사업계획을 심사·판단하는 기초 단위를 '주택단지'로 규정하고 있다. 이러한 규정의 문언 및 내용과 공익사업 지정 제도의 입법 취지 등에 비추어 보면, 임대사업자가 하나의 사업지구 안에서 여러 주택단지를 동시에 건설하는 경우가 아닌 한, 구 임대주택법(2015. 8. 28. 법률 제13499호 민간임대주택에 관한 특별법으로 전부 개정되기 전의 것) 제14조 제1항의 '임대사업자가 임대주택을 건설하기 위한 사업대상 토지면적'이란 임대사업자가 주택법상 사업계획승인을 받아 건설하려는 '주택단지의 면적'을 의미한다고 보아야 한다.

[3] '주택단지 안의 도로 설치'와 '주택단지 밖의 진입도로 설치'는 법적 근거를 달리한다. 주택건설사업주체는 '주택단지 안'에 그 주택단지에 거주하는 주민들을 위한 부대시설로서 폭 7m 이상의 도로를 설치할 법령상 의무가 있고 이는 해당 주택건설사업계획의 내용에 포함되어야 한다[구 주택법(2016. 1. 19. 법률 제13805호로 전부 개정되기 전의 것, 이하 '구 주택법'이라 한다) 제2조 제8호, 주택건설기준 등에 관한 규정 제26조]. 그러나 이와 달리 '주택단지 밖'에 대하여는, 주택건설사업주체가 기간도로나 진입도로(간선시설)를 설치할 법령상 의무는 없고[구 주택법 제23조 제1항 제1호, 제6항, 구 주택법 시행령(2016. 8. 11. 대통령령 제27444호로 전부 개정되기 전의 것) 제24조 [별표 2] 제1호 참조], 다만 주택건설사업계획승인을 받는 과정에서 해당 주택단지의 규모에 비례하여 간선시설로서 일정 폭 이상의 진입도로(당해 주택단지에 접하는 기간도로 포함)가 확보되어야 한다는 요건을 갖추기 위하여 주택건설사업주체의 비용 부담으로 '주택단지 밖'에 진입도로를 설치하여 행정청에 귀속시키는 경우가 있을 뿐이다(주택건설기준 등에 관한 규정 제25조, 제57조 등 참조). 따라서 ★주택건설사업주체가 '주택단지 밖'의 진입도로도 함께 설치하여 행정청에 귀속시키도록 하는 도시·군계획시설사업 시행자 지정 등이 있다고 하더라도, 그 '주택단지 밖의 진입도로 부지'가 구 임대주택법(2015. 8. 28. 법률 제13499호 민간임대주택에 관한 특별법으로 전부 개정되기 전의 것) 제14조 제1항에서 정한 '임대주택건설 사업대상 토지'에 포함된다고 볼 수 없다.

[4] ★★★구 주택법(2016. 1. 19. 법률 제13805호로 전부 개정되기 전의 것) 제17조 제1항에 따르면, 주택건설사업계획 승인권자가 관계 행정청의 장과 미리 협의한 사항에 한하여 승인처분을 할 때에 인허가 등이 의제될 뿐이고, 각호에 열거된 모든 인허가 등에 관하여 일괄하여 사전 협의를 거칠 것을 주택건설사업계획 승인처분의 요건으로 규정하고 있지 않다. 따라서 인허가 의제 대상이 되는 처분에 어떤 하자가 있더라도, 그로써 해당 인허가 의제의 효과가 발생하지 않을 여지가 있게 될 뿐이고, 그러한 사정이 주택건설사업계획 승인처분 자체의 위법사유가 될 수는

없다. 또한 의제된 인허가는 통상적인 인허가와 동일한 효력을 가지므로, 적어도 '부분 인허가 의제'가 허용되는 경우에는 그 효력을 제거하기 위한 법적 수단으로 의제된 인허가의 취소나 철회가 허용될 수 있고, 이러한 직권 취소·철회가 가능한 이상 그 의제된 인허가에 대한 쟁송취소 역시 허용된다.

따라서 ★★★주택건설사업계획 승인처분에 따라 의제된 인허가가 위법함을 다투고자 하는 이해관계인은, 주택건설사업계획 승인처분의 취소를 구할 것이 아니라 의제된 인허가의 취소를 구하여야 하며, 의제된 인허가는 주택건설사업계획 승인처분과 ★★★별도로 항고소송의 대상이 되는 처분에 해당한다.

[5] 구 주택법(2016. 1. 19. 법률 제13805호로 전부 개정되기 전의 것, 이하 '구 주택법'이라 한다) 제17조 제1항에 인허가 의제 규정을 둔 입법 취지는, 주택건설사업을 시행하는 데 필요한 각종 인허가 사항과 관련하여 주택건설사업계획 승인권자로 그 창구를 단일화하고 절차를 간소화함으로써 각종 인허가에 드는 비용과 시간을 절감하여 주택의 건설·공급을 활성화하려는 데에 있다. 이러한 인허가 의제 규정의 입법 취지를 고려하면, ★★★주택건설사업계획 승인권자가 구 주택법 제17조 제3항에 따라 도시·군관리계획 결정권자와 협의를 거쳐 관계 주택건설사업계획을 승인하면 같은 조 제1항 제5호에 따라 도시·군관리계획결정이 이루어진 것으로 의제되고, 이러한 협의 절차와 별도로 국토의 계획 및 이용에 관한 법률 제28조 등에서 정한 도시·군관리계획 입안을 위한 주민 의견청취 절차를 거칠 필요는 없다.

[6] 구 주택법(2016. 1. 19. 법률 제13805호로 전부 개정되기 전의 것) 제17조 제1항의 인허가 의제 규정에는 인허가 의제가 가능한 공간적 범위를 제한하는 내용을 포함하고 있지 않으므로, 인허가 의제가 해당 주택건설 사업대상 토지(주택단지)에 국한하여 허용된다고 볼 수는 없다. 다만 주택건설사업을 시행하는 데 필요한 각종 인허가 절차를 간소화함으로써 주택의 건설·공급을 활성화하려는 인허가 의제 규정의 입법 취지를 고려할 때, 주택건설 사업구역 밖의 토지에 설치될 도시·군계획시설 등에 대하여 지구단위계획결정 등 인허가 의제가 되려면, 그 시설 등이 해당 주택건설사업계획과 '실질적인 관련성'이 있어야 하고 주택건설사업의 시행을 위하여 '부수적으로 필요한' 것이어야 한다.

[7] 국토의 계획 및 이용에 관한 법률 제86조 제7항에 따르면, '국가 또는 지방자치단체'(제1호), '대통령령으로 정하는 공공기관'(제2호), '그 밖에 대통령령으로 정하는 자'(제3호)에 해당하지 아니하는 자가 도시·군계획시설사업의 시행자로 지정을 받으려면 도시·군계획시설사업의 대상인 토지(국공유지 제외)의 소유 면적 및 토지소유자 동의 비율에 관하여 대통령령으로 정하는 별도의 요건을 갖추어야 한다. 그 위임에 따라 국토의 계획 및 이용에 관한 법률 시행령 제96조 제4항 제3호는 법 제86조 제7항 제3호의 '그 밖에 대통령령으로 정하는 자' 중 하나로 "법 제65조의 규정에 의하여 공공시설을 관리할 관리청에 무상으로 귀속되는 공공시설을 설치하고자 하는 자"를 규정하고 있다. 따라서 ★★이러한 사람에 대하여는 사인을 도시·군계획시설사업의 시행자로 지정하기 위한 별도의 소유 및 동의 요건이 요구되지 않는다(대법원 2018. 11. 29. 선고 2016두38792 판결).

판례 033

판시사항

[1] 행정청이 징계와 같은 불이익처분절차에서 징계심의대상자가 선임한 변호사가 징계위원회에 출석하여 징계심의대상자를 위하여 필요한 의견을 진술하는 것을 거부할 수 있는지 여부(원칙적 소극)

[2] 행정절차법의 적용이 제외되는 공무원 인사관계 법령에 의한 처분에 관한 사항의 의미 및 이러한 법리가 육군3사관학교 생도에 대한 퇴학처분에도 적용되는지 여부(★적극) / 생도에 대한 퇴학처분과 같이 신분을 박탈하는 징계처분이 행정절차법의 적용이 제외되는 경우인 행정절차법 시행령 제2조 제8호에 해당하는지 여부(★소극)

[3] 육군3사관학교 사관생도에 대한 징계절차에서 징계심의대상자가 대리인으로 선임한 변호사가 징계위원회 심의에 출석하여 진술하는 것을 막은 경우, 징계처분이 위법하여 취소되어야 하는지 여부(원칙적 적극) 및 징계처분이 취소되지 않는 예외적인 경우

판결요지

[1] 행정절차법 제12조 제1항 제3호, 제2항, 제11조 제4항 본문에 따르면, 당사자 등은 변호사를 대리인으로 선임할 수 있고, 대리인으로 선임된 변호사는 당사자 등을 위하여 행정절차에 관한 모든 행위를 할 수 있다고 규정되어 있다. 위와 같은 행정절차법령의 규정과 취지, 헌법상 법치국가원리와 적법절차원칙에 비추어 징계와 같은 불이익처분절차에서 징계심의대상자에게 변호사를 통한 방어권의 행사를 보장하는 것이 필요하고, 징계심의대상자가 선임한 변호사가 징계위원회에 출석하여 징계심의대상자를 위하여 필요한 의견을 진술하는 것은 방어권 행사의 본질적 내용에 해당하므로, 행정청은 특별한 사정이 없는 한 이를 거부할 수 없다.

[2] 행정절차법 제3조 제2항, 행정절차법 시행령 제2조 등 행정절차법령 관련 규정들의 내용을 행정의 공정성, 투명성 및 신뢰성을 확보하고 국민의 권익보호를 목적으로 하는 행정절차법의 입법 목적에 비추어 보면, 행정절차법의 적용이 제외되는 공무원 인사관계 법령에 의한 처분에 관한 사항이란 성질상 행정절차를 거치기 곤란하거나 불필요하다고 인정되는 처분이나 행정절차에 준하는 절차를 거치도록 하고 있는 처분에 관한 사항만을 말하는 것으로 보아야 한다. 이러한 법리는 '공무원 인사관계 법령에 의한 처분'에 해당하는 육군3사관학교 생도에 대한 퇴학처분에도 마찬가지로 적용된다. 그리고 행정절차법 시행령 제2조 제8호는 '학교·연수원 등에서 교육·훈련의 목적을 달성하기 위하여 학생·연수생들을 대상으로 하는 사항'을 행정절차법의 적용이 제외되는 경우로 규정하고 있으나, 이는 교육과정과 내용의 구체적 결정, 과제의 부과, 성적의 평가, 공식적 징계에 이르지 아니한 질책·훈계 등과 같이 교육·훈련의 목적을 직접 달성하기 위하여 행하는 사항을 말하는 것으로 보아야 하고, 생도에 대한 퇴학처분과 같이 신분을 박탈하는 징계처분은 여기에 해당한다고 볼 수 ★없다.

[3] 육군3사관학교의 사관생도에 대한 징계절차에서 징계심의대상자가 대리인으로 선임한 변호사가 징계위원회 심의에 출석하여 진술하려고 하였음에도, 징계권자나 그 소속 직원이 변호사가 징계위원회의 심의에 출석하는 것을 막았다면 징계위원회 심의·의결의 절차적 정당성이 상실되어 그 징계의결에 따른 징계처분은 위법하여 원칙적으로 ★취소되어야 한다. 다만 징계심의대상자의

대리인이 관련된 행정절차나 소송절차에서 이미 실질적인 증거조사를 하고 의견을 진술하는 절차를 거쳐서 징계심의대상자의 방어권 행사에 실질적으로 지장이 초래되었다고 볼 수 없는 특별한 사정이 있는 경우에는, 징계권자가 징계심의대상자의 대리인에게 징계위원회에 출석하여 의견을 진술할 기회를 주지 아니하였더라도 그로 인하여 징계위원회 심의에 절차적 정당성이 상실되었다고 볼 수 없으므로 징계처분을 취소할 것은 아니다(대법원 2018. 3. 13. 선고 2016두33339 판결).

판례 034

판시사항

[1] 법무부장관에게 공증인의 정원을 정하고 임명공증인을 임명하거나 인가공증인을 인가할 수 있는 재량이 주어져 있는지 여부(★적극)

[2] 행정절차법 제20조 제1항에서 행정청으로 하여금 처분기준을 구체적으로 정하여 공표할 의무를 부과한 취지 및 처분기준 사전공표 의무의 예외를 정한 같은 조 제2항에 따라 처분기준을 따로 공표하지 않거나 개략적으로만 공표할 수 있는 경우

[3] 처분의 근거와 이유제시에 관한 행정절차법 제23조 제1항의 규정 취지 및 처분서에 근거와 이유가 구체적으로 명시되어 있지 않더라도 처분을 취소해야 할 절차상 하자로 볼 수 없는 경우

[4] 행정절차법이나 민원 처리에 관한 법률상 처분·민원의 처리기간에 관한 규정이 강행규정인지 여부(★소극) / 행정청이 처리기간을 지나 처분을 한 경우 및 민원 처리에 관한 법률 시행령 제23조에 따른 민원처리진행상황 통지를 하지 않은 경우, 처분을 취소할 절차상 하자로 볼 수 있는지 여부(소극)

[5] 법무부장관이 공증인의 정원을 결정할 때 고려할 사항

판결요지

[1] 공증사무는 국가 사무로서 공증인 인가·임명행위는 국가가 사인에게 특별한 권한을 수여하는 행위이다. 그런데 위와 같이 공증인법령은 공증인 선정에 관한 구체적인 심사기준이나 절차를 자세하게 규율하지 않은 채 법무부장관에게 맡겨두고 있다. 위와 같은 공증인법령의 내용과 체계, 입법 취지, 공증사무의 성격 등을 종합하면, 법무부장관에게는 각 지방검찰청 관할 구역의 면적, 인구, 공증업무의 수요, 주민들의 접근가능성 등을 고려하여 공증인의 정원을 정하고 임명공증인을 임명하거나 인가공증인을 인가할 수 있는 광범위한 재량이 주어져 있다고 보아야 한다.

[2] 행정절차법 제20조는 제1항에서 "행정청은 필요한 처분기준을 해당 처분의 성질에 비추어 되도록 구체적으로 정하여 공표하여야 한다. 처분기준을 변경하는 경우에도 또한 같다."라고 정하면서, 제2항에서 "제1항에 따른 처분기준을 공표하는 것이 해당 처분의 성질상 현저히 곤란하거나 공공의 안전 또는 복리를 현저히 해치는 것으로 인정될 만한 상당한 이유가 있는 경우에는 처분기준을 공표하지 아니할 수 있다."라고 정하고 있다.

이와 같이 행정청으로 하여금 처분기준을 구체적으로 정하여 공표하도록 한 것은 해당 처분이 가급적 미리 공표된 기준에 따라 이루어질 수 있도록 함으로써 해당 처분의 상대방으로 하여금 결과에 대한 예측가능성을 높이고 이를 통하여 행정의 공정성, 투명성, 신뢰성을 확보하며 행정청의 자의적인 권한행사를 방지하기 위한 것이다. 그러나 처분의 성질상 처분기준을 미리 공표하는 경우 행정목적을 달성할 수 없게 되거나 행정청에 일정한 범위 내에서 재량권을 부여함으로써 구체적인 사안에서 개별적인 사정을 고려하여 탄력적으로 처분이 이루어지도록 하는 것이 오히려 공공의 안전 또는 복리에 더 적합한 경우도 있다. 그러한 경우에는 행정절차법 제20조 제2항에 따라 처분기준을 따로 공표하지 않거나 개략적으로만 공표할 수도 있다.

[3] 행정절차법 제23조 제1항은 "행정청은 처분을 할 때에는 다음 각호의 어느 하나에 해당하는 경우를 제외하고는 당사자에게 그 근거와 이유를 제시하여야 한다."라고 정하고 있다. 이는 행정청의 자의적 결정을 배제하고 당사자로 하여금 행정구제절차에서 적절히 대처할 수 있도록 하는 데 그 취지가 있다. 따라서 처분서에 기재된 내용, 관계 법령과 해당 처분에 이르기까지 전체적인 과정 등을 종합적으로 고려하여, 처분 당시 당사자가 어떠한 근거와 이유로 처분이 이루어진 것인지를 충분히 알 수 있어서 그에 불복하여 행정구제절차로 나아가는 데 별다른 지장이 없었던 것으로 인정되는 경우에는 처분서에 처분의 근거와 이유가 구체적으로 명시되어 있지 않았더라도 이를 처분을 취소하여야 할 절차상 하자로 볼 수 ★없다.

[4] 행정절차법 제19조 제1항은 "행정청은 신청인의 편의를 위하여 처분의 처리기간을 종류별로 미리 정하여 공표하여야 한다."라고 정하고 있다. 민원 처리에 관한 법률 제17조 제1항은 "행정기관의 장은 법정민원을 신속히 처리하기 위하여 행정기관에 법정민원의 신청이 접수된 때부터 처리가 완료될 때까지 소요되는 처리기간을 법정민원의 종류별로 미리 정하여 공표하여야 한다."라고 정하고 있고, 민원 처리에 관한 법률 시행령(이하 '민원처리법 시행령'이라 한다) 제23조 제1항은 "행정기관의 장은 민원이 접수된 날부터 30일이 지났으나 처리가 완료되지 아니한 경우 또는 민원인의 명시적인 요청이 있는 경우에는 그 처리진행상황과 처리완료 예정일 등을 적은 문서를 민원인에게 교부하거나 정보통신망 또는 우편 등의 방법으로 통지하여야 한다."라고 정하고 있다.

처분이나 민원의 처리기간을 정하는 것은 신청에 따른 사무를 가능한 한 조속히 처리하도록 하기 위한 것이다. 처리기간에 관한 규정은 훈시규정에 불과할 뿐 강행규정이라고 볼 수 없다. 행정청이 처리기간이 지나 처분을 하였더라도 이를 처분을 취소할 절차상 하자로 볼 수 없다. ★민원처리법 시행령 제23조에 따른 민원처리진행상황 통지도 민원인의 편의를 위한 부가적인 제도일 뿐, 그 통지를 하지 않았더라도 이를 처분을 취소할 절차상 하자로 볼 수 없다.

[5] 지역별 공증인의 정원은 '공증사무의 적절성과 공정성 확보'라는 공증인법의 입법 목적과 지역별 면적, 인구, 공증사무의 수요, 주민들의 편의 등과 같은 객관적인 사정을 고려하여 결정하여야 하고, 공증인이 되고자 하는 ★사람의 주관적 이익을 우선할 수는 없다(대법원 2019. 12. 13. 선고 2018두41907 판결).

◦판례 035

판시사항

[1] 행정청이 행정절차법 제20조 제1항의 처분기준 사전공표 의무를 위반하여 미리 공표하지 아니한 기준을 적용하여 처분을 하였다는 사정만으로 해당 처분에 취소사유에 이를 정도의 흠이 존재하는지 여부(★★소극) / 해당 처분에 적용한 기준이 상위법령의 규정이나 법의 일반원칙을 위반하였거나 객관적으로 합리성이 없다고 볼 수 있는 구체적인 사정이 있는 경우, 해당 처분이 위법한지 여부(적극)

[2] 행정청이 관계 법령의 규정이나 자체적인 판단에 따라 처분상대방에게 특정한 권리나 이익 또는 지위 등을 부여한 후 일정한 기간마다 심사하여 갱신 여부를 판단하는 이른바 '갱신제'를 채택하여 운용하는 경우, 처분상대방은 갱신 여부에 관하여 합리적인 기준에 의한 공정한 심사를 요구할 권리를 가지는지 여부(적극) 및 여기서 '공정한 심사'의 의미 / 사전에 공표한 심사기준을 심사대상기간이 이미 경과하였거나 상당 부분 경과한 시점에서 처분상대방의 갱신 여부를 좌우할 정도로 중대하게 변경하는 것이 허용되는지 여부(원칙적 소극)

판결요지

[1] 행정청이 행정절차법 제20조 제1항의 처분기준 사전공표 의무를 위반하여 미리 공표하지 아니한 기준을 적용하여 처분을 하였다고 하더라도, 그러한 사정만으로 곧바로 해당 처분에 취소사유에 이를 정도의 흠이 존재한다고 볼 수는 없다. 다만 해당 처분에 적용한 기준이 상위법령의 규정이나 신뢰보호의 원칙 등과 같은 법의 일반원칙을 위반하였거나 객관적으로 합리성이 없다고 볼 수 있는 구체적인 사정이 있다면 해당 처분은 위법하다고 평가할 수 있다. 구체적인 이유는 다음과 같다.

① 행정청이 행정절차법 제20조 제1항에 따라 정하여 공표한 ★처분기준은, 그것이 해당 처분의 근거 법령에서 구체적 위임을 받아 제정·공포되었다는 특별한 사정이 없는 한, 원칙적으로 대외적 구속력이 없는 ★행정규칙에 해당한다.

② 처분이 적법한지는 행정규칙에 적합한지 여부가 아니라 상위법령의 규정과 입법 목적 등에 적합한지 여부에 따라 판단해야 한다. 처분이 행정규칙을 위반하였다고 하여 그러한 사정만으로 곧바로 위법하게 되는 것은 아니고, 처분이 행정규칙을 따른 것이라고 하여 적법성이 보장되는 것도 아니다. 행정청이 미리 공표한 기준, 즉 행정규칙을 따랐는지 여부가 처분의 적법성을 판단하는 결정적인 지표가 되지 못하는 것과 마찬가지로, 행정청이 미리 공표하지 않은 기준을 적용하였는지 여부도 처분의 적법성을 판단하는 결정적인 지표가 될 수 없다.

③ 행정청이 정하여 공표한 처분기준이 과연 구체적인지 또는 행정절차법 제20조 제2항에서 정한 처분기준 사전공표 의무의 예외사유에 해당하는지는 일률적으로 단정하기 어렵고, 구체적인 사안에 따라 개별적으로 판단하여야 한다. 만약 행정청이 행정절차법 제20조 제1항에 따라 구체적인 처분기준을 사전에 공표한 경우에만 적법하게 처분을 할 수 있는 것이라고 보면, 처분의 적법성이 지나치게 불안정해지고 개별법령의 집행이 사실상 유보·지연되는 문제가 발생하게 된다.

[2] 행정청이 관계 법령의 규정이나 자체적인 판단에 따라 처분상대방에게 특정한 권리나 이익

또는 지위 등을 부여한 후 일정한 기간마다 심사하여 갱신 여부를 판단하는 이른바 '갱신제'를 채택하여 운용하는 경우에는, 처분상대방은 합리적인 기준에 의한 공정한 심사를 받아 그 기준에 부합되면 특별한 사정이 없는 한 갱신되리라는 기대를 가지고 갱신 여부에 관하여 합리적인 기준에 의한 공정한 심사를 요구할 권리를 가진다.

여기에서 '공정한 심사'란 갱신 여부가 행정청의 자의가 아니라 객관적이고 합리적인 기준에 의하여 심사되어야 할 뿐만 아니라, 처분상대방에게 사전에 심사기준과 방법의 예측가능성을 제공하고 사후에 갱신 여부 결정이 합리적인 기준에 의하여 공정하게 이루어졌는지를 검토할 수 있도록 심사기준이 사전에 마련되어 공표되어 있어야 함을 의미한다.

사전에 공표한 심사기준 중 경미한 사항을 변경하거나 다소 불명확하고 추상적이었던 부분을 명확하게 하거나 구체화하는 정도를 뛰어넘어, 심사대상기간이 이미 경과하였거나 상당 부분 경과한 시점에서 처분상대방의 갱신 여부를 좌우할 정도로 중대하게 변경하는 것은 갱신제의 본질과 사전에 공표된 심사기준에 따라 공정한 심사가 이루어져야 한다는 요청에 정면으로 위배되는 것이므로, 갱신제 자체를 폐지하거나 갱신상대방의 수를 종전보다 대폭 감축할 수밖에 없도록 만드는 중대한 공익상 필요가 인정되거나 관계 법령이 제·개정되었다는 등의 특별한 사정이 없는 한, 허용되지 ★않는다(대법원 2020. 12. 24. 선고 2018두45633 판결).

판례 036

판시사항

[1] 행정청이 침해적 행정처분을 하면서 당사자에게 행정절차법상의 사전 통지를 하거나 의견제출의 기회를 주지 않은 경우, 그 처분이 위법한지 여부(원칙적 적극)

[2] 행정절차법 시행령 제13조 제2호에서 정한 "법원의 재판 또는 준사법적 절차를 거치는 행정기관의 결정 등에 따라 처분의 전제가 되는 사실이 객관적으로 증명되어 처분에 따른 의견청취가 불필요하다고 인정되는 경우"의 의미 및 처분의 전제가 되는 '일부' 사실만 증명된 경우이거나 의견청취에 따라 행정청의 처분 여부나 처분 수위가 달라질 수 있는 경우, 위 예외사유에 해당하는지 여부(★★소극)

[3] 관할 시장이 갑에게 구 폐기물관리법 제48조 제1호에 따라 토지에 장기보관 중인 폐기물을 처리할 것을 명령하는 1차, 2차 조치명령을 각각 하였고, 갑이 위 각 조치명령을 불이행하였다고 하여 구 폐기물관리법 위반죄로 유죄판결이 각각 선고·확정되었는데, 이후 관할 시장이 폐기물 방치 실태를 확인하고 별도의 사전 통지와 의견청취 절차를 밟지 않은 채 갑에게 폐기물 처리에 관한 3차 조치명령을 한 사안에서, 3차 조치명령은 재량행위로서 행정절차법 시행령 제13조 제2호에서 정한 사전 통지, 의견청취의 예외사유에 해당하지 않는다고 한 사례

판결요지

[1] 행정절차에 관한 일반법인 행정절차법 제21조, 제22조에서 사전 통지와 의견청취에 관하여 정하고 있다. 행정청이 당사자에게 의무를 부과하거나 권익을 제한하는 처분을 하는 경우에는 미

리 '처분의 제목', '처분하려는 원인이 되는 사실과 처분의 내용 및 법적 근거', '이에 대하여 의견을 제출할 수 있다는 뜻과 의견을 제출하지 아니하는 경우의 처리방법', '의견제출기관의 명칭과 주소', '의견제출기한' 등을 당사자 등에게 통지하여야 한다(제21조 제1항). 다른 법령 등에서 필수적으로 청문을 하거나 공청회를 개최하도록 정하고 있지 않은 경우에도 당사자 등에게 의견제출의 기회를 주어야 하고(제22조 제3항), 다만 '해당 처분의 성질상 의견청취가 현저히 곤란하거나 명백히 불필요하다고 인정될 만한 상당한 이유가 있는 경우' 등에 한하여 처분의 사전 통지나 의견청취를 하지 않을 수 있다(제21조 제4항, 제22조 제4항). 따라서 행정청이 침해적 행정처분을 하면서 당사자에게 행정절차법상의 사전 통지를 하거나 의견제출의 기회를 주지 않았다면, 사전 통지를 하지 않거나 의견제출의 기회를 주지 않아도 되는 예외적인 경우에 해당하지 않는 한, 그 처분은 위법하여 취소를 면할 수 없다.

[2] 행정절차법 제21조, 제22조, 행정절차법 시행령 제13조의 내용을 행정절차법의 입법 목적과 의견청취 제도의 취지에 비추어 종합적·체계적으로 해석하면, 행정절차법 시행령 제13조 제2호에서 정한 "법원의 재판 또는 준사법적 절차를 거치는 행정기관의 결정 등에 따라 처분의 전제가 되는 사실이 객관적으로 증명되어 처분에 따른 의견청취가 불필요하다고 인정되는 경우"는 법원의 재판 등에 따라 처분의 전제가 되는 사실이 객관적으로 증명되면 행정청이 반드시 일정한 처분을 해야 하는 경우 등 의견청취가 행정청의 처분 여부나 그 수위 결정에 영향을 미치지 못하는 경우를 의미한다고 보아야 한다. ★★★처분의 전제가 되는 '일부' 사실만 증명된 경우이거나 의견청취에 따라 행정청의 처분 여부나 처분 수위가 달라질 수 있는 경우라면 위 예외사유에 해당하지 않는다.

[3] 관할 시장이 갑에게 구 폐기물관리법(2015. 7. 20. 법률 제13411호로 개정되기 전의 것, 이하 '폐기물관리법'이라 한다) 제48조 제1호에 따라 토지에 장기보관 중인 폐기물을 처리할 것을 명령하는 1차, 2차 조치명령을 각각 하였고, 갑이 위 각 조치명령을 불이행하였다고 하여 폐기물관리법 위반죄로 유죄판결이 각각 선고·확정되었는데, 이후 관할 시장이 폐기물 방치 실태를 확인하고 별도의 사전 통지와 의견청취 절차를 밟지 않은 채 갑에게 폐기물 처리에 관한 3차 조치명령을 한 사안에서, 갑이 3차 조치명령 이전에 관할 시장으로부터 1차, 2차 조치명령을 받았고, 형사재판절차에서 위 각 조치명령 불이행의 범죄사실에 관하여 유죄판결을 선고받은 후 그 판결이 확정되었다고 하더라도, 2차 조치명령 당시부터는 물론이고, 2차 조치명령 불이행으로 인한 유죄판결 확정 이후부터 3차 조치명령 당시까지 시간적 간격이 있으므로 사정변경의 여지가 있는데, 위 각 유죄판결에 따라 '갑이 폐기물을 방치하여 1차 및 2차 조치명령을 받았고 이를 불이행하였다'는 사실이 객관적으로 증명된 경우라고 볼 수는 있으나, 나아가 위 유죄판결에 따라 '3차 조치명령 당시 토지에 방치된 폐기물을 적정하게 처리하지 않고 있다'는 처분사유가 객관적으로 증명되었다고 단정하기는 어렵고, 또한 3차 조치명령의 근거 법률인 폐기물관리법 제48조의 문언과 체제에 비추어 보면 이 규정에 따른 폐기물 처리 조치명령은 재량행위에 해당하므로, 3차 조치명령은 법원의 재판 등에 따라 처분의 전제가 되는 사실이 객관적으로 증명되면 행정청이 반드시 일정한 처분을 해야 하는 경우 등 의견청취가 행정청의 처분 여부나 그 수위 결정에 영향을 미치지 못하는 경우에 해당한다고 보기 어려워, 행정절차법 시행령 제13조 제2호에서 정한 사전통지, 의견청취의 예외사유에 해당하지 ★않는다고 한 사례(대법원 2020. 7. 23. 선고 2017두66602 판결).

판례 037

판시사항

건축법 제11조 제1항 단서에 따른 대규모 건축물을 건축하려는 자가 교육환경 보호에 관한 법률 제6조 제1항 제5호에서 정한 교육환경평가서 승인절차를 거치지 않은 채 주택법상 주택건설사업계획승인이나 건축법상 건축허가 등을 받은 경우, 곧바로 건축허가 등 처분에 취소사유에 이를 정도의 흠이 존재하는지 여부(★소극)

【이 유】

1. 사안의 개요

원심판결 이유와 기록에 의하면 다음과 같은 사실을 알 수 있다.

가. 경상남도지사는 2016. 10. 20. 통영시 (주소 1 생략) 일원 209,292㎡에서 시행되는 '통영 ○○원지구 도시개발사업'에 관하여 피고보조참가인(이하 '참가인'이라고 한다)을 사업시행자로 지정하여 통영 ○○원지구 도시개발사업 도시개발구역 지정(개발계획) 변경 및 실시계획 인가 고시를 하였다.

나. 참가인은 2016. 10. 2. 통영 ○○원지구 도시개발구역에 포함된 통영시 (주소 2 생략) 일원 61,526㎡에서 지하 2층, 지상 25층, 연면적 192,469㎡ 규모의 공동주택 1,271세대를 건축하는 내용의 통영 ○○마을 공동주택 건설사업(이하 '이 사건 사업'이라고 하고, 이 사건 사업으로 신축될 공동주택을 '이 사건 공동주택'이라고 한다)에 관하여 경상남도 건축위원회의 사전 심의를 신청하였다. 경상남도 건축위원회는 2016. 11. 29. 이 사건 사업을 조건부 의결하였는데, 위 심의를 받은 이 사건 공동주택의 층수는 101동은 22층, 103동은 20층, 106동은 17층, 110동은 19층이었다.

다. 참가인과 주식회사 삼정코아건설(이하 참가인과 주식회사 삼정코아건설을 합하여 '참가인 등'이라고 한다)은 2017. 1. 17. 피고에게 이 사건 사업에 관하여 주택법 제15조 제1항에 따른 주택건설사업계획의 승인을 신청하였다. 피고는 2017. 3. 30. 참가인 등이 신청한 이 사건 사업에 관한 주택건설사업계획을 승인·고시하였고(이하 '최초 사업계획승인'이라고 한다), 이에 따라 건축허가가 의제되었다.

라. 그 후 참가인 등은 2017. 7. 31. 피고에게 주택건설사업계획의 일부를 변경하기 위하여 변경승인을 신청하였다. 피고는 2017. 8. 25. 참가인 등이 변경 신청한 주택건설사업계획을 승인·고시하였고(이하 '이 사건 처분'이라고 한다), 이에 따라 건축 변경허가가 의제되었다. 이와 같이 변경된 주택건설사업계획에 따르면, 이 사건 공동주택의 층수는 101동은 25층, 103동은 23층, 106동은 20층, 109동(기존 110동이 109동으로 변경되었다)은 23층이다.

마. 한편 이 사건 사업부지는 원고가 운영하는 △△중·고등학교(이하 '이 사건 학교'라고 한다)의 경계로부터 약 90m 떨어져 있어 2017. 2. 4.부터 시행된 「교육환경 보호에 관한 법률」(이하 '교육환경법'이라고 한다) 제8조 제1항 제2호에 따른 교육환경보호구역(상대보호구역)에 포함되는데, 참가인 등은 최초 사업계획승인 및 이 사건 처분 당시 교육환경법 제6조 제1항에 따른 교육환경평가서 승인절차를 거치지는 아니하였다.

―대법원 2021. 8. 19. 선고 2020두55701 판결―

판례 038

판시사항

갑이 외교부장관에게 한·일 군사정보보호협정 및 한·일 상호군수지원협정과 관련하여 각종 회의자료 및 회의록 등의 정보에 대한 공개를 청구하였으나, 외교부장관이 공개 청구 정보 중 일부를 제외한 나머지 정보들에 대하여 비공개 결정을 한 사안에서, 위 정보는 구 공공기관의 정보공개에 관한 법률 제9조 제1항 제2호, 제5호에 정한 비공개대상정보에 해당하고, 공개가 가능한 부분과 공개가 불가능한 부분을 쉽게 분리하는 것이 불가능하여 같은 법 제14조에 따른 부분공개도 가능하지 않다고 본 원심판단이 ★정당하다고 한 사례(대법원 2019. 1. 17. 선고 2015두46512 판결).

※원심은 아래와 같이 판단하였다.

① 한·일 군사정보보호협정, 한·일 상호군수지원협정(이하 '이 사건 협정들'이라고 한다)은 한·일 양국의 군수품 및 서비스의 제공과 군사비밀정보의 상호 공유 및 보장 등을 목적으로 한다.

② 원고가 공개를 청구하는 이 사건 쟁점 정보에는 이 사건 협정들에 관한 교섭과정에서 한·일 양국 간에 제기된 구체적 주장과 대응 내용, 각 주제별 협의 사항 및 양국의 견해 차이와 이에 대한 교섭전략 등 한·일 양국의 외교적 비밀에 관한 사항이 포함되어 있다.

③ 이 사건 쟁점 정보가 공개된다면, 이 사건 협정들의 체결과 관련한 우리나라의 대응전략이나 일본 측의 입장에 관한 내용이 그대로 노출되어 우리나라가 향후 유사한 협정을 체결할 때에 협정 상대 국가들의 교섭 정보로 활용될 수 있는 여지가 충분할 뿐만 아니라 상대국과의 외교적 신뢰관계에 심각한 타격을 줄 수 있는 점 등에 비추어 보면, 이 사건 쟁점 정보는 구 정보공개법 제9조 제1항 제2호에서 정한 비공개대상정보에 해당한다.

④ 이 사건 처분 당시 한·일 군사정보보호협정은 가서명만 이루어진 단계였고, 한·일 상호군수지원협정은 합의문이 도출되지 않은 단계였다. 따라서 이 사건 쟁점 정보가 공개된다면 이해관계자들의 각종 요구 등으로 협정문이 당초 예정과 다르게 수정되거나 협정 자체가 무산되는 결과를 초래할 가능성이 있고, 그 과정에서 실무자들의 발언 내용이 외부에 공표된다면, 협상에 임하는 실무자들은 견해를 달리하는 사람들이나 단체 등으로부터 거센 공격을 받을 가능성이 크므로 그에 따른 심리적 압박으로 인하여 특정 입장에 영합하는 쪽으로 발언을 하거나 아예 침묵으로 일관하는 등의 상황이 발생함으로써 국익에 반하는 결과를 초래할 가능성이 충분한 점 등에 비추어 보면, 이 사건 쟁점 정보는 구 정보공개법 제9조 제1항 제5호에서 정한 ★★★비공개대상정보에도 해당한다.

⑤ 나아가 이 사건 쟁점 정보는 상호 유기적으로 결합되어 있어 공개가 가능한 부분과 공개가 불가능한 부분을 용이하게 분리하는 것이 불가능하고, 이 사건 쟁점 정보에 관한 목록에는 '문서의 제목, 생산 날짜, 문서 내용을 추론할 수 있는 목차 등'이 포함되어 있어 목록의 공개만으로도 한·일 양국 간의 논의 주제와 논의 내용, 그에 대한 우리나라의 입장 및 전략을 추론할 수 있는 가능성이 충분하여 ★★★《부분공개도 가능하지 않다.》

---> 관계 법령 및 법리와 기록에 비추어 살펴보면, 이러한 원심의 판단은 정당하고, 거기에 상고이유 주장과 같이 구 정보공개법 제9조 제1항 제2호, 제5호에 정한 비공개대상정보, 같은 법 제14조에 정한 부분공개에 관한 법리를 오해하는 등의 위법이 없다.

판례 039

판시사항

[1] 구 공공기관의 정보공개에 관한 법률에 따라 청구인이 청구대상정보를 기재할 때 청구대상정보 특정의 정도 / 정보비공개결정의 취소를 구하는 사건에서 공개를 청구한 정보의 내용과 범위를 확정할 수 있을 정도로 특정되었다고 볼 수 없는 부분이 포함되어 있는 경우 법원이 취해야 할 조치

[2] 정보공개를 요구받은 공공기관이 구 공공기관의 정보공개에 관한 법률 제9조 제1항 중 몇 호에서 정한 비공개사유에 해당하는지를 주장·증명하지 아니한 채 개괄적인 사유만을 들어 공개를 거부할 수 있는지 여부(소극)

[3] 구 공공기관의 정보공개에 관한 법률 제9조 제1항 제7호에서 정한 '법인 등의 경영·영업상 비밀'의 의미 및 그 공개 여부를 판단하는 기준과 방법

판결요지

[1] 구 공공기관의 정보공개에 관한 법률(2013. 8. 6. 법률 제11991호로 개정되기 전의 것, 이하 '정보공개법'이라 한다) 제10조 제1항 제2호는 정보의 공개를 청구하는 자는 정보공개청구서에 '공개를 청구하는 정보의 내용' 등을 기재하도록 규정하고 있다. 청구인이 이에 따라 청구대상정보를 기재할 때에는 사회일반인의 관점에서 청구대상정보의 내용과 범위를 확정할 수 있을 정도로 특정하여야 한다. 또한 정보비공개결정의 취소를 구하는 사건에서, 청구인이 공개를 청구한 정보의 내용 중 너무 포괄적이거나 막연하여 사회일반인의 관점에서 그 내용과 범위를 확정할 수 있을 정도로 특정되었다고 볼 수 없는 부분이 포함되어 있다면, 이를 심리하는 법원으로서는 마땅히 정보공개법 제20조 제2항의 규정에 따라 공공기관에 그가 보유·관리하고 있는 청구대상정보를 제출하도록 하여, <u>이를 비공개로 열람·심사하는 등의 방법으로 청구대상정보의 내용과 범위를 특정시켜야 한다.</u>

[2] 구 공공기관의 정보공개에 관한 법률(2013. 8. 6. 법률 제11991호로 개정되기 전의 것, 이하 '정보공개법'이라 한다) 제13조 제4항은 공공기관이 정보를 비공개하는 결정을 한 때에는 비공개이유를 구체적으로 명시하여 청구인에게 그 사실을 통지하여야 한다고 규정하고 있다. 정보공개법 제1조, 제3조, 제6조는 국민의 알 권리를 보장하고 국정에 대한 국민의 참여와 국정운영의 투명성을 확보하기 위하여 공공기관이 보유·관리하는 정보를 모든 국민에게 원칙적으로 공개하도록 하고 있다. 그러므로 국민으로부터 보유·관리하는 정보에 대한 공개를 요구받은 공공기관으로서는, 정보공개법 제9조 제1항 각호에서 정하고 있는 비공개사유에 해당하지 않는 한 이를 공개하여야 한다. 이를 거부하는 경우라 할지라도, 대상이 된 정보의 내용을 구체적으로 확인·검토하여, <u>어느 부분이 어떠한 법익 또는 기본권과 충돌되어 정보공개법 제9조 제1항 몇 호에서</u>

정하고 있는 비공개사유에 해당하는지를 주장·증명하여야만 하고, 그에 이르지 아니한 채 개괄적인 사유만을 들어 공개를 거부하는 것은 허용되지 아니한다.

[3] 구 공공기관의 정보공개에 관한 법률(2013. 8. 6. 법률 제11991호로 개정되기 전의 것, 이하 '정보공개법'이라 한다)은 공공기관이 보유·관리하는 정보에 대한 국민의 공개청구 및 공공기관의 공개의무에 관하여 필요한 사항을 정함으로써 국민의 알 권리를 보장하고 국정에 대한 국민의 참여와 국정운영의 투명성을 확보함을 목적으로 한다. 이에 따라 공공기관이 보유·관리하는 모든 정보를 원칙적 공개대상으로 하면서, 다만 사업체인 법인 등의 사업활동에 관한 비밀의 유출을 방지하여 정당한 이익을 보호하고자 하는 취지에서, 정보공개법 제9조 제1항 제7호로 '법인·단체 또는 개인의 경영·영업상 비밀로서 공개될 경우 법인 등의 정당한 이익을 현저히 해할 우려가 있다고 인정되는 정보'를 비공개대상정보로 규정하고 있다. 이와 같은 정보공개법의 입법 목적 등을 고려하여 보면, ★정보공개법 제9조 제1항 제7호에서 정한 '법인 등의 경영·영업상 비밀'은 '타인에게 알려지지 아니함이 유리한 사업활동에 관한 일체의 정보' 또는 '사업활동에 관한 일체의 비밀사항'을 의미하는 것이고, 그 공개 여부는 공개를 거부할 만한 정당한 이익이 있는지에 따라 결정되어야 한다. 이러한 정당한 이익이 있는지는 정보공개법의 입법 취지에 비추어 이를 엄격하게 판단하여야 한다(대법원 2018. 4. 12. 선고 2014두5477 판결).

※ 원심은 다음과 같은 이유로 이 사건 약관 및 요금 관련 정보는 정보공개법 제9조 제1항 제7호에서 정한 비공개대상정보에 해당하지 않는다고 판단하면서, 부가적으로 이 사건 ★★★원가 관련 정보의 영업보고서 중 영업통계(서식 3), 영업통계명세서(서식 17, 서식 17의1, 서식 17의2)의 이동통신서비스(셀룰러 또는 PCS)(2G) 항목과 이동통신서비스(IMT2000)(3G) 항목 부분도 같은 호에서 정한 비공개대상정보에 해당하지 않는다고 판단하였다.

1) 이동통신서비스는 전파 및 주파수라는 공적 자원을 이용하여 제공되고, 국민 전체의 삶과 사회에 중요한 의미를 가진다. 그러므로 양질의 서비스가 공정하고 합리적인 가격에 제공되어야 할 필요 내지 공익이 인정되고, 이를 위한 국가의 감독 및 규제 권한이 적절하게 행사되고 있는지가 투명하게 공개되어야 할 필요성이 크다. 전기통신사업법 및 전기통신사업 회계분리기준의 관련 규정들은 전파와 주파수의 공공재적 성격을 감안하여, 전기통신사업에 관하여는 다른 사업 등과의 회계분리를 통해 총괄원가를 산정하여 그 원가의 적정성에 대한 일정한 규제를 하고 있다고 보인다.

2) 이 사건 ★약관 및 요금 관련 정보의 기본적인 내용은 참가인들이 피고에게 제출한 이용약관에 관한 정보로서 이를 영업상의 비밀이라고 보기 어렵다. 변경된 이용약관의 요금제, 부가서비스의 내용 및 취지 등을 설명하는 부분은 일반적인 설명만 기재하고 있으므로, 공개되더라도 참가인들의 정당한 이익을 현저히 해할 우려가 없다. 이동통신시장의 특성에 비추어 볼 때, 정보 작성 시점으로부터 이미 상당 기간이 경과한 이 사건 약관 및 요금 관련 정보가 공개되더라도 참가인들의 정당한 이익을 현저히 해할 우려가 있다고 볼 수 없다.

3) 영업보고서에 기재된 각 항목들은 개별적인 항목들의 합계금액으로 이루어진 것이어서, 공개되더라도 기간통신사업자의 정당한 이익을 현저히 해할 우려가 있다고 인정되지 않는다. 영업통계명세서(서식17)에 기재된 분기별 가입자 수, 회선 수, 통화량 및 고용인원 수 등의 정보는, ① 서비스 상품별 요금이 적정하게 산정되었는지 여부를 평가하기 위해서 필요한 기본적 항목들로 보이고, ② 해당 정보가 포괄적인 항목 및 수치로 구성되어 있어, 그 항목들의 공개로 인해 해당

사업자의 자산, 수익 및 비용의 구체적인 현황 및 구조를 확인할 수 있다고 보기는 어려우며, ③ 피고는 이미 자신의 홈페이지에 서비스별 가입자 수를 공개하고 있고, 정보통신정책연구원이 작성한 2010년도 통신시장 경쟁상황평가서에는 참가인들의 연도별 발신통화량 및 망내통화량 비중이 기재되어 있는 점 등에 비추어, 중요한 영업상 비밀에 해당한다고 보기는 ★★★어렵다.

다. 원심의 이러한 판단은 앞서 본 법리에 따른 것으로서 정당하고, 거기에 상고이유 주장과 같이 비공개대상정보의 범위에 관한 법리오해 등의 위법이 없다.

판례 040

판시사항

[1] 병무청장이 병역법 제81조의2 제1항에 따라 병역의무 ★기피자의 인적사항 등을 인터넷 홈페이지에 게시하는 등의 방법으로 공개한 경우, 병무청장의 공개결정이 항고소송의 대상이 되는 행정처분인지 여부(★적극)

[2] 행정처분의 무효확인 또는 취소를 구하는 소송 계속 중 처분청이 다툼의 대상이 되는 행정처분을 직권으로 취소한 경우, 그 처분을 대상으로 한 항고소송이 적법한지 여부(원칙적 소극) 및 예외적으로 그 처분의 취소를 구할 소의 이익을 인정할 수 있는 경우

판결요지

[1] 병무청장이 병역법 제81조의2 제1항에 따라 병역의무 기피자의 인적사항 등을 인터넷 홈페이지에 게시하는 등의 방법으로 공개한 경우 병무청장의 공개결정을 항고소송의 대상이 되는 행정처분으로 보아야 한다. 그 구체적인 이유는 다음과 같다.

① 병무청장이 하는 병역의무 기피자의 인적사항 등 공개는, 특정인을 병역의무 기피자로 판단하여 그 사실을 일반 대중에게 공표함으로써 그의 명예를 훼손하고 그에게 수치심을 느끼게 하여 병역의무 이행을 간접적으로 강제하려는 조치로서 병역법에 근거하여 이루어지는 공권력의 행사에 해당한다.

② 병무청장이 하는 병역의무 기피자의 인적사항 등 공개조치에는 특정인을 병역의무 기피자로 판단하여 그에게 불이익을 가한다는 행정결정이 전제되어 있고, 공개라는 사실행위는 행정결정의 집행행위라고 보아야 한다. 병무청장이 그러한 행정결정을 공개 대상자에게 미리 통보하지 않은 것이 적절한지는 본안에서 해당 처분이 적법한가를 판단하는 단계에서 고려할 요소이며, 병무청장이 그러한 행정결정을 공개 대상자에게 미리 통보하지 않았다거나 처분서를 작성·교부하지 않았다는 점만으로 항고소송의 대상적격을 부정하여서는 아니 된다.

③ 병무청 인터넷 홈페이지에 공개 대상자의 인적사항 등이 게시되는 경우 그의 명예가 훼손되므로, 공개 대상자는 자신에 대한 공개결정이 병역법령에서 정한 요건과 절차를 준수한 것인지를 다툴 법률상 이익이 있다. 병무청장이 인터넷 홈페이지 등에 게시하는 사실행위를 함으로써 공개 대상자의 인적사항 등이 이미 공개되었더라도, 재판에서 병무청장의 공개결정이 위법함이 확인되

어 취소판결이 선고되는 경우, 병무청장은 취소판결의 기속력에 따라 위법한 결과를 제거하는 조치를 할 의무가 있으므로 공개 대상자의 실효적 권리구제를 위해 병무청장의 공개결정을 행정처분으로 인정할 필요성이 있다. 만약 병무청장의 공개결정을 항고소송의 대상이 되는 처분으로 보지 않는다면 국가배상청구 외에는 침해된 권리 또는 법률상 이익을 구제받을 적절한 방법이 없다.

④ 관할 지방병무청장의 공개 대상자 결정의 경우 상대방에게 통보하는 등 외부에 표시하는 절차가 관계 법령에 규정되어 있지 않아, 행정실무상으로도 상대방에게 통보되지 않는 경우가 많다. 또한 관할 지방병무청장이 위원회의 심의를 거쳐 공개 대상자를 1차로 결정하기는 하지만, 병무청장에게 최종적으로 공개 여부를 결정할 권한이 있으므로, 관할 지방병무청장의 공개 대상자 결정은 병무청장의 최종적인 결정에 앞서 이루어지는 행정기관 내부의 중간적 결정에 불과하다. 가까운 시일 내에 최종적인 결정과 외부적인 표시가 예정된 상황에서, 외부에 표시되지 않은 행정기관 내부의 결정을 항고소송의 대상인 처분으로 보아야 할 필요성은 크지 않다. 관할 지방병무청장이 1차로 공개 대상자 결정을 하고, 그에 따라 《《병무청장》》이 같은 내용으로 최종적 공개결정을 하였다면, 공개 대상자는 ★★★《《병무청장의 최종적 공개결정만을 다투는 것으로 충분》》하고, 《《관할 ★★★지방병무청장의 공개 대상자 결정을 별도로 다툴 소의 이익은 없어진다.》》

[2] 행정처분의 무효확인 또는 취소를 구하는 소가 제소 당시에는 소의 이익이 있어 적법하였더라도, 소송 계속 중 처분청이 다툼의 대상이 되는 행정처분을 직권으로 취소하면 그 처분은 효력을 상실하여 더 이상 존재하지 않는 것이므로, 존재하지 않는 그 처분을 대상으로 한 항고소송은 원칙적으로 소의 이익이 소멸하여 부적법하다.

다만 처분청의 직권취소에도 불구하고 완전한 원상회복이 이루어지지 않아 무효확인 또는 취소로써 회복할 수 있는 다른 권리나 이익이 남아 있거나 또는 동일한 소송 당사자 사이에서 그 행정처분과 동일한 사유로 위법한 처분이 반복될 위험성이 있어 행정처분의 위법성 확인 내지 불분명한 법률문제에 대한 해명이 필요한 경우 행정의 적법성 확보와 그에 대한 사법통제, 국민의 권리구제의 확대 등의 측면에서 예외적으로 그 처분의 취소를 구할 소의 이익을 인정할 수 있을 뿐이다(대법원 2019. 6. 27. 선고 2018두49130 판결).

판례 041

판시사항

[1] 여객자동차운수사업자가 범한 여러 가지 위반행위에 대하여 관할 행정청이 사업정지처분을 갈음하는 과징금 부과처분을 하기로 선택하는 경우, 여러 가지 위반행위에 대하여 1회에 부과할 수 있는 과징금 총액의 최고한도액(=5,000만 원) 및 관할 행정청이 여객자동차운송사업자의 여러 가지 위반행위를 인지한 경우, 인지한 여러 가지 위반행위 중 일부에 대해서만 우선 과징금 부과처분을 하고 나머지에 대해서는 차후에 별도의 과징금 부과처분을 할 수 있는지 여부(원칙적 소극)

[2] 관할 행정청이 여객자동차운송사업자가 범한 여러 가지 위반행위 중 일부만 인지하여 과징금 부과처분을 한 후 그 과징금 부과처분 시점 이전에 이루어진 다른 위반행위를 인지하여 이에 대하여 별도의 과징금 부과처분을 하게 되는 경우, 추가 과징금 부과처분의 과징금액을 산정하는 방법

판결요지

[1] 위반행위가 여러 가지인 경우에 행정처분의 방식과 한계를 정한 관련 규정들의 내용과 취지에다가, 여객자동차운수사업자가 범한 여러 가지 위반행위에 대하여 관할 행정청이 구 여객자동차 운수사업법(2020. 3. 24. 법률 제17091호로 개정되기 전의 것) 제85조 제1항 제12호에 근거하여 사업정지처분을 하기로 선택한 이상 각 위반행위의 종류와 위반 정도를 불문하고 사업정지처분의 기간은 6개월을 초과할 수 없는 점을 종합하면, 관할 행정청이 사업정지처분을 갈음하는 과징금 부과처분을 하기로 선택하는 경우에도 사업정지처분의 경우와 마찬가지로 여러 가지 위반행위에 대하여 1회에 부과할 수 있는 과징금 총액의 최고한도액은 5,000만 원이라고 보는 것이 타당하다. 관할 행정청이 여객자동차운송사업자의 여러 가지 위반행위를 인지하였다면 전부에 대하여 일괄하여 5,000만 원의 최고한도 내에서 하나의 과징금 부과처분을 하는 것이 원칙이고, 인지한 여러 가지 위반행위 중 일부에 대해서만 우선 과징금 부과처분을 하고 나머지에 대해서는 차후에 별도의 과징금 부과처분을 하는 것은 다른 특별한 사정이 없는 한 허용되지 않는다. 만약 행정청이 여러 가지 위반행위를 인지하여 그 전부에 대하여 일괄하여 하나의 과징금 부과처분을 하는 것이 가능하였음에도 임의로 몇 가지로 구분하여 각각 별도의 과징금 부과처분을 할 수 있다고 보게 되면, 행정청이 여러 가지 위반행위에 대하여 부과할 수 있는 과징금의 최고한도액을 정한 구 여객자동차 운수사업법 시행령(2018. 4. 10. 대통령령 제28793호로 개정되기 전의 것) 제46조 제2항의 적용을 회피하는 수단으로 악용될 수 있기 때문이다.

[2] 관할 행정청이 여객자동차운송사업자가 범한 여러 가지 위반행위 중 일부만 인지하여 과징금 부과처분을 하였는데 그 후 과징금 부과처분 시점 이전에 이루어진 다른 위반행위를 인지하여 이에 대하여 별도의 과징금 부과처분을 하게 되는 경우에도 종전 과징금 부과처분의 대상이 된 위반행위와 추가 과징금 부과처분의 대상이 된 위반행위에 대하여 일괄하여 하나의 과징금 부과처분을 하는 경우와의 형평을 고려하여 추가 과징금 부과처분의 처분양정이 이루어져야 한다. 다시 말해, ★행정청이 전체 위반행위에 대하여 하나의 과징금 부과처분을 할 경우에 산정되었을 정당한 과징금액에서 이미 부과된 과징금액을 뺀 나머지 금액을 한도로 하여서만 추가 과징금 부과처분을 할 수 있다. 행정청이 여러 가지 위반행위를 언제 인지하였느냐는 우연한 사정에 따라 처분 상대방에게 부과되는 과징금의 총액이 달라지는 것은 그 자체로 불합리하기 때문이다(대법원 2021. 2. 4. 선고 2020두48390 판결).

판례 042

판시사항

[1] 농지법 제62조 제1항에 따른 이행강제금 부과처분에 대한 불복절차(=비송사건절차법에 따른 재판) 및 위 이행강제금 부과처분이 행정소송법상 항고소송의 대상이 되는지 여부(★★★소극) / 관할청이 위 이행강제금 부과처분을 하면서 재결청에 행정심판을 청구하거나 관할 행정법원에 행정소송을 할 수 있다고 잘못 안내한 경우, 행정법원의 항고소송 재판관할이 생기는지 여부(소극)

[2] 농지법 제2조 제1호에서 말하는 '농지'인지 판단하는 기준 및 농지법상 '농지'였던 토지가 농지전용허가 등을 받지 않고 불법 전용되어 현실적으로 다른 용도로 이용되고 있는 경우, 농지법상 '농지'에 해당하는지 여부(적극)

판결요지

[1] 농지법은 농지 처분명령에 대한 이행강제금 부과처분에 불복하는 자가 그 처분을 고지받은 날부터 30일 이내에 부과권자에게 이의를 제기할 수 있고, 이의를 받은 부과권자는 지체 없이 관할 법원에 그 사실을 통보하여야 하며, 그 통보를 받은 관할 법원은 비송사건절차법에 따른 과태료 재판에 준하여 재판을 하도록 정하고 있다(제62조 제1항, 제6항, 제7항). 따라서 농지법 제62조 제1항에 따른 이행강제금 부과처분에 불복하는 경우에는 비송사건절차법에 따른 재판절차가 적용되어야 하고, 행정소송법상 항고소송의 대상은 될 수 없다.

농지법 제62조 제6항, 제7항이 위와 같이 이행강제금 부과처분에 대한 불복절차를 분명하게 규정하고 있으므로, 이와 다른 불복절차를 허용할 수는 없다. 설령 관할청이 이행강제금 부과처분을 하면서 재결청에 행정심판을 청구하거나 관할 행정법원에 행정소송을 할 수 있다고 잘못 안내하거나 관할 행정심판위원회가 각하재결이 아닌 기각재결을 하면서 관할 법원에 행정소송을 할 수 있다고 잘못 안내하였다고 하더라도, 그러한 잘못된 안내로 행정법원의 항고소송 재판관할이 생긴다고 볼 수도 없다.

[2] 농지법 제2조 제1호는 농지에 관한 정의 규정인데, 원칙적 형태는 "전·답, 과수원, 그 밖에 법적 지목을 불문하고 실제로 농작물 경작지 또는 다년생식물 재배지로 이용되는 토지"이다[(가)목 전단]. 따라서 어떤 토지가 이 규정에서 말하는 '농지'인지는 공부상의 지목과 관계없이 토지의 사실상 현상에 따라 판단하여야 한다.

그런데 농지법은 농지전용허가 등을 받지 않고 농지를 전용하거나 다른 용도로 사용한 경우 관할청이 그 행위를 한 자에게 기간을 정하여 원상회복을 명할 수 있고, 그가 원상회복명령을 이행하지 않으면 관할청이 대집행으로 원상회복을 할 수 있도록 정함으로써(제42조 제1항, 제2항), 농지가 불법 전용된 경우에는 농지로 원상회복되어야 함을 분명히 하고 있다. 농지법상 '농지'였던 토지가 현실적으로 다른 용도로 이용되고 있더라도 그 토지가 농지전용허가 등을 받지 않고 불법 전용된 것이어서 농지로 원상회복되어야 하는 것이라면 그 변경 상태는 일시적인 것이고 ★여전히 '농지'에 해당한다(대법원 2019. 4. 11. 선고 2018두42955 판결).

판례 043

판시사항

[1] 가설건축물 존치기간을 연장하려는 건축주 등이 법령에 규정되어 있는 제반 서류와 요건을 갖추어 행정청에 연장신고를 한 경우, 행정청이 법령에서 요구하지 않은 '대지사용승낙서' 등의 서류가 제출되지 아니하였거나, 대지소유권자의 사용승낙이 없다는 등의 사유를 들어 연장신고의 수리를 거부할 수 있는지 여부(소극)

[2] 건축법상 이행강제금의 법적 성격(=행정상 간접강제) 및 시정명령을 받은 의무자가 시정명령에서 정한 기간이 지났으나 이행강제금이 부과되기 전에 의무를 이행한 경우, 이행강제금을 부과할 수 있는지 여부(소극) / 시정명령을 받은 의무자가 시정명령의 취지에 부합하는 의무를 이행하기 위한 정당한 방법으로 행정청에 신청 또는 신고를 하였으나 행정청이 위법하게 이를 거부 또는 반려함으로써 그 처분이 취소된 경우, 시정명령의 불이행을 이유로 이행강제금을 부과할 수 있는지 여부(원칙적 소극)

판결요지

[1] 가설건축물은 건축법상 '건축물'이 아니므로 건축허가나 건축신고 없이 설치할 수 있는 것이 원칙이지만 ★일정한 가설건축물에 대하여는 건축물에 준하여 위험을 통제하여야 할 필요가 있으므로 신고 대상으로 규율하고 있다. 이러한 신고제도의 취지에 비추어 보면, 가설건축물 존치기간을 연장하려는 건축주 등이 법령에 규정되어 있는 제반 서류와 요건을 갖추어 행정청에 연장신고를 한 때에는 행정청은 원칙적으로 이를 수리하여 신고필증을 교부하여야 하고, 법령에서 정한 요건 이외의 사유를 들어 수리를 거부할 수는 없다. 따라서 행정청으로서는 법령에서 요구하고 있지도 아니한 '대지사용승낙서' 등의 서류가 제출되지 아니하였거나, 대지소유권자의 사용승낙이 없다는 등의 사유를 들어 가설건축물 존치기간 연장신고의 수리를 거부하여서는 아니 된다.

[2] 건축법상의 이행강제금은 시정명령의 불이행이라는 과거의 위반행위에 대한 제재가 아니라, 의무자에게 시정명령을 받은 의무의 이행을 명하고 그 이행기간 안에 의무를 이행하지 않으면 이행강제금이 부과된다는 사실을 고지함으로써 의무자에게 심리적 압박을 주어 의무의 이행을 간접적으로 강제하는 행정상의 간접강제 수단에 해당한다. 이러한 이행강제금의 본질상 시정명령을 받은 의무자가 이행강제금이 부과되기 전에 그 의무를 이행한 경우에는 비록 시정명령에서 정한 기간을 지나서 이행한 경우라도 이행강제금을 부과할 수 없다.

나아가 시정명령을 받은 의무자가 그 시정명령의 취지에 부합하는 의무를 이행하기 위한 정당한 방법으로 행정청에 신청 또는 신고를 하였으나 행정청이 위법하게 이를 거부 또는 반려함으로써 결국 그 처분이 취소되기에 이르렀다면, 특별한 사정이 없는 한 그 시정명령의 불이행을 이유로 이행강제금을 부과할 수는 없다고 보는 것이 위와 같은 이행강제금 제도의 취지에 부합한다(대법원 2018. 1. 25. 선고 2015두35116 판결).

판례 044

판시사항

[1] 가해자가 행한 불법행위로 피해자가 채무를 부담하게 된 경우, 그 채무액 상당의 손해배상을 구하기 위한 요건 및 이때 현실적으로 손해가 발생하였는지 판단하는 방법

[2] 가해자가 행한 불법행위로 인하여 피해자에게 행정처분이 부과되고 확정되어 그 이행에 비용이 발생하는 경우, 행정처분 당시 위 비용 상당의 손해가 현실적으로 발생하였다고 볼 수 있는지 여부(★원칙적 적극) / 행정처분이 있은 후 행정처분을 이행하기 어려운 장애사유가 있어 오랫동안 이행이 이루어지지 않았고 행정관청에서도 이러한 사정을 참작하여 이행을 강제하기 위한 조치를 취하지 않고 불이행된 상태를 방치하는 등 특별한 사정이 있는 경우, 행정처분의 이행에 따른 비용 상당의 손해가 현실적·확정적으로 발생하였다고 보기 위해서는 행정처분의 존재뿐만 아니라 행정처분의 이행가능성과 이행필요성이 인정되어야 하는지 여부(적극) / 위 손해의 발생 사실에 관한 증명책임의 소재(=행정처분을 받은 피해자)

[3] 갑 등이 토지 위에 건축물을 신축하면서 을 지방자치단체에 건축신고를 하였는데, 을 지방자치단체 소속 공무원이 위 토지가 군사기지 및 군사시설 보호법상 폭발물 관련 제한보호구역으로 지정되어 있었음에도 관할부대장에게 협의요청을 하지 않은 채 건축신고를 수리하였고, 이후 관

할부대장이 공사중지 등을 요청하여 을 지방자치단체가 갑에게 건축물 신축을 중지하라는 명령을 내리자, 갑 등이 을 지방자치단체를 상대로 건축신고 수리가 적법하게 이루어진 것으로 믿고 건축물의 신축에 이르렀다가 이를 철거해야 할 의무를 지게 되었다는 이유로 손해배상을 구한 사안에서, 을 지방자치단체 소속 공무원의 과실은 인정되나, 원심 변론종결 시점까지 위 건축물에 관한 사용승인이 반려된 상태가 지속되고 있다는 점만으로 갑 등에게 가까운 장래에 위 건축물의 철거 내지 이를 전제로 하는 손해의 결과가 현실적·확정적으로 발생하였다고 단정하기 어렵다고 한 사례

판결요지

[1] 불법행위를 이유로 배상하여야 할 손해는 현실로 입은 확실한 손해에 한하므로, 가해자가 행한 불법행위로 인하여 피해자가 채무를 부담하게 된 경우 피해자가 가해자에게 그 채무액 상당의 손해배상을 구하기 위해서는 채무의 부담이 현실적·확정적이어서 실제로 변제하여야 할 성질의 것이어야 하고, 현실적으로 손해가 발생하였는지 여부는 사회통념에 비추어 객관적이고 합리적으로 판단하여야 한다.

[2] 가해자가 행한 불법행위로 인하여 피해자에게 어떤 행정처분이 부과되고 확정되었다면 그 행정처분에 중대하고 명백한 하자가 있어 무효로 되지 아니한 이상 행정처분의 당사자인 피해자는 이를 이행할 의무를 부담하게 된다. 따라서 행정처분의 이행에 비용이 발생하는 경우에는 특별한 사정이 없는 한 행정처분 당시에 그 비용 상당의 손해가 현실적으로 발생한 것으로 볼 수 있다. 그러나 행정처분이 있은 이후 행정처분을 이행하기 어려운 장애사유가 있어 오랫동안 이행이 이루어지지 않았고, 해당 행정관청에서도 이러한 사정을 참작하여 그 이행을 강제하기 위한 조치를 취하지 않고 불이행된 상태를 방치하는 등 특별한 사정이 있는 경우에는 손해가 현실화되었다고 인정하는 데 보다 신중할 필요가 있다. 이와 같은 경우에 행정처분의 이행에 따른 비용 상당의 손해가 현실적·확정적으로 발생하였다고 보기 위해서는 행정처분 당시의 자료와 사실심 변론종결 시점까지 제출된 모든 자료를 종합하여 행정처분의 존재뿐만 아니라 그 행정처분의 이행가능성과 이행필요성이 인정되어야 한다. 특히 시간적으로 먼저 이루어지는 선행처분에 불가쟁력이 생겨 그 효력을 다툴 수 없게 되었더라도, 선행처분의 상대방이 입었다고 주장하는 피해가 선행처분 자체로 인하여 생긴 것이 아니라, 위 선행처분에 연속하여 나중에 이루어지는 별도의 후행처분에 의하여 장차 부과될 의무와 관련된 것이고, 사실심 변론종결 시점에 후행처분이 실제로 이루어질 가능성에 의문이 제기되는 등의 예외적인 상황이 존재하며, 실제로 행정관청에서 장기간 후행처분을 하지 않고 있을 뿐만 아니라 제반 사정에 비추어 볼 때 앞으로도 후행처분이 이루어지지 아니할 가능성을 배제할 수 없는 경우라면, 가까운 장래에 선행처분의 상대방에게 후행처분이 이루어질 개연성을 인정하기 부족하여 후행처분에 의하여 부과될 의무이행을 위한 비용 상당의 손해가 확정적으로 발생하였다고 보기는 ★어렵다. 그리고 불법행위로 인한 손해배상청구에서 위와 같은 손해의 발생 사실은 행정처분을 받은 당사자인 피해자가 이를 증명하여야 한다.

[3] 갑 등이 토지 위에 건축물을 신축하면서 을 지방자치단체에 건축신고를 하였는데, 을 지방자치단체 소속 공무원이 위 토지가 군사기지 및 군사시설 보호법상 폭발물 관련 제한보호구역으로 지정되어 있음에도 관할부대장에게 협의요청을 하지 않은 채 건축신고를 수리하였고, 이후 관할부대장이 공사중지 등을 요청하여 을 지방자치단체가 갑에게 건축물 신축을 중지하라는 명령을 내리자, 갑 등이 을 지방자치단체를 상대로 건축신고 수리가 적법하게 이루어진 것으로 믿고 건

축물의 신축에 이르렀다가 이를 철거해야 할 의무를 지게 되었다는 이유로 손해배상을 구한 사안에서, 을 지방자치단체 소속 공무원의 과실은 인정되나, 위 건축물은 원심 변론종결 시점까지 사용승인을 받지 못한 관계로 건축법 제22조 제3항에 따라 위 건축물을 사용하여서는 아니 되는 의무가 부과되고 있을 뿐이고, 종전에 수리된 건축신고가 취소되거나 건축법 제79조 제1항에 따라 위 건축물의 철거를 명하는 시정명령이 내려지지는 않은 상태이며, 이는 그 취소나 시정명령이 후행처분으로서 실제로 이루어질 가능성에 의문을 제기하게 하거나 앞으로도 그와 같은 조치가 이루어지지 아니할 상당한 가능성이 있는 것은 아닌지 의문을 갖게 하는 사정에 해당하므로, 원심 변론종결 시점까지 위 건축물에 관한 사용승인이 반려된 상태가 지속되고 있다는 점만으로 갑 등에게 가까운 장래에 위 건축물의 철거 내지 이를 전제로 하는 손해의 결과가 현실적·확정적으로 발생하였다고 단정하기 ★어려운데도, 이와 달리 본 원심판단에 법리오해의 잘못이 있다고 한 사례(대법원 2020. 10. 15. 선고 2017다278446 판결)

판례 045

판시사항

[1] 정부에 대한 비판 자체를 원천적으로 배제하려는 공권력의 행사에 정당성을 인정할 수 있는지 여부(★소극) / 국가배상책임을 인정하기 위한 요건으로서 '법령 위반'의 의미 및 공무원의 행위가 객관적인 정당성을 결여하고 있는 경우가 이에 포함되는지 여부(적극)

[2] 국가기관이 자신이 관리·운영하는 홈페이지에 게시된 글에 대하여 정부의 정책에 찬성 또는 반대하는 내용인지에 따라 선별적으로 삭제 여부를 결정하는 것이 허용되는지 여부(원칙적 소극)

[3] 해군본부가 해군 홈페이지 자유게시판에 게시된 '제주해군기지 건설사업에 반대하는 취지의 항의글' 100여 건을 삭제하는 조치를 취하자, 항의글을 게시한 갑 등이 국가를 상대로 손해배상을 구한 사안에서, 위 삭제 조치가 객관적 정당성을 상실한 위법한 직무집행에 해당한다고 보기 어렵다고 한 사례

판결요지

[1] 정부의 정책에 대하여 정치적인 반대의사를 표시하는 것은 헌법이 보장하는 정치적 자유의 가장 핵심적인 부분이다. 자신의 정치적 생각을 집회와 시위를 통해 설파하거나 서명운동 등을 통해 자신과 의견이 같은 세력을 규합해 나가는 것은 국가의 안전에 대한 위협이 아니라, 우리 헌법의 근본이념인 '자유민주적 기본질서'의 핵심적인 보장 영역에 속한다. 정부에 대한 비판에 대하여 합리적인 홍보와 설득으로 대처하는 것이 아니라, 비판 자체를 원천적으로 배제하려는 공권력의 행사는 대한민국 헌법이 예정하고 있는 자유민주적 기본질서에 부합하지 아니하므로 정당성을 인정할 수 없다.

그러나 공무원의 행위를 원인으로 한 국가배상책임을 인정하려면 '공무원이 직무를 집행하면서 고의 또는 과실로 법령을 위반하여 타인에게 손해를 입힌 때'라고 하는 국가배상법 제2조 제1항의 요건이 충족되어야 한다. 여기서 '법령을 위반하여'라고 함은 엄격하게 형식적 의미의 법령에 명시적으로 공무원의 행위의무가 정하여져 있음에도 이를 위반하는 경우만을 의미하는 것은 아니

고, 인권존중·권력남용금지·신의성실과 같이 공무원으로서 마땅히 지켜야 할 준칙이나 규범을 지키지 아니하고 위반한 경우를 비롯하여 널리 그 행위가 객관적인 정당성을 결여하고 있는 경우를 포함한다.

[2] 일반적으로 국가기관이 자신이 관리·운영하는 홈페이지에 게시된 글에 대하여 정부의 정책에 찬성하는 내용인지, 반대하는 내용인지에 따라 선별적으로 삭제 여부를 결정하는 것은 특별한 사정이 없는 한 국민의 기본권인 표현의 자유와 자유민주적 기본질서에 배치되므로 허용되지 않는다.

[3] 해군본부가 해군 홈페이지 자유게시판에 집단적으로 게시된 '제주해군기지 건설사업에 반대하는 취지의 항의글' 100여 건을 삭제하는 조치를 취하자, 항의글을 게시한 갑 등이 위 조치가 위법한 직무수행에 해당하며 표현의 자유 등이 침해되었다고 주장하면서 국가를 상대로 손해배상을 구한 사안에서, 해군 홈페이지 자유게시판이 정치적 논쟁의 장이 되어서는 안 되는 점, 위와 같은 항의글을 게시한 행위는 정부정책에 대한 반대의사 표시이므로 '해군 인터넷 홈페이지 운영규정'에서 정한 게시글 삭제 사유인 '정치적 목적이나 성향이 있는 경우'에 해당하는 점, 해군본부가 집단적 항의글이 위 운영규정 등에서 정한 삭제 사유에 해당한다고 판단한 것이 사회통념상 합리성이 없다고 단정하기 어려운 점, 반대의견을 표출하는 항의 시위의 1차적 목적은 달성되었고 현행법상 국가기관으로 하여금 인터넷 공간에서의 항의 시위의 결과물인 게시글을 영구히 또는 일정 기간 보존하여야 할 의무를 부과하는 규정은 없는 점 등에 비추어 위 삭제 조치가 객관적 정당성을 상실한 위법한 직무집행에 해당한다고 보기 ★어려운데도, 이와 달리 본 원심판단에 법리오해의 잘못이 있다고 한 사례(대법원 2020. 6. 4. 선고 2015다233807 판결)

판례 046

판시사항

[1] 관련 공무원에게 작위의무를 명하는 법령 규정이 없는 경우, 공무원의 부작위로 국가배상책임을 인정하기 위한 요건 및 그 판단 기준

[2] 상급행정기관이 소속 공무원이나 하급행정기관에 대하여 업무처리지침이나 법령의 해석·적용 기준을 정해 주는 '행정규칙'이 대외적으로 국민이나 법원을 구속하는 효력이 있는지 여부(원칙적 소극) 및 공무원의 조치가 행정규칙에 적합한지 여부에 따라 공무원의 조치의 적법 여부를 판단할 수 있는지 여부(★소극)

[3] 자살우려자 식별과 신상파악·관리·처리의 책임이 있는 각급 부대의 지휘관 등 관계자가 장병의 자살 등의 사고를 방지하기 위해 취할 조치 및 이러한 조치를 취하지 않은 상황에서 소속 장병의 자살 사고가 발생한 경우, 자살 사고가 발생할 수 있음을 예견할 수 있었고 그러한 조치를 취했다면 자살 사고의 결과를 회피할 수 있었다면 국가배상책임이 인정되는지 여부(원칙적 적극)

[4] 갑이 하사로 임관하여 해군교육사령부 정보통신학교 등에서 교육을 받고 함선에서 근무하던 중 자살한 사안에서, 갑이 해군교육사령부에서 받은 인성검사에서 '부적응, 관심, 자살예측'이라는 결과가 나왔음에도 자살예방 및 생명존중문화 조성을 위한 법률 및 장병의 자살예방 대책과 관련한 부대관리훈령 등에 따른 자살우려자 식별과 신상파악 등의 조치가 이루어지지 아니한 사정 등을 이유로 국가의 배상책임을 인정한 사례

【판결요지】
[1] 공무원의 부작위로 인한 국가배상책임을 인정하기 위해서는 공무원의 작위로 인한 국가배상책임을 인정하는 경우와 마찬가지로 '공무원이 직무를 집행하면서 고의 또는 과실로 법령을 위반하여 타인에게 손해를 입힌 때'라는 국가배상법 제2조 제1항의 요건이 충족되어야 한다. 여기서 ★★★《'법령 위반'이란 엄격하게 형식적 의미의 법령에 명시적으로 공무원의 작위의무가 규정되어 있는데도 이를 위반하는 경우만을 의미하는 것은 ★아니고, ★인권존중·권력남용금지·신의성실과 같이 공무원으로서 마땅히 지켜야 할 준칙이나 규범을 지키지 않고 위반한 경우를 포함하여 널리 객관적인 정당성이 없는 행위를 한 경우를 포함한다.》》 국민의 생명·신체·재산 등에 관하여 절박하고 중대한 위험상태가 발생하였거나 발생할 우려가 있어서 국민의 생명·신체·재산 등을 보호하는 것을 본래적 사명으로 하는 국가가 초법규적, 일차적으로 그 위험 배제에 나서지 않으면 국민의 생명·신체·재산 등을 보호할 수 없는 경우에는 형식적 의미의 법령에 근거가 없더라도 국가나 관련 공무원에 대하여 그러한 위험을 배제할 작위의무를 인정할 수 있다. 그러나 그와 같이 절박하고 중대한 위험상태가 발생하였거나 발생할 우려가 없는 경우에는 원칙적으로 공무원이 관련 법령을 준수하여 직무를 수행하였다면 공무원의 부작위를 가지고 '고의 또는 과실로 법령을 위반'하였다고 할 수는 없다. 따라서 공무원의 부작위로 인한 국가배상책임을 인정할 것인지 여부가 문제 되는 경우에 관련 공무원에 대하여 작위의무를 명하는 법령 규정이 없다면 공무원의 부작위로 인하여 침해된 국민의 법익 또는 국민에게 발생한 손해가 어느 정도 심각하고 절박한 것인지, 관련 공무원이 그와 같은 결과를 예견하여 결과를 회피하기 위한 조치를 취할 가능성이 있는지 등을 종합적으로 고려하여 판단하여야 한다.

[2] 상급행정기관이 소속 공무원이나 하급행정기관에 대하여 업무처리지침이나 법령의 해석·적용 기준을 정해 주는 '행정규칙'은 일반적으로 행정조직 내부에서만 효력을 가질 뿐 대외적으로 국민이나 법원을 구속하는 효력이 없다. 공무원의 조치가 행정규칙을 위반하였다고 해서 그러한 사정만으로 곧바로 위법하게 되는 것은 아니고, 공무원의 조치가 행정규칙을 따른 것이라고 해서 적법성이 보장되는 것도 아니다. 공무원의 조치가 적법한지는 행정규칙에 적합한지 여부가 아니라 상위법령의 규정과 입법 목적 등에 적합한지 여부에 따라 판단해야 한다.

[3] 자살예방 및 생명존중문화 조성을 위한 법률과 장병의 자살예방 대책과 관련한 부대관리훈령 등의 규정 내용을 종합하면, 자살우려자 식별과 신상파악·관리·처리의 책임이 있는 각급 부대의 지휘관 등 관계자는 장병의 자살을 예방하기 위해 마련된 부대관리훈령 등의 관련 규정을 준수하여 자살이 우려되는 장병을 식별하고 장병의 신상을 파악하려고 노력하고, 자살의 가능성이 확인된 장병에 대해서는 정신과 군의관의 진단 등을 거쳐 그 결과에 따라 해당 장병을 적절하게 관리하는 등의 조치를 취하여 자살 등의 사고를 미리 방지하고 그가 신체적·정신적 건강을 회복할 수 있도록 할 의무가 있다. 각급 부대의 관계자가 위와 같은 자살예방 관련 규정에 따라 필요한 조치를 취하지 않은 상황에서 소속 장병의 자살 사고가 발생한 경우, 자살 사고가 발생할 수 있음을 예견할 수 있었고 그러한 조치를 취했을 경우 자살 사고의 결과를 회피할 수 있었다면, 특별한 사정이 없는 한 해당 관계자의 직무상 의무 위반과 이에 대한 과실이 인정되고, 국가는 국가배상법 제2조 제1항에 따라 배상책임을 진다.

[4] 해군 기초군사교육단에 입소하여 교육을 받은 후 하사로 임관한 갑이 해군교육사령부에서 받은 인성검사에서 ★'부적응, 관심, 자살예측'이라는 결과가 나왔으나, 갑의 소속 부대 당직소대장 을은 위 검사 결과를 교관 등에게 보고하지 않았고, 갑은 그 후 실시된 면담 및 검사에서 특이사

항이 없다는 판정을 받고 신상등급 C급(신상에 문제점이 없는 자)으로 분류되었는데 함선 근무 중 자살한 사안에서, 갑이 해군교육사령부에서 받은 인성검사에서 자살이 예측되는 결과가 나타난 이상 당시 갑에게 자살 가능성이 있음을 충분히 예견할 수 있는 사정이 있었는데도 위 인성검사 결과를 제대로 반영하지 아니한 것은 자살우려자 식별과 신상파악·관리·처리의 책임이 있는 교관, 지휘관 등 관계자가 자살예방 및 생명존중문화 조성을 위한 법률 및 장병의 자살을 예방하기 위해 마련된 관련 규정들에 따른 조치 등 갑의 자살을 방지하기 위해 필요한 조치를 할 직무상 의무를 과실로 위반한 것이고, 그와 같은 직무상 의무 위반과 위 자살 사고 사이에 상당인과관계가 있다고 보아 국가의 배상책임을 ★인정한 사례(대법원 2020. 5. 28. 선고 2017다211559 판결).

판례 047

판시사항

[1] ★★국가배상책임에서 '법령 위반'의 의미 및 수사기관이 범죄수사를 하면서 지켜야 할 법규상 또는 조리상의 한계를 위반한 것이 '법령 위반'에 해당하는지 여부(★★적극)

[2] 피의자가 소년 등 사회적 약자인 경우, 수사기관은 수사과정 중 피의자의 방어권 행사에 불이익이 발생하지 않도록 더욱 세심하게 배려할 직무상 의무를 부담하는지 여부(★★적극) 및 수사기관이 고의 또는 과실로 위 직무상 의무를 위반하여 피의자신문조서를 작성함으로써 피의자의 방어권이 실질적으로 침해된 경우, 국가배상책임이 성립하는지 여부(★★적극)

판결요지

[1] 국가배상책임에 있어 공무원의 가해행위는 법령을 위반한 것이어야 하고, 법령을 위반하였다 함은 엄격한 의미의 법령 위반뿐 아니라 인권존중, 권력남용금지, 신의성실과 같이 공무원으로서 마땅히 지켜야 할 준칙이나 규범을 지키지 않고 위반한 경우를 포함하여 널리 그 행위가 객관적인 정당성을 결여하고 있음을 뜻하는 것이므로, 수사기관이 범죄수사를 하면서 지켜야 할 법규상 또는 조리상의 한계를 위반하였다면 이는 법령을 위반한 경우에 해당한다.

[2] 수사기관은 수사 등 직무를 수행할 때에 헌법과 법률에 따라 국민의 인권을 존중하고 공정하게 하여야 하며 실체적 진실을 발견하기 위하여 노력하여야 할 법규상 또는 조리상의 의무가 있고, 특히 피의자가 소년 등 사회적 약자인 경우에는 수사과정에서 방어권 행사에 불이익이 발생하지 않도록 더욱 세심하게 배려할 직무상 의무가 있다. 따라서 경찰관은 피의자의 진술을 조서화하는 과정에서 조서의 객관성을 유지하여야 하고, 고의 또는 과실로 위 직무상 의무를 위반하여 피의자신문조서를 작성함으로써 피의자의 방어권이 실질적으로 침해되었다고 인정된다면, 국가는 그로 인하여 피의자가 입은 손해를 ★배상하여야 한다.

【이 유】

상고이유를 판단한다.

1. 피고의 상고이유에 관하여

가. 국가배상책임에 있어 공무원의 가해행위는 법령을 위반한 것이어야 하고, 법령을 위반하였다 함은 엄격한 의미의 법령 위반뿐 아니라 인권존중, 권력남용금지, 신의성실과 같이 공무원으로서 마땅히 지켜야 할 준칙이나 규범을 지키지 않고 위반한 경우를 포함하여 널리 그 행위가 객관적인 정당성을 결여하고 있음을 뜻하는 것이므로, 수사기관이 범죄수사를 하면서 지켜야 할 법규상 또는 조리상의 한계를 위반하였다면 이는 법령을 위반한 경우에 해당한다(대법원 2008. 6. 12. 선고 2007다64365 판결 등 참조).

수사기관은 수사 등 직무를 수행할 때에 헌법과 법률에 따라 국민의 인권을 존중하고 공정하게 하여야 하며 실체적 진실을 발견하기 위하여 노력하여야 할 법규상 또는 조리상의 의무가 있고, 특히 피의자가 소년 등 사회적 약자인 경우에는 수사과정에서 방어권 행사에 불이익이 발생하지 않도록 더욱 세심하게 배려할 직무상 의무가 있다. 따라서 경찰관은 피의자의 진술을 조서화하는 과정에서 조서의 객관성을 유지하여야 하고, 고의 또는 과실로 위 직무상 의무를 위반하여 피의자신문조서를 작성함으로써 피의자의 방어권이 실질적으로 침해되었다고 인정된다면, 국가는 그로 인하여 피의자가 입은 손해를 배상하여야 한다.

나. 원심은, 피고 소속 경찰관이 소년인 원고 3, 원고 6에 대한 피의자신문조서를 작성하면서, 실제 신문 및 진술 내용은 범행 일시, 장소, 범행 전 행적, 범행을 공모하고 준비하게 된 과정 및 내용, 범행의 세부 내용 등에 관한 구체적인 수사기관의 질문에 대하여 단답형으로 한 대답이 대다수임에도, 문답의 내용을 바꾸어 기재함으로써 마치 피의자로부터 자발적으로 구체적인 진술이 나오게 된 것처럼 조서를 작성하여 조서의 객관성을 유지하지 못한 직무상 과실이 있고, 이는 영장실질심사 단계 및 이후 검찰수사 과정에서 위 원고들을 비롯하여 또 다른 소년이자 공범인 원고 1, 원고 9의 피의자로서의 방어권 행사에 불이익하게 작용하였다고 보아, 피고의 원고들에 대한 위자료책임을 인정한 제1심판결을 그대로 유지하였다.

다. 원심판결 이유를 앞서 본 법리와 기록에 비추어 살펴보면, 원심의 위와 같은 판단에 상고이유와 같이 필요한 심리를 다하지 않은 채 논리와 경험의 법칙을 위반하여 자유심증주의의 한계를 벗어나 사실을 잘못 인정하거나 이유모순 또는 경찰관의 조서 작성의 직무상 과실, 피의자 방어권과 정신적 고통 및 경찰관의 직무상 의무 위반과 손해 사이의 인과관계 등에 관한 법리를 오해하는 등으로 판결에 영향을 미친 위법이 없다.

2. 원고들의 상고이유에 관하여

가. 원심은 판시와 같은 이유로, 피고 소속 경찰관의 기초수사에 부실이나 위법이 있다는 주장, 원고 1, 원고 3, 원고 6, 원고 9에 대한 피의자신문 당시 신뢰관계자의 동석을 위법하게 배제하는 등 적법절차를 준수하지 않았다거나 소년수사의 기본원칙을 현저하게 위배하였다는 주장 및 진술거부권과 변호인의 조력을 받을 권리 등을 실질적으로 보장하지 않았다는 주장, 원고 3, 원고 6에 대한 피의

자신문조서 작성에 있어 고의로 위 원고들이 진술하지 않은 내용을 첨언하거나 진술의 취지와 전혀 다른 내용을 기재하는 방식으로 전문증거를 조작하였다는 주장, 원고 9의 체포현장에서 위법하게 가방을 압수하였고 이를 이용하여 자백을 강요하였다는 주장, 사법경찰관의 위법한 피의자신문조서 작성으로 원고 1, 원고 3, 원고 6, 원고 9가 구속되었고, 이로 인하여 원고 2, 원고 4, 원고 8, 원고 10이 변호사 선임비용 상당의 손해를 입었다는 주장을 모두 배척하였다.

그리고 원심은 사법경찰관의 원고 3, 원고 6에 대한 피의자신문조서 작성에 있어 위 1의 나.항 기재와 같은 직무상 과실로 인한 원고들에 대한 위자료를 판시 액수로 정한 제1심판결을 그대로 유지하였다.

나. 관련 법리와 기록에 비추어 살펴보면, 원심의 위와 같은 판단에 상고이유와 같이 필요한 심리를 다하지 않은 채 논리와 경험의 법칙을 위반하여 자유심증주의의 한계를 벗어나 사실을 잘못 인정하거나 이유모순 또는 형사소송법상 수사기관의 객관적 조서 작성의무, 위법한 조서 작성과 구속 사이의 인과관계, 소년사건 관련 수사규칙의 내용, 신뢰관계자 동석 및 피의자신문의 참여자, 변호인 조력권과 진술거부권의 보장, 압수의 적법성, 진술증거 오염과 위법수사 및 정신적 고통으로 인한 위자료 액수 산정 등에 관한 법리를 오해하는 등으로 판결에 영향을 미친 위법이 없다(대법원 2020. 4. 29. 선고 2015다224797 판결).

판례 048

판시사항

[1] 공무원의 행위가 국가배상책임을 인정할 수 있을 정도로 객관적 정당성을 잃었는지 판단하는 기준

[2] 집회 및 시위에 관한 법률 제20조 제1항 제5호에 따른 집회 또는 시위에 대한 해산명령이 객관적 정당성을 잃은 것인지 판단할 때 고려할 사항

[3] 구 경찰관 직무집행법 제6조 제1항에 따른 경찰관의 제지 조치가 범죄의 예방을 위한 경찰행정상 즉시강제에 해당하는지 여부(★적극)

[4] 갑 등이 그들이 속한 단체가 개최한 집회와 기자회견에서 있었던 을 등 경찰의 집회 장소 점거 행위와 을의 해산명령이 위법한 공무집행에 해당하고 이로 인해 집회의 자유가 침해되었다며 국가와 을을 상대로 손해배상을 구한 사안에서, 제반 사정에 비추어 위 점거 행위와 해산명령이 객관적 정당성을 잃은 것이라고 볼 수 없는데도, 이를 법적 요건을 갖추지 못한 위법한 경찰력의 행사로 보아 국가와 을의 손해배상책임을 인정한 원심판단에는 법리오해 등 잘못이 있다고 한 사례

판결요지

[1] 공무원의 행위를 원인으로 한 국가배상책임을 인정하려면 '공무원이 직무를 집행하면서 고의 또는 과실로 법령을 위반하여 타인에게 손해를 입힌 때'라고 하는 국가배상법 제2조 제1항의 요건이 충족되어야 한다. 보통 일반의 공무원을 표준으로 공무원이 객관적 주의의무를 소홀히 하고 그로 말미암아 객관적 정당성을 잃었다고 볼 수 있으면 국가배상법 제2조가 정한 국가배상책임이

성립할 수 있다. 객관적 정당성을 잃었는지는 행위의 양태와 목적, 피해자의 관여 여부와 정도, 침해된 이익의 종류와 손해의 정도 등 여러 사정을 종합하여 판단하되, 손해의 전보책임을 국가가 부담할 만한 실질적 이유가 있는지도 살펴보아야 한다.

[2] 집회 및 시위에 관한 법률 제20조 제1항 제5호, 제16조 제4항 제2호는 폭행, 협박, 손괴, 방화 등으로 질서를 유지할 수 없는 집회 또는 시위의 경우에는 해산을 명할 수 있도록 정하고 있다. 집회·시위의 경우 많은 사람이 관련되고 시위 장소 주변의 사람이나 시설에 적지 않은 영향을 줄 수 있으므로 집회 장소에서 예상치 못한 행동이 발생했을 때 경찰공무원이 집회를 허용할 것인지는 많은 시간을 두고 심사숙고하여 결정할 수 있는 것이 아니고, 현장에서 즉시 허용 여부를 결정하여 이에 따른 조치를 신속하게 취해야 할 사항이다.

[3] 구 경찰관 직무집행법(2014. 5. 20. 법률 제12600호로 개정되기 전의 것) 제6조 제1항은 "경찰관은 범죄행위가 목전에 행하여지려고 하고 있다고 인정될 때에는 이를 예방하기 위하여 관계인에게 필요한 경고를 발하고, 그 행위로 인하여 인명·신체에 위해를 미치거나 재산에 중대한 손해를 끼칠 우려가 있어 긴급을 요하는 경우에는 그 행위를 제지할 수 있다."라고 정하고 있다. 위 조항 중 경찰관의 제지에 관한 부분은 범죄의 예방을 위한 경찰 행정상 즉시강제, 즉 눈앞의 급박한 경찰상 장해를 제거해야 할 필요가 있고 의무를 명할 시간적 여유가 없거나 의무를 명하는 방법으로는 그 목적을 달성하기 어려운 상황에서 의무불이행을 전제로 하지 않고 경찰이 직접 실력을 행사하여 경찰상 필요한 상태를 실현하는 권력적 사실행위에 관한 근거조항이다.

[4] 갑 등이 그들이 속한 단체가 개최한 집회와 기자회견에서 있었던 을 등 경찰의 집회 장소 점거 행위와 을의 해산명령이 위법한 공무집행에 해당하고 이로 인해 집회의 자유가 침해되었다며 국가와 을을 상대로 손해배상을 구한 사안에서, 사건 당일 발생한 상황뿐만 아니라 위 집회 장소에서 점거와 농성이 시작된 이후 천막 등 철거의 행정대집행에 이르기까지 다수의 공무집행방해와 손괴행위가 발생하였고 장기간 불법적으로 물건이 설치되었던 일련의 과정을 고려하여 보면, 을 등 경찰의 집회 장소 점거 행위는 불법적인 사태가 반복되는 것을 막기 위한 필요 최소한도의 조치로 볼 수 있고, 경찰이 집회참가자들을 향하여 유형력을 행사하지 않고 소극적으로 자리를 지키고 서 있었을 뿐인데도 일부 집회참가자들이 경찰을 밀치는 행위를 하는 등 당시의 현장 상황에 비추어 보면, 을로서는 집회참가자들이 경찰에 대항하여 공공의 질서유지를 해치는 행위를 하는 것으로 판단할 수 있는 상황이었으므로, 당시 해산명령이 ★★객관적 정당성을 잃은 것이라고 단정할 수 없는데도, 위 집회 장소 점거 행위와 해산명령을 법적 요건을 갖추지 못한 위법한 경찰력의 행사로 보아 국가와 을의 손해배상책임을 인정한 원심판단에는 국가배상책임의 성립 요건과 위법성 여부에 관한 법리오해 등 ★잘못이 있다고 사례(대법원 2021. 10. 28. 선고 2017다219218 판결)

판례 049

판시사항

[1] 폐기물처리시설 설치촉진 및 주변지역지원 등에 관한 법령에서 입지선정위원회의 구성에 일정 수 이상의 주민대표와 주민대표가 추천한 전문가 등이 포함되도록 하고 입지선정위원회에 주민들이 의견을 제출할 수 있도록 한 취지

[2] 국가나 지방자치단체가 행정절차를 진행하는 과정에서 주민들의 의견제출 등 절차적 권리를 보장하지 않은 위법이 있더라도 절차적 권리 침해로 인한 정신적 고통에 대한 배상이 인정되지 않는 경우 / 주민들의 절차적 권리 침해로 인한 정신적 고통이 여전히 남아 있다고 볼 특별한 사정이 있는 경우, 국가나 지방자치단체는 그로 인한 손해를 배상할 책임이 있는지 여부(★적극) / 이때 특별한 사정에 대한 주장·증명책임의 소재(=이를 청구하는 주민들) 및 특별한 사정이 있는지 판단하는 기준

판결요지

[1] 폐기물처리시설 설치촉진 및 주변지역지원 등에 관한 법률(이하 '폐기물시설촉진법'이라 한다)은 폐기물처리시설 부지 확보 촉진과 그 주변지역 주민에 대한 지원을 통하여 폐기물처리시설의 설치를 원활히 하고 주민의 복지를 증진함으로써 환경보전과 국민 생활의 질적 향상을 목적으로 한다(제1조). 폐기물시설촉진법 제9조 제3항은 '폐기물처리시설 설치기관은 폐기물처리시설 입지선정계획을 공고한 경우에는 지체 없이 주민대표가 참여하는 입지선정위원회를 설치하여 폐기물처리시설의 입지를 선정하도록 하여야 한다.'고 정하고 있다. 구 폐기물처리시설 설치촉진 및 주변지역지원 등에 관한 법률 시행령(2009. 6. 16. 대통령령 제21543호로 개정되기 전의 것, 이하 '시행령'이라 한다) 제7조 [별표 1]에 따르면 주민대표는 해당 폐기물처리시설이 입지하는 시·군·구에 거주하는 주민 중 해당 시·군·구의회에서 선정하되, 입지후보지에 거주하는 주민대표를 1인 이상 포함하여야 하고, 주민대표는 전문가 위원을 추천할 권한을 가진다. 이와 같이 구성된 입지선정위원회는 '폐기물처리시설 입지의 선정과 변경, 입지후보지 타당성 조사의 필요 여부, 공청회 또는 설명회의 개최 여부' 등을 심의·의결하고(시행령 제11조 제1항), 지역 주민은 입지선정위원회가 수행한 타당성조사의 과정과 결과를 공람한 후 이에 대한 의견을 입지선정위원회에 제출할 수 있다(시행령 제10조).

입지선정위원회는 폐기물처리시설의 입지를 선정하는 의결기관이다. 입지선정위원회의 구성에 일정 수 이상의 주민대표와 주민대표가 추천한 전문가 등이 포함되도록 하고 입지선정위원회에 주민들이 의견을 제출할 수 있도록 한 것은 폐기물처리시설 입지선정 절차에서 주민들의 이익과 의사가 실질적으로 대변될 수 있도록 하여 지방자치단체의 전횡이나 소수 주민대표의 경솔한 결정으로 주민의 권리가 부당하게 침해되는 것을 방지하고 행정의 민주화와 신뢰를 확보하는 데 그 취지가 있다.

이와 같이 입지선정 단계부터 실질적인 주민참여를 보장하고, 이후 폐기물처리시설의 입지가 선정되어 폐기물처리시설 설치계획이 공고된 후에는 폐기물처리시설의 설치·운영으로 인하여 환경상 영향을 받게 되는 주변영향지역을 결정하게 되는데 그 과정에서도 주민지원협의체의 구성과 활동을 통하여 주민참여의 기회가 보장된다(폐기물시설촉진법 제17조, 제17조의2).

[2] 국가나 지방자치단체가 공익사업을 시행하는 과정에서 해당 사업부지 인근 주민들은 의견제출을 통한 행정절차 참여 등 법령에서 정하는 절차적 권리를 행사하여 환경권이나 재산권 등 사적 이익을 보호할 기회를 가질 수 있다. 그러나 법령에서 주민들의 행정절차 참여에 관하여 정하는 것은 어디까지나 주민들에게 자신의 의사와 이익을 반영할 기회를 보장하고 행정의 공정성, 투명성과 신뢰성을 확보하며 국민의 권익을 보호하기 위한 것일 뿐, 행정절차에 참여할 권리 그 자체가 사적 권리로서의 성질을 가지는 것은 아니다. 이와 같이 행정절차는 그 자체가 독립적으

로 의미를 가지는 것이라기보다는 행정의 공정성과 적정성을 보장하는 공법적 수단으로서의 의미가 크므로, ★★★관련 행정처분의 성립이나 무효·취소 여부 등을 따지지 않은 채 주민들이 일시적으로 행정절차에 참여할 권리를 침해받았다는 사정만으로 곧바로 국가나 지방자치단체가 주민들에게 정신적 손해에 대한 배상의무를 부담한다고 단정할 수 없다.

이와 같은 행정절차상 권리의 성격이나 내용 등에 비추어 볼 때, 국가나 지방자치단체가 행정절차를 진행하는 과정에서 주민들의 의견제출 등 절차적 권리를 보장하지 않은 위법이 있다고 하더라도 그 후 이를 시정하여 절차를 다시 진행한 경우, 종국적으로 행정처분 단계까지 이르지 않거나 처분을 직권으로 취소하거나 철회한 경우, 행정소송을 통하여 처분이 취소되거나 처분의 무효를 확인하는 판결이 확정된 경우 등에는 주민들이 절차적 권리의 행사를 통하여 환경권이나 재산권 등 사적 이익을 보호하려던 목적이 실질적으로 달성된 것이므로 특별한 사정이 없는 한 절차적 권리 침해로 인한 정신적 고통에 대한 배상은 인정되지 않는다. 다만 이러한 조치로도 주민들의 절차적 권리 침해로 인한 정신적 고통이 여전히 남아 있다고 볼 특별한 사정이 있는 경우에 국가나 지방자치단체는 그 정신적 고통으로 인한 손해를 배상할 책임이 있다. 이때 특별한 사정이 있다는 사실에 대한 주장·증명책임은 이를 청구하는 주민들에게 있고, 특별한 사정이 있는지는 주민들에게 행정절차 참여권을 보장하는 취지, 행정절차 참여권이 침해된 경위와 정도, 해당 행정절차 대상사업의 시행경과 등을 종합적으로 고려해서 판단해야 한다(대법원 2021. 7. 29. 선고 2015다221668 판결)

판례 050

판시사항

[1] 공무원의 부작위로 인한 국가배상책임을 인정하기 위한 요건 및 그중 '법령을 위반하여'의 의미 / 관련 공무원에 대하여 작위의무를 명하는 법령의 규정이 없는 경우, 공무원의 부작위로 인한 국가배상책임을 인정할 것인지 판단하는 방법

[2] 구 개발제한구역의 지정 및 관리에 관한 특별조치법 시행령 제22조 [별표 2] 제4호 (마)목을 관련 공무원에 대하여 건축물 이축에 있어 종전 토지의 지목을 건축물의 건축을 위한 용도가 아닌 지목으로 변경하여야 할 적극적인 작위의무를 명하는 규정으로 볼 수 있는지 여부(★소극)

판결요지

[1] 공무원의 부작위로 인한 국가배상책임을 인정하기 위해서는 공무원의 작위로 인한 국가배상책임을 인정하는 경우와 마찬가지로 '공무원이 직무를 집행하면서 고의 또는 과실로 법령을 위반하여 타인에게 손해를 입힌 때'라고 하는 국가배상법 제2조 제1항의 요건이 충족되어야 한다. 여기서 '법령을 위반하여'란 엄격하게 형식적 의미의 법령에 명시적으로 공무원의 작위의무가 정하여져 있음에도 이를 위반하는 경우만을 의미하는 것은 아니고, 인권존중·권력남용금지·신의성실과 같이 공무원으로서 마땅히 지켜야 할 준칙이나 규범을 지키지 아니하고 위반한 경우를 포함하여 널리 그 행위가 객관적인 정당성을 결여하고 있는 경우도 포함한다. 따라서 국민의 생명·신체·재산 등에 대하여 절박하고 중대한 위험상태가 발생하였거나 발생할 상당한 우려가 있어서 국민의 생명 등을 보호하는 것을 본래적 사명으로 하는 국가가 초법규적·일차적으로 그 위험의

배제에 나서지 아니하면 국민의 생명 등을 보호할 수 없는 경우에는 형식적 의미의 법령에 근거가 없더라도 국가나 관련 공무원에 대하여 그러한 위험을 배제할 작위의무를 인정할 수 있다. 그러나 그와 같은 절박하고 중대한 위험상태가 발생하였거나 발생할 상당한 우려가 있는 경우가 아닌 한, 원칙적으로 공무원이 관련 법령에서 정하여진 대로 직무를 수행하였다면 그와 같은 공무원의 부작위를 가지고 '고의 또는 과실로 법령을 위반'하였다고 할 수는 없다. 따라서 공무원의 부작위로 인한 국가배상책임을 인정할 것인지가 문제 되는 경우에 관련 공무원에 대하여 작위의무를 명하는 법령의 규정이 없는 때라면 공무원의 부작위로 인하여 침해되는 국민의 법익 또는 국민에게 발생하는 손해가 어느 정도 심각하고 절박한 것인지, 관련 공무원이 그와 같은 결과를 예견하여 그 결과를 회피하기 위한 조치를 취할 수 있는 가능성이 있는지 등을 종합적으로 고려하여 판단하여야 한다.

[2] 구 개발제한구역의 지정 및 관리에 관한 특별조치법 시행령(2018. 2. 9. 대통령령 제28635호로 개정되기 전의 것) 제22조 [별표 2] 제4호 (마)목은 "이주단지를 조성한 후 또는 건축물을 이축한 후의 종전 토지는 다른 사람의 소유인 경우와 공익사업에 편입된 경우를 제외하고는 그 지목을 전·답·과수원, 그 밖에 건축물의 건축을 위한 용도가 아닌 지목으로 변경하여야 한다."라고 규정하면서 그 변경 주체와 절차에 대해서는 아무런 규정을 두고 있지 않다. 따라서 위 규정을 관련 공무원에 대하여 건축물 이축에 있어 종전 토지의 지목을 건축물의 건축을 위한 용도가 아닌 지목으로 변경하여야 할 적극적인 작위의무를 명하는 규정으로 볼 수 없고, 관련 법령에 그와 같은 작위의무 규정을 찾아볼 수도 ★없다(대법원 2021. 7. 21. 선고 2021두33838 판결).

※ 【이 유】

상고이유를 판단한다.

1. 피고 시흥시의 상고 부분

가. 원심은, 구 「개발제한구역 지정 및 관리에 관한 특별조치법」 시행령(2018. 2. 9. 대통령령 제28635호로 개정되기 전의 것, 이하 '구 개발제한구역법 시행령'이라 한다) 제22조 [별표 2] 제4호 (마)목, 구 「공간정보의 구축 및 관리 등에 관한 법률」(2020. 2. 18. 법률 제17063호로 개정되기 전의 것, 이하 '구 공간정보관리법'이라 한다) 제64조 제2항 등에 의하면 피고 시흥시 소속 공무원들이 이 사건 토지의 지목을 건축물의 건축을 위한 용도가 아닌 지목으로 변경하여 이 사건 토지가 더 이상 대지로서 기능할 수 없다는 점을 지적공부에 반영할 의무를 부담하는 것으로 보아야 한다고 전제하고, 위 공무원들이 그러한 조치를 이행하지 않음으로 인하여 원고들은 지목이 변경되지 않은 지적공부에 따라 지상에 건물 신축이 가능하다고 생각하여 이 사건 토지를 취득하였으니, 피고 시흥시는 원고들이 입게 된 손해를 국가배상법에 따라 배상할 책임이 있다고 판단하였다.-->그러나, 원심의 판단은 다음과 같은 이유로 수긍하기 어렵다.

판례 051

판시사항

[1] 공법인이 국가로부터 위탁받은 공행정사무를 집행하는 과정에서 공법인의 임직원이나 피용인이 고의 또는 과실로 법령을 위반하여 타인에게 손해를 입힌 경우, 공법인의 임직원이나 피용인은 고의 또는 중과실이 있는 경우에만 배상책임을 부담하는지 여부(★적극) / 공무원의 '중과실'의 의미

[2] 변호사법 제8조 제1항 각호에서 정한 등록거부사유가 한정적 열거규정인지 여부(적극)

[3] 갑이 선고유예 판결의 확정으로 변호사등록이 취소되었다가 선고유예기간이 경과한 후 대한변호사협회에 변호사 등록신청을 하였는데, 협회장 을이 등록심사위원회에 갑에 대한 변호사등록거부 안건을 회부하여 소정의 심사과정을 거쳐 대한변호사협회가 갑의 변호사등록을 마쳤고, 이에 갑이 대한변호사협회 및 협회장 을을 상대로 변호사 등록거부사유가 없음에도 위법하게 등록심사위원회에 회부되어 변호사등록이 2개월간 지연되었음을 이유로 손해배상을 구한 사안에서, 대한변호사협회는 을 및 등록심사위원회 위원들이 속한 행정주체의 지위에서 갑에게 변호사등록이 위법하게 지연됨으로 인하여 얻지 못한 수입 상당액의 손해를 배상할 의무가 있는 반면, 을은 경과실 공무원의 면책 법리에 따라 갑에 대한 배상책임을 부담하지 않는다고 한 사례

판결요지

[1] 공법인이 국가로부터 위탁받은 공행정사무를 집행하는 과정에서 공법인의 임직원이나 피용인이 고의 또는 과실로 법령을 위반하여 타인에게 손해를 입힌 경우에는, 공법인은 위탁받은 공행정사무에 관한 행정주체의 지위에서 배상책임을 부담하여야 하지만, 공법인의 임직원이나 피용인은 실질적인 의미에서 공무를 수행한 사람으로서 국가배상법 제2조에서 정한 공무원에 해당하므로 고의 또는 중과실이 있는 경우에만 배상책임을 부담하고 경과실이 있는 경우에는 배상책임을 면한다. 한편 공무원의 중과실이란 공무원에게 통상 요구되는 정도의 상당한 주의를 하지 않더라도 약간의 주의를 한다면 손쉽게 위법·유해한 결과를 예견할 수 있는 경우임에도 만연히 이를 간과한 경우와 같이, 거의 고의에 가까운 현저한 주의를 결여한 상태를 의미한다.

[2] 변호사법의 변호사등록 관련 규정들의 내용과 체계에다가, 변호사등록의 '자격제도'로서의 성격, 입법자가 사회적 필요 내지 공익적 요구에 상응하여 변호사법 제8조 제1항 각호의 등록거부사유를 새롭게 추가하여 왔던 입법 연혁 등을 종합하여 보면, 변호사법 제8조 제1항 각호에서 정한 등록거부사유는 한정적 열거규정으로 봄이 타당하다.

[3] 갑이 선고유예 판결의 확정으로 변호사등록이 취소되었다가 선고유예기간이 경과한 후 대한변호사협회에 변호사 등록신청을 하였는데, 협회장 을이 등록심사위원회에 갑에 대한 변호사등록거부 안건을 회부하여 소정의 심사과정을 거쳐 대한변호사협회가 갑의 변호사등록을 마쳤고, 이에 갑이 대한변호사협회 및 협회장 을을 상대로 변호사 등록거부사유가 없음에도 위법하게 등록심사위원회에 회부되어 변호사등록이 2개월간 지연되었음을 이유로 손해배상을 구한 사안에서, 대한변호사협회는 등록신청인이 변호사법 제8조 제1항 각호에서 정한 등록거부사유에 해당하는 경우에만 변호사등록을 거부할 수 있고, 그 외 다른 사유를 내세워 변호사등록을 거부하거나 지연하는 것은 허용될 수 없는데, 《갑의 선고유예 판결에 따른 결격사유 이외에 변호사법이 규정

한 다른 등록거부사유가 있는지 여부를 짧은 시간 안에 명백하게 확인할 수 있었음에도 그러한 확인절차를 거치지 않은 채 단순한 의심만으로 변호사등록 거부 안건을 등록심사위원회에 회부하고, 여죄 유무를 추궁한다며 등록심사기간을 지연시킨 것에 관하여 협회장 을 및 등록심사위원회 위원들의 과실이 인정되므로》, 《《대한변호사협회는 이들이 속한 행정주체의 지위에서 배상책임을 부담하여야 하고》》, 《《갑에게 변호사등록이 위법하게 지연됨으로 인하여 얻지 못한 수입 상당액의 손해를 배상할 의무가 있는 반면》》, 《《을은 대한변호사협회의 장으로서 국가로부터 위탁받은 공행정사무인 '변호사등록에 관한 사무'를 수행하는 범위 내에서 국가배상법 제2조에서 정한 공무원에 해당하므로 ★★경과실 공무원의 면책 법리에 따라 갑에 대한 배상책임을 부담하지 ★★않는다》》고 한 사례(대법원 2021. 1. 28. 선고 2019다260197 판결)

판례 052

판시사항

[1] 행정청의 행위가 항고소송의 대상이 되는지 판단하는 기준 및 어떠한 처분에 법령상 근거가 있는지, 행정절차법에서 정한 처분절차를 준수하였는지가 소송요건 심사단계에서 고려할 요소인지 여부(소극)

[2] 항고소송에서 처분의 위법 여부를 판단하는 기준 시기(=처분 당시) 및 이는 신청에 따른 처분의 경우도 마찬가지인지 여부(적극) / 신청에 따른 처분의 발급에 관한 법령이 개정된 경우, 경과규정에서 달리 정하지 않은 한 처분 당시에 시행되는 개정 법령과 그에서 정한 기준에 의하여 위 처분의 발급 여부를 결정하는 것이 원칙인지 여부(적극)

[3] 행정소송법상 항고소송으로 제기하여야 할 사건을 민사소송으로 잘못 제기하였으나 수소법원이 항고소송에 대한 관할도 동시에 가지고 있는 경우, 원고에게 항고소송으로 소를 변경하도록 석명권을 행사하여 행정소송법이 정하는 절차에 따라 심리·판단하여야 하는지 여부(원칙적 적극)

[4] 국방전력발전업무훈령에 따른 연구개발확인서 발급 및 그 거부의 법적 성질(★★=행정처분)

[5] 개발업체가 전력지원체계 연구개발사업을 성공적으로 수행한 경우, 해당 품목에 관하여 수의계약 체결을 요구할 권리를 당연히 갖는지 여부(소극) / 개발업체가 국방전력발전업무훈령에서 정한 연구개발확인서 발급 요건을 충족한 경우, 사업관리기관이 관련 국방예산을 배정받지 못했다거나 해당 품목이 군수품 양산 우선순위에서 밀려 곧바로 수의계약을 체결하지는 않을 예정이라는 이유만으로 위 확인서 발급을 거부할 수 있는지 여부(소극)

판결요지

[1] 항고소송의 대상인 '처분'이란 "행정청이 행하는 구체적 사실에 관한 법집행으로서의 공권력의 행사 또는 그 거부와 그 밖에 이에 준하는 행정작용"(행정소송법 제2조 제1항 제1호)을 말한다. 행정청의 행위가 항고소송의 대상이 될 수 있는지는 추상적·일반적으로 결정할 수 없고, 구체적인 경우에 관련 법령의 내용과 취지, 그 행위의 주체·내용·형식·절차, 그 행위와 상대방 등 이해관계인이 입는 불이익 사이의 실질적 견련성, 법치행정의 원리와 그 행위에 관련된 행정청이

나 이해관계인의 태도 등을 고려하여 개별적으로 결정하여야 한다. 또한 어떠한 처분에 법령상 근거가 있는지, 행정절차법에서 정한 처분절차를 준수하였는지는 본안에서 당해 처분이 적법한가를 판단하는 단계에서 고려할 요소이지, 소송요건 심사단계에서 고려할 요소가 아니다.

[2] 항고소송에서 처분의 위법 여부는 특별한 사정이 없는 한 그 처분 당시를 기준으로 판단하여야 한다. 이는 신청에 따른 처분의 경우에도 마찬가지이다. 새로 개정된 법령의 경과규정에서 달리 정함이 없는 한, 처분 당시에 시행되는 개정 법령과 그에서 정한 기준에 의하여 신청에 따른 처분의 발급 여부를 결정하는 것이 원칙이고, 그러한 개정 법령의 적용과 관련하여서는 개정 전 법령의 존속에 대한 국민의 신뢰가 개정 법령의 적용에 관한 공익상의 요구보다 더 보호가치가 있다고 인정되는 경우에 그러한 국민의 신뢰를 보호하기 위하여 그 적용이 제한될 수 있는 여지가 있을 따름이다.

[3] 행정소송법상 항고소송으로 제기하여야 할 사건을 민사소송으로 잘못 제기한 경우에 수소법원이 그 항고소송에 대한 관할도 동시에 가지고 있다면, 전심절차를 거치지 않았거나 제소기간을 도과하는 등 항고소송으로서의 소송요건을 갖추지 못했음이 명백하여 항고소송으로 제기되었더라도 어차피 부적법하게 되는 경우가 아닌 이상, 원고로 하여금 항고소송으로 소 변경을 하도록 석명권을 행사하여 행정소송법이 정하는 절차에 따라 심리·판단하여야 한다.

[4] 국방전력발전업무훈령 제113조의5 제1항에 의한 연구개발확인서 발급은 개발업체가 '업체투자연구개발' 방식 또는 '정부·업체공동투자연구개발' 방식으로 전력지원체계 연구개발사업을 성공적으로 수행하여 군사용 적합판정을 받고 국방규격이 제·개정된 경우에 사업관리기관이 개발업체에게 해당 품목의 양산과 관련하여 경쟁입찰에 부치지 않고 수의계약의 방식으로 국방조달계약을 체결할 수 있는 지위(경쟁입찰의 예외사유)가 있음을 인정해 주는 '확인적 행정행위'로서 공권력의 행사인 ★★'처분'에 해당하고, 연구개발확인서 발급 거부는 신청에 따른 처분 발급을 거부하는 ★★'거부처분'에 해당한다.

[5] 어떤 군수품을 조달할지 여부나 그 수량과 시기는 국방예산의 배정이나 육·해·공군(이하 '각군'이라 한다)에서 요청하는 군수품 소요의 우선순위에 따라 탄력적으로 결정될 수 있어야 하므로, 관계 법령이나 규정에서 특별히 달리 정하지 않은 이상, 군수품 조달에 관해서는 방위사업청장이나 각군에게 광범위한 재량이 있다. 국방전력발전업무훈령이 업체투자연구개발 방식이나 정부·업체공동투자연구개발 방식으로 연구개발이 완료되어 군사용 적합판정을 받고 국방규격이 제·개정된 품목에 관해서도 반드시 양산하여야 한다거나 또는 수의계약을 체결하여야 한다고 규정하고 있지 않은 것도 이 때문이다. 따라서 개발업체가 전력지원체계 연구개발사업을 성공적으로 수행하였다고 하더라도 언제나 해당 품목에 관하여 수의계약 체결을 요구할 권리가 있는 것은 아니다.

그렇다고 하더라도, 사업관리기관에 의한 연구개발확인서 발급 여부 결정은 수의계약 체결 여부를 결정하기 전에 행해지는 ★별개의 확인적 행정행위이므로, 개발업체가 국방전력발전업무훈령 제113조의5 제1항에서 정한 발급 요건을 충족한다면 연구개발확인서를 발급하여야 하며, 관련 국방예산을 배정받지 못했다거나 또는 해당 품목이 군수품 양산 우선순위에서 밀려 곧바로 수의계약을 체결하지는 않을 예정이라는 이유만으로 연구개발확인서 ★발급조차 거부하여서는 안 된다(대법원 2020. 1. 16. 선고 2019다264700 판결).

※1. 사건의 경위

원심판결 이유와 기록에 의하면, 다음과 같은 사정들을 알 수 있다.

가. ○○본부 △△△△△△사업단은 2013년 무렵 ① 2013년부터 2016년까지 총 9억 4,400만 원을 투입하여 9.5t 트럭에 현대화된 취사장비를 적재하여 일체형으로 운용할 수 있는 '기동형 취사장비' 시제품 1대를 생산하여, 운용시험평가 등을 거쳐(이하 '연구개발'이라고 한다) ② 2016년부터 2021년까지 전방 전투부대에 189대(대당 예상획득단가 약 3억 2,800만 원, 예상 소요예산 총 620억 원)를 보급한다(이하 '양산'이라고 한다)는 내용의 사업계획을 수립하였다.

나. 국군중앙계약관은 2013. 11. 7. 사업관리기관인 ○○본부 △△△△△△사업단이 작성한 '제안요청서'를 첨부하여 위 사업계획 중 ① 연구개발 부분에 관하여 용역계약 경쟁입찰 공고를 하였고, 입찰에 응한 각 업체들의 제안서를 평가하여, 원고를 개발업체로 선정하였다. 국군중앙계약관은 2013. 12. 18. 원고와 이 사건 용역계약을 체결하였는데, 그에 따르면 관련 연구개발은 '정부투자연구개발' 방식으로 진행되며, 계약금액 1원(원고가 연구개발에 소요되는 전체 비용 중에서 1원을 ○○본부 △△△△△△사업단으로부터 지급받고, 나머지 비용은 원고가 스스로 부담함을 의미한다), 계약기간은 2013. 12. 18.부터 2016. 11. 30.까지이다.

다. 이 사건 용역계약에 따라 원고는 2016. 8.경 기동형 취사장비 시제품을 개발하였고, 전력지원체계 시험평가를 거쳐 2016. 10. 14. 군사용 적합판정을 받았으며, 2016. 11. 15. 기동형 취사장비에 관한 국방규격(표준화)이 제정되었고, 2016. 12. 2. ○○참모총장으로부터 최종적으로 '기동형 취사장비의 정부투자연구개발사업이 종결되었음'을 통보받았다.

라. 이후 원고는 ○○본부 △△△△△△사업단에 구 국방전력발전업무훈령(2012. 2. 3. 국방부훈령 제1388호로 개정되어 2014. 5. 26. 국방부훈령 제1664호로 개정되기 전의 것, 이하 같다) 제114조의2 제1항에 의하여 이 사건 용역계약에 따라 개발된 기동형 취사장비에 관하여 연구개발확인서를 발급해 줄 것을 신청하였다. 이에 ○○본부 △△△△△△사업단장은 2018. 5. 18. '연구개발확인서의 발급은 행정처분에 해당하고, 기동형 취사장비에 관한 국방규격 제정 당시에 시행된 현행 국방전력발전업무훈령 제113조의5 제1항에 의하여 정부투자연구개발 방식으로 개발된 품목에 관해서는 연구개발확인서를 발급할 수 없다'는 이유로 이 사건 거부회신을 하였다.

마. 원고는 2018. 6. 12. ○○본부 △△△△△△사업단장이 속한 법인격주체인 피고를 상대로 '피고는 원고에게 이 사건 용역계약에 따라 구 국방전력발전업무훈령 제114조의2 제1항에 의한 연구개발확인서의 발급절차를 이행하라'고 청구하는 이 사건 소를 대전지방법원에 제기하였다.

○ 판례 053

판시사항

[1] 행정청의 행위가 '처분'에 해당하는지 불분명한 경우, 이를 판단하는 방법

[2] 근로복지공단이 사업주에 대하여 하는 '개별 사업장의 사업종류 변경결정'이 '처분'에 해당하는지 여부(★★★적극)

판결요지

[1] 행정청의 행위가 '처분'에 해당하는지가 불분명한 경우에는 그에 대한 불복방법 선택에 중대한 이해관계를 가지는 상대방의 인식가능성과 예측가능성을 중요하게 고려하여 <u>규범적으로 판단하여야 한다.</u>

[2] 항고소송의 대상인 처분에 관한 법리에 비추어 고용보험 및 산업재해보상보험의 보험료징수 등에 관한 법률(이하 '고용산재보험료징수법'이라 한다) 제11조 제1항, 제12조 제1항, 제13조 제5항, 제14조 제3항, 제16조의2, 제16조의6 제1항, 제16조의9 제2항, 제3항, 제19조의2, 고용보험 및 산업재해보상보험의 보험료징수 등에 관한 법률 시행령 제9조 제3호, 고용보험 및 산업재해보상보험의 보험료징수 등에 관한 법률 시행규칙 제12조 및 근로복지공단이 고용산재보험료징수법령 등에서 위임된 사항과 그 시행을 위하여 필요한 사항을 규정할 목적으로 제정한 '적용 및 부과업무 처리 규정' 등 관련 규정들의 내용과 체계 등을 살펴보면, 근로복지공단이 사업주에 대하여 하는 '개별 사업장의 사업종류 변경결정'은 행정청이 행하는 구체적 사실에 관한 법집행으로서의 공권력의 행사인 '처분'에 해당한다.

【이 유】

상고이유를 판단한다.

1. 사건의 개요

원심판결 이유에 의하면, 다음과 같은 사정들을 알 수 있다.

가. 원고는 1992. 1. 13.경 피고 근로복지공단(이하 '피고'라고 한다)에 시흥시 ○○공단에 있는 철판코일 가공 공장(이하 '이 사건 사업장'이라고 한다)에 관하여 사업종류를 '도·소매 및 소비자용품 수리업'으로 하여 산재보험관계 성립신고를 하고, 그에 따라 산재보험료를 납부하여 왔다.

나. 피고는 2018. 1. 15. 원고에 대하여 이 사건 사업장의 사업종류를 2014. 1. 1. 기준으로 '도·소매 및 소비자용품 수리업'(산재보험료율 9/1,000)에서 '각종 금속의 용접 또는 용단을 행하는 사업'(산재보험료율 19/1,000)으로 변경한다고 결정하고 이를 통지하였다(이하 '이 사건 사업종류 변경결정'이라고 한다).

다. 이 사건 사업종류 변경결정에 따른 후속조치로서, 원심공동피고 국민건강보험공단은 원고에 대하여 2018. 1. 22. 2014. 1. 1.부터 2016. 12. 31.까지의 기간에 대한 산재보험료로 93,675,300원을, 2018. 2. 21. 위 기간에 대한 산재보험료로 59,912,370원을 각 추가로 납부하라고 고지하였다(이하 두 차례의 납부고지를 통틀어 '이 사건 추가보험료 부과처분'이라고 한다).

라. 원고는 피고를 상대로 이 사건 사업종류 변경결정의 취소를 구하고, 원심공동피고 국민건강보험공단을 상대로 이 사건 추가보험료 부과처분의 취소를 구하는 내용의 이 사건 소를 제기하였다.

2. 원심의 판단과 이 사건의 쟁점

가. (1) 원심은 피고의 이 사건 사업종류 변경결정만으로는 원고의 권리·의무에 직접적인 변동이나 불이익이 발생한다고 볼 수 없고, 이 사건 사업종류 변경결정에 따라 원심공동피고 국민건강보험공단이 이 사건 추가보험료 부과처분을 함으로써 비로소 원고에게 현실적인 불이익이 발생하며, 원고는 원심공동피고 국민건강보험공단을 상대로 이 사건 추가보험료 부과처분의 취소를 청구하는 것만으로도 충분한 권리구제를 받는 것이 가능하다는 등의 이유로, 이 사건 사업종류 변경결정은 항고소송의 대상이 되는 행정처분에 해당하지 않는다고 판단하여, 이 사건 소 중 피고에 대한 이 사건 사업종류 변경결정 취소청구 부분을 각하하였다.

(2) 원심은 이 사건 사업장의 사업종류가 '도·소매 및 소비자용품 수리업'에 해당한다고 판단하여 원고의 원심공동피고 국민건강보험공단에 대한 이 사건 추가보험료 부과처분 취소청구를 인용하였다.

나. 이 사건의 쟁점은 피고의 이 사건 사업종류 변경결정이 항고소송의 대상이 되는 행정처분에 해당하는지 여부이다.

3. ★대법원의 판단

가. 관련 법리

항고소송의 대상인 '처분'이란 "행정청이 행하는 구체적 사실에 관한 법집행으로서의 공권력의 행사 또는 그 거부와 그 밖에 이에 준하는 행정작용"을 말한다(행정소송법 제2조 제1항 제1호). 행정청의 행위가 항고소송의 대상이 될 수 있는지는 추상적·일반적으로 결정할 수 없고, 구체적인 경우에 관련 법령의 내용과 취지, 그 행위의 주체·내용·형식·절차, 그 행위와 상대방 등 이해관계인이 입는 불이익 사이의 실질적 견련성, 법치행정의 원리와 그 행위에 관련된 행정청이나 이해관계인의 태도 등을 고려하여 개별적으로 결정하여야 한다(대법원 2010. 11. 18. 선고 2008두167 전원합의체 판결 참조). 어떠한 처분에 법령상 근거가 있는지, 행정절차법에서 정한 처분절차를 준수하였는지는 본안에서 당해 처분이 적법한가를 판단하는 단계에서 고려할 요소이지, 소송요건 심사단계에서 고려할 요소가 아니다(대법원 2016. 8. 30. 선고 2015두60617 판결 참조). 행정청의 행위가 '처분'에 해당하는지가 불분명한 경우에는 그에 대한 불복방법 선택에 중대한 이해관계를 가지는 상대방의 인식가능성과 예측가능성을 중요하게 고려하여 규범적으로 판단하여야 한다(대법원 2018. 10. 25. 선고 2016두33537 판결 참조).

나. 관계 법령과 규정들은 산재보험 사업종류 변경에 관하여 다음과 같이 규정하고 있다.
-----중략-----

다. 앞서 본 법리에 비추어 관련 규정들의 내용과 체계 등을 살펴보면, 근로복지공단이 사업주에 대하여 하는 '개별 사업장의 사업종류 변경결정'은 행정청이 행하는 구체적 사실에 관한 법집행으로서의 공권력의 행사인 ★★★'처분'에 해당한다고 보아야 한다. 그 구체적인 이유는 다음과 같다.

(1) 사업종류별 산재보험료율은 고용노동부장관이 매년 정하여 고시하므로, 개별 사업장의 사업종류가 구체적으로 결정되면 그에 따라 해당 사업장에 적용할 산재보험료율이 자동적으로 정해진다. 고용산재보험료징수법은 개별 사업장의 사업종류 결정의 절차와 방법, 결정기준에 관하여 구체적으로 규정하거나 하위법령에 명시적으로 위임하지는 않았으나, 고용산재보험료징수법의 사업종류 변

경신고에 관한 규정들과 근로복지공단의 사실조사에 관한 규정들은 개별 사업장의 구체적인 특성을 고려하여 사업종류가 결정되고 그에 따라 산재보험료율이 결정되어야 함을 전제로 하고 있다. 따라서 근로복지공단이 개별 사업장의 사업종류를 결정하는 것은 고용산재보험료징수법을 집행하는 과정에서 이루어지는 ★★행정작용이다.

고용노동부장관의 고시에 의하면, 개별 사업장의 사업종류 결정은 그 사업장의 재해 발생의 위험성, 경제활동의 동질성, 주된 제품·서비스의 내용, 작업공정과 내용, 한국표준산업분류에 따른 사업내용 분류, 동종 또는 유사한 다른 사업장에 적용되는 사업종류 등을 확인한 후, 매년 고용노동부장관이 고시한 '사업종류예시표'를 참고하여 사업세목을 확정하는 방식으로 이루어진다. 1차적으로 사업주의 보험관계 성립신고나 변경신고를 참고하지만, 사업주가 신고를 게을리하거나 그 신고 내용에 의문이 있는 경우에는 산재보험료를 산정하는 행정청인 근로복지공단이 직접 사실을 조사하여 결정하여야 한다. 이러한 사업종류 결정의 주체, 내용과 결정기준을 고려하면, 개별 사업장의 사업종류 결정은 구체적 사실에 관한 법집행으로서 공권력을 행사하는 ★★★'확인적 행정행위'라고 보아야 한다.

(2) 개별 사업장의 사업종류가 사업주에게 불리한 내용으로 변경되면 산재보험료율이 인상되고, 사업주가 납부하여야 하는 산재보험료가 증가한다. 따라서 근로복지공단의 사업종류 변경결정은 사업주의 권리·의무에도 직접 영향을 미친다고 보아야 한다. 근로복지공단이 개별 사업장의 사업종류를 변경결정하고 산재보험료를 산정하면, 그에 따라 국민건강보험공단이 이미 지난 기간에 대한 부족액을 추가로 징수하거나 장래의 기간에 대하여 매월 보험료를 부과하는 별도의 처분을 할 것이 예정되어 있기는 하다. 그러나 개별 사업장의 사업종류를 변경하고 산재보험료를 산정하는 판단작용을 하는 행정청은 근로복지공단이며, 국민건강보험공단은 근로복지공단으로부터 그 자료를 넘겨받아 사업주에 대해서 산재보험료를 납부고지하고 징수하는 역할을 수행한다. 따라서 근로복지공단의 사업종류 변경결정의 당부에 관하여 국민건강보험공단으로 하여금 소송행위를 하도록 하기보다는, 그 결정의 행위주체인 근로복지공단으로 하여금 소송당사자가 되도록 하는 것이 합리적이다.

어떤 처분을 위법하다고 판단하여 취소하는 확정판결은 소송상 피고가 되는 처분청뿐만 아니라 그 밖의 관계행정청까지 기속한다(행정소송법 제30조 제1항). 처분청과 관계행정청은 취소판결의 기속력에 따라 그 판결에서 확인된 위법사유를 배제한 상태에서 다시 처분을 하거나 그 밖에 위법한 결과를 제거하는 조치를 할 의무가 있다(대법원 2015. 10. 29. 선고 2013두27517 판결 등 참조). 근로복지공단의 사업종류 변경결정을 취소하는 판결이 확정되면, 그 사업종류 변경결정을 기초로 이루어진 국민건강보험공단의 각각의 산재보험료 부과처분은 그 법적·사실적 기초를 상실하게 되므로, 국민건강보험공단은 직권으로 각각의 산재보험료 부과처분을 취소하거나 변경하고, 사업주가 이미 납부한 보험료 중 정당한 액수를 초과하는 금액은 반환하는 등의 조치를 할 의무가 있다.

따라서 사업주로 하여금 국민건강보험공단을 상대로 개개의 산재보험료 부과처분을 다투도록 하는 것보다는, 분쟁의 핵심쟁점인 사업종류 변경결정의 당부에 관해서 그 판단작용을 한 행정청인 근로복지공단을 상대로 다투도록 하는 것이 소송관계를 간명하게 하는 방법일 뿐만 아니라, 분쟁을 조기에 근본적으로 해결하는 방법이기도 하다. 바로 이러한 취지에서 이미 대법원은, 근로복지공단이 사업주의 사업종류 변경 신청을 거부하는 행위가 항고소송의 대상인 ★★★'거부처분'에 해당한다고 판시한 바 있다(대법원 2008. 5. 8. 선고 2007두10488 판결).

(3) 앞서 본 바와 같이 피고의 내부규정은 행정절차법이 규정한 것보다 더욱 상세한 내용으로 사전

통지 및 의견청취절차를 규정하고, 그 처리결과까지 문서로 통보하도록 규정하고 있다. 또한 기록에 의하면, 피고는 이러한 내부규정에 따른 사전통지 및 의견청취절차를 거친 후 원고에게 그 처리결과인 이 사건 사업종류 변경결정을 알리는 통지서(갑 제4호증)를 작성하여 교부하였는데, 거기에는 사업종류 변경결정의 내용과 이유, 근거 법령이 기재되어 있을 뿐만 아니라, "동 결정에 이의가 있을 경우에는 처분이 있음을 안 날로부터 90일 이내에 행정심판법 제28조에 따른 행정심판 또는 행정소송법에 따른 행정소송을 제기할 수 있음을 알려드립니다."라는 불복방법 안내문구가 기재되어 있음을 알 수 있다. 이러한 피고의 내부규정과 실제 사업종류 변경결정 과정을 살펴보면, 피고 스스로도 사업종류 변경결정을 행정절차법과 행정소송법이 적용되는 처분으로 인식하고 있음을 알 수 있고, 그 상대방 사업주로서도 피고의 사업종류 변경결정을 항고소송의 대상인 처분으로 인식하였을 수밖에 없다. 이와 같이 불복방법을 안내한 피고가 이 사건 소가 제기되자 '처분성'이 인정되지 않는다는 본안전항변을 하는 것은 신의성실원칙(행정절차법 제4조)에도 어긋난다.

원심이 원용한 대법원 1989. 5. 23. 선고 87누634 판결, 대법원 1995. 7. 28. 선고 94누8853 판결은 산재보험적용 사업종류 변경결정을 항고소송의 대상인 처분이 아니라고 판단하였으나, 이는 구 법하에서의 사안에 관한 것으로서, 2003. 12. 31. 법률 제7047호로 고용산재보험료징수법이 제정·시행되고 관련 규정이 정비된 이후로는 그대로 원용하기에 적절하지 않다.

(4) 한편 근로복지공단의 사업종류 변경결정에 따라 국민건강보험공단이 사업주에 대하여 하는 각각의 산재보험료 부과처분도 ★★★항고소송의 대상인 처분에 해당하므로, 사업주는 각각의 산재보험료 부과처분을 별도의 항고소송으로 다툴 수 있다. 그런데 근로복지공단이 사업종류 변경결정을 하면서 개별 사업주에 대하여 사전통지 및 의견청취, 이유제시 및 불복방법 고지가 포함된 처분서를 작성하여 교부하는 등 실질적으로 행정절차법에서 정한 처분절차를 준수함으로써 사업주에게 방어권행사 및 불복의 기회가 보장된 경우에는, 그 사업종류 변경결정은 그 내용·형식·절차의 측면에서 단순히 조기의 권리구제를 가능하게 하기 위하여 행정소송법상 처분으로 인정되는 소위 ★★★<<'쟁송법적 처분'이 아니라>>, 개별·구체적 사안에 대한 규율로서 외부에 대하여 직접적 법적 효과를 갖는 행정청의 의사표시인 소위 ★★★<<'실체법적 처분'에 해당>>하는 것으로 보아야 한다. 이 경우 사업주가 행정심판법 및 행정소송법에서 정한 기간 내에 불복하지 않아 불가쟁력이 발생한 때에는 그 사업종류 변경결정이 중대·명백한 하자가 있어 당연무효가 아닌 한, 사업주는 그 사업종류 변경결정에 기초하여 이루어진 각각의 산재보험료 부과처분에 대한 쟁송절차에서는 선행처분인 사업종류 변경결정의 위법성을 주장할 수 없다고 봄이 타당하다. 이 경우 근로복지공단의 사업종류 변경결정을 항고소송의 대상인 처분으로 인정하여 행정소송법에 따른 불복기회를 보장하는 것은 '행정법관계의 조기 확정'이라는 단기의 제소기간 제도의 취지에도 부합한다.

다만 근로복지공단이 사업종류 변경결정을 하면서 실질적으로 행정절차법에서 정한 처분절차를 준수하지 않아 사업주에게 방어권행사 및 불복의 기회가 보장되지 않은 경우에는 이를 항고소송의 대상인 처분으로 인정하는 것은 사업주에게 조기의 권리구제기회를 보장하기 위한 것일 뿐이므로, 이 경우에는 사업주가 사업종류 변경결정에 대해 제소기간 내에 취소소송을 제기하지 않았다고 하더라도 후행처분인 각각의 산재보험료 부과처분에 대한 쟁송절차에서 비로소 선행처분인 사업종류 변경결정의 위법성을 다투는 것이 허용되어야 한다.

라. 그런데도 원심은, 이 사건 사업종류 변경결정이 항고소송의 대상인 처분에 해당하지 않는다고 판단하였다. 이러한 원심판단에는 항고소송의 대상인 처분에 관한 법리를 오해하여 판결에 영향을 미친 ★잘못이 있다(대법원 2020. 4. 9. 선고 2019두61137 판결).

○ 판례 054

판시사항

[1] 행정청의 행위가 항고소송의 대상이 될 수 있는지 결정하는 방법 및 행정청의 행위가 '처분'에 해당하는지 불분명한 경우, 이를 판단하는 방법

[2] 수익적 행정처분을 구하는 신청에 대한 거부처분이 있은 후 당사자가 새로운 신청을 하는 취지로 다시 신청을 하였으나 행정청이 이를 다시 거절한 경우, 새로운 거부처분인지 여부(★적극)

판결요지

[1] 항고소송의 대상인 '처분'이란 "행정청이 행하는 구체적 사실에 관한 법집행으로서의 공권력의 행사 또는 그 거부와 그 밖에 이에 준하는 행정작용"(행정소송법 제2조 제1항 제1호)을 말한다. 행정청의 행위가 항고소송의 대상이 될 수 있는지는 추상적·일반적으로 결정할 수 없고, 구체적인 경우에 관련 법령의 내용과 취지, 그 행위의 주체·내용·형식·절차, 그 행위와 상대방 등 이해관계인이 입는 불이익 사이의 실질적 견련성, 법치행정의 원리와 그 행위에 관련된 행정청이나 이해관계인의 태도 등을 고려하여 개별적으로 결정하여야 한다. 행정청의 행위가 '처분'에 해당하는지 불분명한 경우에는 그에 대한 불복방법 선택에 중대한 이해관계를 가지는 상대방의 인식가능성과 예측가능성을 중요하게 고려하여 규범적으로 판단하여야 한다.

[2] 수익적 행정처분을 구하는 신청에 대한 거부처분은 당사자의 신청에 대하여 관할 행정청이 이를 거절하는 의사를 대외적으로 명백히 표시함으로써 성립된다. 거부처분이 있은 후 당사자가 다시 신청을 한 경우에는 신청의 제목 여하에 불구하고 그 내용이 새로운 신청을 하는 취지라면 관할 행정청이 이를 다시 거절하는 것은 새로운 거부처분이라고 보아야 한다. 관계 법령이나 행정청이 사전에 공표한 처분기준에 신청기간을 제한하는 특별한 규정이 없는 이상 재신청을 불허할 법적 근거가 없으며, 설령 신청기간을 제한하는 특별한 규정이 있더라도 재신청이 신청기간을 도과하였는지는 본안에서 재신청에 대한 거부처분이 적법한가를 판단하는 단계에서 고려할 요소이지, 소송요건 심사단계에서 고려할 요소가 아니다.

【이 유】

상고이유를 판단한다.

1. 사안의 개요와 쟁점

가. 원심판결 이유와 기록에 의하면, 다음과 같은 사정을 알 수 있다.

(1) 피고 한국토지주택공사(이하 '피고 공사'라고 한다)는 2006. 10. 27. 택지개발예정지구 지정 공람공고가 이루어진 인천검단지구 택지개발사업(이하 '이 사건 사업'이라고 한다)의 사업시행자이고, 원고는 피고 공사에 이 사건 사업에 관한 이주대책 대상자 선정 신청을 한 사람이다.

(2) 이 사건 사업지구 내의 이 사건 주택에 관하여, 2009. 11. 6. 원고의 동생인 소외인 명의의 소유권보존등기 및 증여를 원인으로 하는 원고 명의의 소유권이전등기가 순차로 이루어졌다.

(3) 피고 공사는 2016. 12.경 이 사건 사업의 이주대책을 수립하여 공고하였는데(이하 '이 사건 공고'라고 한다), 여기에서는 이주자택지(단독주택용지)의 공급대상자 요건에 관하여 '택지개발예정지구 지정 공람공고일(2006. 10. 27.) 1년 이전부터 보상계약체결일 또는 수용재결일까지 계속하여 사업지구 내 가옥을 소유하고 계속 거주한 자로 피고 공사로부터 그 가옥에 대한 보상을 받고 이 사건 사업 시행으로 인하여 이주하는 자(1989. 1. 25. 이후 무허가 건물소유자 및 법인, 단체는 제외)'라고 정하였다.

(4) 원고는 이 사건 공고에 따라 2017. 3. 29. 피고 공사에 이주자택지 공급대상자 선정 신청을 하였다. 이때 원고는 신청서에 '자신이 1970년대에 이 사건 주택을 건축하여 소유권을 취득하였으므로 이주자택지 수급 자격에 해당한다.'는 내용을 기재하고 건축물대장, 이웃 주민들의 확인서, 전력개통사용자 확인, 수도개설 사용, 등기사항증명서, 소외인이 작성한 양도양수확인서 등의 증빙자료를 첨부하여 제출하였다.

(5) 피고 공사는 2017. 7. 28. 원고에게 '기준일 이후 주택 취득'이라는 이유로 원고를 이주대책 대상에서 제외하는 결정을 통보하였는데(이하 '1차 결정'이라고 한다), 그 통보서에는 "부적격 결정에 이의가 있으신 경우 본 통지문을 받으신 날로부터 30일 이내에 안내드린 바 있는 이 사건 공고에 의한 대상자 선정 요건을 충족할 수 있는 증빙자료와 함께 우리 공사에 서면으로 이의신청을 하실 수 있으며, 또한 90일 이내에 행정심판 또는 행정소송을 제기하실 수 있음을 알려드립니다."라는 안내문구가 기재되어 있다.

(6) 이에 원고는 2017. 8. 25. 피고 공사에 이의신청을 하였다. 이때 원고는 이의신청서에 '자신이 1970년대에 이 사건 주택을 신축하여 소유권을 취득하였고, 다만 동네 이장의 착오로 건축물대장에 건축주가 소외인으로 등재되었다.'는 내용을 기재하고 수용사실확인서, 1972년도 사진, 2010년 당시 지장물 조사사진, 소외인 명의의 사실확인서, 마을주민확인서 등의 증빙자료를 추가로 첨부하여 제출하였다.

(7) 피고 공사는 2017. 12. 6. 원고에게 "부동산 공부에 등재되었던 소유자를 배제하고 사실판단에 기하여 과거 소유자를 인정할 수 없음"이라는 이유로 원고의 이의신청을 받아들이지 않고 여전히 원고를 이주대책 대상에서 제외한다는 결정을 통보하였다(이하 '2차 결정'이라고 한다). 한편 2차 결정의 통보서에는 "우리 공사의 이의신청 불수용처분에 대하여 다시 이의가 있으신 경우 행정소송법에 따라 본 처분통보를 받은 날로부터 90일 이내에 행정심판 또는 행정소송을 제기할 수 있음을 알려드리니 참고하시기 바랍니다."라는 안내문구가 기재되어 있다.

(8) 원고는 2018. 3. 5. 피고 중앙행정심판위원회(이하 '피고 위원회'라고 한다)에 2차 결정의 취소를 구하는 행정심판을 청구하였는데, 피고 위원회는 2018. 10. 17. 2차 결정이 처분에 해당하지 않는다는 이유로 원고의 행정심판 청구를 각하하는 재결을 하였고(이하 '이 사건 재결'이라고 한다), 그 재결서가 2018. 10. 31. 원고에게 송달되었다.

나. 이 사건의 쟁점은 2차 결정이 1차 결정과 별도로 행정심판 및 취소소송의 대상이 되는 '처분'에 해당하는지 여부이다.

2. 원심의 판단

가. 원심은, ① 원고의 이의신청은 당초의 신청과 별개의 새로운 신청으로 보기 어렵고, ② 원고가 1차 결정에 대하여 이의신청을 할 당시에 1차 결정에 대하여 행정심판이나 취소소송을 제기할 수 있었으며, ③ 2차 결정은 1차 결정의 내용을 그대로 유지한다는 취지로서 이는 원고의 권리·의무에 어떠한 새로운 변동을 초래하지 아니할 뿐만 아니라, ④ 이 사건에 신뢰보호의 원칙이 적용된다고 볼 수도 없다는 등의 이유로, 2차 결정을 1차 결정과 별도로 행정쟁송의 대상이 되는 처분으로 볼 수 없다고 판단하였다. 그런 다음 이 사건 소 중 피고 공사에 대한 2차 결정 취소청구 부분은 각하하고, 피고 위원회에 대한 이 사건 재결 취소청구 부분은 재결 자체에 고유한 위법이 없다는 이유로 기각하였다.

나. 그러나 이러한 원심판단은 아래와 같은 이유에서 그대로 수긍하기 어렵다.

3. ★대법원의 판단

가. 항고소송의 대상인 '처분'이란 "행정청이 행하는 구체적 사실에 관한 법집행으로서의 공권력의 행사 또는 그 거부와 그 밖에 이에 준하는 행정작용"(행정소송법 제2조 제1항 제1호)을 말한다. 행정청의 행위가 항고소송의 대상이 될 수 있는지는 추상적·일반적으로 결정할 수 없고, 구체적인 경우에 관련 법령의 내용과 취지, 그 행위의 주체·내용·형식·절차, 그 행위와 상대방 등 이해관계인이 입는 불이익 사이의 실질적 견련성, 법치행정의 원리와 그 행위에 관련된 행정청이나 이해관계인의 태도 등을 고려하여 개별적으로 결정하여야 한다(대법원 2010. 11. 18. 선고 2008두167 전원합의체 판결 참조). 행정청의 행위가 '처분'에 해당하는지가 불분명한 경우에는 그에 대한 불복방법 선택에 중대한 이해관계를 가지는 상대방의 인식가능성과 예측가능성을 중요하게 고려하여 규범적으로 판단하여야 한다(대법원 2018. 10. 25. 선고 2016두33537 판결 등 참조).

나. 이러한 법리에 비추어 이 사건 사실관계를 살펴보면, 2차 결정은 1차 결정과 별도로 행정쟁송의 대상이 되는 '처분'으로 봄이 타당하다. 구체적인 이유는 다음과 같다.

(1) 수익적 행정처분을 구하는 신청에 대한 거부처분은 당사자의 신청에 대하여 관할 행정청이 이를 거절하는 의사를 대외적으로 명백히 표시함으로써 성립된다. 거부처분이 있은 후 당사자가 다시 신청을 한 경우에는 신청의 제목 여하에 불구하고 그 내용이 새로운 신청을 하는 취지라면 관할 행정청이 이를 다시 거절하는 것은 새로운 거부처분이라고 보아야 한다(대법원 2019. 4. 3. 선고 2017두52764 판결 등 참조). 관계 법령이나 행정청이 사전에 공표한 처분기준에 신청기간을 제한하는 특별한 규정이 없는 이상 재신청을 불허할 법적 근거가 없으며, 설령 신청기간을 제한하는 특별한 규정이 있다 하더라도 재신청이 신청기간을 도과하였는지 여부는 본안에서 재신청에 대한 거부처분이 적법한가를 판단하는 단계에서 고려할 요소이지, 소송요건 심사단계에서 고려할 요소가 아니다.

(2) 행정절차법 제26조는 행정청이 처분을 할 때에는 당사자에게 그 처분에 관하여 행정심판 및 행정소송을 제기할 수 있는지 여부, 그 밖에 불복을 할 수 있는지 여부, 청구절차 및 청구기간, 그 밖에 필요한 사항을 알려야 한다고 규정하고 있다. 이 사건에서 피고 공사가 원고에게 2차 결정을 통보하면서 '2차 결정에 대하여 이의가 있는 경우 2차 결정 통보일부터 90일 이내에 행정심판이나 취

소소송을 제기할 수 있다.'는 취지의 불복방법 안내를 하였던 점을 보면, 피고 공사 스스로도 2차 결정이 행정절차법과 행정소송법이 적용되는 처분에 해당한다고 인식하고 있었음을 알 수 있고, 그 상대방인 원고로서도 2차 결정이 행정쟁송의 대상인 처분이라고 인식하였을 수밖에 없다고 보인다. 이와 같이 불복방법을 안내한 피고 공사가 이 사건 소가 제기되자 '처분성'이 인정되지 않는다고 본안전항변을 하는 것은 신의성실원칙(행정절차법 제4조)에도 어긋난다(대법원 2020. 4. 9. 선고 2019두61137 판결 참조).

원심이 원용한 대법원 2012. 11. 15. 선고 2010두8676 판결은, 행정청이 구 「민원사무처리에 관한 법률」(2015. 8. 11. 법률 제13459호로 전부 개정되기 전의 것) 제18조에 근거한 '이의신청'에 대하여 기각결정을 하였을 뿐이고 기각결정에 대하여 행정쟁송을 제기할 수 있다는 불복방법 안내를 하지는 않았던 사안에 관한 것이므로[해당 사안에 적용되는 구 「민원사무처리에 관한 법률 시행령」(2012. 12. 20. 대통령령 제24235호로 전부 개정되기 전의 것) 제29조 제3항은 행정기관의 장이 법 제18조 제2항에 따라 이의신청에 대한 결과를 통지하는 때에는 결정 이유, 원래의 거부처분에 대한 불복방법 및 불복절차를 구체적으로 명시하여야 한다고 규정하고 있었다], 이 사건 사안에 원용하기에는 적절하지 않다.

다. 그런데도 원심은, 2차 결정이 1차 결정과 별도로 행정쟁송의 대상이 되는 처분에 해당하지 않는다고 판단하였다. 이러한 원심판단에는 행정소송의 대상인 처분에 관한 법리를 오해하여 판결에 영향을 미친 ★잘못이 있다. 이를 지적하는 상고이유 주장은 이유 있다(대법원 2021. 1. 14. 선고 2020두50324 판결).

판례 055

판시사항

[1] 행정청의 행위가 항고소송의 대상이 될 수 있는지 결정하는 방법 및 행정청의 행위가 '처분'에 해당하는지가 불분명한 경우, 이를 판단하는 방법

[2] 수익적 행정처분을 구하는 신청에 대한 거부처분이 있은 후 당사자가 새로운 신청을 하는 취지로 다시 신청을 하였으나 행정청이 이를 다시 거절한 경우, 새로운 거부처분인지 여부(적극) / 어떤 처분이 수익적 행정처분을 구하는 신청에 대한 거부처분이 아니더라도 해당 처분에 대한 이의신청의 내용이 새로운 신청을 하는 취지로 볼 수 있는 경우, 그 이의신청에 대한 결정의 통보를 새로운 처분으로 볼 수 있는지 여부(적극)

[3] 갑 시장이 을 소유 토지의 경계확정으로 지적공부상 면적이 감소되었다는 이유로 지적재조사위원회의 의결을 거쳐 을에게 조정금 수령을 통지하자(1차 통지), 을이 구체적인 이의신청 사유와 소명자료를 첨부하여 이의를 신청하였으나, 갑 시장이 지적재조사위원회의 재산정 심의·의결을 거쳐 종전과 동일한 액수의 조정금 수령을 통지한(2차 통지) 사안에서, ★★2차 통지는 1차 통지와 별도로 행정쟁송의 대상이 되는 처분으로 보는 것이 타당하다고 한 사례

판결요지

[1] 항고소송의 대상인 '처분'이란 "행정청이 행하는 구체적 사실에 관한 법집행으로서의 공권력의 행사 또는 그 거부와 그 밖에 이에 준하는 행정작용"(행정소송법 제2조 제1항 제1호)을 말한다. 행정청의 행위가 항고소송의 대상이 될 수 있는지는 추상적·일반적으로 결정할 수 없고, 구체적인 경우에 관련 법령의 내용과 취지, 그 행위의 주체·내용·형식·절차, 그 행위와 상대방 등 이해관계인이 입는 불이익 사이의 실질적 견련성, 법치행정의 원리와 그 행위에 관련된 행정청이나 이해관계인의 태도 등을 고려하여 개별적으로 결정하여야 한다. 행정청의 행위가 '처분'에 해당하는지가 불분명한 경우에는 그에 대한 불복방법 선택에 중대한 이해관계를 가지는 상대방의 인식가능성과 예측가능성을 중요하게 고려하여 규범적으로 판단하여야 한다.

[2] 수익적 행정처분을 구하는 신청에 대한 거부처분이 있은 후 당사자가 다시 신청을 한 경우에는 신청의 제목 여하에 불구하고 그 내용이 새로운 신청을 하는 취지라면 관할 행정청이 이를 다시 거절하는 것은 새로운 거부처분이라고 보아야 한다. 나아가 어떠한 처분이 수익적 행정처분을 구하는 신청에 대한 거부처분이 아니라고 하더라도, 해당 처분에 대한 이의신청의 내용이 새로운 신청을 하는 취지로 볼 수 있는 경우에는, 그 이의신청에 대한 결정의 통보를 새로운 처분으로 볼 수 있다.

[3] 갑 시장이 을 소유 토지의 경계확정으로 지적공부상 면적이 감소되었다는 이유로 지적재조사위원회의 의결을 거쳐 을에게 조정금 수령을 통지하자(1차 통지), 을이 구체적인 이의신청 사유와 소명자료를 첨부하여 이의를 신청하였으나, 갑 시장이 지적재조사위원회의 재산정 심의·의결을 거쳐 종전과 동일한 액수의 조정금 수령을 통지한(2차 통지) 사안에서, 구 지적재조사에 관한 특별법(2020. 4. 7. 법률 제17219호로 개정되기 전의 것) 제21조의2가 신설되면서 조정금에 대한 이의신청 절차가 법률상 절차로 변경되었으므로 그에 관한 절차적 권리는 법률상 권리로 볼 수 있는 점, 을이 이의신청을 하기 전에는 조정금 산정결과 및 수령을 통지한 1차 통지만 존재하였고 을은 신청 자체를 한 적이 없으므로 을의 이의신청은 새로운 신청으로 볼 수 있는 점, 2차 통지서의 문언상 종전 통지와 별도로 심의·의결하였다는 내용이 명백하고, 단순히 이의신청을 받아들이지 않는다는 내용에 그치는 것이 아니라 조정금에 대하여 다시 재산정, 심의·의결절차를 거친 결과, 그 조정금이 종전 금액과 동일하게 산정되었다는 내용을 알리는 것이므로, 2차 통지를 새로운 처분으로 볼 수 있는 점 등을 종합하면, 2차 통지는 1차 통지와 별도로 행정쟁송의 대상이 되는 처분으로 보는 것이 타당함에도 2차통지의 처분성을 부정한 원심판단에 법리오해의 ★잘못이 있다고 한 사례(대법원 2022. 3. 17. 선고 2021두53894 판결)

판례 056

판시사항

[1] 행정청에 구 사회기반시설에 대한 민간투자법 이외의 다른 개별 법률에 근거해서 다른 방식으로 민간투자사업을 추진할 수 있는 재량이 있는지 여부(★적극) 및 대상시설이 구 사회기반시설에 대한 민간투자법상 사회기반시설에 해당하여 그 법에 따른 민간투자사업 방식이 가능한 경우에도 마찬가지인지 여부(★적극)

[2] 지방자치단체의 장이 공유재산 및 물품관리법에 근거하여 기부채납 및 사용·수익허가 방식으

로 민간투자사업을 추진하는 과정에서 사업시행자를 지정하기 위한 전 단계에서 공모제안을 받아 일정한 심사를 거쳐 우선협상대상자를 선정하는 행위와 이미 선정된 우선협상대상자를 그 지위에서 배제하는 행위가 항고소송의 대상이 되는 행정처분인지 여부(★★적극)

[3] 지방자치단체의 장이 공유재산 및 물품관리법에 근거하여 민간투자사업을 추진하던 중 우선협상대상자 지위를 박탈하는 처분을 하는 경우, 반드시 청문을 실시할 의무가 있는지 여부(★소극)

[4] 처분청이 수익적 처분을 취소 또는 철회하는 경우, 취소권 등 행사의 요건과 한계

판결요지

[1] 구 사회기반시설에 대한 민간투자법(2016. 3. 2. 법률 제14044호로 개정되기 전의 것, 이하 '민간투자법'이라 한다)은 '사회기반시설'을 '각종 생산활동의 기반이 되는 시설, 해당 시설의 효용을 증진시키거나 이용자의 편의를 도모하는 시설 및 국민생활의 편익을 증진시키는 시설로서, 다음 각 목의 어느 하나에 해당하는 시설'이라고 정의하면서 각 목에서 대상시설을 열거하고 있고(제2조 제1호), '사회기반시설사업'을 '사회기반시설의 신설·증설·개량 또는 운영에 관한 사업'이라고 정의하며(제2조 제2호), '민간투자사업'을 '제9조에 따라 민간부문이 제안하는 사업 또는 제10조에 따른 민간투자시설사업기본계획에 따라 제7호에 따른 사업시행자가 시행하는 사회기반시설사업'이라고 정의하고 있다(제5호 본문).

이처럼 민간투자법은 일정한 사회기반시설을 민간투자법이 정하는 절차에 따라 시행할 수 있도록 정하고 있을 뿐이고, 민간투자자가 사회기반시설을 설치하여 운영하는 사업을 민간투자법에 따라서만 추진하여야 한다는 '적용우선 규정'을 명문으로 두고 있지 않으므로, 민간투자법이 민간투자법에 따른 민간투자사업 이외에 다른 개별 법률에 근거한 다른 방식의 민간투자사업을 허용하지 아니하는 취지라고 보기는 어렵다. 따라서 다른 개별 법률이 다른 방식의 민간투자사업을 허용하고 있는 이상, 행정청에는 민간투자법 이외에 다른 개별 법률에 근거해서도 다른 방식으로 민간투자사업을 추진할 수 있는 재량이 있다고 봄이 타당하고, 이는 대상시설이 민간투자법상 사회기반시설에 해당하여 민간투자법에 따른 민간투자사업 방식이 가능한 경우에도 마찬가지이다.

[2] 공유재산 및 물품관리법(이하 '공유재산법'이라 한다) 제2조 제1호, 제7조 제1항, 제20조 제1항, 제2항 제2호의 내용과 체계에 관련 법리를 종합하면, 지방자치단체의 장이 공유재산법에 근거하여 기부채납 및 사용·수익허가 방식으로 민간투자사업을 추진하는 과정에서 사업시행자를 지정하기 위한 전 단계에서 공모제안을 받아 일정한 심사를 거쳐 우선협상대상자를 선정하는 행위와 이미 선정된 우선협상대상자를 그 지위에서 배제하는 행위는 민간투자사업의 세부내용에 관한 협상을 거쳐 공유재산법에 따른 공유재산의 사용·수익허가를 우선적으로 부여받을 수 있는 지위를 설정하거나 또는 이미 설정한 지위를 박탈하는 조치이므로 모두 항고소송의 대상이 되는 행정처분으로 보아야 한다.

[3] 지방자치단체의 장이 공유재산 및 물품관리법에 근거하여 민간투자사업을 추진하던 중 우선협상대상자 지위를 박탈하는 처분을 하기 위하여 반드시 청문을 실시할 의무가 있다고 볼 수는 없다. 구체적인 이유는 다음과 같다.

행정절차법 제21조 제1항, 제4항, 제22조 제1항, 제3항, 제4항에 의하면, 행정청이 당사자에게 의무를 부과하거나 권익을 제한하는 처분을 하는 경우에는 미리 '처분의 제목', '처분하려는 원인이 되는 사실과 처분의 내용 및 법적 근거', '이에 대하여 의견을 제출할 수 있다는 뜻과 의견을 제출하지 아니하는 경우의 처리방법', '의견제출기관의 명칭과 주소', '의견제출기한' 등의 사항을 당사자 등에게 통지하여야 하고, 의견제출기한은 의견제출에 필요한 상당한 기간을 고려하여 정하여야 하며, 다른 법령 등에서 필수적으로 청문을 하거나 공청회를 개최하도록 규정하고 있지 아니한 경우에도 당사자 등에게 의견제출의 기회를 주어야 하며, 다만 '해당 처분의 성질상 의견 청취가 현저히 곤란하거나 명백히 불필요하다고 인정될 만한 상당한 이유가 있는 경우' 등에 한하여 처분의 사전통지나 의견청취를 하지 아니할 수 있다. 따라서 <u>행정청이 침해적 행정처분을 하면서 당사자에게 위와 같은 사전통지를 하거나 의견제출의 기회를 주지 아니하였다면, 그 사전통지나 의견제출의 예외적인 경우에 해당하지 아니하는 한, 그 처분은 위법하여 취소를 면할 수 없다.</u>

이처럼 행정절차법이 당사자에게 의무를 부과하거나 권익을 제한하는 처분을 하는 경우에 사전통지 및 의견청취를 하도록 규정한 것은 불이익처분 상대방의 방어권 행사를 실질적으로 보장하기 위함이다.

이러한 행정절차법의 규정 내용과 체계에 의하면, 행정청이 당사자에게 의무를 부과하거나 권익을 제한하는 처분을 하는 경우에는 원칙적으로 행정절차법 제21조 제1항에 따른 사전통지를 하고, 제22조 제3항에 따른 의견제출 기회를 주는 것으로 족하며, 다른 법령 등에서 반드시 청문을 실시하도록 규정한 경우이거나 행정청이 필요하다고 인정하는 경우 등에 한하여 청문을 실시할 의무가 있다.

[4] <u>처분청은 비록 처분 당시에 별다른 하자가 없었고, 또 처분 후에 이를 철회할 별도의 법적 근거가 없더라도 원래의 처분을 존속시킬 필요가 없게 된 사정변경이 생겼거나 또는 중대한 공익상의 필요가 발생한 경우에는 그 효력을 상실케 하는 별개의 처분으로 이를 철회할 수 있다. 다만 수익적 처분을 취소 또는 철회하는 경우에는 이미 부여된 국민의 기득권을 침해하는 것이 되므로, 비록 취소 등의 사유가 있더라도 취소권 등의 행사는 기득권의 침해를 정당화할 만한 중대한 공익상의 필요 또는 제3자의 이익보호의 필요가 있는 때에 한하여 상대방이 받는 불이익과 비교·형량하여 결정하여야 하고, 그 처분으로 인하여 ★《《공익상의 필요보다 상대방이 받게 되는 불이익 등이 막대한 경우》》에는 《《재량권의 한계를 일탈한 것으로서 허용되지 않는다》》</u>(대법원 2020. 4. 29. 선고 2017두31064 판결).

판례 057

판시사항

[1] 처분의 근거나 법적인 효과가 행정규칙에 규정되어 있는 경우, 항고소송의 대상이 되는 행정처분에 해당하기 위한 요건 / <u>검찰총장이 검사에 대하여 하는 '경고조치'가 항고소송의 대상이 되는 처분인지 여부(★적극)</u>

[2] 검찰총장의 경고처분의 성격 및 검사의 직무상 의무 위반의 정도가 중하지 않아 검사징계법

에 따른 '징계사유'에 해당하지 않더라도 징계처분보다 낮은 수준의 감독조치로서 '경고처분'을 할 수 있는지 여부(적극) / 이때 법원은 이를 존중해야 하는지 여부(원칙적 적극)

판결요지

[1] 항고소송의 대상이 되는 행정처분이란 원칙적으로 행정청의 공법상 행위로서 특정 사항에 대하여 법규에 의한 권리의 설정 또는 의무의 부담을 명하거나 기타 법률상 효과를 발생하게 하는 등으로 일반 국민의 권리 의무에 직접 영향을 미치는 행위를 가리키는 것이지만, 어떠한 처분의 근거나 법적인 효과가 행정규칙에 규정되어 있다고 하더라도, 그 처분이 행정규칙의 내부적 구속력에 의하여 상대방에게 권리의 설정 또는 의무의 부담을 명하거나 기타 법적인 효과를 발생하게 하는 등으로 그 상대방의 권리 의무에 직접 영향을 미치는 행위라면, 이 경우에도 항고소송의 대상이 되는 행정처분에 해당한다고 보아야 한다.

《〈검사에 대한 경고조치 관련 규정〉》을 위 법리에 비추어 살펴보면, 검찰총장이 사무검사 및 사건평정을 기초로 대검찰청 자체감사규정 제23조 제3항, 검찰공무원의 범죄 및 비위 처리지침 제4조 제2항 제2호 등에 근거하여 검사에 대하여 하는 '경고조치'는 일정한 서식에 따라 검사에게 개별 통지를 하고 이의신청을 할 수 있으며, 검사가 검찰총장의 경고를 받으면 1년 이상 감찰관리 대상자로 선정되어 특별관리를 받을 수 있고, 경고를 받은 사실이 인사자료로 활용되어 복무평정, 직무성과금 지급, 승진·전보인사에서도 불이익을 받게 될 가능성이 높아지며, 향후 다른 징계사유로 징계처분을 받게 될 경우에 징계양정에서 불이익을 받게 될 가능성이 높아지므로, 검사의 권리 의무에 영향을 미치는 행위로서 ★항고소송의 대상이 되는 처분이라고 보아야 한다.

[2] 검찰청법 제7조 제1항, 제12조 제2항, 검사징계법 제2조, 제3조 제1항, 제7조 제1항, 대검찰청 자체감사규정 제23조 제2항, 제3항, 사건평정기준 제2조 제1항 제2호, 제5조, 검찰공무원의 범죄 및 비위 처리지침 제4조 제2항 제2호, 제3항 [별표 1] 징계양정기준, 제4항, 제5항 등 관련 규정들의 내용과 체계 등을 종합하여 보면, 검찰총장의 경고처분은 검사징계법에 따른 징계처분이 아니라 검찰청법 제7조 제1항, 제12조 제2항에 근거하여 검사에 대한 직무감독권을 행사하는 작용에 해당하므로, ★검사의 직무상 의무 위반의 정도가 중하지 않아 검사징계법에 따른 '징계사유'에는 해당하지 않더라도 《《징계처분보다 낮은 수준의 감독조치로서 '경고처분'을 할 수 있고》》, 법원은 그것이 직무감독권자에게 주어진 재량권을 일탈·남용한 것이라는 특별한 사정이 없는 한 이를 존중하는 것이 바람직하다(대법원 2021. 2. 10. 선고 2020두47564 판결).

판례 058

판시사항

근로자가 부당해고 구제신청을 하여 해고의 효력을 다투던 중 정년에 이르거나 근로계약기간이 만료하는 등의 사유로 원직에 복직하는 것이 불가능하게 되었으나 해고기간 중의 임금 상당액을 지급받을 필요가 있는 경우, 구제신청을 기각한 중앙노동위원회의 재심판정을 다툴 소의 이익이 있는지 여부(★적극) / 위 법리는 근로자가 근로기준법 제30조 제3항에 따라 금품지급명령을 신청한 경우에도 마찬가지로 적용되는지 여부(★적극)

판결요지

(가) 부당해고 구제명령제도에 관한 근로기준법의 규정 내용과 목적 및 취지, 임금 상당액 구제명령의 의의 및 법적 효과 등을 종합적으로 고려하면, 근로자가 부당해고 구제신청을 하여 해고의 효력을 다투던 중 정년에 이르거나 근로계약기간이 만료하는 등의 사유로 원직에 복직하는 것이 불가능하게 된 경우에도 해고기간 중의 임금 상당액을 지급받을 필요가 있다면 임금 상당액 지급의 구제명령을 받을 이익이 유지되므로 구제신청을 기각한 중앙노동위원회의 재심판정을 다툴 소의 이익이 있다고 보아야 한다. 상세한 이유는 다음과 같다.

① 부당해고 구제명령제도는 부당한 해고를 당한 근로자에 대한 원상회복, 즉 근로자가 부당해고를 당하지 않았다면 향유할 법적 지위와 이익의 회복을 위해 도입된 제도로서, 근로자 지위의 회복만을 목적으로 하는 것이 아니다. 해고를 당한 근로자가 원직에 복직하는 것이 불가능하더라도, 부당한 해고라는 사실을 확인하여 해고기간 중의 임금 상당액을 지급받도록 하는 것도 부당해고 구제명령제도의 목적에 포함된다.

② 부당한 해고를 당한 근로자를 원직에 복직하도록 하는 것과, 해고기간 중의 임금 상당액을 지급받도록 하는 것 중 어느 것이 더 우월한 구제방법이라고 말할 수 없다. 근로자를 원직에 복직하도록 하는 것은 장래의 근로관계에 대한 조치이고, 해고기간 중의 임금 상당액을 지급받도록 하는 것은 근로자가 부당한 해고의 효력을 다투고 있던 기간 중의 근로관계의 불확실성에 따른 법률관계를 정리하기 위한 것으로 서로 목적과 효과가 다르기 때문에 원직복직이 가능한 근로자에 한정하여 임금 상당액을 지급받도록 할 것은 아니다.

③ 근로자가 구제명령을 통해 유효한 집행권원을 획득하는 것은 아니지만, ★해고기간 중의 미지급 임금과 관련하여 강제력 있는 구제명령을 얻을 이익이 있으므로 이를 위해 재심판정의 취소를 구할 이익도 인정된다고 봄이 타당하다.

④ 해고기간 중의 임금 상당액을 지급받기 위하여 민사소송을 제기할 수 있다는 사정이 소의 이익을 부정할 이유가 되지는 않는다.

⑤ 종래 대법원이 근로자가 구제명령을 얻는다고 하더라도 객관적으로 보아 원직에 복직하는 것이 불가능하고, 해고기간에 지급받지 못한 임금을 지급받기 위한 필요가 있더라도 민사소송절차를 통하여 해결할 수 있다는 등의 이유를 들어 소의 이익을 부정하여 왔던 판결들은 금품지급명령을 도입한 근로기준법 개정 취지에 맞지 않고, 기간제근로자의 실효적이고 직접적인 권리구제를 사실상 부정하는 결과가 되어 부당하다.

(나) 위와 같은 법리는 근로자가 근로기준법 제30조 제3항에 따라 금품지급명령을 신청한 경우에도 마찬가지로 적용된다(대법원 2020. 2. 20. 선고 2019두52386 전원합의체 판결).

판례 059

판시사항

[1] 행정처분의 성립요건 / 행정처분의 성립 시점 및 그 성립 여부를 판단하는 기준

[2] ★★★병무청장이 법무부장관에게 '가수 갑이 공연을 위하여 국외여행허가를 받고 출국한 후 미국 시민권을 취득함으로써 사실상 병역의무를 면탈하였으므로 재외동포 자격으로 재입국하고자 하는 경우 국내에서 취업, 가수활동 등 영리활동을 할 수 없도록 하고, 불가능할 경우 입국 자체를 금지해 달라'고 요청함에 따라 법무부장관이 갑의 입국을 금지하는 결정을 하고, 그 정보를 내부전산망인 '출입국관리정보시스템'에 입력하였으나, 갑에게는 통보하지 않은 사안에서, 위 입국금지결정은 항고소송의 대상이 되는 '처분'에 해당하지 않는다고 한 사례

[3] 상급행정기관이 소속 공무원이나 하급행정기관에 대하여 업무처리지침이나 법령의 해석·적용 기준을 정해 주는 '행정규칙'이 대외적으로 구속력이 있는지 여부(소극) 및 처분이 행정규칙에 적합한지 여부에 따라 처분의 적법 여부를 판단할 수 있는지 여부(소극) / 상급행정기관이 소속 공무원이나 하급행정기관에 하는 개별·구체적인 지시에 관하여도 마찬가지 법리가 적용되는지 여부(적극)

[4] 행정처분의 처분 방식에 관한 행정절차법 제24조 제1항을 위반한 처분이 무효인지 여부(적극)

[5] 행정절차법 제3조 제2항 제9호, 행정절차법 시행령 제2조 제2호에서 정한 행정절차법의 적용이 제외되는 '외국인의 출입국에 관한 사항'의 의미 및 '외국인의 출입국에 관한 사항'의 경우 행정절차를 거칠 필요가 당연히 부정되는지 여부(소극) / 외국인의 사증발급 신청에 대한 거부처분이 행정절차법 제24조에서 정한 '처분서 작성·교부'를 할 필요가 없거나 곤란하다고 인정되는 사항이거나 행정절차법 제24조에 정한 절차를 따르지 않고 '행정절차에 준하는 절차'로 대체할 수 있는 것인지 여부(소극)

[6] 재외동포에 대한 사증발급이 행정청의 재량행위에 속하는지 여부(적극)

[7] 처분의 근거 법령이 행정청에 처분의 요건과 효과 판단에 일정한 재량을 부여하였는데도, 행정청이 처분으로 달성하려는 공익과 처분상대방이 입게 되는 불이익을 전혀 비교형량 하지 않은 채 처분을 한 경우, 재량권 일탈·남용으로 해당 처분을 취소해야 할 위법사유가 되는지 여부(적극)

[8] 헌법상의 기본원리로서 비례의 원칙의 내용

[9] 처분상대방의 의무위반을 이유로 한 제재처분이 의무위반의 내용에 비하여 과중하여 사회통념상 현저하게 타당성을 잃은 경우, 재량권 일탈·남용에 해당하여 위법한지 여부(★적극)

[10] 병무청장이 법무부장관에게 '가수 갑이 공연을 위하여 국외여행허가를 받고 출국한 후 미국 시민권을 취득함으로써 사실상 병역의무를 면탈하였다'는 이유로 입국 금지를 요청함에 따라 법무부장관이 갑의 입국금지결정을 하였는데, 갑이 재외공관의 장에게 재외동포(F-4) 체류자격의

사증발급을 신청하자 재외공관장이 처분이유를 기재한 사증발급 거부처분서를 작성해 주지 않은 채 갑의 아버지에게 전화로 사증발급이 불허되었다고 통보한 사안에서, 사증발급 거부처분에는 행정절차법 제24조 제1항을 위반한 하자가 있고, 재외공관장이 13년 7개월 전에 입국금지결정이 있었다는 이유만으로 그에 구속되어 사증발급 거부처분을 한 것이 비례의 원칙에 반하는 것인지 판단했어야 함에도, 입국금지결정에 따라 사증발급 거부처분을 한 것이 적법하다고 본 원심판단에 법리를 오해한 잘못이 있다고 한 사례

판결요지

[1] 일반적으로 처분이 주체·내용·절차와 형식의 요건을 모두 갖추고 외부에 표시된 경우에는 처분의 존재가 인정된다. 행정의사가 외부에 표시되어 행정청이 자유롭게 취소·철회할 수 없는 구속을 받게 되는 시점에 처분이 성립하고, 그 성립 여부는 행정청이 행정의사를 공식적인 방법으로 외부에 표시하였는지를 기준으로 판단해야 한다.

[2] 병무청장이 법무부장관에게 '가수 갑이 공연을 위하여 국외여행허가를 받고 출국한 후 미국 시민권을 취득함으로써 사실상 병역의무를 면탈하였으므로 재외동포 자격으로 재입국하고자 하는 경우 국내에서 취업, 가수활동 등 영리활동을 할 수 없도록 하고, 불가능할 경우 입국 자체를 금지해 달라'고 요청함에 따라 법무부장관이 갑의 입국을 금지하는 결정을 하고, 그 정보를 ★《내부전산망인 '출입국관리정보시스템'에 입력하였으나, 갑에게는 통보하지 않은 사안》에서, ★《행정청이 행정의사를 외부에 표시하여 행정청이 자유롭게 취소·철회할 수 없는 구속을 받기 전에는 '처분'이 성립하지 않으므로》 ★《법무부장관이 출입국관리법 제11조 제1항 제3호 또는 제4호, 출입국관리법 시행령 제14조 제1항, 제2항에 따라 위 입국금지결정을 했다고 해서 '처분'이 성립한다고 볼 수는 없고》, ★《위 입국금지결정은 법무부장관의 의사가 공식적인 방법으로 외부에 표시된 것이 아니라 단지 그 정보를 내부전산망인 '출입국관리정보시스템'에 입력하여 관리한 것에 지나지 않으므로》, ★《위 입국금지결정은 항고소송의 대상이 될 수 있는 '처분'에 해당하지 않는데도, 위 입국금지결정이 처분에 해당하여 공정력과 불가쟁력이 있다고 본 원심판단에 법리를 오해한 ★잘못》이 있다고 한 사례.

[3] 상급행정기관이 소속 공무원이나 하급행정기관에 대하여 업무처리지침이나 법령의 해석·적용 기준을 정해 주는 '행정규칙'은 일반적으로 행정조직 내부에서만 효력을 가질 뿐 대외적으로 국민이나 법원을 구속하는 효력이 없다. 처분이 행정규칙을 위반하였다고 해서 그러한 사정만으로 곧바로 위법하게 되는 것은 아니고, 처분이 행정규칙을 따른 것이라고 해서 적법성이 보장되는 것도 아니다. 처분이 적법한지는 행정규칙에 적합한지 여부가 아니라 상위법령의 규정과 입법 목적 등에 적합한지 여부에 따라 판단해야 한다.

상급행정기관이 소속 공무원이나 하급행정기관에 하는 개별·구체적인 지시도 마찬가지이다. 상급행정기관의 지시는 일반적으로 행정조직 내부에서만 효력을 가질 뿐 대외적으로 국민이나 법원을 구속하는 효력이 없다. 대외적으로 처분 권한이 있는 처분청이 상급행정기관의 지시를 위반하는 처분을 하였다고 해서 그러한 사정만으로 처분이 곧바로 위법하게 되는 것은 아니고, 처분이 상급행정기관의 지시를 따른 것이라고 해서 적법성이 보장되는 것도 아니다. 처분이 적법한지는 상급행정기관의 지시를 따른 것인지 여부가 아니라, 헌법과 법률, 대외적으로 구속력 있는 법령의 규정과 입법 목적, 비례·평등원칙과 같은 법의 일반원칙에 적합한지 여부에 따라 판단해야 한다.

[4] 행정절차에 관한 일반법인 행정절차법은 제24조 제1항에서 "행정청이 처분을 할 때에는 다른 법령 등에 특별한 규정이 있는 경우를 제외하고는 문서로 하여야 하며, 전자문서로 하는 경우에는 당사자 등의 동의가 있어야 한다. 다만 신속히 처리할 필요가 있거나 사안이 경미한 경우에는 말 또는 그 밖의 방법으로 할 수 있다."라고 정하고 있다. 이 규정은 처분내용의 명확성을 확보하고 처분의 존부에 관한 다툼을 방지하여 처분상대방의 권익을 보호하기 위한 것이므로, 이를 위반한 처분은 하자가 중대·명백하여 무효이다.

[5] 행정절차법 제3조 제2항 제9호, 행정절차법 시행령 제2조 제2호 등 관련 규정들의 내용을 행정의 공정성, 투명성, 신뢰성을 확보하고 처분상대방의 권익보호를 목적으로 하는 행정절차법의 입법 목적에 비추어 보면, 행정절차법의 적용이 제외되는 '외국인의 출입국에 관한 사항'이란 해당 행정작용의 성질상 행정절차를 거치기 곤란하거나 거칠 필요가 없다고 인정되는 사항이나 행정절차에 준하는 절차를 거친 사항으로서 행정절차법 시행령으로 정하는 사항만을 가리킨다. ★ '외국인의 출입국에 관한 사항'이라고 하여 행정절차를 거칠 필요가 당연히 부정되는 것은 아니다.

외국인의 사증발급 신청에 대한 거부처분은 당사자에게 의무를 부과하거나 적극적으로 권익을 제한하는 처분이 아니므로, 행정절차법 제21조 제1항에서 정한 '처분의 사전통지'와 제22조 제3항에서 정한 '의견제출 기회 부여'의 대상은 아니다. 그러나 사증발급 신청에 대한 거부처분이 성질상 행정절차법 제24조에서 정한 '처분서 작성·교부'를 할 필요가 없거나 곤란하다고 일률적으로 단정하기 어렵다. 또한 출입국관리법령에 사증발급 거부처분서 작성에 관한 규정을 따로 두고 있지 않으므로, 외국인의 사증발급 신청에 대한 거부처분을 하면서 행정절차법 제24조에 정한 절차를 따르지 않고 '행정절차에 준하는 절차'로 대체할 수도 없다.

[6] 출입국관리법 제7조 제1항, 제8조 제2항, 제3항, 제10조, 제10조의2, 제11조 제1항 제3호, 제4호, 출입국관리법 시행규칙 제9조의2 제2호, 재외동포의 출입국과 법적 지위에 관한 법률(이하 '재외동포법'이라 한다) 제5조 제1항, 제2항과 체계, 입법 연혁과 목적을 종합하면 다음과 같은 결론을 도출할 수 있다. 재외동포에 대한 사증발급은 행정청의 재량행위에 속하는 것으로서, 재외동포가 사증발급을 신청한 경우에 출입국관리법 시행령 [별표 1의2]에서 정한 재외동포체류자격의 요건을 갖추었다고 해서 무조건 사증을 발급해야 하는 것은 아니다. 재외동포에게 출입국관리법 제11조 제1항 각호에서 정한 입국금지사유 또는 재외동포법 제5조 제2항에서 정한 재외동포체류자격 부여 제외사유(예컨대 '대한민국 남자가 병역을 기피할 목적으로 외국국적을 취득하고 대한민국 국적을 상실하여 외국인이 된 경우')가 있어 그의 국내 체류를 허용하지 않음으로써 달성하고자 하는 공익이 그로 말미암아 발생하는 불이익보다 큰 경우에는 행정청이 재외동포체류자격의 사증을 발급하지 않을 재량을 가진다.

[7] 처분의 근거 법령이 행정청에 처분의 요건과 효과 판단에 일정한 재량을 부여하였는데도, 행정청이 자신에게 재량권이 없다고 오인한 나머지 처분으로 달성하려는 공익과 그로써 처분상대방이 입게 되는 불이익의 내용과 정도를 전혀 비교형량 하지 않은 채 처분을 하였다면, 이는 재량권 불행사로서 그 자체로 재량권 일탈·남용으로 해당 처분을 취소하여야 할 위법사유가 된다.

[8] 비례의 원칙은 법치국가 원리에서 당연히 파생되는 헌법상의 기본원리로서, 모든 국가작용에 적용된다. 행정목적을 달성하기 위한 수단은 목적달성에 유효·적절하고, 가능한 한 최소침해를 가져오는 것이어야 하며, 아울러 그 수단의 도입에 따른 침해가 의도하는 공익을 능가하여서는 안 된다.

[9] 처분상대방의 의무위반을 이유로 한 제재처분의 경우 의무위반 내용과 제재처분의 양정(양정) 사이에 엄밀하게는 아니더라도 어느 정도는 비례 관계가 있어야 한다. 제재처분이 의무위반의 내용에 비하여 과중하여 사회통념상 현저하게 타당성을 잃은 경우에는 재량권 일탈·남용에 해당하여 위법하다고 보아야 한다.

[10] 병무청장이 법무부장관에게 '가수 갑이 공연을 위하여 국외여행허가를 받고 출국한 후 미국 시민권을 취득함으로써 사실상 병역의무를 면탈하였다'는 이유로 입국 금지를 요청함에 따라 법무부장관이 갑의 입국금지결정을 하였는데, 갑이 재외공관의 장에게 재외동포(F-4) 체류자격의 사증발급을 신청하자 재외공관장이 처분이유를 기재한 사증발급 거부처분서를 작성해 주지 않은 채 갑의 아버지에게 전화로 사증발급이 불허되었다고 통보한 사안에서, 갑의 재외동포(F-4) 체류자격 사증발급 신청에 대하여 재외공관장이 6일 만에 한 사증발급 거부처분이 문서에 의한 처분 방식의 예외로 행정절차법 제24조 제1항 단서에서 정한 '신속히 처리할 필요가 있거나 사안이 경미한 경우'에 해당한다고 볼 수도 없으므로 사증발급 거부처분에는 행정절차법 제24조 제1항을 위반한 하자가 있음에도, 외국인의 사증발급 신청에 대한 거부처분이 성질상 행정절차를 거치기 곤란하거나 불필요하다고 인정되는 처분에 해당하여 행정절차법의 적용이 배제된다고 판단하고, 재외공관장이 자신에게 주어진 재량권을 전혀 행사하지 않고 오로지 13년 7개월 전에 입국금지결정이 있었다는 이유만으로 그에 구속되어 사증발급 거부처분을 한 것이 비례의 원칙에 반하는 것인지 판단했어야 함에도, 입국금지결정에 따라 사증발급 거부처분을 한 것이 적법하다고 본 원심판단에 법리를 오해한 ★잘못이 있다고 한 사례(대법원 2019. 7. 11. 선고 2017두38874 판결)

판례 060

판시사항

[1] 행정청의 행위가 항고소송의 대상이 될 수 있는지 판단하는 기준 / 어떠한 처분에 법령상 근거가 있는지, 행정절차법에서 정한 처분절차를 준수하였는지가 소송요건 심사단계에서 고려할 요소인지 여부(소극)

[2] 행정처분의 직접 상대방이 아닌 자에게 처분의 취소를 구할 원고적격이 인정되는 경우

[3] 행정소송법상 항고소송으로 제기하여야 할 사건을 민사소송으로 잘못 제기하였으나 수소법원이 항고소송에 대한 관할도 동시에 가지고 있는 경우, 법원이 취하여야 할 조치

[4] 법무사의 사무원 채용승인 신청에 대하여 소속 지방법무사회가 '채용승인을 거부'하는 조치 또는 일단 채용승인을 하였으나 법무사규칙 제37조 제6항을 근거로 '채용승인을 취소'하는 조치가 항고소송의 대상인 '처분'에 해당하는지 여부(★적극)

[5] 지방법무사회가 법무사의 사무원 채용승인 신청을 거부하거나 채용승인을 얻어 채용 중인 사람에 대한 채용승인을 취소한 경우, 그 때문에 사무원이 될 수 없게 된 사람에게 항고소송을 제기할 원고적격이 인정되는지 여부(★적극)

[6] 법률의 시행령이나 시행규칙의 내용이 모법의 입법 취지와 관련 조항 전체를 유기적·체계적

으로 살펴보아 모법의 해석상 가능한 것을 명시한 것에 지나지 않거나 모법 조항의 취지에 근거하여 이를 구체화하기 위한 것인 경우, 모법에 직접 위임하는 규정을 두지 않았다고 하여 무효인지 여부(★소극)

[7] '소속 지방법무사회는 법무사 사무원이 법무사 사무원으로서의 업무수행에 지장이 있다고 인정되는 행위를 하였을 경우에는 그 채용승인을 취소하여야 한다'고 규정한 법무사규칙 제37조 제6항 후단 부분이 모법인 법무사법 제23조 제4항의 위임 범위를 일탈한 것이어서 법률유보원칙에 위배되는지 문제 된 사안에서, 위 규칙조항이 모법의 위임 범위를 일탈한 것으로 볼 수 없다고 한 원심판단을 수긍한 사례

판결요지

[1] 항고소송의 대상인 '처분'이란 행정청이 행하는 구체적 사실에 관한 법집행으로서의 공권력의 행사 또는 그 거부와 그 밖에 이에 준하는 행정작용(행정소송법 제2조 제1항 제1호)을 말한다. 행정청의 행위가 항고소송의 대상이 될 수 있는지는 추상적·일반적으로 결정할 수 없고, 구체적인 경우에 관련 법령의 내용과 취지, 행위의 주체·내용·형식·절차, 행위와 상대방 등 이해관계인이 입는 불이익 사이의 실질적 견련성, 법치행정의 원리와 행위에 관련된 행정청이나 이해관계인의 태도 등을 고려하여 개별적으로 결정하여야 한다. 또한 어떠한 처분에 법령상 근거가 있는지, 행정절차법에서 정한 처분절차를 준수하였는지는 본안에서 당해 처분이 적법한가를 판단하는 단계에서 고려할 요소이지, 소송요건 심사단계에서 고려할 요소가 아니다.

[2] 불이익처분의 상대방은 직접 개인적 이익의 침해를 받은 자로서 원고적격이 인정된다. 행정처분의 직접 상대방이 아닌 자라 하더라도 행정처분의 근거 법규 또는 관련 법규에 의하여 개별적·직접적·구체적으로 보호되는 이익이 있는 경우 처분의 취소를 구할 원고적격이 인정된다.

[3] 행정소송법상 항고소송으로 제기하여야 할 사건을 민사소송으로 잘못 제기한 경우에 수소법원이 항고소송에 대한 관할도 동시에 가지고 있다면, 전심절차를 거치지 않았거나 제소기간을 도과하는 등 항고소송으로서의 소송요건을 갖추지 못했음이 명백하여 항고소송으로 제기되었더라도 어차피 부적법하게 되는 경우가 아닌 이상, 원고로 하여금 항고소송으로 소 변경을 하도록 석명권을 행사하여 행정소송법이 정하는 절차에 따라 심리·판단하여야 한다.

[4] 법무사의 사무원 채용승인 신청에 대하여 소속 지방법무사회가 '채용승인을 거부'하는 조치 또는 일단 채용승인을 하였으나 법무사규칙 제37조 제6항을 근거로 '채용승인을 취소'하는 조치는 공법인인 지방법무사회가 행하는 구체적 사실에 관한 법집행으로서 공권력의 행사 또는 그 거부에 해당하므로 항고소송의 대상인 '처분'이라고 보아야 한다. 구체적인 이유는 다음과 같다.

법무사가 사무원을 채용하기 위하여 지방법무사회의 승인을 받도록 한 것은, 그 사람이 법무사법 제23조 제2항 각호에서 정한 결격사유에 해당하는지 여부를 미리 심사함으로써 법무사 사무원의 비리를 예방하고 법무사 직역에 대한 일반국민의 신뢰를 확보하기 위함이다. 법무사 사무원 채용승인은 본래 법무사에 대한 감독권한을 가지는 소관 지방법원장에 의한 국가사무였다가 지방법무사회로 이관되었으나, 이후에도 소관 지방법원장은 지방법무사회로부터 채용승인 사실의 보고를 받고 이의신청을 직접 처리하는 등 지방법무사회의 업무수행 적정성에 대한 감독을 하고 있다.

또한 법무사가 사무원 채용에 관하여 법무사법이나 법무사규칙을 위반하는 경우에는 소관 지방법원장으로부터 징계를 받을 수 있으므로, 법무사에 대하여 지방법무사회로부터 채용승인을 얻어 사무원을 채용할 의무는 법무사법에 의하여 강제되는 공법적 의무이다.

이러한 법무사 사무원 채용승인 제도의 법적 성질 및 연혁, 사무원 채용승인 거부에 대한 불복절차로서 소관 지방법원장에게 이의신청을 하도록 제도를 규정한 점 등에 비추어 보면, 지방법무사회의 법무사 사무원 채용승인은 단순히 지방법무사회와 소속 법무사 사이의 내부 법률문제라거나 지방법무사회의 고유사무라고 볼 수 없고, 법무사 감독이라는 국가사무를 위임받아 수행하는 것이라고 보아야 한다. 따라서 지방법무사회는 법무사 감독 사무를 수행하기 위하여 법률에 의하여 설립과 법무사의 회원 가입이 강제된 공법인으로서 법무사 사무원 채용승인에 관한 한 공권력 행사의 주체라고 보아야 한다.

[5] 지방법무사회가 법무사의 사무원 채용승인 신청을 거부하거나 채용승인을 얻어 채용 중인 사람에 대한 채용승인을 취소하면, 상대방인 법무사로서도 그 사람을 사무원으로 채용할 수 없게 되는 불이익을 입게 될 뿐만 아니라, 그 사람도 법무사 사무원으로 채용되어 근무할 수 없게 되는 불이익을 입게 된다. 법무사규칙 제37조 제4항이 이의신청 절차를 규정한 것은 채용승인을 신청한 법무사뿐만 아니라 사무원이 되려는 사람의 이익도 보호하려는 취지로 볼 수 있다. 따라서 《《지방법무사회의 사무원 채용승인 거부처분 또는 채용승인 취소처분》》에 대해서는 ★★★ 《《처분 상대방인 법무사뿐만 아니라 그 때문에 사무원이 될 수 없게 된 사람》》도 이를 다툴 원고적격이 인정되어야 한다.

[6] 법률 하위의 법규명령은 법률에 의한 위임이 없으면 개인의 권리·의무에 관한 내용을 변경·보충하거나 법률이 규정하지 아니한 새로운 내용을 정할 수는 없지만, 법률의 시행령이나 시행규칙의 내용이 모법의 입법 취지와 관련 조항 전체를 유기적·체계적으로 살펴보아 모법의 해석상 가능한 것을 명시한 것에 지나지 아니하거나 모법 조항의 취지에 근거하여 이를 구체화하기 위한 것인 때에는 모법의 규율 범위를 벗어난 것으로 볼 수 없으므로, 모법에 이에 관하여 직접 위임하는 규정을 두지 아니하였다고 하더라도 이를 무효라고 볼 수는 없다.

[7] '소속 지방법무사회는 법무사 사무원이 법무사 사무원으로서의 업무수행에 지장이 있다고 인정되는 행위를 하였을 경우에는 그 채용승인을 취소하여야 한다'고 규정한 법무사규칙 제37조 제6항 후단 부분이 모법인 법무사법 제23조 제4항의 위임 범위를 일탈한 것이어서 법률유보원칙에 위배되는지 문제 된 사안에서, 법무사법 제23조 제4항이 변동하는 사회경제 상황에 대처하여 탄력적으로 대응할 수 있도록 법무사 사무원 채용에 관하여 대법원규칙으로 구체화할 사항을 폭넓게 위임하고 있는 점, 위 규칙조항에 다소 추상적인 면이 있더라도 법무사 사무원 채용승인 제도의 입법 목적인 법무사 사무의 공익성·전문성 확보를 위하여 필요하고 법관의 법해석작용을 통하여 그 의미가 구체화·명확화될 수 있는 점 등을 고려하면, 위 규칙조항이 모법의 위임 범위를 일탈한 것으로 볼 수 ★없다고 한 원심판단을 수긍한 사례(대법원 2020. 4. 9. 선고 2015다34444 판결).

판례 061

판시사항

[1] 행정처분에 대한 취소소송에서 원고적격은 취소를 구할 법률상 이익이 있는지에 따라 결정되는지 여부(적극) 및 이때 '법률상 이익'의 의미

[2] 신문 등의 진흥에 관한 법률상 관할 시·도지사가 하는 신문 등록의 법적 성격(★★★=행정처분)

[3] 신문 등의 진흥에 관한 법률상 등록에 따라 인정되는 신문사업자의 지위는 사법상 권리인 '특정 명칭의 사용권'과 구별되는 직접적·구체적인 이익인지 여부(적극)

[4] 이미 등록된 신문의 사업자와 새로운 신문사업자 사이에 명칭 사용 허락과 관련하여 민사상 분쟁이 있는 경우 이를 이유로 등록관청이 신규사업자의 신문 등록을 직권으로 취소·철회할 수 있는지 여부(★★★소극) 및 신규사업자의 신문 등의 진흥에 관한 법률상 지위는 법원의 판단이 있기 전까지 존속하는지 여부(적극)

[5] 갑 주식회사로부터 '제주일보' 명칭 사용을 허락받아 신문 등의 진흥에 관한 법률에 따라 등록관청인 도지사에게 신문의 명칭 등을 등록하고 제주일보를 발행하고 있던 을 주식회사가, 병 주식회사가 갑 회사의 사업을 양수하였음을 원인으로 하여 사업자 지위승계신고 및 그에 따른 발행인·편집인 등의 등록사항 변경을 신청한 데 대하여 도지사가 이를 수리하고 변경등록을 하자, 사업자 지위승계신고 수리와 신문사업변경등록에 대한 무효확인 또는 취소를 구하는 소를 제기한 사안에서, 위 처분은 을 회사가 '제주일보' 명칭으로 신문을 발행할 수 있는 신문 등의 진흥에 관한 법률상 지위를 불안정하게 만드는 것이므로, 을 회사에 무효확인 또는 취소를 구할 법률상 이익이 ★인정된다고 한 사례

판결요지

[1] 행정처분에 대한 취소소송에서 원고적격은 해당 처분의 상대방인지 여부가 아니라 그 취소를 구할 법률상 이익이 있는지 여부에 따라 결정된다. 여기에서 말하는 법률상 이익이란 해당 처분의 근거 법률로 보호되는 직접적이고 구체적인 이익을 가리키고, 간접적이거나 사실적·경제적 이해관계를 가지는 데 불과한 경우는 포함되지 않는다.

[2] 신문을 발행하려는 자는 신문의 명칭('제호'라는 용어를 사용하기도 한다) 등을 주사무소 소재지를 관할하는 시·도지사(이하 '등록관청'이라 한다)에게 등록하여야 하고, 등록을 하지 않고 신문을 발행한 자에게는 2천만 원 이하의 과태료가 부과된다(신문 등의 진흥에 관한 법률 제9조 제1항, 제39조 제1항 제1호). 따라서 ★등록관청이 하는 신문의 등록은 신문을 적법하게 발행할 수 있도록 하는 행정처분에 해당한다.

[3] 신문 등의 진흥에 관한 법률(이하 '신문법'이라 한다)상 신문 등록의 법적 성격, 동일 명칭 이중등록 금지의 내용과 취지 등을 종합하면, 신문의 등록은 단순히 명칭 등을 공적 장부에 등재하여 일반에 공시(공시)하는 것에 그치는 것이 아니라 신문사업자에게 등록한 특정 명칭으로 신문을 발행할 수 있도록 하는 것이고, 이처럼 신문법상 등록에 따라 인정되는 신문사업자의 지위는 사법상 권리인 '특정 명칭의 사용권' 자체와는 구별된다.

[4] 이미 등록된 신문의 사업자(이하 '기존사업자'라 한다)가 새로운 신문사업자(이하 '신규사업자'라 한다)와 체결한 '명칭 사용 허락에 관한 약정'의 무효, 취소 또는 해지를 주장하거나 허락기간의 종료를 주장하고 신규사업자가 이를 다툼으로써 기존사업자와 신규사업자 모두 적법하게 등록한 동일한 명칭으로 신문을 발행하려고 하는 상황이 발생할 수 있다. 신문 등의 진흥에 관한 법률(이하 '신문법'이라 한다)은 이처럼 동일한 명칭의 신문이 이중으로 등록되어 두 명 이상의 신문사업자가 신문을 발행하려고 하는 경우 이중등록의 효력 또는 이중으로 등록한 신규사업자에 대한 행정 조치에 관하여 직접적인 규정을 두고 있지 않다.

그러나 위와 같이 기존사업자와 신규사업자 사이에 명칭 사용 허락과 관련하여 민사상 분쟁이 있는 경우에는 이를 이유로 등록관청이 신규사업자의 신문 등록을 직권으로 취소·철회할 수는 없고, 그 다툼에 관한 법원의 판단을 기다려 그에 따라 등록취소 또는 변경등록 등의 행정 조치를 할 수 있을 뿐이며, 법원의 판단이 있기 전까지 신규사업자의 신문법상 지위는 존속한다고 보아야 한다.

[5] 갑 주식회사로부터 '제주일보' 명칭 사용을 허락받아 신문 등의 진흥에 관한 법률(이하 '신문법'이라 한다)에 따라 등록관청인 도지사에게 신문의 명칭 등을 등록하고 제주일보를 발행하고 있던 을 주식회사가, 병 주식회사가 갑 회사의 사업을 양수하였음을 원인으로 하여 사업자 지위승계신고 및 그에 따른 발행인·편집인 등의 등록사항 변경을 신청한 데 대하여 도지사가 이를 수리하고 변경등록을 하자, 사업자 지위승계신고 수리와 신문사업변경등록에 대한 무효확인 또는 취소를 구하는 소를 제기한 사안에서, 신문사업자의 지위는 신문법상 등록에 따라 보호되는 직접적·구체적인 이익으로 사법상 '특정 명칭의 사용권'과 구별되고, 갑 회사와 을 회사 사이에 신문의 명칭 사용 허락과 관련하여 민사상 분쟁이 있더라도 법원의 판단이 있기 전까지 을 회사의 신문법상 지위는 존재하기 때문에, 위 처분은 을 회사가 '제주일보' 명칭으로 신문을 발행할 수 있는 신문법상 지위를 불안정하게 만드는 것이므로, 을 회사에는 무효확인 또는 취소를 구할 법률상 이익이 ★인정된다는 이유로, 이와 달리 사법상 권리를 상실하면 신문법상 지위도 당연히 소멸한다는 전제에서 을 회사의 원고적격을 부정한 원심판단에 법리를 오해한 잘못이 있다고 한 사례(대법원 2019. 8. 30. 선고 2018두47189 판결)

판례 062

판시사항

외국인에게 사증발급 거부처분의 취소를 구할 법률상 이익이 인정되는지 여부(★★소극)

판결요지

사증발급의 법적 성질, 출입국관리법의 입법 목적, 사증발급 신청인의 대한민국과의 실질적 관련성, 상호주의원칙 등을 고려하면, 우리 출입국관리법의 해석상 외국인에게는 사증발급 거부처분의 취소를 구할 법률상 이익이 인정되지 않는다.

【이 유】

상고이유(상고이유서 제출기간이 지난 후에 제출된 상고이유보충서의 기재는 상고이유를 보충하는 범위 내에서)를 판단한다.

1. 원고적격 인정 여부

한편 출입국관리법은, 입국하려는 외국인은 대통령령으로 정하는 체류자격을 가져야 하고(제10조 제1항), 사증발급에 관한 기준과 절차는 법무부령으로 정한다고(제8조 제3항) 규정하고 있다. 그 위임에 따라 출입국관리법 시행령 제12조 [별표 1]은 외국인의 다양한 체류자격을 규정하면서, 그 중 결혼이민(F-6) 체류자격을 "국민의 배우자"[(가)목], "국민과 혼인관계(사실상의 혼인관계를 포함한다)에서 출생한 자녀를 양육하고 있는 부 또는 모로서 법무부장관이 인정하는 사람"[(나)목], "국민인 배우자와 혼인한 상태로 국내에 체류하던 중 그 배우자의 사망이나 실종, 그 밖에 자신에게 책임이 없는 사유로 정상적인 혼인관계를 유지할 수 없는 사람으로서 법무부장관이 인정하는 사람"[(다)목]이라고 규정하고 있다(제28의4호). 그런데 외국인에게는 입국의 자유를 인정하지 않는 것이 세계 각국의 일반적인 입법 태도이다. 그리고 우리 출입국관리법의 입법 목적은 "대한민국에 입국하거나 대한민국에서 출국하는 모든 국민 및 외국인의 출입국관리를 통한 안전한 국경관리와 대한민국에 체류하는 외국인의 체류관리 및 난민(난민)의 인정절차 등에 관한 사항을 규정"하는 것이다(제1조). 체류자격 및 사증발급의 기준과 절차에 관한 출입국관리법과 그 하위법령의 위와 같은 규정들은, 대한민국의 출입국 질서와 국경관리라는 공익을 보호하려는 취지일 뿐, 외국인에게 대한민국에 입국할 권리를 보장하거나 대한민국에 입국하고자 하는 ★외국인의 사익까지 보호하려는 취지로 해석하기는 어렵다.

사증발급 거부처분을 다투는 외국인은, 아직 대한민국에 입국하지 않은 상태에서 대한민국에 입국하게 해달라고 주장하는 것으로, 대한민국과의 실질적 관련성 내지 대한민국에서 법적으로 보호가치 있는 이해관계를 형성한 경우는 아니어서, 해당 처분의 취소를 구할 법률상 이익을 인정하여야 할 법정책적 필요성도 크지 않다. 반면, 국적법상 귀화불허가처분이나 출입국관리법상 체류자격변경 불허가처분, 강제퇴거명령 등을 다투는 외국인은 대한민국에 적법하게 입국하여 상당한 기간을 체류한 사람이므로, 이미 대한민국과의 실질적 관련성 내지 대한민국에서 법적으로 보호가치 있는 이해관계를 형성한 경우이어서, 해당 처분의 취소를 구할 법률상 이익이 ★인정된다고 보아야 한다.

나아가 중화인민공화국(이하 '중국'이라 한다) 출입경관리법 제36조 등은 외국인이 사증발급 거부 등 출입국 관련 제반 결정에 대하여 불복하지 못하도록 명문의 규정을 두고 있으므로, 국제법의 상호주의원칙상 대한민국이 중국 국적자에게 우리 출입국관리 행정청의 사증발급 거부에 대하여 행정소송 제기를 허용할 책무를 부담한다고 볼 수는 없다.

이와 같은 사증발급의 법적 성질, 출입국관리법의 입법 목적, 사증발급 신청인의 대한민국과의 실질적 관련성, 상호주의원칙 등을 고려하면, ★★★우리 출입국관리법의 해석상 외국인에게는 사증발급 거부처분의 취소를 구할 법률상 이익이 인정되지 않는다고 봄이 타당하다.

다. 원심판결 이유와 적법하게 채택된 증거들에 의하면, 다음과 같은 사실을 알 수 있다.

1) 대한민국 국민인 소외인은 국제결혼중개업체를 통해 2010. 3. 6.부터 4박 5일간 중국을 방문하여 중국 국적자인 원고를 소개받은 후, 소외인이 2010. 4. 5. 한국에서 혼인신고를, 원고가 2010. 4. 26. 중국에서 혼인신고를 마쳤다.

2) 원고는 소외인과 혼인하였음을 이유로, 2010. 5.경부터 2013. 5.경 사이에 매년 1차례씩 피고에게 결혼이민(F-6) 체류자격의 사증발급을 네 차례 신청하였다. 그러나 피고는 매번 소외인의 거주지를 관할하는 출입국관리사무소 소속 공무원의 실태조사를 거쳐, '소외인의 가족부양능력 결여' 등을 이유로 원고에 대한 사증발급을 네 차례 모두 거부하였다(그중 피고가 2013. 7. 16. 원고에 대하여 한 네 번째 사증발급거부행위를 '이 사건 거부처분'이라 한다).

라. 위와 같은 사실관계를 앞서 본 법리에 비추어 살펴보면, 중국 국적자인 원고에게는 사증발급 거부처분의 취소를 구할 법률상 이익이 인정되지 않는다고 보아야 한다.

마. 그럼에도 원심은, 원고가 이 사건 거부처분의 직접 상대방이라는 이유만으로 원고에게 그 취소를 구할 법률상 이익이 있다고 인정한 다음, 본안으로 나아가 이 사건 거부처분의 위법성 여부에 관하여 판단하였다. 이러한 원심판단에는 항고소송의 원고적격에 관한 법리를 오해하여 판결에 영향을 미친 위법이 있고, 이 점을 지적하는 상고이유 주장은 이유 ★있다(대법원 2018. 5. 15. 선고 2014두42506 판결).

판례 063

판시사항

[1] 면허나 인허가 등의 수익적 행정처분의 근거가 되는 법률이 해당 업자들 사이의 과당경쟁에 따른 경영의 불합리 방지를 목적으로 하고 있는 경우, 면허나 인허가 등의 수익적 행정처분을 받아 영업을 하고 있는 기존의 업자가 같은 종류의 다른 업자에 대한 면허나 인허가 등의 수익적 행정처분의 취소를 구할 당사자적격이 있는지 여부(적극)

[2] 한정면허를 받은 시외버스운송사업자가 일반면허를 받은 시외버스운송사업자에 대한 사업계획변경 인가처분으로 수익감소가 예상되는 경우, 일반면허 시외버스운송사업자에 대한 사업계획변경 인가처분의 취소를 구할 법률상의 이익이 있는지 여부(적극)

[3] 개별 시·도지사가 관할 지역의 운송업체에 대하여 직행형 시외버스운송사업의 면허를 부여한 후 사실상 고속형 시외버스운송사업에 해당하는 운송사업을 할 수 있도록 사업계획변경을 인가하는 것이 위법한 처분인지 여부(적극) / 이러한 위법한 인가처분이 존속하게 된 결과, 사실상 고속형 시외버스운송사업을 하게 된 직행형 시외버스운송사업자에 대하여 위법상태의 일부라도 유지하는 내용의 새로운 사업계획변경을 재차 인가하는 시·도지사의 처분이 위법한지 여부(원칙적 적극) 및 이때 위 처분은 전체적으로 위법한지 여부(적극)

판결요지

[1] 일반적으로 면허나 인허가 등의 수익적 행정처분의 근거가 되는 법률이 해당 업자들 사이의 과당경쟁으로 인한 경영의 불합리를 방지하는 것도 목적으로 하고 있는 경우, 다른 업자에 대한 면허

나 인허가 등의 수익적 행정처분에 대하여 미리 같은 종류의 면허나 인허가 등의 수익적 행정처분을 받아 영업을 하고 있는 기존의 업자는 경업자에 대하여 이루어진 면허나 인허가 등 행정처분의 상대방이 아니라 하더라도 당해 행정처분의 취소를 구할 당사자적격이 있다.

[2] 한정면허를 받은 시외버스운송사업자라고 하더라도 다 같이 운행계통을 정하고 여객을 운송하는 노선여객자동차운송사업을 한다는 점에서 일반면허를 받은 시외버스운송사업자와 본질적인 차이가 없으므로, 일반면허를 받은 시외버스운송사업자에 대한 사업계획변경 인가처분으로 인하여 기존에 한정면허를 받은 시외버스운송사업자의 노선 및 운행계통과 일반면허를 받은 시외버스운송사업자의 그것이 일부 중복되게 되고 기존업자의 수익감소가 예상된다면, 기존의 한정면허를 받은 시외버스운송사업자와 일반면허를 받은 시외버스운송사업자는 경업관계에 있는 것으로 보는 것이 타당하고, 따라서 ★기존의 한정면허를 받은 시외버스운송사업자는 일반면허 시외버스운송사업자에 대한 사업계획변경인가처분의 취소를 구할 법률상의 이익이 있다.

[3] 구 여객자동차 운수사업법(2013. 8. 6. 법률 제12020호로 개정되기 전의 것) 제3조, 제4조, 제10조, 제75조, 구 여객자동차 운수사업법 시행령(2014. 7. 28. 대통령령 제25525호로 개정되기 전의 것) 제3조, 제37조, 구 여객자동차 운수사업법 시행규칙(2013. 11. 7. 국토교통부령 제35호로 개정되기 전의 것) 제8조 제5항 등 관계 법령의 규정을 종합하면, 시외버스운송사업은 고속형, 직행형, 일반형 등으로 구분되는데, 고속형 시외버스운송사업과 직행형 시외버스운송사업은 사용버스의 종류, 운행거리, 운행구간, 중간정차 여부 등에 의하여 구분된다. 나아가 고속형 시외버스운송사업의 면허에 관한 권한과 운행시간·영업소·정류소 및 운송부대시설의 변경을 넘는 사업계획변경인가에 관한 권한은 국토해양부장관에게 유보되어 있는 반면, 고속형 시외버스운송사업을 제외한 나머지 시외버스운송사업의 면허 및 사업계획변경인가에 관한 권한은 모두 시·도지사에게 위임되어 있다.

따라서 개별 시·도지사가 관할 지역의 운송업체에 대하여 <<직행형 시외버스운송사업의 면허를 부여한 후>> <<사실상 고속형 시외버스운송사업에 해당하는 운송사업을 할 수 있도록 사업계획변경을 인가하는 것은 시·도지사의 권한을 넘은 위법한 처분에 ★해당>>한다.

또한 이러한 ★위법한 인가처분이 존속하게 된 결과, 사실상 고속형 시외버스운송사업을 하고 있게 된 직행형 시외버스운송사업자에 대하여 그러한 위법상태의 일부라도 유지하는 내용의 새로운 사업계획변경을 재차 인가하는 시·도지사의 처분은 원칙적으로 권한을 넘는 위법한 처분으로 봄이 타당하다. 그 이유는, ★시·도지사에 의하여 권한 없이 발령되었으나 당연무효로 보기는 어려운 위법한 수익적 처분에 대하여 직권 취소가 제한되거나 쟁송취소가 이루어지지 못함으로써 그 처분이 단순히 유지되는 것은 불가피한 것이지만, 시·도지사가 이에 그치지 않고 더 나아가 이러한 변경인가 처분을 하는 것은, 당초부터 처분권한이 없던 시·도지사가 위법한 종전 처분이 유지되고 있음을 기화로 그 내용을 적극적으로 바꾸어 새로운 위법상태를 형성하는 것이기 때문이다. ★나아가 이러한 변경인가 처분은 전체적 관점에서 각 노선별 교통수요 등을 예측하여 이루어지는 것이어서 내용상 불가분적으로 연결되어 있다고 볼 수 있으므로, 이는 전체적으로 위법하다고 볼 수 있다(대법원 2018. 4. 26. 선고 2015두53824 판결).

◦ 판례 064

판시사항

[1] 상대방 있는 행정처분은 상대방에게 고지되어야 효력이 발생하는지 여부(★원칙적 적극) 및 상대방 있는 행정처분이 상대방에게 《고지되지 않았으나 상대방이 다른 경로를 통해 행정처분의 내용을 알게 된 경우》, 행정처분의 효력이 발생하는지 여부(★★★소극)

[2] 취소소송의 제소기간 기산점으로 행정소송법 제20조 제1항이 정한 '처분 등이 있음을 안 날'과 같은 조 제2항이 정한 '처분 등이 있은 날'의 의미 및 이러한 법리가 행정심판의 청구기간에 관해서도 마찬가지로 적용되는지 여부(★적극)

[3] 구 공무원연금법상 공무원연금급여 재심위원회에 대한 심사청구 제도의 법적 성격(=특별행정심판)

판결요지

[1] 상대방 있는 행정처분은 특별한 규정이 없는 한 의사표시에 관한 일반법리에 따라 상대방에게 고지되어야 효력이 발생하고, 상대방 있는 행정처분이 상대방에게 고지되지 아니한 경우에는 상대방이 다른 경로를 통해 행정처분의 내용을 알게 되었다고 하더라도 행정처분의 효력이 발생한다고 볼 수 없다.

[2] 취소소송의 제소기간 기산점으로 행정소송법 제20조 제1항이 정한 '처분 등이 있음을 안 날'은 유효한 행정처분이 있음을 안 날을, 같은 조 제2항이 정한 '처분 등이 있은 날'은 그 행정처분의 효력이 발생한 날을 각 의미한다. 이러한 법리는 행정심판의 청구기간에 관해서도 마찬가지로 적용된다.

[3] 구 공무원연금법(2018. 3. 20. 법률 제15523호로 전부 개정되기 전의 것, 이하 같다) 제80조에 의하면, 급여에 관한 결정 등에 관하여 이의가 있는 자는 급여에 관한 결정 등이 있었던 날부터 180일, 그 사실을 안 날부터 90일 이내에 '공무원연금급여 재심위원회'에 심사를 청구할 수 있을 뿐이고(제1항, 제2항), 《행정심판법에 따른 행정심판을 청구할 수는 없다》(제4항).

이와 같은 공무원연금급여 재심위원회에 대한 심사청구 제도의 입법 취지와 심사청구기간, 행정심판법에 따른 일반행정심판의 적용 배제, 구 공무원연금법 제80조 제3항의 위임에 따라 구 공무원연금법 시행령(2018. 9. 18. 대통령령 제29181호로 전부 개정되기 전의 것) 제84조 내지 제95조의2에서 정한 공무원연금급여 재심위원회의 조직, 운영, 심사절차에 관한 사항 등을 종합하면, 구 공무원연금법상 공무원연금급여 재심위원회에 대한 심사청구 제도는 사안의 전문성과 특수성을 살리기 위하여 특히 필요하여 행정심판법에 따른 일반행정심판을 갈음하는 특별한 행정불복절차(행정심판법 제4조 제1항), 즉 ★★특별행정심판에 해당한다(대법원 2019. 8. 9. 선고 2019두38656 판결).

판례 065

판시사항

[1] 감염병의 예방 및 관리에 관한 법률 제71조에 따른 예방접종 피해에 대한 국가의 보상책임이 인정되기 위한 요건 / 예방접종과 장애 등 사이의 인과관계가 있다고 추단하기 위한 증명의 정도 / 피해자가 해당 장애 등과 관련한 다른 위험인자를 보유하고 있다거나, 해당 예방접종이 오랜 기간 널리 시행되었음에도 해당 장애 등에 대한 보고 내지 신고 또는 인과관계에 관한 조사·연구 등이 없는 경우, 이를 인과관계 유무를 판단할 때 고려할 수 있는지 여부(★적극)

[2] 행정소송법 제13조 제1항에서 취소소송의 피고로 정한 행정청의 의미(=처분 권한을 가진 기관)

[3] 감염병의 예방 및 관리에 관한 법령상 예방접종 피해에 대한 국가의 보상금 지급에 대한 처분 권한을 가진 기관(=질병관리본부장)

[4] 제소기간에 관한 행정소송법 제20조 제1항에서 말하는 '행정심판'의 의미

[5] 수익적 행정행위 신청에 대한 거부처분이 있은 후 당사자가 다시 신청하고 행정청이 이를 다시 거절한 경우, 새로운 거부처분인지 여부(원칙적 적극)

판결요지

[1] 감염병의 예방 및 관리에 관한 법률(이하 '감염병예방법'이라 한다) 제71조에 의한 예방접종 피해에 대한 국가의 보상책임은 무과실책임이지만, 질병, 장애 또는 사망(이하 '장애 등'이라 한다)이 예방접종으로 발생하였다는 점이 인정되어야 한다.

여기서 예방접종과 장애 등 사이의 인과관계는 반드시 의학적·자연과학적으로 명백히 증명되어야 하는 것은 아니고, 간접적 사실관계 등 제반 사정을 고려할 때 인과관계가 있다고 추단되는 경우에는 증명이 있다고 보아야 한다. 인과관계를 추단하기 위해서는 특별한 사정이 없는 한 예방접종과 장애 등의 발생 사이에 시간적 밀접성이 있고, 피해자가 입은 장애 등이 예방접종으로부터 발생하였다고 추론하는 것이 의학이론이나 경험칙상 불가능하지 않으며, 장애 등이 원인불명이거나 예방접종이 아닌 다른 원인에 의해 발생한 것이 아니라는 정도의 증명이 있으면 족하다.

그러나 이러한 정도에 이르지 못한 채 예방접종 후 면역력이 약해질 수 있다는 막연한 추측을 근거로 현대의학상 예방접종에 내재하는 위험이 현실화된 것으로 볼 수 없는 경우까지 곧바로 인과관계를 추단할 수는 없다. 특히 피해자가 해당 장애 등과 관련한 다른 위험인자를 보유하고 있다거나, 해당 예방접종이 오랜 기간 널리 시행되었음에도 해당 장애 등에 대한 보고 내지 신고 또는 그 인과관계에 관한 조사·연구 등이 없다면, 인과관계 유무를 판단할 때 이를 고려할 수 있다.

[2] 취소소송은 다른 법률에 특별한 규정이 없는 한 처분 등을 행한 행정청을 피고로 한다(행정소송법 제13조 제1항). 여기서 '행정청'이란 국가 또는 공공단체의 기관으로서 국가나 공공단체의 의견을 결정하여 외부에 표시할 수 있는 권한, 즉 처분 권한을 가진 기관을 말한다.

[3] 감염병의 예방 및 관리에 관한 법률에 따르면, 국가는 일정한 예방접종을 받은 사람이 그 예방접종으로 질병에 걸리거나 장애인이 되거나 사망하였을 때에는 대통령령으로 정하는 기준과 절차에 따라 보상을 하여야 하고(제71조), 법에 따른 보건복지부장관의 권한은 대통령령으로 정하는 바에 따라 일부를 질병관리본부장에게 위임할 수 있다(제76조 제1항).

그 위임에 따른 구 감염병의 예방 및 관리에 관한 법률 시행령(2015. 1. 6. 대통령령 제26024호로 개정되기 전의 것)에 따르면, 보건복지부장관은 예방접종피해보상 전문위원회의 의견을 들어 보상 여부를 결정하고(제31조 제3항), 보상을 하기로 결정한 사람에게 보상 기준에 따른 보상금을 지급하며(제31조 제4항), 이러한 예방접종피해보상 업무에 관한 보건복지부장관의 권한은 질병관리본부장에게 위임되어 있다(제32조 제1항 제20호).

위 규정에 따르면 법령상 보상금 지급에 대한 처분 권한은, 국가사무인 예방접종피해보상에 관한 보건복지부장관의 위임을 받아 보상금 지급 여부를 결정하고, 보상금을 지급함으로써 대외적으로 보상금 지급 여부에 관한 의사를 표시할 수 있는 질병관리본부장에게 있다.

[4] 행정소송법 제20조 제1항에 따르면, 취소소송은 처분 등이 있음을 안 날부터 90일 이내에 제기하여야 하는데, 행정심판청구를 할 수 있는 경우에 행정심판청구가 있은 때의 기간은 재결서 정본을 송달받은 날부터 기산한다. 이처럼 취소소송의 제소기간을 제한함으로써 처분 등을 둘러싼 법률관계의 안정과 신속한 확정을 도모하려는 입법 취지에 비추어 볼 때, 여기서 말하는 '행정심판'은 행정심판법에 따른 일반행정심판과 이에 대한 특례로서 다른 법률에서 사안의 전문성과 특수성을 살리기 위하여 특히 필요하여 일반행정심판을 갈음하는 특별한 행정불복절차를 정한 경우의 특별행정심판(행정심판법 제4조)을 뜻한다.

[5] 수익적 행정행위 신청에 대한 거부처분은 당사자의 신청에 대하여 관할 행정청이 거절하는 의사를 대외적으로 명백히 표시함으로써 성립되고, 거부처분이 있은 후 당사자가 다시 신청을 한 경우에는 신청의 제목 여하에 불구하고 그 내용이 새로운 신청을 하는 취지라면 관할 행정청이 이를 다시 거절하는 것은 새로운 거부처분으로 봄이 원칙이다(대법원 2019. 4. 3. 선고 2017두52764 판결).

판례 066

판시사항

[1] 행정소송법 제12조 제2문에서 정한 법률상 이익, 즉 행정처분을 다툴 협의의 소의 이익 유무를 판단하는 방법

[2] 행정처분의 무효 확인 또는 취소를 구하는 소송계속 중 해당 행정처분이 기간의 경과 등으로 효과가 소멸한 때에 처분이 취소되어도 원상회복은 불가능하더라도 예외적으로 처분의 취소를 구할 소의 이익을 인정할 수 있는 경우 및 그 예외 중 하나인 '그 행정처분과 동일한 사유로 위법한 처분이 반복될 위험성이 있는 경우'의 의미

판결요지

[1] 행정소송법 제12조는 "취소소송은 처분 등의 취소를 구할 법률상 이익이 있는 자가 제기할 수 있다. 처분 등의 효과가 기간의 경과, 처분 등의 집행 그 밖의 사유로 인하여 소멸된 뒤에도 그 처분 등의 취소로 인하여 회복되는 법률상 이익이 있는 자의 경우에는 또한 같다."라고 규정하고 있다. 행정소송법 제12조 제2문에서 정한 법률상 이익, 즉 행정처분을 다툴 협의의 소의 이익은 개별·구체적 사정을 고려하여 판단하여야 한다.

[2] 행정처분의 무효 확인 또는 취소를 구하는 소가 제소 당시에는 소의 이익이 있어 적법하였는데, 소송계속 중 해당 행정처분이 기간의 경과 등으로 그 효과가 소멸한 때에 처분이 취소되어도 원상회복이 불가능하다고 보이는 경우라도, 무효 확인 또는 취소로써 회복할 수 있는 다른 권리나 이익이 남아 있거나 또는 그 행정처분과 동일한 사유로 위법한 처분이 반복될 위험성이 있어 행정처분의 위법성 확인 내지 불분명한 법률문제에 대한 해명이 필요한 경우에는 행정의 적법성 확보와 그에 대한 사법통제, 국민의 권리구제 확대 등의 측면에서 예외적으로 그 처분의 취소를 구할 소의 이익을 인정할 수 있다. 여기에서 '그 행정처분과 동일한 사유로 위법한 처분이 반복될 위험성이 있는 경우'란 불분명한 법률문제에 대한 해명이 필요한 상황에 대한 대표적인 예시일 뿐이며, 반드시 '해당 사건의 동일한 소송 당사자 사이에서' 반복될 위험이 있는 경우만을 의미하는 것은 아니다.

【이 유】

상고이유(상고이유서 제출기간이 지난 다음 제출된 상고이유보충서의 기재는 상고이유를 보충하는 범위 내에서)를 판단한다.

1. 사건의 개요와 쟁점

가. 원심판결 이유와 기록에 의하면, 다음과 같은 사정들을 알 수 있다.

(1) 원고는 회계감사업무 등을 목적으로 설립된 법인으로, 대우조선해양 주식회사(이하 '대우조선해양'이라 한다)의 제11기(2010회계연도)부터 제16기(2015회계연도)까지의 재무제표에 관하여 구 「주식회사의 외부감사에 관한 법률」(2017. 10. 31. 법률 제15022호로 전부 개정되기 전의 것, 이하 '구 외부감사법'이라 한다)에 따른 외부감사를 실시한 감사인이다(이하 위 각 외부감사를 통틀어 '이 사건 각 감사'라 하며, 원고 소속 공인회계사로 구성되어 이 사건 각 감사를 진행한 감사팀을 '이 사건 감사팀'이라 한다).

(2) 대우조선해양의 분식회계 의혹, 이 사건 감사팀의 부실감사 의혹이 제기됨에 따라, 금융감독원은 2015. 12. 10. 대우조선해양을 감리대상으로 선정하고, 이 사건 각 감사 등에 관한 감리에 착수하였다. 이러한 감리 결과 등을 바탕으로 증권선물위원회는 2017. 3. 24. 구 외부감사법 제16조 제1항 등에 따라 '이 사건 각 감사 과정에서의 외부감사법 및 회계감사기준 위반'을 이유로 원고에 대하여 '12개월의 업무정지 처분'을 할 것을 피고에게 건의하였다.

(3) 이에 피고는 2017. 4. 5. 원고에 대하여 ① '대우조선해양의 2014. 4. 8.자, 2015. 3. 9.자, 2016. 12. 13.자 증권신고서에 첨부된 2013년도, 2014년도, 2015년도 감사보고서에서 원고가 감사

절차 소홀로 대우조선해양의 거짓 재무제표에 관하여 적정 의견을 표명하였다.'는 사유로 「자본시장과 금융투자업에 관한 법률」 제429조 제1항, 제119조에 따른 과징금 16억 원 부과처분을 하고, 그와 동시에 ② '이 사건 감사팀이 대우조선해양의 2010년도부터 2015년도까지의 재무제표에 대한 감사를 실시하면서 대우조선해양의 회계처리기준 위반사실을 확인하고도 이를 합리화하기 위한 논리를 개발하여 제공하거나 대우조선해양에 허위의 근거자료를 적극 요청하여 대우조선해양의 회계처리기준 위반을 묵인하였고, 원고의 품질관리실은 감사품질 관리를 형식적으로 수행하여 이 사건 감사팀이 대우조선해양의 회계처리기준 위반을 묵인하는 것을 방조하였다.'는 사유로 공인회계사법 제39조 제1항 제5호에 따른 업무정지 12개월 처분을 하였다(이하 '이 사건 업무정지 처분'이라 한다).

(4) 원고는 2017. 6. 30. 이 사건 업무정지 처분에 대해서만 취소를 구하는 이 사건 소를 제기하였는데, 별도로 집행정지 신청을 하지 않음에 따라 업무정지기간이 2017. 4. 5.부터 개시되어 2018. 4. 4. 만료되었다.

(5) 제1심은 이 사건 소가 소송요건을 모두 갖추어 적법함을 전제로 본안판단으로 나아가, 이 사건 업무정지 처분의 경우 공인회계사법 제39조 제1항 제5호에서 정한 처분사유(회계법인의 감사에 중대한 착오 또는 누락이 있는 경우)는 인정되나, 원고가 이 사건 감사팀의 회계감사기준 위반행위를 묵인·방조·지시하는 등 조직적으로 관여한 경우로 인정하기 어려운 점, 원고의 구성원(등기이사)은 133명이고 소속 공인회계사는 1,305명인데 그중 이 사건 감사팀은 구성원 2명과 소속 공인회계사 13명에 불과한 점, 원고는 대우조선해양에 대한 부실감사와 관련하여 이 사건 업무정지 처분 외에도 과징금 16억 원 부과처분 등의 제재를 별도로 받은 점, 공인회계사법 제52조의2는 업무정지 처분을 갈음하여 과징금을 부과할 수 있도록 규정하고 있는 점 등을 고려하면, 이 사건 감사팀의 위반행위로 인하여 원고 전체에 대하여 업무정지 12개월 처분을 하는 것은 비례의 원칙을 위반한 과중한 처분에 해당한다고 판단하였다.

(6) 반면 원심은, 원고가 이 사건 감사팀의 잘못을 인정하고 있어 향후 감사업무를 수행하는 과정에서 같은 잘못을 반복할 가능성은 없어 보이고, 원고가 향후 다시 고의 또는 중대한 과실로 같은 잘못을 반복하지만 않는다면 피고가 원고에 대하여 공인회계사법 제39조 제1항 제5호에 따른 업무정지 처분을 반복할 가능성은 없으므로, 원고와 피고 사이에서 동일한 사유로 위법한 처분이 반복될 위험성이 있어 행정처분의 위법성 확인 내지 불분명한 법률문제에 대한 해명이 필요한 경우로는 볼 수 없고, 따라서 소송계속 중 이 사건 업무정지 처분에서 정한 업무정지기간이 만료됨에 따라 이 사건 업무정지 처분의 취소를 구할 소의 이익이 인정되지 않는다고 판단하였다.

나. 이 사건의 쟁점은, 소송계속 중 이 사건 업무정지 처분에서 정한 업무정지기간이 만료됨에 따라 원고가 이 사건 업무정지 처분의 취소를 구할 소의 이익이 소멸한 것으로 보아야 하는지 여부이다.

2. 관련 법리

가. 행정소송법 제12조는 "취소소송은 처분 등의 취소를 구할 법률상 이익이 있는 자가 제기할 수 있다. 처분 등의 효과가 기간의 경과, 처분 등의 집행 그 밖의 사유로 인하여 소멸된 뒤에도 그 처분 등의 취소로 인하여 회복되는 법률상 이익이 있는 자의 경우에는 또한 같다."라고 규정하고 있다. 행정소송법 제12조 제2문에서 정한 법률상 이익, 즉 행정처분을 다툴 협의의 소의 이익은 개별·구체적

사정을 고려하여 판단하여야 한다.

나. 행정처분의 무효 확인 또는 취소를 구하는 소가 제소 당시에는 소의 이익이 있어 적법하였는데, 소송계속 중 해당 행정처분이 기간의 경과 등으로 그 효과가 소멸한 때에 그 처분이 취소되어도 원상회복이 불가능하다고 보이는 경우라 하더라도, 무효 확인 또는 취소로써 회복할 수 있는 다른 권리나 이익이 남아 있거나 또는 그 행정처분과 동일한 사유로 위법한 처분이 반복될 위험성이 있어 행정처분의 위법성 확인 내지 불분명한 법률문제에 대한 해명이 필요한 경우에는 행정의 적법성 확보와 그에 대한 사법통제, 국민의 권리구제의 확대 등의 측면에서 예외적으로 그 처분의 취소를 구할 소의 이익을 인정할 수 있다(대법원 2007. 7. 19. 선고 2006두19297 전원합의체 판결, 대법원 2016. 6. 10. 선고 2013두1638 판결 등 참조). 여기에서 '그 행정처분과 동일한 사유로 위법한 처분이 반복될 위험성이 있는 경우'란 불분명한 법률문제에 대한 해명이 필요한 상황에 대한 대표적인 예시일 뿐이며, 반드시 '해당 사건의 동일한 소송 당사자 사이에서' ★★반복될 위험이 있는 경우만을 의미하는 것은 아니다(대법원 2008. 2. 14. 선고 2007두13203 판결 등 참조).

3. 이 사건에 관한 판단

앞서 본 사실관계를 이러한 법리에 비추어 살펴본다.

먼저 이 사건 감사팀의 회계감사기준 위반행위가 인정되고 원고 또한 이를 다투는 것은 아니라고 하더라도, ① 그것을 이유로 이 사건 감사팀이 속한 회계법인 전체에 대하여 업무정지 처분을 하는 것이 근거 법률인 공인회계사법 제39조 제1항 제5호 및 관련 하위 규정들의 해석상 허용되는지 여부에 관하여는 법원의 분명한 판례가 없고 ② 처분사유가 인정되는 경우에도 이 사건 감사팀이 행한 위반행위의 내용과 정도, 이에 대한 원고의 관여 정도, 이 사건 감사팀이 회계법인 내에서 차지하는 비중 등 여러 사정들을 고려하였을 때 과연 이 사건 업무정지 처분이 비례의 원칙을 위반한 과중한 처분인지 여부 또한 다툼의 여지가 있어 보인다. 따라서 만약 이 사건에서 법원이 본안 판단을 하지 않는다면 피고가 이 사건 업무정지 처분을 하면서 채택·적용한 법령해석에 관한 의견이나 처분의 기준을 앞으로도 그대로 반복·적용할 것이 예상된다.

그렇다면 이 사건 업무정지 처분에 따른 업무정지기간이 만료되었다고 하더라도, 이 사건 업무정지 처분의 위법성 확인 내지 불분명한 법률문제의 해명은 여전히 필요하다고 할 것이므로 이 사건 업무정지 처분의 취소를 구할 소의 이익을 ★인정하는 것이 앞서 본 법리에 부합하여 타당하다.

결국 이와 달리 '원고와 피고 사이에서 동일한 사유로 위법한 처분이 반복될 가능성이 없음'을 주된 이유로 삼아 이 사건 업무정지 처분의 취소를 구할 소의 이익을 부정한 원심의 판단에는 항고소송에서 소의 이익에 관한 앞서의 법리를 오해하여 필요한 심리를 다하지 않음으로써 판결에 영향을 미친 잘못이 있다. 이 점을 지적하는 상고이유 주장은 이유 있다(대법원 2020. 12. 24. 선고 2020두30450 판결).

판례 067

판시사항

[1] 행정처분의 직접 상대방이 아닌 자로서 처분에 의하여 자신의 환경상 이익을 침해받거나 침해받을 우려가 있다는 이유로 취소소송을 제기하는 제3자에게 원고적격이 인정되기 위한 요건

[2] 처분이 유효하게 존속하는 경우, 취소소송을 제기할 권리보호의 필요성이 인정되는지 여부(원칙적 적극)

[3] 개발제한구역 안에서의 공장설립을 승인한 처분이 위법하다는 이유로 쟁송취소되었으나 그 승인처분에 기초한 공장건축허가처분이 잔존하는 경우, 인근 주민들에게 공장건축허가처분의 취소를 구할 법률상 이익이 있는지 여부(적극)

판결요지

[1] 행정처분의 직접 상대방이 아닌 자로서 처분에 의하여 자신의 환경상 이익을 침해받거나 침해받을 우려가 있다는 이유로 취소소송을 제기하는 제3자는, 자신의 환경상 이익이 처분의 근거 법규 또는 관련 법규에 의하여 개별적·직접적·구체적으로 보호되는 이익, 즉 법률상 보호되는 이익임을 증명하여야 원고적격이 인정된다.

[2] 행정소송법 제12조 후문은 '처분 등의 효과가 기간의 경과, 처분 등의 집행 그 밖의 사유로 인하여 소멸된 뒤에도 그 처분 등의 취소로 인하여 회복되는 법률상 이익이 있는 자의 경우에는' 취소소송을 제기할 수 있다고 규정하여, 이미 효과가 소멸된 행정처분에 대해서도 권리보호의 필요성이 인정되는 경우에는 취소소송의 제기를 허용하고 있다. 구체적인 사안에서 권리보호의 필요성 유무를 판단할 때에는 국민의 재판청구권을 보장한 헌법 제27조 제1항의 취지와 행정처분으로 인한 권익침해를 효과적으로 구제하려는 행정소송법의 목적 등에 비추어 행정처분의 존재로 인하여 국민의 권익이 실제로 침해되고 있는 경우는 물론이고 권익침해의 구체적·현실적 위험이 있는 경우에도 이를 구제하는 소송이 허용되어야 한다는 요청을 고려하여야 한다. 따라서 처분이 유효하게 존속하는 경우에는 특별한 사정이 없는 한 그 처분의 존재로 인하여 실제로 침해되고 있거나 침해될 수 있는 현실적인 위험을 제거하기 위해 취소소송을 제기할 권리보호의 필요성이 인정된다고 보아야 한다.

[3] 구 산업집적활성화 및 공장설립에 관한 법률(2009. 2. 6. 법률 제9426호로 개정되기 전의 것) 제13조 제1항, 제13조의2 제1항 제16호, 제14조, 제50조, 제13조의5 제4호의 규정을 종합하면, 공장설립승인처분이 있고 난 뒤에 또는 그와 동시에 공장건축허가처분을 하는 것이 허용되므로, 공장설립승인처분이 취소된 경우에는 그 승인처분을 기초로 한 공장건축허가처분 역시 취소되어야 하고, 공장설립승인처분에 근거하여 토지의 형질변경이 이루어진 경우에는 원상회복을 해야 함이 원칙이다. 따라서 ★★★개발제한구역 안에서의 공장설립을 승인한 처분이 위법하다는 이유로 쟁송취소되었다고 하더라도 그 승인처분에 기초한 공장건축허가처분이 잔존하는 이상, 공장설립승인처분이 취소되었다는 사정만으로 인근 주민들의 환경상 이익이 침해되는 상태나 침해될 위험이 종료되었다거나 이를 시정할 수 있는 단계가 지나버렸다고 단정할 수는 없고, 인근 주민들은 여전히 공장건축허가처분의 취소를 구할 법률상 이익이 ★★★있다고 보아야 한다(대법원 2018. 7. 12. 선고 2015두3485 판결).

판례 068

판시사항

[1] 행정처분의 무효확인 또는 취소소송 계속 중 처분청이 다툼의 대상이 되는 행정처분을 직권으로 취소한 경우, 그 처분을 대상으로 한 항고소송이 적법한지 여부(원칙적 소극) / 이때 처분청의 직권취소에도 예외적으로 그 처분의 취소를 구할 소의 이익이 인정되는 경우

[2] 선행처분의 내용을 변경하는 후행처분이 있는 경우, 선행처분의 효력 존속 여부

[3] 면허나 인허가 등의 수익적 행정처분의 근거가 되는 법률이 해당 업자들 사이의 과당경쟁에 따른 경영의 불합리 방지를 목적으로 하고 있는 경우, 면허나 인허가 등의 수익적 행정처분을 받아 영업을 하고 있는 기존의 업자가 경업자에 대한 면허나 인허가 등의 수익적 행정처분의 무효확인 또는 취소를 구할 이익이 있는지 여부(적극) / 경업자에 대한 행정처분이 경업자에게 불리한 내용인 경우, 기존의 업자가 행정처분의 무효확인 또는 취소를 구할 이익이 있는지 여부(원칙적 소극)

[4] 행정처분을 취소하는 판결이 확정된 경우, 취소판결의 기속력에 따른 행정청의 의무

판결요지

[1] 행정처분을 다툴 소의 이익은 개별·구체적 사정을 고려하여 판단하여야 한다. 행정처분의 무효확인 또는 취소를 구하는 소가 제소 당시에는 소의 이익이 있어 적법하였더라도, 소송 계속 중 처분청이 다툼의 대상이 되는 행정처분을 직권으로 취소하면 그 처분은 효력을 상실하여 더 이상 존재하지 않는 것이므로, 존재하지 않는 처분을 대상으로 한 항고소송은 원칙적으로 소의 이익이 소멸하여 부적법하다고 보아야 한다.

다만 처분청의 직권취소에도 ★완전한 원상회복이 이루어지지 않아 무효확인 또는 취소로써 회복할 수 있는 다른 권리나 이익이 남아 있거나 또는 동일한 소송 당사자 사이에서 그 행정처분과 동일한 사유로 위법한 처분이 반복될 위험성이 있어 행정처분의 위법성 확인 내지 불분명한 법률문제에 대한 해명이 필요한 경우 행정의 적법성 확보와 그에 대한 사법통제, 국민의 권리구제의 확대 등의 측면에서 예외적으로 그 처분의 취소를 구할 소의 이익을 인정할 수 있다.

[2] 선행처분의 주요 부분을 실질적으로 변경하는 내용으로 후행처분을 한 경우에 선행처분은 특별한 사정이 없는 한 효력을 상실하지만, 후행처분이 선행처분의 내용 중 일부만을 소폭 변경하는 정도에 불과한 경우에는 선행처분은 소멸하는 것이 아니라 후행처분에 의하여 변경되지 아니한 범위 내에서는 그대로 존속한다.

[3] 일반적으로 면허나 인허가 등의 수익적 행정처분의 근거가 되는 법률이 해당 업자들 사이의 과당경쟁으로 인한 경영의 불합리를 방지하는 것도 목적으로 하고 있는 경우, 다른 업자에 대한 면허나 인허가 등의 수익적 행정처분에 대하여 미리 같은 종류의 면허나 인허가 등의 수익적 행정처분을 받아 영업을 하고 있는 기존의 업자는 경업자에 대하여 이루어진 면허나 인허가 등 행정처분의 상대방이 아니라고 하더라도 당해 행정처분의 무효확인 또는 취소를 구할 이익이 있다. 그러나 ★★★《경업자에 대한 행정처분이 경업자에게 불리한 내용이라면》 그와 경쟁관계에 있

는 기존의 업자에게는 특별한 사정이 없는 한 유리할 것이므로 기존의 업자가 그 행정처분의 무효확인 또는 취소를 구할 이익은 ★없다고 보아야 한다.

[4] 어떤 행정처분을 위법하다고 판단하여 취소하는 판결이 확정되면 행정청은 취소판결의 기속력에 따라 그 판결에서 확인된 위법사유를 배제한 상태에서 다시 처분을 하거나 그 밖에 위법한 결과를 제거하는 조치를 할 의무가 있다(대법원 2020. 4. 9. 선고 2019두49953 판결).

○판례069

판시사항

행정소송법상 취소소송에서 청구취지를 변경하여 구 소가 취소되고 새로운 소가 제기된 것으로 변경된 경우, 새로운 소에 대한 제소기간 준수 여부를 판단하는 기준시점(=소의 변경이 있은 때) / 제소기간 내에 적법하게 제기된 선행 처분에 대한 취소소송 계속 중에 행정청이 선행 처분서 문언의 일부 오기를 정정할 수 있음에도 선행 처분을 직권 취소하고 실질적으로 동일한 내용의 후행 처분을 함으로써 두 처분 사이에 밀접한 관련성이 있고 선행 처분에 존재한다고 주장되는 위법사유가 후행 처분에도 존재할 수 있는 관계인 경우, 후행 처분의 취소를 구하는 소변경의 제소기간 준수 여부를 따로 따져야 하는지 여부(★소극)

판결요지

행정소송법상 취소소송은 처분 등이 있음을 안 날부터 90일 이내에 제기하여야 하고, 처분 등이 있은 날부터 1년을 경과하면 제기하지 못한다(행정소송법 제20조 제1항, 제2항). 그리고 청구취지를 변경하여 구 소가 취하되고 새로운 소가 제기된 것으로 변경되었을 때에 새로운 소에 대한 제소기간의 준수 등은 원칙적으로 소의 변경이 있은 때를 기준으로 하여야 한다.

그러나 선행 처분에 대하여 제소기간 내에 취소소송이 적법하게 제기되어 계속 중에 행정청이 선행 처분서 문언에 일부 오기가 있어 이를 정정할 수 있음에도 선행 처분을 직권으로 취소하고 실질적으로 동일한 내용의 후행 처분을 함으로써 선행 처분과 후행 처분 사이에 밀접한 관련성이 있고 선행 처분에 존재한다고 주장되는 위법사유가 후행 처분에도 마찬가지로 존재할 수 있는 관계인 경우에는 후행 처분의 취소를 구하는 소변경의 제소기간 준수 여부는 따로 따질 필요가 없다.

【이 유】

상고이유를 판단한다.

1. 가. 행정소송법상 취소소송은 처분 등이 있음을 안 날부터 90일 이내에 제기하여야 하고, 처분 등이 있은 날부터 1년을 경과하면 제기하지 못한다(행정소송법 제20조 제1항, 제2항). 그리고 청구취지를 변경하여 구 소가 취하되고 새로운 소가 제기된 것으로 변경되었을 때에 새로운 소에 대한 제소기간의 준수 등은 원칙적으로 소의 변경이 있은 때를 기준으로 하여야 한다(대법원 2004. 11. 25. 선고 2004두7023 판결 등 참조).

그러나 선행 처분에 대하여 제소기간 내에 취소소송이 적법하게 제기되어 계속 중에 행정청이 선행

처분서 문언에 일부 오기가 있어 이를 정정할 수 있음에도 선행 처분을 직권으로 취소하고 실질적으로 동일한 내용의 후행 처분을 함으로써, 선행 처분과 후행 처분 사이에 밀접한 관련성이 있고 선행 처분에 존재한다고 주장되는 위법사유가 후행 처분에도 마찬가지로 존재할 수 있는 관계인 경우에는 ★<<후행 처분의 취소를 구하는 소변경의 제소기간 준수 여부는 따로 따질 필요가 없다>>(대법원 2012. 11. 29. 선고 2010두7796 판결 등 참조).

나. 한편 산업교육진흥 및 산학연협력촉진에 관한 법률(이하 '산학협력법'이라고 한다) 제25조 제1항은 대학은 학교규칙으로 정하는 바에 따라 대학에 산학연협력에 관한 업무를 관장하는 조직(산학협력단)을 둘 수 있다고 규정하고, 제28조 제3항은 산학협력단의 단장은 산학협력단을 대표하며, 해당 대학의 장의 지도·감독을 받아 그 소관 업무를 총괄한다고 규정하며, 같은 조 제4항 전문은 산학협력단의 단장은 대학의 장이 임면한다고 규정하고 있다.

2. 원심판결 이유와 원심이 적법하게 채택한 증거 등에 의하면, 다음과 같은 사실을 알 수 있다.

가. 재단법인 한국연구재단(이하 '한국연구재단'이라고 한다)은 수신자를 '서울대학교 총장 (경유) 산학협력단장'으로 하여, 2015. 4.경 이 사건 연구과제에 관한 2015년 연구비 집행 정밀정산 현장점검 실시 알림을, 2015. 8.경 소명자료 검토결과 알림을 각 통지하였다. 한편 원고는 국립대학법인 서울대학교(이하 '서울대학교'라고 한다)가 산학협력법에 근거하여 설립한 법인이고, 위 현장점검은 원고에 대하여 실시되었다.

나. 한국연구재단은 2016. 3. 15. 원심 공동원고 소외인(이하 '소외인'이라고 한다)과 서울대학교에 피고의 승인을 받은 제재조치 평가단의 심의결과를 각 통보하였다(이하 '제재조치 결과 통보'라고 한다). 위 각 통보에는, 처분주체는 '미래창조과학부장관', 처분대상자는 '소외인(서울대학교)', 처분사항은 '(참여제한) 국가연구개발사업 참여제한 3년, (환수금액) 총 126,356,839원 ※ 제재부가금 116,667원 포함'이라고 각 기재되어 있다.

다. 피고는 2016. 5. 27. 소외인에게 3년간의 국가연구개발사업 참여제한 처분을 하는 한편, 같은 날 수신자를 '서울대학교 총장'으로 기재하여 연구비 126,240,172원(제재부가금 116,667원 별도)의 환수처분을 통지하였다(이하 '이 사건 각 처분'이라 하고, 그중 환수처분을 '선행 처분'이라고 한다).

라. 원고와 소외인은 이 사건 각 처분을 통지받은 날부터 90일 이내인 2016. 6. 10. 피고와 한국연구재단을 상대로 2016. 3. 15.자 제재조치 결과 통보의 취소를 구하는 소를 제기하면서, 소장에서 '한국연구재단이 피고로부터 처분의 권한까지 위임받았는지 여부 등이 불분명하므로, 피고들이 처분의 주체 및 처분의 상대방을 분명히 소명하는 경우 소취하 등을 통하여 청구취지를 정리하겠다'는 의사를 표시하였다.

마. 피고와 한국연구재단은 답변서에서 제재조치 결과 통보를 이 사건 처분이라고 칭하면서, 제재조치 결과 통보는 피고가 소외인에 대하여 한 국가연구개발사업 참여제한 처분, 원고에 대하여 한 사업비 환수처분이라고 답변하였다.

바. 피고는 이 사건 소송 중인 2016. 8. 31. 선행 처분을 '처분상대방을 서울대학교 총장으로 오기하였다'는 이유로 직권취소하고 재처분의 사전 통지를 하면서, 관련 규정으로 처분의 사전 통지에 관

한 행정절차법 제21조와 처분의 정정에 관한 행정절차법 제25조를 기재하였다. 피고는 2016. 9. 20. 원고에 선행 처분과 동일한 내용의 사업비 환수처분을 하였다(이하 '이 사건 후행 처분'이라고 한다).

사. 제1심은 2017. 11. 17. 제재조치 결과 통보를 소외인에 대한 참여제한과 사업비 환수처분이라고 판단하고, 제재조치 결과 통보의 취소를 구하는 원고의 소를 각하하였다.

아. 피고는 원심 소송계속 중인 2018. 5. 9.자 준비서면에서 비로소 '제재조치 결과 통보는 처분이 아니라 처분의 사전통지이고, 이 사건 각 처분이 대외적인 처분에 해당하며, 원고에 대하여는 선행 처분을 직권취소하고 이 사건 후행 처분을 하였으므로, 이 사건 소 중 원고의 제재조치 결과 통보 취소 청구 부분은 각하되어야 한다'는 본안전항변을 하였다.

자. 이에 원고는 2018. 5. 21. 이 사건 후행 처분의 취소를 구하는 것으로 청구취지 및 원인 변경신청서를 제출하였다.

3. 이러한 사실관계를 앞서 본 법리에 비추어 살펴보면, 원고가 원심에 이르러 비로소 청구취지를 이 사건 후행 처분의 취소를 구하는 것으로 교환적으로 변경하였다 하더라도 변경된 소의 제소기간 준수 여부는 따로 따질 필요가 없다고 봄이 타당하다. 그 이유는 다음과 같다.

가. 산학협력단은 대학의 지도·감독을 받는 대학의 하부조직이자 특수법인으로서 산학연협력에 관한 업무를 관장하는 조직이다. 이러한 산학협력단의 법적 성격에 더하여 이 사건 각 처분의 내용 및 처분 경위, 소송의 진행 경과 등에 비추어 보면, 피고는 선행 처분 당시에도 서울대학교가 아닌 원고를 처분의 상대방으로 삼을 의도였던 것으로 보이고, 선행 처분서의 수신자란에 '서울대학교 총장'이라고 기재된 부분은 행정절차법 제25조에 따른 처분의 정정사유인 오기에 해당한다고 볼 수 있다.

나. 원고는 제재조치 결과 통보를 쟁송대상으로 특정하여 이 사건 소를 제기하면서도, 쟁송의 취지는 소외인의 연구비 용도 외 사용과 관련된 사업비 환수처분을 취소하여 달라는 것이고 청구취지는 쟁송대상인 처분의 주체 및 처분의 상대방이 확인될 때까지 잠정적으로 기재하는 것임을 분명하게 밝혔으므로, 원고는 선행 처분을 취소하는 것으로 청구취지를 정정함으로써 선행 처분의 취소를 구할 수 있었다.

다. 피고가 선행 처분을 직권으로 취소한 후 이 사건 후행 처분을 재처분하는 방식을 취한 이상 원고는 쟁송대상을 이 사건 후행 처분으로 변경하여야 함이 원칙이다. 그러나 선행 처분서상 수신자란의 오기는 행정절차법 제25조에 따른 처분의 정정으로 시정할 수 있는 사항이므로, 이 사건 후행 처분은 형식적으로는 별도의 처분이지만 실질적으로는 선행 처분과 동일한 내용의 처분이고, 선행 처분에 존재한다고 주장되는 위법사유가 후행 처분에도 마찬가지로 존재할 수 있는 관계에 있다.

라. 피고는 답변서에서 '제재조치 결과 통보가 원고에 대하여 한 사업비 환수처분이다'라고 잘못 해명하였고, 원고는 피고의 해명에 따라 제재조치 결과 통보를 쟁송대상으로 그대로 유지하여 왔다. 따라서 피고가 제1심 소송계속 중 선행 처분을 직권 취소하고 이 사건 후행 처분을 하였더라도, 원고가 당시 쟁송대상이 아니었던 선행 처분의 취소에 뒤이은 이 사건 후행 처분으로 쟁송대상을 변경하여 확정하기는 어려웠을 것으로 보인다. 원고는 피고가 본안전항변을 제기한 후 비교적 신속하

게 2018. 5. 21. 청구취지 및 원인 변경신청서를 제출하여 소변경을 하였으므로, 행정청인 피고의 잘못은 탓하지 않으면서 원고의 소변경이 늦었다는 점만을 탓하는 것은 형평에도 반한다.

4. 그럼에도 원심은 그 판시와 같은 사정만을 들어 원심에서 교환적으로 변경된 원고의 소가 제소기간을 준수하지 못하여 부적법하다고 판단하였다. 이러한 원심판단에는 제소기간에 관한 법리를 오해하여 판결에 영향을 미친 ★잘못이 있다. 이 점을 지적하는 상고이유 주장은 이유 있다(대법원 2019. 7. 4. 선고 2018두58431 판결).

판례 070

판시사항

[1] 행정소송법 제23조 제2항에서 정한 '회복하기 어려운 손해'의 의미 및 '처분 등이나 그 집행 또는 절차의 속행으로 인하여 생길 회복하기 어려운 손해를 예방하기 위하여 긴급한 필요'가 있는지 판단하는 방법

[2] 시장이 도시환경정비구역을 지정하였다가 해당구역 및 주변지역의 역사·문화적 가치 보전이 필요하다는 이유로 정비구역을 해제하고 개발행위를 제한하는 내용을 고시함에 따라 사업시행예정구역에서 설립 및 사업시행인가를 받았던 갑 도시환경정비사업조합에 대하여 구청장이 조합설립인가를 취소하자, 갑 조합이 해제 고시의 무효확인과 인가취소처분의 취소를 구하는 소를 제기하고 판결 선고 시까지 각 처분의 효력 정지를 신청한 사안에서, 각 처분의 효력을 정지하지 않을 경우 갑 조합에 특별한 귀책사유가 없는데도 정비사업의 진행이 법적으로 불가능해져 갑 조합에 회복하기 어려운 손해가 발생할 우려가 있으므로 이러한 손해를 예방하기 위하여 각 처분의 효력을 정지할 긴급한 필요가 있다고 한 사례

판결요지

[1] 행정소송법 제23조 제2항은 '취소소송이 제기된 경우에 처분 등이나 그 집행 또는 절차의 속행으로 인하여 생길 회복하기 어려운 손해를 예방하기 위하여 긴급한 필요가 있다고 인정할 때에는 처분 등의 효력 등을 정지할 수 있다.'고 정하고 있다. 여기에서 '회복하기 어려운 손해'는 특별한 사정이 없는 한 금전으로 보상할 수 없는 손해로서 금전보상이 불가능한 경우 또는 금전보상으로는 사회관념상 행정처분을 받은 당사자가 참고 견딜 수 없거나 참고 견디기가 현저히 곤란한 경우의 유형, 무형의 손해를 일컫는다. 그리고 '처분 등이나 그 집행 또는 절차의 속행으로 인하여 생길 회복하기 어려운 손해를 예방하기 위하여 긴급한 필요'가 있는지는 처분의 성질, 양태와 내용, 처분상대방이 입는 손해의 성질·내용과 정도, 원상회복·금전배상의 방법과 난이도 등은 물론 본안청구의 승소가능성 정도 등을 종합적으로 고려하여 구체적·개별적으로 판단하여야 한다.

[2] 시장이 도시환경정비구역을 지정하였다가 해당구역 및 주변지역의 역사·문화적 가치 보전이 필요하다는 이유로 정비구역을 해제하고 개발행위를 제한하는 내용을 고시함에 따라 사업시행예정구역에서 설립 및 사업시행인가를 받았던 갑 도시환경정비사업조합에 대하여 구청장이 조합설립인가를 취소하자, 갑 조합이 해제 고시의 무효확인과 인가취소처분의 취소를 구하는 소를 제기하고 판결 선고 시까지 각 처분의 효력 정지를 신청한 사안에서, 정비구역 지정이 취소되고 이에

대하여 불가쟁력이 발생하는 경우 정비사업 시행을 전제로 하는 후속 처분들은 모두 그 의미를 상실하게 되고 갑 조합에 대한 조합설립인가 취소처분은 갑 조합이 적법하게 취득한 공법인의 지위를 갑 조합의 귀책사유 없이 사후적 사정변경을 이유로 박탈하는 것이어서 신중하게 판단해야 하므로 위 각 처분의 위법성에 관하여 갑 조합이 본안소송에서 주장·증명할 기회가 충분히 보장되어야 하는 점, 각 처분의 효력을 정지하지 않을 경우 갑 조합이 정비사업과 관련한 후속 조치를 실행하는 데 사실상, 법률상 장애가 있게 될 뿐 아니라 시장 및 구청장이나 관계 행정청이 정비사업의 진행을 차단하기 위한 각종 불이익 조치를 할 염려가 있는 점 등을 종합하면, 각 처분의 효력을 정지하지 않을 경우 갑 조합에 특별한 귀책사유가 없는데도 정비사업의 진행이 법적으로 불가능해져 갑 조합에 회복하기 어려운 손해가 발생할 우려가 있으므로 이러한 손해를 예방하기 위하여 ★각 처분의 효력을 정지할 긴급한 필요가 있다고 한 사례(대법원 2018. 7. 12.자 2018무600 결정)

판례 071

판시사항

[1] 군 복무 중 사망한 사람의 유족이 국가배상을 받은 경우, 국가보훈처장 등이 사망보상금에서 정신적 손해배상금까지 공제할 수 있는지 문제 된 사안에서, ★★★사망보상금에서 소극적 손해배상금 상당액을 공제할 수 있을 뿐 이를 넘어 정신적 손해배상금까지 공제할 수 없다고 한 사례

[2] 구 군인연금법령상 급여를 받으려고 하는 사람이 관계 법령에 따라 국방부장관 등에게 급여지급을 청구하였으나 국방부장관 등이 이를 거부하거나 일부 금액만 인정하는 급여지급결정을 하는 경우, 그 결정을 대상으로 항고소송을 제기하는 등으로 구체적 권리를 인정받지 않은 상태에서 곧바로 국가를 상대로 한 당사자소송으로 급여의 지급을 소구할 수 있는지 여부(★★★소극)

[3] 법원이 국가·공공단체 그 밖의 권리주체를 피고로 하는 당사자소송을 그 처분 등을 한 행정청을 피고로 하는 항고소송으로 변경하는 것이 타당하다고 인정할 경우, 소의 변경을 허가할 수 있는지 여부(원칙적 적극) 및 원고가 고의 또는 중대한 과실 없이 항고소송으로 제기해야 할 것을 당사자소송으로 잘못 제기한 경우, 법원이 취할 조치

[4] 처분의 존재가 인정되기 위해서는 처분이 주체·내용·절차와 형식의 요건을 모두 갖추고 외부에 표시되어야 하는지 여부(적극) / 처분이 성립하는 시점 및 그 성립 여부를 판단하는 기준

판결요지

[1] 군 복무 중 사망한 사람의 유족이 국가배상을 받은 경우, 국가보훈처장 등이 사망보상금에서 정신적 손해배상금까지 공제할 수 있는지 문제 된 사안에서, 구 군인연금법(2019. 12. 10. 법률 제16760호로 전부 개정되기 전의 것)이 정하고 있는 급여 중 사망보상금은 일실손해의 보전을 위한 것으로 불법행위로 인한 소극적 손해배상과 같은 종류의 급여이므로, 군 복무 중 사망한 사람의 유족이 국가배상을 받은 경우 국가보훈처장 등은 사망보상금에서 소극적 손해배상금 상당액을 공제할 수 있을 뿐, 이를 넘어 정신적 손해배상금까지 공제할 수 없다고 한 사례.

[2] 구 군인연금법(2019. 12. 10. 법률 제16760호로 전부 개정되기 전의 것, 이하 같다)에 의한 사망보상금 등의 급여를 받을 권리는 법령의 규정에 따라 직접 발생하는 것이 아니라 급여를 받으려고 하는 사람이 소속하였던 군의 참모총장의 확인을 얻어 청구함에 따라 국방부장관 등이 지급결정을 함으로써 구체적인 권리가 발생한다[구 군인연금법 제10조 제1항, 제11조 제1항, 제2항, 제31조 제1항, 구 군인연금법 시행령(2020. 6. 9. 대통령령 제30759호로 전부 개정되기 전의 것) 제21조 제2항, 제23조 제1항 제1호, 제4항, 구 군인연금법 시행규칙(2020. 6. 11. 국방부령 제1022호로 전부 개정되기 전의 것) 제5조 제1항 참조].

국방부장관 등이 하는 급여지급결정은 단순히 급여수급 대상자를 확인·결정하는 것에 그치는 것이 아니라 구체적인 급여수급액을 확인·결정하는 것까지 포함한다. ★★★《구 군인연금법령상 급여를 받으려고 하는 사람은 우선 관계 법령에 따라 국방부장관 등에게 급여지급을 청구하여 국방부장관 등이 이를 거부하거나 일부 금액만 인정하는 급여지급결정을 하는 경우》 ★★★《그 결정을 대상으로 항고소송을 제기하는 등으로 구체적 권리를 인정받은 다음》 ★★★《비로소 당사자소송으로 그 급여의 지급을 구》해야 한다. ★★이러한 구체적인 권리가 발생하지 않은 상태에서 곧바로 국가를 상대로 한 당사자소송으로 급여의 지급을 소구하는 것은 허용되지 않는다.

[3] 법원은 국가·공공단체 그 밖의 권리주체를 피고로 하는 당사자소송을 그 처분 등을 한 행정청을 피고로 하는 항고소송으로 변경하는 것이 타당하다고 인정할 때에는 청구의 기초에 변경이 없는 한 사실심 변론종결 시까지 원고의 신청에 의하여 결정으로써 소의 변경을 허가할 수 있다(행정소송법 제42조, 제21조). 다만 원고가 고의 또는 중대한 과실 없이 항고소송으로 제기해야 할 것을 당사자소송으로 잘못 제기한 경우에, 항고소송의 소송요건을 갖추지 못했음이 명백하여 항고소송으로 제기되었더라도 어차피 부적법하게 되는 경우가 아닌 이상, 법원으로서는 원고가 항고소송으로 소 변경을 하도록 석명권을 행사하여 행정청의 처분이나 부작위가 적법한지 여부를 심리·판단해야 한다.

[4] 일반적으로 처분이 주체·내용·절차와 형식의 요건을 모두 갖추고 외부에 표시된 경우에는 처분의 존재가 인정된다. 행정의사가 외부에 표시되어 행정청이 자유롭게 취소·철회할 수 없는 구속을 받게 되는 시점에 처분이 성립하고, 그 성립 여부는 행정청이 행정의사를 공식적인 방법으로 외부에 표시하였는지를 기준으로 판단해야 한다(대법원 2021. 12. 16. 선고 2019두45944 판결).

판례 072

판시사항

[1] 국토의 계획 및 이용에 관한 법률상 도시·군계획시설사업의 사업시행자가 사업구역에 인접한 특정 토지를 재료적치장 또는 임시통로 용도로 한시적으로 이용할 필요가 있어 같은 법 제130조 제1항, 제3항에 따라 토지 소유자 등에게 해당 토지의 '일시 사용'에 관한 동의를 구하는 경우, 토지 소유자 등이 이를 수인하고 동의할 의무가 있는지 여부(원칙적 적극) 및 이때 일시 사용에 따른 손실보상금에 관하여 다툼이 있다는 사정이 동의를 거부할 정당한 사유가 되는지 여부(소극)

[2] 국토의 계획 및 이용에 관한 법률 제130조 제3항에서 정한 토지 소유자 등이 사업시행자의 일시 사용에 대하여 정당한 사유 없이 동의를 거부하는 경우, 사업시행자가 토지 소유자 등을 상

대로 동의의 의사표시를 구하는 소를 제기할 수 있는지 여부(★적극) / 토지의 일시 사용에 대한 동의의 의사표시를 할 의무의 존부에 관한 소송이 행정소송법상 당사자소송인지 여부(적극) 및 사인을 피고로 하는 당사자소송이 허용되는지 여부(★★★적극) / 현저한 손해를 피하기 위해 필요한 경우, 사업시행자가 행정소송법 제8조 제2항, 민사집행법 제300조 제2항에 따라 '임시의 지위를 정하기 위한 가처분'을 신청할 수 있는지 여부(★적극)

판결요지

[1] '국토의 계획 및 이용에 관한 법률'(이하 '국토계획법'이라 한다) 제130조 제1항, 제3항은, 도시·군계획시설사업의 시행자는 도시·군계획 등에 관한 기초조사, 도시·군계획시설사업에 관한 조사·측량 또는 시행 등을 하기 위하여 필요하면 타인의 토지를 재료적치장 또는 임시통로로 일시 사용할 수 있고, 이에 따라 타인의 토지를 일시 사용하려는 자는 토지의 소유자·점유자 또는 관리인(이하 '소유자 등'이라 한다)의 동의를 받아야 한다고 규정하고 있다.

국토계획법 제130조의 체계와 내용, 입법 목적과 함께 공익사업의 성격을 종합하면, 도시·군계획시설사업의 사업시행자가 사업구역에 인접한 특정 토지를 재료적치장 또는 임시통로 용도로 한시적으로 이용할 필요가 있는 경우, 사업시행자는 위 규정에 따라 해당 토지 소유자 등의 동의를 받아야 하고, 토지 소유자 등은 이를 거부할 정당한 사유가 없는 한 사업시행자의 '일시 사용'을 수인하고 동의할 의무가 있다. 한편 국토계획법 제96조에 따라 공익사업을 위한 토지 등의 취득 및 보상에 관한 법률 제62조가 준용되는 수용·사용의 경우와 달리, 국토계획법 제130조에 따른 일시 사용의 경우에는 사전보상 원칙이 적용되지 않는다고 보아야 하므로, 그 손실보상금에 관한 다툼이 있다는 사정은 토지 소유자 등이 일시 사용에 대한 동의를 거부할 정당한 사유가 될 수 없다.

[2] 국토의 계획 및 이용에 관한 법률 제130조 제3항에서 정한 토지의 소유자·점유자 또는 관리인(이하 '소유자 등'이라 한다)이 사업시행자의 일시 사용에 대하여 정당한 사유 없이 동의를 거부하는 경우, 《사업시행자는 해당 토지의 소유자 등을 상대로 동의의 의사표시를 구하는 소를 제기할 수 있다.》 이와 같은 토지의 일시 사용에 대한 동의의 의사표시를 할 의무는 '국토의 계획 및 이용에 관한 법률'에서 특별히 인정한 공법상의 의무이므로, 그 의무의 존부를 다투는 소송은 '공법상의 법률관계에 관한 소송으로서 그 법률관계의 한쪽 당사자를 피고로 하는 소송', 즉 행정소송법 제3조 제2호에서 규정한 ★★★당사자소송이라고 보아야 한다.

행정소송법 제39조는, "당사자소송은 국가·공공단체 그 밖의 권리주체를 피고로 한다."라고 규정하고 있다. 이것은 당사자소송의 경우 항고소송과 달리 '행정청'이 아닌 '권리주체'에게 피고적격이 있음을 규정하는 것일 뿐, 피고적격이 인정되는 권리주체를 행정주체로 한정한다는 취지가 아니므로, 이 규정을 들어 사인을 피고로 하는 당사자소송을 제기할 수 없다고 볼 것은 아니다.

그리고 당사자소송에 대하여는 행정소송법 제8조 제2항에 따라 민사집행법상 가처분에 관한 규정이 준용되므로, 사업시행자는 민사집행법 제300조 제2항에 따라 현저한 손해를 피하기 위해 필요한 경우 '임시의 지위를 정하기 위한 가처분'을 통하여 공익사업을 신속하고 원활하게 수행할 수 있다(대법원 2019. 9. 9. 선고 2016다262550 판결).

판례 073

판시사항

[1] 행정소송법 제4조 제3호에 규정된 부작위위법확인의 소의 취지

[2] 구 공공기관의 정보공개에 관한 법률 제9조 제1항 제6호 본문의 규정에 따라 비공개대상이 되는 정보의 범위 및 같은 호 단서 (다)목에서 정한 '공개하는 것이 공익을 위하여 필요하다고 인정되는 정보'에 해당하는지 판단하는 방법

【이 유】

상고이유와 부대상고이유를 판단한다.

1. 피고의 상고이유에 대하여

가. 상고이유 제1점에 대하여

원심은, 원고가 서울행정법원 2012구합33645호로 취소를 구한 것은 피고의 2011. 11. 29.자 정보공개거부처분으로서, 이 사건 소로서 다투고 있는 이 사건 처분 또는 이 사건 부작위와는 소송물이 명백히 다를 뿐만 아니라, 피고의 위 2011. 11. 29.자 정보공개거부처분이 이 사건 청구의 전제가 된다는 등의 사정이 없다고 보아, 피고의 2009년 이후 3개 부서 업무추진비 내역의 공개를 구하는 원고의 청구취지 확장 신청 부분이 중복제소에 해당하여 부적법하다는 피고의 항변을 받아들이지 않았다.

관련 법리와 기록에 비추어 살펴보면, 원심의 위와 같은 판단은 정당하고, 거기에 상고이유 주장과 같이 중복제소에 관한 법리를 오해한 잘못이 없다.

나. 상고이유 제2점에 대하여

행정소송법 제4조 제3호에 규정된 부작위위법확인의 소는 행정청이 당사자의 법규상 또는 조리상의 권리에 기한 신청에 대하여 상당한 기간 내에 그 신청을 인용하는 적극적 처분 또는 각하하거나 기각하는 등의 소극적 처분을 하여야 할 법률상의 응답의무가 있음에도 불구하고 이를 하지 아니하는 경우에 그 부작위가 위법하다는 것을 확인함으로써 행정청의 응답을 신속하게 하여 부작위 또는 무응답이라고 하는 소극적인 위법상태를 제거하는 것을 목적으로 하는 제도이다(대법원 1992. 6. 9. 선고 91누11278 판결, 대법원 1996. 5. 14. 선고 96누1634 판결 등 참조).

원심은, ① 원고는 피고에 대하여 2012. 1. 5. 정보공개신청을 하였으나 피고는 법령이 정한 기간 내에 공개 여부를 결정하지 않아 비공개결정이 있는 것으로 간주된 점, ② 이에 원고는 2013. 1. 15. 중앙행정심판위원회로부터 위 정보공개신청의 대상 정보를 공개하라는 이 사건 재결을 받았으나, 피고는 원고의 주장을 적극적으로 다투면서 2012. 1. 5. 정보공개신청에 대하여 이 사건 재결의 취지에 따른 정보공개를 전혀 하지 않고 있는 점, ③ 행정심판법 제49조 제1항, 제2항이 규정하고 있는 바와 같이, 피고는 이 사건 재결의 기속력에 의하여 원고의 이전 신청에 따라 원고가 구하는 정

보를 공개할 의무가 있는 점, ④ 원고의 부작위위법확인 청구가 인용될 경우, 행정소송법 제38조 제2항, 제34조 제1항의 간접강제 등에 의한 권리구제가 가능한 점 등을 이유로, 피고는 이 사건 재결의 취지에 따라 2012. 1. 5. 정보공개신청에 대하여 그 해당 정보를 공개하여야 할 의무가 있고, 원고의 부작위위법확인 청구가 사실상 작위의무확인 청구에 해당한다고 볼 수 없으며, 그 확인을 구할 이익도 있다고 보아, 원고의 부작위위법확인 청구가 별도의 신청 없이 사실상 작위의무의 확인을 구하는 것으로 부적법하다는 피고의 주장을 배척하였다.

원심판결 이유를 관련 법리와 기록에 비추어 살펴보면, 원심의 위와 같은 판단은 정당하고, 거기에 상고이유 주장과 같이 부작위위법확인의 소의 적법요건에 관한 법리를 오해한 잘못이 없다.

다. 상고이유 제3점에 대하여

1) 구 공공기관의 정보공개에 관한 법률(2013. 8. 6. 법률 제11991호로 개정되기 전의 것, 이하 '정보공개법'이라고 한다) 제9조 제1항 제6호 본문의 규정에 따라 비공개대상이 되는 정보에는 이름·주민등록번호 등 정보 형식이나 유형을 기준으로 비공개대상정보에 해당하는지를 판단하는 '개인식별정보'뿐만 아니라 그 외에 정보의 내용을 구체적으로 살펴 '개인에 관한 사항의 공개로 개인의 내밀한 내용의 비밀 등이 알려지게 되고, 그 결과 인격적·정신적 내면생활에 지장을 초래하거나 자유로운 사생활을 영위할 수 없게 될 위험성이 있는 정보'도 포함된다고 새겨야 하고(대법원 2012. 6. 18. 선고 2011두2361 전원합의체 판결 참조), 정보공개법 제9조 제1항 제6호 단서 (다)목 소정의 '공개하는 것이 공익을 위하여 필요하다고 인정되는 정보'에 해당하는지 여부는 비공개에 의하여 보호되는 개인의 사생활 보호 등의 이익과 공개에 의하여 보호되는 국정운영의 투명성 확보 등의 공익을 비교·교량하여 구체적 사안에 따라 신중히 판단하여야 한다(대법원 2003. 3. 11. 선고 2001두6425 판결 등 참조).

2) 원심은, 원고가 공개를 구하고 있는 접대비 등 사용내역 중 '적요란의 사용인' 부분이, 정보공개법 제9조 제1항 제6호 단서 (다)목 소정의 '공개하는 것이 공익을 위하여 필요하다고 인정되는 정보'에 해당한다는 이유로, 위 '사용인' 부분이 개인식별정보로서 비공개대상정보에 해당한다는 피고의 주장을 배척하고, 이 사건 처분 중 '적요란의 사용인' 부분을 취소하였다. 그 구체적 근거는 다음과 같다.

① 업무수행의 공공성, 자본금 구성 및 지배구조, 행정적 관리·감독의 내용 및 필요성, 재정적 지원이나 정책 결정 등의 측면에서 정부와의 관계, 피고의 임직원에 대한 벌칙 적용에서 공무원 의제규정의 취지, 공공기관이 보유·관리하는 정보에 대한 국민의 알권리 보장과 국정에 대한 국민의 참여 및 국정 운영의 투명성 확보라는 정보공개법의 목적 등을 고려하면, 피고 소속 직원도 공무원에 준할 정도로 공동체 전체의 이익에 중요한 역할이나 기능을 수행하면서 그에 따른 지위와 사회적 책임을 지니고 있다.

② 피고의 공정한 업무수행을 담보하고 방만하거나 부실한 경영을 방지하기 위하여는 그 소속 직원이 직무수행의 일환으로 접대비와 회의비 등을 사용할 때 투명성을 최대한 확보할 필요가 있다.

③ 따라서 이 부분 정보의 비공개에 의하여 보호되는 이익보다 공개에 의하여 보호되는 이익이 더욱 크다.

3) 원심판결 이유를 앞서 본 법리에 비추어 살펴보면, 위와 같은 원심의 판단은 정당하고, 거기에 상고이유 주장과 같이 정보공개법 제9조 제1항 제6호의 비공개대상 정보에 관한 법리를 오해한 잘못이 없다.

라. 상고이유 제4점에 대하여

원심은, 원고가 공개를 구하고 있는 <<접대비 등 사용내역 중 '사용처' 부분은 공개하더라도 피고나 음식점 영업주의 사업활동에 관한 정당한 이익을 '현저히' 해할 우려가 ★★★없다>>고 보아, 위 '사용처' 부분이 비공개대상정보에 해당한다는 피고의 주장을 배척하였다.

원심판결 이유를 관련 법리와 기록에 비추어 살펴보면, 원심의 위와 같은 판단은 정당하고, 거기에 상고이유 주장과 같이 정보공개법 제9조 제1항 제7호의 비공개대상정보에 관한 법리를 오해한 잘못이 없다.

마. 상고이유 제5점에 대하여

원심은 판시와 같은 사정을 들어, 원고의 이 사건 처분 취소 청구가 오로지 피고를 괴롭힐 목적으로 한 것이라고 볼 수 없고, 달리 이를 인정할 만한 증거가 없다는 이유로, 원고의 이 사건 정보공개의 청구가 권리남용에 해당한다는 피고의 주장을 배척하였다.

관련 법리와 기록에 비추어 살펴보면, 원심의 위와 같은 판단에 상고이유 주장과 같이 권리남용에 관한 법리를 오해하거나 대법원 판례를 위반한 잘못이 없다.

2. 원고의 부대상고이유에 대하여

원심은, 원고가 공개를 구하고 있는 접대비 등 사용내역 중 '적요란의 거래처 담당자의 성명' 부분에 대하여, 공공기관인 피고 소속이 아닌 거래처 소속 담당자의 성명을 공개할 경우 그 개인의 사생활의 비밀 및 자유를 침해할 우려가 있고, 피고 업무의 원활하고 효율적인 추진이 저해될 우려가 있으며, 위 정보의 비공개에 의하여 보호되는 이익보다 공개에 의하여 보호되는 이익이 우월하다고 단정할 수 없고, 달리 정보공개법 제9조 제1항 제6호 및 제7호의 각 단서 각 목에 정한 예외사유에 해당한다고 볼 만한 사정이 없으므로, 위 정보가 정보공개법 제9조 제1항 제6호, 제7호가 정한 비공개대상정보에 해당한다고 판단하고, 이 사건 처분의 취소를 구하는 원고의 청구를 배척하였다.

원심판결 이유를 관련 법리와 기록에 비추어 살펴보면, 원심의 위와 같은 판단은 정당하고, 거기에 부대상고이유 주장과 같이 채증법칙을 위반하거나, 정보공개법 제9조 제1항 제6호의 비공개대상정보에 관한 법리를 오해한 잘못이 없다(대법원 2019. 1. 17. 선고 2014두41114 판결).

판례 074

판시사항

[1] 확정판결의 기판력의 의미와 효과 및 후소의 소송물이 전소의 소송물과 동일하지 않더라도 전소의 소송물에 대한 판단이 후소의 선결문제가 되거나 모순관계에 있는 경우, 후소에서 전소 확정판결의 판단과 다른 주장을 할 수 있는지 여부(★소극)

[2] 구 가사심판법에 따른 친생자관계부존재확인심판이 확정된 경우, 그 심판 내용에 반하는 신분관계를 주장할 수 있는지 여부(★소극)

【이 유】

상고이유를 판단한다.

1. 가. 확정판결의 기판력에 따르면, 확정판결의 주문에 포함된 법률적 판단과 동일한 사항이 소송상 문제가 되었을 때 당사자는 이에 저촉되는 주장을 할 수 없고 법원도 이에 저촉되는 판단을 할 수 없다(대법원 1987. 6. 9. 선고 86다카2756 판결, 대법원 2020. 5. 14. 선고 2019다261381 판결 등 참조). 후소의 소송물이 전소의 소송물과 동일하지 않더라도 전소의 소송물에 관한 판단이 후소의 선결문제가 되거나 모순관계에 있을 때에는 후소에서 전소 확정판결의 판단과 다른 주장을 하는 것도 허용되지 ★않는다(대법원 1995. 3. 24. 선고 94다46114 판결, 대법원 2002. 12. 27. 선고 2000다47361 판결 등 참조).

나. 구 가사심판법(1990. 12. 31. 법률 제4300호로 폐지되었다. 이하 같다)에 따른 친생자관계부존재확인심판이 확정되면, 그 기판력은 구 인사소송법(1990. 12. 31. 법률 제4300호로 폐지되었다) 제35조, 제32조에 따라 제3자에게도 효력이 있다. 따라서 누구도 소송상으로나 소송 밖에서 그 심판 내용에 반하는 신분관계를 주장할 수 없다(대법원 1992. 7. 24. 선고 91므566 판결 참조).

2. 원심판결 이유와 기록에 의하면, 다음과 같은 사실을 알 수 있다.

가. 원고는 (생년월일 생략) 출생하였다. 소외 1과 소외 2는 1950. 6. 7. 혼인신고를 하고, 1950. 6. 9. 원고를 그들의 자녀로 출생신고하였다.

나. 소외 1은 6·25 전쟁에 참전하였다가 1951. 2. 13. 전사하였고, 국가유공자(전몰군경)로 등록되었다.

다. 서울가정법원은 소외 1의 형제인 소외 3의 배우자 소외 4가 원고를 상대로 위 법원 86드2325호로 구 가사심판법에 따라 제기한 친생자관계부존재확인청구 사건에서 1986. 6. 23. '원고와 소외 1, 소외 2 사이에 각 친생자관계가 없음을 확인한다.'라는 심판을 선고하였고(이하 '이 사건 친생자관계부존재확인심판'이라 한다), 위 심판은 1986. 7. 16. 확정되었다.

라. 피고는 2019. 9. 19. 원고에 대하여 원고가 「국가유공자 등 예우 및 지원에 관한 법률」 제5조 제1항 제2호의 적용을 받는 소외 1의 자녀에 해당하지 않는다고 결정(이하 '이 사건 처분'이라 한

다)하였다.

마. 원고는 자신이 소외 1의 자녀라고 주장하면서 이 사건 소를 제기하였다.

3. 이러한 사실관계를 앞서 본 법리에 비추어 보면, 다음과 같이 판단할 수 있다.

가. 이 사건 친생자관계부존재확인심판이 확정됨에 따라 '원고와 소외 1 사이에 친생자관계가 존재하지 않는다.'는 점에 관하여 기판력이 발생하였고, 그 효력은 제3자에게도 미친다. 따라서 원고는 피고에게 자신이 소외 1의 자녀라고 주장할 수 없고, 피고도 원고를 소외 1의 자녀로 인정할 수 없다. 이 사건 소송에서 이 사건 처분의 적법 여부를 판단할 때 원고가 소외 1의 자녀인지 여부가 선결문제로 다투어지고 있으므로, 법원으로서도 이 사건 친생자관계부존재확인심판의 기판력과 저촉되는 판단, 즉 원고가 소외 1의 자녀라는 판단을 할 수 없다. 결국 원고가 국가유공자인 소외 1의 자녀에 해당하지 않는다고 결정한 이 사건 처분은 적법하다고 볼 수밖에 없다.

나. 그런데도 원심은 원고가 소외 1의 사실상의 자녀이고, 이 사건 친생자관계부존재확인심판이 확정되었다는 사정만으로 원고를 소외 1의 자녀로 인정하지 않는 것은 불합리하다고 하여, 이 사건 처분이 위법하다고 판단하고 말았다. 이러한 원심판단에는 친생자관계부존재확인심판의 기판력에 관한 법리를 오해하여 판결에 영향을 미친 ★잘못이 있다. 이를 지적하는 상고이유 주장은 이유 있다 (대법원 2021. 9. 30. 선고 2021두38635 판결).

판례 075

판시사항

[1] 처분청이 처분 당시 적시한 구체적 사실을 변경하지 않는 범위 내에서 처분의 근거 법령만을 추가·변경하는 것에 불과한 경우, 행정청이 처분 당시 적시한 구체적 사실에 대하여 처분 후에 추가·변경한 법령을 적용하여 처분의 적법 여부를 판단할 수 있는지 여부(적극) 및 처분의 근거 법령을 변경하는 것이 허용되지 않는 경우

[2] 기본적 사실관계의 동일성이 인정되지 않는 별개의 사실을 들어 처분사유로 주장하는 것이 허용되지 않는다고 해석하는 이유와 취지

[3] 컨테이너를 설치하여 사무실 등으로 사용하는 갑 등에게 관할 시장이 건축법 제2조 제1항 제2호의 건축물에 해당함에도 같은 법 제11조의 따른 건축허가를 받지 않고 건축하였다는 이유로 원상복구명령 및 계고처분을 하였다가 이에 대한 취소소송에서 같은 법 제20조 제3항 위반을 처분사유로 추가한 사안에서, 당초 처분사유인 '건축법 제11조 위반'과 추가한 추가사유인 '건축법 제20조 제3항 위반'은 위반행위의 내용이 다르고 위법상태를 해소하기 위하여 거쳐야 하는 절차, 건축기준 및 허용가능성이 달라지므로 그 기초인 사회적 사실관계가 동일하다고 볼 수 없어 처분사유의 추가·변경이 허용되지 ★않는다고 한 사례(대법원 2021. 7. 29. 선고 2021두34756 판결)

○판례 076

판시사항

[1] 제재처분에 대한 행정쟁송절차에서 처분에 대해 집행정지결정이 이루어지고 본안에서 해당 처분이 최종적으로 적법한 것으로 확정되어 집행정지결정이 실효되고 제재처분을 다시 집행할 수 있게 된 경우 및 반대로 처분상대방이 집행정지결정을 받지 못했으나 본안소송에서 해당 제재처분이 위법하다는 것이 확인되어 취소하는 판결이 확정된 경우, 처분청이 취할 조치

[2] 중소기업제품 구매촉진 및 판로지원에 관한 법률에 따른 1차 직접생산확인 취소처분에 대하여 중소기업자가 제기한 취소소송절차에서 집행정지결정이 이루어졌다가 본안소송에서 중소기업자의 패소판결이 확정되어 집행정지가 실효되고 취소처분을 집행할 수 있게 되었으나 1차 취소처분 당시 유효기간이 남아 있었던 직접생산확인의 전부 또는 일부가 집행정지기간 중 유효기간이 모두 만료되고 집행정지기간 중 새로 받은 직접생산확인의 유효기간이 남아 있는 경우, 관할 행정청이 직접생산확인 취소 대상을 '1차 취소처분 당시' 유효기간이 남아 있었던 모든 제품에서 '1차 취소처분을 집행할 수 있게 된 시점 또는 그와 가까운 시점'을 기준으로 《《유효기간이 남아 있는 모든 제품으로 변경하는 처분을 할 수 있는지 여부(★★★적극)》》

판결요지

[1] 집행정지결정의 효력은 결정 주문에서 정한 기간까지 존속하다가 그 기간이 만료되면 ★★★ 장래에 향하여 소멸한다. 집행정지결정은 처분의 집행으로 회복하기 어려운 손해를 예방하기 위하여 긴급한 필요가 있고 달리 공공복리에 중대한 영향을 미치지 않을 것을 요건으로 하여 본안판결이 있을 때까지 해당 처분의 집행을 잠정적으로 정지함으로써 위와 같은 손해를 예방하는 데 취지가 있으므로, 항고소송을 제기한 원고가 본안소송에서 패소확정판결을 받았더라도 집행정지결정의 효력이 소급하여 소멸하지 ★★★않는다.

그러나 제재처분에 대한 행정쟁송절차에서 처분에 대해 집행정지결정이 이루어졌더라도 본안에서 해당 처분이 최종적으로 적법한 것으로 확정되어 집행정지결정이 실효되고 제재처분을 다시 집행할 수 있게 되면, 처분청으로서는 당초 집행정지결정이 없었던 경우와 동등한 수준으로 해당 제재처분이 집행되도록 필요한 조치를 취하여야 한다. 집행정지는 행정쟁송절차에서 실효적 권리구제를 확보하기 위한 잠정적 조치일 뿐이므로, 본안 확정판결로 해당 제재처분이 적법하다는 점이 확인되었다면 제재처분의 상대방이 잠정적 집행정지를 통해 집행정지가 이루어지지 않은 경우와 비교하여 제재를 덜 받게 되는 결과가 초래되도록 해서는 안 된다. 반대로, 처분상대방이 집행정지결정을 받지 못했으나 본안소송에서 해당 제재처분이 위법하다는 것이 확인되어 취소하는 판결이 확정되면, 처분청은 그 제재처분으로 처분상대방에게 초래된 불이익한 결과를 제거하기 위하여 필요한 조치를 취하여야 한다.

[2] 직접생산확인을 받은 중소기업자가 공공기관의 장과 납품 계약을 체결한 후 직접생산하지 않은 제품을 납품하였다. 관할 행정청은 중소기업제품 구매촉진 및 판로지원에 관한 법률 제11조 제3항에 따라 당시 유효기간이 남아 있는 중소기업자의 모든 제품에 대한 직접생산확인을 취소하는 1차 취소처분을 하였다. 중소기업자는 1차 취소처분에 대하여 취소소송을 제기하였고, 집행정지결정이 이루어졌다. 그러나 결국 중소기업자의 패소판결이 확정되어 집행정지가 실효되고, 취소처분을 집행할 수 있게 되었다. 그런데 1차 취소처분 당시 유효기간이 남아 있었던 직접생산확인

의 전부 또는 일부는 집행정지기간 중 유효기간이 모두 만료되었고, 1차 취소처분 당시 유효기간이 남아 있었던 직접생산확인 제품 목록과 취소처분을 집행할 수 있게 된 시점에 유효기간이 남아 있는 직접생산확인 제품 목록은 다르다.

위와 같은 경우 관할 행정청은 1차 취소처분을 집행할 수 있게 된 시점으로부터 상당한 기간 내에 직접생산확인 취소 대상을 '1차 취소처분 당시' 유효기간이 남아 있었던 모든 제품에서 '1차 취소처분을 집행할 수 있게 된 시점 또는 그와 가까운 시점'을 기준으로 《유효기간이 남아 있는 ★★★★모든 제품으로 변경하는 처분을 할 수 있다.》 이러한 변경처분은 중소기업자가 직접생산하지 않은 제품을 납품하였다는 점과 중소기업제품 구매촉진 및 판로지원에 관한 법률 제11조 제3항 중 제2항 제3호에 관한 부분을 각각 궁극적인 '처분하려는 원인이 되는 사실'과 '법적 근거'로 한다는 점에서 1차 취소처분과 동일하고, ★★★제재의 실효성을 확보하기 위하여 직접생산확인 취소 대상만을 변경한 것이다(대법원 2020. 9. 3. 선고 2020두34070 판결).

판례 077

판시사항

[1] 효력기간이 정해져 있는 제재적 행정처분에 대한 취소소송에서 법원이 본안소송의 판결 선고 시까지 집행정지결정을 한 경우, 처분에서 정해 둔 효력기간은 판결 선고 시까지 진행하지 않다가 선고된 때에 다시 진행하는지 여부(★★적극) / 처분에서 정해 둔 효력기간의 시기와 종기가 집행정지기간 중에 모두 경과한 경우에도 마찬가지인지 여부(★★적극) / 이러한 법리는 행정심판위원회가 행정심판법 제30조에 따라 집행정지결정을 한 경우에도 그대로 적용되는지 여부(★★적극)

[2] 효력기간이 정해져 있는 제재적 행정처분의 효력이 발생한 이후 행정청이 상대방에 대한 별도의 처분으로 효력기간의 시기와 종기를 다시 정할 수 있는지 여부(★★적극) / 위와 같은 후속 변경처분서에 당초 행정처분의 집행을 특정 소송사건의 판결 시까지 유예한다고 기재한 경우, 처분의 효력기간은 판결 선고 시까지 진행이 정지되었다가 선고되면 다시 진행하는지 여부(★★적극) / 당초의 제재적 행정처분에서 정한 효력기간이 경과한 후 동일한 사유로 다시 제재적 행정처분을 하는 것이 위법한 이중처분에 해당하는지 여부(★★적극)

판결요지

[1] 행정소송법 제23조에 따른 집행정지결정의 효력은 결정 주문에서 정한 종기까지 존속하고, 그 종기가 도래하면 당연히 소멸한다. 따라서 효력기간이 정해져 있는 제재적 행정처분에 대한 취소소송에서 법원이 본안소송의 판결 선고 시까지 집행정지결정을 하면, 처분에서 정해 둔 효력기간(집행정지결정 당시 이미 일부 집행되었다면 그 나머지 기간)은 판결 선고 시까지 진행하지 않다가 판결이 선고되면 그때 집행정지결정의 효력이 소멸함과 동시에 처분의 효력이 당연히 부활하여 처분에서 정한 효력기간이 다시 진행한다. 이는 처분에서 효력기간의 시기(시기)와 종기(종기)를 정해 두었는데, 그 시기와 종기가 집행정지기간 중에 모두 경과한 경우에도 특별한 사정이 없는 한 마찬가지이다. 이러한 법리는 행정심판위원회가 행정심판법 제30조에 따라 집행정지 결정을 한 경우에도 그대로 적용된다. 행정심판위원회가 행정심판 청구 사건의 재결이 있을 때까지 처분의 집행을 정지한다고 결정한 경우에는, 재결서 정본이 청구인에게 송달된 때 재결의 효

력이 발생하므로(행정심판법 제48조 제2항, 제1항 참조) 그때 <u>집행정지결정의 효력이 소멸함과 ★동시에 처분의 효력이 부활한다.</u>

[2] 효력기간이 정해져 있는 제재적 행정처분의 효력이 발생한 이후에도 행정청은 특별한 사정이 없는 한 상대방에 대한 별도의 처분으로써 효력기간의 시기와 종기를 다시 정할 수 있다. 이는 당초의 제재적 행정처분이 유효함을 전제로 그 구체적인 집행시기만을 변경하는 후속 변경처분이다. <u>★이러한 후속 변경처분도 특별한 규정이 없는 한 의사표시에 관한 일반법리에 따라 상대방에게 고지되어야 효력이 발생한다. ★★위와 같은 후속 변경처분서에 효력기간의 시기와 종기를 다시 특정하는 대신 당초 제재적 행정처분의 집행을 특정 소송사건의 판결 시까지 유예한다고 기재되어 있다면, 처분의 효력기간은 원칙적으로 그 사건의 판결 선고 시까지 진행이 정지되었다가 판결이 선고되면 다시 진행된다.</u> 다만 <u>★이러한 후속 변경처분 권한은 특별한 사정이 없는 한 당초의 제재적 행정처분의 효력이 유지되는 동안에만 인정된다. ★★★당초의 제재적 행정처분에서 정한 효력기간이 경과하면 그로써 처분의 집행은 종료되어 처분의 효력이 소멸하는 것이므로(행정소송법 제12조 후문 참조), 그 후 동일한 사유로 다시 제재적 행정처분을 하는 것은 위법한 이중처분에 해당한다</u>(대법원 2022. 2. 11. 선고 2021두40720 판결).

판례 078

판시사항

[1] 결혼이민(F-6) 체류자격에 관한 구 출입국관리법 시행령 제12조 [별표 1] 제28호의4 (다)목의 입법 취지 및 그 체류자격의 요건인 '자신에게 책임이 없는 사유로 정상적인 혼인관계를 유지할 수 없는 사람'의 의미

[2] 결혼이민[F-6 (다)목] 체류자격을 신청한 외국인에 대하여 행정청이 그 요건을 충족하지 못하였다는 이유로 거부처분을 하는 경우, 처분사유 / 결혼이민[F-6 (다)목] 체류자격 거부처분 취소소송에서 위 처분사유에 관한 증명책임의 소재(=행정청)

[3] 행정소송의 수소법원이 관련 확정판결에서 인정한 사실과 반대되는 사실을 인정할 수 있는지 여부(원칙적 소극) 및 출입국관리행정청이나 행정소송의 수소법원은 결혼이민[F-6 (다)목] 체류자격 부여에 관하여 가정법원이 이혼확정판결에서 내린 판단을 존중해야 하는지 여부(원칙적 적극)

판결요지

[1] 결혼이민[F-6 (다)목] 체류자격에 관한 구 출입국관리법 시행령(2018. 9. 18. 대통령령 제29163호로 개정되기 전의 것) 제12조 [별표 1] 제28호의4의 입법 취지는, 대한민국 국민과 혼인하여 당초 결혼이민[F-6 (가)목] 체류자격을 부여받아 국내에서 체류하던 중 국민인 배우자의 귀책사유로 정상적인 혼인관계를 유지할 수 없게 된 외국인에 대하여는 인도주의적 측면에서 결혼이민[F-6 (다)목] 체류자격을 부여하여 국내에서 계속 체류할 수 있도록 허용하기 위한 것이다. 한편 부부 사이의 혼인파탄이 어느 일방의 전적인 귀책사유에서 비롯되었다고 평가할 수 있는 경우는 현실적으로 드물거나 많지 않을 것으로 보이는데, 결혼이민[F-6 (다)목] 체류자격에 관한 위 규정을 엄격하게 해석하여 '정상적인 혼인관계를 유지할 수 없어 이혼에 이르게 된 것이 오로

지 국민인 배우자의 귀책사유 탓이고 외국인 배우자에게는 전혀 귀책사유가 없는 경우'에 한하여 적용할 수 있다고 한다면 외국인 배우자로서는 재판상 이혼 등 우리 민법에서 정한 절차에 따라 혼인관계를 적법하게 해소할 권리를 행사하는 것에 소극적일 수밖에 없게 되고 국민인 배우자가 이를 악용하여 외국인 배우자를 부당하게 대우할 가능성도 생길 수 있다. 이러한 사정들에다가 결혼이민[F-6 (다)목] 체류자격은 1회에 3년 이내의 체류기간을 부여함으로써 기간 만료 시 그 체류자격의 요건을 유지하고 있는지에 관하여 다시 실질적 심사를 거쳐야 하는 것으로서 중대한 범죄를 저지르지 않는 한 영구적인 체류를 허용하는 영주(F-5) 체류자격이나 대한민국 국적을 부여하는 귀화허가와는 성질을 달리하는 점 등을 고려하면, 결혼이민[F-6 (다)목] 체류자격의 요건인 '자신에게 책임이 없는 사유로 정상적인 혼인관계를 유지할 수 없는 사람'이란 '자신에게 주된 책임이 없는 사유로 정상적인 혼인관계를 유지할 수 없는 사람', 즉 ★'혼인파탄의 주된 귀책사유가 국민인 배우자에게 있는 경우'를 의미한다.

[2] 결혼이민[F-6 (다)목] 체류자격을 신청한 외국인에 대하여 행정청이 그 요건을 충족하지 못하였다는 이유로 거부처분을 하는 경우에는 '그 요건을 갖추지 못하였다는 판단', 다시 말해 '혼인파탄의 주된 귀책사유가 국민인 배우자에게 있지 않다는 판단' 자체가 ★★처분사유가 된다. 부부가 혼인파탄에 이르게 된 여러 사정들은 그와 같은 판단의 근거가 되는 기초 사실 내지 평가요소에 해당한다. 결혼이민[F-6 (다)목] 체류자격 거부처분 취소소송에서 원고와 피고 행정청은 각자 자신에게 유리한 평가요소들을 적극적으로 주장·증명하여야 하며, 수소법원은 증명된 평가요소들을 종합하여 혼인파탄의 주된 귀책사유가 누구에게 있는지를 판단하여야 한다. 수소법원이 '혼인파탄의 주된 귀책사유가 국민인 배우자에게 있다'고 판단하게 되는 경우에는, 해당 결혼이민[F-6 (다)목] 체류자격 거부처분은 위법하여 취소되어야 하므로, 이러한 의미에서 결혼이민[F-6 (다)목] 체류자격 거부처분 취소소송에서도 그 처분사유에 관한 증명책임은 피고 행정청에 있다. 일반적으로 혼인파탄의 귀책사유에 관한 사정들이 혼인관계 당사자의 지배영역에 있는 것이어서 피고 행정청이 구체적으로 파악하기 곤란한 반면, 혼인관계의 당사자인 원고는 상대적으로 쉽게 증명할 수 있는 측면이 있음을 고려하더라도 달리 볼 것은 아니다. 피고 행정청은 처분 전에 실태조사를 통해 혼인관계 쌍방 당사자의 진술을 청취하는 방식으로 혼인파탄의 귀책사유에 관한 사정들을 파악할 수 있고, 원고의 경우에도 한국의 제도나 문화에 대한 이해나 한국어 능력이 부족하여 평소 혼인파탄의 귀책사유에 관하여 자신에게 유리한 사정들을 증명할 수 있는 증거를 제대로 수집·확보하지 못한 상황에서 별거나 이혼을 하게 되는 경우가 있기 때문이다.

[3] 행정소송의 수소법원이 관련 확정판결의 사실인정에 구속되는 것은 아니지만, 관련 확정판결에서 인정한 사실은 행정소송에서도 유력한 증거자료가 되므로, 행정소송에서 제출된 다른 증거들에 비추어 관련 확정판결의 사실 판단을 채용하기 어렵다고 인정되는 특별한 사정이 없는 한, 이와 반대되는 사실은 인정할 수 없다. 나아가 '혼인파탄의 주된 귀책사유가 누구에게 있는지'라는 문제는 우리의 사법제도에서 가정법원의 법관들에게 가장 전문적인 판단을 기대할 수 있으므로, 결혼이민[F-6 (다)목] 체류자격 부여에 관하여 출입국관리행정청이나 행정소송의 수소법원은 특별한 사정이 없는 한 가정법원이 이혼확정판결에서 내린 판단을 존중함이 마땅하다. 이혼소송에서 당사자들이 적극적으로 주장·증명하지 않아 이혼확정판결의 사실인정과 책임판단에서 누락된 사정이 일부 있더라도 그러한 사정만으로 이혼확정판결의 판단 내용을 함부로 뒤집으려고 해서는 ★안 되며, 이혼확정판결과 다른 내용의 판단을 하는 데에는 매우 신중해야 한다(대법원 2019. 7. 4. 선고 2018두66869 판결).

○판례 079

판시사항

[1] 구 폐기물관리법 시행규칙 제29조 제1항 제2호 (마)목에서 변경허가사항으로 정한 '처분용량의 변경'에 소각시설의 증설 없이 단순히 소각시설의 가동시간을 늘리는 등의 방법으로 소각량을 늘리는 행위가 포함되는지 여부(★★소극)

[2] 폐기물 중간처분업체인 갑 주식회사가 소각시설을 허가받은 내용과 달리 설치하거나 증설한 후 허가받은 처분능력의 100분의 30을 초과하여 폐기물을 과다소각하였다는 이유로 한강유역환경청장으로부터 과징금 부과처분을 받았는데, 갑 회사가 이를 취소해 달라고 제기한 소송에서 한강유역환경청장이 '갑 회사는 변경허가를 받지 않은 채 소각시설을 무단 증설하여 과다소각하였으므로 구 폐기물관리법 시행규칙 제29조 제1항 제2호 (마)목 등 위반에 해당한다'고 주장하자 갑 회사가 이는 허용되지 않는 처분사유의 추가·변경에 해당한다고 주장한 사안에서, 한강유역환경청장의 위 주장은 소송에서 새로운 처분사유를 추가로 주장한 것이 아니라, 처분서에 다소 불명확하게 기재하였던 '당초 처분사유'를 좀 더 구체적으로 설명한 것이라고 한 사례

판결요지

[1] 폐기물관리법 제25조 제1항, 제2항, 제3항, 제11항, 제27조 제2항 제10호, 제65조 제14호, 구 폐기물관리법 시행규칙(2018. 12. 31. 환경부령 제796호로 개정되기 전의 것, 이하 '구 시행규칙'이라 한다) 제29조 제1항 제2호 (마)목의 규정 문언과 내용, 체계 등을 관련 법리에 비추어 살펴보면, 구 시행규칙 제29조 제1항 제2호 (마)목에서 변경허가사항으로 정한 '처분용량의 변경'이란 폐기물 중간처분업(소각 전문)의 경우 소각시설을 물리적으로 증설하는 경우를 의미하고, 소각시설의 증설 없이 단순히 소각시설의 가동시간을 늘리는 등의 방법으로 소각량을 늘리는 행위는 이에 포함되지 않는다.

[2] 폐기물 중간처분업체인 갑 주식회사가 소각시설을 허가받은 내용과 달리 물리적으로 무단 증설하거나 물리적 증설 없이 1일 가동시간을 늘리는 등의 방법으로 허가받은 처분능력의 100분의 30을 초과하여 폐기물을 과다소각하였다는 이유로 한강유역환경청장으로부터 과징금 부과처분을 받았는데, 갑 회사가 이를 취소하는 소를 제기하여 처분이 과중하므로 재량권 일탈·남용에 해당한다고만 주장하다가 '소각시설의 물리적 증설 없이 과다소각한 경우는 폐기물관리법 제25조 제11항, 구 폐기물관리법 시행규칙(2018. 12. 31. 환경부령 제796호로 개정되기 전의 것) 제29조 제1항 제2호 (마)목 위반에 해당하지 않는다'는 주장을 제기한 데 대하여 한강유역환경청장이 '① 소각시설의 물리적 증설 없이 과다소각한 경우도 위 법령 위반에 해당할 뿐만 아니라 ② 갑 회사는 변경허가를 받지 않은 채 소각시설을 무단 증설하여 과다소각하였으므로 위 법령 위반에 해당한다'고 주장하자 갑 회사가 ② 주장은 허용되지 않는 처분사유의 추가·변경에 해당한다고 주장한 사안에서, 한강유역환경청장이 위 처분을 하면서 처분서에 '과다소각'이라고만 기재하였을 뿐 어떤 방법으로 과다소각을 한 경우인지 구체적으로 기재하지는 않았으나, 관련 수사 결과와 이에 따른 한강유역환경청장의 사전통지 및 갑 회사가 제출한 의견서 내용 등을 종합하면, 한강유역환경청장은 '갑 회사가 소각시설을 허가받은 내용과 달리 설치하거나 증설하여 폐기물을 과다소각함으로써 위 법령을 위반하였다'는 점을 '당초 처분사유'로 삼아 위 처분을 한 것이고, 갑 회사도 이러한 '당초 처분사유'를 알면서도 이를 인정하고 처분양정이 과중하다는 《의견만을 제시하였을 뿐》이며, 처분서에 위반행위 방법을 구체적으로 기재하지 않았더라도 그에 불복하여

방어권을 행사하는 데 별다른 지장이 없었으므로, ★★《《한강유역환경청장이 갑 회사의 소송상 주장에 대응하여 변론과정에서 한 ② 주장은 소송에서 새로운 처분사유를 추가로 주장한 것이 아니라, 처분서에 다소 불명확하게 기재하였던 '당초 처분사유'를 좀 더 구체적으로 설명한 것》》인데도, 이와 달리 본 원심판단에 법리오해 등의 ★잘못이 있다고 한 사례(대법원 2020. 6. 11. 선고 2019두49359 판결).

판례 080

판시사항

[1] 법률이 전부 개정된 경우, 종전 법률의 본문 및 부칙 규정 외에 종전 법률 부칙의 경과규정도 실효되는지 여부(★★원칙적 적극) / 예외적으로 그 효력이 상실되지 않는 '특별한 사정'이 있는 경우 및 이때 '특별한 사정'이 있는지 판단하는 방법

[2] 구 건축법 부칙(1975. 12. 31.) 제2항이 1991. 5. 31. 법률 제4381호로 전부 개정된 건축법 시행에도 실효되지 않았다고 보아야 할 예외적인 '특별한 사정'이 있는지 여부(★적극)

[3] 건축신고가 건축법 등 관계 법령에서 정하는 명시적인 제한에 배치되지 않지만, 건축을 허용하지 않아야 할 중대한 공익상 필요가 있는 경우, 건축허가권자가 건축신고의 수리를 거부할 수 있는지 여부(적극)

[4] 갑이 '사실상의 도로'로서 인근 주민들의 통행로로 이용되고 있는 토지를 매수한 다음 2층 규모의 주택을 신축하겠다는 내용의 건축신고서를 제출하였으나, 구청장이 '위 토지가 건축법상 도로에 해당하여 건축을 허용할 수 없다'는 사유로 건축신고수리 거부처분을 하자 갑이 처분의 취소를 구하는 소송을 제기하였는데, 1심법원이 위 토지가 건축법상 도로에 해당하지 않는다는 이유로 갑의 청구를 인용하는 판결을 선고하자 구청장이 항소하여 '위 토지가 인근 주민들의 통행에 제공된 사실상의 도로인데, 주택을 건축하여 주민들의 통행을 막는 것은 사회공동체와 인근 주민들의 이익에 반하므로 갑의 주택 건축을 허용할 수 없다'는 주장을 추가한 사안에서, 구청장이 원심에서 추가한 처분사유는 당초 처분사유와 기본적 사실관계가 동일하고, 정당하여 결과적으로 위 처분이 적법한 것으로 볼 여지가 있다고 한 사례

판결요지

[1] 개정 법률이 전부 개정인 경우에는 기존 법률을 폐지하고 새로운 법률을 제정하는 것과 마찬가지여서 원칙적으로 종전 법률의 본문 규정은 물론 부칙 규정도 모두 효력이 소멸되는 것으로 보아야 하므로 종전 법률 부칙의 경과규정도 실효되지만, 특별한 사정이 있는 경우에는 효력이 상실되지 않는다. 여기에서 말하는 '특별한 사정'은 전부 개정된 법률에서 종전 법률 부칙의 경과규정에 관하여 계속 적용한다는 별도의 규정을 둔 경우뿐만 아니라, 그러한 규정을 두지 않았다고 하더라도 종전의 경과규정이 실효되지 않고 계속 적용된다고 보아야 할 만한 예외적인 사정이 있는 경우도 포함한다. 이 경우 예외적인 '특별한 사정'이 있는지는 종전 경과규정의 입법 경위·취지, 전부 개정된 법령의 입법 취지 및 전반적 체계, 종전 경과규정이 실효된다고 볼 경우 법률상 공백상태가 발생하는지 여부, 기타 제반 사정 등을 종합적으로 고려하여 개별적·구체적으로

판단하여야 한다.

[2] 건축법이 1991. 5. 31. 법률 제4381호로 전부 개정되면서 구 건축법 부칙(1975. 12. 31.) 제2항(이하 '종전 부칙 제2항'이라 한다)과 같은 경과규정을 두지 않은 것은 당시 대부분의 도로가 시장·군수 등의 도로 지정을 받게 됨으로써 종전 부칙 제2항과 같은 경과규정을 존치시킬 필요성이 줄어든 상황을 반영한 것일 뿐, 이미 건축법상의 도로가 된 사실상의 도로를 다시 건축법상의 도로가 아닌 것으로 변경하려고 한 취지는 아닌 점, 종전 부칙 제2항이 효력을 상실한다고 보면 같은 규정에 의하여 이미 확정적으로 건축법상의 도로가 된 사실상의 도로들에 관하여 법률상 공백 상태가 발생하게 되고 그 도로의 이해관계인들, 특히 그 도로를 통행로로 이용하는 인근 토지 및 건축물 소유자의 신뢰보호 및 법적 안정성 측면에도 문제가 생기는 점 등의 제반 사정을 종합해 볼 때, 종전 부칙 제2항은 1991. 5. 31. 법률 제4381호로 전부 개정된 건축법의 시행에도, 《《여전히 실효되지 않았다고 볼 '특별한 사정'이 있다.》》

[3] 건축허가권자는 건축신고가 건축법, 국토의 계획 및 이용에 관한 법률 등 관계 법령에서 정하는 명시적인 제한에 배치되지 않는 경우에도 건축을 허용하지 않아야 할 중대한 공익상 필요가 있는 경우에는 건축신고의 수리를 거부할 수 있다.

[4] 갑이 '사실상의 도로'로서 인근 주민들의 통행로로 이용되고 있는 토지를 매수한 다음 2층 규모의 주택을 신축하겠다는 내용의 건축신고서를 제출하였으나, 구청장이 '위 토지가 건축법상 도로에 해당하여 건축을 허용할 수 없다'는 사유로 건축신고수리 거부처분을 하자 갑이 처분에 대한 취소를 구하는 소송을 제기하였는데, 1심법원이 위 토지가 건축법상 도로에 해당하지 않는다는 이유로 갑의 청구를 인용하는 판결을 선고하자 구청장이 항소하여 '위 토지가 인근 주민들의 통행에 제공된 사실상의 도로인데, 주택을 건축하여 주민들의 통행을 막는 것은 사회공동체와 인근 주민들의 이익에 반하므로 갑의 주택 건축을 허용할 수 없다'는 주장을 추가한 사안에서, 당초 처분사유와 구청장이 원심에서 추가로 주장한 처분사유는 위 토지상의 사실상 도로의 법적 성질에 관한 평가를 다소 달리하는 것일 뿐, 모두 토지의 이용현황이 '도로'이므로 거기에 주택을 신축하는 것은 허용될 수 없다는 것이므로 ★《《기본적 사실관계의 동일성이 인정되고》》, ★《《위 토지에 건물이 신축됨으로써 인근 주민들의 통행을 막지 않도록 하여야 할 중대한 공익상 필요가 인정되고 이러한 공익적 요청이 갑의 재산권 행사보다 훨씬 중요하므로, 구청장이 원심에서 추가한 처분사유는 정당하여 결과적으로 위 처분이 적법한 것으로 볼 여지가 있음》》에도 이와 달리 본 원심판단에 법리를 오해한 ★잘못이 있다고 한 사례(대법원 2019. 10. 31. 선고 2017두74320 판결)

판례 081

판시사항

2007년 개정으로 신설된 구 산업재해보상보험법 제37조 제1항을 산업재해보상보험법상 '업무상의 재해'를 인정하기 위한 업무와 재해 사이의 상당인과관계에 관한 증명책임을 근로복지공단에 분배하거나 전환하는 규정으로 볼 수 있는지 여부(★소극)

판결요지

[다수의견] 산업재해보상보험법(이하 '산재보험법'이라 한다)상 보험급여의 지급요건, 2007. 12. 14. 법률 제8694호로 전부 개정된 구 산업재해보상보험법(2017. 10. 24. 법률 제14933호로 개정되기 전의 것, 이하 '구 산재보험법'이라 한다) 제37조 제1항 전체의 내용과 구조, 입법 경위와 입법 취지, 다른 재해보상제도와의 관계 등을 고려하면, 2007년 개정으로 신설된 구 산재보험법 제37조 제1항은 산재보험법상 '업무상의 재해'를 인정하기 위한 업무와 재해 사이의 상당인과관계에 관한 증명책임을 근로복지공단(이하 '공단'이라 한다)에 분배하거나 전환하는 규정으로 볼 수 없고, 2007년 개정 이후에도 업무와 재해 사이의 상당인과관계의 증명책임은 업무상의 재해를 주장하는 근로자 측에게 있다고 보는 것이 타당하므로, 기존 판례를 유지하여야 한다. 구체적인 이유는 다음과 같다.

(가) 산재보험법상 업무상 재해의 개념, 보험급여의 지급요건 및 구 산재보험법 제37조 제1항 전체의 내용과 구조를 종합적으로 살펴보면, 구 산재보험법 제37조 제1항에서 말하는 업무상의 재해에 해당하기 위해서는 업무와 재해 사이에 상당인과관계가 인정되어야 하고 이는 보험급여의 지급요건으로서 이를 주장하는 근로자 측에서 증명하여야 한다고 볼 수 있다. 구 산재보험법 제37조 제1항은 본문에서 업무상 재해의 적극적 인정 요건으로 인과관계를 규정하고 단서에서 그 인과관계가 상당인과관계를 의미하는 것으로 규정함으로써, 전체로서 업무상의 재해를 인정하기 위해서는 상당인과관계를 필요로 함을 명시하고 있을 뿐, 상당인과관계의 증명책임을 전환하여 그 부존재에 관한 증명책임을 공단에 분배하는 규정으로 해석되지 아니한다.

(나) 구 산재보험법 제37조 제1항의 입법 경위와 입법 취지, 특히 구 산재보험법 제37조 제1항 단서가 자구 수정과정에서 비로소 추가된 점 등에 비추어 보면, 2007년 개정 당시 구 산재보험법 제37조 제1항의 신설은 노동부령에 위임됐던 업무상 재해의 인정기준을 법률에서 유형별로 직접 규정한 다음 구체적인 인정기준은 대통령령으로 정하도록 함으로써 포괄위임 논란을 해소하고, 업무상 재해의 인정 요건으로 업무와 재해 사이에 상당인과관계가 필요하다는 원칙을 분명하게 하려는 데에 취지가 있었다. 이에서 더 나아가 구 산재보험법 제37조 제1항 단서 규정을 통하여 상당인과관계 증명책임의 전환과 같이 산업재해보상보험제도 운영에 근본적인 변화를 가져올 수 있는 사항의 변경까지 의도하였다고 볼 만한 사정을 찾기 어렵다.

(다) ★《구 산재보험법 제37조 제1항에 따른 업무상 재해의 인정 요건에 관하여만 공단이 업무와 재해 사이의 상당인과관계의 부존재를 증명하여야 한다고 해석하는 것은》, 산재보험법상 진폐 등에 관한 규정 및 관계 법령들에 따른 재해보상제도의 전반적인 체계와 조화되지 아니하고 입법자가 전혀 예정하지 않았던 상황을 초래하므로 수긍하기 ★어렵다(대법원 2021. 9. 9. 선고 2017두45933 전원합의체 판결).

○판례 082

판시사항

[1] 직무이행명령 및 이에 대한 이의소송 제도의 취지 및 직무이행명령의 요건 중 '법령의 규정에 따라 지방자치단체의 장에게 특정 국가위임사무나 시·도위임사무를 관리·집행할 의무가 있는지' 여부의 판단대상(=법령상 의무의 존부)과 이를 판단하는 방법

[2] 재활용이 가능한 순환골재와 순환토사가 건설폐기물의 재활용촉진에 관한 법률 제2조 제1호의 건설폐기물로서 같은 법 제13조 제2항에 따라 허용보관량을 초과하여 보관해서는 안 되는지 여부(적극)

[3] 예외 규정의 해석이 명확하지 않은 경우, 이를 확장해석할 수 있는지 여부(★소극) / 건설폐기물 처리업자가 해당 건설폐기물처리 사업장의 사업 활동에 필요하지 않게 된 물질을 건설폐기물의 재활용촉진에 관한 법령이 정한 바에 따라 재활용하지 아니하고 폐기물처리시설이 아닌 곳에서 매립한 경우, 건설폐기물의 재활용촉진에 관한 법률 제25조 제2항 제2호에서 정한 제재처분 및 폐기물관리법 제48조 제1호에서 정한 조치명령의 대상이 되는지 여부(★적극)

판결요지

[1] 직무이행명령 및 이에 대한 이의소송 제도의 취지는 국가위임사무나 시·도위임사무의 관리·집행에서 위임기관과 수임기관 사이의 지위와 권한, 상호 관계 등을 고려하여, 수임기관인 지방자치단체의 장이 해당 사무에 관한 사실관계의 인식이나 법령의 해석·적용에서 위임기관과 견해를 달리하여 해당 사무의 관리·집행을 하지 아니할 때, 위임기관에는 사무집행의 실효성을 확보하기 위하여 수임기관인 지방자치단체의 장에 대한 직무이행명령과 그 불이행에 따른 후속 조치를 할 권한을 부여하는 한편, 해당 지방자치단체의 장에게는 직무이행명령에 대한 이의의 소를 제기할 수 있도록 함으로써, 위임사무의 관리·집행에 관한 양 기관 사이의 분쟁을 대법원의 재판을 통하여 합리적으로 해결하고 사무집행의 적법성과 실효성을 보장하려는 데 있다. 따라서 직무이행명령의 요건 중 '법령의 규정에 따라 지방자치단체의 장에게 특정 국가위임사무나 시·도위임사무를 관리·집행할 의무가 있는지' 여부의 판단대상은 문언대로 법령상 의무의 존부이지, 지방자치단체의 장이 사무의 관리·집행을 하지 아니한 데 합리적 이유가 있는지 여부가 아니다. 법령상 의무의 존부는 원칙적으로 직무이행명령 당시의 사실관계에 관련 법령을 해석·적용하여 판단하되, 직무이행명령 이후의 정황도 고려할 수 있다.

[2] 건설폐기물의 재활용촉진에 관한 법률(이하 '건설폐기물법'이라 한다) 제13조 제2항은 건설폐기물의 처리를 위탁받은 건설폐기물 처리업자는 허용보관량을 초과하여 건설폐기물을 보관하여서는 아니 된다고 규정하고 있다. 재활용이 가능한 순환골재와 순환토사도 건설폐기물법 제2조 제1호에 따른 건설폐기물에 해당한다.

[3] 건설폐기물의 재활용촉진에 관한 법률(이하 '건설폐기물법'이라 한다) 제2조 제14호, 구 건설폐기물의 재활용촉진에 관한 법률 시행령(2017. 10. 17. 대통령령 제28367호로 개정되기 전의 것) 제4조는 순환골재와 순환토사를 일정한 용도로만 재활용할 수 있도록 제한하고 있다. 이는 폐기물처리시설이 아닌 곳에서 폐기물을 매립하는 행위를 원칙적으로 금지하는 폐기물관리법 제8조 제2항에 대한 예외를 정한 것에 해당한다. 일반적으로 예외 규정은 엄격하게 해석하여야 하

며, 예외 규정의 해석이 명확하지 않은 경우에는 원칙으로 돌아가야 하고 예외 규정을 확장해석해서는 아니 된다. 건설폐기물 처리업자가 해당 건설폐기물처리 사업장의 사업 활동에 필요하지 않게 된 물질을 건설폐기물법령이 정한 바에 따라 재활용하지 아니하고, 폐기물처리시설이 아닌 곳에서 매립한 경우에는 건설폐기물법 제13조 제1항에서 정한 건설폐기물 보관·처리기준 위반에 해당하여 같은 법 제25조 제2항 제2호에서 정한 제재처분의 대상이 될 뿐만 아니라, 폐기물관리법(2019. 11. 26. 법률 제16614호로 개정되기 전의 것) 제48조 제1호에서 정한 ★조치명령의 대상도 될 수 있다(대법원 2020. 3. 27. 선고 2017추5060 판결).

판례 083

판시사항

[1] 수도법 제71조 및 수도법 시행령 제65조에서 정한 '원인자부담금'과 구 지방자치법 제138조, 제139조 및 이에 근거한 조례에서 정한 '시설분담금'은 각각 근거 법령, 부과 목적·대상, 산정기준 등을 달리하는 것인지 여부(적극)

[2] 법인이 해당 지방자치단체의 구역 안에 주된 사무소 또는 본점을 두고 있지 않지만 '사업소'를 두고 있는 경우, 구 지방자치법 제138조에 따른 분담금 납부의무자인 '주민'에 해당하는지 여부(적극) / 법인이 특정한 지방자치단체에서 인적·물적 설비를 갖추고 계속적으로 사업을 영위하면서 해당 지방자치단체의 재산 또는 공공시설의 설치로 특히 이익을 받는 경우, 구 지방자치법 제138조에 따른 분담금 납부의무자가 될 수 있는지 여부(적극) 및 위 조항에 따라 분담금 제도를 구체화한 조례에서 정한 부과 요건을 충족하는 경우, 분담금을 납부할 의무가 있는지 여부(★원칙적 적극)

판결요지

[1] 수도법 제71조 및 수도법 시행령 제65조에서 정한 '원인자부담금'은 주택단지 등의 시설이 설치됨에 따라 상수도시설의 신설·증설 등이 필요한 경우에 그 원인을 제공한 자를 상대로 새로운 급수지역 내에서 설치하는 상수도시설의 공사비용을 부담시키는 것이고, 구 지방자치법(2021. 1. 12. 법률 제17893호로 전부 개정되기 전의 것) 제138조, 제139조 및 이에 근거한 조례에서 정한 '시설분담금'은 이미 상수도시설이 설치된 급수지역 내에서 전용급수설비의 신설 등 새롭게 급수를 신청하는 자를 상대로 기존 상수도시설의 잔존가치를 기준으로 그 공사에 소요된 건설비를 징수하는 것이어서, 각각 근거 법령, 부과 목적·대상, 산정기준 등을 달리한다.

[2] 구 지방자치법(2021. 1. 12. 법률 제17893호로 전부 개정되기 전의 것, 이하 같다) 제138조에 따른 분담금 납부의무자인 '주민'은 구 지방세법(2020. 12. 29. 법률 제17769호로 개정되기 전의 것)에서 정한 균등분 주민세의 납부의무자인 '주민'과 기본적으로 동일한 의미이므로, 법인이 해당 지방자치단체의 구역 안에 주된 사무소 또는 본점을 두고 있지 않더라도 '사업소'를 두고 있다면 구 지방자치법 제138조에 따른 분담금 납부의무자인 '주민'에 해당한다.

따라서 어떤 법인이 특정한 지방자치단체에서 인적·물적 설비를 갖추고 계속적으로 사업을 영위하면서 해당 지방자치단체의 재산 또는 공공시설의 설치로 특히 이익을 받는 경우에는 구 지방자치법 제138조에 따른 분담금 납부의무자가 될 수 있고, 구 지방자치법 제138조에 따라 분담금 제도를 구체화한 조례에서 정한 부과 요건을 충족하는 경우에는 이중부과 등과 같은 특별한 사정이 없는 한 그 조례에 따라 분담금을 납부할 의무가 ★있다(대법원 2022. 4. 14. 선고 2020두58427 판결).

판례 084

판시사항

법인이 해당 지방자치단체에서 인적·물적 설비를 갖추고 계속적으로 사업을 영위하면서 해당 지방자치단체의 재산 또는 공공시설의 설치로 특히 이익을 받는 경우, 지방자치법 제138조에 따른 분담금 납부의무자가 될 수 있는지 여부(적극)

판결요지

지방자치법은 여러 조항에서 권리·의무의 주체이자 법적 규율의 상대방으로서 '주민'이라는 용어를 사용하고 있다. 지방자치법에 '주민'의 개념을 구체적으로 정의하는 규정이 없는데, 그 입법 목적, 요건과 효과를 달리하는 다양한 제도들이 포함되어 있는 점을 고려하면, 지방자치법이 단일한 주민 개념을 전제하고 있는 것으로 보기 어렵다. 자연인이든 법인이든 누군가가 지방자치법상 주민에 해당하는지는 개별 제도별로 제도의 목적과 특성, 지방자치법뿐만 아니라 관계 법령에 산재해 있는 관련 규정들의 문언, 내용과 체계 등을 고려하여 개별적으로 판단할 수밖에 없다.

지방자치법 제13조 제2항, 제14조, 제15조, 제16조, 제17조, 제20조에 따른 참여권 등의 경우 지방자치법 자체나 관련 법률에서 일정한 연령 이상 또는 주민등록을 참여자격으로 정하고 있으므로(공직선거법 제15조, 주민투표법 제5조, 주민소환에 관한 법률 제3조 참조) 자연인만을 대상으로 함이 분명하고, 제12조는 기본적으로 제2장에서 정한 다양한 참여권 등을 행사할 수 있는 주민의 자격을 명확히 하려는 의도로 만들어진 규정이라고 볼 수 있다. 그러나 제13조 제1항에서 정한 재산·공공시설 이용권, 균등한 혜택을 받을 권리와 제21조에서 정한 비용분담 의무의 경우 자연인만을 대상으로 한 규정이라고 볼 수 없다.

지방자치법 제138조에 따른 분담금 제도의 취지와 균등분 주민세 제도와의 관계 등을 고려하면, 지방자치법 제138조에 따른 분담금 납부의무자인 '주민'은 균등분 주민세의 납부의무자인 '주민'과 기본적으로 동일하되, 다만 '지방자치단체의 재산 또는 공공시설의 설치로 주민의 일부가 특히 이익을 받은 경우'로 한정된다는 차이점이 있을 뿐이다. 따라서 법인의 경우 해당 지방자치단체의 구역 안에 주된 사무소 또는 본점을 두고 있지 않더라도 '사업소'를 두고 있다면 지방자치법 제138조에 따른 분담금 납부의무자인 '주민'에 해당한다.

지방자치법 제12조가 '주민의 자격'을 '지방자치단체의 구역 안에 주소를 가진 자'로 정하고 있으나 이는 위에서 본 바와 같이 주로 자연인의 참여권 등을 염두에 두고 만들어진 규정이고, 지방자치법은 주소의 의미에 관하여 별도의 규정을 두고 있지 않다. 민법 제36조가 '법인의 주소'를 '주된 사무소의 소재지'로, 상법 제171조는 '회사의 주소'를 '본점 소재지'로 정하고 있으나, 이는 민법과 상법의 적용에서 일정한 장소를 법률관계의 기준으로 삼기 위한 필요에서 만들어진 규정이다. 따라서 ★지방자치법 제138조에 따른 분담금 납부의무와 관련하여 법인의 주소가 주된 사무소나 본점의 소재지로 한정된다고 볼 것은 아니다.

어떤 법인이 해당 지방자치단체에서 인적·물적 설비를 갖추고 계속적으로 사업을 영위하면서 해당 지방자치단체의 재산 또는 공공시설의 설치로 특히 이익을 받는 경우에는 지방자치법 제138조에 따른 분담금 납부의무자가 될 수 있다. 특히 지방자치법 제138조에 근거하여 분담금 제도를 구체화한 조례에서 정한 분담금 부과 요건을 충족하는 경우에는 부담금 이중부과 등과 같은 특별한 사정이 없는 한 조례 규정에 따라 분담금을 납부할 의무가 있다(대법원 2021. 4. 29. 선고 2016두45240 판결).

판례 085

판시사항

[1] 위임명령은 법률이나 상위명령에서 구체적으로 범위를 정한 개별적인 위임이 있어야 가능한지 여부(적극) 및 이때 구체적인 위임의 범위와 그에 관한 예측가능성 유무를 판단하는 기준과 방법 / 이러한 법리는 조례가 법률로부터 위임받은 사항을 다시 지방자치단체장이 정하는 '규칙' 등에 재위임하는 경우에도 적용되는지 여부(★★적극)

[2] 서초구의회가 의결한 '시가표준액 9억 원 이하의 1가구 1개 주택을 소유한 개인에 대하여 지방세법이 정한 재산세의 세율을 표준세율의 100분의 50으로 감경하는' 내용의 '서울특별시 서초구 구세 조례 일부 개정 조례안'에 대하여 서울특별시장이 지방세법 위반의 소지가 있다는 이유로 재의요구를 지시하였으나 구청장이 따르지 않고 공포하자 조례안 의결의 효력 배제를 구하는 무효확인의 소를 제기한 사안에서, 위 조례안이 근거조항의 위임범위의 한계를 일탈하였다거나 조세법률주의, 포괄위임금지 원칙, 조세법률의 명확성 원칙, 지방세특례제한법의 절차, 조세평등주의 등에 위배되어 무효라고 볼 수 없다고 한 사례

판결요지

[1] 위임명령은 법률이나 상위명령에서 구체적으로 범위를 정한 개별적인 위임이 있을 때에 가능하고, 여기에서 구체적인 위임의 범위는 규제하고자 하는 대상의 종류와 성격에 따라 달라지는 것이어서 일률적 기준을 정할 수는 없지만, 적어도 위임명령에 규정될 내용 및 범위의 기본사항이 구체적으로 규정되어 있어서 누구라도 당해 법률이나 상위법령으로부터 위임명령에 규정될 내용의 대강을 예측할 수 있어야 한다. 하지만 이 경우 그 예측가능성의 유무는 당해 위임조항 하나만을 가지고 판단할 것이 아니라 그 위임조항이 속한 법률의 전반적인 체계와 취지 및 목적, 당해 위임조항의 규정형식과 내용 및 관련 법규를 유기적·체계적으로 종합하여 판단하여야 하며, 나아가 각 규제 대상의 성질에 따라 구체적·개별적으로 검토함을 요한다. 이러한 법리는 조례가 법률로부터 위임받은 사항을 다시 지방자치단체장이 정하는 '규칙' 등에 재위임하는 경우에도 적용된다.

[2] 서초구의회가 의결한 '시가표준액 9억 원 이하의 1가구 1개 주택을 소유한 개인에 대하여 지방세법이 정한 재산세의 세율을 표준세율의 100분의 50으로 감경하는' 내용의 '서울특별시 서

초구 구세 조례 일부 개정 조례안'에 대하여 《《서울특별시장이 지방세법 위반의 소지가 있다는 이유로 재의요구를 지시하였으나 구청장이 따르지 않고 공포하자 조례안 의결의 효력 배제를 구하는 무효확인의 소를 제기한 사안》》에서, 위 조례안의 근거조항인 지방세법 제111조 제1항 제3호 (나)목의 취지, 과세표준 구간이나 누진 정도의 의미를 고려하면, 위 조례안이 감경하는 세율의 적용 대상을 한정하여 그에 따라 과세표준 구간이 창설되고 과세표준 구간별 누진 정도가 변경되더라도 이는 근거조항이 조례로 감경하는 세율의 적용 대상을 한정할 수 있도록 함으로써 생기는 ★★《《반사적 효과에 불과하거나 근거조항이 예정》》하고 있는 것이고, '1가구 1개 주택' 등에 관한 내용을 분명히 알 수 있거나 예측할 수 있으며, 지방세특례제한법은 근거조항과는 목적, 요건과 효과 등을 ★달리하고, 위 조례안에 따라 존재하는 차별에는 합리적인 이유가 있다는 이유로, 위 조례안이 근거조항의 위임범위의 한계를 일탈하였다거나 조세법률주의, 포괄위임금지 원칙, 조세법률의 명확성 원칙, 지방세특례제한법의 절차, 조세평등주의 등에 위배되어 무효라고 볼 수 ★없다고 한 사례(대법원 2022. 4. 14. 선고 2020추5169 판결)

판례 086

판시사항

[1] 시·도교육청의 직속기관을 포함한 행정기구의 설치가 조례로 결정할 사항인지 여부(★적극) 및 지방교육행정기관의 행정기구 설치와 관련하여 교육감과 지방의회가 가지는 권한 / 지방의회가 집행기관의 고유 권한에 속하는 사항의 행사에 관하여 사전에 적극적으로 개입할 수 있는지 여부(★소극) 및 개입이 허용되는 범위

[2] ★★《《전라북도의회가 의결한 '전라북도교육청 행정기구 설치 조례 일부 개정조례안'에 대하여 전라북도 교육감이 재의를 요구하였으나 전라북도의회가 위 조례 개정안을 원안대로 재의결함으로써 확정한 사안》》에서, ★★《《위 조례 개정안이 교육감의 지방교육행정기관 조직편성권을 부당하게 침해한다고 볼 수 없다》》고 한 사례

판결요지

[1] 지방자치법 제22조 본문, 제113조, 지방자치법 시행령 제75조, 지방교육자치에 관한 법률 제18조 제1항, 제32조, 지방교육행정기관의 행정기구와 정원기준 등에 관한 규정 제3조 제1항 제2호, 제3호, 제25조 제1항, 제2항의 규정 내용을 종합하면, 시·도교육청의 직속기관을 포함한 지방교육행정기관의 행정기구(이하 '기구'라 한다)의 설치는 기본적으로 법령의 범위 안에서 조례로써 결정할 사항이다. 교육감은 시·도의 교육·학예에 관한 사무를 집행하는 데 필요한 때에는 법령 또는 조례가 정하는 바에 따라 기구를 직접 설치할 권한과 이를 위한 조례안의 제안권을 가지며, 설치된 기구 전반에 대하여 조직편성권을 가질 뿐이다. 지방의회는 교육감의 지방교육행정기구 설치권한과 조직편성권을 견제하기 위하여 조례로써 직접 교육행정기관을 설치·폐지하거나 교육감이 조례안으로써 제안한 기구의 축소, 통폐합, 정원 감축의 권한을 가진다.

지방자치법상 지방자치단체의 집행기관과 지방의회는 서로 분립되어 각기 그 고유 권한을 행사하되 상호 견제의 범위 내에서 상대방의 권한 행사에 대한 관여가 허용된다. 지방의회는 집행기관의 고유 권한에 속하는 사항의 행사에 관하여 사전에 적극적으로 개입하는 것은 허용되지 않으

나, 견제의 범위 내에서 소극적·사후적으로 개입하는 것은 허용된다.

[2] 전라북도의회가 의결한 '전라북도교육청 행정기구 설치 조례 일부 개정조례안'에 대하여 전라북도 교육감이 재의를 요구하였으나 전라북도의회가 위 조례 개정안을 원안대로 재의결함으로써 확정한 사안에서, 위 조례 개정안은 직속기관들이 전라북도교육청 소속임을 분명하게 하기 위하여 해당 직속기관의 명칭에 '교육청'을 추가하거나 지역 명칭을 일부 변경하는 것에 불과한데, 관계 법령의 규정 내용에 따르면, 직속기관의 명칭을 결정하는 것이 교육감의 고유 권한에 해당한다고 볼 만한 근거가 없는 반면, 지방의회가 '이미 설치된 교육청의 직속기관'의 명칭을 변경하는 것은 사후적·소극적 개입에 해당하므로, 위 조례 개정안이 자치사무에 관하여 법령의 범위 안에서 조례를 제정할 수 있는 '지방의회의 포괄적인 조례 제정 권한'의 한계를 벗어난 것이라고 보기는 ★어렵다는 이유로, 위 조례 개정안이 교육감의 지방교육행정기관 조직편성권을 부당하게 침해한다고 볼 수 없다고 한 사례(대법원 2021. 9. 16. 선고 2020추5138 판결)

판례 087

판시사항

[1] 특정 사안과 관련하여 법령에서 조례에 위임을 한 경우, 조례가 위임의 한계를 준수하고 있는지 판단하는 기준

[2] 어느 시행령이나 조례의 규정이 모법에 저촉되는지 명백하지 않으나 모법에 합치된다는 해석이 가능한 경우, 위 규정을 모법위반으로 무효라고 선언해야 하는지 여부(★소극)

[3] 주택건설사업 사업지구 내 상수도 공급을 위하여 관할 시장과 상수도 원인자부담금 부담 등에 관한 협약과 그 이행에 필요한 사항을 정하기 위한 상수도 원인자부담금 납부 협약을 체결한 사업시행자 갑 주식회사 등에 대하여 관할 상하수도사업소장이 '상수도 원인자부담금 산정 및 부과·징수 등에 관한 조례'에서 원인자부담금 부과대상으로 정한 '수돗물을 사용할 자'에 해당한다며 위 납부 협약에 따라 상수도 원인자부담금 부과처분을 부과·고지한 사안에서, 갑 회사 등은 택지개발사업이나 도심재개발 등의 방식으로 이루어지지 않은 사업의 사업시행자로서 수도공사를 하는 데 비용 발생의 원인을 제공한 자에 해당하여 위 조례에서 정한 '수돗물을 사용할 자'에 ★해당한다고 한 사례(대법원 2021. 7. 8. 선고 2017두74818 판결)

판례 088

판시사항

지방자치단체가 조례로 제정할 수 있는 사항(=자치사무, 단체위임사무) 및 법령상 지방자치단체의 장이 처리하도록 규정하고 있는 사무가 자치사무인지 기관위임사무인지 판단하는 기준 / 사립 초등학교·중학교·고등학교 및 이에 준하는 각종 학교를 설치·경영하는 학교법인의 임시이사 선임에 관한 교육감의 권한이 자치사무인지 여부(적극)

판결요지

지방자치법 제22조, 제9조에 따르면, 지방자치단체가 조례를 제정할 수 있는 사항은 지방자치단체의 고유사무인 자치사무와 개별 법령에 따라 지방자치단체에 위임된 단체위임사무에 한정된다. 국가사무가 지방자치단체의 장에게 위임되거나 상위 지방자치단체의 사무가 하위 지방자치단체의 장에게 위임된 기관위임사무에 관한 사항은 원칙적으로 조례의 제정범위에 속하지 않는다. 법령상 지방자치단체의 장이 처리하도록 규정하고 있는 사무가 자치사무인지 기관위임사무인지를 판단할 때 그에 관한 법령의 규정 형식과 취지를 우선 고려하여야 하지만, 그 밖에도 사무의 성질이 전국적으로 통일적인 처리가 요구되는 사무인지 여부나 그에 관한 경비부담과 최종적인 책임 귀속의 주체 등도 아울러 고려하여야 한다.

지방자치법, 지방교육자치에 관한 법률 및 사립학교법의 관련 규정들의 형식과 취지, 임시이사 선임제도의 내용과 성질 등을 앞에서 본 법리에 비추어 살펴보면, 사립 초등학교·중학교·고등학교 및 이에 준하는 각종 학교를 설치·경영하는 학교법인의 임시이사 선임에 관한 교육감의 권한은 ★자치사무라고 보는 것이 타당하다(대법원 2020. 9. 3. 선고 2019두58650 판결).

판례 089

판시사항

[1] 지방자치법 제17조 제1항에서 주민소송의 대상으로 규정한 '재산의 취득·관리·처분에 관한 사항', '해당 지방자치단체를 당사자로 하는 계약의 체결·이행에 관한 사항' 등에 해당하는지 판단하는 기준

[2] 지방자치법 제17조 제1항에서 정한 주민소송의 대상은 주민감사를 청구한 사항과 반드시 동일해야 하는지 여부(소극) 및 주민소송의 대상이 주민감사를 청구한 사항과 관련성이 있는지 결정하는 기준

[3] 지방자치법 제17조 제2항 제4호 주민소송을 제기하는 자는 상대방, 재무회계행위의 내용, 감사청구와의 관련성, 상대방에게 요구할 손해배상금 내지 부당이득금 등을 특정하여야 하는지 여부(적극)

[4] 지방자치법 제17조 제2항 제4호 주민소송에 따른 손해배상청구의 경우, 위법한 재무회계행위와 관련이 있는 상대방인 지방자치단체의 장이나 공무원에게 위법행위에 대한 고의 또는 중대한 과실이 있어야 손해배상책임이 성립하는지 여부(적극)

판결요지

[1] 주민소송 제도는 지방자치단체 주민이 지방자치단체의 위법한 재무회계행위의 방지 또는 시정을 구하거나 그로 인한 손해의 회복 청구를 요구할 수 있도록 함으로써 지방자치단체 재무행정의 적법성, 지방재정의 건전하고 적정한 운영을 확보하려는 데 목적이 있다. 그러므로 주민소송은 원칙적으로 지방자치단체의 재무회계에 관한 사항의 처리를 직접 목적으로 하는 행위에 대하여 제기할 수 있고, 지방자치법 제17조 제1항에서 주민소송의 대상으로 규정한 '재산의 취득·관리·처분에 관한 사항', '해당 지방자치단체를 당사자로 하는 계약의 체결·이행에 관한 사항' 등에 해

당하는지 여부도 그 기준에 의하여 판단하여야 한다.

[2] 주민감사청구가 '지방자치단체와 그 장의 권한에 속하는 사무의 처리'를 대상으로 하는 데 반하여, 주민소송은 '그 감사청구한 사항과 관련이 있는 위법한 행위나 업무를 게을리한 사실'에 대하여 제기할 수 있는 것이므로, 주민소송의 대상은 주민감사를 청구한 사항과 관련이 있는 것으로 충분하고, 주민감사를 청구한 사항과 반드시 동일할 필요는 없다. 주민감사를 청구한 사항과 관련성이 있는지는 주민감사청구사항의 기초인 사회적 사실관계와 기본적인 점에서 동일한지에 따라 결정되는 것이며 그로부터 파생되거나 후속하여 발생하는 행위나 사실은 주민감사청구사항과 관련이 있다고 보아야 한다.

[3] 지방자치법 제17조 제2항 제1호부터 제3호까지의 주민소송은 해당 지방자치단체의 장을 상대방으로 하여 위법한 재무회계행위의 방지, 시정 또는 확인 등을 직접적으로 구하는 것인 데 반하여, 제4호 주민소송은 감사청구한 사항과 관련이 있는 위법한 행위나 업무를 게을리한 사실에 대하여 지방자치단체의 장 및 직원, 지방의회의원, 해당 행위와 관련이 있는 상대방(이하 '상대방'이라 통칭한다)에게 손해배상청구, 부당이득반환청구, 변상명령 등을 할 것을 요구하는 소송이다. 따라서 제4호 주민소송 판결이 확정되면 지방자치단체의 장인 피고는 상대방에 대하여 판결에 따라 결정된 손해배상금이나 부당이득반환금의 지불 등을 청구할 의무가 있으므로, 제4호 주민소송을 제기하는 자는 상대방, 재무회계행위의 내용, 감사청구와의 관련성, 상대방에게 요구할 손해배상금 내지 부당이득금 등을 특정하여야 한다.

[4] 지방자치단체의 장은 지방자치법 제17조 제2항 제4호 주민소송에 따라 손해배상청구나 부당이득반환청구를 명하는 판결 또는 회계관계직원 등의 책임에 관한 법률(이하 '회계직원책임법'이라 한다)에 따른 변상명령을 명하는 판결이 확정되면 위법한 재무회계행위와 관련이 있는 상대방에게 손해배상금이나 부당이득반환금을 청구하여야 하거나 변상명령을 할 수 있다(지방자치법 제17조 제2항 제4호, 제18조 제1항, 회계직원책임법 제6조 제1항). 그리고 이에 더 나아가 상대방이 손해배상금 등의 지급을 이행하지 않으면 지방자치단체의 장은 손해배상금 등을 청구하는 소송을 제기하여야 한다(지방자치법 제18조 제2항). 이때 상대방인 지방자치단체의 장이나 공무원은 국가배상법 제2조 제2항, 회계직원책임법 제4조 제1항의 각 규정 내용 및 취지 등에 비추어 볼 때, 그 위법행위에 대하여 고의 또는 중대한 과실이 있는 경우에 제4호 주민소송의 손해배상책임을 부담하는 것으로 보아야 한다(대법원 2020. 7. 29. 선고 2017두63467 판결).

판례 090

판시사항

[1] 지방자치법 제16조 제1항에 따라 주민감사를 청구할 때 '해당 사무의 처리가 법령에 반하거나 공익을 현저히 해친다고 인정될 것'이 주민감사청구 또는 주민소송의 적법요건인지 여부(★소극)

[2] 주민감사청구가 지방자치법에서 정한 적법요건을 모두 갖추었음에도, 감사기관이 해당 주민감사청구가 부적법하다고 오인하여 더 나아가 구체적인 조사·판단을 하지 않은 채 각하하는 결정을 한 경우, 감사청구한 주민은 위법한 각하결정 자체를 별도의 항고소송으로 다툴 필요 없이, 지방자치법이 규정한 다음 단계의 권리구제절차인 주민소송을 제기할 수 있는지 여부(★적극)

판결요지

[1] 지방자치법 제16조 제1항에서 규정한 '해당 사무의 처리가 법령에 위반되거나 공익을 현저히 해친다고 인정되면'이란 감사기관이 감사를 실시한 결과 피감기관에 대하여 시정요구 등의 조치를 하기 위한 요건 및 주민소송에서 법원이 본안에서 청구를 인용하기 위한 요건일 뿐이고, 주민들이 주민감사를 청구하거나 주민소송을 제기하는 단계에서는 '해당 사무의 처리가 법령에 반하거나 공익을 현저히 해친다고 인정될 가능성'을 주장하는 것으로 족하며, '해당 사무의 처리가 법령에 반하거나 공익을 현저히 해친다고 인정될 것'이 주민감사청구 또는 주민소송의 적법요건이라고 볼 수는 없다. 왜냐하면 '해당 사무의 처리가 법령에 위반되거나 공익을 현저히 해친다고 인정되는지 여부'는 감사기관이나 주민소송의 법원이 구체적인 사실관계를 조사·심리해 보아야지 비로소 판단할 수 있는 사항이기 때문이다. 만약 이를 주민감사청구의 적법요건이라고 볼 경우 본안의 문제가 본안 전(前) 단계에서 먼저 다루어지게 되는 모순이 발생할 뿐만 아니라, 주민감사를 청구하는 주민들로 하여금 주민감사청구의 적법요건으로서 '해당 사무의 처리가 법령에 위반되거나 공익을 현저히 해친다고 인정될 것'을 증명할 것까지 요구하는 불합리한 결과가 야기될 수 있다.

[2] 지방자치법 제17조 제1항은 주민감사를 청구한 주민에 한하여 주민소송을 제기할 수 있도록 하여 '주민감사청구 전치'를 주민소송의 소송요건으로 규정하고 있으므로, 주민감사청구 전치 요건을 충족하였는지 여부는 주민소송의 수소법원이 직권으로 조사하여 판단하여야 한다. 주민소송이 주민감사청구 전치 요건을 충족하였다고 하려면 주민감사청구가 지방자치법 제16조에서 정한 적법요건을 모두 갖추고, 나아가 지방자치법 제17조 제1항 각호에서 정한 사유에도 해당하여야 한다. 지방자치법 제17조 제1항 제2호에 정한 '감사결과'에는 감사기관이 주민감사청구를 수리하여 일정한 조사를 거친 후 주민감사청구사항의 실체에 관하여 본안판단을 하는 내용의 결정을 하는 경우뿐만 아니라, 감사기관이 주민감사청구가 부적법하다고 오인하여 위법한 각하결정을 하는 경우까지 포함한다. <u>주민감사청구가 지방자치법에서 정한 적법요건을 모두 갖추었음에도, 감사기관이 해당 주민감사청구가 부적법하다고 오인하여 더 나아가 구체적인 조사·판단을 하지 않은 채 각하하는 결정을 한 경우에는, 감사청구한 주민은 위법한 각하결정 자체를 별도의 항고소송으로 다툴 필요 없이, 지방자치법이 규정한 다음 단계의 권리구제절차인 주민소송을 제기할 수 있다고 보아야 한다</u>(대법원 2020. 6. 25. 선고 2018두67251 판결).

판례 091

판시사항

[1] 위법한 행정처분에 대한 취소판결이 확정된 경우, 행정청이 취할 조치 및 행정처분이 불복기간의 경과로 확정될 경우, 그 효력으로서 확정력의 의미

[2] <u>지방자치법 제17조 제1항에 따른 주민소송에서 다툼의 대상이 된 처분의 위법성을 판단하는 기준 및 주민소송에서 처분의 위법성은 해당 처분으로 지방자치단체의 재정에 손실이 발생하였는지만을 기준으로 판단해야 하는지 여부(★소극)</u>

[3] 공유재산에 해당하는 도로에 관하여 적용할 법률로서 공유재산 및 물품 관리법과 도로법의 관계

[4] 도로의 점용에 관하여 우선 적용될 법령 및 그 경우 구 공유재산 및 물품 관리법 제13조가 적용되는지 여부(소극)

[5] 갑 교회가 지구단위계획구역으로 지정되어 있던 토지 중 일부를 매수한 후 교회 건물을 신축하는 과정에서 을 구 소유 국지도로 지하에 지하주차장 진입 통로를 건설하고 지하공간에 건축되는 예배당 시설 부지의 일부로 사용할 목적으로 을 구청장에게 위 도로 지하 부분에 대한 도로점용허가를 신청하였고, 을 구청장이 위 도로 중 일부 도로 지하 부분을 갑 교회가 점용할 수 있도록 하는 내용의 도로점용허가처분을 하자, 갑 교회가 위 도로 지하 부분을 포함한 신축 교회 건물 지하에 예배당 등의 시설을 설치한 사안에서, 위 도로점용허가가 비례·형평의 원칙을 위반하였다고 본 원심판단을 수긍한 사례

[6] 취소소송에 의한 행정처분 취소의 경우에도 수익적 행정처분의 취소·철회 제한에 관한 법리가 적용되는지 여부(소극)

[7] 법문언에 모호함이 내포되어 있으나 법관의 보충적인 가치판단을 통해서 법문언의 의미 내용을 확인할 수 있고 그러한 보충적 해석이 해석자의 개인적인 취향에 따라 좌우될 가능성이 없는 경우, 명확성원칙에 반한다고 할 수 있는지 여부(소극)

[8] 지방자치법 제17조 제1항 중 '재산의 취득·관리·처분에 관한 사항' 부분이 명확성원칙에 반하는지 여부(소극)

판결요지

[1] 어떤 행정처분을 위법하다고 판단하여 취소하는 판결이 확정되면 행정청은 취소판결의 기속력에 따라 그 판결에서 확인된 위법사유를 배제한 상태에서 다시 처분을 하거나 그 밖에 위법한 결과를 제거하는 조치를 할 의무가 있다(행정소송법 제30조). 그리고 행정처분이 불복기간의 경과로 인하여 확정될 경우 그 확정력은, 처분으로 인하여 법률상 이익을 침해받은 자가 해당 처분이나 재결의 효력을 더 이상 다툴 수 없다는 의미일 뿐, 더 나아가 판결에 있어서와 같은 기판력이 인정되는 것은 아니어서 처분의 기초가 된 사실관계나 법률적 판단이 확정되고 당사자들이나 법원이 이에 기속되어 모순되는 주장이나 판단을 할 수 없게 되는 것은 아니다.

[2] 지방자치법 제16조, 제17조 제1항, 제2항 제2호, 제17항의 내용과 체계에다가 주민소송 제도의 입법 취지와 법적 성질 등을 종합하면, 주민소송에서 다툼의 대상이 된 처분의 위법성은 행정소송법상 항고소송에서와 마찬가지로 헌법, 법률, 그 하위의 법규명령, 법의 일반원칙 등 객관적 법질서를 구성하는 모든 법규범에 위반되는지 여부를 기준으로 판단하여야 하는 것이지, 해당 처분으로 지방자치단체의 재정에 손실이 발생하였는지만을 기준으로 판단할 것은 아니다.

[3] 구 공유재산 및 물품 관리법(2010. 2. 4. 법률 제10006호로 개정되기 전의 것) 제1조, 제2조, 도로법 제1조 등 관련 규정들의 내용과 체계에다가 두 법률의 입법 목적 등을 종합하면, 공유재산 및 물품 관리법은 공유재산 및 물품의 취득, 관리·처분에 대한 사항 일반을 규율하는 일반법의 성격을 지니는 반면, 도로법은 일반 공중의 교통에 제공되는 시설이라는 도로의 기능적 특성을 고려하여 그 소유관계를 불문하고 특수한 공법적 규율을 하는 법률로서 도로가 공유재산

에 해당하는 경우 공유재산 및 물품 관리법보다 우선적으로 적용되는 특별법에 해당한다.

[4] 구 도로법(2010. 3. 22. 법률 제10156호로 개정되기 전의 것) 제38조, 구 도로법 시행령(2012. 11. 27. 대통령령 제24205호로 개정되기 전의 것, 이하 같다) 제28조 제5항 각호, 그리고 도로점용허가의 대상이 되는 공작물 또는 시설의 구조기준을 정한 구 도로법 시행령 제28조 제1항 [별표 1의2]의 내용과 체계에다가 구 공유재산 및 물품 관리법(2010. 2. 4. 법률 제10006호로 개정되기 전의 것, 이하 '구 공유재산법'이라 한다)과 도로법의 관계 등을 종합하면, 도로법령은 구 공유재산법 제13조에 대한 특별 규정이므로, 도로의 점용에 관해서는 위 도로법령의 규정들이 우선적으로 적용되고 구 공유재산법 제13조는 적용되지 않는다.

[5] ★★★갑 교회가 지구단위계획구역으로 지정되어 있던 토지 중 일부를 매수한 후 교회 건물을 신축하는 과정에서 을 소유 국지도로 지하에 지하주차장 진입 통로를 건설하고 지하공간에 건축되는 예배당 시설 부지의 일부로 사용할 목적으로 을 구청장에게 위 도로 지하 부분에 대한 도로점용허가를 신청하였고, 을 구청장이 위 도로 중 일부 도로 지하 부분을 2010. 4. 9.부터 2019. 12. 31.까지 갑 교회가 점용할 수 있도록 하는 내용의 도로점용허가처분을 하자, 갑 교회가 위 도로 지하 부분을 포함한 신축 교회 건물 지하에 예배당 등의 시설을 설치한 사안에서, 예배당, 성가대실, 방송실과 같은 지하구조물 설치를 통한 지하의 점유는 원상회복이 쉽지 않을 뿐 아니라 유지·관리·안전에 상당한 위험과 책임이 수반되고, 이러한 형태의 점용을 허가하여 줄 경우 향후 유사한 내용의 도로점용허가신청을 거부하기 어려워져 도로의 지하 부분이 무분별하게 사용되어 공중안전에 대한 위해가 발생할 우려가 있으며, 위 도로 지하 부분이 교회 건물의 일부로 사실상 영구적·전속적으로 사용되게 됨으로써 도로 주변의 상황 변화에 탄력적·능동적으로 대처할 수 없게 된다는 등의 사정을 들어, 위 도로점용허가가 비례·형평의 원칙을 위반하였다고 본 원심판단을 수긍한 사례.

[6] 수익적 행정처분에 대한 취소권 등의 행사는 기득권의 침해를 정당화할 만한 중대한 공익상의 필요 또는 제3자의 이익보호의 필요가 있는 때에 한하여 허용될 수 있다는 법리는, 처분청이 수익적 행정처분을 직권으로 취소·철회하는 경우에 적용되는 법리일 뿐 ★쟁송취소의 경우에는 적용되지 않는다.

[7] 법치국가 원리의 한 표현인 명확성원칙은 모든 기본권제한 입법에 대하여 요구되나, 명확성원칙을 산술적으로 엄격히 관철하도록 요구하는 것은 입법기술상 불가능하거나 현저히 곤란하므로 입법기술상 추상적인 일반조항과 불확정개념의 사용은 불가피하다. 따라서 법문언에 어느 정도의 모호함이 내포되어 있다고 하더라도 법관의 보충적인 가치판단을 통해서 법문언의 의미 내용을 확인할 수 있고 그러한 보충적 해석이 해석자의 개인적인 취향에 따라 좌우될 가능성이 없다면 명확성원칙에 반한다고 할 수 없다.

[8] 지방자치법 제17조 제1항 중 '재산의 취득·관리·처분에 관한 사항' 부분이 '재산의 취득·관리·처분'이라는 일반·추상적 용어를 사용하고 있더라도, '재산', '취득', '관리', '처분' 개념은 다수의 법률에서 널리 사용하는 용어이고, 특히 지방자치단체의 재산에 관한 사항을 규율하고 있는 지방자치법과 구 공유재산 및 물품 관리법(2010. 2. 4. 법률 제10006호로 개정되기 전의 것) 등 관련 법률의 조항들을 통해 의미를 파악하는 것이 가능하며, 어떤 '재산의 취득·관리·처분'에 관한 행위가 주민소송의 대상이 되는지는 결국 법원이 주민소송 제도의 입법 취지를 고려하여 구

체적으로 심리하여 판단해야 할 영역이다.

나아가 대법원은 "도로 등 공물이나 공공용물을 특정 사인이 배타적으로 사용하도록 하는 점용허가가 도로 등의 본래 기능 및 목적과 무관하게 그 사용가치를 실현·활용하기 위한 것으로 평가되는 경우에는 주민소송의 대상이 되는 재산의 관리·처분에 해당한다고 보아야 한다."라고 판시하여 주민소송의 대상에 관하여 구체적인 판단 기준을 제시한 바 있다.

따라서 지방자치법 제17조 제1항 중 '재산의 취득·관리·처분에 관한 사항' 부분은 명확성원칙에 반하지 아니한다(대법원 2019. 10. 17. 선고 2018두104 판결).

판례 092

판시사항

[1] 지방자치법 제4조 제3항부터 제7항에서 행정안전부장관 및 소속 위원회의 매립지 관할 귀속에 관한 의결·결정의 실체적 결정기준이나 고려요소를 구체적으로 규정하지 않은 것이 헌법상 보장된 지방자치제도의 본질을 침해하거나 명확성원칙, 법률유보원칙에 반하는지 여부(★소극)

[2] 매립지 관할 귀속에 관하여 이해관계가 있는 매립면허관청이나 관련 지방자치단체의 장이 준공검사 전까지 행정안전부장관에게 관할 귀속 결정을 신청하도록 한 지방자치법 제4조 제4항의 입법 취지 및 위 규정에서 정한 대로 매립면허관청이나 관련 지방자치단체의 장이 준공검사 전까지 관할 귀속 결정을 신청하지 않은 것이 행정안전부장관의 관할 귀속 결정을 취소해야 할 위법사유인지 여부(소극)

[3] 지방자치법 제4조 제4항에서 매립지 관할 귀속 결정의 신청권자로 규정한 '관련 지방자치단체의 장'에 기초 지방자치단체의 장이 포함되는지 여부(적극)

[4] 행정안전부장관 및 소속 위원회가 매립지가 속할 지방자치단체를 정할 때 폭넓은 형성의 재량을 가지는지 여부(적극) 및 그 재량의 한계 / 행정안전부장관 및 소속 위원회가 매립지가 속할 지방자치단체를 결정할 때 고려할 사항

판결요지

[1] 지방자치단체의 관할구역은 본래 지방자치제도 보장의 핵심영역, 본질적 부분에 속하는 것이 아니라 입법형성권의 범위에 속하는 점, 해상 공유수면 매립지의 경우 국가의 결정에 의하여 비로소 관할 지방자치단체가 정해지는 것인 점, 2009. 4. 1. 법률 제9577호로 개정된 지방자치법 제4조는 제1항에서 지방자치단체의 관할구역은 법령으로 정하는 것을 원칙으로 하면서도, 제3항에서 예외적으로 공유수면 매립지의 경우 종전에 헌법재판소의 권한쟁의심판 절차를 통해 해상경계선을 기준으로 관할 지방자치단체가 결정됨에 따라 발생하는 문제들을 해소하기 위하여 특별히 행정안전부장관으로 하여금 일정한 의견청취 절차를 거쳐 신중하게 관할 귀속 결정을 할 수 있는 권한을 위임한 것인 점, 국가는 해상 공유수면 매립지의 관할 지방자치단체를 결정할 때 관련 지방자치단체나 주민들의 이해관계 외에도 국토의 효율적이고 균형 있는 이용·개발과 보전(헌법 제120조 제2항, 제122조), 지역 간의 균형 있는 발전(헌법 제123조 제2항)까지도 고려하여 비

교형량하여야 하는데 이러한 고려요소나 실체적 결정기준을 법률에 더 구체적으로 규정하는 것은 입법기술적으로도 곤란한 측면이 있는 점 등을 종합하면, 지방자치법 제4조 제3항부터 제7항이 행정안전부장관 및 그 소속 위원회의 매립지 관할 귀속에 관한 의결·결정의 실체적 결정기준이나 고려요소를 구체적으로 규정하지 않았다고 하더라도 지방자치제도의 본질을 침해하였다거나 명확성원칙, 법률유보원칙에 반한다고 볼 수 없다.

[2] 지방자치법 제4조 제4항, 공유수면 관리 및 매립에 관한 법률 제45조, 공간정보의 구축 및 관리 등에 관한 법률 제2조 제29호, 제77조, 제87조, 공간정보의 구축 및 관리 등에 관한 법률 시행령 제63조, 공간정보의 구축 및 관리 등에 관한 법률 시행규칙 제81조 제1항 제2호와 국가가 매립지가 속할 지방자치단체를 결정하지 않은 상태에서, 토지소유자 또는 매립면허취득자가 임의로 특정 지방자치단체의 장에게 토지 신규등록을 신청하여 마친 지적공부 등록의 효력(당연무효)에 관한 법리를 종합하면, 지방자치법 제4조 제4항은 매립지 관할 귀속에 관하여 이해관계가 있는 매립면허관청이나 관련 지방자치단체의 장이 준공검사 전까지 행정안전부장관에게 관할 귀속 결정을 신청하도록 함으로써 행정안전부장관으로 하여금 가급적 신속하고 적절한 시점에 매립지 관할 귀속 결정을 하도록 촉구하고, 이를 통해 행정안전부장관의 매립지 관할 귀속 결정 전에 토지소유자 또는 매립면허취득자가 임의로 특정 지방자치단체의 장에게 토지 신규등록을 신청하여 당연무효인 지적공부 등록이 이루어지는 상황을 예방하려는 데에 입법 취지가 있다. 해상 공유수면 매립지의 경우 지방자치법 제4조 제1항 본문에 의하여 법률의 형식으로 관할 지방자치단체를 정하지 않는 이상 지방자치법 제4조 제3항에 의하여 행정안전부장관의 관할 귀속 결정이 반드시 있어야 하므로, 지방자치법 제4조 제4항이 정한 대로 신청이 이루어지지 않았다고 하더라도 해당 매립지에 관하여 관할 귀속 결정을 하여야 할 행정안전부장관의 권한·의무에 어떤 영향을 미친다고 볼 수 없다. ★매립면허관청이나 관련 지방자치단체의 장이 준공검사 전까지 관할 귀속 결정을 신청하지 않았다고 하더라도 그것이 행정안전부장관의 관할 귀속 결정을 취소하여야 할 위법사유는 아니라고 보아야 한다.

[3] 2009. 4. 1. 지방자치법 제4조 개정 전에는 공유수면 매립지의 관할 귀속이 주로 '기초 지방자치단체들 상호 간'의 권한쟁의심판 절차를 통해 결정되었고, 그에 따른 문제점을 해소하기 위하여 2009. 4. 1. 지방자치법 제4조가 개정되어 행정안전부장관의 매립지 관할 귀속 결정 절차가 신설된 점, 우리나라에서는 지방자치단체를 두 가지 종류로 구분하여 특별시, 광역시, 특별자치시, 도, 특별자치도와 같은 광역 지방자치단체 안에 시·군·구와 같은 기초 지방자치단체를 두고 있으므로(지방자치법 제2조 제1항, 제3조 제2항), 어떤 매립지가 특정 기초 지방자치단체의 관할구역으로 결정되면 그와 동시에 그 기초 지방자치단체가 속한 광역 지방자치단체의 관할구역에도 포함되는 것으로 보아야 하는 점 등을 고려하면, 지방자치법 제4조 제4항에서 매립지 관할 귀속 결정의 신청권자로 규정한 '관련 지방자치단체의 장'에는 해당 매립지와 인접해 있어 그 매립지를 관할하는 지방자치단체로 결정될 가능성이 있는 '기초 및 광역 지방자치단체의 장'을 모두 포함한다.

[4] 2009. 4. 1. 법률 제9577호로 지방자치법 제4조를 개정하여 행정안전부장관이 매립지가 속할 지방자치단체를 결정하는 제도를 신설한 입법 취지에 비추어 보면, 행정안전부장관 및 소속 위원회는 매립지가 속할 지방자치단체를 정할 때 폭넓은 형성의 재량을 가진다. 다만 그 형성의 재량은 무제한적인 것이 아니라, 관련되는 제반 이익을 종합적으로 고려하여 비교·형량하여야 하는 제한이 있다. 행정안전부장관 및 소속 위원회가 그러한 이익형량을 전혀 하지 않았거나 이

익형량의 고려 대상에 마땅히 포함해야 할 사항을 누락한 경우 또는 이익형량을 하였으나 정당성·객관성이 결여된 경우에는 그 관할 귀속 결정은 재량권을 일탈·남용한 것으로 위법하다.

위와 같은 지방자치법의 개정 취지 등을 고려하면, 행정안전부장관 및 소속 위원회가 매립지가 속할 지방자치단체를 결정할 때에는 일반적으로 다음과 같은 사항을 포함하여 고려하여야 한다. 특히 하나의 계획으로 전체적인 매립사업계획이 수립되고 그 구도하에서 사업내용이나 지구별로 단계적·순차적으로 진행되는 매립사업에서는 매립이 완료된 부분에 대한 행정적 지원의 필요 등으로 전체 매립대상지역이 아니라 매립이 완료된 일부 지역에 대한 관할 귀속 결정을 먼저 할 수밖에 없는 경우에도 그 부분의 관할 귀속 결정은 나머지 매립 예정 지역의 관할 결정에 상당한 영향을 미칠 수 있다. 따라서 일부 구역에 대해서만 관할 귀속 결정을 할 경우에도 해당 매립사업의 전체적 추진계획, 매립지의 구역별 토지이용계획 및 용도, 항만의 조성과 이용계획 등을 종합적으로 고려하여 매립예정지역의 전체적인 관할 구도의 틀을 감안한 관할 귀속 결정이 이루어지도록 하여야 한다. 만일 전체적인 관할 구도에 비추어 부적절한 관할 귀속 결정이 부분적으로 이루어지게 되면, 해당 매립사업의 전체적 추진계획 및 매립지의 세부 토지이용계획 등이 반영되지 못하게 될 위험이 있을 뿐만 아니라, 관할 귀속 결정이 이루어질 때마다 지방자치단체 사이에 분쟁이 생길 수 있고, 이로 인하여 국가 및 그 지역사회 차원에서 사회적·경제적 비용이 늘어나게 되며, 사회통합에도 장애가 되어 바람직하지 못하다. 게다가 특정 매립완료지역에 대하여 일단 분리 결정이 되면 그 부분의 관할권을 가지게 된 지방자치단체의 기득권처럼 인식되어 각 단계마다 새로이 이해관계 조정이 이루어지게 됨으로써 전체적인 이익형량을 그르치거나 불필요한 소모적 다툼이 연장될 우려도 배제할 수 없다. 이와 같은 제반 사정에 비추어 매립대상지역 중 완공이 된 일부 지역에 대하여 관할 귀속 결정을 할 경우에도 전체 매립대상지역의 관할 구분 구도에 어긋나지 않게 관할 귀속 결정이 이루어져야 한다.

① 매립지 내 각 지역의 세부 토지이용계획 및 인접 지역과의 유기적 이용관계 등을 고려하여 관할구역을 결정하여 효율적인 신규토지의 이용이 가능하도록 하여야 한다.

② 공유수면이 매립되어 육지화된 이상 더는 해상경계선만을 기준으로 관할 귀속 결정을 할 것은 아니고, 매립지와 인근 지방자치단체 관할구역의 연결 형상, 연접관계 및 거리, 관할의 경계로 쉽게 인식될 수 있는 도로, 하천, 운하 등 자연지형 및 인공구조물의 위치 등을 고려하여 매립지가 토지로 이용되는 상황을 전제로 합리적인 관할구역 경계를 설정하여야 한다.

③ 매립지와 인근 지방자치단체의 연접관계 및 거리, 도로, 항만, 전기, 수도, 통신 등 기반시설의 설치·관리, 행정서비스의 신속한 제공, 긴급상황 시 대처능력 등 여러 요소를 고려하여 행정의 효율성이 현저히 저해되지 않아야 한다.

④ 매립지와 인근 지방자치단체의 교통관계, 외부로부터의 접근성 등을 고려하여 매립지 거주 주민들의 입장에서 어느 지방자치단체의 관할구역에 편입되는 것이 주거생활 및 생업에 편리할 것인지를 고려하여야 한다.

⑤ 매립공사의 시행으로 인근 지방자치단체와 주민들이 인접 공유수면을 상실하게 되므로 이로 인하여 잃게 되는 지방자치단체들의 해양 접근성에 대한 연혁적·현실적 이익 및 주민들의 생활기반과 경제적 이익을 감안하여야 한다(대법원 2021. 2. 4. 선고 2015추528 판결).

판례 093

판시사항

'서울특별시 도시개발 체비지 관리 조례 일부개정 조례안'에서 규정하고 있는 공유재산의 무단점유로 인한 변상금 부과·징수가 지방자치단체의 자치사무인지 여부(★적극) / 지방자치단체는 자치사무에 관하여 법령의 범위 안에서 조례를 제정할 수 있는지 여부(★원칙적 적극) 및 이때 '법령의 범위 안에서'의 의미 / 조례가 법령에 위반되는지 판단하는 방법

【이 유】

1. 이 사건 조례안의 재의결 및 그 내용의 요지

갑 제1호증의 1, 2, 갑 제2 내지 4호증의 각 기재에 변론 전체의 취지를 종합하면 다음과 같은 사정을 인정할 수 있다.

가. 피고는 2015. 7. 30. 「서울특별시 도시개발 체비지 관리 조례」를 개정하여, 제16조 제1항 단서로 '1973년 이전 도심지 정비사업과 수해지역 불량주택 철거민 등을 위해 지방자치단체가 이주시킨 집단이주정착용 체비지'(이하 '집단이주정착용 체비지'라고 한다)의 대부요율을 주거의 경우 1,000분의 10, 주거 이외의 경우 1,000분의 20으로 낮추었다(이하 '이 사건 특례규정'이라고 한다).

나. 피고는 2016. 9. 9. 「서울특별시 도시개발 체비지 관리 조례 일부개정 조례안」(이하 '이 사건 조례안'이라고 한다)을 의결하여 원고에게 이송하였다. 이 사건 조례안은 이 사건 특례규정에 관한 적용례를 부칙 제2조로 신설하여 "집단이주정착용 체비지 중 이 조례 시행 후 최초로 부과하는 변상금부터 적용한다."라고 규정하고 있다(이하 '이 사건 부칙규정'이라고 한다).

다. 원고는 2016. 9. 27. 이 사건 조례안이 법령에 위반된다는 이유로 피고에게 그 재의를 요구하였으나 피고는 2017. 3. 3. 이 사건 조례안을 그대로 재의결하였다.

라. 이 사건 특례규정이 적용되는 집단이주정착용 체비지는 서울 관악구 (주소 생략) 일대 토지만 해당되는데, 위 토지는 최근까지도 사용·수익허가나 대부계약이 체결되지 않은 채로 점유·사용되고 있는 것으로 보인다.

2. 이 사건 조례안이 법령에 위배되어 무효인지 여부

가. 원고는, 이 사건 부칙규정은 집단이주정착용 체비지의 변상금 부과·징수의 기준이 되는 대부요율을 조례 시행 전의 무단점유로 인한 변상금 부과·징수에도 소급 적용하도록 함으로써 회계연도별로 변상금을 부과·징수하도록 하는 「공유재산 및 물품 관리법」(이하 '공유재산법'이라고 한다) 제81조 제1항 본문과 같은 법 시행령 제81조 제1항 본문에 위배되어 무효라고 주장한다.

나. 공유재산법 제81조 제1항 본문과 같은 법 시행령 제81조 제1항 본문은 지방자치단체의 장은 공유재산 또는 물품을 무단으로 점유한 자에 대하여 무단점유 기간에 대하여 회계연도별로 산정한 사용료 또는 대부료 합계액의 100분의 120에 해당하는 변상금을 부과·징수한다고 규정하고 있다. 공

유재산법 제32조 제1항과 같은 법 시행령 제31조 제1항은 일반재산의 대부료는 시가를 반영한 해당 재산 평정가격의 연 1천분의 10 이상의 범위에서 지방자치단체의 조례로 정하도록 규정하고 있다. 이러한 규정들과 지방자치법 제9조 제2항 제1호 (자)목 등을 종합하여 보면, 이 사건 조례안에서 규정하고 있는 공유재산의 무단점유로 인한 변상금 부과·징수는 공유재산관리에 관한 사무로서 지방자치단체의 자치사무에 해당한다. 나아가 지방자치단체는 원칙적으로 자치사무에 관하여 법령의 범위 안에서 조례를 제정할 수 있고, 여기서 말하는 '법령의 범위 안에서'는 '법령에 위반되지 않는 범위 내에서'를 의미한다(대법원 2000. 11. 24. 선고 2000추29 판결 참조). 조례가 법령에 위반되는지 여부는 법령과 조례의 각 규정 취지, 규정의 목적과 내용 및 효과 등을 비교하여 양자 사이에 모순·저촉이 있는지 여부에 따라서 개별적·구체적으로 판단하여야 한다(대법원 2004. 4. 23. 선고 2002추16 판결 참조).

다. 이러한 법리에 비추어 살펴보면, 이 사건 부칙규정을 둔 이 사건 조례안이 공유재산법령에 위배된다고 볼 수 없다.

1) 앞서 본 바와 같이 공유재산법령은 공유재산의 무단점유로 인한 변상금 부과·징수의 근거가 되는 대부요율을 조례에 의하여 지방자치단체가 자율적으로 정하도록 규정하고 있다. 따라서 그에 관한 지방자치단체의 의사는 최대한 존중되어야 한다.

2) 공유재산법령이 매 회계연도별로 변상금을 부과·징수하여야 한다고 규정하고 있더라도, 대부요율이 변상금 납부의무자에게 유리하게 개정된 조례를 그 시행 시까지 변상금이 부과·징수되지 않은 무단점유에 대하여는 적용하지 못하도록 제한하려는 취지라고 볼 수는 없다.

3) 이 사건 특례규정은 집단이주정착용 체비지의 변상금 부과·징수의 근거가 되는 대부요율을 종전보다 낮추는 규정이다. 한편 이 사건 부칙규정은 이 사건 특례규정 시행 전에 개시되었으나 특례규정 시행 시까지 변상금이 부과·징수되지 않은 무단점유에 관해서도 특례규정이 적용된다는 점을 명확히 하는 규정이다. 이와 같은 각 조항의 입법 취지와 개정 경위, 이 사건 특례규정 및 부칙규정의 적용 대상인 집단이주정착용 체비지의 성격 등을 종합하여 보면, 이 사건 조례안이 조례제정에 관한 합리적인 재량 범위를 벗어나 현저하게 불합리하거나 불공정하다고 볼 수 없다(대법원 2006. 3. 10. 선고 2003다15013 판결 등 참조).(대법원 2020. 2. 13. 선고 2017추5039 판결)

판례 094

판시사항

[1] 국가하천에 관한 사무가 국가사무에 해당하는지 여부(원칙적 적극) 및 지방자치단체가 비용 일부를 부담한다고 하여 국가사무의 성격이 자치사무로 바뀌는 것인지 여부(★소극)

[2] 갑 지방자치단체장은 국토교통부장관과 수중보 건설 사업시행 위치를 변경하면서 수중보 건설비용 일부와 운영·유지비용 전부를 갑 지방자치단체가 부담하도록 하는 협약을 체결하였는데, 이후 갑 지방자치단체가 협약의 무효 확인과 위치 변경에 따라 지출한 실시설계비 및 이에 대한 지연손해금을 부당이득으로서 반환할 것을 청구한 사안에서, 갑 지방자치단체에 수중보 건설비용 일부와 운영·유지비용 전부를 부담하도록 한 협약이 위법·무효라고 볼 수 ★없다고 한 사례

판결요지

[1] 헌법 제117조 제1항은 "지방자치단체는 주민의 복리에 관한 사무를 처리하고 재산을 관리하며, 법령의 범위 안에서 자치에 관한 규정을 제정할 수 있다."라고 정하고 있다. 지방자치법 제9조 제1항은 "지방자치단체는 관할구역의 자치사무와 법령에 따라 지방자치단체에 속하는 사무를 처리한다."라고 정하고, 제2항은 지방자치단체의 사무를 예시하고 있다. 지방자치법 제11조는 "지방자치단체는 다음 각호에 해당하는 국가사무를 처리할 수 없다. 다만 법률에 이와 다른 규정이 있는 경우에는 국가사무를 처리할 수 있다."라고 정하고 있는데, 그 제4호에서 국가하천을 '전국적 규모나 이와 비슷한 규모의 사무'로서 지방자치단체가 처리할 수 없는 국가사무의 예로 정하고 있다. 하천법은 국가하천의 하천관리청은 국토교통부장관이고(제8조 제1항), 하천공사와 하천의 유지·보수는 원칙적으로 하천관리청이 시행한다고 정하고 있다(제27조 제5항).

위와 같은 규정에 따르면, ★국가하천에 관한 사무는 다른 법령에 특별한 정함이 없는 한 국가사무로 보아야 한다. 지방자치단체가 비용 일부를 부담한다고 해서 국가사무의 성격이 자치사무로 바뀌는 것은 아니다.

[2] 갑 지방자치단체장은 국토교통부장관과 수중보 건설 사업시행 위치를 변경하면서 수중보 건설비용 일부와 운영·유지비용 전부를 갑 지방자치단체가 부담하도록 하는 협약을 체결하였는데, 이후 갑 지방자치단체가 협약의 무효 확인과 위치 변경에 따라 지출한 실시설계비 및 이에 대한 지연손해금을 부당이득으로서 반환할 것을 청구한 사안에서, 지방자치법 제122조 제2항, 제123조, 제141조, 하천법 제8조, 제27조, 제59조, 제61조 제1항, 제3항, 하천법 시행령 제74조, 제75조의 내용·체계, 입법 취지와 수중보 건설사업 지점으로 최초 채택되었던 지점에 사업을 시행할 경우 전액 국고 부담으로 할 수 있었는데도, ★자발적으로 군수가 추가 공사비 등을 부담하는 방법을 제안하여 이를 반영한 변경지점에 대한 타당성 재조사를 거쳐 협약을 체결한 점, 수중보로 인한 실질적인 경제적 이익은 대부분 지방자치단체와 그 주민들에게 귀속될 것으로 보이는 점 등을 종합하면, ★갑 지방자치단체에 수중보 건설비용 일부와 운영·유지비용 전부를 부담하도록 한 협약이 위법·무효라고 볼 수 없다고 한 사례(대법원 2020. 12. 30. 선고 2020두37406 판결)

판례 095

판시사항

[1] 구 군인연금법상 선순위 유족의 연금청구와 국방부장관의 지급결정으로 발생한 구체적인 유족연금수급권이 독립적으로 구 군인연금법 제8조 제1항에서 정한 소멸시효의 적용 대상이 되는지 여부(소극) 및 이는 선순위 유족에게 유족연금수급권의 상실사유가 발생하여 동순위 또는 차순위 유족에게 구체적인 유족연금수급권이 같은 법 제29조 제2항 규정에 따라 이전되는 경우에도 마찬가지인지 여부(적극)

[2] 구 군인연금법상 선순위 유족이 유족연금수급권을 상실함에 따라 동순위 또는 차순위 유족이 유족연금수급권 이전 청구를 한 경우, 이에 관한 국방부장관의 결정이 항고소송의 대상인 처분에 해당하는지 여부(★적극) 및 국방부장관이 거부결정을 하는 경우 청구인의 불복 방법

[3] 군인의 공무상 사망으로 선순위 유족이 구 군인연금법 제26조 제1항 제3호 규정에 따라 곧

바로 취득하는 추상적 유족연금청구권, 구체적 유족연금수급권을 취득한 선순위 유족이 갖게 되는 월별 수급권 및 선순위 유족이 구체적 유족연금수급권을 상실함에 따라 이를 취득한 동순위 또는 차순위 유족이 갖게 되는 월별 수급권에 대하여 같은 법 제8조 제1항에서 정한 5년의 소멸시효 기간이 적용되는지 여부(적극) / 이때 추상적 유족연금청구권과 월별 수급권의 경우에 같은 법 제8조 제1항에서 소멸시효의 기산점으로 규정한 '급여의 사유가 발생한 날'의 의미

[4] 구 군인연금법상 선순위 유족이 구체적 유족연금수급권을 상실함에 따라 동순위 또는 차순위 유족이 구체적 유족연금수급권을 취득한 경우 그로부터 발생하는 월별 수급권의 소멸시효 기간과 기산점 / 국방부장관에게 유족연금수급권 이전 청구를 한 경우, 이전 청구 시부터 5년 이내의 월별 수급권은 소멸시효의 진행이 중단되는지 여부(★적극)

판결요지

[1] 구 군인연금법(2013. 3. 22. 법률 제11632호로 개정되기 전의 것, 이하 '법'이라 한다)상 유족연금에 관한 제26조 제1항 제3호, 제3조 제1항 제4호, 제12조, 제29조 제1항, 제2항, 제8조 제1항의 내용과 체계에, 유족에게 적절한 급여를 지급함으로써 유족의 생활 안정과 복리 향상에 기여함을 목적으로 하는 유족연금 제도의 입법 취지를 종합하면, 군인의 사망으로 인한 유족연금수급권은 선순위 유족이 '군인이 사망한 날로부터 5년 내'에 유족연금을 청구하여 국방부장관의 지급결정을 받아 구체적인 유족연금수급권(기본권)이 발생한 경우, 그에 따라 다달이 발생하는 월별 수급권(지분권)이 소멸시효에 걸릴 수 있을 뿐, 구체적인 유족연금수급권은 독립적으로 법 제8조 제1항에서 정한 소멸시효의 적용 대상이 되지 아니한다. 이는 선순위 유족에게 유족연금수급권의 상실사유가 발생하여 동순위 또는 차순위 유족에게 구체적인 유족연금수급권이 법 제29조 제2항 규정에 따라 이전되는 경우에도 마찬가지라고 보아야 한다.

[2] 선순위 유족이 유족연금수급권을 상실함에 따라 동순위 또는 차순위 유족이 상실 시점에서 유족연금수급권을 법률상 이전받더라도 동순위 또는 차순위 유족은 구 군인연금법 시행령(2010. 11. 2. 대통령령 제22467호로 개정되기 전의 것) 제56조에서 정한 바에 따라 국방부장관에게 '유족연금수급권 이전 청구서'를 제출하여 심사·판단받는 절차를 거쳐야 비로소 유족연금을 수령할 수 있게 된다. 이에 관한 국방부장관의 결정은 선순위 유족의 수급권 상실로 청구인에게 유족연금수급권 이전이라는 법률효과가 발생하였는지를 '확인'하는 행정행위에 해당하고, 이는 월별 유족연금액 지급이라는 후속 집행행위의 기초가 되므로, '행정청이 행하는 구체적 사실에 관한 법집행으로서의 공권력의 행사 또는 그 거부'(행정소송법 제2조 제1항 제1호)로서 항고소송의 대상인 처분에 해당한다고 보아야 한다. 그러므로 ★★★만약 국방부장관이 거부결정을 하는 경우 그 거부결정을 대상으로 항고소송을 제기하는 방식으로 불복하여야 하고, 청구인이 정당한 유족연금수급권자라는 ★★★《국방부장관의 심사·확인 결정 없이》 ★★★《곧바로 국가를 상대로 한 당사자소송으로 그 권리의 확인이나 유족연금의 지급을 소구할 수는 없다.》

[3] 구 군인연금법(2013. 3. 22. 법률 제11632호로 개정되기 전의 것, 이하 '법'이라 한다) 제8조 제1항은 '급여를 받을 권리'는 '그 급여의 사유가 발생한 날'로부터 5년간 이를 행사하지 아니할 때에는 시효로 인하여 소멸한다고 규정하고 있고, 이는 군인연금법상 급여를 받을 모든 권리에 대하여 적용되는 것이므로, ① 군인의 공무상 사망으로 선순위 유족이 법 제26조 제1항 제3호 규정에 따라 곧바로 취득하는 추상적 유족연금청구권뿐 아니라, ② 구 군인연금법 시행령

(2010. 11. 2. 대통령령 제22467호로 개정되기 전의 것) 제53조에 따른 유족연금 최초 청구를 하여 국방부장관의 지급결정을 거쳐 구체적 유족연금수급권을 취득한 선순위 유족이 망인의 공무상 사망일 다음 달부터 갖게 되는 월별 수급권이나, ③ 선순위 유족에게 법 제29조 제1항 각호에서 정한 사유가 발생하여 구체적 유족연금수급권을 상실함에 따라 법 제29조 제2항 규정에 의하여 곧바로 구체적 유족연금수급권을 취득한 동순위 또는 차순위 유족이 갖게 되는 월별 수급권에 대하여도 5년의 소멸시효 기간이 적용된다. 따라서 법 제8조 제1항에서 소멸시효의 기산점으로 규정한 '급여의 사유가 발생한 날'이란, 추상적 유족연금청구권의 경우에는 '급여를 받을 권리가 발생한 원인이 되는 사실이 발생한 날'을, 월별 수급권의 경우에는 '매달 연금지급일'을 의미한다.

[4] 선순위 유족에게 구 군인연금법(2013. 3. 22. 법률 제11632호로 개정되기 전의 것, 이하 '법'이라 한다) 제29조 제1항 각호에서 정한 사유가 발생하여 구체적 유족연금수급권을 상실함에 따라 동순위 또는 차순위 유족이 법 제29조 제2항 규정에 의하여 곧바로 구체적 유족연금수급권을 취득한 경우 그로부터 발생하는 월별 수급권은 매 연금지급일(매달 25일)부터 5년간 이를 행사하지 아니한 때에는 각 시효가 완성되어 ★소멸하게 되며, 국방부장관에게 구 군인연금법 시행령(2010. 11. 2. 대통령령 제22467호로 개정되기 전의 것) 제56조에 따라 유족연금수급권 이전 청구를 한 경우에는 이미 발생한 월별 수급권에 관하여 권리를 행사한다는 취지를 객관적으로 표명한 것이므로, 그 이전 청구 시부터 거꾸로 계산하여 5년 이내의 월별 수급권은 소멸시효의 진행이 중단되어 지급받을 수 ★있다(대법원 2019. 12. 27. 선고 2018두46780 판결).

판례 096

판시사항

[1] 대학의 장 임용에 관하여 교육부장관의 임용제청권을 인정한 취지 / 교육부장관이 대학에서 추천한 복수의 총장 후보자들 전부 또는 일부를 임용제청에서 제외하는 행위가 항고소송의 대상이 되는 처분에 해당하는지 여부(★★적극) / 교육부장관이 특정 후보자를 임용제청에서 제외하고 다른 후보자를 임용제청함으로써 대통령이 임용제청된 다른 후보자를 총장으로 임용한 경우, 임용제청에서 제외된 후보자가 행정소송으로 다툴 처분(★★★=대통령의 임용 제외처분)

[2] 대학총장 임용에 관하여 임용권자에게 광범위한 재량이 주어져 있는지 여부(★적극) 및 대학에서 추천한 후보자를 총장 임용제청이나 총장 임용에서 제외하는 결정이 대학의 장에 관한 자격을 정한 관련 법령 규정에 어긋나지 않고 사회통념에 비추어 불합리하다고 볼 수 없는 경우, 이를 위법하다고 판단할 수 있는지 여부(★★소극)

[3] 교육부장관이 부적격사유가 없는 후보자들 사이에서 어떤 후보자를 상대적으로 총장 임용에 더 적합하다고 판단하여 임용제청하는 경우, 임용제청 행위 자체로서 행정절차법상 이유제시의무를 다한 것인지 여부(적극) 및 여기에서 나아가 교육부장관에게 개별 심사항목이나 고려요소에 대한 평가 결과를 자세히 밝힐 의무가 있는지 여부(소극)

[4] 행정청의 전문적인 정성적 평가 결과는 특별한 사정이 없는 한 가급적 존중되어야 하는지 여부(적극) 및 재량권을 일탈·남용한 특별한 사정이 있다는 점에 관한 증명책임의 소재 / 이러한

법리가 총장 임용제청에서 제외된 후보자가 교육부장관의 임용제청 제외처분 또는 대통령의 임용제외처분에 불복하여 제기한 소송에서도 마찬가지로 적용되는지 여부(적극) / 교육부장관이 총장 후보자에게 총장 임용 부적격사유가 있다고 밝히면서 임용제청에서 제외한 경우, 그 후보자가 처분이 위법하다고 하기 위해 주장·증명할 내용

판결요지

[1] 대학의 장 임용에 관하여 교육부장관의 임용제청권을 인정한 취지는 대학의 자율성과 대통령의 실질적인 임용권 행사를 조화시키기 위하여 대통령의 최종적인 임용권 행사에 앞서 대학의 추천을 받은 총장 후보자들의 적격성을 일차적으로 심사하여 대통령의 임용권 행사가 적정하게 이루어질 수 있도록 하기 위한 것이다.

대학의 추천을 받은 총장 후보자는 교육부장관으로부터 정당한 심사를 받을 것이라는 기대를 하게 된다. 만일 교육부장관이 자의적으로 대학에서 추천한 복수의 총장 후보자들 전부 또는 일부를 임용제청하지 않는다면 대통령으로부터 임용을 받을 기회를 박탈하는 효과가 있다. 이를 항고소송의 대상이 되는 처분으로 보지 않는다면, 침해된 권리 또는 법률상 이익을 구제받을 방법이 없다. 따라서 교육부장관이 대학에서 추천한 복수의 총장 후보자들 전부 또는 일부를 임용제청에서 제외하는 행위는 제외된 후보자들에 대한 불이익처분으로서 항고소송의 대상이 되는 처분에 해당한다고 보아야 한다. 다만 교육부장관이 특정 후보자를 임용제청에서 제외하고 다른 후보자를 임용제청함으로써 대통령이 임용제청된 다른 후보자를 총장으로 임용한 경우에는, 임용제청에서 제외된 후보자는 ★★★《《대통령이 자신에 대하여 총장 임용 제외처분을 한 것으로 보아 이를 다투어야 한다(대통령의 처분의 경우 소속 장관이 행정소송의 피고가 된다. 국가공무원법 제16조 제2항).》》 ★★★《《이러한 경우에는 교육부장관의 임용제청 제외처분을 별도로 다툴 소의 이익이 없어진다.》》

[2] 교육공무원법령은 대학이 대학의 장 후보자를 복수로 추천하도록 정하고 있을 뿐이고, 교육부장관이나 대통령이 대학이 정한 순위에 구속된다고 볼 만한 규정을 두고 있지 않다. 대학이 복수의 후보자에 대하여 순위를 정하여 추천한 경우 교육부장관이 후순위 후보자를 임용제청하더라도 단순히 그것만으로 헌법과 법률이 보장하는 대학의 자율성이 제한된다고 볼 수는 없다. 대학 총장 임용에 관해서는 임용권자에게 일반 국민에 대한 행정처분이나 공무원에 대한 징계처분에 비하여 광범위한 재량이 주어져 있다고 볼 수 있다. 따라서 대학에서 추천한 후보자를 총장 임용제청이나 총장 임용에서 제외하는 결정이 대학의 장에 관한 자격을 정한 관련 법령 규정에 어긋나지 않고 사회통념에 비추어 불합리하다고 볼 수 없다면 쉽사리 위법하다고 판단해서는 안 된다.

[3] 교육부장관이 어떤 후보자를 총장 임용에 부적격하다고 판단하여 배제하고 다른 후보자를 임용제청하는 경우라면 배제한 후보자에게 연구윤리 위반, 선거부정, 그 밖의 비위행위 등과 같은 부적격사유가 있다는 점을 구체적으로 제시할 의무가 있다. 그러나 부적격사유가 없는 후보자들 사이에서 어떤 후보자를 상대적으로 더욱 적합하다고 판단하여 임용제청하는 경우라면, 이는 후보자의 경력, 인격, 능력, 대학운영계획 등 여러 요소를 종합적으로 고려하여 총장 임용의 적격성을 정성적으로 평가하는 것으로 그 판단 결과를 수치화하거나 이유제시를 하기 어려울 수 있다. 이 경우에는 교육부장관이 어떤 후보자를 총장으로 임용제청하는 행위 자체에 그가 총장으로 더욱 적합하다는 정성적 평가 결과가 당연히 포함되어 있는 것으로, 이로써 행정절차법상 이유제시

의무를 다한 것이라고 보아야 한다. 여기에서 나아가 교육부장관에게 개별 심사항목이나 고려요소에 대한 ★★평가 결과를 더 자세히 밝힐 의무까지는 없다.

[4] 행정청의 전문적인 정성적 평가 결과는 그 판단의 기초가 된 사실인정에 중대한 오류가 있거나 그 판단이 사회통념상 현저하게 타당성을 잃어 객관적으로 불합리하다는 등의 특별한 사정이 없는 한 법원이 그 당부를 심사하기에는 적절하지 않으므로 가급적 존중되어야 한다. 여기에 재량권을 일탈·남용한 특별한 사정이 있다는 점은 증명책임분배의 일반원칙에 따라 이를 주장하는 자가 증명하여야 한다.

이러한 법리는 임용제청에서 제외된 후보자가 교육부장관의 임용제청 제외처분 또는 대통령의 임용 제외처분에 불복하여 제기한 소송에서도 마찬가지이다. 교육부장관이 총장 후보자에게 총장 임용 부적격사유가 있다고 밝혔다면, 그 후보자는 그러한 판단에 사실오인 등의 잘못이 있음을 주장·증명함과 아울러, 임용제청되었거나 임용된 다른 후보자에게 총장 임용 부적격사유가 있다는 등의 특별한 사정까지 주장·증명하여야 한다. 이러한 주장·증명이 있을 때 비로소 그에 대한 임용제청 제외처분 또는 임용 제외처분이 위법하다고 볼 수 있다. 이러한 이유로 해당 처분을 취소하는 판결이 확정된 경우에는 교육부장관 또는 대통령에게 취소판결의 취지에 따라 두 후보자의 총장 임용 적격성을 다시 심사하여 임용제청 또는 임용을 할 ★의무가 발생한다(행정소송법 제30조 제1항).(대법원 2018. 6. 15. 선고 2016두57564 판결)

판례 097

판시사항

[1] 육군3사관학교 사관생도의 경우 일반 국민보다 기본권이 더 제한될 수 있는지 여부(적극) 및 그 경우 기본권 제한의 한계

[2] 육군3사관학교 설치법 및 시행령, 육군3사관학교 학칙 및 사관생도 행정예규 등에서 사관생도의 준수 사항과 징계를 규정할 수 있는지 여부(적극) 및 이러한 규율이 존중되어야 하는지 여부(적극)

[3] 육군3사관학교 사관생도인 갑이 4회에 걸쳐 학교 밖에서 음주를 하여 '사관생도 행정예규' 제12조에서 정한 품위유지의무를 위반하였다는 이유로 육군3사관학교장이 교육운영위원회의 의결에 따라 갑에게 퇴학처분을 한 사안에서, 위 금주조항은 사관생도의 일반적 행동자유권, 사생활의 비밀과 자유 등 기본권을 과도하게 제한하는 것으로서 무효인데도 위 금주조항을 적용하여 내린 퇴학처분이 적법하다고 본 원심판결에 법리를 오해한 잘못이 있다고 한 사례

판결요지

[1] 사관생도는 군 장교를 배출하기 위하여 국가가 모든 재정을 부담하는 특수교육기관인 육군3사관학교의 구성원으로서, 학교에 입학한 날에 육군 사관생도의 병적에 편입하고 준사관에 준하는 대우를 받는 특수한 신분관계에 있다(육군3사관학교 설치법 시행령 제3조). 따라서 그 존립 목적을 달성하기 위하여 필요한 한도 내에서 일반 국민보다 상대적으로 기본권이 더 제한될 수 있으나, 그러한 경우에도 법률유보원칙, 과잉금지원칙 등 기본권 제한의 헌법상 원칙들을 지켜야 한다.

[2] 육군3사관학교 설치법 및 시행령, 그 위임에 따른 육군3사관학교 학칙 및 사관생도 행정예규 등에서 육군3사관학교의 설치 목적과 교육 목표를 달성하기 위하여 사관생도가 준수하여야 할 사항을 정하고 이를 위반한 행위에 대하여는 징계를 규정할 수 있고 이러한 규율은 가능한 한 존중되어야 한다.

[3] ★★육군3사관학교 사관생도인 갑이 4회에 걸쳐 학교 밖에서 음주를 하여 '사관생도 행정예규'(이하 2015. 5. 19. 개정되기 전의 것을 '구 예규', 2016. 3. 3. 개정되기 전의 것을 '예규'라 한다) 제12조(이하 '금주조항'이라 한다)에서 정한 품위유지의무를 위반하였다는 이유로 육군3사관학교장이 교육운영위원회의 의결에 따라 갑에게 퇴학처분을 한 사안에서, 첫째 사관학교의 설치 목적과 교육 목표를 달성하기 위하여 사관학교는 사관생도에게 교내 음주 행위, 교육·훈련 및 공무 수행 중의 음주 행위, 사적 활동이더라도 신분을 나타내는 생도 복장을 착용한 상태에서 음주하는 행위, 생도 복장을 착용하지 않은 상태에서 사적 활동을 하는 때에도 이로 인하여 사회적 물의를 일으킴으로써 품위를 손상한 경우 등에는 이러한 행위들을 금지하거나 제한할 필요가 있으나 여기에 그치지 않고 나아가 사관생도의 모든 사적 생활에서까지 예외 없이 금주의무를 이행할 것을 요구하는 것은 사관생도의 일반적 행동자유권은 물론 사생활의 비밀과 자유를 지나치게 제한하는 것이고, 둘째 구 예규 및 예규 제12조에서 사관생도의 모든 사적 생활에서까지 예외 없이 금주의무를 이행할 것을 요구하면서 제61조에서 사관생도의 음주가 교육 및 훈련 중에 이루어졌는지 여부나 음주량, 음주 장소, 음주 행위에 이르게 된 경위 등을 묻지 않고 일률적으로 2회 위반 시 원칙으로 퇴학 조치하도록 정한 것은 사관학교가 금주제도를 시행하는 취지에 비추어 보더라도 《사관생도의 기본권을 지나치게 침해하는 것이므로》, 위 금주조항은 사관생도의 일반적 행동자유권, 사생활의 비밀과 자유 등 기본권을 과도하게 제한하는 것으로서 ★★★무효인데도 위 금주조항을 적용하여 내린 퇴학처분이 적법하다고 본 원심판결에 법리를 오해한 ★ 잘못이 있다고 한 사례(대법원 2018. 8. 30. 선고 2016두60591 판결)
※이 사건 금주조항이 기본권 제한의 헌법상 원칙인 과잉금지원칙에 위반되는지 살펴보기로 한다.

첫째, 구 예규 제12조 제1호는 "생도는 음주를 할 수 없다."라고 규정함으로써 사관생도에게 예외 없는 금주의무를 부과하고 있고, 예규 제12조 제1호는 "생도는 음주를 할 수 없다. 단, 부득이한 부모님 상/기일 등으로 본인이 음주를 하여야 할 경우 훈육대장의 승인을 받아야 한다."라고 규정함으로써 사관생도에게 원칙적으로 금주의무를 부과하면서 부모님 상/기일과 같은 부득이한 사정이 있는 경우에만 훈육대장의 승인을 얻어 음주를 허용하고 있다. 사관학교의 설치 목적과 교육 목표를 달성하기 위하여 사관학교는 사관생도에게 교내 음주 행위, 교육·훈련 및 공무 수행 중의 음주 행위, 사적 활동이라 하더라도 신분을 나타내는 생도 복장을 착용한 상태에서 음주하는 행위, 생도 복장을 착용하지 않은 상태에서 사적 활동을 하는 때에도 이로 인하여 사회적 물의를 일으킴으로써 품위를 손상한 경우 등에는 이러한 행위들을 금지하거나 제한할 필요가 있음은 물론이다. 그러나 여기에 그치지 않고 나아가 사관생도의 모든 사적 생활에서까지 예외 없이 금주의무를 이행할 것을 요구하는 것은 사관생도의 일반적 행동자유권은 물론 사생활의 비밀과 자유를 지나치게 제한하는 것이다.

둘째, 퇴학은 학적을 박탈하여 사관생도의 신분 관계를 소멸시킨다는 점에서 징계 중 가장 가혹한 처분에 해당하므로, 적어도 교육상 필요 또는 학내 질서유지라는 징계 목적에 비추어 중한 징계 사유가 있는 경우에 예외적으로 행해져야 한다. 그런데 사관생도 행정예규 제61조에 의하면, 음주는 품위유지의무 위반으로 1급 사고이고, 이를 2회 이상 반복하여 범한 경우에는 퇴학 조치가 원칙이다. 그런데 구 예규 및 예규 제12조에서 사관생도의 모든 사적 생활에서까지 예외 없이 금주의무를 이행할 것을 요구하면서, 그 제61조에서 사관생도의 음주가 교육 및 훈련 중에 이루어졌는지 여부나 음주량, 음주 장소, 음주 행위에 이르게 된 경위 등을 묻지 않고 일률적으로 2회 위반 시 원칙으로 퇴학조치하도록 정한 것은 사관학교가 금주제도를 시행하는 취지에 비추어 보더라도 사관생도의 기본권을 지나치게 침해하는 것이다.

결국 이 사건 금주조항은 사관생도 교육의 특수성을 고려하더라도 기본권 제한을 최소화하는 방안을 전혀 강구하지 아니함으로써 사관생도의 일반적 행동자유권, 사생활의 비밀과 자유 등 기본권을 과도하게 제한하는 것으로서 무효라고 보아야 한다.

그런데도 원심은 이와 달리, 원고에 대하여 이 사건 금주조항을 적용하여 한 이 사건 퇴학처분이 적법하다고 판단하였다. 이러한 원심판결에는 이 사건 금주조항의 위헌성 및 해석·적용 등에 관한 법리를 오해하여 판결에 영향을 미친 잘못이 있다. 이 점을 지적하는 상고이유 주장은 이유 있다.

판례 098

판시사항

[1] 행정처분의 근거 법률에 의하여 보호되는 직접적이고 구체적인 이익이 있는 경우 행정소송법 제35조에 규정된 '무효 등 확인을 구할 법률상 이익'이 있는지 여부(★★★적극) 및 이때 행정처분의 유·무효를 전제로 한 이행소송 등과 같은 직접적인 구제수단이 있는지를 따져보아야 하는지 여부(★★★★소극)

[2] 임용 당시 구 군인사법 제10조 제2항 제5호에 따른 임용결격사유가 있는데도 장교·준사관 또는 하사관으로 임용된 경우, 임용행위가 당연무효인지 여부(★★★적극)

[3] 과거 소년이었을 때 죄를 범하여 형의 집행유예를 선고받은 사람이 장교·준사관 또는 하사관으로 임용된 경우, 그 임용이 유효한지 여부(★★★★적극)

[4] 소년법이 소년이었을 때 범한 죄로 형의 집행유예를 선고받은 경우 자격에 관한 법률을 적용할 때 장래에 향하여 선고를 받지 않은 것으로 보는 취지 / 소년법 제67조에서 정하고 있는 '소년이었을 때 범한 죄'인지는 실제 생년월일을 기준으로 판단하여야 하는지 여부(적극) 및 형의 집행유예 등 선고 이후에 가족관계등록부의 출생연월일이 실제 생년월일에 따라 정정된 경우, 정정된 출생연월일을 기준으로 소년이었을 때 범한 죄인지를 판단하여야 하는지 여부(적극)

판결요지

[1] 행정처분의 근거 법률에 의하여 보호되는 직접적이고 구체적인 이익이 있는 경우에는 행정소송법 제35조에 규정된 '무효 등 확인을 구할 법률상 이익'이 있다고 보아야 한다. 이와 별도로 ★★★《무효 등 확인소송의 보충성이 요구되는 것은 아니므로》 ★★★《행정처분의 유·무효를 전제로 한 이행소송 등과 같은 직접적인 구제수단이 있는지 여부를 따질 필요가 없다.》

[2] 구 군인사법(1989. 3. 22. 법률 제4085호로 개정되기 전의 것, 이하 '구 군인사법'이라 한다) 제10조 제2항 제5호는 금고 이상의 형을 받고 집행유예 중에 있거나 그 집행유예기간이 종료된 날부터 2년이 지나지 않은 자가 장교·준사관 및 하사관으로 임용될 수 없도록 정하고 있다. 임용 당시 구 군인사법 제10조 제2항 제5호에 따른 임용결격사유가 있는데도 장교·준사관 또는 하사관으로 임용된 경우 그러한 임용행위는 ★★★당연무효가 된다.

[3] 구 소년법(1988. 12. 31. 법률 제4057호로 전부 개정되기 전의 것)은 20세 미만인 자를 대상으로 하여(제2조), 소년으로 범한 죄에 의하여 형의 선고를 받은 자가 집행을 종료하거나 집행의 면제를 받은 때에는 자격에 관한 법령의 적용에서는 장래에 향하여 형의 선고를 받지 않은 것으로 본다고 정하고 있었다(제60조). 그런데 구 소년법이 1988. 12. 31. 법률 제4057호로 전부 개정되면서 제60조가 그 내용을 그대로 유지한 채 제67조로 이전되었고, 헌법재판소는 2018. 1. 25. 구 소년법(1988. 12. 31. 법률 제4057호로 전부 개정되고, 2018. 9. 18. 법률 제15757호로 개정되기 전의 것) 제67조에 대하여 집행유예를 선고받은 경우에 대해서는 이와 같은 특례조항을 두지 않은 것이 평등원칙에 위반된다는 이유로 헌법불합치 결정을 하였다.

2018. 9. 18. 법률 제15757호로 개정된 소년법(이하 '소년법'이라 한다)은 제67조 제1항 제2호로 '소년이었을 때 범한 죄에 의하여 형의 선고유예나 집행유예를 선고받은 경우, 자격에 관한 법령을 적용할 때 장래에 향하여 형의 선고를 받지 않은 것으로 본다.'는 규정을 신설하였다. 아울러 소년법 부칙(2018. 9. 18.) 제2조는 "제67조의 개정규정은 이 법 시행 전 소년이었을 때 범한 죄에 의하여 형의 집행유예나 선고유예를 받은 사람에게도 적용한다."라고 정하여 개정된 소년법 제67조 제1항 제2호를 소급하여 적용하도록 하고 있다.

따라서 과거 소년이었을 때 죄를 범하여 형의 집행유예를 선고받은 사람이 장교·준사관 또는 하사관으로 임용된 경우에는, 구 군인사법 제10조 제2항 제5호에도 불구하고 소년법 제67조 제1항 제2호와 부칙 제2조에 따라 그 임용이 유효하게 된다.

[4] 가족관계등록제도는 국민의 출생·혼인·사망 등 가족관계의 발생 및 변동사항을 가족관계의 등록 등에 관한 법률(이하 '가족관계등록법'이라 한다)이 정한 절차에 따라서 가족관계등록부에 등록하여 공시·공증하는 제도이다(제1조, 제9조). 따라서 가족관계등록부는 그 기재가 적법하게 되었고 기재사항이 진실에 부합한다는 추정을 받는다.

그런데 가족관계등록부에 기재되어 있는 출생연월일이 착오 등으로 잘못 기재되었다고 인정되는 경우에 이해관계인은 사건 본인의 등록기준지를 관할하는 가정법원의 허가를 받아 가족관계등록부의 정정을 신청하여 잘못 기재된 출생연월일을 바로잡을 수 있다(가족관계등록법 제104조). 가족관계등록법이 정한 정정절차를 거쳐서 가족관계등록부의 출생연월일이 정정된 경우 그 의미는 생년월일의 잘못을 바로잡은 것으로, 사건 본인의 생년월일이 문제 되는 법령을 적용할 때 이 점을 고려하여 판단하여야 한다.

소년법이 소년이었을 때 범한 죄로 형의 집행유예를 선고받은 경우 자격에 관한 법률을 적용할 때 장래에 향하여 선고를 받지 않은 것으로 보는 취지는 인격의 형성 도중에 있어 개선가능성이 풍부하고 심신의 발육에 따른 특수한 정신적 동요상태에 있는 소년의 시기에 범한 죄로 장래를 포기하거나 재기의 기회를 잃지 않도록 하기 위한 것이다. 따라서 소년법 제67조에서 정하고 있는 '소년이었을 때 범한 죄'인지는 ★★《《실제 생년월일을 기준》》으로 판단하여야 하고, 형의 집행유예 등 선고 이후에 가족관계등록부의 출생연월일이 실제 생년월일에 따라 정정되었다면 그와 같이 ★《《정정된 출생연월일을 기준》》으로 소년이었을 때 범한 죄인지 여부를 판단하여야 한다 (대법원 2019. 2. 14. 선고 2017두62587 판결).

판례 099

판시사항

[1] 군인이 상관의 지시와 명령에 대하여 헌법소원 등 재판청구권을 행사하는 것이 군인의 복종의무에 위반되는지 여부(원칙적 소극)

[2] 구 군인복무규율 제24조와 제25조를 군인에게 건의나 고충심사를 청구하여야 할 의무를 부과한 조항 내지 군인의 재판청구권 행사에 앞서 반드시 거쳐야 하는 군 내 사전절차로서의 의미를 갖는 것으로 볼 수 있는지 여부(★★★★소극)

[3] 구 군인복무규율 제13조 제1항에서 금지하는 '군무 외의 일을 위한 집단행위'의 의미 및 군인의 기본권 행사에 해당하는 행위가 이에 해당하는지 판단하는 방법

판결요지

[1] [다수의견] 상명하복에 의한 지휘통솔체계의 확립이 필수적인 군의 특수성에 비추어 군인은 상관의 명령에 복종하여야 한다. 구 군인복무규율(2009. 9. 29. 대통령령 제21750호로 개정되기 전의 것) 제23조 제1항은 그와 같은 취지를 규정하고 있다. 군인이 일반적인 복종의무가 있는 상관의 지시나 명령에 대하여 재판청구권을 행사하는 경우에는 재판청구권이 군인의 복종의무와 외견상 충돌하는 모습으로 나타날 수 있다.

그러나 상관의 지시나 명령 그 자체를 따르지 않는 행위와 상관의 지시나 명령은 준수하면서도 그것이 위법·위헌이라는 이유로 재판청구권을 행사하는 행위는 구별되어야 한다. 법원이나 헌법재판소에 법적 판단을 청구하는 것 자체로는 상관의 지시나 명령에 직접 위반되는 결과가 초래되지 않으며, 재판절차가 개시되더라도 종국적으로는 사법적 판단에 따라 위법·위헌 여부가 판가름 나므로 재판청구권 행사가 곧바로 군에 대한 심각한 위해나 혼란을 야기한다고 상정하기도 어렵다. 상관의 지시나 명령을 준수하는 이상 그에 대하여 소를 제기하거나 헌법소원을 청구하였다는 사실만으로 상관의 지시나 명령을 따르지 않겠다는 의사를 표명한 것으로 간주할 수도 없다. 종래 군인이 상관의 지시나 명령에 대하여 사법심사를 청구하는 행위를 무조건 하극상이나 항명으로 여겨 극도의 거부감을 보이는 태도 역시 모든 국가권력에 대하여 사법심사를 허용하는 법치국가의 원리에 반하는 것으로 마땅히 배격되어야 한다.

따라서 군인이 상관의 지시나 명령에 대하여 재판청구권을 행사하는 경우에 그것이 위법·위헌인 지시와 명령을 시정하려는 데 목적이 있을 뿐, 군 내부의 상명하복관계를 파괴하고 명령불복종 수단으로서 재판청구권의 외형만을 빌리거나 그 밖에 다른 불순한 의도가 있지 ★않다면, 정당한 기본권의 행사이므로 군인의 복종의무를 위반하였다고 볼 수 ★없다.

[2] [다수의견] 구 군인사법(2011. 5. 24. 법률 제10703호로 개정되기 전의 것)의 위임에 따라 제정된 구 군인복무규율(2009. 9. 29. 대통령령 제21750호로 개정되기 전의 것, 이하 '구 군인복무규율'이라 한다) 제24조와 제25조는 건의와 고충심사에 관하여 규정하고 있다. 위 조항들은 군에 유익하거나 정당한 의견이 있는 경우 부하는 지휘계통에 따라 상관에게 건의할 수 있고(구 군인복무규율 제24조 제1항), 부당한 대우를 받거나 현저히 불편 또는 불리한 상태에 있다고 판단될 경우 지휘계통에 따라 상담, 건의 또는 고충심사를 청구할 수 있다(구 군인복무규율 제25조 제1항)는 내용이므로, 이를 군인에게 건의나 고충심사를 청구하여야 할 의무를 부과한 조항이라고 해석하는 것은 문언의 통상적인 의미를 벗어난다. 나아가 관련 법령의 문언과 체계에 비추어 보면, ★★★《〈건의 제도의 취지〉》는 위법 또는 오류의 의심이 있는 명령을 받은 부하가 명령 이행 전에 상관에게 명령권자의 과오나 오류에 대하여 자신의 의견을 제시할 수 있도록 함으로써 명령의 적법성과 타당성을 확보하고자 하는 것일 뿐 그것이 군인의 재판청구권 행사에 앞서 반드시 거쳐야 하는 군 내 사전절차로서의 의미를 갖는다고 보기 ★어렵다.

[3] [다수의견] 구 군인복무규율(2009. 9. 29. 대통령령 제21750호로 개정되기 전의 것, 이하 '구 군인복무규율'이라 한다) 제13조 제1항은 "군인은 군무 외의 일을 위한 집단행위를 하여서는 아니 된다."라고 규정하고 있다. 여기에서 '군무 외의 일을 위한 집단행위'란 군인으로서 군복무에 관한 기강을 저해하거나 기타 본분에 배치되는 등 군무의 본질을 해치는 특정 목적을 위한 다수인의 행위를 말한다.

법령에 군인의 기본권 행사에 해당하는 행위를 금지하거나 제한하는 규정이 없는 이상, 그러한 행위가 군인으로서 군복무에 관한 기강을 저해하거나 기타 본분에 배치되는 등 군무의 본질을 해치는 특정 목적이 있다고 하기 위해서는 권리행사로서의 실질을 부인하고 이를 규범위반행위로 보기에 충분한 구체적·객관적 사정이 인정되어야 한다. 즉 <u>군인으로서 허용된 권리행사를 함부로 집단행위에 해당하는 것이라고 단정하여서는 ★아니 된다</u>(대법원 2018. 3. 22. 선고 2012두26401 전원합의체 판결).

판례 100

판시사항

국유지에 지어진 무허가 미등기 건물을 양수하여 건물의 부지로 국유지를 무단점용하고 있던 갑이 위 건물을 '본인의 주거용'으로만 사용하겠다며 위 국유지의 사용허가를 신청하자 관리청인 시장이 갑에게 한시적으로 국유지 사용허가를 하였는데, 현장조사에서 갑이 위 건물을 다른 사람들에게 임대하여 식당 등으로 사용하고 있는 사실을 파악하고 '갑이 위 건물 임대를 통해 위 국유지를 다른 사람에게 사용·수익하게 하여 국유재산법 제30조 제2항을 위반하였다'는 사유로 갑에게 위 사용허가를 취소하고 국유지를 원상회복할 것을 명하는 처분을 한 사안에서, 위 건물 임대는 국유재산법 제36조 제1항 제2호에서 사용허가 취소사유로 정한 '사용허가 받은 재산을 다른 사람에게 사용·수익하게 한 경우'에 해당한다고 한 사례

판결요지

《《국유지에 지어진 무허가 미등기 건물을 양수하여 건물의 부지로 국유지를 무단점용하고 있던》》 갑이 위 건물을 《《'본인의 주거용'으로만 사용하겠다며 위 국유지의 사용허가를 신청하자》》 관리청인 시장이 갑에게 《《한시적으로 국유지 사용허가》》를 하였는데, 《《현장조사에서 갑이 위 건물을 ★다른 사람들에게 임대하여 식당 등으로 사용하고 있는 사실을 파악》》하고 '갑이 위 건물 임대를 통해 위 국유지를 다른 사람에게 사용·수익하게 하여 국유재산법 제30조 제2항을 위반하였다'는 사유로 갑에게 위 ★《《사용허가를 취소하고 국유지를 원상회복할 것을 명하는 처분》》을 한 사안에서, 갑은 위 건물을 본인의 주거용으로만 사용하겠다는 뜻을 밝혀 위 국유지의 사용허가를 받고도 위 건물을 제3자에게 임대함으로써 시장이 사용허가 당시 예정하였던 목적과 취지에 반하여 건물 임차인으로 하여금 건물의 점유·사용에 수반하여 국유지를 사용·수익하게 하였으므로 위 건물 임대는 국유재산법 제36조 제1항 제2호에서 ★★★《《사용허가 취소사유로 정한 '사용허가 받은 재산을 다른 사람에게 사용·수익하게 한 경우'에 해당》》하는데도, 이와 달리 본 원심판단에 법리오해의 ★잘못이 있다고 한 사례(대법원 2020. 10. 29. 선고 2019두43719 판결)

판례 101

판시사항

[1] 사용·수익허가 없이 행정재산을 유형적·고정적으로 특정한 목적을 위하여 사용·수익하거나 점유하는 경우, 공유재산 및 물품관리법 제81조 제1항에서 정한 변상금 부과대상인 '무단점유'에 해당하는지 여부(★★★적극)

[2] 서울광장의 사용 및 관리에 관한 조례에서 정한 바에 따라 광장사용신고 및 서울특별시장의 사용신고 수리를 거치지 않은 채 서울광장을 무단사용한 경우, 공유재산 및 물품관리법상 변상금 부과대상인 무단점유에 해당하는지 여부(★★★적극)

[3] 공유재산 및 물품관리법 시행령 제14조 제2항의 위임에 따라 서울광장의 사용 및 관리에 관한 조례 제10조 제1항 [별표]에서 정한 '서울광장 사용료 기준'을 서울광장의 무단점유에 따른 변상금 산정·부과에 적용할 수 있는지 여부(★★★소극) 및 서울광장의 무단점유에 따른 변상금을 산정하는 방법

판결요지

[1] 공유재산 및 물품관리법(이하 '공유재산법'이라 한다) 제1조, 제6조 제1항, 제20조, 제22조, 제81조 제1항 본문의 내용과 변상금 제도의 입법 취지에 비추어 보면, ★★《《사용·수익허가 없이 행정재산을 유형적·고정적으로 특정한 목적을 위하여 사용·수익하거나 점유하는 경우 공유재산법 제81조 제1항에서 정한 변상금 부과대상인 ★★★'무단점유'에 해당》》하고, ★★《《반드시 그 사용이 독점적·배타적일 필요는 없으며》》, ★★《《점유 부분이 동시에 일반 공중의 이용에 제공되고 있다고 하여 점유가 아니라고 할 수는 없다.》》

[2] 서울광장의 사용 및 관리에 관한 조례(이하 '서울광장조례'라 한다) 제2조 제1호는 "사용"이란 서울광장의 일부 또는 전부를 이용함으로써 불특정 다수 시민의 자유로운 광장 이용을 제한하는 행위를 말한다고 규정하고 있으나, 서울광장의 일부를 유형적·고정적으로 점유하는 경우에는

점유 부분에 대한 불특정 다수 시민의 광장 이용이 제한될 것이므로, 서울광장조례에서 정한 바에 따라 광장사용신고 및 서울특별시장의 ★★★《《사용신고 수리를 거치지 않은 채》》 ★★★《《서울광장을 무단사용한 경우에는 공유재산 및 물품관리법상 변상금 부과대상인 무단점유에 해당한다고 보아야 한다.》》 즉, 서울광장조례의 서울광장 "사용" 정의규정에 따라 변상금 부과대상인 무단점유인지에 관한 판단이 달라진다고 볼 수는 없다.

[3] 서울광장의 사용 및 관리에 관한 조례(이하 '서울광장조례'라 한다)의 법적 성질과 변상금에 관한 법리를 기초로 공유재산 및 물품관리법 시행령 제14조 제2항의 위임에 따라 서울광장조례 제10조 제1항 [별표]에서 500㎡를 최소 사용면적으로 하여 서울광장의 광장사용료 기준을 정하고 있는 '서울광장 사용료 기준'의 규정 내용을 살펴보면, 《《서울광장 사용료 기준은 서울광장의 사용·수익허가 또는 사용신고 수리에 적용되는 기준일 뿐이고, 이를 서울광장의 ★★★무단점유에 따른 변상금 산정·부과에 적용할 수는 없다.》》 서울광장의 무단점유에 따른 변상금은 공유재산 및 물품관리법령에서 정한 '무단점유면적 × 해당 공유재산의 면적단위별 평정가격 × 무단점유기간/연 × 사용요율 × 120%'의 계산식에 실제 무단점유면적과 공유재산 및 물품관리법 시행령 제14조 제1항의 위임에 따라 서울특별시 공유재산 및 물품관리 조례 제22조에서 정한 사용요율을 적용하여 산정·부과하여야 한다(대법원 2019. 9. 9. 선고 2018두48298 판결).

판례 102

판시사항

[1] 구 도로법 제61조 제1항에 의한 도로점용허가의 법적 성질 / 도로관리청이 점용허가 여부 및 점용허가의 내용인 점용장소, 점용면적, 점용기간을 정할 수 있는 재량권을 갖는지 여부(적극)

[2] 도로점용허가는 점용목적 달성에 필요한 한도로 제한되어야 하는지 여부(적극) / 도로관리청이 도로점용허가를 하면서 특별사용의 필요가 없는 부분을 점용장소 및 점용면적에 포함한 경우, 도로점용허가 중 위 부분은 위법한지 여부(적극) / 이 경우 도로관리청이 위와 같은 흠이 있다는 이유로 유효하게 성립한 도로점용허가 중 특별사용의 필요가 없는 부분을 직권취소할 수 있는지 여부(★원칙적 적극) / 이때 행정청이 소급적 직권취소를 할 수 있는 경우 / 도로관리청이 도로점용허가 중 특별사용의 필요가 없는 부분을 소급적으로 직권취소한 경우, 이미 징수한 점용료 중 취소된 부분의 점용면적에 해당하는 점용료를 반환해야 하는지 여부(적극)

[3] 도로점용료 부과처분에 취소사유에 해당하는 흠이 있는 경우, 점용료 부과처분에 대한 취소소송이 제기된 이후에 도로관리청이 당초 처분 자체를 취소하고 흠을 보완하여 새로운 부과처분을 하거나 흠 있는 부분에 해당하는 점용료를 감액하는 처분을 할 수 있는지 여부(★★★원칙적 적극)

[4] 구 도로법 시행령 제69조 제1항 [별표 3] 비고 제2항의 '도로점용 부분과 닿아 있는 토지'에서 인근 토지가 도로점용 부분과 닿아 있는지 판단하는 기준

[5] 도로점용허가를 받은 자가 구 도로법 제68조의 감면사유에 해당하는 경우, 도로관리청이 감면 여부에 관한 재량을 갖는지 여부(적극) 및 도로관리청이 감면사유로 규정된 것 이외의 사유를 들어 점용료를 감면할 수 있는지 여부(원칙적 소극)

판결요지

[1] 구 도로법(2015. 1. 28. 법률 제13086호로 개정되기 전의 것) 제61조 제1항에 의한 도로점용허가는 일반사용과 별도로 도로의 특정 부분에 대하여 특별사용권을 설정하는 설권행위이다. 도로관리청은 신청인의 적격성, 점용목적, 특별사용의 필요성 및 공익상의 영향 등을 참작하여 점용허가 여부 및 점용허가의 내용인 점용장소, 점용면적, 점용기간을 정할 수 있는 ★재량권을 갖는다.

[2] 도로점용허가는 도로의 일부에 대한 특정사용을 허가하는 것으로서 도로의 일반사용을 저해할 가능성이 있으므로 그 범위는 점용목적 달성에 필요한 한도로 제한되어야 한다. 도로관리청이 도로점용허가를 하면서 《《특별사용의 필요가 없는 부분을 점용장소 및 점용면적에 포함하는 것은》》 《《그 재량권 행사의 기초가 되는 사실인정에 잘못이 있는 경우에 해당하므로》》《《그 도로점용허가 중 특별사용의 필요가 없는 부분은 ★위법하다.》》

이러한 경우 도로점용허가를 한 도로관리청은 위와 같은 흠이 있다는 이유로 유효하게 성립한 도로점용허가 중 특별사용의 필요가 없는 부분을 직권취소할 수 있음이 원칙이다. 다만 이 경우 행정청이 소급적 직권취소를 하려면 이를 취소하여야 할 공익상 필요와 그 취소로 당사자가 입을 기득권 및 신뢰보호와 법률생활 안정의 침해 등 불이익을 비교 교량한 후 공익상 필요가 당사자의 기득권 침해 등 불이익을 정당화할 수 있을 만큼 강한 경우여야 한다. 이에 따라 도로관리청이 도로점용허가 중 특별사용의 필요가 없는 부분을 소급적으로 직권취소하였다면, 도로관리청은 이미 징수한 점용료 중 취소된 부분의 점용면적에 해당하는 점용료를 ★반환하여야 한다.

[3] 행정청은 행정소송이 계속되고 있는 때에도 직권으로 그 처분을 변경할 수 있고, 행정소송법 제22조 제1항은 이를 전제로 처분변경으로 인한 소의 변경에 관하여 규정하고 있다. 점용료 부과처분에 취소사유에 해당하는 흠이 있는 경우 도로관리청으로서는 당초 처분 자체를 취소하고 흠을 보완하여 새로운 부과처분을 하거나, 흠 있는 부분에 해당하는 점용료를 감액하는 처분을 할 수 있다. 한편 흠 있는 행정행위의 치유는 ★★원칙적으로 허용되지 않을 뿐 아니라, 흠의 치유는 성립 당시에 적법한 요건을 갖추지 못한 흠 있는 행정행위를 그대로 존속시키면서 사후에 그 흠의 원인이 된 《《적법 요건을 보완》》하는 경우를 말한다. 그런데 앞서 본 바와 같은 흠 있는 부분에 해당하는 점용료를 감액하는 처분은 당초 처분 자체를 일부 취소하는 변경처분에 해당하고, 그 실질은 종래의 위법한 부분을 제거하는 것으로서 흠의 치유와는 차이가 있다.

그러므로 이러한 ★《《변경처분은 흠의 치유와는 성격을 달리》》하는 것으로서, 변경처분 자체가 신뢰보호 원칙에 반한다는 등의 특별한 사정이 없는 한 ★《《점용료 부과처분에 대한 취소소송이 제기된 이후에도 허용될 수 있다.》》 이에 따라 특별사용의 필요가 없는 부분을 도로점용허가의 점용장소 및 점용면적으로 포함한 흠이 있고 그로 인하여 점용료 부과처분에도 흠이 있게 된 경우, 도로관리청으로서는 도로점용허가 중 특별사용의 필요가 없는 부분을 직권취소하면서 특별사용의 필요가 없는 점용장소 및 점용면적을 제외한 상태로 점용료를 재산정한 후 당초 처분을 취소하고 재산정한 점용료를 새롭게 부과하거나, 당초 처분을 취소하지 않고 당초 처분으로 부과된 점용료와 재산정된 점용료의 차액을 ★감액할 수도 있다.

[4] 구 도로법 시행령(2015. 12. 22. 대통령령 제26753호로 개정되기 전의 것) 제69조 제1항 [별표 3] 비고 제2항은 점용료 산정의 기준이 되는 토지가격은 도로점용 부분과 닿아 있는 토지

의 개별공시지가로 하되, 도로점용 부분과 닿아 있는 토지가 2필지 이상인 경우에는 각 필지 가격의 산술평균가격으로 하도록 규정하고 있다. 여기서 인근 토지가 도로점용 부분과 닿아 있는지는 인근 토지와 도로점용 부분이 물리적으로 닿아 있는지를 기준으로 판단하여야 한다.

[5] 구 도로법(2015. 1. 28. 법률 제13086호로 개정되기 전의 것, 이하 같다) 제68조는 "도로관리청은 도로점용허가의 목적이 다음 각호의 어느 하나에 해당하면 대통령령으로 정하는 바에 따라 점용료를 감면할 수 있다."라고 규정하고 있다. 그 위임에 따른 구 도로법 시행령(2015. 12. 22. 대통령령 제26753호로 개정되기 전의 것) 제73조 제3항은 구 도로법 제68조에 열거된 감면 사유에 따른 감면비율을 규정하고 있다.

이러한 규정들의 문언, 내용 및 체계 등에 비추어 보면, 도로점용허가를 받은 자가 구 도로법 제68조의 감면사유에 해당하는 경우 도로관리청은 감면 여부에 관한 재량을 갖지만, 도로관리청이 감면사유로 규정된 것 ★《《이외의 사유를 들어》》 ★《《점용료를 감면하는 것은 원칙적으로 허용되지 않는다》》(대법원 2019. 1. 17. 선고 2016두56721, 56738 판결).

판례 103

판시사항

[1] 건축물의 건축이 허용되기 위한 요건인 '부지 확보'의 의미 / 어떤 토지를 그 토지의 용도(지목)와 달리 이용하려는 경우, 해당 토지의 용도를 적법하게 변경하기 위하여 국토의 계획 및 이용에 관한 법률 제56조 제1항에 따른 개발행위(토지형질변경) 허가를 받아야 하는지 여부(★★★★적극) 및 이는 그 토지의 실제 현황이 어느 시점에 공부상의 지목과 달라졌거나 또는 토지의 물리적인 형상을 변경하기 위한 공사가 필요하지 않은 경우에도 마찬가지인지 여부(★★★★적극)

[2] 어떤 개발사업의 시행과 관련하여 인허가의 근거 법령에서 절차간소화를 위하여 관련 인허가를 의제 처리할 수 있는 근거 규정을 둔 경우, 사업시행자가 인허가를 신청하면서 반드시 관련 인허가 의제 처리를 신청할 의무가 있는지 여부(★★★★소극) / 건축주가 '부지 확보' 요건을 완비하지는 못한 상태이더라도 가까운 장래에 '부지 확보' 요건을 갖출 가능성이 높은 경우, 건축행정청이 추후 별도로 국토의 계획 및 이용에 관한 법률상 개발행위(토지형질변경) 허가를 받을 것을 명시적 조건으로 하거나 또는 묵시적인 전제로 하여 건축주에 대하여 건축법상 건축허가를 발급하는 것이 위법한지 여부(★★★★소극) 및 건축주가 건축법상 건축허가를 발급받은 후 위 개발행위 허가절차를 이행하기를 거부하거나 허가를 발급할 가능성이 사라진 경우, 건축행정청이 이미 발급한 건축허가를 직권으로 취소·철회하는 방법으로 회수할 필요가 있는지 여부(★★★★적극)

[3] 건축물의 건축을 위해서는 건축법상 건축허가절차에서 관련 인허가 의제 제도를 통해 건축법상 건축허가와 국토의 계획 및 이용에 관한 법률상 개발행위(건축물의 건축) 허가의 발급 여부가 동시에 심사·결정되어야 하는지 여부(적극) / 국토의 계획 및 이용에 관한 법률상 개발행위 허가기준 충족 여부에 관한 심사가 누락된 채 건축법상 건축허가가 발급된 경우, 건축허가를 취소할 수 있는지 여부(★★★★적극) 및 이때 건축허가를 취소한 건축행정청이 취하여야 할 조치

[4] 환경영향평가법 시행령 제59조 [별표 4] 제1호 (다)목에서 소규모 환경영향평가의 대상으로 정한 '국토의 계획 및 이용에 관한 법률 제6조 제3호에 따른 농림지역의 경우 사업계획 면적이 7,500㎡ 이상인 개발사업'에서 '사업계획 면적'의 의미

[5] <u>수익적 행정처분을 직권으로 취소할 수 있는 경우 및 수익적 행정처분의 하자가 처분상대방의 사실은폐나 그 밖의 부정한 방법에 의한 신청행위에 기인한 경우, 처분상대방의 처분에 관한 신뢰이익을 고려해야 하는지 여부(★★★소극)</u>

[6] <u>행정처분의 근거가 되는 개정 법령이 그 시행 전에 완성 또는 종결되지 않은 기존의 사실 또는 법률관계를 적용대상으로 하면서 국민의 재산권과 관련하여 종전보다 불리한 법률효과를 규정하고 있는 경우, 개정 법령의 적용이 소급입법에 의한 재산권 침해인지 여부(★★★원칙적 소극)</u>

[7] 국토의 계획 및 이용에 관한 법률상 개발행위허가의 허가기준 및 금지요건에 해당하는지 여부가 행정청의 재량판단의 영역에 속하는지 여부(적극) 및 그에 대한 사법심사의 대상과 판단 기준 / 환경의 훼손이나 오염을 발생시킬 우려가 있는 개발행위에 대한 행정청의 허가와 관련하여 재량권의 일탈·남용 여부를 심사하는 방법

[8] 갑이 국토의 계획 및 이용에 관한 법률에 따라 농림지역 및 농업진흥구역으로 지정된 지목이 '답'인 토지 중 7,457㎡ 부분에서 돼지 축사 10개 동을 건축하기 위하여 건축허가를 신청하였고, 관할 건축행정청이 갑의 의뢰에 따라 축사를 설계한 건축사 을이 제출한 '건축허가조사 및 검사조서'의 기재를 그대로 믿고 건축허가를 발급하였는데, 이후 건축허가에 대한 민원이 제기되자 건축허가를 직권으로 취소한 사안에서, 제반 사정에 비추어 건축행정청이 직권으로 건축허가를 취소할 수 있는 사유가 인정되고, 위 직권취소 처분이 수익적 행정처분 직권취소 제한 법리에 위배되지 않는다고 한 사례

> [판결요지]

[1] 건축물의 건축은 건축주가 그 부지를 적법하게 확보한 경우에만 허용될 수 있다. 여기에서 '부지 확보'란 건축주가 건축물을 건축할 토지의 소유권이나 그 밖의 사용권원을 확보하여야 한다는 점 외에도 해당 토지가 관계 법령상 건축물의 건축이 허용되는 법적 성질을 지니고 있어야 한다는 점을 포함한다.

<u>토지는 그 토지의 용도(지목)에 적합하게 이용되어야 한다. 어떤 토지를 그 지목과 달리 이용하기 위해서는 해당 토지의 용도를 적법하게 변경하기 위하여 국토의 계획 및 이용에 관한 법률 제56조 제1항에 따른 개발행위(토지형질변경) 허가를 ★받아야 한다. 그 토지의 실제 현황이 어느 시점에 공부상의 지목과 달라졌거나 또는 토지의 물리적인 형상을 변경하기 위한 공사가 필요하지 않더라도 ★마찬가지이다. 개발행위(토지형질변경) 허가를 통해 먼저 해당 토지의 용도(법적으로 허용된 이용가능성)를 적법하게 변경한 다음, 공간정보의 구축 및 관리 등에 관한 법률 제81조에 따라 지적소관청에 ★지목변경을 신청하여야 한다.</u>

[2] 어떤 개발사업의 시행과 관련하여 여러 개별 법령에서 각각 고유한 목적과 취지를 가지고 요건과 효과를 달리하는 인허가 제도를 각각 규정하고 있다면, 그 개발사업을 시행하기 위해서는

개별 법령에 따른 여러 인허가 절차를 각각 거치는 것이 원칙이다. 다만 어떤 인허가의 근거 법령에서 절차간소화를 위하여 관련 인허가를 의제 처리할 수 있는 근거 규정을 둔 경우에는, 사업시행자가 인허가를 신청하면서 하나의 절차 내에서 관련 인허가를 의제 처리해줄 것을 신청할 수 있다. 관련 인허가 의제 제도는 사업시행자의 이익을 위하여 만들어진 것이므로, 사업시행자가 반드시 관련 인허가 의제 처리를 신청할 의무가 있는 것은 아니다.

만약 건축주가 ★★★《'부지 확보' 요건을 완비하지는 못한 상태이더라도 가까운 장래에 '부지 확보' 요건을 갖출 가능성이 높다면》, 건축행정청이 추후 별도로 국토의 계획 및 이용에 관한 법률(이하 '국토계획법'이라 한다)상 개발행위(토지형질변경) 허가를 받을 것을 명시적 조건으로 하거나 또는 당연히 요청되는 사항이므로 묵시적인 전제로 하여 건축주에 대하여 건축법상 건축허가를 발급하는 것이 ★★★《위법하다고 볼 수는 없다.》

그러나 건축주가 건축법상 건축허가를 발급받은 후에 국토계획법상 개발행위(토지형질변경) 허가 절차를 이행하기를 거부하거나, 그 밖의 사정변경으로 해당 건축부지에 대하여 국토계획법상 개발행위(토지형질변경) 허가를 발급할 가능성이 사라졌다면, 건축행정청은 건축주의 건축계획이 마땅히 갖추어야 할 '부지 확보' 요건을 충족하지 못하였음을 이유로 이미 발급한 건축허가를 직권으로 취소·철회하는 방법으로 회수하는 것이 필요하다.

[3] 건축법 제11조 제1항, 제5항 제3호, 국토의 계획 및 이용에 관한 법률(이하 '국토계획법'이라 한다) 제56조 제1항 제1호, 제57조 제1항의 내용과 체계, 입법 취지를 종합하면, 건축주가 건축물을 건축하기 위해서는 건축법상 건축허가와 국토계획법상 개발행위(건축물의 건축) 허가를 각각 별도로 신청하여야 하는 것이 아니라, 건축법상 건축허가절차에서 관련 인허가 의제 제도를 통해 두 허가의 발급 여부가 동시에 심사·결정되도록 하여야 한다. 즉, 건축주는 건축행정청에 건축법상 건축허가를 신청하면서 국토계획법상 개발행위(건축물의 건축) 허가 심사에도 필요한 자료를 ★첨부하여 제출하여야 하고, 건축행정청은 《개발행위허가권자와 사전 협의절차를 거침으로써 건축법상 건축허가를 발급할 때》 ★★★《국토계획법상 개발행위(건축물의 건축) 허가가 의제되도록 하여야 한다.》

이를 통해 건축법상 건축허가절차에서 건축주의 건축계획이 국토계획법상 개발행위 허가기준을 충족하였는지가 ★함께 심사되어야 한다. ★★★《건축주의 건축계획이 건축법상 건축허가기준을 충족하더라도 국토계획법상 개발행위 허가기준을 충족하지 못한 경우에는 해당 건축물의 건축은 법질서상 허용되지 않는 것이므로, 건축행정청은 건축법상 건축허가를 발급하면서 국토계획법상 개발행위(건축물의 건축) 허가가 의제되지 않은 것으로 처리하여서는 안 되고》, 건축법상 건축허가의 발급을 ★거부하여야 한다. 건축법상 건축허가절차에서 국토계획법상 개발행위 허가기준 충족 여부에 관한 심사가 ★누락된 채 건축법상 건축허가가 발급된 경우에는 그 건축법상 건축허가는 위법하므로 ★취소할 수 있다. 이때 건축허가를 취소한 경우 건축행정청은 개발행위허가권자와의 사전 협의를 통해 국토계획법상 개발행위 허가기준 충족 여부를 심사한 후 건축법상 건축허가 발급 여부를 ★다시 결정하여야 한다.

[4] 환경영향평가법 제2조 제3호, 제43조 제1항, 제44조 제1항, 같은 법 시행령 제59조 [별표 4] 제1호 (다)목에 의하면, '소규모 환경영향평가'란 환경보전이 필요한 지역이나 난개발(난개발)이 우려되어 계획적 개발이 필요한 지역에서 개발사업을 시행할 때에 입지의 타당성과 환경에 미

치는 영향을 미리 조사·예측·평가하여 환경보전방안을 마련하는 것을 말한다. 국토의 계획 및 이용에 관한 법률 제6조 제3호에 따른 '농림지역'의 경우 사업계획 면적이 7,500㎡ 이상인 개발사업은 소규모 환경영향평가의 대상이며, 해당 개발사업을 하려는 사업자는 해당 개발사업의 승인 등을 받기 전에 소규모 환경영향평가서를 작성하여 승인기관의 장에게 제출하여야 한다.

여기에서 '사업계획 면적'은 소규모 환경영향평가의 대상을 판정하는 기준이 된다. 개발사업의 입지의 타당성과 개발사업이 환경에 미치는 영향을 미리 조사·예측·평가하여 환경보전방안을 마련하고자 하는 소규모 환경영향평가 제도의 취지를 고려하면, '사업계획 면적'이란 개발사업이 이루어지는 전체 면적으로서, 사업자가 해당 개발사업의 사업계획을 수립·시행하기 위하여 관계 법령상 행정청의 인허가를 받아야 할 필요가 있는 모든 토지 면적의 총합을 의미한다고 봄이 타당하다.

[5] 처분청은 행정처분에 하자가 있는 경우에는 별도의 법적 근거가 없더라도 스스로 이를 취소할 수 있고, 다만 수익적 행정처분을 취소할 때에는 이를 취소하여야 할 중대한 공익상 필요와 취소로 인하여 처분상대방이 입게 될 기득권과 법적 안정성에 대한 침해 정도 등 불이익을 비교·교량한 후 공익상 필요가 처분상대방이 입을 불이익을 정당화할 만큼 강한 경우에 한하여 취소할 수 있다. 수익적 행정처분의 하자가 처분상대방의 ★★★《《사실은폐나 그 밖의 부정한 방법에 의한 신청행위에 기인한 것이라면》》 ★★★《《처분상대방은 행정처분에 의한 이익을 위법하게 취득하였음을 스스로 알아 취소가능성도 예상하고 있었다고 보아야 하므로》》, ★★★《《그 자신이 행정처분에 관한 신뢰이익을 원용할 수 없음은 물론이고, 행정청이 이를 고려하지 아니하였다고 하여도 재량권 일탈·남용에는 해당하지 않는다.》》

[6] 행정처분은 그 근거 법령이 개정된 경우에도 경과 규정에서 달리 정함이 없는 한 처분 당시 시행되는 개정 법령과 그에서 정한 기준에 의하는 것이 원칙이고, 개정 법령이 기존의 사실 또는 법률관계를 적용대상으로 하면서 국민의 재산권과 관련하여 종전보다 불리한 법률효과를 규정하고 있는 경우에도 그러한 사실 또는 법률관계가 개정 법률이 시행되기 이전에 이미 완성 또는 종결된 것이 아니라면 이를 헌법상 금지되는 소급입법에 의한 재산권 침해라고 할 수는 없으며, 그러한 개정 법률의 적용과 관련하여서는 개정 전 법령의 존속에 대한 국민의 신뢰가 개정 법령의 적용에 관한 공익상의 요구보다 더 보호가치가 있다고 인정되는 경우에 그러한 《《국민의 신뢰보호를 보호하기 위하여 그 적용이 제한될 수 있는 여지》》가 있을 따름이다.

[7] 국토의 계획 및 이용에 관한 법률상 개발행위허가는 허가기준 및 금지요건이 불확정개념으로 규정된 부분이 많아 그 요건에 해당하는지 여부는 행정청의 재량판단의 영역에 속한다. 그러므로 그에 대한 사법심사는 행정청의 공익판단에 관한 재량의 여지를 감안하여 원칙적으로 재량권의 일탈·남용이 있는지 여부만을 대상으로 하고, 사실오인과 비례·평등원칙 위반 여부 등이 판단 기준이 된다. 특히 환경의 훼손이나 오염을 발생시킬 우려가 있는 개발행위에 대한 행정청의 허가와 관련하여 재량권의 일탈·남용 여부를 심사할 때에는 해당 지역 주민들의 토지이용실태와 생활환경 등 구체적 지역 상황과 상반되는 이익을 가진 이해관계자들 사이의 권익 균형 및 환경권의 보호에 관한 각종 규정의 입법 취지 등을 종합하여 신중하게 판단하여야 한다. '환경오염 발생 우려'와 같이 장래에 발생할 불확실한 상황과 파급효과에 대한 예측이 필요한 요건에 관한 행정청의 재량적 판단은 그 내용이 현저히 합리성을 결여하였다거나 상반되는 이익이나 가치를 대비해 볼 때 형평이나 비례의 원칙에 뚜렷하게 배치되는 등의 사정이 없는 한 폭넓게 존중하여야 한다.

[8] 갑이 국토의 계획 및 이용에 관한 법률(이하 '국토계획법'이라 한다)에 따라 농림지역 및 농

업진흥구역으로 지정된 지목이 '답'인 토지 중 7,457㎡ 부분에서 《《돼지 축사 10개 동을 건축하기 위하여 건축허가를 신청하였고》》, 《《관할 건축행정청이 갑의 의뢰에 따라 축사를 설계한 건축사 을이 제출한 '건축허가조사 및 검사조서'의 기재를 그대로 믿고 건축허가를 발급하였는데》》, 이후 《《건축허가에 대한 ★민원이 제기되자 건축허가를 ★직권으로 취소》》한 사안에서, 지목이 '답'인 토지에서 축사를 건축하기 위해서는 건축법상 건축허가 외에도 국토계획법상 개발행위(토지형질변경) 허가를 받아야 하는데, 갑이 위 허가를 받지 않음으로써 축사의 '부지 확보' 요건을 충족하지 못하였을 뿐만 아니라, 건축허가 절차에서 국토계획법상 개발행위(건축물의 건축) 허가 기준 충족 여부에 관한 심사가 누락되었으므로, 이는 건축행정청이 건축허가를 ★직권으로 취소할 수 있는 사유에 해당하고, 위 토지 중 '부지 제외지'(345㎡)와 '목적 외 사용승인허가 예정지'(135㎡)도 축사 자체의 부지는 아니지만 축사의 부속시설이나 진입도로의 부지에 해당하므로, 축사를 건축하는 개발사업은 그 '사업계획 면적'이 적어도 7,937㎡(=7,457㎡+345㎡+135㎡)가 되므로 환경영향평가법 시행령 제59조 [별표 4] 제1호 (다)목에서 정한 ★소규모 환경영향평가의 대상인 '농림지역에서 사업계획 면적이 7,500㎡ 이상인 개발사업'에 해당하는 것으로 보아야 함에도 이를 간과한 채 이루어진 건축허가는 ★《《환경영향평가법을 위반한 것이어서 위법하므로》》 이는 건축행정청이 건축허가를 직권으로 취소할 수 있는 사유에 해당하며, 위 건축허가는 건축행정청의 착오로 발급된 것이지만 건축사 을은 갑의 이익을 위하여 부정확한 내용으로 조서를 작성·제출하였고, 갑에게도 위 개발사업이 소규모 환경영향평가 대상이 아닌 것처럼 보이게 하려는 의도가 있었다고 인정할 수 있어, 건축행정청의 착오는 갑이 유발한 것이거나 갑에게도 책임이 있으므로, 건축허가의 존속에 대한 갑의 신뢰는 보호가치가 없는 점, 건축허가가 취소될 경우에 갑에게 발생하는 불이익 또는 회수할 수 없는 금전적 손해가 크다고 보기도 어려운 점 등에 비추어, 위 직권취소 처분이 ★《《수익적 행정처분 직권취소 제한 법리에 위배되지 않는데도》》, 이와 달리 본 원심판단에 법리오해의 ★잘못이 있다고 한 사례(대법원 2020. 7. 23. 선고 2019두31839 판결).

판례 104

판시사항

국토의 계획 및 이용에 관한 법률 제58조 제1항 제3호에서 개발행위허가 기준의 하나로 정하고 있는 "도시·군계획사업의 시행에 지장이 없을 것"에서 말하는 도시·군계획사업에 개발행위허가 신청에 대한 처분 당시 이미 도시·군계획사업이 결정·고시되어 시행이 확정되어 있는 것 외에 구체적으로 시행이 예정되어 있는 도시·군계획사업이 포함되는지 여부(★적극)

판결요지

국토의 계획 및 이용에 관한 법률(이하 '국토계획법'이라 한다) 제2조 제11호, 제58조 제1항 제3호, 제3항, 국토의 계획 및 이용에 관한 법률 시행령 제56조 제1항 [별표 1의2] 제1호 (다)목 규정의 내용, 체계 및 도시·군계획사업에 관한 제반 절차 등에 비추어 보면, 국토계획법 제58조 제1항 제3호에서 개발행위허가 기준의 하나로 정하고 있는 "도시·군계획사업의 시행에 지장이 없을 것"에서 말하는 도시·군계획사업은 반드시 개발행위허가신청에 대한 처분 당시 이미 도시·군계획사업이 결정·고시되어 시행이 확정되어 있는 것만을 의미하는 것이 아니고, 도시·군계획사업에 관한 구역 지정 절차 내지 도시·군관리계획 수립 등의 절차가 구체적으로 진행되고 있는 등의 경우에는 행정청으로서는 그와 같이 구체적으로 시행이 예정되어 있는 도시·군계획사업의 시행에 지장을 초래하는 개발행위에 대해서 이를 허가하지 아니할 수 있다.

【이 유】

상고이유를 판단한다.

1. 이 사건 건축신고를 수리할 경우 이 사건 사업의 시행에 지장이 있는지 여부
--중략--

국토계획법령 각 규정의 내용, 체계 및 도시·군계획사업에 관한 제반 절차 등에 비추어 보면, 국토계획법 제58조 제1항 제3호에서 개발행위허가 기준의 하나로 정하고 있는 "도시·군계획사업의 시행에 지장이 없을 것"에서 말하는 도시·군계획사업은 반드시 개발행위허가신청에 대한 처분 당시 이미 도시·군계획사업이 결정·고시되어 그 시행이 확정되어 있는 것만을 의미하는 것이 아니고, 도시·군계획사업에 관한 구역 지정 절차 내지 도시·군관리계획 수립 등의 절차가 구체적으로 진행되고 있는 등의 경우에는 행정청으로서는 그와 같이 구체적으로 시행이 예정되어 있는 도시·군계획사업의 시행에 지장을 초래하는 개발행위에 대해서 이를 허가하지 ★아니할 수 있다(대법원 1995. 3. 10. 선고 94누5298 판결, 대법원 2011. 8. 25. 선고 2011두2569 판결의 취지 참조).

나. 사건의 경위

원심판결 이유와 기록에 의하면 다음과 같은 사실을 알 수 있다.

1) 2007년경 창원시 (주소 생략) 일대에 '창원 자족형 복합행정타운 조성 사업(이하 '이 사건 사업'이라고 한다)' 계획이 발표되어, 그 후속조치로 창원시장은 2008. 2. 21. 이 사건 사업예정지를 개발행위허가 제한지역으로 지정·고시하였고, 국토해양부장관은 2009. 8. 5. 이 사건 사업을 위해 사업예정지 일부를 개발제한구역에서 해제하는 내용의 이 사건 도시관리계획을 결정·고시하면서, 이 사건 사업예정지에 대한 개발계획안을 첨부하였다.

2) 창원시장은 2010. 2. 4. 구 도시개발법(2013. 3. 23. 법률 제11690호로 개정되기 전의 것) 제7조 제1항에 따른 의견청취의 일환으로 「마산 복합행정타운 도시개발구역지정 및 사전환경성검토서(초안) 주민열람 공고」를 하였다. 여기에는 이 사건 사업예정지를 도시개발구역으로 지정하고, 경상남도개발공사가 2009년부터 2014년까지 도시개발사업을 시행하는 내용 등이 포함되어 있었다.

경상남도개발공사가 사업 참여를 취소한 후 창원시는 사업시행자의 변경 등을 통해 이 사건 사업을 계속 진행하기로 하고 이를 반영한 이 사건 도시관리계획의 변경안을 마련하였고, 2016. 6.경 중앙도시계획위원회의 심의절차에서 위 변경안에 대한 보완요구를 받은 후 이에 대한 조치계획을 수립하였으며, 중앙도시계획위원회는 2018. 12. 13. 재심의 절차에서 위 변경안에 대해 공공임대주택 비율을 35% 이상 확보하고, 공공시설용지를 26% 이상 확보할 것 등을 조건으로 한 조건부 의결을 하였다.

3) 원고는 이 사건 사업예정지 내에 위치한 1필지 토지인 이 사건 신청지 지상에 단독주택을 신축하기 위하여 피고에게 개발행위허가 등을 포함한 건축신고를 하였는데, 피고는 이 사건 신청지는 자족형 복합행정타운을 위하여 개발제한구역이 해제된 자연녹지지역의 일부로 해제 목적에 부합하는 개발행위에 한하여 허용하고 있으나, 신청용도(단독주택)의 건축 및 그에 따른 개발행위(토지형질

변경)는 사업시행에 지장을 초래하고 도시·군계획사업의 내용에 부합하지 않는다는 이유로 이 사건 건축신고를 수리하지 아니한다는 내용의 이 사건 처분을 하였다.

다. 원심의 판단

원심은, 이 사건 사업을 위한 2010. 2. 4.자 주민열람 공고문에는 도시개발사업의 사업시행기한이 2014년까지로 기재되어 있고, 위 공고문에 기재된 사업시행자인 경상남도개발공사는 2014. 9.경 이 사건 사업 참여를 취소하였으며, 피고 스스로 위 주민열람 공고가 실효되었다고 자인한 바 있다는 이유 등을 들어, 이 사건 신청지는 국토계획법 제58조 제1항 제3호가 정한 도시계획사업이 시행 중인 지역이라고 볼 수 없고, 따라서 이 사건 처분은 처분사유를 인정할 수 없어 위법하다고 판단하였다.

라. ★판단

1) 그러나 위와 같은 사실관계를 앞서 본 법리에 비추어 살펴보면, 이 사건 신청지가 포함된 이 사건 사업예정지 일대에 자족형 복합행정타운 조성사업을 추진하는 계획안이 발표된 이후 후속 절차로 2009. 8.경 개발계획안이 첨부된 이 사건 도시관리계획이 결정·고시되었고, 2010. 2.경 이 사건 사업예정지의 위치, 면적 등이 주민열람 공고되었으며, 종전 사업시행자인 경상남도개발공사가 이 사건 사업 참여 취소 통보를 한 이후에도 창원시가 이 사건 도시관리계획의 변경안을 수립·보완하여 사업을 계속 추진하여 2018. 12.경 위 변경안에 대한 중앙도시계획위원회의 조건부 의결이 있었던 이상, 이 사건 건축신고 및 거부처분이 있었던 2019. 4.경에는 이미 이 사건 사업의 시행이 구체적으로 예정되어 있었다고 볼 수 있으므로, 피고로서는 국토계획법 제58조 제1항 제3호에 따라 이 사건 사업 시행에 지장을 초래하는 개발행위를 허가하지 ★아니할 수 있다.

나아가 이 사건 사업은 복합행정타운 조성을 목적으로 하는 것으로 일정 비율의 공동주택 확보가 필수적이고, 앞서 본 바와 같이 중앙도시계획위원회에서도 공공임대주택 비율을 35% 이상 확보할 것을 조건으로 위 변경안에 대해 의결하였다. 그런데 이 사건 신청지에 대해 단독주택 신축을 위한 건축신고를 수리할 경우 이 사건 사업의 시행에 지장이 있을 것으로 예상할 수 있으므로, 피고가 이 사건 건축신고를 수리할 경우 이 사건 사업의 시행에 지장이 있을 것으로 판단한 데에 재량권의 일탈·남용이 있었다고 보기도 ★어렵다.

2) 그럼에도 원심은 국토계획법 제58조 제1항 제3호를 이 사건 처분사유로 삼을 수 없다고 보아 이 사건 처분이 위법하다고 단정하였으니, 이러한 원심의 판단에는 국토계획법 제58조 제1항 제3호, 개발행위허가에 관한 재량권 일탈·남용에 관한 법리 등을 오해하고 필요한 심리를 다하지 아니하여 판결에 영향을 미친 잘못이 있다. 이를 지적하는 취지의 상고이유 주장은 이유 있다(대법원 2021. 4. 29. 선고 2020두55695 판결).

○ 판례 105
판시사항
[1] 구 도시 및 주거환경정비법 제54조 제2항에 따른 대지 또는 건축물의 소유권 이전에 관한 고시의 효력이 발생한 후 일부 내용만을 분리하여 변경하거나 전체 이전고시를 모두 무효화시킬 수 있는지 여부(★소극) / 이전고시의 효력이 발생한 후 조합원 등이 정비사업을 위하여 이루어

진 수용재결이나 이의재결의 취소 또는 무효확인을 구할 법률상 이익이 있는지 여부(★소극)

[2] 구 도시 및 주거환경정비법상 주택재개발정비사업 시행자는 그 사업과 관련하여 주거용 건축물이 수용되고 그에 따라 생활의 근거를 상실하게 된 소유자가 현금청산대상자에 해당하는 경우에도 공익사업을 위한 토지 등의 취득 및 보상에 관한 법률 제78조 제1항, 제5항 등에 따라 이주정착금, 주거이전비 및 이사비를 지급할 의무가 있는지 여부(★적극)

[3] 적법하게 시행된 공익사업으로 이주하게 된 주거용 건축물 세입자의 《《주거이전비 보상청구권의 법적 성질(=공법상의 권리)》》및 《《그 보상에 관한 쟁송절차(★=행정소송)》》/ 세입자의 주거이전비 보상청구소송의 형태 및 위 법리가 주거용 건축물의 소유자가 사업시행자를 상대로 이주정착금, 주거이전비 및 이사비의 보상을 구하는 경우에도 적용되는지 여부(★적극)
-대법원 2019. 4. 23. 선고 2018두55326 판결-

판례 106

판시사항

[1] 공익사업을 위한 토지 등의 취득 및 보상에 관한 법률 시행규칙 제64조 제1항 제2호에서 정한 공익사업시행지구 밖 영업손실보상의 요건인 '공익사업의 시행으로 인한 그 밖의 부득이한 사유로 일정 기간 동안 휴업이 불가피한 경우'에 공익사업의 시행 결과로 휴업이 불가피한 경우가 포함되는지 여부(★★적극)

[2] 실질적으로 같은 내용의 손해에 관하여 공익사업을 위한 토지 등의 취득 및 보상에 관한 법률 제79조 제2항에 따른 손실보상과 환경정책기본법 제44조 제1항에 따른 손해배상청구권이 동시에 성립하는 경우, 영업자가 두 청구권을 동시에 행사할 수 있는지 여부(소극) 및 '해당 사업의 공사완료일로부터 1년'이라는 손실보상 청구기간이 지나 손실보상청구권을 행사할 수 없는 경우에도 손해배상청구가 가능한지 여부(★★★적극)

[3] 공익사업으로 인하여 공익사업시행지구 밖에서 영업을 휴업하는 자가 공익사업을 위한 토지 등의 취득 및 보상에 관한 법률 제34조, 제50조 등에 규정된 재결절차를 거치지 않은 채 곧바로 사업시행자를 상대로 공익사업을 위한 토지 등의 취득 및 보상에 관한 법률 시행규칙 제47조 제1항에 따라 영업손실에 대한 보상을 청구할 수 있는지 여부(소극)

[4] 어떤 보상항목이 공익사업을 위한 토지 등의 취득 및 보상에 관한 법령상 손실보상대상에 해당함에도 관할 토지수용위원회가 사실을 오인하거나 법리를 오해함으로써 손실보상대상에 해당하지 않는다고 잘못된 내용의 재결을 한 경우, 피보상자가 제기할 소송과 그 상대방

판결요지

[1] 모든 국민의 재산권은 보장되고, 공공필요에 의한 재산권의 수용 등에 대하여는 정당한 보상을 지급하여야 하는 것이 헌법의 대원칙이고(헌법 제23조), 법률도 그런 취지에서 공익사업의 시행 결과 공익사업의 시행이 공익사업시행지구 밖에 미치는 간접손실 등에 대한 보상의 기준 등에

관하여 상세한 규정을 마련해 두거나 하위법령에 세부사항을 정하도록 위임하고 있다.

이러한 공익사업시행지구 밖의 영업손실은 공익사업의 시행과 동시에 발생하는 경우도 있지만, 공익사업에 따른 공공시설의 설치공사 또는 설치된 공공시설의 가동·운영으로 발생하는 경우도 있어 그 발생원인과 발생시점이 다양하므로, 공익사업시행지구 밖의 영업자가 발생한 영업상 손실의 내용을 구체적으로 특정하여 주장하지 않으면 사업시행자로서는 영업손실보상금 지급의무의 존부와 범위를 구체적으로 알기 어려운 특성이 있다. 공익사업을 위한 토지 등의 취득 및 보상에 관한 법률 제79조 제2항에 따른 손실보상의 기한을 공사완료일부터 1년 이내로 제한하면서도 영업자의 청구에 따라 보상이 이루어지도록 규정한 것[공익사업을 위한 토지 등의 취득 및 보상에 관한 법률 시행규칙(이하 '시행규칙'이라 한다) 제64조 제1항]이나 손실보상의 요건으로서 공익사업시행지구 밖에서 발생하는 영업손실의 발생원인에 관하여 별다른 제한 없이 '그 밖의 부득이한 사유'라는 추상적인 일반조항을 규정한 것(시행규칙 제64조 제1항 제2호)은 간접손실로서 영업손실의 이러한 특성을 고려한 결과이다.

위와 같은 공익사업시행지구 밖 영업손실보상의 특성과 헌법이 정한 '정당한 보상의 원칙'에 비추어 보면, 공익사업시행지구 밖 영업손실보상의 요건인 '공익사업의 시행으로 인한 그 밖의 부득이한 사유로 일정 기간 동안 휴업이 불가피한 경우'란 공익사업의 시행 또는 시행 당시 발생한 사유로 휴업이 불가피한 경우만을 의미하는 것이 아니라 공익사업의 시행 결과, 즉 그 공익사업의 시행으로 설치되는 시설의 형태·구조·사용 등에 기인하여 휴업이 불가피한 경우도 포함된다고 해석함이 타당하다.

[2] 공익사업을 위한 토지 등의 취득 및 보상에 관한 법률(이하 '토지보상법'이라 한다) 제79조 제2항(그 밖의 토지에 관한 비용보상 등)에 따른 손실보상과 환경정책기본법 제44조 제1항(환경오염의 피해에 대한 무과실책임)에 따른 손해배상은 근거 규정과 요건·효과를 달리하는 것으로서, 각 요건이 충족되면 성립하는 별개의 청구권이다. 다만 손실보상청구권에는 이미 '손해 전보'라는 요소가 포함되어 있어 실질적으로 같은 내용의 손해에 관하여 양자의 청구권을 동시에 행사할 수 있다고 본다면 이중배상의 문제가 발생하므로, 실질적으로 같은 내용의 손해에 관하여 양자의 청구권이 동시에 성립하더라도 영업자는 어느 하나만을 선택적으로 행사할 수 있을 뿐이고, 양자의 청구권을 동시에 행사할 수는 없다. 또한 '해당 사업의 공사완료일로부터 1년'이라는 손실보상 청구기간(토지보상법 제79조 제5항, 제73조 제2항)이 도과하여 손실보상청구권을 더 이상 행사할 수 없는 경우에도 손해배상의 요건이 충족되는 이상 여전히 손해배상청구는 가능하다.

[3] 공익사업을 위한 토지 등의 취득 및 보상에 관한 법률(이하 '토지보상법'이라 한다) 제26조, 제28조, 제30조, 제34조, 제50조, 제61조, 제79조, 제80조, 제83조 내지 제85조의 규정 내용과 입법 취지 등을 종합하면, 《《공익사업으로 인하여 공익사업시행지구 밖에서 영업을 휴업하는 자가 사업시행자로부터 공익사업을 위한 토지 등의 취득 및 보상에 관한 법률 시행규칙 제47조 제1항에 따라 영업손실에 대한 보상을 받기 위해서는》》, ★★★《《토지보상법 제34조, 제50조 등에 규정된 재결절차를 거친 다음 그 재결에 대하여 불복이 있는 때에 비로소 토지보상법 제83조 내지 제85조에 따라 권리구제를 받을 수 있을 뿐이다.》》 《《이러한 재결절차를 거치지 않은 채 곧바로 사업시행자를 상대로 손실보상을 청구하는 것은 허용되지 않는다.》》

[4] 어떤 보상항목이 공익사업을 위한 토지 등의 취득 및 보상에 관한 법령상 손실보상대상에 해

당함에도 관할 토지수용위원회가 사실을 오인하거나 법리를 오해함으로써 손실보상대상에 해당하지 않는다고 잘못된 내용의 재결을 한 경우에는, 피보상자는 관할 토지수용위원회를 상대로 그 재결에 대한 취소소송을 제기할 것이 아니라, ★★<u>사업시행자를 상대로 공익사업을 위한 토지 등의 취득 및 보상에 관한 법률 제85조 제2항에 따른 보상금증감소송을 제기하여야 한다</u>(대법원 2019. 11. 28. 선고 2018두227 판결).

판례 107

판시사항

[1] 공익사업으로 농업의 손실을 입게 된 자가 공익사업을 위한 토지 등의 취득 및 보상에 관한 법률 제34조, 제50조 등에 규정된 재결절차를 거치지 않은 채 곧바로 사업시행자를 상대로 손실보상을 청구할 수 있는지 여부(소극)

[2] 편입토지 보상, 지장물 보상, 영업·농업 보상에 관하여 토지소유자나 관계인이 사업시행자에게 재결신청을 청구했음에도 사업시행자가 재결신청을 하지 않을 경우, 토지소유자나 관계인의 불복 방법 및 이때 사업시행자에게 재결신청을 할 의무가 있는지가 소송요건 심사단계에서 고려할 요소인지 여부(소극)

[3] 한국수자원공사법에 따른 사업을 수행하기 위한 토지 등의 수용 또는 사용으로 손실을 입게 된 토지소유자나 관계인이 공익사업을 위한 토지 등의 취득 및 보상에 관한 법률 제30조에 따라 한국수자원공사에 재결신청을 청구하는 경우, 위 사업의 실시계획을 승인할 때 정한 사업시행기간 내에 해야 하는지 여부(적극)

판결요지

[1] 공익사업을 위한 토지 등의 취득 및 보상에 관한 법률(이하 '토지보상법'이라 한다) 제26조, 제28조, 제30조, 제34조, 제50조, 제61조, 제83조 내지 제85조의 규정 내용 및 입법 취지 등을 종합하면, 공익사업으로 농업의 손실을 입게 된 자가 사업시행자로부터 토지보상법 제77조 제2항에 따라 농업손실에 대한 보상을 받기 위해서는 토지보상법 제34조, 제50조 등에 규정된 재결절차를 거친 다음 그 재결에 대하여 불복이 있는 때에 비로소 토지보상법 제83조 내지 제85조에 따라 권리구제를 받을 수 있을 뿐, 이러한 재결절차를 거치지 않은 채 곧바로 사업시행자를 상대로 손실보상을 청구하는 것은 허용되지 않는다.

[2] 공익사업을 위한 토지 등의 취득 및 보상에 관한 법률 제28조, 제30조에 따르면, 편입토지 보상, 지장물 보상, 영업·농업 보상에 관해서는 사업시행자만이 재결을 신청할 수 있고 토지소유자와 관계인은 사업시행자에게 재결신청을 청구하도록 규정하고 있으므로, 토지소유자나 관계인의 재결신청 청구에도 사업시행자가 재결신청을 하지 않을 때 토지소유자나 관계인은 사업시행자를 상대로 거부처분 취소소송 또는 부작위 위법확인소송의 방법으로 다투어야 한다. <u>구체적인 사안에서 토지소유자나 관계인의 재결신청 청구가 적법하여 사업시행자가 재결신청을 할 의무가 있는지는 ★《《본안에서》》 사업시행자의 거부처분이나 부작위가 적법한가를 판단하는 단계에서 고려할 요소이지, 《《소송요건 심사단계에서 고려할 요소가 아니다.》》</u>

[3] 한국수자원공사법에 따르면, 한국수자원공사는 수자원을 종합적으로 개발·관리하여 생활용수 등의 공급을 원활하게 하고 수질을 개선함으로써 국민생활의 향상과 공공복리의 증진에 이바지함을 목적으로 설립된 공법인으로서(제1조, 제2조), 사업을 수행하기 위하여 필요한 경우에는 공익사업을 위한 토지 등의 취득 및 보상에 관한 법률(이하 '토지보상법'이라 한다) 제3조에 따른 토지 등을 수용 또는 사용할 수 있고, 토지 등의 수용 또는 사용에 관하여 한국수자원공사법에 특별한 규정이 있는 경우 외에는 토지보상법을 적용한다(제24조 제1항, 제7항). 한국수자원공사법 제10조에 따른 실시계획의 승인·고시가 있으면 토지보상법 제20조 제1항 및 제22조에 따른 사업인정 및 사업인정의 고시가 있은 것으로 보고, 이 경우 재결신청은 토지보상법 제23조 제1항 및 제28조 제1항에도 불구하고 실시계획을 승인할 때 정한 사업의 시행기간 내에 하여야 한다(제24조 제2항).

위와 같은 관련 규정들의 내용과 체계, 입법 취지 등을 종합하면, 한국수자원공사가 한국수자원공사법에 따른 사업을 수행하기 위하여 토지 등을 수용 또는 사용하고자 하는 경우에 재결신청은 실시계획을 승인할 때 정한 사업의 시행기간 내에 하여야 하므로, ★★≪토지소유자나 관계인이 토지보상법 제30조에 의하여 한국수자원공사에 하는 재결신청의 청구도 위 사업시행기간 내에 하여야 한다≫(대법원 2019. 8. 29. 선고 2018두57865 판결).

판례 108

판시사항

공익사업을 위한 토지 등의 취득 및 보상에 관한 법률 제29조 제3항에 따른 협의 성립의 확인 신청에 필요한 동의의 주체인 토지소유자는 협의 대상이 되는 '토지의 진정한 소유자'를 의미하는지 여부(★적극) / 사업시행자가 진정한 토지소유자의 동의를 받지 못한 채 등기부상 소유명의자의 동의만을 얻은 후 관련 사항에 대한 공증을 받아 위 제29조 제3항에 따라 협의 성립의 확인을 신청하였으나 토지수용위원회가 신청을 수리한 경우, 수리 행위가 위법한지 여부(★원칙적 적극) / 이와 같은 동의에 흠결이 있는 경우 진정한 토지소유자 확정에서 사업시행자의 과실 유무를 불문하고 수리 행위가 위법한지 여부(★적극) 및 이때 진정한 토지소유자가 수리 행위의 위법함을 이유로 항고소송으로 취소를 구할 수 있는지 여부(★적극)

판결요지

공익사업을 위한 토지 등의 취득 및 보상에 관한 법률(이하 '토지보상법'이라 한다) 제29조에서 정한 협의 성립 확인제도는 수용과 손실보상을 신속하게 실현시키기 위하여 도입되었다. 토지보상법 제29조는 이를 위한 전제조건으로 협의 성립의 확인을 신청하기 위해서는 협의취득 내지 보상협의가 성립한 데에서 더 나아가 확인 신청에 대하여도 토지소유자 등이 동의할 것을 추가적 요건으로 정하고 있다. 특히 토지보상법 제29조 제3항은, 공증을 받아 협의 성립의 확인을 신청하는 경우에 공증에 의하여 협의 당사자의 자발적 합의를 전제로 한 협의의 진정 성립이 객관적으로 인정되었다고 보아, 토지보상법상 재결절차에 따르는 공고 및 열람, 토지소유자 등의 의견진술 등의 절차 없이 관할 토지수용위원회의 수리만으로 협의 성립이 확인된 것으로 간주함으로써, 사업시행자의 원활한 공익사업 수행, 토지수용위원회의 업무 간소화, 토지소유자 등의 간편하고 신속한 이익실현을 도모하고 있다.

한편 토지보상법상 수용은 일정한 요건하에 그 소유권을 사업시행자에게 귀속시키는 행정처분으로서 이로 인한 효과는 소유자가 누구인지와 무관하게 사업시행자가 그 소유권을 취득하게 하는 원시취득이다. 반면, 토지보상법상 '협의취득'의 성격은 사법상 매매계약이므로 그 이행으로 인한 사업시행자의 소유권 취득도 승계취득이다. 그런데 토지보상법 제29조 제3항에 따른 신청이 수리됨으로써 협의 성립의 확인이 있었던 것으로 간주되면, 토지보상법 제29조 제4항에 따라 그에 관한 재결이 있었던 것으로 재차 의제되고, 그에 따라 사업시행자는 사법상 매매의 효력만을 갖는 협의취득과는 달리 확인대상 토지를 수용재결의 경우와 동일하게 원시취득하는 효과를 누리게 된다.

이처럼 간이한 절차만을 거치는 협의 성립의 확인에, 원시취득의 강력한 효력을 부여함과 동시에 사법상 매매계약과 달리 협의 당사자들이 사후적으로 그 성립과 내용을 다툴 수 없게 한 법적 정당성의 원천은 사업시행자와 토지소유자 등이 진정한 합의를 하였다는 데에 있다. 여기에 공증에 의한 협의 성립 확인 제도의 체계와 입법 취지, 그 요건 및 효과까지 보태어 보면, 토지보상법 제29조 제3항에 따른 협의 성립의 확인 신청에 필요한 동의의 주체인 토지소유자는 협의 대상이 되는 '토지의 진정한 소유자'를 의미한다. 따라서 사업시행자가 진정한 토지소유자의 동의를 받지 못한 채 단순히 등기부상 소유명의자의 동의만을 얻은 후 관련 사항에 대한 공증을 받아 토지보상법 제29조 제3항에 따라 협의 성립의 확인을 신청하였음에도 토지수용위원회가 신청을 수리하였다면, 수리 행위는 다른 특별한 사정이 없는 한 토지보상법이 정한 소유자의 동의 요건을 갖추지 못한 것으로서 위법하다. <u>진정한 토지소유자의 동의가 없었던 이상, 진정한 토지소유자를 확정하는 데 사업시행자의 과실이 있었는지 여부와 무관하게 그 동의의 흠결은 위 수리 행위의 위법 사유가 된다. 이에 따라 진정한 토지소유자는 수리 행위가 위법함을 주장하여 ★항고소송으로 취소를 구할 수 있다</u>(대법원 2018. 12. 13. 선고 2016두51719 판결).

판례 109

판시사항

[1] 기본행위인 주택재개발정비사업조합이 수립한 사업시행계획에 하자가 있는데 보충행위인 관할 행정청의 사업시행계획 인가처분에는 고유한 하자가 없는 경우, 사업시행계획의 무효를 주장하면서 곧바로 그에 대한 인가처분의 무효확인이나 취소를 구할 수 있는지 여부(소극)

[2] 분양신청절차의 근거가 된 사업시행계획이 실효된 후 주택재개발정비사업조합이 새로운 사업시행계획을 수립하면서 조합원의 지위를 상실한 현금청산대상자들의 의사와 무관하게 일방적으로 현금청산대상자들이 조합원의 지위를 회복하는 것으로 결정하는 것이 허용되는지 여부(소극)

[3] 주택재개발정비사업조합의 최초 사업시행계획이 폐지인가를 받아 실효된 후 최초 사업시행계획에 따른 분양신청절차에서 분양신청을 하지 않아 조합원 자격을 상실한 현금청산대상자들 중 일부가 참여한 총회에서 새로운 사업시행계획이 수립되고 인가를 받자 주택재개발사업구역 내 부동산 소유자들이 사업시행계획의 취소를 구하는 소를 제기한 사안에서, 조합원 자격이 없는 현금청산대상자들이 총회결의에 일부 참여하였다는 점만으로 총회결의가 무효라거나 총회결의를 통해 수립된 사업시행계획에 이를 취소하여야 할 정도의 위법사유가 있다고 단정하기는 어렵다고 한 사례

판결요지

[1] 구 도시 및 주거환경정비법(2013. 12. 24. 법률 제12116호로 개정되기 전의 것)에 기초하여 주택재개발정비사업조합이 수립한 사업시행계획은 관할 행정청의 인가·고시가 이루어지면 이해관계인들에게 구속력이 발생하는 독립된 행정처분에 해당하고, 관할 행정청의 사업시행계획 인가처분은 사업시행계획의 법률상 효력을 완성시키는 보충행위에 해당한다. 따라서 ★★★《《기본행위인 사업시행계획에는 하자가 없는데》》 《《보충행위인 인가처분에 고유한 하자가 있다면 그 인가처분의 무효확인이나 취소를 구하여야 할 것이지만》》, ★★★《《인가처분에는 고유한 하자가 없는데》》 《《사업시행계획에 하자가 있다면 사업시행계획의 무효확인이나 취소를 구하여야 할 것이지》》 《《사업시행계획의 무효를 주장하면서 곧바로 그에 대한 인가처분의 무효확인이나 취소를 구하여서는 아니 된다.》》

[2] 주택재개발정비사업조합의 조합원이 분양신청절차에서 분양신청을 하지 않으면 분양신청기간 종료일 다음 날에 현금청산대상자가 되고 조합원의 지위를 상실한다. 그 후 그 분양신청절차의 근거가 된 사업시행계획이 사업시행기간 만료나 폐지 등으로 실효된다고 하더라도 이는 장래에 향하여 효력이 발생할 뿐이므로 그 이전에 발생한 조합관계 탈퇴라는 법적 효과가 소급적으로 소멸하거나 이미 상실된 조합원의 지위가 ★★★《《자동적으로 회복된다고 볼 수는 없다.》》 조합이 새로운 사업시행계획을 수립하면서 현금청산대상자들에게 새로운 분양신청 및 조합 재가입의 기회를 부여하는 것은 단체 자치적 결정으로서 허용되지만, 그 기회를 활용하여 분양신청을 함으로써 조합에 재가입할지 여부는 현금청산대상자들이 개별적으로 결정할 몫이지, ★《《현금청산대상자들의 의사와 무관하게 조합이 일방적으로 현금청산대상자들이 조합원의 지위를 회복하는 것으로 결정하는 것은》》 현금청산사유가 발생하면 150일 이내에 현금청산을 하도록 규정한 구 도시 및 주거환경정비법(2013. 12. 24. 법률 제12116호로 개정되기 전의 것) 제47조 제1항의 입법 취지에도 반하고, 현금청산대상자들의 의사와 이익에도 배치되므로 ★《《허용되지 않는다》》고 보아야 한다.

[3] 주택재개발정비사업조합의 최초 사업시행계획이 폐지인가를 받아 실효된 후 최초 사업시행계획에 따른 분양신청절차에서 분양신청을 하지 않아 조합원 자격을 상실한 현금청산대상자들 중 일부가 참여한 총회에서 새로운 사업시행계획이 수립되고 인가를 받자 주택재개발사업구역 내 부동산 소유자들이 사업시행계획의 취소를 구하는 소를 제기한 사안에서, 총회결의에 조합원 자격이 없는 현금청산대상자들이 참여하였으나 그들을 제외하더라도 사업시행계획 수립을 위한 의결정족수를 넉넉히 충족하여 사업시행계획 수립에 관한 총회결의의 결과에 어떤 실질적인 영향을 미쳤다고 볼 만한 특별한 사정이 없는 이상, 조합원 자격이 없는 현금청산대상자들에게 소집통지가 이루어졌고 그들이 총회결의에 일부 참여하였다는 점만으로 총회결의가 무효라거나 총회결의를 통해 수립된 사업시행계획에 이를 취소하여야 할 정도의 위법사유가 있다고 단정하기는 ★어렵다고 한 사례(대법원 2021. 2. 10. 선고 2020두48031 판결)

○ **판례 110**

판시사항

[1] 재건축정비사업조합의 총회가 새로운 총회결의로써 종전 총회결의의 내용을 철회하거나 변경할 수 있는 자율성과 형성의 재량을 가지는지 여부(★적극) / 조합의 비용부담에 관한 정관을 변경하고자 하는 총회결의에 조합원 3분의 2 이상의 의결정족수가 적용되는지 여부(★★원칙적 적

극) 및 변경되는 정관의 내용이 상가 소유자 등 특정 집단의 이해관계에 직접적인 영향을 미치는 경우에도 마찬가지인지 여부(★★적극)

[2] 단체의 총회에 소집공고 등 절차상 하자가 있으나 구성원들의 총회 참여에 《《어떠한 지장도 없는 경우》》, 총회결의가 유효한지 여부(★적극)

[3] 행정청이 공적인 견해를 표명한 후 ★사정이 변경됨에 따라 그 견해표명에 반하는 처분을 한 경우, 신뢰보호의 원칙에 위반되는지 여부(★원칙적 소극) / 재건축조합 내부 규범을 변경하는 총회결의가 신뢰보호의 원칙에 위반되는지 판단하는 방법

판결요지

[1] 조합의 총회는 재건축정비사업조합의 최고의사결정기관이고 정관 변경이나 관리처분계획의 수립·변경은 총회의 결의사항이므로, 조합의 총회는 상위법령과 정관이 정한 바에 따라 새로운 총회결의로써 종전 총회결의의 내용을 철회하거나 변경할 수 있는 자율성과 형성의 재량을 가진다. 구 도시 및 주거환경정비법(2016. 1. 27. 법률 제13912호로 개정되기 전의 것, 이하 '구 도시정비법'이라 한다)은 '재건축정비사업조합이 조합의 비용부담에 관한 정관을 변경하고자 하는 경우에는 제16조 제2항의 규정에도 불구하고 조합원 3분의 2 이상의 동의를 얻어 시장·군수의 인가를 받아야 한다'고 규정(제20조 제3항, 제1항 제8호)하고, '총회의 소집절차·시기 및 의결방법 등에 관하여는 정관으로 정한다'고 규정(제24조 제6항)하고 있으므로, 조합의 정관이 조합의 비용부담 등에 관한 총회의 소집절차나 의결방법에 대하여 상위법령인 구 도시정비법이 정한 것보다 더 엄격한 조항을 두지 않은 이상 조합의 비용부담에 관한 정관을 변경하고자 하는 총회결의에는 조합원 3분의 2 이상의 의결정족수가 적용되고, 변경되는 정관의 내용이 상가 소유자 등 특정 집단의 이해관계에 직접적인 영향을 미치는 경우라 할지라도 ★《《구 도시정비법 제16조 제2항이 적용되거나 유추적용된다고 볼 수는 없다.》》

[2] ★단체의 총회에 소집공고 등 절차상 하자가 있더라도 구성원들의 총회 참여에 어떠한 지장도 없었다면 그와 같은 절차상 하자는 경미한 것이어서 총회결의는 유효하다.

[3] 신뢰보호의 원칙은 행정청이 공적인 견해를 표명할 당시의 사정이 그대로 유지됨을 전제로 적용되는 것이 원칙이므로, 《《사후에 그와 같은 ★사정이 변경된 경우》》에는 그 공적 견해가 더 이상 개인에게 신뢰의 대상이 된다고 보기 어려운 만큼, 특별한 사정이 없는 한 행정청이 그 견해표명에 반하는 처분을 하더라도 신뢰보호의 원칙에 위반된다고 할 수 ★없다.

한편 재건축조합에서 일단 내부 규범이 정립되면 조합원들은 특별한 사정이 없는 한 그것이 존속하리라는 신뢰를 가지게 되므로, 내부 규범 변경을 통해 달성하려는 이익이 종전 내부 규범의 존속을 신뢰한 조합원들의 이익보다 우월해야 한다. 조합 내부 규범을 변경하는 총회결의가 신뢰보호의 원칙에 위반되는지를 판단하기 위해서는, 종전 내부 규범의 내용을 변경하여야 할 객관적 사정과 필요가 존재하는지, 그로써 조합이 달성하려는 이익은 어떠한 것인지, 내부 규범의 변경에 따라 조합원들이 침해받은 이익은 어느 정도의 보호가치가 있으며 침해 정도는 어떠한지, 조합이 종전 내부 규범의 존속에 대한 조합원들의 신뢰 침해를 최소화하기 위하여 어떤 노력을 기울였는지 등과 같은 여러 사정을 종합적으로 비교·형량해야 한다(대법원 2020. 6. 25. 선고 2018두34732 판결).

판례 111

판시사항

[1] 과거의 법률관계에 관하여 확인의 소가 허용되는 경우

[2] 법원이 위헌정당 해산결정에 따른 법적 효과와 관련한 헌법과 법률의 해석·적용에 관한 사항을 판단해야 하는지 여부(적극)

[3] 헌법재판소의 위헌정당 해산결정으로 해산된 정당 소속 국회의원이 국회의원직을 상실하는지 여부(적극)

판결요지

[1] 원래 확인의 소는 현재의 권리 또는 법률상 지위에 관한 위험이나 불안을 제거하기 위하여 허용되는 것이고, 다만 과거의 법률관계라 할지라도 현재의 권리 또는 법률상 지위에 영향을 미치고 있고 현재의 권리 또는 법률상 지위에 대한 위험이나 불안을 제거하기 위하여 그 법률관계에 관한 확인판결을 받는 것이 유효적절한 수단이라고 인정될 때에는 확인의 이익이 있다.

[2] 헌법재판소의 결정으로 정당이 해산되면 중앙선거관리위원회는 정당법에 따라 그 결정을 집행하여야 하고(헌법재판소법 제60조), 그 밖에도 기존에 존속·활동하였던 정당이 해산됨에 따른 여러 법적 효과가 발생한다.

구체적 사건에서의 헌법과 법률의 해석·적용은 사법권의 본질적 내용으로서 그 권한은 대법원을 최고법원으로 하는 법원에 있으므로, 법원은 위와 같은 위헌정당 해산결정에 따른 법적 효과와 관련한 헌법과 법률의 해석·적용에 관한 사항을 판단하여야 한다.

[3] 정당해산심판제도는 기본적으로 모든 정당의 존립과 활동은 최대한 보장하되 민주적 기본질서를 수호하기 위하여 엄격한 요건과 절차를 충족하여 해산결정을 받은 위헌적인 정당을 국민의 정치적 의사형성 과정에서 미리 배제하는 것을 본질로 한다. 우리 헌법과 법률이 지향하고 제도적으로 보장하고 있는 정당민주주의하에서, 정당은 국민의 정치적 의사를 형성하는 기능을 하고, 특히 정당 소속 국회의원은 정당이 민주적 기본질서와 직결된 국민의 정치적 의사형성에 참여하는 데 핵심적인 역할을 담당하고 있다. 그렇다면 해산결정을 받은 정당이 국민의 정치적 의사형성 과정에 참여하는 것을 배제하기 위해서는, 그 이념과 정책을 실현하기 위한 활동을 직접적으로 행하는 지위에 있는 그 정당 소속 국회의원을 국민의 정치적 의사형성 과정이 이루어지는 국회에서 배제하여야 하는 것은 당연한 논리적 귀결임과 동시에 방어적 민주주의 이념에 부합하는 결론이다. 따라서 <u>위헌정당 해산결정의 효과로 그 정당의 추천 등으로 당선되거나 임명된 공무원 등의 지위를 상실시킬지 여부는 헌법이나 법률로 명확히 규정하는 것이 보다 바람직하나, 그와 같은 명문의 규정이 없더라도 위헌정당 해산결정에 따른 효과로 위헌정당 소속 국회의원은 국회의원직을 ★상실한다고 보아야 한다</u>(대법원 2021. 4. 29. 선고 2016두39856 판결).

판례 112

판시사항

[1] 구 화물자동차 운수사업법 시행령 제5조 제1항 [별표 1] 제재처분기준 제2호 및 비고 제4호에서 정한 '위반행위의 횟수에 따른 가중처분기준'의 취지 / '위반행위 횟수에 따른 가중처분기준'이 적용되기 위한 요건 및 선행 위반행위에 대한 선행 제재처분이 ★반드시 위 시행령 [별표 1] 제재처분기준 제2호에 ★명시된 처분내용대로 이루어진 경우이어야 하는지 여부(★★★소극)

[2] 화물자동차 운수사업법 제21조 제2항의 위임에 따라 사업정지처분을 갈음하여 과징금을 부과할 수 있는 위반행위의 종류와 과징금의 금액을 정한 구 화물자동차 운수사업법 시행령 제7조 제1항 [별표 2] '과징금을 부과하는 위반행위의 종류와 과징금의 금액'에 열거되지 ★않은 위반행위의 종류에 대해서 사업정지처분을 갈음하여 과징금을 부과할 수 있는지 여부(★★★소극)

판결요지

[1] 구 화물자동차 운수사업법 시행령(2017. 1. 10. 대통령령 제27782호로 개정되기 전의 것, 이하 '구 시행령'이라 한다) 제5조 제1항 [별표 1] 제재처분기준 제2호 및 비고 제4호에서 정한 '위반행위의 횟수에 따른 가중처분기준'은 위반행위에 따른 제재처분을 받았음에도 또다시 같은 내용의 위반행위를 반복하는 경우에 더욱 중하게 처벌하려는 데에 취지가 있다. 이러한 제도의 취지와 구 시행령 [별표 1] 비고 제4호의 문언을 종합하면, '위반행위의 횟수에 따른 가중처분기준'이 적용되려면 실제 선행 위반행위가 있고 그에 대하여 유효한 제재처분이 이루어졌음에도 그 제재처분일로부터 1년 이내에 다시 같은 내용의 위반행위가 적발된 경우이면 족하다고 보아야 한다. 선행 위반행위에 대한 선행 제재처분이 반드시 구 시행령 [별표 1] 제재처분기준 제2호에 명시된 처분내용대로 이루어진 경우이어야 할 필요는 없으며, 선행 제재처분에 처분의 종류를 잘못 선택하거나 처분양정(량정)에서 재량권을 일탈·남용한 하자가 있었던 경우라고 해서 달리 볼 것은 아니다.

[2] 화물자동차 운송사업자가 화물자동차 운수사업법(이하 '화물자동차법'이라 한다) 제19조 제1항 각호에서 정한 사업정지처분사유에 해당하는 위반행위를 한 경우에는 화물자동차법 제19조 제1항에 따라 사업정지처분을 하는 것이 원칙이다. 다만 입법자는 화물자동차 운송사업자에 대하여 사업정지처분을 하는 것이 운송사업의 이용자에게 불편을 주거나 그 밖에 공익을 해칠 우려가 있으면 대통령령으로 정하는 바에 따라 사업정지처분을 갈음하여 과징금을 부과할 수 있도록 허용하고 있다. 이처럼 입법자는 대통령령에 단순히 '과징금의 산정기준'을 구체화하는 임무만을 위임한 것이 아니라, 사업정지처분을 갈음하여 과징금을 부과할 수 있는 '위반행위의 종류'를 구체화하는 임무까지 위임한 것이라고 보아야 한다. 따라서 구 화물자동차 운수사업법 시행령(2017. 1. 10. 대통령령 제27782호로 개정되기 전의 것) 제7조 제1항 [별표 2] '과징금을 부과하는 위반행위의 종류와 과징금의 금액'에 열거되지 않은 위반행위의 종류에 대해서 사업정지처분을 갈음하여 과징금을 부과하는 것은 허용되지 ★않는다고 보아야 한다(대법원 2020. 5. 28. 선고 2017두73693 판결).

판례 113

판시사항

[1] 비형벌조항에 대해 잠정적용 또는 적용중지 헌법불합치결정이 선고되었으나 위헌성이 제거된 개선입법이 이루어지지 않은 채 개정시한이 지난 경우, 그 법률조항의 효력이 상실되는 시점 / 비형벌조항에 대해 잠정적용 헌법불합치결정이 선고되었으나 해당 법률조항의 잠정적용을 명한 부분의 효력이 미치는 사안이 아니라 적용중지 상태에 있는 부분의 효력이 미치는 사안인 경우, 그 법률조항 중 적용중지 상태에 있는 부분은 헌법불합치결정이 있었던 때로 소급하여 효력을 상실하는지 여부(적극)

[2] 세무사 자격을 보유하고 있는 변호사 갑이 국세청장에게 세무대리업무등록 갱신을 신청하였으나 국세청장이 세무사법 제6조 제1항, 제20조 제1항에 따라 갑의 신청을 반려하는 처분을 하자, 갑이 처분의 취소를 구하는 소송 계속 중 위 법률조항에 대하여 위헌법률심판제청을 신청하였고 원심법원이 위헌법률심판제청을 하였는데, 헌법재판소가 위 법률조항이 세무사 자격 보유 변호사의 직업선택 자유를 침해한다며 위 법률조항에 대한 헌법불합치를 선언하면서 2019. 12. 31.을 시한으로 입법자가 개정할 때까지 위 법률조항의 계속 적용을 결정하였으나 국회가 개정시한까지 위 법률조항을 개정하지 않은 사안에서, 위 법률조항 가운데 세무사 자격 보유 변호사의 세무대리를 전면적·일률적으로 금지한 부분은 헌법불합치결정이 있었던 때로 소급하여 효력을 상실하였으므로 헌법불합치결정을 하게 된 해당 사건에 대해서는 위 법률조항이 그대로 적용될 수 없다는 이유로, 위 법률조항이 적용됨을 전제로 갑의 세무대리업무등록 갱신 신청을 반려한 국세청장의 처분이 위법하다고 한 사례

판결요지

[1] ★비형벌조항에 대해 잠정적용 헌법불합치결정이 선고되었으나 위헌성이 제거된 개선입법이 이루어지지 않은 채 개정시한이 지남으로써 그 법률조항의 효력이 상실되었다고 하더라도 그 효과는 장래에 향해서만 미칠 뿐이고, 당해 사건이라고 하여 이와 달리 취급할 이유는 없다. 한편 ★★비형벌조항에 대한 적용중지 헌법불합치결정이 선고되었으나 위헌성이 제거된 개선입법이 이루어지지 않은 채 개정시한이 지난 때에는 헌법불합치결정 시점과 법률조항의 효력이 상실되는 시점 사이에 아무런 규율도 존재하지 않는 법적 공백을 방지할 필요가 있으므로, 그 법률조항은 ★★★《《헌법불합치결정이 있었던 때로 소급하여 효력을 상실한다.》》《《비형벌조항에 대해 잠정적용 헌법불합치결정이 선고된 경우라도 해당 법률조항의 잠정적용을 명한 부분의 효력이 미치는 사안이 아니라》》 ★★★《《적용중지 상태에 있는 부분의 효력이 미치는 사안이라면, 그 법률조항 중 적용중지 상태에 있는 부분은 헌법불합치결정이 있었던 때로 소급하여 효력을 상실한다고 보아야 한다.》》

[2] ★★★《《세무사 자격을 보유하고 있는 변호사 갑이 국세청장에게 세무대리업무등록 갱신을 신청하였으나》》《《국세청장이 세무사법 제6조 제1항, 제20조 제1항에 따라 갑의 신청을 반려하는 처분을 하자》》, 《《갑이 처분의 취소를 구하는 소송 계속 중 위 법률조항에 대하여 위헌법률심판제청을 신청하였고 원심법원이 위헌법률심판제청을 하였는데》》, 《《헌법재판소가 위 법률조항이 세무사 자격 보유 변호사의 직업선택 자유를 침해한다며 위 법률조항에 대한 헌법불합치를 선언하면서》》《《2019. 12. 31.을 시한으로 입법자가 개정할 때까지 위 법률조항의 계속 적용을 결정하였으나 국회가 개정시한까지 위 법률조항을 개정하지 않은》》 사안에서, 헌법재판소가 헌법불

합치결정에서 위 법률조항의 계속 적용을 명한 부분의 효력은 일반 세무사의 세무사등록을 계속 허용하는 근거 규정이라는 점에 미치고 이와 달리 위 법률조항 가운데 세무사 자격 보유 변호사의 세무대리를 전면적·일률적으로 금지한 부분은 여전히 적용이 중지되고 개정시한이 지남으로써 헌법불합치결정이 있었던 때로 소급하여 효력을 상실하였으므로 헌법불합치결정을 하게 된 해당 사건에 대해서는 위 법률조항이 그대로 적용될 수 없다는 이유로, 위 법률조항이 적용됨을 전제로 갑의 세무대리업무등록 갱신 신청을 반려한 국세청장의 처분이 위법하다고 한 사례(대법원 2020. 1. 30. 선고 2018두49154 판결).

판례 114

판시사항

[1] 행정처분의 위법을 이유로 무효확인 또는 취소 판결을 받더라도 그 처분으로 발생한 위법상태를 원상으로 회복시킬 수 없는 경우, 무효확인 또는 취소를 구할 법률상 이익이 있는지 여부(원칙적 소극) 및 예외적으로 처분의 취소를 구할 소의 이익이 있는 경우

[2] 세무사 자격 보유 변호사 갑이 관할 지방국세청장에게 조정반 지정 신청을 하였으나 지방국세청장이 '갑의 경우 세무사등록부에 등록되지 않았기 때문에 2015년도 조정반 구성원으로 지정할 수 없다'는 이유로 거부처분을 하자, 갑이 거부처분의 취소를 구하는 소를 제기한 사안에서, 위 소는 소의 이익이 없어 부적법하다고 한 사례

판결요지

[1] 행정처분의 무효확인 또는 취소를 구하는 소에서, 비록 행정처분의 위법을 이유로 무효확인 또는 취소 판결을 받더라도 그 처분으로 발생한 위법상태를 원상으로 회복시킬 수 없는 경우에는 원칙적으로 무효확인 또는 취소를 구할 법률상 이익이 없다. 다만 원상회복이 불가능하더라도 무효확인 또는 취소로써 회복할 수 있는 다른 권리나 이익이 남아 있거나, 동일한 소송 당사자 사이에서 동일한 사유로 위법한 처분이 반복될 위험이 있어 행정처분의 위법성 확인 또는 불분명한 법률문제에 대한 해명이 필요하다고 판단되는 경우 등에는 행정의 적법성 확보와 그에 대한 사법통제, 국민의 권리구제 확대 등의 측면에서 예외적으로 처분의 취소를 구할 소의 이익을 인정할 수 있다.

[2] ★★《세무사 자격 보유 변호사 갑이 관할 지방국세청장에게 조정반 지정 신청을 하였으나 지방국세청장이 '갑의 경우 세무사등록부에 등록되지 않았기 때문에 2015년도 조정반 구성원으로 지정할 수 없다'는 이유로 거부처분을 하자, 갑이 거부처분의 취소를 구하는 소를 제기한 사안》에서, ★★《2015년도 조정반 지정의 효력기간이 지났으므로 거부처분을 취소하더라도 갑이 2015년도 조정반으로 지정되고자 하는 목적을 달성할 수 없고 장래의 조정반 지정 신청에 대하여 동일한 사유로 위법한 처분이 반복될 위험성이 있다거나 행정처분의 위법성 확인 또는 불분명한 법률문제에 대한 해명이 필요한 경우도 아니어서 소의 이익을 예외적으로 인정할 필요도 ★★ 없으므로》, 위 소는 부적법함에도 본안판단으로 나아가 청구를 인용한 원심판단에 법리를 오해한 잘못이 있다고 한 사례(대법원 2020. 2. 27. 선고 2018두67152 판결).

판례 115

판시사항

현역병입영대상자로의 병역처분에 흠이 있는 경우, 현역병입영자가 군형법의 적용 대상이 되는지 여부(한정 적극)

판결요지

군형법 제1조 제1항, 제2항에 의하면, 군형법은 같은 법에 규정된 죄를 범한 대한민국 군인에게 적용되고 여기에서 군인이라 함은 현역에 복무하는 병 등을 말한다고 규정되어 있으며, 병역법 제5조 제1항 제1호에 의하면, 현역은 징집 등에 의하여 입영한 병 등을 말하는 것으로, 같은 법 제2조 제1항 제1호, 제3호에 의하면, 징집이라 함은 국가가 병역의무자에 대하여 현역에 복무할 의무를 부과하는 것, 입영이라 함은 병역의무자가 징집 등에 의하여 군부대에 들어가는 것을 말하는 것으로 각 규정되어 있는바, 병역의무자가 소정의 절차에 따라 현역병입영대상자로 병역처분을 받고 징집되어 군부대에 들어갔다면, 설령 ★★★《그 병역처분에 흠이 있다고 하더라도 그 흠이 당연무효에 해당하는 것이 아닌 이상》, 그 사람은 입영한 때부터 현역의 군인으로서 군형법의 적용대상이 되는 것으로 보아야 한다(대법원 2002. 4. 26. 선고 2002도740 판결).

판례 116

판시사항

지방병무청장이 군의관의 신체등위판정이 위법 또는 부당하게 이루어졌다고 인정하는 경우, 그 신체등위판정을 기초로 자신이 한 병역처분을 직권으로 취소할 수 있는지 여부(적극)

【이 유】

병역의무가 국가수호를 위하여 전 국민에게 과하여진 헌법상의 의무로써 그를 수행하기 위한 전제로서의 신체등위판정이나 병역처분 등은 공정성과 형평성을 유지하여야 함은 물론 그 면탈을 방지하여야 할 공익적 필요성이 매우 큰 점에 비추어 볼 때, 지방병무청장은 군의관의 신체등위판정이 청탁이나 금품수수에 따라 위법 또는 부당하게 이루어졌다고 인정하는 경우에는 그 위법 또는 부당한 신체등위판정을 기초로 자신이 한 ★★★《병역처분을 직권으로 취소할 수 있다》(대법원 2002. 5. 28. 선고 2001두9653 판결 참조).(대법원 2004. 2. 27. 선고 2002두7791 판결)

판례 117

판시사항

[1] 헌법재판소의 위헌결정의 효력이 미치는 범위 및 법적 안정성의 유지나 당사자의 신뢰보호를 위하여 불가피한 경우 위헌결정의 소급효를 제한할 수 있는지 여부(★적극)

[2] 사립학교교직원 연금법 제42조 제1항에 따라 사립학교 교직원에 준용되는 '재직 중의 사유로 금고 이상의 형을 받은 경우' 퇴직급여 등의 지급을 제한하는 구 공무원연금법 제64조 제1항 제

1호에 대하여 2008. 12. 31.을 효력시한으로 한 헌법불합치결정이 내려졌으나 위 시한까지 개정되지 않은 상황에서 사립학교 교원 갑이 재직 중 고의범으로 집행유예의 형을 받고 퇴직하자, 사립학교 교직원연금공단이 갑에게 퇴직수당과 퇴직일시금을 지급하였고, 2009. 12. 31. 위 조항이 '직무와 관련이 없는 과실로 인한 경우' 등에는 퇴직급여 등의 지급 제한에서 제외한다는 내용으로 개정되면서 부칙 제1조 단서로 '제64조의 개정 규정은 2009. 1. 1.부터 적용한다'고 규정하자, 공단이 갑에 대하여 이미 지급한 돈의 일부를 환수하였는데, 그 후 위 부칙 제1조 단서 중 제64조의 개정 규정에 관한 부분이 소급입법 금지의 원칙에 반한다는 이유로 위헌결정을 받자, 갑이 공단을 상대로 환수금 상당의 부당이득반환을 구한 사안에서, ★★★《《일반사건에 대해서까지 위헌결정의 소급효를 인정함으로써》》《《보호되는 갑의 권리구제라는 구체적 타당성 등의 요청이 이미 형성된 법률관계에 관한 법적 안정성의 유지와 당사자의 신뢰보호의 요청보다 현저히 우월하다고 단정하기 어렵다》》고 한 사례

> [판결요지]

[1] 헌법재판소의 위헌결정의 효력은 위헌제청을 한 '당해사건', 위헌결정이 있기 전에 이와 동종의 위헌 여부에 관하여 헌법재판소에 위헌여부심판제청을 하였거나 법원에 위헌여부심판제청신청을 한 '동종사건'과 따로 위헌제청신청은 아니하였지만 당해 법률 또는 법률 조항이 재판의 전제가 되어 법원에 계속 중인 '병행사건'뿐만 아니라, 위헌결정 이후 같은 이유로 제소된 '일반사건'에도 미친다. 하지만 위헌결정의 효력이 미치는 범위가 무한정일 수는 없고, 다른 법리에 의하여 그 소급효를 제한하는 것까지 부정되는 것은 아니며, 법적 안정성의 유지나 당사자의 신뢰보호를 위하여 불가피한 경우에 위헌결정의 소급효를 제한하는 것은 오히려 법치주의의 원칙상 요청된다.

[2] 사립학교교직원 연금법 제42조 제1항에 따라 사립학교 교직원에 준용되는 '재직 중의 사유로 금고 이상의 형을 받은 경우' 퇴직급여 등의 지급을 제한하는 구 공무원연금법(2009. 12. 31. 법률 제9905호로 개정되기 전의 것, 이하 같다) 제64조 제1항 제1호에 대하여 2008. 12. 31.을 시한으로 입법자가 개정할 때까지 효력을 지속한다는 취지의 헌법불합치결정이 내려졌으나 위 시한까지 개정되지 않은 상황에서 사립학교 교원 갑이 재직 중 고의범으로 집행유예의 형을 받고 퇴직하자, 사립학교 교직원연금공단(이하 '공단'이라 한다)이 갑에게 퇴직수당과 퇴직일시금을 지급하였고, 2009. 12. 31. 위 조항이 '직무와 관련이 없는 과실로 인한 경우' 등에는 퇴직급여 등의 지급 제한에서 제외한다는 내용으로 개정되면서 부칙 제1조 단서로 '제64조의 개정 규정은 2009. 1. 1.부터 적용한다'고 규정하자, 공단이 갑에 대하여 이미 지급한 돈의 일부를 환수하였는데, 그 후 위 부칙 제1조 단서 중 제64조의 개정 규정에 관한 부분이 소급입법 금지의 원칙에 반한다는 이유로 위헌결정을 받자, 갑이 공단을 상대로 환수금 상당의 부당이득반환을 구한 사안에서, 헌법재판소는 구 공무원연금법 제64조 제1항 제1호에 대하여 지급제한 자체가 위헌이라고 판단한 것이 아니라 '공무원의 신분이나 직무상 의무와 관련이 없는 범죄, 특히 과실범의 경우에도 퇴직급여 등을 제한하는 것은 공무원범죄를 예방하고 공무원이 재직 중 성실히 근무하도록 유도하는 입법 목적을 달성하는 데 적합한 수단이라고 볼 수 없다'는 이유로 헌법불합치결정을 하면서 2008. 12. 31.까지는 효력이 유지된다고 하였던 점, 구 공무원연금법의 효력이 지속될 때까지는 공무원 등이 재직 중의 사유로 금고 이상의 형을 받은 때 퇴직급여 등의 일부를 감액하여 지급하는 것이 일반적으로 받아들여졌던 점, 헌법불합치결정의 취지를 반영한 개정 공무원연금법에서도 직무와 관련이 없는 과실로 인한 경우 및 소속 상관의 정당한 직무상의 명령에 따르다가 과실로 인한 경우를 제외하고는 재직 중의 사유로 금고 이상의 형을 받은 경우 여전히 퇴직급여

등의 지급을 제한하고 있는데, 갑은 재직 중 고의범으로 유죄판결이 확정된 점 등을 종합하면, 일반사건에 대해서까지 위헌결정의 소급효를 인정함으로써 보호되는 갑의 권리구제라는 구체적 타당성 등의 요청이 이미 형성된 법률관계에 관한 법적 안정성의 유지와 당사자의 신뢰보호의 요청보다 현저히 우월하다고 단정하기 ★어렵다고 한 사례(대법원 2017. 3. 9. 선고 2015다233982 판결)

MEMO

행정법
5년간 최신판례

제2편

최근 기본 판례 정리
(참고판례 첨부)(2017-2020)

판례 001

[1] [다수의견] 상명하복에 의한 지휘통솔체계의 확립이 필수적인 군의 특수성에 비추어 군인은 상관의 명령에 복종하여야 한다. 구 군인복무규율(2009. 9. 29. 대통령령 제21750호로 개정되기 전의 것) 제23조 제1항은 그와 같은 취지를 규정하고 있다. 군인이 일반적인 복종의무가 있는 상관의 지시나 명령에 대하여 재판청구권을 행사하는 경우에는 재판청구권이 군인의 복종의무와 외견상 충돌하는 모습으로 나타날 수 있다.

그러나 상관의 지시나 명령 그 자체를 따르지 않는 행위와 상관의 지시나 명령은 준수하면서도 그것이 위법·위헌이라는 이유로 재판청구권을 행사하는 행위는 구별되어야 한다. 법원이나 헌법재판소에 법적 판단을 청구하는 것 자체로는 상관의 지시나 명령에 직접 위반되는 결과가 초래되지 않으며, 재판절차가 개시되더라도 종국적으로는 사법적 판단에 따라 위법·위헌 여부가 판가름 나므로 재판청구권 행사가 곧바로 군에 대한 심각한 위해나 혼란을 야기한다고 상정하기도 어렵다. 상관의 지시나 명령을 준수하는 이상 그에 대하여 소를 제기하거나 헌법소원을 청구하였다는 사실만으로 상관의 지시나 명령을 따르지 않겠다는 의사를 표명한 것으로 간주할 수도 없다. 종래 군인이 상관의 지시나 명령에 대하여 사법심사를 청구하는 행위를 무조건 하극상이나 항명으로 여겨 극도의 거부감을 보이는 태도 역시 모든 국가권력에 대하여 사법심사를 허용하는 법치국가의 원리에 반하는 것으로 마땅히 배격되어야 한다.

따라서 군인이 상관의 지시나 명령에 대하여 재판청구권을 행사하는 경우에 그것이 위법·위헌인 지시와 명령을 시정하려는 데 목적이 있을 뿐, 군 내부의 상명하복관계를 파괴하고 명령불복종 수단으로서 재판청구권의 외형만을 빌리거나 그 밖에 다른 불순한 의도가 있지 않다면, 정당한 기본권의 행사이므로 군인의 복종의무를 위반하였다고 볼 수 없다.

[2] [다수의견] 구 군인사법(2011. 5. 24. 법률 제10703호로 개정되기 전의 것)의 위임에 따라 제정된 구 군인복무규율(2009. 9. 29. 대통령령 제21750호로 개정되기 전의 것, 이하 '구 군인복무규율'이라 한다) 제24조와 제25조는 건의와 고충심사에 관하여 규정하고 있다. 위 조항들은 군에 유익하거나 정당한 의견이 있는 경우 부하는 지휘계통에 따라 상관에게 건의할 수 있고(구 군인복무규율 제24조 제1항), 부당한 대우를 받거나 현저히 불편 또는 불리한 상태에 있다고 판단될 경우 지휘계통에 따라 상담, 건의 또는 고충심사를 청구할 수 있다(구 군인복무규율 제25조 제1항)는 내용이므로, 이를 군인에게 건의나 고충심사를 청구하여야 할 의무를 부과한 조항이라고 해석하는 것은 문언의 통상적인 의미를 벗어난다. 나아가 관련 법령의 문언과 체계에 비추어 보면, 건의 제도의 취지는 위법 또는 오류의 의심이 있는 명령을 받은 부하가 명령 이행 전에 상관에게 명령권자의 과오나 오류에 대하여 자신의 의견을 제시할 수 있도록 함으로써 명령의 적법성과 타당성을 확보하고자 하는 것일 뿐 그것이 군인의 재판청구권 행사에 앞서 반드시 거쳐야 하는 군 내 사전절차로서의 의미를 갖는다고 보기 어렵다(★★★★.

[3] [다수의견] 구 군인복무규율(2009. 9. 29. 대통령령 제21750호로 개정되기 전의 것, 이하 '구 군인복무규율'이라 한다) 제13조 제1항은 "군인은 군무 외의 일을 위한 집단행위를 하여서는 아니 된다."라고 규정하고 있다. 여기에서 '군무 외의 일을 위한 집단행위'란 군인으로서 군복무에 관한 기강을 저해하거나 기타 본분에 배치되는 등 군무의 본질을 해치는 특정 목적을 위한 다수인의 행위를 말한다.

법령에 군인의 기본권 행사에 해당하는 행위를 금지하거나 제한하는 규정이 없는 이상, 그러한 행위가 군인으로서 군복무에 관한 기강을 저해하거나 기타 본분에 배치되는 등 군무의 본질을 해치는 특정 목적이 있다고 하기 위해서는 권리행사로서의 실질을 부인하고 이를 규범위반행위로 보기에 충분한 구체적·객관적 사정이 인정되어야 한다. 즉 군인으로서 허용된 권리행사를 함부로 집단행위에 해당하는 것이라고 단정하여서는 아니 된다(대법원 2018. 3. 22. 선고 2012두26401 전원합의체 판결).

판례 002

훈령 규정이 한정된 명예전역수당 자원을 효율적이고 형평성에 맞게 운용하고, 명예로운 전역이 되도록 하려는 취지에서 수사나 조사 중이라는 잠정적 사유까지 명예전역 선발취소 사유로 규정한 데에 합리성이 없지는 않다. 그러나 그 제도적 취지는 명예전역의 효력이 발생하기 이전 단계에서 전역을 보류한 다음 최종적으로 비위나 범죄사실이 없음이 밝혀질 경우에는 다시 구제될 수 있음을 전제한다. 따라서 종국적으로 명예전역의 효력이 발생한 다음에는 위 훈령 제99조 제1항 제1호, 제96조 제2항 제3호가 적용될 여지가 없다. 국방부장관이 군인 명예전역수당지급 규정 제12조를 근거로 위와 같은 명시적 규정을 둔 이상 이와 별개로 명예전역 대상자가 전역한 다음에도 같은 사유를 들어 명예전역 선발을 직권 취소할 수는 없다고 봄이 타당하다.

(4) 요컨대, 위와 같은 훈령 규정들의 문언과 체계와 취지를 종합하면, 단순히 감사기관이나 수사기관 등의 조사·수사를 받고 있다는 잠정적 사유가 있음을 이유로 한 명예전역 선발취소 결정은 명예전역 대상자가 명예전역이나 전역 이전에 있는 경우에 한정된다고 보아야 한다(대법원 2019. 5. 30. 선고 2016두49808 판결)

판례 003

[1] 가설건축물은 건축법상 '건축물'이 아니므로 건축허가나 건축신고 없이 설치할 수 있는 것이 원칙이지만 일정한 가설건축물에 대하여는 건축물에 준하여 위험을 통제하여야 할 필요가 있으므로 신고 대상으로 규율하고 있다. 이러한 신고제도의 취지에 비추어 보면, 가설건축물 존치기간을 연장하려는 건축주 등이 법령에 규정되어 있는 제반 서류와 요건을 갖추어 행정청에 연장신고를 한 때에는 행정청은 원칙적으로 이를 수리하여 신고필증을 교부하여야 하고, 법령에서 정한 요건 이외의 사유를 들어 수리를 거부할 수는 없다. 따라서 행정청으로서는 법령에서 요구하고 있지도 아니한 '대지사용승낙서' 등의 서류가 제출되지 아니하였거나, 대지소유권자의 사용승낙이 없다는 등의 사유를 들어 가설건축물 존치기간 연장신고의 수리를 거부하여서는 아니 된다.

[2] 건축법상의 이행강제금은 시정명령의 불이행이라는 과거의 위반행위에 대한 제재가 아니라, 의무자에게 시정명령을 받은 의무의 이행을 명하고 그 이행기간 안에 의무를 이행하지 않으면 이행강제금이 부과된다는 사실을 고지함으로써 의무자에게 심리적 압박을 주어 의무의 이행을 간접적으로 강제하는 행정상의 간접강제 수단에 해당한다. 이러한 이행강제금의 본질상 시정명령을 받은 의무자가 이행강제금이 부과되기 전에 그 의무를 이행한 경우에는 비록 시정명령에서 정한 기간을 지나서 이행한 경우라도 이행강제금을 부과할 수 없다.

나아가 시정명령을 받은 의무자가 그 시정명령의 취지에 부합하는 의무를 이행하기 위한 정당한 방법으로 행정청에 신청 또는 신고를 하였으나 행정청이 위법하게 이를 거부 또는 반려함으로써 결국 그 처분이 취소되기에 이르렀다면, 특별한 사정이 없는 한 그 시정명령의 불이행을 이유로 이행강제금을 부과할 수는 없다고 보는 것이 위와 같은 이행강제금 제도의 취지에 부합한다(대법원 2018. 1. 25. 선고 2015두35116 판결).

3-1.
[1] 교육환경 보호에 관한 법률 제9조 제27호는 교육환경보호구역에서의 금지행위 및 시설로 '공중위생관리법 제2조 제1항 제2호에 따른 숙박업 및 관광진흥법 제3조 제1항 제2호 (가)목에 따른 호텔업'을 규정하고 있다. 공중위생관리법 제2조 제1항 제2호는 '숙박업'을 '손님이 잠을 자고 머물 수 있도록 시설 및 설비 등의 서비스를 제공하는 영업'이라고 정의하고 있고, 같은 조 제2항의 위임에 따른 공중위생관리법 시행령 제4조 제1호는 숙박업을 취사시설 포함 여부에 따라 '일반숙박업'과 '생활숙박업'으로 세분하고 있다. 관광진흥법 제3조 제1항 제2호는 관광숙박업을 '호텔업'과 '휴양 콘도미니엄업'으로 나누면서, 휴양 콘도미니엄업을 '관광객의 숙박과 취사에 적합한 시설을 갖추어 이를 그 시설의 회원이나 공유자, 그 밖의 관광객에게 제공하거나 숙박에 딸리는 음식·운동·오락 등에 적합한 시설 등을 함께 갖추어 이용하게 하는 업'이라고 정의하고 있다.

교육환경 보호에 관한 법률 제9조 제27호는 학생들의 주요 활동공간인 학교 주변의 일정 지역을 최소한의 범위에서 교육환경보호구역으로 설정하여 쾌적한 학교환경을 조성함으로써 청소년들이 건전하고 조화로운 인격을 형성할 수 있게 하고, 교육환경보호구역 안에서 숙박업을 못하게 함으로써 숙박시설 안에서 은밀하게 이루어질 수 있는 윤락행위 또는 음란행위, 음란한 물건의 유통, 도박 등의 사행행위 등으로 인한 각종 유해환경으로부터 학생들을 차단·보호하여 학생들의 건전한 육성과 학교 교육의 능률화를 기하고자 하는 것이다.

위와 같은 관련 규정들의 내용과 체계에 위 법률조항의 입법 취지를 종합하면, 휴양 콘도미니엄업은 위 법률조항에서 교육환경보호구역에서의 금지행위 및 시설로 규정한 '공중위생관리법 제2조 제1항 제2호에 따른 숙박업'에 해당한다고 보아야 한다.

[2] 갑 주식회사가 교육환경보호구역에 해당하는 사업부지에 콘도미니엄을 신축하기 위하여 교육환경평가승인신청을 한 데 대하여, 관할 교육지원청 교육장이 갑 회사에 '관광진흥법 제3조 제1항 제2호 (나)목에 따른 휴양 콘도미니엄업이 교육환경 보호에 관한 법률에 따른 금지행위 및 시설로 규정되어 있지는 않으나 성매매 등에 대한 우려를 제기하는 민원에 대한 구체적인 예방대책을 제시하시기 바람'이라고 기재된 보완요청서를 보낸 후 교육감으로부터 '콘도미니엄업에 관하여 교육환경보호구역에서 금지되는 행위 및 시설에 관한 교육환경 보호에 관한 법률(이하 '교육환경법'이라 한다) 제9조 제27호를 적용하라'는 취지의 행정지침을 통보받고 갑 회사에 교육환경평가승인신청을 반려하는 처분을 한 사안에서, 교육장이 보완요청서에서 '휴양 콘도미니엄업이 교육환경법 제9조 제27호에 따른 금지행위 및 시설로 규정되어 있지 않다'는 의견을 밝힌 바 있으나, 이는 교육장이 최종적으로 교육환경평가를 승인해 주겠다는 취지의 공적 견해를 표명한 것이라고 볼 수 없고 오히려 수차례에 걸쳐 갑 회사에 보낸 보완요청서에 의하면 현 상태로는 교육환경평가승인이 어렵다는 취지의 견해를 밝힌 것에 해당하는 점, 갑 회사는 사업 준비 단계에서 휴양 콘도미니엄업을 계획하고 교육장의 보완요청에 따른 추가 검토를 진행한 정도에 불과하여 위 처분으로 침해받는 갑의 이익이 그다지 크다고 보기 어려운 반면 교육환경보호구역에서 휴양 콘도

미니엄이 신축될 경우 학생들의 학습권과 교육환경에 미치는 부정적 영향이 매우 큰 점 등에 비추어, 위 처분은 신뢰의 대상이 되는 교육장의 공적 견해표명이 있었다고 보기 어렵고, 교육장의 교육환경평가승인이 공익 또는 제3자의 정당한 이익을 현저히 해할 우려가 있는 경우에 해당하므로 신뢰보호원칙에 반하지 않는다(대법원 2020. 4. 29. 선고 2019두52799 판결).

○ 판례 004

판례 요약 정리(대법원 2017. 5. 30. 선고 2017두34087 판결)
숙박업은 손님이 잠을 자고 머물 수 있도록 시설과 설비 등의 서비스를 제공하는 것이다. 공중위생관리법 제2조 제1항 제2호, 제3조 제1항, 제4조 제1항, 제7항, 공중위생관리법 시행규칙 제2조 [별표 1], 제3조의2 제1항 제3호, 제7조 [별표 4]의 문언, 체계와 목적에 비추어 보면, 숙박업을 하고자 하는 자는 위 법령에 정해진 소독이나 조명기준 등이 정해진 객실·접객대·로비시설 등을 다른 용도의 시설 등과 분리되도록 갖춤으로써 그곳에 숙박하고자 하는 손님이나 위생관리 등을 감독하는 행정청으로 하여금 해당 시설의 영업주체를 분명히 인식할 수 있도록 해야 한다.

숙박업을 하고자 하는 자가 법령이 정하는 시설과 설비를 갖추고 행정청에 신고를 하면, 행정청은 공중위생관리법령의 위 규정에 따라 원칙적으로 이를 수리하여야 한다. 행정청이 법령이 정한 요건 이외의 사유를 들어 수리를 거부하는 것은 위 법령의 목적에 비추어 이를 거부해야 할 중대한 공익상의 필요가 있다는 등 특별한 사정이 있는 경우에 한한다.

이러한 법리는 이미 다른 사람 명의로 숙박업 신고가 되어 있는 시설 등의 전부 또는 일부에서 새로 숙박업을 하고자 하는 자가 신고를 한 경우에도 마찬가지이다. 기존에 다른 사람이 숙박업 신고를 한 적이 있더라도 새로 숙박업을 하려는 자가 그 시설 등의 소유권 등 정당한 사용권한을 취득하여 법령에서 정한 요건을 갖추어 신고하였다면, 행정청으로서는 특별한 사정이 없는 한 이를 수리하여야 하고, 단지 해당 시설 등에 관한 기존의 숙박업 신고가 외관상 남아있다는 이유만으로 이를 거부할 수 없다.

○ 판례 005

정신건강증진 및 정신질환자 복지서비스 지원에 관한 법률 제19조 제1항은 "정신의료기관의 개설은 의료법에 따른다. 이 경우 의료법 제36조에도 불구하고 정신의료기관의 시설·장비의 기준과 의료인 등 종사자의 수·자격에 관하여 필요한 사항은 정신의료기관의 규모 등을 고려하여 보건복지부령으로 따로 정한다."라고 규정하고 있다. 위 후단 규정의 위임에 따라, 같은 법 시행규칙 [별표 3], [별표 4]는 정신의료기관에 관하여 시설·장비의 기준과 의료인 등 종사자의 수·자격 기준을 구체적으로 규정하고 있다.

한편 의료법은 의료기관의 개설 주체가 의원·치과의원·한의원 또는 조산원을 개설하려고 하는 경우에는 시장·군수·구청장에게 신고하도록 규정하고 있지만(제33조 제3항), 종합병원·병원·치과병원·한방병원 또는 요양병원을 개설하려고 하는 경우에는 시·도지사의 허가를 받도록 규정하고 있다(제33조 제4항). 이와 같이 의료법이 의료기관의 종류에 따라 허가제와 신고제를 구분하여 규정하고 있는 취지는, 신고 대상인 의원급 의료기관 개설의 경우 행정청이 법령에서 정하고 있는 요건 이외의 사유를 들어 신고 수리를 반려하는 것을 원칙적으로 배제함으로써 개설 주체가 신속하게 해당 의료기관을 개설할 수 있도록 하기 위함이다.

앞서 본 관련 법령의 내용과 이러한 신고제의 취지를 종합하면, 정신과의원을 개설하려는 자가 법령에 규정되어 있는 요건을 갖추어 개설신고를 한 때에, 행정청은 원칙적으로 이를 수리하여 신고필증을 교부하여야 하고, 법령에서 정한 요건 이외의 사유를 들어 의원급 의료기관 개설신고의 수리를 거부할 수는 없다(대법원 2018. 10. 25. 선고 2018두44302 판결).

판례 006

[다수의견] 재심은 확정된 종국판결에 대하여 판결의 효력을 인정할 수 없는 중대한 하자가 있는 경우 예외적으로 판결의 확정에 따른 법적 안정성을 후퇴시켜 그 하자를 시정함으로써 구체적 정의를 실현하고자 마련된 것이다. 행정소송법 제8조에 따라 심결취소소송에 준용되는 민사소송법 제451조 제1항 제8호는 '판결의 기초로 된 행정처분이 다른 행정처분에 의하여 변경된 때'를 재심사유로 규정하고 있다. 이는 판결의 심리·판단 대상이 되는 행정처분 그 자체가 그 후 다른 행정처분에 의하여 확정적·소급적으로 변경된 경우를 말하는 것이 아니고, 확정판결에 법률적으로 구속력을 미치거나 또는 그 확정판결에서 사실인정의 자료가 된 행정처분이 다른 행정처분에 의하여 확정적·소급적으로 변경된 경우를 말하는 것이다. 여기서 '사실인정의 자료가 되었다'는 것은 그 행정처분이 확정판결의 사실인정에서 증거자료로 채택되었고 그 행정처분의 변경이 확정판결의 사실인정에 영향을 미칠 가능성이 있는 경우를 말한다. 이에 따르면 특허권자가 정정심판을 청구하여 특허무효심판에 대한 심결취소소송의 사실심 변론종결 이후에 특허발명의 명세서 또는 도면(이하 '명세서 등'이라 한다)에 대하여 정정을 한다는 심결(이하 '정정심결'이라 한다)이 확정되더라도 정정 전 명세서 등으로 판단한 원심판결에 민사소송법 제451조 제1항 제8호가 규정한 재심사유가 있다고 볼 수 없다(대법원 2020. 1. 22. 선고 2016후2522 전원합의체 판결).

판례 007

[1] 제재적 행정처분이 재량권의 범위를 일탈하였거나 남용하였는지 여부는 처분사유인 위반행위의 내용과 위반의 정도, 처분에 의하여 달성하려는 공익상의 필요와 개인이 입게 될 불이익 및 이에 따르는 제반 사정 등을 객관적으로 심리하여 공익침해의 정도와 처분으로 인하여 개인이 입게 될 불이익을 비교·교량하여 판단하여야 한다.

이러한 제재적 행정처분의 기준이 부령 형식으로 규정되어 있더라도 그것은 행정청 내부의 사무처리준칙을 규정한 것에 지나지 않아 대외적으로 국민이나 법원을 기속하는 효력이 없다. 따라서 그 처분의 적법 여부는 처분기준만이 아니라 관계 법령의 규정 내용과 취지에 따라 판단하여야 한다. 그러므로 처분기준에 부합한다고 하여 곧바로 처분이 적법한 것이라고 할 수는 없지만, 처분기준이 그 자체로 헌법 또는 법률에 합치되지 않거나 그 기준을 적용한 결과가 처분사유인 위반행위의 내용 및 관계 법령의 규정과 취지에 비추어 현저히 부당하다고 인정할 만한 합리적인 이유가 없는 한, 섣불리 그 기준에 따른 처분이 재량권의 범위를 일탈하였다거나 재량권을 남용한 것으로 판단해서는 안 된다.

[2] 특별사면은 사면권자의 고도의 정치적·정책적 판단에 따른 시혜적인 조치이고, 특별사면 진행 여부 및 그 적용 범위는 사전에 예상하기 곤란할 뿐 아니라, 처분청에 처분상대방이 특별사면 대상이 되도록 신속하게 절차를 진행할 의무까지 인정된다고 보기도 어렵다. 따라서 처분이 지연되지 않았다면 특별사면 대상이 될 수 있었다는 사정만으로 입찰참가자격 제한처분이 위법하다고 볼 수는 없다. 다만 법원으로서는 처분이 지연된 경위, 지연된 처분에 따른 사면 대상 제외 이외에 처분상대방이 입게 된 특별한 불이익이 있는지, 그 밖의 감경사유는 없는지, 처분상대방에 대한 제재의 필요성, 처분상대방이 처분 지연으로 인하여 특별사면의 혜택을 누리게 되지 못한 점이 처분 양정에 고려되었는지, 처분 결과가 비례와 형평에 반하는지 등을 종합적으로 고려하여 입찰참가자격 제한처분에 관한 재량권 일탈·남용이 인정되는지를 판단할 수 있을 따름이다(대법원 2018. 5. 15. 선고 2016두57984 판결).

판례 008

[1] 행정처분이 법규성이 없는 내부지침 등의 규정에 위배된다고 하더라도 그 이유만으로 처분이 위법하게 되는 것은 아니고, 또 내부지침 등에서 정한 요건에 부합한다고 하여 반드시 그 처분이 적법한 것이라고 할 수도 없다. 처분의 적법 여부는 그러한 내부지침 등에서 정한 요건에 합치하는지 여부가 아니라 일반 국민에 대하여 구속력을 가지는 법률 등 법규성이 있는 관계 법령의 규정을 기준으로 판단하여야 한다.

[2] 초·중등교육법 제21조 제2항 [별표 2]는 중등학교 정교사(1급) 자격기준으로, 중등학교의 정교사(2급) 자격증을 가지고 교육대학원 또는 교육부장관이 지정하는 대학원 교육과에서 석사학위를 받은 사람으로서 1년 이상의 교육경력이 있는 사람(제1호) 등을 열거하고 있다. 여기서 '교육경력'이란 중·고등학교 등에서 교원으로서 전임으로 근무한 경력을 말한다(교원자격검정령 제8조 제1항 제1호).

한편 중·고등학교에는 원칙적으로 교장·교감·수석교사 및 교사를 '교원'으로 두고(초·중등교육법 제19조 제1항), 중·고등학교에 근무하는 교원은 교육공무원에 해당하며(교육공무원법 제2조 제1항 제1호, 제3항 제1호), 교육공무원법의 적용을 받는 교원에는 기간제 교원이 포함된다(교육공무원법 제10조의3 제1항).

이와 같은 관계 법령의 문언, 내용, 취지 등에 비추어 보면, 중등학교 정교사(1급) 자격은 초·중등교육법 제21조 제2항 [별표 2]에서 정한 자격기준을 갖춘 사람에 대하여 정규 교원과 기간제 교원을 구별하지 않고 부여한다는 취지로 해석함이 타당하다. 이렇게 새긴다고 하여 기간제 교원이 정규 교원과 같은 법적 지위를 누리게 되는 것도 아니고, 오로지 급여와 관련한 호봉산정에만 일부 영향이 있게 될 따름이다(대법원 2018. 6. 15. 선고 2015두40248 판결).

판례 009

구 주택법(2016. 1. 19. 법률 제13805호로 전부 개정되기 전의 것) 제17조 제1항에 따르면, 주택건설사업계획 승인권자가 관계 행정청의 장과 미리 협의한 사항에 한하여 승인처분을 할 때에 인허가 등이 의제될 뿐이고, 각호에 열거된 모든 인허가 등에 관하여 일괄하여 사전협의를 거칠 것을 주택건설사업계획 승인처분의 요건으로 규정하고 있지 않다. 따라서 인허가 의제 대상이 되는 처분에 어떤 하자가 있더라도, 그로써 해당 인허가 의제의 효과가 발생하지 않을 여지가 있게 될 뿐이고, 그러한 사정이 주택건설사업계획 승인처분 자체의 위법사유가 될 수는 없다. 또한 의제된 인허가는 통상적인 인허가와 동일한 효력을 가지므로, 적어도 '부분 인허가 의제'가 허용되는 경우에는 그 효력을 제거하기 위한 법적 수단으로 의제된 인허가의 취소나 철회가 허용될 수 있고, 이러한 직권 취소·철회가 가능한 이상 그 의제된 인허가에 대한 쟁송취소 역시 허용된다.

따라서 주택건설사업계획 승인처분에 따라 의제된 인허가가 위법함을 다투고자 하는 이해관계인은, 주택건설사업계획 승인처분의 취소를 구할 것이 아니라 의제된 인허가의 취소를 구하여야 하며, 의제된 인허가는 주택건설사업계획 승인처분과 별도로 항고소송의 대상이 되는 처분에 해당한다.

구 주택법(2016. 1. 19. 법률 제13805호로 전부 개정되기 전의 것, 이하 '구 주택법'이라 한다) 제17조 제1항에 인허가 의제 규정을 둔 입법 취지는, 주택건설사업을 시행하는 데 필요한 각종 인허가 사항과 관련하여 주택건설사업계획 승인권자로 그 창구를 단일화하고 절차를 간소화함으로써 각종 인허가에 드는 비용과 시간을 절감하여 주택의 건설·공급을 활성화하려는 데에 있다. 이러한 인허가 의제 규정의 입법 취지를 고려하면, 주택건설사업계획 승인권자가 구 주택법 제17조 제3항에 따라 도시·군관리계획 결정권자와 협의를 거쳐 관계 주택건설사업계획을 승인하면 같은 조 제1항 제5호에 따라 도시·군관리계획결정이 이루어진 것으로 의제되고, 이러한 협의 절차와 별도로 국토의 계획 및 이용에 관한 법률 제28조 등에서 정한 도시·군관리계획 입안을 위한 주민 의견청취 절차를 거칠 필요는 없다(대법원 2018. 11. 29. 선고 2016두38792 판결).

판례 010

체육시설업자가 담보 목적으로 체육필수시설을 신탁법에 따라 담보신탁을 하였다가 채무를 갚지 못하여 체육필수시설이 공개경쟁입찰방식에 의한 매각(이하 '공매'라 한다) 절차에 따라 처분되거나 공매 절차에서 정해진 공매 조건에 따라 수의계약으로 처분되는 경우가 있다. 이와 같이 체육필수시설에 관한 담보신탁계약이 체결된 다음 그 계약에서 정한 공매나 수의계약으로 체육필수시설이 일괄하여 이전되는 경우에 회원에 대한 권리·의무도 승계되는지 여부가 문제이다.

이러한 경우에도 체육시설법 제27조의 문언과 체계, 입법 연혁과 그 목적, 담보신탁의 실질적인 기능 등에 비추어 체육필수시설의 인수인은 체육시설업자와 회원 간에 약정한 사항을 포함하여 그 체육시설업의 등록 또는 신고에 따른 권리·의무를 승계한다고 보아야 한다(대법원 2018. 10. 18. 선고 2016다220143 전원합의체 판결).

판례 011

구 중소기업창업 지원법(2017. 7. 26. 법률 제14839호로 개정되기 전의 것, 이하 '중소기업창업법'이라 한다) 제35조 제1항, 제33조 제4항, 중소기업창업 지원법 시행령 제24조 제1항, 중소기업청장이 고시한 '창업사업계획의 승인에 관한 통합업무처리지침'(이하 '업무처리지침'이라 한다)의 내용, 체계 및 취지 등에 비추어 보면 다음과 같은 이유로 중소기업창업법에 따른 사업계획승인의 경우 의제된 인허가만 취소 내지 철회함으로써 사업계획에 대한 승인의 효력은 유지하면서 해당 의제된 인허가의 효력만을 소멸시킬 수 있다(대법원 2018. 7. 12. 선고 2017두

48734 판결).

군수가 갑 주식회사에 구 중소기업창업 지원법(2017. 7. 26. 법률 제14839호로 개정되기 전의 것) 제35조에 따라 산지전용허가 등이 의제되는 사업계획을 승인하면서 산지전용허가와 관련하여 재해방지 등 명령을 이행하지 아니한 경우 산지전용허가를 취소할 수 있다는 조건을 첨부하였는데, 갑 회사가 재해방지 조치를 이행하지 않았다는 이유로 산지전용허가 취소를 통보하고, 이어 토지의 형질변경 허가 등이 취소되어 공장설립 등이 불가능하게 되었다는 이유로 갑 회사에 사업계획승인을 취소한 사안에서, 산지전용허가 취소는 군수가 의제된 산지전용허가의 효력을 소멸시킴으로써 갑 회사의 구체적인 권리·의무에 직접적인 변동을 초래하는 행위로 보이는 점 등을 종합하면 의제된 산지전용허가 취소가 항고소송의 대상이 되는 처분에 해당하고, 산지전용허가 취소에 따라 사업계획승인은 산지전용허가를 제외한 나머지 인허가 사항만 의제하는 것이 되므로 사업계획승인 취소는 산지전용허가를 제외한 나머지 인허가 사항만 의제된 사업계획승인을 취소하는 것이어서 산지전용허가 취소와 사업계획승인 취소가 대상과 범위를 달리하는 이상, 갑 회사로서는 사업계획승인 취소와 별도로 산지전용허가 취소를 다툴 필요가 있다(대법원 2018. 7. 12. 선고 2017두48734 판결),

○ 판례 012

구 항공법(2002. 2. 4. 선고 제6655호로 개정되기 전의 것) 제96조 제1항, 제3항은 건설교통부장관이 공항개발사업의 실시계획을 수립하거나 이를 승인하고자 하는 때에는 제1항 각호의 규정에 의한 관계 법령상 적합한지 여부에 관하여 소관행정기관의 장과 미리 협의하여야 하고, 건설교통부장관이 공항개발사업의 실시계획을 수립하거나 이를 승인한 때에는 제1항 각호의 승인 등을 받은 것으로 본다고 규정하면서, 제1항 제9호에서 "농지법 제36조 규정에 의한 농지전용의 허가 또는 협의"를 규정하고 있다.
 이러한 규정들의 문언, 내용, 형식에다가 인허가 의제 제도는 목적사업의 원활한 수행을 위해 창구를 단일화하여 행정절차를 간소화하는 데 입법 취지가 있고 목적사업이 관계 법령상 인허가의 실체적 요건을 충족하였는지에 관한 심사를 배제하려는 취지는 아닌 점 등을 아울러 고려하면, 공항개발사업 실시계획의 승인권자가 관계 행정청과 미리 협의한 사항에 한하여 그 승인처분을 할 때에 인허가 등이 의제된다고 보아야 한다(대법원 2018. 10. 25. 선고 2018두43095 판결).

○ 판례 013

[1] 개발제한구역의 지정 및 관리에 관한 특별조치법(이하 '개발제한구역법'이라 한다) 제30조 제1항에 의하여 행정청으로부터 시정명령을 받은 자가 이를 위반한 경우, 그로 인하여 개발제한구역법 제32조 제2호에 정한 처벌을 하기 위하여는 시정명령이 적법한 것이라야 하고, 시정명령이 당연무효가 아니더라도 위법한 것으로 인정되는 한 개발제한구역법 제32조 제2호 위반죄가 성립될 수 없다.

[2] 피고인 갑 주식회사의 대표이사 피고인 을이 개발제한구역 내에 무단으로 고철을 쌓아 놓은 행위 등에 대하여 관할관청으로부터 원상복구를 명하는 시정명령을 받고도 이행하지 아니하였다고 하여 개발제한구역의 지정 및 관리에 관한 특별조치법(이하 '개발제한구역법'이라 한다) 위반

으로 기소된 사안에서, 관할관청이 침해적 행정처분인 시정명령을 하면서 피고인 을에게 행정절차법 제21조, 제22조에 따른 적법한 사전통지를 하거나 의견제출 기회를 부여하지 않았고 이를 정당화할 사유도 없으므로 시정명령은 절차적 하자가 있어 위법하고, 시정명령이 당연무효가 아니더라도 위법한 것으로 인정되는 이상 피고인 을이 시정명령을 이행하지 아니하였더라도 피고인 을에 대하여 개발제한구역법 제32조 제2호 위반죄가 성립하지 아니함에도, 이와 달리 보아 피고인들에게 유죄를 인정한 원심판단에 행정행위의 공정력과 선결문제, 개발제한구역법 제32조의 시정명령위반죄에 관한 법리오해의 위법이 있다(대법원 2017. 9. 21. 선고 2017도7321 판결).

판례 014

[1] 가설건축물은 건축법상 '건축물'이 아니므로 건축허가나 건축신고 없이 설치할 수 있는 것이 원칙이지만 일정한 가설건축물에 대하여는 건축물에 준하여 위험을 통제하여야 할 필요가 있으므로 신고 대상으로 규율하고 있다. 이러한 신고제도의 취지에 비추어 보면, 가설건축물 존치기간을 연장하려는 건축주 등이 법령에 규정되어 있는 제반 서류와 요건을 갖추어 행정청에 연장신고를 한 때에는 행정청은 원칙적으로 이를 수리하여 신고필증을 교부하여야 하고, 법령에서 정한 요건 이외의 사유를 들어 수리를 거부할 수는 없다. 따라서 행정청으로서는 법령에서 요구하고 있지도 아니한 '대지사용승낙서' 등의 서류가 제출되지 아니하였거나, 대지소유권자의 사용승낙이 없다는 등의 사유를 들어 가설건축물 존치기간 연장신고의 수리를 거부하여서는 아니 된다.

[2] 건축법상의 이행강제금은 시정명령의 불이행이라는 과거의 위반행위에 대한 제재가 아니라, 의무자에게 시정명령을 받은 의무의 이행을 명하고 그 이행기간 안에 의무를 이행하지 않으면 이행강제금이 부과된다는 사실을 고지함으로써 의무자에게 심리적 압박을 주어 의무의 이행을 간접적으로 강제하는 행정상의 간접강제 수단에 해당한다. 이러한 이행강제금의 본질상 시정명령을 받은 의무자가 이행강제금이 부과되기 전에 그 의무를 이행한 경우에는 비록 시정명령에서 정한 기간을 지나서 이행한 경우라도 이행강제금을 부과할 수 없다.

나아가 시정명령을 받은 의무자가 그 시정명령의 취지에 부합하는 의무를 이행하기 위한 정당한 방법으로 행정청에 신청 또는 신고를 하였으나 행정청이 위법하게 이를 거부 또는 반려함으로써 결국 그 처분이 취소되기에 이르렀다면, 특별한 사정이 없는 한 그 시정명령의 불이행을 이유로 이행강제금을 부과할 수는 없다고 보는 것이 위와 같은 이행강제금 제도의 취지에 부합한다(대법원 2018. 1. 25. 선고 2015두35116 판결).

판례 015

영유아보육법 제30조 제5항 제3호에 따른 평가인증의 취소는 평가인증 당시에 존재하였던 하자가 아니라 그 이후에 새로이 발생한 사유로 평가인증의 효력을 소멸시키는 경우에 해당하므로, 법적 성격은 평가인증의 '철회'에 해당한다. 그런데 행정청이 평가인증을 철회하면서 그 효력을 철회의 효력발생일 이전으로 소급하게 하면, 철회 이전의 기간에 평가인증을 전제로 지급한 보조금 등의 지원이 그 근거를 상실하게 되어 이를 반환하여야 하는 법적 불이익이 발생한다. 이는 장래를 향하여 효력을 소멸시키는 철회가 예정한 법적 불이익의 범위를 벗어나는 것이다. 이처럼 행정청이 평가인증이 이루어진 이후에 새로이 발생한 사유를 들어 영유아보육법 제30조 제5항에 따라 평가인증을 철회하는 처분을 하면서도, 평가인증의 효력을 과거로 소급하여 상실시키기 위해서는, 특별한 사정이 없는 한 영유아보육법 제30조 제5항과는 별도의 법적 근거가 필요하다(대법원 2018. 6. 28. 선고 2015두58195 판결).

판례 016

구 영유아보육법(2015. 5. 18. 법률 제13321호로 개정되기 전의 것, 이하 같다) 제48조 제1항 제3호는 자격취소처분의 요건으로 어린이집 보육교사가 아동학대행위를 저지른 사실 자체만이 아니라, 아동학대행위를 저질러 아동복지법 제71조 제1항에 따른 '처벌'을 받은 경우를 규정하고 있다. 게다가 같은 법 제48조 제2항 단서는 보육교사가 제48조 제1항 제3호에 따라 자격취소처분을 받은 경우에는 그 취소일부터 10년간 보육교사 자격을 다시 교부받지 못하도록 함으로써 매우 엄격한 제재 효과를 규정하고 있다. 이처럼 기본권 제한의 정도가 강력한 제재적 처분의 근거 규정을 해석할 때는 엄격해석 원칙을 적용하여야 한다. 여기에 형사피고인은 유죄판결이 확정될 때까지는 무죄로 추정되는 것이 헌법의 대원칙이므로(헌법 제27조 제4항), 기소된 사실만으로 제재적 처분의 근거로 삼는 것은 쉽사리 받아들일 수 없다. 그렇다면 유죄의 확정판결도 없이 단순히 검사의 약식명령 청구가 있었다는 사정만으로 구 영유아보육법 제48조 제1항 제3호에서 정한 '아동복지법 제71조 제1항에 따른 처벌'에 해당한다고 볼 수 없음은 분명하고, 나아가 여기서 '처벌'은 과벌(科罰)에 해당하는 형의 선고가 있음을 당연한 전제로 한다고 새길 수 있으므로, 선고유예의 확정판결이 있었다는 사정만으로는 이러한 '처벌'에 해당한다고 볼 수도 없다(대법원 2018. 4. 26. 선고 2016두64371 판결).

판례 017

[1] 구 건축법(2014. 1. 14. 법률 제12246호로 개정되기 전의 것) 제2조 제1호, 구 건축법 시행령(2013. 11. 20. 대통령령 제24874호로 개정되기 전의 것) 제3조 제2항 제5호에 따르면, 건축행정청은 하나 이상의 필지의 일부를 하나의 대지로 삼아 건축공사를 완료한 후 사용승인을 신청할 때까지 토지분할절차를 완료할 것을 조건으로 건축허가를 할 수 있다(이하 '토지분할 조건부 건축허가'라고 한다).

이와 같은 토지분할 조건부 건축허가는, 건축허가 신청에 앞서 토지분할절차를 완료하도록 하는 대신, 건축허가 신청인의 편의를 위해 건축허가에 따라 우선 건축공사를 완료한 후 사용승인을 신청할 때까지 토지분할절차를 완료할 것을 허용하는 취지이다. 행정청이 객관적으로 처분상대방이 이행할 가능성이 없는 조건을 붙여 행정처분을 하는 것은 법치행정의 원칙상 허용될 수 없으므로, 건축행정청은 신청인의 건축계획상 하나의 대지로 삼으려고 하는 '하나 이상의 필지의 일부'가 관계 법령상 토지분할이 가능한 경우인지를 심사하여 토지분할이 관계 법령상 제한에 해당되어 명백히 불가능하다고 판단되는 경우에는 토지분할 조건부 건축허가를 거부하여야 한다. 다만 예외적으로 토지분할이 재량행위인 개발행위허가의 대상이 되는 경우, 개발행위에 해당하는 토지분할을 허가할지에 관한 처분권한은 개발행위허가 행정청에 있고, 토지분할 허가 가능성에 관한 건축행정청의 판단이 개발행위허가 행정청의 판단과 다를 여지도 있으므로, 건축행정청은 자신의 심사 결과 토지분할에 대한 개발행위허가를 받기 어렵다고 판단되는 경우에는 개발행위허가 행정청의 전문적인 판단을 먼저 받아보라는 의미에서 건축허가 신청인이 먼저 토지분할절차를 거쳐야 한다는 이유로 토지분할 조건부 건축허가를 거부할 수는 있다. 그러나 이러한 사유가 아니라면 건축행정청은 건축허가신청이 건축법 등 관계 법령에서 정하는 어떠한 제한에 해당되지 않는 이상 같은 법령에서 정하는 건축허가를 하여야 하고, 중대한 공익상의 필요가 없음에도 요건을 갖춘 자에 대한 허가를 관계 법령에서 정하는 제한사유 이외의 사유를 들어 거부할 수는 없다.

[2] 구 측량·수로조사 및 지적에 관한 법률(2014. 6. 3. 법률 제12738호 공간정보의 구축 및 관리 등에 관한 법률로 개정되기 전의 것) 제79조 제1항 및 그 위임에 따른 구 측량·수로조사 및 지적에 관한 법률 시행령(2014. 1. 17. 대통령령 제25104호로 개정되기 전의 것) 제65조 제1항, 구 건축법(2014. 1. 14. 법률 제12246호로 개정되기 전의 것) 제57조, 국토의 계획 및 이용에 관한 법률(이하 '국토계획법'이라 한다) 제56조 제1항 제4호 및 그 위임에 따른 국토의 계획 및 이용에 관한 법률 시행령 제51조 제1항 제5호의 체계와 내용을 종합하면, 지적소관청은 토지분할신청이 건축법령이나 국토계획법령 등 관계 법령에서 정하는 어떠한 제한에 해당되지 않는 이상 신청내용에 따라 토지분할 등록을 하여야 하고, 관계 법령에서 정하는 제한사유 이외의 사유를 들어 거부할 수는 없다(대법원 2018. 6. 28. 선고 2015두47737 판결).

판례 018

[1] 행정절차법 제12조 제1항 제3호, 제2항, 제11조 제4항 본문에 따르면, 당사자 등은 변호사를 대리인으로 선임할 수 있고, 대리인으로 선임된 변호사는 당사자 등을 위하여 행정절차에 관한 모든 행위를 할 수 있다고 규정되어 있다. 위와 같은 행정절차법령의 규정과 취지, 헌법상 법치국가원리와 적법절차원칙에 비추어 징계와 같은 불이익처분절차에서 징계심의대상자에게 변호사를 통한 방어권의 행사를 보장하는 것이 필요하고, 징계심의대상자가 선임한 변호사가 징계위원회에 출석하여 징계심의대상자를 위하여 필요한 의견을 진술하는 것은 방어권 행사의 본질적 내용에 해당하므로, 행정청은 특별한 사정이 없는 한 이를 거부할 수 없다.

[2] 행정절차법 제3조 제2항, 행정절차법 시행령 제2조 등 행정절차법령 관련 규정들의 내용을 행정의 공정성, 투명성 및 신뢰성을 확보하고 국민의 권익보호를 목적으로 하는 행정절차법의 입법 목적에 비추어 보면, 행정절차법의 적용이 제외되는 공무원 인사관계 법령에 의한 처분에 관한 사항이란 성질상 행정절차를 거치기 곤란하거나 불필요하다고 인정되는 처분이나 행정절차에 준하는 절차를 거치도록 하고 있는 처분에 관한 사항만을 말하는 것으로 보아야 한다. 이러한 법리는 '공무원 인사관계 법령에 의한 처분'에 해당하는 육군3사관학교 생도에 대한 퇴학처분에도 마찬가지로 적용된다. 그리고 행정절차법 시행령 제2조 제8호는 '학교·연수원 등에서 교육·훈련의 목적을 달성하기 위하여 학생·연수생들을 대상으로 하는 사항'을 행정절차법의 적용이 제외되는 경우로 규정하고 있으나, 이는 교육과정과 내용의 구체적 결정, 과제의 부과, 성적의 평가, 공식적 징계에 이르지 아니한 질책·훈계 등과 같이 교육·훈련의 목적을 직접 달성하기 위하여 행하는 사항을 말하는 것으로 보아야 하고, 생도에 대한 퇴학처분과 같이 신분을 박탈하는 징계처분은 여기에 해당한다고 볼 수 없다.

[3] 육군3사관학교의 사관생도에 대한 징계절차에서 징계심의대상자가 대리인으로 선임한 변호사

가 징계위원회 심의에 출석하여 진술하려고 하였음에도, 징계권자나 그 소속 직원이 변호사가 징계위원회의 심의에 출석하는 것을 막았다면 징계위원회 심의·의결의 절차적 정당성이 상실되어 그 징계의결에 따른 징계처분은 위법하여 원칙적으로 취소되어야 한다. 다만 징계심의대상자의 대리인이 관련된 행정절차나 소송절차에서 이미 실질적인 증거조사를 하고 의견을 진술하는 절차를 거쳐서 징계심의대상자의 방어권 행사에 실질적으로 지장이 초래되었다고 볼 수 없는 특별한 사정이 있는 경우에는, <u>징계권자가 징계심의대상자의 대리인에게 징계위원회에 출석하여 의견을 진술할 기회를 주지 아니하였더라도 그로 인하여 징계위원회 심의에 절차적 정당성이 상실되었다고 볼 수 없으므로 징계처분을 취소할 것은 아니다</u>(대법원 2018. 3. 13. 선고 2016두33339 판결).

판례 019

행정절차법 제23조 제1항은 "행정청은 처분을 할 때에는 다음 각호의 어느 하나에 해당하는 경우를 제외하고는 당사자에게 그 근거와 이유를 제시하여야 한다."라고 정하고 있다. 이는 행정청의 자의적 결정을 배제하고 당사자로 하여금 행정구제절차에서 적절히 대처할 수 있도록 하는 데 그 취지가 있다. 따라서 처분서에 기재된 내용, 관계 법령과 해당 처분에 이르기까지 전체적인 과정 등을 종합적으로 고려하여, 처분 당시 당사자가 어떠한 근거와 이유로 처분이 이루어진 것인지를 충분히 알 수 있어서 그에 불복하여 행정구제절차로 나아가는 데 별다른 지장이 없었던 것으로 인정되는 경우에는 처분서에 처분의 근거와 이유가 구체적으로 명시되어 있지 않았더라도 이를 처분을 취소하여야 할 절차상 하자로 볼 수 없다.

행정절차법 제19조 제1항은 "행정청은 신청인의 편의를 위하여 처분의 처리기간을 종류별로 미리 정하여 공표하여야 한다."라고 정하고 있다. 민원 처리에 관한 법률 제17조 제1항은 "행정기관의 장은 법정민원을 신속히 처리하기 위하여 행정기관에 법정민원의 신청이 접수된 때부터 처리가 완료될 때까지 소요되는 처리기간을 법정민원의 종류별로 미리 정하여 공표하여야 한다."라고 정하고 있고, 민원 처리에 관한 법률 시행령(이하 '민원처리법 시행령'이라 한다) 제23조 제1항은 "행정기관의 장은 민원이 접수된 날부터 30일이 지났으나 처리가 완료되지 아니한 경우 또는 민원인의 명시적인 요청이 있는 경우에는 그 처리진행상황과 처리완료 예정일 등을 적은 문서를 민원인에게 교부하거나 정보통신망 또는 우편 등의 방법으로 통지하여야 한다."라고 정하고 있다.

<u>처분이나 민원의 처리기간을 정하는 것은 신청에 따른 사무를 가능한 한 조속히 처리하도록 하기 위한 것이다. 처리기간에 관한 규정은 훈시규정에 불과할 뿐 강행규정이라고 볼 수 없다. 행정청이 처리기간이 지나 처분을 하였더라도 이를 처분을 취소할 절차상 하자로 볼 수 없다. 민원처리법 시행령 제23조에 따른 민원처리진행상황 통지도 민원인의 편의를 위한 부가적인 제도일 뿐, 그 통지를 하지 않았더라도 이를 처분을 취소할 절차상 하자로 볼 수 없다</u>(대법원 2019. 12. 13. 선고 2018두41907 판결).

○ 판례 020

공정거래위원회가 비등기 임원이 위반행위에 직접 관여한 경우도 독점규제 및 공정거래에 관한 법률 시행령 [별표 2] 제2호 (다)목, 제3호에 근거한 구 과징금부과 세부기준 등에 관한 고시 (2012. 3. 28. 공정거래위원회 고시 제2012-6호로 개정된 것) IV. 3. 나. (5)항의 적용대상이라고 보아 과징금을 가중하였더라도, 비등기 임원의 실질적 지위가 일반 직원과 마찬가지라는 등의 특별한 사정이 없는 한, 이를 두고 곧바로 재량권을 일탈·남용하여 위법하다고 볼 수는 없다 (대법원 2018. 12. 27. 선고 2015두44028 판결).

○ 판례 021

[1] 교과용도서에 관한 규정 제33조 제2항의 문언 내용과 개정 연혁, 입법 취지 등에 비추어 보면, 위 조항에서 정한 '각호의 사유로 검정도서와 인정도서의 가격이 부당하게 결정될 우려가 있다'는 이유로 가격 조정 명령을 하기 위해서는, 해당 교과용 도서가 위 조항 각호의 사유에 해당함은 물론 그와 같은 사정 등으로 인하여 '가격이 부당하게 결정될 우려'가 있음이 별도로 인정되어야 한다. 이때 가격 조정 명령 대상 교과용 도서에 대하여 위 조항 각호의 사유가 인정된다고 하여, 곧바로 '그 교과용 도서의 가격이 부당하게 결정될 우려'가 추정되는 관계로 볼 수는 없다. 그 이유는 다음과 같다.

① 가격이 부당하게 결정될 우려가 있는지 여부는 검·인정도서 출판사의 과다한 이득과 이로 인한 수요자의 경제적 부담 증가 등을 종합적으로 고려하여 판단하여야 한다. 위 조항 각호가 정한 사유가 있다고 하여 항상 출판사가 과다한 이득을 얻는다거나 그로 인하여 수요자의 경제적 부담이 증가한다고 단정하기 어렵다.

② 위 조항 각호의 사유와 출판사가 실제로 결정한 가격 또는 희망하는 가격 사이의 상관관계가 명확하다고 보기 어렵다. 위 조항 각호의 사유가 있음에도 불구하고 출판사가 결정한 가격 또는 희망하는 가격 자체는 객관적으로 보아 부당한 가격이 아닐 수 있다.

[2] 행정청이 처분을 할 때에는 원칙적으로 당사자에게 그 근거와 이유를 제시하여야 한다(행정절차법 제23조 제1항). 이 경우 행정청은 처분의 원인이 되는 사실과 근거가 되는 법령 또는 자치법규의 내용을 구체적으로 명시하여야 한다(행정절차법 시행령 제14조의2).

다만 행정청의 자의적 결정을 배제하고 당사자로 하여금 행정구제절차에서 적절히 대처할 수 있도록 하는 처분의 근거 및 이유제시 제도의 취지에 비추어, 처분을 하면서 당사자가 그 근거를 알 수 있을 정도로 이유를 제시한 경우에는 처분의 근거와 이유를 구체적으로 명시하지 않았더라도 그로 말미암아 그 처분이 위법하다고 볼 수는 없다. 이때 '이유를 제시한 경우'는 처분서에 기재된 내용과 관계 법령 및 당해 처분에 이르기까지의 전체적인 과정 등을 종합적으로 고려하여, 처분 당시 당사자가 어떠한 근거와 이유로 처분이 이루어진 것인지를 충분히 알 수 있어서 그에 불복하여 행정구제절차로 나아가는 데 별다른 지장이 없었다고 인정되는 경우를 뜻한다(대법원 2019. 1. 31. 선고 2016두64975 판결).

◦판례 022

갑이 외교부장관에게 한·일 군사정보보호협정 및 한·일 상호군수지원협정과 관련하여 각종 회의자료 및 회의록 등의 정보에 대한 공개를 청구하였으나, 외교부장관이 공개 청구 정보 중 일부를 제외한 나머지 정보들에 대하여 비공개 결정을 한 사안에서, 위 정보는 구 공공기관의 정보공개에 관한 법률 제9조 제1항 제2호, 제5호에 정한 비공개대상정보에 해당하고, 공개가 가능한 부분과 공개가 불가능한 부분을 쉽게 분리하는 것이 불가능하여 같은 법 제14조에 따른 부분공개도 가능하지 않다(대법원 2019. 1. 17. 선고 2015두46512 판결).

◦판례 023

[1] 구 공공기관의 정보공개에 관한 법률(2013. 8. 6. 법률 제11991호로 개정되기 전의 것, 이하 '정보공개법'이라 한다) 제10조 제1항 제2호는 정보의 공개를 청구하는 자는 정보공개청구서에 '공개를 청구하는 정보의 내용' 등을 기재하도록 규정하고 있다. 청구인이 이에 따라 청구대상정보를 기재할 때에는 사회일반인의 관점에서 청구대상정보의 내용과 범위를 확정할 수 있을 정도로 특정하여야 한다. 또한 정보비공개결정의 취소를 구하는 사건에서, 청구인이 공개를 청구한 정보의 내용 중 너무 포괄적이거나 막연하여 사회일반인의 관점에서 그 내용과 범위를 확정할 수 있을 정도로 특정되었다고 볼 수 없는 부분이 포함되어 있다면, 이를 심리하는 법원으로서는 마땅히 정보공개법 제20조 제2항의 규정에 따라 공공기관에 그가 보유·관리하고 있는 청구대상정보를 제출하도록 하여, 이를 비공개로 열람·심사하는 등의 방법으로 청구대상정보의 내용과 범위를 특정시켜야 한다.

[2] 구 공공기관의 정보공개에 관한 법률(2013. 8. 6. 법률 제11991호로 개정되기 전의 것, 이하 '정보공개법'이라 한다) 제13조 제4항은 공공기관이 정보를 비공개하는 결정을 한 때에는 비공개이유를 구체적으로 명시하여 청구인에게 그 사실을 통지하여야 한다고 규정하고 있다. 정보공개법 제1조, 제3조, 제6조는 국민의 알 권리를 보장하고 국정에 대한 국민의 참여와 국정운영의 투명성을 확보하기 위하여 공공기관이 보유·관리하는 정보를 모든 국민에게 원칙적으로 공개하도록 하고 있다. 그러므로 국민으로부터 보유·관리하는 정보에 대한 공개를 요구받은 공공기관으로서는, 정보공개법 제9조 제1항 각호에서 정하고 있는 비공개사유에 해당하지 않는 한 이를 공개하여야 한다. 이를 거부하는 경우라 할지라도, 대상이 된 정보의 내용을 구체적으로 확인·검토하여, 어느 부분이 어떠한 법익 또는 기본권과 충돌되어 정보공개법 제9조 제1항 몇 호에서 정하고 있는 비공개사유에 해당하는지를 주장·증명하여야만 하고, 그에 이르지 아니한 채 개괄적인 사유만을 들어 공개를 거부하는 것은 허용되지 아니한다.

[3] 구 공공기관의 정보공개에 관한 법률(2013. 8. 6. 법률 제11991호로 개정되기 전의 것, 이하 '정보공개법'이라 한다)은 공공기관이 보유·관리하는 정보에 대한 국민의 공개청구 및 공공기관의 공개의무에 관하여 필요한 사항을 정함으로써 국민의 알 권리를 보장하고 국정에 대한 국민의 참여와 국정운영의 투명성을 확보함을 목적으로 한다. 이에 따라 공공기관이 보유·관리하는 모든 정보를 원칙적 공개대상으로 하면서, 다만 사업체인 법인 등의 사업활동에 관한 비밀의 유출을 방지하여 정당한 이익을 보호하고자 하는 취지에서, 정보공개법 제9조 제1항 제7호로 '법인·단체 또는 개인의 경영·영업상 비밀로서 공개될 경우 법인 등의 정당한 이익을 현저히 해할 우려가 있다고 인정되는 정보'를 비공개대상정보로 규정하고 있다. 이와 같은 정보공개법의 입법

목적 등을 고려하여 보면, 정보공개법 제9조 제1항 제7호에서 정한 '법인 등의 경영·영업상 비밀'은 '타인에게 알려지지 아니함이 유리한 사업활동에 관한 일체의 정보' 또는 '사업활동에 관한 일체의 비밀사항'을 의미하는 것이고, 그 공개 여부는 공개를 거부할 만한 정당한 이익이 있는지에 따라 결정되어야 한다. 이러한 정당한 이익이 있는지는 정보공개법의 입법 취지에 비추어 이를 엄격하게 판단하여야 한다(대법원 2018. 4. 12. 선고 2014두5477 판결).

판례 024

이동통신요금원가관련자료-->비공개대상이 아님(대법원 2019. 9. 26. 선고 2014두15047 판결)

판례 025

외국 또는 외국 기관으로부터 비공개를 전제로 정보를 입수하였다는 이유만으로 이를 공개할 경우 업무의 공정한 수행에 현저한 지장을 받을 것이라고 단정할 수는 없다. 다만 위와 같은 사정은 정보 제공자와의 관계, 정보 제공자의 의사, 정보의 취득 경위, 정보의 내용 등과 함께 업무의 공정한 수행에 현저한 지장이 있는지를 판단할 때 고려하여야 할 형량 요소이다(대법원 2018. 9. 28. 선고 2017두69892 판결).

판례 026

갑 등이 인터넷 포털사이트 등의 개인정보 유출사고로 자신들의 주민등록번호 등 개인정보가 불법 유출되자 이를 이유로 관할 구청장에게 주민등록번호를 변경해 줄 것을 신청하였으나 구청장이 '주민등록번호가 불법 유출된 경우 주민등록법상 변경이 허용되지 않는다'는 이유로 주민등록번호 변경을 거부하는 취지의 통지를 한 사안에서, 피해자의 의사와 무관하게 주민등록번호가 불법 유출된 경우 개인의 사생활뿐만 아니라 생명·신체에 대한 위해나 재산에 대한 피해를 입을 우려가 있고, 실제 유출된 주민등록번호가 다른 개인정보와 연계되어 각종 광고 마케팅에 이용되거나 사기, 보이스피싱 등의 범죄에 악용되는 등 사회적으로 많은 피해가 발생하고 있는 것이 현실인 점, 반면 주민등록번호가 유출된 경우 그로 인하여 이미 발생하였거나 발생할 수 있는 피해 등을 최소화할 수 있는 충분한 권리구제방법을 찾기 어려운데도 구 주민등록법(2016. 5. 29. 법률 제14191호로 개정되기 전의 것)에서는 주민등록번호 변경에 관한 아무런 규정을 두고 있지 않은 점, 주민등록법령상 주민등록번호 변경에 관한 규정이 없다거나 주민등록번호 변경에 따른 사회적 혼란 등을 이유로 위와 같은 불이익을 피해자가 부득이한 것으로 받아들여야 한다고 보는 것은 피해자의 개인정보자기결정권 등 국민의 기본권 보장의 측면에서 타당하지 않은 점, 주민등록번호를 관리하는 국가로서는 주민등록번호가 유출된 경우 그로 인한 피해가 최소화되도록 제도를 정비하고 보완해야 할 의무가 있으며, 일률적으로 주민등록번호를 변경할 수 없도록 할 것이 아니라 만약 주민등록번호 변경이 필요한 경우가 있다면 그 변경에 관한 규정을 두어서 이를 허용해야 하는 점 등을 종합하면, 피해자의 의사와 무관하게 주민등록번호가 유출된 경우에는 조리상 주민등록번호의 변경을 요구할 신청권을 인정함이 타당하고, 구청장의 주민등록번호 변경신청 거부행위는 항고소송의 대상이 되는 행정처분에 해당한다(대법원 2017. 6. 15. 선고 2013두2945 판결).

○ 판례 027

수출입물품 통관검사절차에서 이루어지는 물품의 개봉, 시료채취, 성분분석 등의 검사는 수출입물품에 대한 적정한 통관 등을 목적으로 조사를 하는 것으로서 이를 수사기관의 강제처분이라고 할 수 없으므로, 세관공무원은 압수·수색영장 없이 이러한 검사를 진행할 수 있다. 세관공무원이 통관검사를 위하여 직무상 소지하거나 보관하는 물품을 수사기관에 임의로 제출한 경우에는 비록 소유자의 동의를 받지 않았더라도 수사기관이 강제로 점유를 취득하지 않은 이상 해당 물품을 압수하였다고 할 수 없다. 그러나 마약류 불법거래 방지에 관한 특례법 제4조 제1항에 따른 조치의 일환으로 특정한 수출입물품을 개봉하여 검사하고 그 내용물의 점유를 취득한 행위는 위에서 본 수출입물품에 대한 적정한 통관 등을 목적으로 조사를 하는 경우와는 달리, 범죄수사인 압수 또는 수색에 해당하여 사전 또는 사후에 영장을 받아야 한다(대법원 2017. 7. 18. 선고 2014도8719 판결).

○ 판례 028

강제퇴거명령을 받은 자를 즉시 대한민국 밖으로 송환할 수 없는 때에, 송환시까지 보호시설보호(출입국관리법 제63조 제1항)--)과잉금지원칙에 반하지 않고 신체자유침해 하지 않음. 적법절차 원칙에 위배 안 함(헌재결 07헌가29)

○ 판례 029

일제강점기에 강제동원되어 기간 군수사업체인 일본제철 주식회사에서 강제노동에 종사한 갑 등이 위 회사가 해산된 후 새로이 설립된 신일철주금 주식회사(이하 '신일철주금'이라 한다)를 상대로 위자료 지급을 구한 사안에서, 갑 등의 손해배상청구권은, 일본 정부의 한반도에 대한 불법적인 식민지배 및 침략전쟁의 수행과 직결된 일본 기업의 반인도적인 불법행위를 전제로 하는 강제동원 피해자의 일본 기업에 대한 위자료청구권(이하 '강제동원 위자료청구권'이라 한다)인 점, '대한민국과 일본국 간의 재산 및 청구권에 관한 문제의 해결과 경제협력에 관한 협정'(조약 제172호, 이하 '청구권협정'이라 한다)의 체결 경과와 전후 사정들에 의하면, 청구권협정은 일본의 불법적 식민지배에 대한 배상을 청구하기 위한 협상이 아니라 기본적으로 샌프란시스코 조약 제4조에 근거하여 한일 양국 간의 재정적·민사적 채권·채무관계를 정치적 합의에 의하여 해결하기 위한 것이었다고 보이는 점, 청구권협정 제1조에 따라 일본 정부가 대한민국 정부에 지급한 경제협력자금이 제2조에 의한 권리문제의 해결과 법적인 대가관계가 있다고 볼 수 있는지도 분명하지 아니한 점, 청구권협정의 협상 과정에서 일본 정부는 식민지배의 불법성을 인정하지 않은 채 강제동원 피해의 법적 배상을 원천적으로 부인하였고, 이에 따라 한일 양국의 정부는 일제의 한반도 지배의 성격에 관하여 합의에 이르지 못하였는데, 이러한 상황에서 강제동원 위자료청구권이 청구권협정의 적용대상에 포함되었다고 보기는 어려운 점 등에 비추어, 갑 등이 주장하는 신일철주금에 대한 손해배상청구권은 청구권협정의 적용대상에 포함되지 않는다(대법원 2018. 10. 30. 선고 2013다61381 전원합의체 판결).--)일제강점기에 강제동원되어 기간 군수사업체인 일본제철 주식회사에서 강제노동에 종사한 갑 등이 위 회사가 해산된 후 새로이 설립된 신일철주금 주식회사를 상대로 위자료 지급을 구한 사안에서, 갑 등이 주장하는 손해배상청구권은 '대한민국과 일본국 간의 재산 및 청구권에 관한 문제의 해결과 경제협력에 관한 협정'의 적용대상에 포함되지 않는다.

○ 판례 030

공익사업을 위한 토지 등의 취득 및 보상에 관한 법률 제29조 제3항에 따른 협의 성립의 확인 신청에 필요한 동의의 주체인 토지소유자는 협의 대상이 되는 '토지의 진정한 소유자'를 의미하는지 여부(적극) / 사업시행자가 진정한 토지소유자의 동의를 받지 못한 채 등기부상 소유명의자의 동의만을 얻은 후 관련 사항에 대한 공증을 받아 위 제29조 제3항에 따라 협의 성립의 확인을 신청하였으나 토지수용위원회가 신청을 수리한 경우, 수리 행위가 위법한지 여부(원칙적 적극) / 이와 같은 동의에 흠결이 있는 경우 진정한 토지소유자 확정에서 사업시행자의 과실 유무를 불문하고 수리 행위가 위법한지 여부(적극) 및 이때 진정한 토지소유자가 수리 행위의 위법함을 이유로 항고소송으로 취소를 구할 수 있는지 여부(적극)

공익사업을 위한 토지 등의 취득 및 보상에 관한 법률(이하 '토지보상법'이라 한다) 제29조에서 정한 협의 성립 확인제도는 수용과 손실보상을 신속하게 실현시키기 위하여 도입되었다. 토지보상법 제29조는 이를 위한 전제조건으로 협의 성립의 확인을 신청하기 위해서는 협의취득 내지 보상협의가 성립한 데에서 더 나아가 확인 신청에 대하여도 토지소유자 등이 동의할 것을 추가적 요건으로 정하고 있다. 특히 토지보상법 제29조 제3항은, 공증을 받아 협의 성립의 확인을 신청하는 경우에 공증에 의하여 협의 당사자의 자발적 합의를 전제로 한 협의의 진정 성립이 객관적으로 인정되었다고 보아, 토지보상법상 재결절차에 따르는 공고 및 열람, 토지소유자 등의 의견진술 등의 절차 없이 관할 토지수용위원회의 수리만으로 협의 성립이 확인된 것으로 간주함으로써, 사업시행자의 원활한 공익사업 수행, 토지수용위원회의 업무 간소화, 토지소유자 등의 간편하고 신속한 이익실현을 도모하고 있다.

한편 토지보상법상 수용은 일정한 요건하에 그 소유권을 사업시행자에게 귀속시키는 행정처분으로서 이로 인한 효과는 소유자가 누구인지와 무관하게 사업시행자가 그 소유권을 취득하게 하는 원시취득이다. 반면, <u>토지보상법상 '협의취득'의 성격은 사법상 매매계약이므로 그 이행으로 인한 사업시행자의 소유권 취득도 승계취득</u>이다. 그런데 토지보상법 제29조 제3항에 따른 신청이 수리됨으로써 협의 성립의 확인이 있었던 것으로 간주되면, 토지보상법 제29조 제4항에 따라 그에 관한 재결이 있었던 것으로 재차 의제되고, 그에 따라 사업시행자는 사법상 매매의 효력만을 갖는 협의취득과는 달리 확인대상 토지를 수용재결의 경우와 동일하게 원시취득하는 효과를 누리게 된다.

이처럼 간이한 절차만을 거치는 협의 성립의 확인에, 원시취득의 강력한 효력을 부여함과 동시에 사법상 매매계약과 달리 협의 당사자들이 사후적으로 그 성립과 내용을 다툴 수 없게 한 법적 정당성의 원천은 사업시행자와 토지소유자 등이 진정한 합의를 하였다는 데에 있다. 여기에 공증에 의한 협의 성립 확인 제도의 체계와 입법 취지, 그 요건 및 효과까지 보태어 보면, 토지보상법 제29조 제3항에 따른 협의 성립의 확인 신청에 필요한 동의의 주체인 토지소유자는 협의 대상이 되는 '토지의 진정한 소유자'를 의미한다. 따라서 <u>사업시행자가 진정한 토지소유자의 동의를 받지 못한 채 단순히 등기부상 소유명의자의 동의만을 얻은 후 관련 사항에 대한 공증을 받아 토지보상법 제29조 제3항에 따라 협의 성립의 확인을 신청하였음에도 토지수용위원회가 신청을 수리하였다면, 수리 행위는 다른 특별한 사정이 없는 한 토지보상법이 정한 소유자의 동의 요건을 갖추지 못한 것으로서 위법하다. 진정한 토지소유자의 동의가 없었던 이상, 진정한 토지소유자를 확정하는 데 사업시행자의 과실이 있었는지 여부와 무관하게 그 동의의 흠결은 위 수리 행위의 위법 사유가 된다. 이에 따라 진정한 토지소유자는 수리 행위가 위법함을 주장하여 항고소송으로 취소를 구할 수 있다</u>(대법원 2018. 12. 13. 선고 2016두51719 판결).

◦ 판례 031

[1] 사업시행자가 동일한 토지소유자에 속하는 일단의 토지 일부를 취득함으로 인하여 잔여지의 가격이 감소하거나 그 밖의 손실이 있을 때 등에는 잔여지를 종래의 목적으로 사용하는 것이 가능한 경우라도 잔여지 손실보상의 대상이 되며, 잔여지를 종래의 목적에 사용하는 것이 불가능하거나 현저히 곤란한 경우이어야만 잔여지 손실보상청구를 할 수 있는 것이 아니다. 마찬가지로 잔여 영업시설 손실보상의 요건인 "공익사업에 영업시설의 일부가 편입됨으로 인하여 잔여시설에 그 시설을 새로이 설치하거나 잔여시설을 보수하지 아니하고는 그 영업을 계속할 수 없는 경우"란 잔여 영업시설에 시설을 새로이 설치하거나 잔여 영업시설을 보수하지 아니하고는 그 영업이 전부 불가능하거나 곤란하게 되는 경우만을 의미하는 것이 아니라, 공익사업에 영업시설 일부가 편입됨으로써 잔여 영업시설의 운영에 일정한 지장이 초래되고, 이에 따라 종전처럼 정상적인 영업을 계속하기 위해서는 잔여 영업시설에 시설을 새로 설치하거나 잔여 영업시설을 보수할 필요가 있는 경우도 포함된다고 해석함이 타당하다.

[2] 구 공익사업을 위한 토지 등의 취득 및 보상에 관한 법률(2013. 3. 23. 법률 제11690호로 개정되기 전의 것, 이하 '토지보상법'이라 한다) 제26조, 제28조, 제30조, 제34조, 제50조, 제61조, 제83조 내지 제85조의 규정 내용과 입법 취지 등을 종합하면, 공익사업에 영업시설 일부가 편입됨으로 인하여 잔여 영업시설에 손실을 입은 자가 사업시행자로부터 구 공익사업을 위한 토지 등의 취득 및 보상에 관한 법률 시행규칙(2014. 10. 22. 국토교통부령 제131호로 개정되기 전의 것) 제47조 제3항에 따라 잔여 영업시설의 손실에 대한 보상을 받기 위해서는, 토지보상법 제34조, 제50조 등에 규정된 재결절차를 거친 다음 그 재결에 대하여 불복이 있는 때에 비로소 토지보상법 제83조 내지 제85조에 따라 권리구제를 받을 수 있을 뿐이다. 이러한 재결절차를 거치지 않은 채 곧바로 사업시행자를 상대로 손실보상을 청구하는 것은 허용되지 않는다.

재결절차를 거쳤는지 여부는 보상항목별로 판단하여야 한다. 피보상자별로 어떤 토지, 물건, 권리 또는 영업이 손실보상대상에 해당하는지, 나아가 보상금액이 얼마인지를 심리·판단하는 기초 단위를 보상항목이라고 한다. 편입토지·물건 보상, 지장물 보상, 잔여 토지·건축물 손실보상 또는 수용청구의 경우에는 원칙적으로 개별물건별로 하나의 보상항목이 되지만, 잔여 영업시설 손실보상을 포함하는 영업손실보상의 경우에는 '전체적으로 단일한 시설 일체로서의 영업' 자체가 보상항목이 되고, 세부 영업시설이나 영업이익, 휴업기간 등은 영업손실보상금 산정에서 고려하는 요소에 불과하다. 그렇다면 영업의 단일성·동일성이 인정되는 범위에서 보상금 산정의 세부요소를 추가로 주장하는 것은 하나의 보상항목 내에서 허용되는 공격방법일 뿐이므로, 별도로 재결절차를 거쳐야 하는 것은 아니다.

[3] 어떤 보상항목이 공익사업을 위한 토지 등의 취득 및 보상에 관한 법령상 손실보상대상에 해당함에도 관할 토지수용위원회가 사실을 오인하거나 법리를 오해함으로써 손실보상대상에 해당하지 않는다고 잘못된 내용의 재결을 한 경우에는, 피보상자는 관할 토지수용위원회를 상대로 그 재결에 대한 취소소송을 제기할 것이 아니라, 사업시행자를 상대로 구 공익사업을 위한 토지 등의 취득 및 보상에 관한 법률(2013. 3. 23. 법률 제11690호로 개정되기 전의 것) 제85조 제2항에 따른 보상금증감소송을 제기하여야 한다(대법원 2018. 7. 20. 선고 2015두4044 판결).

판례 032

하나의 재결에서 피보상자별로 여러 가지의 토지, 물건, 권리 또는 영업(이처럼 손실보상 대상에 해당하는지, 나아가 그 보상금액이 얼마인지를 심리·판단하는 기초 단위를 이하 '보상항목'이라고 한다)의 손실에 관하여 심리·판단이 이루어졌을 때, 피보상자 또는 사업시행자가 반드시 재결 전부에 관하여 불복하여야 하는 것은 아니며, 여러 보상항목들 중 일부에 관해서만 불복하는 경우에는 그 부분에 관해서만 개별적으로 불복의 사유를 주장하여 행정소송을 제기할 수 있다. 이러한 보상금 증감 소송에서 법원의 심판범위는 하나의 재결 내에서 소송당사자가 구체적으로 불복신청을 한 보상항목들로 제한된다.

법원이 구체적인 불복신청이 있는 보상항목들에 관해서 감정을 실시하는 등 심리한 결과, 재결에서 정한 보상금액이 일부 보상항목의 경우 과소하고 다른 보상항목의 경우 과다한 것으로 판명되었다면, 법원은 보상항목 상호 간의 유용을 허용하여 항목별로 과다 부분과 과소 부분을 합산하여 보상금의 합계액을 정당한 보상금으로 결정할 수 있다(대법원 2018. 5. 15. 선고 2017두41221 판결).

판례 033

건물에 대한 환매권 불인정--〉자의적X, 정단한 입법목적 벗어난 것X(헌재결 04헌가10)

판례 034

국민권익위원회가 소방청장에게 인사와 관련하여 부당한 지시를 한 사실이 인정된다며 이를 취소할 것을 요구하기로 의결하고 그 내용을 통지하자 소방청장이 국민권익위원회 조치요구의 취소를 구하는 소송을 제기한 사안에서, 행정기관인 국민권익위원회가 행정기관의 장에게 일정한 의무를 부과하는 내용의 조치요구를 한 것에 대하여 그 조치요구의 상대방인 행정기관의 장이 다투고자 할 경우에 법률에서 행정기관 사이의 기관소송을 허용하는 규정을 두고 있지 않으므로 이러한 조치요구를 이행할 의무를 부담하는 행정기관의 장으로서는 기관소송으로 조치요구를 다툴 수 없고, 위 조치요구에 관하여 정부 조직 내에서 그 처분의 당부에 대한 심사·조정을 할 수 있는 다른 방도도 없으며, 국민권익위원회는 헌법 제111조 제1항 제4호에서 정한 '헌법에 의하여 설치된 국가기관'이라고 할 수 없으므로 그에 관한 권한쟁의심판도 할 수 없고, 별도의 법인격이 인정되는 국가기관이 아닌 소방청장은 질서위반행위규제법에 따른 구제를 받을 수도 없는 점, 부패방지 및 국민권익위원회의 설치와 운영에 관한 법률은 소방청장에게 국민권익위원회의 조치요구에 따라야 할 의무를 부담시키는 외에 별도로 그 의무를 이행하지 않을 경우 과태료나 형사처벌까지 정하고 있으므로 위와 같은 조치요구에 불복하고자 하는 '소속기관 등의 장'에게는 조치요구를 다툴 수 있는 소송상의 지위를 인정할 필요가 있는 점에 비추어, 처분성이 인정되는 국민권익위원회의 조치요구에 불복하고자 하는 소방청장으로서는 조치요구의 취소를 구하는 항고소송을 제기하는 것이 유효·적절한 수단으로 볼 수 있으므로 소방청장은 예외적으로 당사자능력과 원고적격을 가진다(대법원 2018. 8. 1. 선고 2014두35379 판결).

◦ 판례 035

[1] 일반적으로 면허나 인허가 등의 수익적 행정처분의 근거가 되는 법률이 해당 업자들 사이의 과당경쟁으로 인한 경영의 불합리를 방지하는 것도 목적으로 하고 있는 경우, 다른 업자에 대한 면허나 인허가 등의 수익적 행정처분에 대하여 미리 같은 종류의 면허나 인허가 등의 수익적 행정처분을 받아 영업을 하고 있는 기존의 업자는 경업자에 대하여 이루어진 면허나 인허가 등 행정처분의 상대방이 아니라 하더라도 당해 행정처분의 취소를 구할 당사자적격이 있다.

[2] 한정면허를 받은 시외버스운송사업자라고 하더라도 다 같이 운행계통을 정하고 여객을 운송하는 노선여객자동차운송사업을 한다는 점에서 일반면허를 받은 시외버스운송사업자와 본질적인 차이가 없으므로, 일반면허를 받은 시외버스운송사업자에 대한 사업계획변경 인가처분으로 인하여 기존에 한정면허를 받은 시외버스운송사업자의 노선 및 운행계통과 일반면허를 받은 시외버스운송사업자의 그것이 일부 중복되게 되고 기존업자의 수익감소가 예상된다면, 기존의 한정면허를 받은 시외버스운송사업자와 일반면허를 받은 시외버스운송사업자는 경업관계에 있는 것으로 보는 것이 타당하고, 따라서 기존의 한정면허를 받은 시외버스운송사업자는 일반면허 시외버스운송사업자에 대한 사업계획변경인가처분의 취소를 구할 법률상의 이익이 있다.

[3] 구 여객자동차 운수사업법(2013. 8. 6. 법률 제12020호로 개정되기 전의 것) 제3조, 제4조, 제10조, 제75조, 구 여객자동차 운수사업법 시행령(2014. 7. 28. 대통령령 제25525호로 개정되기 전의 것) 제3조, 제37조, 구 여객자동차 운수사업법 시행규칙(2013. 11. 7. 국토교통부령 제35호로 개정되기 전의 것) 제8조 제5항 등 관계 법령의 규정을 종합하면, 시외버스운송사업은 고속형, 직행형, 일반형 등으로 구분되는데, 고속형 시외버스운송사업과 직행형 시외버스운송사업은 사용버스의 종류, 운행거리, 운행구간, 중간정차 여부 등에 의하여 구분된다. 나아가 고속형 시외버스운송사업의 면허에 관한 권한과 운행시간·영업소·정류소 및 운송부대시설의 변경을 넘는 사업계획변경인가에 관한 권한은 국토해양부장관에게 유보되어 있는 반면, 고속형 시외버스운송사업을 제외한 나머지 시외버스운송사업의 면허 및 사업계획변경인가에 관한 권한은 모두 시·도지사에게 위임되어 있다.

따라서 개별 시·도지사가 관할 지역의 운송업체에 대하여 직행형 시외버스운송사업의 면허를 부여한 후 사실상 고속형 시외버스운송사업에 해당하는 운송사업을 할 수 있도록 사업계획변경을 인가하는 것은 시·도지사의 권한을 넘은 위법한 처분에 해당한다.

또한 이러한 위법한 인가처분이 존속하게 된 결과, 사실상 고속형 시외버스운송사업을 하고 있게 된 직행형 시외버스운송사업자에 대하여 그러한 위법상태의 일부라도 유지하는 내용의 새로운 사업계획변경을 재차 인가하는 시·도지사의 처분은 원칙적으로 권한을 넘는 위법한 처분으로 봄이 타당하다. 그 이유는, 시·도지사에 의하여 권한 없이 발령되었으나 당연무효로 보기는 어려운 위법한 수익적 처분에 대하여 직권 취소가 제한되거나 쟁송취소가 이루어지지 못함으로써 그 처분이 단순히 유지되는 것은 불가피한 것이지만, 시·도지사가 이에 그치지 않고 더 나아가 이러한 변경인가 처분을 하는 것은, 당초부터 처분권한이 없던 시·도지사가 위법한 종전 처분이 유지되고 있음을 기화로 그 내용을 적극적으로 바꾸어 새로운 위법상태를 형성하는 것이기 때문이다. 나아가 이러한 변경인가 처분은 전체적 관점에서 각 노선별 교통수요 등을 예측하여 이루어지는 것이어서 내용상 불가분적으로 연결되어 있다고 볼 수 있으므로, 이는 전체적으로 위법하다고 볼 수 있다(대법원 2018. 4. 26. 선고 2015두53824 판결).

판례 036

[1] 대학의 장 임용에 관하여 교육부장관의 임용제청권을 인정한 취지 / 교육부장관이 대학에서 추천한 복수의 총장 후보자들 전부 또는 일부를 임용제청에서 제외하는 행위가 항고소송의 대상이 되는 처분에 해당하는지 여부(적극) / 교육부장관이 특정 후보자를 임용제청에서 제외하고 다른 후보자를 임용제청함으로써 대통령이 임용제청된 다른 후보자를 총장으로 임용한 경우, 임용제청에서 제외된 후보자가 행정소송으로 다툴 처분(=대통령의 임용 제외처분)

[2] 대학총장 임용에 관하여 임용권자에게 광범위한 재량이 주어져 있는지 여부(적극) 및 대학에서 추천한 후보자를 총장 임용제청이나 총장 임용에서 제외하는 결정이 대학의 장에 관한 자격을 정한 관련 법령 규정에 어긋나지 않고 사회통념에 비추어 불합리하다고 볼 수 없는 경우, 이를 위법하다고 판단할 수 있는지 여부(소극)

[3] 교육부장관이 부적격사유가 없는 후보자들 사이에서 어떤 후보자를 상대적으로 총장 임용에 더 적합하다고 판단하여 임용제청하는 경우, 임용제청 행위 자체로서 행정절차법상 이유제시의무를 다한 것인지 여부(적극) 및 여기에서 나아가 교육부장관에게 개별 심사항목이나 고려요소에 대한 평가 결과를 자세히 밝힐 의무가 있는지 여부(소극)

[4] 행정청의 전문적인 정성적 평가 결과는 특별한 사정이 없는 한 가급적 존중되어야 하는지 여부(적극) 및 재량권을 일탈·남용한 특별한 사정이 있다는 점에 관한 증명책임의 소재 / 이러한 법리가 총장 임용제청에서 제외된 후보자가 교육부장관의 임용제청 제외처분 또는 대통령의 임용제외처분에 불복하여 제기한 소송에서도 마찬가지로 적용되는지 여부(적극) / 교육부장관이 총장 후보자에게 총장 임용 부적격사유가 있다고 밝히면서 임용제청에서 제외한 경우, 그 후보자가 처분이 위법하다고 하기 위해 주장·증명할 내용

 대학의 장 임용에 관하여 교육부장관의 임용제청권을 인정한 취지는 대학의 자율성과 대통령의 실질적인 임용권 행사를 조화시키기 위하여 대통령의 최종적인 임용권 행사에 앞서 대학의 추천을 받은 총장 후보자들의 적격성을 일차적으로 심사하여 대통령의 임용권 행사가 적정하게 이루어질 수 있도록 하기 위한 것이다.

 대학의 추천을 받은 총장 후보자는 교육부장관으로부터 정당한 심사를 받을 것이라는 기대를 하게 된다. 만일 교육부장관이 자의적으로 대학에서 추천한 복수의 총장 후보자들 전부 또는 일부를 임용제청하지 않는다면 대통령으로부터 임용을 받을 기회를 박탈하는 효과가 있다. 이를 항고소송의 대상이 되는 처분으로 보지 않는다면, 침해된 권리 또는 법률상 이익을 구제받을 방법이 없다. 따라서 교육부장관이 대학에서 추천한 복수의 총장 후보자들 전부 또는 일부를 임용제청에서 제외하는 행위는 제외된 후보자들에 대한 불이익처분으로서 항고소송의 대상이 되는 처분에 해당한다고 보아야 한다. 다만 <u>교육부장관이 특정 후보자를 임용제청에서 제외하고 다른 후보자를 임용제청함으로써 대통령이 임용제청된 다른 후보자를 총장으로 임용한 경우에는, 임용제청에서 제외된 후보자는 대통령이 자신에 대하여 총장 임용 제외처분을 한 것으로 보아 이를 다투어야 한다</u>(대통령의 처분의 경우 소속 장관이 행정소송의 피고가 된다. 국가공무원법 제16조 제2항). 이러한 경우에는 교육부장관의 임용제청 제외처분을 별도로 다툴 소의 이익이 없어진다.

[2] 교육공무원법령은 대학이 대학의 장 후보자를 복수로 추천하도록 정하고 있을 뿐이고, 교육부장관이나 대통령이 대학이 정한 순위에 구속된다고 볼 만한 규정을 두고 있지 않다. 대학이 복수의 후보자에 대하여 순위를 정하여 추천한 경우 교육부장관이 후순위 후보자를 임용제청하더라도 단순히 그것만으로 헌법과 법률이 보장하는 대학의 자율성이 제한된다고 볼 수는 없다. 대학 총장 임용에 관해서는 임용권자에게 일반 국민에 대한 행정처분이나 공무원에 대한 징계처분에 비하여 광범위한 재량이 주어져 있다고 볼 수 있다. 따라서 대학에서 추천한 후보자를 총장 임용제청이나 총장 임용에서 제외하는 결정이 대학의 장에 관한 자격을 정한 관련 법령 규정에 어긋나지 않고 사회통념에 비추어 불합리하다고 볼 수 없다면 쉽사리 위법하다고 판단해서는 안 된다.

[3] 교육부장관이 어떤 후보자를 총장 임용에 부적격하다고 판단하여 배제하고 다른 후보자를 임용제청하는 경우라면 배제한 후보자에게 연구윤리 위반, 선거부정, 그 밖의 비위행위 등과 같은 부적격사유가 있다는 점을 구체적으로 제시할 의무가 있다. 그러나 부적격사유가 없는 후보자들 사이에서 어떤 후보자를 상대적으로 더욱 적합하다고 판단하여 임용제청하는 경우라면, 이는 후보자의 경력, 인격, 능력, 대학운영계획 등 여러 요소를 종합적으로 고려하여 총장 임용의 적격성을 정성적으로 평가하는 것으로 그 판단 결과를 수치화하거나 이유제시를 하기 어려울 수 있다. 이 경우에는 교육부장관이 어떤 후보자를 총장으로 임용제청하는 행위 자체에 그가 총장으로 더욱 적합하다는 정성적 평가 결과가 당연히 포함되어 있는 것으로, 이로써 행정절차법상 이유제시 의무를 다한 것이라고 보아야 한다. 여기에서 나아가 교육부장관에게 개별 심사항목이나 고려요소에 대한 평가 결과를 더 자세히 밝힐 의무까지는 없다.

[4] 행정청의 전문적인 정성적 평가 결과는 그 판단의 기초가 된 사실인정에 중대한 오류가 있거나 그 판단이 사회통념상 현저하게 타당성을 잃어 객관적으로 불합리하다는 등의 특별한 사정이 없는 한 법원이 그 당부를 심사하기에는 적절하지 않으므로 가급적 존중되어야 한다. 여기에 재량권을 일탈·남용한 특별한 사정이 있다는 점은 증명책임분배의 일반원칙에 따라 이를 주장하는 자가 증명하여야 한다.

이러한 법리는 임용제청에서 제외된 후보자가 교육부장관의 임용제청 제외처분 또는 대통령의 임용 제외처분에 불복하여 제기한 소송에서도 마찬가지이다. 교육부장관이 총장 후보자에게 총장 임용 부적격사유가 있다고 밝혔다면, 그 후보자는 그러한 판단에 사실오인 등의 잘못이 있음을 주장·증명함과 아울러, 임용제청되었거나 임용된 다른 후보자에게 총장 임용 부적격사유가 있다는 등의 특별한 사정까지 주장·증명하여야 한다. 이러한 주장·증명이 있을 때 비로소 그에 대한 임용제청 제외처분 또는 임용 제외처분이 위법하다고 볼 수 있다. 이러한 이유로 해당 처분을 취소하는 판결이 확정된 경우에는 교육부장관 또는 대통령에게 취소판결의 취지에 따라 두 후보자의 총장 임용 적격성을 다시 심사하여 임용제청 또는 임용을 할 의무가 발생한다(행정소송법 제30조 제1항).(대법원 2018. 6. 15. 선고 2016두57564 판결)

○ 판례 037

교육공무원법 제29조의2 제1항, 제13조, 제14조 제1항, 제2항, 교육공무원 승진규정 제1조, 제2조 제1항 제1호, 제40조 제1항, 교육공무원임용령 제14조 제1항, 제16조 제1항에 따르면 임용권자는 3배수의 범위 안에 들어간 후보자들을 대상으로 승진임용 여부를 심사하여야 하고, 이에 따라 승진후보자 명부에 포함된 후보자는 임용권자로부터 정당한 심사를 받게 될 것에 관한 절차적 기대를 하게 된다. 그런데 임용권자 등이 자의적인 이유로 승진후보자 명부에 포함된 후보자를 승진임용에서 제외하는 처분을 한 경우에, 이러한 승진임용제외처분을 항고소송의 대상이 되는 처분으로 보지 않는다면, 달리 이에 대하여는 불복하여 침해된 권리 또는 법률상 이익을 구제받을 방법이 없다. 따라서 <u>교육공무원법상 승진후보자 명부에 의한 승진심사 방식으로 행해지는 승진임용에서 승진후보자 명부에 포함되어 있던 후보자를 승진임용인사발령에서 제외하는 행위는 불이익처분으로서 항고소송의 대상인 처분에 해당한다고 보아야 한다</u>(대법원 2018. 3. 27. 선고 2015두47492 판결).

판례 038

공무원연금공단이 공익법무관으로 재직하다가 퇴직한 갑 등에 대하여 퇴직일시금 산정기준이 되는 기준소득월액에 공무원보수 관계 법령 등에 근거가 없는 특정업무경비가 포함되어 퇴직급여가 과다하게 산정·지급되었다는 이유로 퇴직급여 중 과오지급액을 환수하기로 하는 내용을 결정·통지한 사안에서, 갑 등에게 지급된 특정업무경비는 보수에 해당한다고 볼 수 없을 뿐만 아니라, <u>실비변상적 성질의 급여로서 비과세소득에 해당하므로, 구 공무원연금법(2015. 6. 22. 법률 제13387호로 개정되기 전의 것)상 퇴직일시금 산정기준이 되는 기준소득월액에 포함된다고 볼 수 없다</u>(대법원 2018. 2. 28. 선고 2017두64606 판결).

판례 039

교원소청심사위원회의 결정은 학교법인 등에 대하여 기속력을 가지고 이는 그 결정의 주문에 포함된 사항뿐 아니라 그 전제가 된 요건사실의 인정과 판단, 즉 불리한 처분 등의 구체적 위법사유에 관한 판단에까지 미친다. 따라서 교원소청심사위원회가 사립학교 교원의 소청심사청구를 인용하여 불리한 처분 등을 취소한 데 대하여 행정소송이 제기되지 아니하거나 그에 대하여 학교법인 등이 제기한 행정소송에서 법원이 교원소청심사위원회 결정의 취소를 구하는 청구를 기각하여 그 결정이 그대로 확정되면, 결정의 주문과 그 전제가 되는 이유에 관한 판단만이 학교법인 등을 기속하게 되고, 설령 판결 이유에서 교원소청심사위원회의 결정과 달리 판단된 부분이 있더라도 이는 기속력을 가질 수 없다. 그러므로 사립학교 교원이 어떠한 불리한 처분을 받아 교원소청심사위원회에 소청심사청구를 하였고, 이에 대하여 <u>교원소청심사위원회가 그 사유 자체가 인정되지 않는다는 이유로 양정의 당부에 대해서는 나아가 판단하지 않은 채 처분을 취소하는 결정을 한 경우, 그에 대하여 학교법인 등이 제기한 행정소송 절차에서 심리한 결과 처분사유 중 일부 사유는 인정된다고 판단되면 법원으로서는 교원소청심사위원회의 결정을 취소하여야 한다</u>(대법원 2018. 7. 12. 선고 2017두65821 판결).

판례 040

외국인 갑이 법무부장관에게 귀화신청을 하였으나 법무부장관이 심사를 거쳐 '품행 미단정'을 불허사유로 국적법상의 요건을 갖추지 못하였다며 신청을 받아들이지 않는 처분을 하였는데, 법무부장관이 갑을 '품행 미단정'이라고 판단한 이유에 대하여 제1심 변론절차에서 자동차관리법위반죄로 기소유예를 받은 전력 등을 고려하였다고 주장하였다가 원심 변론절차에서 불법 체류한 전력이 있다는 추가적인 사정까지 고려하였다고 주장한 사안에서, 법무부장관이 처분 당시 갑의 전력 등을 고려하여 갑이 구 국적법(2017. 12. 19. 법률 제15249호로 개정되기 전의 것, 이하 같다) 제5조 제3호의 '품행단정' 요건을 갖추지 못하였다고 판단하여 처분을 하였고, 그 처분서에 처분사유로 '품행 미단정'이라고 기재하였으므로, '품행 미단정'이라는 판단 결과를 위 처분의 처분사유로 보아야 하는데, 법무부장관이 원심에서 추가로 제시한 불법 체류 전력 등의 제반 사정은 불허가처분의 처분사유 자체가 아니라 그 근거가 되는 기초 사실 내지 평가요소에 지나지 않으므로, 법무부장관이 이러한 사정을 추가로 주장할 수 있다(대법원 2018. 12. 13. 선고 2016두31616 판결).

판례 041

공업용수로 사용되는 하천수 사용료는 특별한 사정이 없는 한 '취수허가 사용량'이 아닌 '실제 사용량'에 요금단가를 곱하여 산정하는 것으로 해석하여야 한다(대법원 2018. 6. 15. 선고 2018두33142 판결).

판례 042

[1] 국토의 계획 및 이용에 관한 법률이 민간사업자가 도시·군계획시설(이하 '도시계획시설'이라고 한다)사업의 시행자로 지정받기 위한 동의 요건을 둔 취지는 민간사업자가 시행하는 도시계획시설사업의 공공성을 보완하고 민간사업자에 의한 일방적인 수용을 제어하기 위한 것이다. 이러한 입법 취지에 비추어 보면, 사업시행자 지정에 관한 토지소유자의 동의가 유효하기 위해서는 동의를 받기 전에, 그 동의가 사업시행자 지정을 위한 것이라는 동의 목적, 그 동의에 따라 지정될 사업시행자, 그 동의에 따라 시행될 동의 대상 사업 등이 특정되고 그 정보가 토지소유자에게 제공되어야 한다.

[2] 도시·군계획시설(이하 '도시계획시설'이라 한다)사업 사업시행자 지정을 위한 동의를 받기 위하여 토지소유자에게 제공되어야 할 동의 대상 사업에 관한 정보는, 해당 도시계획시설의 종류·명칭·위치·규모 등이고, 이러한 정보는 일반적으로 도시계획시설결정 및 그 고시를 통해 제공되므로 토지소유자의 동의는 도시계획시설결정 이후에 받는 것이 원칙이라고 할 수 있다.

그런데 국토의 계획 및 이용에 관한 법령은 동의 요건에 관하여 동의 비율만을 규정하고 있을 뿐, 동의 시기 등에 관하여는 명문의 규정을 두고 있지 않다. 또한 재정상황을 고려하여 지방자치단체 등이 민간사업자 참여에 대한 토지소유자의 동의 여부를 미리 확인한 뒤 동의 여부에 따라 사업 진행 여부를 결정하는 것이 불합리하다고 볼 수도 없다. 이러한 점을 고려하면, 도시계획시설결정 이전에 받은 동의라고 하더라도, 동의를 받을 당시 앞으로 설치될 도시계획시설의 종류·명칭·위치·규모 등에 관한 정보가 토지소유자에게 제공되었고, 이후의 도시계획시설결정 내용이 사전에 제공된 정보와 중요한 부분에서 동일성을 상실하였다고 볼 정도로 달라진 경우가 아닌 이상, 도시계획시설결정 이전에 받은 사업시행자 지정에 관한 동의라고 하여 무효라고 볼 수는 없다(대법원 2018. 7. 24. 선고 2016두48416 판결).

○ 판례 043

갑이 한국감정원에 입사하여 근무하던 중 업무상 재해로 사망하여 근로복지공단이 갑의 유족인 을에게 유족급여 및 장의비를 지급하였는데, 을이 근로복지공단을 상대로 평균임금을 산정할 때 성과상여금 등을 누락하였다면서 평균임금 정정 및 보험급여차액 지급을 청구한 사안에서, 정부는 한국감정원이 정부산하기관에 해당하는 기간 동안에는 구 정부산하기관 관리기본법(2007. 1. 19. 법률 제8258호 공공기관의 운영에 관한 법률 부칙 제2조 제2호로 폐지)에 의한 경영실적 평가결과에 따라, 공공기관의 운영에 관한 법률 시행 이후에는 공공기관의 운영에 관한 법률에 의한 경영실적 평가결과에 따라 한국감정원에 적용되는 성과급 지급률을 정하였고, 이에 한국감정원은 매년 정부가 정한 성과급 지급률을 기초로 보수규정과 내부경영평가편람에서 정한 기준과 계산방식에 따라 소속 직원들에게 잔여 성과상여금을 지급하였으며, 갑이 업무상 재해로 사망한 이후 퇴직금을 지급할 때에도 위와 같이 지급한 성과상여금을 모두 포함하여 평균임금을 산정한 점 등에 비추어, 한국감정원이 갑에게 지급한 잔여 성과상여금은 계속적·정기적으로 지급되고, 지급대상과 지급조건 등이 확정되어 있어 사용자에게 지급의무가 지워져 있으므로 근로의 대가로 지급되는 임금의 성질을 가진다고 보아야 하므로, 잔여 성과상여금이 평균임금 산정의 기초가 되는 임금 총액에 포함된다고 본 원심판단이 정당하다(대법원 2018. 10. 12. 선고 2015두36157 판결).

43-1.
[1] 행정처분을 다툴 소의 이익은 개별·구체적 사정을 고려하여 판단하여야 한다. 행정처분의 무효확인 또는 취소를 구하는 소가 제소 당시에는 소의 이익이 있어 적법하였더라도, <u>소송 계속 중 처분청이 다툼의 대상이 되는 행정처분을 직권으로 취소하면 그 처분은 효력을 상실하여 더 이상 존재하지 않는 것이므로, 존재하지 않는 처분을 대상으로 한 항고소송은 원칙적으로 소의 이익이 소멸하여 부적법하다고 보아야 한다.</u>

다만 처분청의 직권취소에도 완전한 원상회복이 이루어지지 않아 무효확인 또는 취소로써 회복할 수 있는 다른 권리나 이익이 남아 있거나 또는 동일한 소송 당사자 사이에서 그 행정처분과 동일한 사유로 위법한 처분이 반복될 위험성이 있어 행정처분의 위법성 확인 내지 불분명한 법률문제에 대한 해명이 필요한 경우 행정의 적법성 확보와 그에 대한 사법통제, 국민의 권리구제의 확대 등의 측면에서 예외적으로 그 처분의 취소를 구할 소의 이익을 인정할 수 있다.

[2] 선행처분의 주요 부분을 실질적으로 변경하는 내용으로 후행처분을 한 경우에 선행처분은 특별한 사정이 없는 한 효력을 상실하지만, <u>후행처분이 선행처분의 내용 중 일부만을 소폭 변경하는 정도에 불과한 경우에는 선행처분은 소멸하는 것이 아니라 후행처분에 의하여 변경되지 아니한 범위 내에서는 그대로 존속한다.</u>

[3] 일반적으로 면허나 인허가 등의 수익적 행정처분의 근거가 되는 법률이 해당 업자들 사이의 과당경쟁으로 인한 경영의 불합리를 방지하는 것도 목적으로 하고 있는 경우, 다른 업자에 대한 면허나 인허가 등의 수익적 행정처분에 대하여 미리 같은 종류의 면허나 인허가 등의 수익적 행정처분을 받아 영업을 하고 있는 기존의 업자는 경업자에 대하여 이루어진 면허나 인허가 등 행정처분의 상대방이 아니라고 하더라도 당해 행정처분의 무효확인 또는 취소를 구할 이익이 있다. 그러나 <u>경업자에 대한 행정처분이 경업자에게 불리한 내용이라면 그와 경쟁관계에 있는 기존의</u>

업자에게는 특별한 사정이 없는 한 유리할 것이므로 기존의 업자가 그 행정처분의 무효확인 또는 취소를 구할 이익은 없다고 보아야 한다.

[4] 어떤 행정처분을 위법하다고 판단하여 취소하는 판결이 확정되면 행정청은 취소판결의 기속력에 따라 그 판결에서 확인된 위법사유를 배제한 상태에서 다시 처분을 하거나 그 밖에 위법한 결과를 제거하는 조치를 할 의무가 있다(대법원 2020. 4. 9. 선고 2019두49953 판결).

판례 044

병무청장이 법무부장관에게 '가수 갑이 공연을 위하여 국외여행허가를 받고 출국한 후 미국 시민권을 취득함으로써 사실상 병역의무를 면탈하였다'는 이유로 입국 금지를 요청함에 따라 법무부장관이 갑의 입국금지결정을 하였는데, 갑이 재외공관의 장에게 재외동포(F-4) 체류자격의 사증발급을 신청하자 재외공관장이 처분이유를 기재한 사증발급 거부처분서를 작성해 주지 않은 채 갑의 아버지에게 전화로 사증발급이 불허되었다고 통보한 사안에서, 갑의 재외동포(F-4) 체류자격 사증발급 신청에 대하여 재외공관장이 6일 만에 한 사증발급 거부처분이 문서에 의한 처분방식의 예외로 행정절차법 제24조 제1항 단서에서 정한 '신속히 처리할 필요가 있거나 사안이 경미한 경우'에 해당한다고 볼 수도 없으므로 사증발급 거부처분에는 행정절차법 제24조 제1항을 위반한 하자가 있음에도, 외국인의 사증발급 신청에 대한 거부처분이 성질상 행정절차를 거치기 곤란하거나 불필요하다고 인정되는 처분에 해당하여 행정절차법의 적용이 배제된다고 판단하고, 재외공관장이 자신에게 주어진 재량권을 전혀 행사하지 않고 오로지 13년 7개월 전에 입국금지결정이 있었다는 이유만으로 그에 구속되어 사증발급 거부처분을 한 것이 비례의 원칙에 반하는 것인지 판단했어야 함에도, 입국금지결정에 따라 사증발급 거부처분을 한 것이 적법하다고 본 원심판단에 법리를 오해한 잘못이 있다(대법원 2019. 7. 11. 선고 2017두38874 판결).

판례 045

[1] 항고소송의 대상인 '처분'이란 "행정청이 행하는 구체적 사실에 관한 법집행으로서의 공권력의 행사 또는 그 거부와 그 밖에 이에 준하는 행정작용"(행정소송법 제2조 제1항 제1호)을 말한다. 행정청의 행위가 항고소송의 대상이 될 수 있는지는 추상적·일반적으로 결정할 수 없고, 구체적인 경우에 관련 법령의 내용과 취지, 그 행위의 주체·내용·형식·절차, 그 행위와 상대방 등 이해관계인이 입는 불이익 사이의 실질적 견련성, 법치행정의 원리와 그 행위에 관련된 행정청이나 이해관계인의 태도 등을 고려하여 개별적으로 결정하여야 한다. 또한 어떠한 처분에 법령상 근거가 있는지, 행정절차법에서 정한 처분절차를 준수하였는지는 본안에서 당해 처분이 적법한가를 판단하는 단계에서 고려할 요소이지, 소송요건 심사단계에서 고려할 요소가 아니다.

[2] 항고소송에서 처분의 위법 여부는 특별한 사정이 없는 한 그 처분 당시를 기준으로 판단하여야 한다. 이는 신청에 따른 처분의 경우에도 마찬가지이다. 새로 개정된 법령의 경과규정에서 달리 정함이 없는 한, 처분 당시에 시행되는 개정 법령과 그에서 정한 기준에 의하여 신청에 따른 처분의 발급 여부를 결정하는 것이 원칙이고, 그러한 개정 법령의 적용과 관련하여서는 개정 전 법령의 존속에 대한 국민의 신뢰가 개정 법령의 적용에 관한 공익상의 요구보다 더 보호가치가

있다고 인정되는 경우에 그러한 국민의 신뢰를 보호하기 위하여 그 적용이 제한될 수 있는 여지가 있을 따름이다.

[3] 행정소송법상 항고소송으로 제기하여야 할 사건을 민사소송으로 잘못 제기한 경우에 수소법원이 그 항고소송에 대한 관할도 동시에 가지고 있다면, 전심절차를 거치지 않았거나 제소기간을 도과하는 등 항고소송으로서의 소송요건을 갖추지 못했음이 명백하여 항고소송으로 제기되었더라도 어차피 부적법하게 되는 경우가 아닌 이상, 원고로 하여금 항고소송으로 소 변경을 하도록 석명권을 행사하여 행정소송법이 정하는 절차에 따라 심리·판단하여야 한다.

[4] 국방전력발전업무훈령 제113조의5 제1항에 의한 연구개발확인서 발급은 개발업체가 '업체투자연구개발' 방식 또는 '정부·업체공동투자연구개발' 방식으로 전력지원체계 연구개발사업을 성공적으로 수행하여 군사용 적합판정을 받고 국방규격이 제·개정된 경우에 사업관리기관이 개발업체에게 해당 품목의 양산과 관련하여 경쟁입찰에 부치지 않고 수의계약의 방식으로 국방조달계약을 체결할 수 있는 지위(경쟁입찰의 예외사유)가 있음을 인정해 주는 '확인적 행정행위'로서 공권력의 행사인 '처분'에 해당하고, 연구개발확인서 발급 거부는 신청에 따른 처분 발급을 거부하는 '거부처분'에 해당한다.

[5] 어떤 군수품을 조달할지 여부나 그 수량과 시기는 국방예산의 배정이나 육·해·공군(이하 '각군'이라 한다)에서 요청하는 군수품 소요의 우선순위에 따라 탄력적으로 결정될 수 있어야 하므로, 관계 법령이나 규정에서 특별히 달리 정하지 않은 이상, 군수품 조달에 관해서는 방위사업청장이나 각군에게 광범위한 재량이 있다. 국방전력발전업무훈령이 업체투자연구개발 방식이나 정부·업체공동투자연구개발 방식으로 연구개발이 완료되어 군사용 적합판정을 받고 국방규격이 제·개정된 품목에 관해서도 반드시 양산하여야 한다거나 또는 수의계약을 체결하여야 한다고 규정하고 있지 않은 것도 이 때문이다. 따라서 개발업체가 전력지원체계 연구개발사업을 성공적으로 수행하였다고 하더라도 언제나 해당 품목에 관하여 수의계약 체결을 요구할 권리가 있는 것은 아니다.

그렇다고 하더라도, 사업관리기관에 의한 연구개발확인서 발급 여부 결정은 수의계약 체결 여부를 결정하기 전에 행해지는 별개의 확인적 행정행위이므로, 개발업체가 국방전력발전업무훈령 제113조의5 제1항에서 정한 발급 요건을 충족한다면 연구개발확인서를 발급하여야 하며, 관련 국방예산을 배정받지 못했다거나 또는 해당 품목이 군수품 양산 우선순위에서 밀려 곧바로 수의계약을 체결하지는 않을 예정이라는 이유만으로 연구개발확인서 발급조차 거부하여서는 안 된다(대법원 2020. 1. 16. 선고 2019다264700 판결).

판례 046

[1] 공증사무는 국가 사무로서 공증인 인가·임명행위는 국가가 사인에게 특별한 권한을 수여하는 행위이다. 그런데 위와 같이 공증인법령은 공증인 선정에 관한 구체적인 심사기준이나 절차를 자세하게 규율하지 않은 채 법무부장관에게 맡겨두고 있다. 위와 같은 공증인법령의 내용과 체계, 입법 취지, 공증사무의 성격 등을 종합하면, 법무부장관에게는 각 지방검찰청 관할 구역의 면적, 인구, 공증업무의 수요, 주민들의 접근가능성 등을 고려하여 공증인의 정원을 정하고 임명공증인을 임명하거나 인가공증인을 인가할 수 있는 광범위한 재량이 주어져 있다고 보아야 한다.

[2] 행정절차법 제20조는 제1항에서 "행정청은 필요한 처분기준을 해당 처분의 성질에 비추어 되도록 구체적으로 정하여 공표하여야 한다. 처분기준을 변경하는 경우에도 또한 같다."라고 정하면서, 제2항에서 "제1항에 따른 처분기준을 공표하는 것이 해당 처분의 성질상 현저히 곤란하거나 공공의 안전 또는 복리를 현저히 해치는 것으로 인정될 만한 상당한 이유가 있는 경우에는 처분기준을 공표하지 아니할 수 있다."라고 정하고 있다.

이와 같이 행정청으로 하여금 처분기준을 구체적으로 정하여 공표하도록 한 것은 해당 처분이 가급적 미리 공표된 기준에 따라 이루어질 수 있도록 함으로써 해당 처분의 상대방으로 하여금 결과에 대한 예측가능성을 높이고 이를 통하여 행정의 공정성, 투명성, 신뢰성을 확보하며 행정청의 자의적인 권한행사를 방지하기 위한 것이다. 그러나 처분의 성질상 처분기준을 미리 공표하는 경우 행정목적을 달성할 수 없게 되거나 행정청에 일정한 범위 내에서 재량권을 부여함으로써 구체적인 사안에서 개별적인 사정을 고려하여 탄력적으로 처분이 이루어지도록 하는 것이 오히려 공공의 안전 또는 복리에 더 적합한 경우도 있다. 그러한 경우에는 <u>행정절차법 제20조 제2항에 따라 처분기준을 따로 공표하지 않거나 개략적으로만 공표할 수도 있다.</u>

[3] 행정절차법 제23조 제1항은 "행정청은 처분을 할 때에는 다음 각호의 어느 하나에 해당하는 경우를 제외하고는 당사자에게 그 근거와 이유를 제시하여야 한다."라고 정하고 있다. 이는 행정청의 자의적 결정을 배제하고 당사자로 하여금 행정구제절차에서 적절히 대처할 수 있도록 하는 데 그 취지가 있다. 따라서 처분서에 기재된 내용, 관계 법령과 해당 처분에 이르기까지 전체적인 과정 등을 종합적으로 고려하여, <u>처분 당시 당사자가 어떠한 근거와 이유로 처분이 이루어진 것인지를 충분히 알 수 있어서 그에 불복하여 행정구제절차로 나아가는 데 별다른 지장이 없었던 것으로 인정되는 경우에는 처분서에 처분의 근거와 이유가 구체적으로 명시되어 있지 않았더라도 이를 처분을 취소하여야 할 절차상 하자로 볼 수 없다.</u>

[4] 행정절차법 제19조 제1항은 "행정청은 신청인의 편의를 위하여 처분의 처리기간을 종류별로 미리 정하여 공표하여야 한다."라고 정하고 있다. 민원 처리에 관한 법률 제17조 제1항은 "행정기관의 장은 법정민원을 신속히 처리하기 위하여 행정기관에 법정민원의 신청이 접수된 때부터 처리가 완료될 때까지 소요되는 처리기간을 법정민원의 종류별로 미리 정하여 공표하여야 한다."라고 정하고 있고, 민원 처리에 관한 법률 시행령(이하 '민원처리법 시행령'이라 한다) 제23조 제1항은 "행정기관의 장은 민원이 접수된 날부터 30일이 지났으나 처리가 완료되지 아니한 경우 또는 민원인의 명시적인 요청이 있는 경우에는 그 처리진행상황과 처리완료 예정일 등을 적은 문서를 민원인에게 교부하거나 정보통신망 또는 우편 등의 방법으로 통지하여야 한다."라고 정하고 있다.

처분이나 민원의 처리기간을 정하는 것은 신청에 따른 사무를 가능한 한 조속히 처리하도록 하기 위한 것이다. 처리기간에 관한 규정은 훈시규정에 불과할 뿐 강행규정이라고 볼 수 없다. 행정청이 처리기간이 지나 처분을 하였더라도 이를 처분을 취소할 절차상 하자로 볼 수 없다. 민원처리법 시행령 제23조에 따른 민원처리진행상황 통지도 민원인의 편의를 위한 부가적인 제도일 뿐, 그 통지를 하지 않았더라도 이를 처분을 취소할 절차상 하자로 볼 수 없다.

[5] 지역별 공증인의 정원은 '공증사무의 적절성과 공정성 확보'라는 공증인법의 입법 목적과 지

역별 면적, 인구, 공증사무의 수요, 주민들의 편의 등과 같은 객관적인 사정을 고려하여 결정하여야 하고, 공증인이 되고자 하는 사람의 주관적 이익을 우선할 수는 없다(대법원 2019. 12. 13. 선고 2018두41907 판결).

판례 047

[1] 제재적 행정처분이 재량권의 범위를 일탈하였거나 남용하였는지 여부는 처분사유인 위반행위의 내용과 위반의 정도, 처분에 의하여 달성하려는 공익상의 필요와 개인이 입게 될 불이익 및 이에 따르는 제반 사정 등을 객관적으로 심리하여 공익침해의 정도와 처분으로 인하여 개인이 입게 될 불이익을 비교·교량하여 판단하여야 한다.

이러한 제재적 행정처분의 기준이 부령 형식으로 규정되어 있더라도 그것은 행정청 내부의 사무처리준칙을 규정한 것에 지나지 않아 대외적으로 국민이나 법원을 기속하는 효력이 없다. 따라서 그 처분의 적법 여부는 처분기준만이 아니라 관계 법령의 규정 내용과 취지에 따라 판단하여야 한다. 그러므로 처분기준에 부합한다고 하여 곧바로 처분이 적법한 것이라고 할 수는 없지만, 처분기준이 그 자체로 헌법 또는 법률에 합치되지 않거나 그 기준을 적용한 결과가 처분사유인 위반행위의 내용 및 관계 법령의 규정과 취지에 비추어 현저히 부당하다고 인정할 만한 합리적인 이유가 없는 한, 섣불리 그 기준에 따른 처분이 재량권의 범위를 일탈하였다거나 재량권을 남용한 것으로 판단해서는 안 된다.

[2] 특별사면은 사면권자의 고도의 정치적·정책적 판단에 따른 시혜적인 조치이고, 특별사면 진행 여부 및 그 적용 범위는 사전에 예상하기 곤란할 뿐 아니라, 처분청에 처분상대방이 특별사면 대상이 되도록 신속하게 절차를 진행할 의무까지 인정된다고 보기도 어렵다. 따라서 처분이 지연되지 않았다면 특별사면 대상이 될 수 있었다는 사정만으로 입찰참가자격 제한처분이 위법하다고 볼 수는 없다. 다만 법원으로서는 처분이 지연된 경위, 지연된 처분에 따른 사면 대상 제외 이외에 처분상대방이 입게 된 특별한 불이익이 있는지, 그 밖의 감경사유는 없는지, 처분상대방에 대한 제재의 필요성, 처분상대방이 처분 지연으로 인하여 특별사면의 혜택을 누리게 되지 못한 점이 처분 양정에 고려되었는지, 처분 결과가 비례와 형평에 반하는지 등을 종합적으로 고려하여 입찰참가자격 제한처분에 관한 재량권 일탈·남용이 인정되는지를 판단할 수 있을 따름이다(대법원 2018. 5. 15. 선고 2016두57984 판결).

판례 048

갑 교회가 지구단위계획구역으로 지정되어 있던 토지 중 일부를 매수한 후 교회 건물을 신축하는 과정에서 을 구(區) 소유 국지도로 지하에 지하주차장 진입 통로를 건설하고 지하공간에 건축되는 예배당 시설 부지의 일부로 사용할 목적으로 을 구청장에게 위 도로 지하 부분에 대한 도로점용허가를 신청하였고, 을 구청장이 위 도로 중 일부 도로 지하 부분을 2010. 4. 9.부터 2019. 12. 31.까지 갑 교회가 점용할 수 있도록 하는 내용의 도로점용허가처분을 하자, 갑 교회가 위 도로 지하 부분을 포함한 신축 교회 건물 지하에 예배당 등의 시설을 설치한 사안에서, 예배당, 성가대실, 방송실과 같은 지하구조물 설치를 통한 지하의 점유는 원상회복이 쉽지 않을 뿐 아니라 유지·관리·안전에 상당한 위험과 책임이 수반되고, 이러한 형태의 점용을 허가하여 줄 경우 향후 유사한 내용의 도로점용허가신청을 거부하기 어려워져 <u>도로의 지하 부분이 무분별하게 사용되어 공중안전에 대한 위해가 발생할 우려가 있으며, 위 도로 지하 부분이 교회 건물의 일부로 사실상 영구적·전속적으로 사용되게 됨으로써 도로 주변의 상황 변화에 탄력적·능동적으로 대처할 수 없게 된다는 등의 사정을 들어, 위 도로점용허가가 비례·형평의 원칙을 위반하였다</u>(대법원 2019. 10. 17. 선고 2018두104 판결).

■ 지구단위계획: 도시계획을 수립하는 지역 가운데 일부지역의 토지이용을 보다 합리화하고 그 기능을 증진시키며 미관의 개선 및 양호한 환경의 확보 등 당해 지역을 체계적·계획적으로 관리하기 위하여 수립하는 도시관리계획을 말한다.

■ 용도지역: 토지의 이용 및 건축물의 용도·건폐율·용적률·높이 등을 제한함으로써 토지를 경제적·효율적으로 이용하고 공공복리의 증진을 도모하기 위하여 서로 중복되지 아니하게 도시관리계획으로 결정하는 지역을 말한다.
〈국토의 계획 및 이용에 관한 법률(국토계획법)〉 제6조는 국토를 토지의 이용실태 및 특성, 장래의 토지이용방향 등을 고려하여 ①도시지역②관리지역③농림지역④자연환경보전지역의 4종류의 용도지역으로 구분한다.

그리고 도시지역은 주거지역, 상업지역, 공업지역, 녹지지역으로, 관리지역은 보전관리지역, 생산관리지역, 계획관리지역으로 구분하여 도시관리계획으로 지정한다(국토계획법 제36조).

다시 주거지역은 전용주거지역, 일반주거지역, 준주거지역으로, 상업지역은 중심상업지역, 일반상업지역, 근린상업지역, 유통상업지역으로, 공업지역은 전용공업지역, 일반공업지역, 준공업지역으로, 녹지지역은 보전녹지지역, 생산녹지지역, 자연녹지지역으로 세분하여 지정할 수 있다(시행령 제30조).

용도지역 안에 공공의 안녕질서와 도시기능의 증진을 위하여 국토교통부장관 또는 시·도지사는 경관지구, 고도지구, 방화지구, 방재지구, 보호지구, 취락지구, 개발진흥지구, 특정용도제한지구, 복합용도지구의 용도지구를 지정할 수 있다(국토계획법 제37조).

■ 용도구역: 토지의 이용과 건축물의 용도·건폐율·용적률·높이 등에 대한 용도지역 및 용도지구의 제한을 강화하거나 완화하여 따로 정함으로써 시가지의 무질서한 확산방지, 계획적이고 단계적인 토지이용의 도모, 토지이용의 종합적 조정·관리 등을 위하여 도시관리계획으로 결정하는 지역을 말하는 것으로 개발제한구역, 도시자연공원구역, 시가화조정구역, 수자원보호구역 등이 있다. 용도구역은 용도지역, 용도지구와 더불어 토지이용을 규제, 관리하는 토지이용계획의 대표적인 법적 집행수단이다.

■ 건폐율: 대지면적에 대한 건축면적의 비율을 말한다.

■ 용적율: 대지 면적에 대한 지상 건축물의 연면적 비율을 뜻한다.

◦ 판례 049

행정절차법의 규정 내용과 체계에 의하면, 행정청이 당사자에게 의무를 부과하거나 권익을 제한하는 처분을 하는 경우에는 원칙적으로 행정절차법 제21조 제1항에 따른 사전통지를 하고, 제22조 제3항에 따른 의견제출 기회를 주는 것으로 족하며, 다른 법령 등에서 반드시 청문을 실시하도록 규정한 경우이거나 행정청이 필요하다고 인정하는 경우 등에 한하여 청문을 실시할 의무가 있다. 처분청은 비록 처분 당시에 별다른 하자가 없었고, 또 처분 후에 이를 철회할 별도의 법적 근거가 없더라도 원래의 처분을 존속시킬 필요가 없게 된 사정변경이 생겼거나 또는 중대한 공익상의 필요가 발생한 경우에는 그 효력을 상실케 하는 별개의 처분으로 이를 철회할 수 있다. 다만 수익적 처분을 취소 또는 철회하는 경우에는 이미 부여된 국민의 기득권을 침해하는 것이 되므로, 비록 취소 등의 사유가 있더라도 취소권 등의 행사는 기득권의 침해를 정당화할 만한 중대한 공익상의 필요 또는 제3자의 이익보호의 필요가 있는 때에 한하여 상대방이 받는 불이익과 비교·형량하여 결정하여야 하고, 그 처분으로 인하여 공익상의 필요보다 상대방이 받게 되는 불이익 등이 막대한 경우에는 재량권의 한계를 일탈한 것으로서 허용되지 않는다(대법원 2020. 4. 29. 선고 2017두31064 판결)

◦ 판례 050

행정처분의 위법 여부는 행정처분이 있을 때의 법령과 사실 상태를 기준으로 판단하여야 하며, 법원은 행정처분 당시 행정청이 알고 있었던 자료뿐만 아니라 사실심 변론종결 당시까지 제출된 모든 자료를 종합하여 처분 당시 존재하였던 객관적 사실을 확정하고 그 사실에 기초하여 처분의 위법 여부를 판단할 수 있다. 행정청으로부터 행정처분을 받았으나 나중에 그 행정처분이 행정쟁송절차에서 취소되었다면, 그 행정처분은 처분 시에 소급하여 효력을 잃게 된다.
 구 과징금부과 세부기준 등에 관한 고시(2014. 5. 30. 공정거래위원회 고시 제2014-7호로 개정되기 전의 것, 이하 '구 과징금 고시'라 한다) Ⅳ. 2. 나. (2)항은 과거 시정조치의 횟수 산정 시 시정조치의 무효 또는 취소판결이 확정된 건을 제외하도록 규정하고 있다. 공정거래위원회가 과징금 산정 시 위반 횟수 가중의 근거로 삼은 위반행위에 대한 시정조치가 그 후 '위반행위 자체가 존재하지 않는다는 이유로 취소판결이 확정된 경우' 과징금 부과처분의 상대방은 결과적으로 처분 당시 객관적으로 존재하지 않는 위반행위로 과징금이 가중되므로, 그 처분은 비례·평등원칙 및 책임주의 원칙에 위배될 여지가 있다(대법원 2019. 7. 25. 선고 2017두55077 판결).

◦ 판례 051

지방법무사회가 법무사의 사무원 채용승인 신청을 거부하거나 채용승인을 얻어 채용 중인 사람에 대한 채용승인을 취소하면, 상대방인 법무사로서도 그 사람을 사무원으로 채용할 수 없게 되는 불이익을 입게 될 뿐만 아니라, 그 사람도 법무사 사무원으로 채용되어 근무할 수 없게 되는 불이익을 입게 된다. 법무사규칙 제37조 제4항이 이의신청 절차를 규정한 것은 채용승인을 신청한 법무사뿐만 아니라 사무원이 되려는 사람의 이익도 보호하려는 취지로 볼 수 있다. 따라서 지방법무사회의 사무원 채용승인 거부처분 또는 채용승인 취소처분에 대해서는 처분 상대방인 법무사뿐만 아니라 그 때문에 사무원이 될 수 없게 된 사람도 이를 다툴 원고적격이 인정되어야 한다.
 법률 하위의 법규명령은 법률에 의한 위임이 없으면 개인의 권리·의무에 관한 내용을 변경·보충하거나 법률이 규정하지 아니한 새로운 내용을 정할 수는 없지만, 법률의 시행령이나 시행규칙의 내용이 모법의 입법 취지와 관련 조항 전체를 유기적·체계적으로 살펴보아 모법의 해석상 가능한 것을 명시한 것에 지나지 아니하거나 모법 조항의 취지에 근거하여 이를 구체화하기 위한 것인 때에는 모법의 규율 범위를 벗어난 것으로 볼 수 없으므로, 모법에 이에 관하여 직접 위임하는 규정을 두지 아니하였다고 하더라도 이를 무효라고 볼 수는 없다.

'소속 지방법무사회는 법무사 사무원이 법무사 사무원으로서의 업무수행에 지장이 있다고 인정되는 행위를 하였을 경우에는 그 채용승인을 취소하여야 한다'고 규정한 법무사규칙 제37조 제6항 후단 부분이 모법인 법무사법 제23조 제4항의 위임 범위를 일탈한 것이어서 법률유보원칙에 위배되는지 문제 된 사안에서, 법무사법 제23조 제4항이 변동하는 사회경제 상황에 대처하여 탄력적으로 대응할 수 있도록 법무사 사무원 채용에 관하여 대법원규칙으로 구체화할 사항을 폭넓게 위임하고 있는 점, 위 규칙조항에 다소 추상적인 면이 있더라도 법무사 사무원 채용승인 제도의 입법 목적인 법무사 사무의 공익성·전문성 확보를 위하여 필요하고 법관의 법해석작용을 통하여 그 의미가 구체화·명확화될 수 있는 점 등을 고려하면, 위 규칙조항이 모법의 위임 범위를 일탈한 것으로 볼 수 없다(대법원 2020. 4. 9. 선고 2015다34444 판결).

판례 052

행정청은 행정소송이 계속되고 있는 때에도 직권으로 그 처분을 변경할 수 있고, 행정소송법 제22조 제1항은 이를 전제로 처분변경으로 인한 소의 변경에 관하여 규정하고 있다. 점용료 부과처분에 취소사유에 해당하는 흠이 있는 경우 도로관리청으로서는 당초 처분 자체를 취소하고 흠을 보완하여 새로운 부과처분을 하거나, 흠 있는 부분에 해당하는 점용료를 감액하는 처분을 할 수 있다. 한편 흠 있는 행정행위의 치유는 원칙적으로 허용되지 않을 뿐 아니라, 흠의 치유는 성립 당시에 적법한 요건을 갖추지 못한 흠 있는 행정행위를 그대로 존속시키면서 사후에 그 흠의 원인이 된 적법 요건을 보완하는 경우를 말한다. 그런데 앞서 본 바와 같은 흠 있는 부분에 해당하는 점용료를 감액하는 처분은 당초 처분 자체를 일부 취소하는 변경처분에 해당하고, 그 실질은 종래의 위법한 부분을 제거하는 것으로서 흠의 치유와는 차이가 있다.

그러므로 이러한 변경처분은 흠의 치유와는 성격을 달리하는 것으로서, 변경처분 자체가 신뢰보호 원칙에 반한다는 등의 특별한 사정이 없는 한 점용료 부과처분에 대한 취소소송이 제기된 이후에도 허용될 수 있다. 이에 따라 특별사용의 필요가 없는 부분을 도로점용허가의 점용장소 및 점용면적으로 포함한 흠이 있고 그로 인하여 점용료 부과처분에도 흠이 있게 된 경우, 도로관리청으로서는 도로점용허가 중 특별사용의 필요가 없는 부분을 직권취소하면서 특별사용의 필요가 없는 점용장소 및 점용면적을 제외한 상태로 점용료를 재산정한 후 당초 처분을 취소하고 재산정한 점용료를 새롭게 부과하거나, 당초 처분을 취소하지 않고 당초 처분으로 부과된 점용료와 재산정된 점용료의 차액을 감액할 수도 있다(대법원 2019. 1. 17. 선고 2016두56721, 56738 판결).

판례 053

구 산업집적활성화 및 공장설립에 관한 법률(2009. 2. 6. 법률 제9426호로 개정되기 전의 것) 제13조 제1항, 제13조의2 제1항 제16호, 제14조, 제50조, 제13조의5 제4호의 규정을 종합하면, 공장설립승인처분이 있고 난 뒤에 또는 그와 동시에 공장건축허가처분을 하는 것이 허용되므로, 공장설립승인처분이 취소된 경우에는 그 승인처분을 기초로 한 공장건축허가처분 역시 취소되어야 하고, 공장설립승인처분에 근거하여 토지의 형질변경이 이루어진 경우에는 원상회복을 해야 함이 원칙이다. 따라서 개발제한구역 안에서의 공장설립을 승인한 처분이 위법하다는 이유로 쟁송취소되었다고 하더라도 그 승인처분에 기초한 공장건축허가처분이 잔존하는 이상, 공장설립승인처분이 취소되었다는 사정만으로 인근 주민들의 환경상 이익이 침해되는 상태나 침해될 위험이 종료되었다거나 이를 시정할 수 있는 단계가 지나버렸다고 단정할 수는 없고, 인근 주민들은 여전히 공장건축허가처분의 취소를 구할 법률상 이익이 있다고 보아야 한다(대법원 2018. 7. 12. 선고 2015두3485 판결).

판례 054

[1] 독점규제 및 공정거래에 관한 법률 제54조 제1항에 따르면, 위 법에 의한 공정거래위원회의 처분에 대하여 불복의 소를 제기하고자 할 때에는 처분의 통지를 받은 날 또는 이의신청에 대한 재결서의 정본을 송달받은 날부터 30일 이내에 소를 제기하여야 한다.

청구취지를 추가하는 경우, 청구취지가 추가된 때에 새로운 소를 제기한 것으로 보므로, 추가된 청구취지에 대한 제소기간 준수 등은 원칙적으로 청구취지의 추가·변경 신청이 있는 때를 기준으로 판단하여야 한다.

그러나 선행 처분의 취소를 구하는 소를 제기하였다가 이후 후행 처분의 취소를 구하는 청구취지를 추가한 경우에도, 선행 처분이 종국적 처분을 예정하고 있는 일종의 잠정적 처분으로서 후행 처분이 있을 경우 선행 처분은 후행 처분에 흡수되어 소멸되는 관계에 있고, 당초 선행 처분에 존재한다고 주장되는 위법사유가 후행 처분에도 마찬가지로 존재할 수 있는 관계여서 선행 처분의 취소를 구하는 소에 후행 처분의 취소를 구하는 취지도 포함되어 있다고 볼 수 있다면, 후행 처분의 취소를 구하는 소의 제소기간은 선행 처분의 취소를 구하는 최초의 소가 제기된 때를 기준으로 정하여야 한다.

[2] 독점규제 및 공정거래에 관한 법률(이하 '공정거래법'이라 한다) 제55조의3 제1항 1호에 따르면, 공정거래위원회는 '위반행위의 내용 및 정도' 등을 참작하여 과징금을 결정하여야 하고, 공정거래법 제55조의3 제5항의 위임에 따른 독점규제 및 공정거래에 관한 법률 시행령 제61조 제1항 [별표 2] 제2호 (다)목은 위반행위의 내용 및 정도 등 공정거래법 제55조의3 제1항 각호의 사항에 영향을 미치는 '위반사업자의 고의·과실, 위반행위의 성격과 사정' 등의 사유를 고려하여 공정거래위원회가 정하여 고시하는 기준에 따라 과징금을 조정하도록 규정하고 있다. 이에 근거한 구 과징금부과 세부기준 등에 관한 고시(2014. 5. 30. 공정거래위원회고시 제2014-7호로 개정되기 전의 것) Ⅳ. 3. 나. (5)항(이하 '고시 조항'이라 한다)은 '위반사업자의 이사 또는 그 이상에 해당하는 고위 임원(등기부 등재 여부를 불문한다)이 위반행위에 직접 관여한 경우'에는 100분의 10 이내 범위에서 과징금을 가중할 수 있다고 규정하고 있다.

이때 고위 임원의 관여 행위를 공정거래법령이 정한 과징금 산정의 참작 사유, 즉 위반행위의 내용과 정도에 영향을 미치는 '위반사업자의 고의, 위반행위의 성격과 사정'에 대한 평가를 달리 할 수 있는 사유에 해당한다고 보기 위해서는, 임원이 위반행위를 보고받고도 단순히 이를 제지하지 않는 등과 같이 간접적으로 관여하는 차원을 넘어서, 위반행위를 주도·계획하거나 이와 유사한 정도로 위반행위에 직접 관여하였다고 볼 수 있어야 한다.

따라서 <u>공정거래위원회가 고위 임원이 위반행위에 '직접 관여'한 경우라고 보아 위 고시 조항을 적용하여 과징금을 가중하였으나, 관여행위가 단순히 위반행위에 관하여 보고를 받고도 이를 제지하지 않는 경우처럼 간접적으로 관여하는 데 그쳤다는 등의 특별한 사정이 있다면, 그와 같이 산정한 과징금부과처분은 재량권 일탈·남용에 해당하여 위법하다고 볼 수 있다</u>(대법원 2018. 11. 15. 선고 2016두48737 판결).

판례 055

(가) 관계 법령들 사이에 모순·충돌이 있는 것처럼 보일 때 그러한 모순·충돌을 해소하는 법령 해석을 제시하는 것은 법령에 관한 최종적인 해석권한을 부여받은 대법원의 고유한 임무이다.

만일 학원의 설립·운영 및 과외교습에 관한 법률 시행령(이하 '학원법 시행령'이라 한다) 제3조의3 제1항 [별표 2] '학원의 교습과정' 중 평생직업교육학원의 교습과정에 속하는 댄스에 관하여 '체육시설의 설치·이용에 관한 법률에 따른 무도학원업 제외'라는 단서 규정(이하 '학원법 시행령 댄스학원의 범위 단서 규정'이라 한다)의 의미를 국제표준무도를 교습하는 댄스학원을 체육시설의 설치·이용에 관한 법률(이하 '체육시설법'이라 한다)상 무도학원업으로 신고할 수 있는 경우에는 학원의 설립·운영 및 과외교습에 관한 법률(이하 '학원법'이라 한다)의 적용을 배제하는 규정이라고 해석하게 되면, 체육시설법 시행령 제6조 [별표 2] 제7호의 '학원의 설립·운영 및 과외교습에 관한 법률에 따른 학원은 제외'라는 단서 규정(이하 '체육시설법 시행령 무도학원업의 범위 단서 규정'이라 한다)의 의미도 국제표준무도를 교습하는 댄스학원을 학원법상 평생직업교육학원으로 등록할 수 있는 경우에는 체육시설법의 적용을 배제하는 규정이라고 해석하여야 하고, 이렇게 해석할 경우 국제표준무도를 교습하는 댄스학원을 두 법령 중 어느 하나에 따라 등록하거나 신고하는 것이 모두 불가능해지는 결과에 도달하게 된다. 이러한 결과는 댄스학원을 개설·운영하려는 사람의 직업의 자유나 영업의 자유 등 기본권을 부당하게 제한하거나 침해하는 것이므로 허용될 수 없다. 특히 신고 없이 체육시설법상 체육시설을 설치·운영하는 행위(체육시설법 제38조 제2항 제1호)와 등록 없이 학원법상 학원을 설립·운영하는 행위(학원법 제22조 제1항 제1호)가 형사처벌대상으로 규정되어 있는 점을 고려하면 더욱 그러하다. 따라서 이러한 해석은 헌법상 직업의 자유나 법률의 위임 취지에 배치되므로 채택할 수 없다.

국가의 법체계는 그 자체로 통일체를 이루고 있으므로 상·하규범 사이의 충돌은 최대한 배제하여야 하고, 또한 규범이 무효라고 선언될 경우에 생길 수 있는 법적 혼란과 불안정 및 새로운 규범이 제정될 때까지의 법적 공백 등으로 인한 폐해를 피하여야 할 필요성에 비추어 보면, 하위법령의 규정이 상위법령의 규정에 저촉되는지 여부가 명백하지 아니한 경우에, 관련 법령의 내용과 입법 취지 및 연혁 등을 종합적으로 살펴 하위법령의 의미를 상위법령에 합치되는 것으로 해석하는 것이 가능한 경우라면, 하위법령이 상위법령에 위반된다는 이유로 쉽게 무효를 선언할 것은 아니다. 마찬가지 이유에서, 어느 하나가 적용우위에 있지 않은 서로 다른 영역의 규범들 사이에서 일견 모순·충돌이 발생하는 것처럼 보이는 경우에도 상호 조화롭게 해석하는 것이 가능하다면 양자의 모순·충돌을 이유로 쉽게 어느 일방 또는 쌍방의 무효를 선언할 것은 아니다.

앞서 본 바와 같은 부당한 해석 결과를 방지하는 한편, 두 시행령 단서 규정의 형식과 연혁 등을 고려하여 그 의미를 상호 조화롭게 이해하려면, '체육시설법 시행령 무도학원업의 범위 단서 규정'은 성인을 대상으로 국제표준무도를 교습하는 학원이 학원법상 학원의 요건을 갖추어 등록을 마친 경우에는 체육시설법이 별도로 적용되지 않는다는 점을 확인적으로 규정한 것이고, 나아가 '학원법 시행령 댄스학원의 범위 단서 규정'도 성인을 대상으로 국제표준무도를 교습하는 학원이 체육시설법상 무도학원업의 요건을 갖추어 신고를 마친 경우에는 학원법이 별도로 적용되지 않는다는 점을 확인적으로 규정한 것으로 해석함이 타당하다.

(나) 따라서 <u>국제표준무도를 교습하는 학원을 설립·운영하려는 자가 체육시설법상 무도학원업으로 신고하거나 또는 학원법상 평생직업교육학원으로 등록하려고 할 때에, 관할 행정청은 그 학원이 소관 법령에 따른 신고 또는 등록의 요건을 갖춘 이상 신고 또는 등록의 수리를 거부할 수 없다</u>고 보아야 한다(대법원 2018. 6. 21. 선고 2015두48655 전원합의체 판결).

판례 056

'소속 지방법무사회는 법무사 사무원이 법무사 사무원으로서의 업무수행에 지장이 있다고 인정되는 행위를 하였을 경우에는 그 채용승인을 취소하여야 한다'고 규정한 법무사규칙 제37조 제6항 후단 부분이 모법인 법무사법 제23조 제4항의 위임 범위를 일탈한 것이어서 법률유보원칙에 위배되는지 문제 된 사안에서, 위 규칙조항이 모법의 위임 범위를 일탈한 것으로 볼 수 없다(대법원 2020. 4. 9. 선고 2015다34444 판결).

판례 057

구 도시 및 주거환경정비법(2013. 3. 23. 법률 제11690호로 개정되기 전의 것) 제11조 제1항 본문은 계약 상대방 선정의 절차와 방법에 관하여 조합총회에서 '경쟁입찰'의 방법으로 하도록 규정함으로써, 계약 상대방 선정의 방법을 법률에서 직접 제한하고 제한의 내용을 구체화하고 있다. 다만 경쟁입찰의 실시를 위한 절차 등 세부적 내용만을 국토해양부장관이 정하도록 규정하고 있을 뿐이고, 이것이 계약의 자유를 본질적으로 제한하는 사항으로서 입법자가 반드시 법률로써 규율하여야 하는 사항이라고 보기 어렵다. 또한 '경쟁입찰'은 경쟁의 공정성을 유지하는 가운데 입찰자 중 입찰 시행자에게 가장 유리한 입찰참가인을 낙찰자로 하는 것까지를 포괄하는 개념이므로 위 규정이 낙찰자 선정 기준을 전혀 규정하지 않고 있다고 볼 수 없다. 따라서 <u>위 규정은 법률유보의 원칙에 반하지 않는다</u>(대법원 2017. 5. 30. 선고 2014다61340 판결).

판례 058

공정거래법 제49조, 제50조의 문언과 규정 내용 및 이 사건 법률조항의 입법 취지 등을 고려하면, 이 사건 법률 조항 중 제1호의 '조사개시일' 및 이 사건 부칙조항의 '최초로 조사'가 이루어진 시점은 '조사가 개시되었음을 객관적으로 확정할 수 있는 때'를 의미한다고 해석할 수 있다. 개개의 사안에서 '조사가 개시되었음을 객관적으로 확정할 수 있는 때'가 언제인지는 법관의 보충적인 가치판단을 통해서 구체화할 수 있다. 따라서 이 사건 법률조항 및 부칙조항의 의미가 불명확하다거나 법을 해석·집행하는 기관이 개개의 사안에서 그 의미를 자의적으로 해석하거나 집행할 우려가 있다고 보기 어려우므로, 이 사건 각 조항이 명확성원칙에 반한다거나 이 사건 법률조항이 법률유보원칙에 위배된다고 볼 수 없다(대법원 2018. 7. 26. 선고 2017두46912 판결).

○ 판례 059

구 국가를 당사자로 하는 계약에 관한 법률(2016. 3. 2. 법률 제14038호로 개정되기 전의 것, 이하 '국가계약법'이라 한다) 제27조 제1항은 경쟁의 공정한 집행이나 계약의 적정한 이행을 해칠 염려가 있거나 그 밖에 입찰에 참가시키는 것이 적합하지 아니하다고 인정되는 자(이하 '부정당업자'라 한다)에게는 2년 이내의 범위에서 대통령령으로 정하는 바에 따라 입찰참가자격을 제한하도록 규정하고 있다. 그 위임에 따라 구 국가를 당사자로 하는 계약에 관한 법률 시행령(2016. 9. 2. 대통령령 제27475호로 개정되기 전의 것) 제76조 제1항(이하 '이 사건 시행령 조항'이라 한다)은 본문에서 '계약상대자, 입찰자 등(이하 '계약상대자 등'이라 한다)이나 계약상대자 등의 대리인, 지배인 또는 그 밖의 사용인이 각호의 어느 하나에 해당하는 경우에는 부정당업자인 해당 계약상대자 등에게 입찰참가자격을 제한하여야 한다'고 규정하면서, 단서에서 "계약상대자 등의 대리인, 지배인 또는 그 밖의 사용인이 다음 각호의 어느 하나에 해당하는 행위를 하여 입찰참가자격의 제한 사유가 발생한 경우로서 계약상대자 등이 그 행위를 방지하기 위하여 상당한 주의와 감독을 게을리하지 아니한 경우에는 그러하지 아니하다."라고 규정하고 있다. 그리고 같은 항 제8호는 '입찰 또는 계약에 관한 서류를 위·변조하거나 부정하게 행사한 자 또는 허위서류를 제출한 자'를 입찰참가자격 제한 사유의 하나로 규정하고 있다.

이러한 부정당업자의 입찰참가자격을 제한하는 제도를 둔 취지는 국가를 당사자로 하는 계약에서 공정한 입찰 및 계약질서를 어지럽히는 행위를 하는 사람에 대하여 일정 기간 입찰참가를 배제함으로써 국가가 체결하는 계약의 성실한 이행을 확보함과 동시에 국가가 입게 될 불이익을 미리 방지하기 위한 데 있다(대법원 2014. 12. 11. 선고 2013두26811 판결 참조).

입찰참가자격 제한 처분은 위와 같은 입법 목적을 달성하기 위하여 경쟁의 공정한 집행이나 계약의 적정한 이행을 해칠 염려가 있거나 그 밖에 입찰에 참가시키는 것이 적합하지 아니하다는 객관적 사실 및 평가에 착안하여 가하는 제재이므로 반드시 현실적인 행위자가 아니라도 법령상 책임자로 규정된 자에게 부과될 수 있다. 이는 대리인 등 타인을 사용하여 이익을 얻는 부정당업자는 그로 인한 위험이나 불이익을 감수하는 것이 타당하다는 점에서도 그러하다.

이 사건 시행령 조항 단서 중 '그 행위를 방지하기 위하여 상당한 주의와 감독'을 해야 하는 것은 입찰참가자격 제한 사유의 발생을 방지하기 위한 계약상대자 등 자신의 의무이다. 이 사건 시행령 조항 단서에 의하여 입찰참가자격 제한 사유의 발생에 관하여 독자적인 책임이 없는 계약상대자 등은 제재의 대상에서 제외된다.

이처럼 이 사건 시행령 조항은 국가계약법의 위임에 따라 입찰참가자격 제한 요건을 구체화하면서, 계약상대자 등의 독자적인 책임이 인정되지 않는 경우에는 입찰참가자격을 제한하지 않도록 규정하고 있으므로, 법률유보원칙이나 자기책임원칙에 반하여 무효라고 볼 수 없다(대법원 2020. 2. 27. 선고 2017두39266 판결).

판례 060

[1] 병역법 제88조 제1항에서 정한 '정당한 사유'의 법적 성격(=구성요건해당성 조각사유) 및 정당한 사유가 있는지 판단할 때 고려하여야 할 사항 / 이른바 양심적 병역거부가 병역법 제88조 제1항에서 정한 '정당한 사유'에 해당하는지 여부(한정 적극) / 양심적 병역거부를 위 조항의 정당한 사유로 인정할 것인지가 대체복무제의 존부와 논리필연적인 관계에 있는지 여부(소극) / 정당한 사유로 인정할 수 있는 양심적 병역거부에서 말하는 '진정한 양심'의 의미와 증명 방법 및 정당한 사유의 부존재에 대한 증명책임 소재(=검사)

[2] 여호와의 증인 신도인 피고인이 지방병무청장 명의의 현역병입영통지서를 받고도 입영일부터 3일이 지나도록 종교적 양심을 이유로 입영하지 않고 병역을 거부하여 병역법 위반으로 기소된 사안에서, 제반 사정에 비추어 피고인의 입영거부 행위는 진정한 양심에 따른 것으로서 구 병역법 제88조 제1항에서 정한 '정당한 사유'에 해당할 여지가 있는데도, 피고인이 주장하는 양심이 위 조항의 정당한 사유에 해당하는지 심리하지 아니한 채 양심적 병역거부가 정당한 사유에 해당하지 않는다고 보아 유죄를 인정한 원심판결에 법리오해의 잘못이 있다고 한 사례(대법원 2018. 11. 1. 선고 2016도10912 전원합의체 판결)

판례 061

피고인 1이 고농도 니코틴 용액에 프로필렌글리콜(Propylene Glycol)과 식물성 글리세린(Vegetable Glycerin)과 같은 희석액, 소비자의 기호에 맞는 향료를 일정한 비율로 첨가하여 전자장치를 이용해 흡입할 수 있는 이 사건 니코틴 용액을 만든 것을 담배의 제조행위라고 본 것은 정당하다. 거기에 상고이유 주장과 같이 법률유보 및 죄형법정주의 유추해석금지원칙에 위반한 위법이 없다.--> 피고인들이 공모하여, 고농도 니코틴 용액에 프로필렌글리콜(Propylene Glycol)과 식물성 글리세린(Vegetable Glycerin)과 같은 희석액, 소비자의 기호에 맞는 향료를 일정한 비율로 첨가하여 전자장치를 이용해 흡입할 수 있는 '니코틴이 포함된 용액'을 만드는 방법으로 담배제조업 허가 없이 담배를 제조하였다고 하여 담배사업법 위반으로 기소된 사안에서, 담배사업법의 위임을 받은 기획재정부가 전자담배제조업에 관한 허가기준을 마련하지 않고 있으나, 궐련담배제조업에 관한 허가기준은 이미 마련되어 있는 상황에서 담배제조업 관련 법령의 허가기준을 준수하거나 허가기준이 새롭게 마련될 때까지 법 준수를 요구하는 것이 죄형법정주의 원칙에 위반된다거나 기대가능성이 없는 행위를 처벌하는 것이어서 위법하다고 보기 어렵다(대법원 2018. 9. 28. 선고 2018도9828 판결).

판례 062

갑 주식회사가 조달청과 물품구매계약을 체결하고 국가종합전자조달시스템인 나라장터 종합쇼핑몰 인터넷 홈페이지를 통해 납품요구를 하는 수요기관에 제품을 납품하였는데, 조달청이 '규격서 내용을 허위로 기재하거나 과장하였다'는 등의 이유로 물품구매계약 추가특수조건 규정에 따라 갑 회사에 대하여 6개월간 나라장터 종합쇼핑몰에서의 거래를 정지한다고 통보한 사안에서, 위 거래정지 조치는 항고소송의 대상이 되는 행정처분에 해당한다고 본 원심의 판단이 정당하다고 한 사례--> 거래정지 조치가 항고소송의 대상인 행정처분에 해당한다고 본 원심의 판단은 정당하고,

거기에 상고이유 주장과 같이 항고소송의 대상성에 관한 법리를 오해한 잘못이 없다. [다만 이처럼 이 사건 거래정지 조치가 항고소송의 대상에 해당하는 것으로 보더라도, 추가특수조건에서 정한 제재조치의 발동요건조차 갖추지 못한 경우에는 이 사건 거래정지 조치는 위법하다고 인정할 수 있다. 이에 따라 법원은 원고의 행위가 추가특수조건에서 정한 거래정지 조치의 사유에 해당하는지, 추가특수조건의 내용이나 그에 기한 거래정지 조치가 국가계약법령 등을 위반하였거나 평등원칙, 비례원칙, 신뢰보호 원칙 등을 위반하였는지 등을 심사할 수 있고, 이 점에서 원심이 이 사건 거래정지 조치가 법률유보의 원칙에 위배되어 위법하다고 판단한 점은 적절하지 않음을 지적하여 둔다(대법원 2018. 11. 29. 선고 2017두34940 판결).

판례 063

구청장이 구 폐기물처리시설 설치촉진 및 주변지역지원 등에 관한 법률 제6조에 따라 폐기물처리시설을 설치하거나 그 설치비용에 해당하는 금액을 납부할 의무를 부담하는 택지개발사업의 사업시행자에게 '서울특별시 송파구 택지개발에 따른 폐기물처리시설 설치비용 산정에 관한 조례' 규정에 따라 폐기물처리시설 설치비용 산정의 기준이 되는 부지면적에 주민편익시설의 면적을 포함시켜 산정한 폐기물처리시설 부담금을 부과한 사안에서, 위 조례 규정은 상위법령의 가능한 해석 범위를 넘어 이를 확장함으로써 위임의 한계를 벗어난 새로운 입법을 한 것과 다름없으므로 효력이 없다(대법원 2019. 1. 10. 선고 2016두54039 판결).

판례 064

구 쌀소득 등의 보전에 관한 법률(2013. 3. 23. 법률 제11690호로 개정되기 전의 것, 이하 '구 쌀소득보전법'이라 한다) 제13조 제1항 각호에 따라 지급이 제한되는 쌀소득 등 보전 직접 지불금(이하 '직불금'이라 한다)을 이미 지급한 경우에는 같은 법 제13조의2 제1항 전문에 따라 이를 반환하도록 하여야 한다. 구 쌀소득보전법 제13조 제1항 제1호 사유가 있는 경우에 지급이 제한되는 직불금은 '등록된 모든 농지에 대한 직불금 전액'이므로, 이 경우 이미 지급된 직불금이 있다면 그 전액이 반환 대상이 된다.
 이와 달리 같은 법 제13조의2 제1항 후문에 따른 2배의 추가징수 기준인 '지급한 금액'은 '거짓이나 그 밖의 부정한 방법으로 수령한 직불금'에 한정된다고 새겨야 한다(대법원 2019. 2. 21. 선고 2014두12697 전원합의체 판결).

판례 065

갑 주식회사가 조달청장과 우수조달물품으로 지정된 고정식 연결의자를 수요기관인 지방자치단체에 납품하는 내용의 물품구매계약을 체결한 후 각 지방자치단체에 지정된 우수조달물품보다 품질이 뛰어난 프리미엄급 의자를 납품하였는데, 조달청장이 갑 회사가 수요기관에 납품한 의자가 우수조달물품이 아닌 일반제품이라는 이유로 3개월간 입찰참가자격을 제한하는 처분을 한 사안에서, 원심이 위 처분에 처분사유가 인정되지 않는다고 판단한 부분은 수긍하기 어려우나 위 처분이 비례원칙 등을 위반하여 재량권을 일탈·남용하였으므로 결과적으로 위법하다(대법원 2018. 11. 29. 선고 2018두49390 판결).

◦판례 066

공익사업을 위한 토지 등의 취득 및 보상에 관한 법률 제77조 제4항은 농업손실 보상액의 구체적인 산정 및 평가 방법과 보상기준에 관한 사항을 국토교통부령으로 정하도록 위임하고 있다. 그 위임에 따라 2013. 4. 25. 국토교통부령 제5호로 개정된 공익사업을 위한 토지 등의 취득 및 보상에 관한 법률 시행규칙(이하 '개정 시행규칙'이라 한다) 제48조 제2항 단서 제1호가 실제소득 적용 영농보상금의 예외로서, 농민이 제출한 입증자료에 따라 산정한 실제소득이 동일 작목별 평균소득의 2배를 초과하는 경우에 해당 작목별 평균생산량의 2배를 판매한 금액을 실제소득으로 간주하도록 규정함으로써 실제소득 적용 영농보상금의 '상한'을 설정하였다.

이와 같은 개정 시행규칙 제48조 제2항 단서 제1호는, 영농보상이 장래의 불확정적인 일실소득을 보상하는 것이자 농민의 생존배려·생계지원을 위한 보상인 점, 실제소득 산정의 어려움 등을 고려하여, 농민이 실농으로 인한 대체생활을 준비하는 기간의 생계를 보장할 수 있는 범위 내에서 실제소득 적용 영농보상금의 '상한'을 설정함으로써 나름대로 합리적인 적정한 보상액의 산정방법을 마련한 것이므로, 헌법상 정당보상원칙, 비례원칙에 위반되거나 위임입법의 한계를 일탈한 것으로는 볼 수 없다(대법원 2020. 4. 29. 선고 2019두32696 판결).

◦판례 067

구 과징금부과 세부기준 등에 관한 고시(2016. 12. 30. 공정거래위원회 고시 제2016-22호로 개정되기 전의 것) Ⅳ. 4. 가. (1), (2)항은 2차 조정을 거쳐 부과과징금을 산정할 때 2차 조정된 산정기준의 조정사유와 감경률 등 조정기준에 대하여 규정하고 있을 뿐, 부과과징금 산정 단계에서 각 조정사유에 따른 감경률을 전부 합산하여 적용하여야 하는지, 일부 감경률을 단계적으로 적용할 수 있는지 등을 구체적으로 정하고 있지 않다. 이는 과징금의 제재적 효과 실현, 합리적인 감경률의 적용, 감경률의 남용 방지 필요성 등 과징금제도와 감경제도의 입법 취지 및 공익 목적을 종합적으로 고려하여 기준을 설정할 필요가 있는 사항이고, 관계 법령과 과징금 고시의 관련 규정의 문언에서 곧바로 일의적인 기준이 도출되지는 않는다.

이러한 사정에 더하여, 감경 여부 및 감경률 등을 정하는 것은 공정거래위원회의 재량에 속하고 또한 공정거래위원회가 이에 관한 내부 사무처리준칙을 어떻게 정할 것인지에 대하여도 재량을 갖고 있는 점을 아울러 참작하면, 부과과징금 결정단계의 조정사유별 감경률 적용방식에 관하여 구체적인 규정이 없는 상태에서, 공정거래위원회가 과징금 부과처분을 하면서 적용한 기준이 과징금제도와 감경제도의 입법 취지에 반하지 아니하고 불합리하거나 자의적이지 아니하며, 나아가 그러한 기준을 적용한 과징금 부과처분에 과징금 부과의 기초가 되는 사실을 오인하였거나 비례·평등원칙에 위배되는 등의 사유가 없다면, 그 과징금 부과처분에 재량권을 일탈·남용한 위법이 있다고 보기 어렵다(대법원 2019. 7. 25. 선고 2017두55077 판결).

◦판례 068

구 고용보험법(2008. 12. 31. 법률 제9315호로 개정되고 2015. 1. 20. 법률 제13041호로 개정되기 전의 것) 제35조 제1항은 부정수급자에 대한 제재의 정도를 강화하기 위하여 '부정수급자에게 대통령령으로 정하는 바에 따라 그 지원을 제한하거나 부정수급액을 반환하도록 명할 수 있다'고 규정하고, 그 위임에 따른 구 고용보험법 시행령(2013. 12. 24. 대통령령 제25022호로 개정되기 전의 것) 제56조 제1항은 '이미 지급받은 부정수급액에 대해서는 반환을 명하여야 한다'고 규정하고 있다. 위 규정은 실업의 예방, 고용의 촉진 및 근로자의 직업능력의 개발과 향상 등과 같은 고용보험법 목적과 취지 및 내용 등을 감안할 때 부정행위가 있는 경우 반환명령을 반드시 하도록 할 것인지 여부에 대하여도 대통령령에 위임하고 있다고 봄이 타당하다.

제재적 행정처분이 재량권의 범위를 일탈하였거나 남용하였는지는, 처분사유인 위반행위의 내용과 위반의 정도, 처분에 의하여 달성하려는 공익상의 필요와 개인이 입게 될 불이익 및 이에 따르는 여러 사정 등을 객관적으로 심리하여 공익침해의 정도와 처분으로 인하여 개인이 입게 될 불이익을 비교·교량하여 판단하여야 한다. 이러한 제재적 행정처분의 기준이 부령 형식으로 규정되어 있더라도 그것은 행정청 내부의 사무처리준칙을 규정한 것에 지나지 않아 대외적으로 국민이나 법원을 기속하는 효력이 없다. 따라서 그 처분의 적법 여부는 처분기준만이 아니라 관계 법령의 규정 내용과 취지에 따라 판단하여야 한다. 그러므로 처분기준에 부합한다 하여 곧바로 처분이 적법한 것이라고 할 수는 없지만, 처분기준이 그 자체로 헌법 또는 법률에 합치되지 않거나 그 기준을 적용한 결과가 처분사유인 위반행위의 내용 및 관계 법령의 규정과 취지에 비추어 현저히 부당하다고 인정할 만한 합리적인 이유가 없는 한, 섣불리 그 기준에 따른 처분이 재량권의 범위를 일탈하였다거나 재량권을 남용한 것으로 판단해서는 안 된다(대법원 2019. 9. 26. 선고 2017두48406 판결).

판례 069

갑 주식회사 등 13개사가 LNG 저장탱크 건설공사 입찰에 참여하면서 사전에 각 공사별로 낙찰자와 투찰률을 정하고, 낙찰자를 정하면서 해당 공사를 낙찰받은 건설사가 낙찰 컨소시엄에 포함된 다른 건설사들과 공사물량을 배분하기로 합의하고, 사전에 정한 투찰률로 입찰에 참여한 행위에 대하여, 공정거래위원회가 구 독점규제 및 공정거래에 관한 법률 제19조 제1항 제3호, 제8호에서 정한 '부당한 공동행위'에 해당한다며 과징금을 부과하기 위해 과징금을 산정하면서, 구 과징금부과 세부기준 등에 관한 고시 Ⅳ. 1. 다. (1). (마). 2)항에서 정한 '들러리 사업자에 대하여는 그 수가 5 이상인 경우에는 N분의 (N-2) 범위 내에서 산정기준을 감액할 수 있고, N은 들러리 사업자의 수를 말한다'는 규정에 따라 N을 공동수급체의 수로 보고 부과과징금을 결정한 사안에서, 공정거래위원회가 위 고시의 N을 공동수급체의 수로 판단한 것에 재량권의 일탈·남용이 없다고 한 사례

부과과징금 결정단계의 조정사유별 감경률 적용방식에 관하여 공정거래위원회가 마련한 기준을 적용한 과징금 부과처분이 위법한지 여부(원칙적 소극) 및 그 부과처분이 재량권 일탈·남용으로 위법하게 되는 경우--)과징금 고시 Ⅳ. 4. 가. (1), (2)항은 2차 조정을 거쳐 부과과징금을 산정할 때 2차 조정된 산정기준의 조정사유와 감경률 등 조정기준에 대하여 규정하고 있을 뿐, 부과과징금 산정 단계에서 각 조정사유에 따른 감경률을 전부 합산하여 적용하여야 하는지, 일부 감경률을 단계적으로 적용할 수 있는지 등을 구체적으로 정하고 있지 않다. 이는 과징금의 제재적 효과 실현, 합리적인 감경률의 적용, 감경률의 남용 방지 필요성 등 과징금제도와 감경제도의 입법 취지 및 공익 목적을 종합적으로 고려하여 기준을 설정할 필요가 있는 사항이고, 관계 법령과 과징금 고시의 관련 규정의 문언에서 곧바로 일의적인 기준이 도출되지는 않는다.

이러한 사정에 더하여, 감경 여부 및 감경률 등을 정하는 것은 공정거래위원회의 재량에 속하고 또한 공정거래위원회가 이에 관한 내부 사무처리준칙을 어떻게 정할 것인지에 대하여도 재량을 갖고 있는 점을 아울러 참작하면, 부과과징금 결정단계의 조정사유별 감경률 적용방식에 관하여 구체적인 규정이 없는 상태에서, 공정거래위원회가 과징금 부과처분을 하면서 적용한 기준이 과징금제도와 감경제도의 입법 취지에 반하지 아니하고 불합리하거나 자의적이지 아니하며, 나아가 그러한 기준을 적용한 과징금 부과처분에 과징금 부과의 기초가 되는 사실을 오인하였거나 비례·평등원칙에 위배되는 등의 사유가 없다면, 그 과징금 부과처분에 재량권을 일탈·남용한 위법이 있다고 보기 어렵다.

피고가 부과과징금 결정단계에서 전체적으로 적용되어야 할 감경률을 우선 적용하여 '잠정 부과과징금'을 산출한 다음, 이에 부당한 공동행위에 따른 입찰 참여 형태별로 구별하여 취득한 이익의 규모를 반영한 감경률을 적용하였는데, 이러한 피고의 감경률 적용방식이 자의적이라거나 그 방식에 있어서 재량권을 일탈·남용한 잘못이 있다고 보기 어렵고, 이와 다른 행정 관행의 존재를 인정하기도 어렵다는 이유 등으로, 이 사건 처분이 자기구속의 원칙(평등원칙), 비례원칙 등에 위배된다고 볼 수 없다고 판단하였다(대법원 2019. 7. 25. 선고 2017두55060 판결).

판례 070

헌법상 평등원칙은 본질적으로 같은 것을 자의적으로 다르게 취급함을 금지하는 것으로서, 일체의 차별적 대우를 부정하는 절대적 평등을 뜻하는 것이 아니라 입법을 하고 법을 적용할 때에 합리적인 근거가 없는 차별을 하여서는 아니 된다는 상대적 평등을 뜻하므로, 합리적 근거가 있는 차별 또는 불평등은 평등의 원칙에 반하지 아니한다. 또한 헌법상 기본권 보호의무란 기본권적 법익을 기본권 주체인 사인에 의한 위법한 침해 또는 침해의 위험으로부터 보호하여야 하는 국가의 의무를 말하며, 주로 사인인 제3자에 의한 개인의 생명이나 신체의 훼손에서 문제 되는 것이다.

이러한 법리에 비추어 살펴보면, 관련 법령이 정신병원 등의 개설에 관하여는 허가제로, 정신과의원 개설에 관하여는 신고제로 각 규정하고 있는 것은 각 의료기관의 개설 목적 및 규모 등 차이를 반영한 합리적 차별로서 평등의 원칙에 반한다고 볼 수 없다. 또한 신고제 규정으로 사인인 제3자에 의한 개인의 생명이나 신체 훼손의 위험성이 증가한다고 할 수 없어 기본권 보호의무에 위반된다고 볼 수도 없다(대법원 2018. 10. 25. 선고 2018두44302 판결).

판례 071

구 국토의 계획 및 이용에 관한 법률 시행령(2018. 1. 16. 대통령령 제28583호로 개정되기 전의 것) 제71조 제1항 제19호 [별표 20] 제1호 (자)목 (1) 중 [별표 19] 제2호 (자)목 (3) 부분에 의하면 같은 계획관리지역이더라도 폐수배출시설 설치제한지역인지 여부에 따라 폐수무방류배출시설의 건축 가능성 유무가 정해지지만, 이는 본질적으로 서로 상이한 법률[구 수질 및 수생태계 보전에 관한 법률(2017. 1. 17. 법률 제14532호 물환경보전법으로 법률 제명 변경되기 전의 것)상 폐수배출시설 허가 및 설치제한 제도와 국토의 계획 및 이용에 관한 법률상 계획관리지역의 건축 규제 제도]의 입법 취지를 구현하는 과정에서 기인한 것으로 볼 수 있다. 따라서 그러한 차별적 취급을 두고 평등원칙에 위배된 자의적인 입법이라고 평가하기 어렵다(대법원 2020. 4. 29. 선고 2019도3795 판결).

○ 판례 072

근로기준법 제6조에서 정하고 있는 균등대우원칙이나 남녀고용평등과 일·가정 양립 지원에 관한 법률 제8조에서 정하고 있는 동일가치노동 동일임금 원칙 등은 어느 것이나 헌법 제11조 제1항의 평등원칙을 근로관계에서 실질적으로 실현하기 위한 것이다. 그러므로 국립대학의 장으로서 행정청의 지위에 있는 총장으로서는 근로계약을 체결할 때에 사회적 신분이나 성별에 따른 임금차별을 하여서는 아니 됨은 물론 그 밖에 근로계약상의 근로 내용과는 무관한 다른 사정을 이유로 근로자에 대하여 불합리한 차별 대우를 해서는 아니 된다.

갑이 국립대학인 을 대학과 시간강사를 전업과 비전업으로 구분하여 시간당 강의료를 차등지급하는 내용의 근로계약을 체결하고 자신이 전업강사에 해당한다고 고지함에 따라 전업 시간강사 단가를 기준으로 3월분 강의료를 지급받았는데, 국민연금공단으로부터 '갑이 부동산임대사업자로서 별도의 수입이 있는 사람에 해당한다'는 사실을 통보받은 을 대학 총장이 이미 지급한 3월분 강사료 중 비전업 시간강사료와의 차액 반환을 통보하고, 4월분과 5월분의 비전업 시간강사료를 지급한(이하 차액 반환통보 및 감액지급을 '각 처분'이라 한다) 사안에서, 근로계약서상의 전업·비전업 기준이 국립대학교인 을 대학교에 전속되어 일하여야 한다는 것인지, 출강은 어느 대학이든 자유로 할 수 있으나 시간강사 외의 일은 하지 않아야 한다는 것인지, 강사료 외에는 다른 소득이 없어야 한다는 것인지 분명하지 않고, 이를 어떻게 이해하더라도 시간제 근로자인 시간강사에 대하여 근로제공에 대한 대가로서 기본급 성격의 임금인 강사료를 근로의 내용과 무관한 사정에 따라 차등을 두는 것은 합리적이지 않은 점, 시간강사에 대한 열악한 처우를 개선할 의도로 강사료 단가를 인상하고자 하였으나 예산 사정으로 부득이 전업 여부에 따라 강사료 단가에 차등을 둔 것이라는 사용자 측의 재정 상황은 시간제 근로자인 시간강사의 근로 내용과는 무관한 것으로서 동일한 가치의 노동을 차별적으로 처우하는 데 대한 합리적인 이유가 될 수 없는 점 등을 종합하면, 위 각 처분은 위법함에도, 을 대학 총장이 시간강사를 전업과 비전업으로 구분하여 시간당 강의료를 차등지급하는 것이 부당한 차별적 대우에 해당하지 않는다고 본 원심판단에 헌법 제11조 제1항, 근로기준법 제6조, 남녀고용평등과 일·가정 양립 지원에 관한 법률 제8조 등의 해석에 관한 법리를 오해한 잘못이 있다고 한 사례(대법원 2019. 3. 14. 선고 2015두46321 판결)-->평등원칙위반

○ 판례 073

[1] 행정처분의 근거 법률에 의하여 보호되는 직접적이고 구체적인 이익이 있는 경우 행정소송법 제35조에 규정된 '무효 등 확인을 구할 법률상 이익'이 있는지 여부(적극) 및 이때 행정처분의 유·무효를 전제로 한 이행소송 등과 같은 직접적인 구제수단이 있는지를 따져보아야 하는지 여부(소극)

[2] 임용 당시 구 군인사법 제10조 제2항 제5호에 따른 임용결격사유가 있는데도 장교·준사관 또는 하사관으로 임용된 경우, 임용행위가 당연무효인지 여부(적극)

[3] 과거 소년이었을 때 죄를 범하여 형의 집행유예를 선고받은 사람이 장교·준사관 또는 하사관으로 임용된 경우, 그 임용이 유효한지 여부(적극)

[4] 소년법이 소년이었을 때 범한 죄로 형의 집행유예를 선고받은 경우 자격에 관한 법률을 적용할 때 장래에 향하여 선고를 받지 않은 것으로 보는 취지 / 소년법 제67조에서 정하고 있는 '소년이었을 때 범한 죄'인지는 실제 생년월일을 기준으로 판단하여야 하는지 여부(적극) 및 형의 집행유예 등 선고 이후에 가족관계등록부의 출생연월일이 실제 생년월일에 따라 정정된 경우, 정정된 출생연월일을 기준으로 소년이었을 때 범한 죄인지를 판단하여야 하는지 여부(적극)(대법원 2019. 2. 14. 선고 2017두62587 판결).

○ 판례 074 ○

초등학교 때 운동 틱과 음성 틱 증상이 모두 나타나는 '뚜렛증후군(Tourette's Disorder)' 진단을 받고 10년 넘게 치료를 받아왔으나 증상이 나아지지 않아 오랫동안 일상 및 사회생활에서 상당한 제약을 받던 갑이 장애인복지법 제32조에 따른 장애인등록신청을 하였으나, 갑이 가진 장애가 장애인복지법 시행령 제2조 제1항 [별표 1]에 규정되지 않았다는 이유로 관할 군수가 갑의 장애인등록신청을 거부하는 처분을 한 사안에서, 갑이 뚜렛증후군이라는 내부기관의 장애 또는 정신 질환으로 발생하는 장애로 오랫동안 일상생활이나 사회생활에서 상당한 제약을 받는 사람에 해당함이 분명하므로 장애인복지법 제2조 제2항에 따라 장애인복지법을 적용받는 장애인에 해당하는 점, 위 시행령 조항이 갑이 가진 장애를 장애인복지법의 적용대상에서 배제하려는 취지라고 볼 수도 없는 점을 종합하면, 행정청은 갑의 장애가 위 시행령 조항에 규정되어 있지 않다는 이유만을 들어 갑의 장애인등록신청을 거부할 수는 없으므로 관할 군수의 위 처분은 위법하고, 관할 군수로서는 위 시행령 조항 중 갑이 가진 장애와 가장 유사한 종류의 장애 유형에 관한 규정을 유추 적용하여 갑의 장애등급을 판정함으로써 갑에게 장애등급을 부여하는 등의 조치를 취하여야 한다(대법원 2019. 10. 31. 선고 2016두50907 판결).

○ 판례 075 ○

건축법이 1991. 5. 31. 법률 제4381호로 전부 개정되면서 구 건축법 부칙(1975. 12. 31.) 제2항(이하 '종전 부칙 제2항'이라 한다)과 같은 경과규정을 두지 않은 것은 당시 대부분의 도로가 시장·군수 등의 도로 지정을 받게 됨으로써 종전 부칙 제2항과 같은 경과규정을 존치시킬 필요성이 줄어든 상황을 반영한 것일 뿐, 이미 건축법상의 도로가 된 사실상의 도로를 다시 건축법상의 도로가 아닌 것으로 변경하려고 한 취지는 아닌 점, 종전 부칙 제2항이 효력을 상실한다고 보면 같은 규정에 의하여 이미 확정적으로 건축법상의 도로가 된 사실상의 도로들에 관하여 법률상 공백 상태가 발생하게 되고 그 도로의 이해관계인들, 특히 그 도로를 통행로로 이용하는 인근 토지 및 건축물 소유자의 신뢰보호 및 법적 안정성 측면에도 문제가 생기는 점 등의 제반 사정을 종합해 볼 때, 종전 부칙 제2항은 1991. 5. 31. 법률 제4381호로 전부 개정된 건축법의 시행에도, 여전히 실효되지 않았다고 볼 '특별한 사정'이 있다.
<u>건축허가권자는 건축신고가 건축법, 국토의 계획 및 이용에 관한 법률 등 관계 법령에서 정하는 명시적인 제한에 배치되지 않는 경우에도 건축을 허용하지 않아야 할 중대한 공익상 필요가 있는 경우에는 건축신고의 수리를 거부할 수 있다.</u>
갑이 '사실상의 도로'로서 인근 주민들의 통행로로 이용되고 있는 토지를 매수한 다음 2층 규모의 주택을 신축하겠다는 내용의 건축신고서를 제출하였으나, 구청장이 '위 토지가 건축법상 도로

에 해당하여 건축을 허용할 수 없다'는 사유로 건축신고수리 거부처분을 하자 갑이 처분에 대한 취소를 구하는 소송을 제기하였는데, 1심법원이 위 토지가 건축법상 도로에 해당하지 않는다는 이유로 갑의 청구를 인용하는 판결을 선고하자 구청장이 항소하여 '위 토지가 인근 주민들의 통행에 제공된 사실상의 도로인데, 주택을 건축하여 주민들의 통행을 막는 것은 사회공동체와 인근 주민들의 이익에 반하므로 갑의 주택 건축을 허용할 수 없다'는 주장을 추가한 사안에서, 당초 처분사유와 구청장이 원심에서 추가로 주장한 처분사유는 위 토지상의 사실상 도로의 법적 성질에 관한 평가를 다소 달리하는 것일 뿐, 모두 토지의 이용현황이 '도로'이므로 거기에 주택을 신축하는 것은 허용될 수 없다는 것이므로 기본적 사실관계의 동일성이 인정되고, 위 토지에 건물이 신축됨으로써 인근 주민들의 통행을 막지 않도록 하여야 할 중대한 공익상 필요가 인정되고 이러한 공익적 요청이 갑의 재산권 행사보다 훨씬 중요하므로, 구청장이 원심에서 추가한 처분사유는 정당하여 결과적으로 위 처분이 적법한 것으로 볼 여지가 있음에도 이와 달리 본 원심판단에 법리를 오해한 잘못이 있다(대법원 2019. 10. 31. 선고 2017두74320 판결).

○판례 076

외교부 소속 전·현직 공무원을 회원으로 하는 비영리 사단법인인 갑 법인이 재외공무원 자녀들을 위한 기숙사 건물을 신축하면서, 갑 법인과 외무부장관이 과세관청과 내무부장관에게 취득세 등 지방세 면제 의견을 제출하자, 내무부장관이 '갑 법인이 학술연구단체와 장학단체이고 갑 법인이 직접 사용하기 위하여 취득하는 부동산이라면 취득세가 면제된다'고 회신하였고, 이에 과세관청은 약 19년 동안 갑 법인에 대하여 기숙사 건물 등 부동산과 관련한 취득세·재산세 등을 전혀 부과하지 않았는데, 그 후 과세관청이 위 부동산이 학술연구단체가 고유업무에 직접 사용하는 부동산에 해당하지 않는다는 등의 이유로 재산세 등의 부과처분을 한 사안에서, 과세관청과 내무부장관이 갑 법인에 '갑 법인이 재산세 등이 면제되는 학술연구단체·장학단체에 해당하고, 위 부동산이 갑 법인이 고유업무에 직접 사용하는 부동산에 해당하여 재산세 등이 과세되지 아니한다'는 공적 견해를 명시적 또는 묵시적으로 표명하였으며, 갑 법인은 고유업무에 사용하는 부동산에 대하여는 재산세 등이 면제된다는 과세관청과 내무부장관 등의 공적인 견해표명을 신뢰하여 위 부동산을 취득하여 사용해 왔고, 갑 법인이 위 견해표명을 신뢰한 데에 어떠한 귀책사유가 있다고 볼 수 없으므로, 위 처분은 신의성실의 원칙에 반하는 것으로서 위법하다(대법원 2019. 1. 17. 선고 2018두42559 판결).

○판례 077

[1] '대한민국과 동남아시아국가연합 회원국 정부 간의 포괄적 경제협력에 관한 기본협정하의 상품무역에 관한 협정'(이하 '한·아세안 FTA'라고 한다) 부속서 원산지 규정의 이행을 위한 절차적 사항을 담은 부록 '원산지 규정을 위한 원산지 증명 운영절차' 제19조의 문언, 체계, 경위, 한·아세안 FTA 부속서를 비롯한 관련 법령의 직접운송에 관한 규정들의 취지와 목적 등을 모두 종합할 때, 위 조항은 한·아세안 FTA 부속서 3(원산지 규정) 제9조의 직접운송 규정을 원활히 실시·집행하기 위하여 관세당국에 제출할 증명서류에 관하여 일반적으로 신빙성을 높게 보는 대표적인 증빙서류들을 정하고 있는 것으로서, 이를 제출하기 어려운 사정이 있는 경우에는 다른 신빙성 있는 자료로 대체할 수 있다. 따라서 가호의 '수출 당사국에서 발행된 통과 선하증권'을 발급받기

어려운 사정이 있는 경우에는 같은 조 라호에 따라 다른 신빙성 있는 증명서류를 제출하여 직접 운송 간주 요건의 충족을 증명할 수 있고, 단지 위 '통과 선하증권'이 제출되지 않았다는 형식적인 이유만으로 한·아세안 FTA 직접운송의 요건을 충족하지 못한다고 단정하여 협정세율 적용을 부인할 수는 없다.

[2] 조세법률관계에서 신의성실의 원칙이 적용되기 위한 과세관청의 공적인 견해 표명은 당해 언동을 하게 된 경위와 그에 대한 납세자의 신뢰가능성에 비추어 실질에 의하여 판단하여야 하나, 납세자가 구 자유무역협정의 이행을 위한 관세법의 특례에 관한 법률(2015. 12. 29. 법률 제13625호로 전부 개정되기 전의 것) 제10조에 따라 수입신고 시 또는 그 사후에 협정관세 적용을 신청하여 세관장이 형식적 심사만으로 수리한 것을 두고 그에 대해 과세하지 않겠다는 공적인 견해 표명이 있었다고 보기는 어렵다(대법원 2019. 2. 14. 선고 2017두63726 판결).

판례 078

1) 행정청의 행위에 대하여 신뢰보호의 원칙이 적용되기 위해서는, ① 행정청이 개인에 대하여 신뢰의 대상이 되는 공적인 견해표명을 하여야 하고, ② 행정청의 견해표명이 정당하다고 신뢰한 데에 대하여 그 개인에게 귀책사유가 없어야 하며, ③ 그 개인이 그 견해표명을 신뢰하고 이에 상응하는 어떠한 행위를 하였어야 하고, ④ 행정청이 그 견해표명에 반하는 처분을 함으로써 견해표명을 신뢰한 개인의 이익이 침해되는 결과가 초래되어야 하며, ⑤ 그 견해표명에 따른 행정처분을 할 경우 이로 인하여 공익 또는 제3자의 정당한 이익을 현저히 해할 우려가 있는 경우가 아니어야 한다(대법원 2006. 6. 9. 선고 2004두46 판결 등 참조).

2) 피고 포항시장이 원고에게 두 차례 항만시설 사용허가를 해주었다는 사실만으로 그 이후로도 계속하여 항만시설 사용허가를 해줄 것이라는 공적인 견해표명을 하였다고 볼 수 없고 달리 피고 포항시장이 원고의 신뢰의 대상이 되는 공적인 견해표명을 하였다고 인정할 증거가 없다는 이유로 이 사건 제1처분이 신뢰보호의 원칙에 반하지 않는다고 판단하였다(대법원 2017. 11. 23. 선고 2014두1628 판결).

판례 079

피고가 원고들에 대하여 부정수급에 관한 조사를 진행하는 중에 장해일시금을 지급하기는 하였으나, 보험급여 지급결정이 취소되기 전에 지급한 것일 뿐 아니라, 이러한 지급을 두고 부당이득징수를 하지 않겠다는 공적인 견해표명이라고 보기 어려우므로, 이 사건 처분이 신뢰보호의 원칙에 반하지 아니한다고 판단하였다(대법원 2017. 8. 29. 선고 2017두44718 판결).

판례 080

화물자동차 등록업무를 담당하던 공무원 개인이 화물자동차 불법증차에 공모·가담한 행위에 관해서는 공무원 개인에게 상응하는 처벌과 징계를 해야 하겠지만, 공무원 개인이 불법증차에 공모·

가담하였다는 사정만으로 공무원이 속한 행정청이 불법증차된 차량과 관련한 법집행을 할 수 없다고 하는 것은 '행정의 법률적합성 원칙'에 반하므로 받아들일 수 없다. 공무원이 속한 행정청이 불법증차된 차량과 관련한 법집행을 하는 것이 신의성실원칙에 위반된다거나 권리남용에 해당한다고 볼 수 없다(대법원 2019. 10. 17. 선고 2019두33897 판결).

판례 081

고엽제후유의증 등 환자지원 및 단체설립에 관한 법률 시행령 부칙(2014. 11. 24.) 제2조 제1항, 제2항의 문언, 체계 등을 종합하여 보면, 부칙 제2조 제1항은 신체검사가 개정 기준이 시행된 이후에 실시되는 경우 개정 기준에 따라 장애등급을 판정하도록 정한 원칙적 규정이고, 부칙 제2조 제2항은 개정 전 기준에 따라 장애등급을 판정받은 고엽제후유의증환자에 대하여 재판정신체검사를 실시할 경우 개정 전 기준에 의할 때 장애등급이 낮아질 정도로 장애상태가 호전되지 않았음에도 단지 법령규정이 개정되었다는 이유만으로 장애등급을 강등시키는 것은 가혹하다는 취지에서 개정 전 기준에 따라 장애등급을 판정하도록 한 예외적 규정이다.

한편 법문상 재판정신체검사가 신청에 의한 것인지 직권에 의한 것인지를 특별히 구분하고 있지 않을 뿐만 아니라, 개정 전 기준에 따라 장애등급을 판정받은 사람의 신뢰이익 보호 여부를 재판정신체검사의 계기에 따라 달리 취급할 합리적 근거도 없으므로, 위 예외적 규정은 재판정신체검사가 신청에 의한 것이든 직권에 의한 것이든 모두 적용된다고 보아야 한다(대법원 2017. 11. 9. 선고 2017두42071 판결).

판례 082

국가 등 과세주체가 당해 확정된 조세채권의 소멸시효 중단을 위하여 납세의무자를 상대로 제기한 조세채권존재확인의 소는 공법상 당사자소송에 해당한다(대법원 2020. 3. 2. 선고 2017두41771 판결).

판례 083

국토의 계획 및 이용에 관한 법률 제130조 제3항에서 정한 토지의 소유자·점유자 또는 관리인(이하 '소유자 등'이라 한다)이 사업시행자의 일시 사용에 대하여 정당한 사유 없이 동의를 거부하는 경우, 사업시행자는 해당 토지의 소유자 등을 상대로 동의의 의사표시를 구하는 소를 제기할 수 있다. 이와 같은 토지의 일시 사용에 대한 동의의 의사표시를 할 의무는 '국토의 계획 및 이용에 관한 법률'에서 특별히 인정한 공법상의 의무이므로, 그 의무의 존부를 다투는 소송은 '공법상의 법률관계에 관한 소송으로서 그 법률관계의 한쪽 당사자를 피고로 하는 소송', 즉 행정소송법 제3조 제2호에서 규정한 당사자소송이라고 보아야 한다.

행정소송법 제39조는, "당사자소송은 국가·공공단체 그 밖의 권리주체를 피고로 한다."라고 규정하고 있다. 이것은 당사자소송의 경우 항고소송과 달리 '행정청'이 아닌 '권리주체'에게 피고적격이 있음을 규정하는 것일 뿐, 피고적격이 인정되는 권리주체를 행정주체로 한정한다는 취지가 아니므로, 이 규정을 들어 사인을 피고로 하는 당사자소송을 제기할 수 없다고 볼 것은 아니다.

그리고 당사자소송에 대하여는 행정소송법 제8조 제2항에 따라 민사집행법상 가처분에 관한 규정이 준용되므로, 사업시행자는 민사집행법 제300조 제2항에 따라 현저한 손해를 피하기 위해 필요한 경우 '임시의 지위를 정하기 위한 가처분'을 통하여 공익사업을 신속하고 원활하게 수행할 수 있다(대법원 2019. 9. 9. 선고 2016다262550 판결).

판례 084

민간투자사업 실시협약을 체결한 당사자가 공법상 당사자소송에 의하여 그 실시협약에 따른 재정지원금의 지급을 구하는 경우에, 수소법원은 단순히 주무관청이 재정지원금액을 산정한 절차 등에 위법이 있는지 여부를 심사하는 데 그쳐서는 아니 되고, 실시협약에 따른 적정한 재정지원금액이 얼마인지를 구체적으로 심리·판단하여야 한다(대법원 2019. 1. 31. 선고 2017두46455 판결).

판례 085

도시 및 주거환경정비법 제57조 제1항에 규정된 청산금의 징수에 관하여는 지방세체납처분의 예에 의한 징수 또는 징수 위탁과 같은 간이하고 경제적인 특별구제절차가 마련되어 있으므로, 시장·군수가 사업시행자의 청산금 징수 위탁에 응하지 아니하였다는 등의 특별한 사정이 없는 한 시장·군수가 아닌 사업시행자가 이와 별개로 공법상 당사자소송의 방법으로 청산금 청구를 할 수는 없다(대법원 2017. 4. 28. 선고 2016두39498 판결).

판례 086

도시정비법이 청산금 및 부과금(이하 '청산금 등'이라고 한다)의 징수 방법에 관하여 지방세 체납처분의 예에 의한 징수 위탁을 할 수 있도록 하는 간이하고 경제적인 특별구제절차를 마련해 두고 있는 이상, 그 징수는 원칙적으로 그 절차에 의하여야 하고, 다만 시장·군수가 징수 위탁에 응하지 아니하는 등의 특별한 사정이 있는 경우에는 시장·군수가 아닌 사업시행자가 직접 공법상 당사자소송의 방법으로 토지등소유자를 상대로 청산금 등의 지급을 청구할 수 있다고 할 것이다(대법원 2014. 9. 4. 선고 2014다203588 판결, 대법원 2017. 4. 28. 선고 2016두39498 판결 등 참조).(대법원 2017. 8. 18. 선고 2016두52064 판결

판례 087

(참고판례)

구 공익사업을 위한 토지 등의 취득 및 보상에 관한 법률(2010. 4. 5. 법률 제10239호로 일부 개정되기 전의 것, 이하 '구 공익사업법'이라 한다) 제91조에 규정된 환매권은 상대방에 대한 의

사표시를 요하는 형성권의 일종으로서 재판상이든 재판 외이든 위 규정에 따른 기간 내에 행사하면 매매의 효력이 생기는 바(대법원 2008. 6. 26. 선고 2007다24893 판결 참조), 이러한 환매권의 존부에 관한 확인을 구하는 소송 및 구 공익사업법 제91조 제4항에 따라 환매금액의 증감을 구하는 소송 역시 민사소송에 해당한다(대법원 2013. 2. 28. 선고 판결).

판례 088

구 가축분뇨의 관리 및 이용에 관한 법률(2014. 3. 24. 법률 제12516호로 개정되기 전의 것) 제27조에 정한 재활용 신고 제도가 재활용 목적의 가축분뇨 처리 그 자체에 대한 규제일 뿐 시설의 설치를 규제하기 위한 것은 아니라는 점까지 보태어 보면, 이 사건 시행령 규정은, 가축분뇨를 재활용할 목적으로 처리하려는 사업자가 아직 재활용시설을 설치하지 않은 상태에서 재활용 신고를 하는 경우 등을 전제로 하고 있다고 새겨야 한다. 따라서 이와 달리 재활용 신고에 앞서 재활용시설 자체의 설치를 위한 사업계획의 승인을 신청한 경우에는 그 승인 이전에 환경영향평가를 거쳐야 한다고 봄이 타당하다. 이렇게 해석하는 것이 환경영향평가 대상사업에 관한 승인 등을 하기 전에 환경영향평가를 거치도록 한 환경영향평가법 제27조 제1항의 문언과 제도의 취지에 부합한다(대법원 2018. 2. 28. 선고 2017두30979 판결).

판례 089

일반적으로 법률의 위임에 따라 효력을 갖는 법규명령의 경우에 위임의 근거가 없어 무효였더라도 나중에 법 개정으로 위임의 근거가 부여되면 그때부터는 유효한 법규명령으로 볼 수 있다. 그러나 법규명령이 개정된 법률에 규정된 내용을 함부로 유추·확장하는 내용의 해석규정이어서 위임의 한계를 벗어난 것으로 인정될 경우에는 법규명령은 여전히 무효이다(대법원 2017. 4. 20. 선고 2015두45700 전원합의체 판결).

판례 090

구 여신전문금융업감독규정(2012. 10. 15. 금융위원회 고시 제2012-24호로 개정되기 전의 것) 제25조 제1항 제2호는, '부가서비스를 부당하게 변경하는 행위'에 해당하는지를 판단할 수 있는 보다 구체화된 기준과 요건 등을 제시하거나 위 기준 등에 근거한 금지행위의 유형화는 전혀 시도하지 않은 채, 신용카드업자가 부가서비스를 변경할 경우 일정 기간 동안 부가서비스를 유지해 왔고 6개월 이전에 변경 사유 등을 정해진 방법으로 고지하는 등의 절차만 준수한다면 부가서비스 변경이 신용카드회원 등의 권익을 부당하게 침해하는지에 대한 어떠한 고려도 없이 변경행위가 금지되지 않는 것으로 정하고 있다. 이는 법과 시행령의 위임 범위를 벗어난 고시규정을 통하여 '부가서비스를 부당하게 변경하는 행위'를 금지하고자 한 법과 시행령의 입법 취지를 본질적으로 변질시킨 것으로도 볼 수 있다. 결국 위 고시규정은 그 내용이 법과 시행령의 위임 범위를 벗어난 것으로서 법규명령으로서의 대외적 구속력을 인정할 수 없다(대법원 2019. 5. 30. 선고 2016다276177 판결).

판례 091

일반적으로 행정 각부의 장이 정하는 고시라 하더라도 그것이 특히 법령의 규정에서 특정 행정기관에서 법령 내용의 구체적 사항을 정할 수 있는 권한을 부여함으로써 그 법령 내용을 보충하는 기능을 가질 경우에는 그 형식과 상관없이 근거 법령 규정과 결합하여 대외적으로 구속력이 있는 법규명령으로서의 효력을 가진다(대법원 1999. 6. 22. 선고 98두17807 판결, 대법원 2016. 12. 15. 선고 2014두44502 판결 등 참조). 앞서 본 관계 법령의 내용, 형식 및 취지 등을 종합하면, 이 사건 조정기준의 각 규정들은 일정한 유형의 위반 건축물에 대한 이행강제금의 산정기준이 되는 시가표준액에 관하여 행정자치부장관으로 하여금 정하도록 한 위 건축법 및 지방세법령의 위임에 따른 것으로서 그 법령 규정의 내용을 보충하고 있으므로, 그 법령 규정과 결합하여 대외적인 구속력이 있는 법규명령으로서의 효력을 가지고, 그중 증·개축 건물과 대수선 건물에 관한 특례를 정한 이 사건 산출요령의 규정들도 마찬가지라고 보아야 한다(대법원 2017. 5. 31. 선고 2017두30764 판결).

판례 092

상급행정기관이 소속 공무원이나 하급행정기관에 대하여 세부적인 업무처리절차나 법령의 해석·적용 기준을 정해 주는 '행정규칙'은 상위법령의 구체적 위임이 있지 않는 한 행정조직 내부에서만 효력을 가질 뿐 대외적으로 국민이나 법원을 구속하는 효력이 없다. 다만 행정규칙이 이를 정한 행정기관의 재량에 속하는 사항에 관한 것인 때에는 그 규정 내용이 객관적 합리성을 결여하였다는 등의 특별한 사정이 없는 한 법원은 이를 존중하는 것이 바람직하다.

그러나 행정규칙의 내용이 상위법령에 반하는 것이라면 법치국가원리에서 파생되는 법질서의 통일성과 모순금지 원칙에 따라 그것은 법질서상 당연무효이고, 행정내부적 효력도 인정될 수 없다. 이러한 경우 법원은 해당 행정규칙이 법질서상 부존재하는 것으로 취급하여 행정기관이 한 조치의 당부를 상위법령의 규정과 입법 목적 등에 따라서 판단하여야 한다(대법원 2019. 10. 31. 선고 2013두20011 판결).

판례 093

수도시설 중 급수설비에 관한 공사의 비용(이하 '급수공사비'라 한다) 부담에 관하여 정액제를 채택하는 경우 그에 따라 산정한 급수공사비가 실제 공사비와 편차가 발생하는 것은 불가피하다. 지방자치단체의 조례로 정액제를 도입하면 주민들은 그러한 편차를 원칙적으로 받아들여야 한다. 다만 정액 급수공사비 제도에서도 비용부담의 원칙에 부합하도록 가급적 관계 법령에서 정하고 있는 산정요소를 정확하게 반영하여 편차가 지나치게 크지 않도록 해야 한다. 따라서 시장이 정한 정액 급수공사비 고시가 개별 산정요소를 제대로 반영하지 않은 채 일률적으로 급수공사비를 정하여 비용부담의 원칙을 중대하게 침해하는 결과를 야기하는 경우 그러한 고시는 조례의 위임 취지에 반할 뿐 아니라 비례의 원칙에도 반하여 위법하다(대법원 2019. 6. 13. 선고 2017두33985 판결).

판례 094

상급행정기관이 하급행정기관에 대하여 업무처리지침이나 법령의 해석적용에 관한 기준을 정하여 발하는 이른바 행정규칙은 일반적으로 행정조직 내부에서만 효력을 가질 뿐 대외적인 구속력을 갖는 것은 아니다. 하지만 법령의 규정이 특정 행정기관에 그 법령 내용의 구체적 사항을 정할 수 있는 권한을 부여하면서 그 권한 행사의 절차나 방법을 특정하고 있지 아니한 관계로 수임행정기관이 행정규칙의 형식으로 그 법령의 내용이 될 사항을 구체적으로 정하고 있다면 그와 같은 행정규칙은 위에서 본 행정규칙이 갖는 일반적 효력으로서가 아니라, 행정기관에 법령의 구체적 내용을 보충할 권한을 부여한 법령 규정의 효력에 의하여 그 내용을 보충하는 기능을 갖게 된다. 따라서 이와 같은 행정규칙은 해당 법령의 위임한계를 벗어나지 않는 한 그것들과 결합하여 대외적인 구속력이 있는 법규명령으로서의 효력을 가진다. 그리고 이러한 경우 특정 행정규칙이 위임의 한계를 준수하고 있는지는 해당 법령 규정의 목적과 규정 내용, 규정의 체계, 다른 규정과의 관계 등을 종합적으로 살펴 판단하여야 하는데, 해당 법령의 해석상 가능한 것을 명시한 것에 지나지 아니하거나 해당 법령 조항의 취지에 근거하여 이를 구체화하기 위한 것인 때에는 위임 범위를 벗어난 것으로 볼 수 없다(대법원 2019. 10. 17. 선고 2014두3020, 3037 판결).

판례 095

(참고판례)

구 지방공무원보수업무 등 처리지침(2014. 8. 8. 안전행정부 예규 제104호로 개정되기 전의 것, 이하 '지침'이라 한다) [별표 1] '직종별 경력환산율표 해설'이 정한 민간근무경력의 호봉 산정에 관한 부분은 지방공무원법 제45조 제1항과 구 지방공무원 보수규정(2014. 11. 19. 대통령령 제25751호로 개정되기 전의 것) 제8조 제2항, 제9조의2 제2항, [별표 3]의 단계적 위임에 따라 행정자치부장관이 행정규칙의 형식으로 법령의 내용이 될 사항을 구체적으로 정한 것이고, 달리 지침이 위 법령의 내용 및 취지에 저촉된다거나 위임 한계를 벗어났다고 보기 어려우므로, 지침은 상위법령과 결합하여 대외적인 구속력이 있는 법규명령으로서의 효력을 갖게 된다(대법원 2016. 1. 28. 선고 2015두53121 판결).

판례 096

행정계획은 특정한 행정목표를 달성하기 위하여 행정에 관한 전문적·기술적 판단을 기초로 관련되는 행정수단을 종합·조정함으로써 장래의 일정한 시점에 일정한 질서를 실현하기 위하여 설정한 활동기준이나 그 설정행위를 말한다. 행정주체는 구체적인 행정계획을 입안·결정할 때 비교적 광범위한 형성의 자유를 가진다. 다만 행정주체의 위와 같은 형성의 자유가 무제한적이라고 할 수는 없고, 행정계획에서는 그에 관련되는 자들의 이익을 공익과 사익 사이에서는 물론이고 공익 사이에서나 사익 사이에서도 정당하게 비교·교량하여야 한다는 제한이 있으므로, 행정주체가 행정계획을 입안·결정할 때 이익형량을 전혀 행하지 아니하거나 이익형량의 고려 대상에 마땅히 포함시켜야 할 사항을 누락한 경우 또는 이익형량을 하였으나 정당성과 객관성이 결여된 경우에는 그 행정계획 결정은 이익형량에 하자가 있어 위법하게 될 수 있다(대법원 2011. 2. 24. 선고 2010두21464 판결, 대법원 2014. 7. 10. 선고 2012두2467 판결 등 참조).

이러한 법리는 행정주체가 주민 등의 도시관리계획 입안제안을 받아들여 도시관리계획결정을 할 것인지를 결정하는 경우뿐만 아니라(대법원 2010. 3. 25. 선고 2009두21499 판결 등 참조), 입안제안에 따라 결정된 기존의 도시관리계획결정을 변경·폐지할 것인지 여부를 결정할 때에도 마찬가지로 적용된다. 이때 입안제안자 등이 가지는 종전 도시관리계획결정에 대한 신뢰이익 등 이해관계나 종전 도시관리계획결정에서 적절하게 고려되지 못한 제반 사정 역시 이익형량의 고려 대상에 당연히 포함될 수 있고, 이는 종전 도시관리계획결정을 변경하여야 할 공익 등 제반 공익 및 사익들과 정당하게 비교·교량되어야 한다(대법원 2018. 10. 12. 선고 2015두50382 판결).

판례 097

구 중소기업창업 지원법(2017. 7. 26. 법률 제14839호로 개정되기 전의 것, 이하 '중소기업창업법'이라 한다) 제35조 제1항, 제33조 제4항, 중소기업창업 지원법 시행령 제24조 제1항, 중소기업청장이 고시한 '창업사업계획의 승인에 관한 통합업무처리지침'(이하 '업무처리지침'이라 한다)의 내용, 체계 및 취지 등에 비추어 보면 다음과 같은 이유로 중소기업창업법에 따른 사업계획승인의 경우 의제된 인허가만 취소 내지 철회함으로써 사업계획에 대한 승인의 효력은 유지하면서 해당 의제된 인허가의 효력만을 소멸시킬 수 있다.

① 중소기업창업법 제35조 제1항의 인허가의제 조항은 창업자가 신속하게 공장을 설립하여 사업을 개시할 수 있도록 창구를 단일화하여 의제되는 인허가를 일괄 처리하는 데 입법 취지가 있다. 위 규정에 의하면 사업계획승인권자가 관계 행정기관의 장과 미리 협의한 사항에 한하여 승인 시에 그 인허가가 의제될 뿐이고, 해당 사업과 관련된 모든 인허가의제 사항에 관하여 일괄하여 사전 협의를 거쳐야 하는 것은 아니다. 업무처리지침 제15조 제1항은 협의가 이루어지지 않은 인허가사항을 제외하고 일부만을 승인할 수 있다고 규정함으로써 이러한 취지를 명확히 하고 있다.

② 그리고 사업계획을 승인할 때 의제되는 인허가 사항에 관한 제출서류, 절차 및 기준, 승인조건 부과에 관하여 해당 인허가 근거 법령을 적용하도록 하고 있으므로(업무처리지침 제5조 제1항, 제8조 제5항, 제16조), 인허가의제의 취지가 의제된 인허가 사항에 관한 개별법령상의 절차나 요건 심사를 배제하는 데 있다고 볼 것은 아니다(대법원 2018. 7. 12. 선고 2017두48734 판결).

판례 098

구 주택법(2016. 1. 19. 법률 제13805호로 전부 개정되기 전의 것) 제17조 제1항에 따르면, 주택건설사업계획 승인권자가 관계 행정청의 장과 미리 협의한 사항에 한하여 승인처분을 할 때에 인허가 등이 의제될 뿐이고, 각호에 열거된 모든 인허가 등에 관하여 일괄하여 사전협의를 거칠 것을 주택건설사업계획 승인처분의 요건으로 규정하고 있지 않다. 따라서 인허가 의제 대상이 되는 처분에 어떤 하자가 있더라도, 그로써 해당 인허가 의제의 효과가 발생하지 않을 여지가 있게 될 뿐이고, 그러한 사정이 주택건설사업계획 승인처분 자체의 위법사유가 될 수는 없다. 또한 의제된 인허가는 통상적인 인허가와 동일한 효력을 가지므로, 적어도 '부분 인허가 의제'가 허용되는 경우에는 그 효력을 제거하기 위한 법적 수단으로 의제된 인허가의 취소나 철회가 허용될 수 있고, 이러한 직권 취소·철회가 가능한 이상 그 의제된 인허가에 대한 쟁송취소 역시 허용된다.

따라서 주택건설사업계획 승인처분에 따라 의제된 인허가가 위법함을 다투고자 하는 이해관계인은, 주택건설사업계획 승인처분의 취소를 구할 것이 아니라 의제된 인허가의 취소를 구하여야 하며, 의제된 인허가는 주택건설사업계획 승인처분과 별도로 항고소송의 대상이 되는 처분에 해당한다(대법원 2018. 11. 29. 선고 2016두38792 판결).

판례 099

행정행위가 재량성의 유무 및 범위와 관련하여 이른바 기속행위 내지 기속재량행위와 재량행위 내지 자유재량행위로 구분된다고 할 때, 그 구분은 당해 행위의 근거가 된 법규의 체재·형식과 문언, 당해 행위가 속하는 행정 분야의 주된 목적과 특성, 당해 행위 자체의 개별적 성질과 유형 등을 모두 고려하여 판단하여야 한다. 이렇게 구분되는 양자에 대한 사법심사는, 전자의 경우 그 법규에 대한 원칙적인 기속성으로 인하여 법원이 사실인정과 관련 법규의 해석·적용을 통하여 일정한 결론을 도출한 후 그 결론에 비추어 행정청이 한 판단의 적법 여부를 독자의 입장에서 판정하는 방식에 의하게 된다. 후자의 경우 행정청의 재량에 기한 공익판단의 여지를 감안하여 법원은 독자의 결론을 도출함이 없이 당해 행위에 재량권의 일탈·남용이 있는지 여부만을 심사하게 되고, 이러한 재량권의 일탈·남용 여부에 대한 심사는 사실오인, 비례·평등의 원칙 위배, 당해 행위의 목적 위반이나 동기의 부정 유무 등을 판단 대상으로 한다(대법원 2018. 10. 4. 선고 2014두37702 판결).

판례 100

구 도시 및 주거환경정비법(2017. 2. 8. 법률 제14567호로 전부 개정되기 전의 것) 제16조 제2항, 제17조 제1항, 제3항의 위임에 따라 구 도시 및 주거환경정비법 시행령(2018. 2. 9. 대통령령 제28628호로 전부 개정되기 전의 것) 제28조 제1항 제2호 (가)목은 '주택재건축사업의 경우 소유권 또는 구분소유권이 여러 명의 공유에 속하는 경우에는 그 여러 명을 대표하는 1명을 토지등소유자로 산정할 것'이라고 규정하고 있다. 위 시행령 조항은 여러 명이 부동산에 관하여 통상의 공유관계를 형성하고 있는 경우에는 그 공유 목적 부동산이 동일하기 때문에 조합설립 절차의 편의를 도모하는 관점에서 공유자들을 대표하는 1명의 동의 의사를 확인하여도 무방하다는 데 취지가 있다. 이를 고려할 때, 공동주택 등에 관하여 구분소유가 성립한 경우에는, 공동주택 등이 구분건물이 아닌 일반건물로 등기되어 있는 관계로 구분소유자들이 구분등기를 마치지 못하고 형식상 공동주택 등에 관하여 공유등기를 마쳤더라도 위 시행령 조항을 적용하여 구분소유자들을 대표하는 1명만을 소유자로 산정하여 동의 요건 충족 여부를 가릴 것은 아니다. 구분소유자들은 구조상·이용상 독립성을 갖춘 별개의 부동산을 각각 소유하고 있기 때문이다(대법원 2019. 11. 15. 선고 2019두46763 판결).

판례 101

(참고판례)

외자도입법 제19조에 따른 기술도입계약에 대한 인가는 기본행위인 기술도입계약을 보충하여 그 법률상 효력을 완성시키는 보충적 행정행위에 지나지 아니하므로 기본행위인 기술도입계약이 해지로 인하여 소멸되었다면 위 인가처분은 무효선언이나 그 취소처분이 없어도 당연히 실효된다(대법원 1983. 12. 27. 선고 82누491 판결).외자도입법 제19조에 따른 기술도입계약에 대한 인가는 기본행위인 기술도입계약을 보충하여 그 법률상 효력을 완성시키는 보충적 행정행위에 지나지 아니하므로 기본행위인 기술도입계약이 해지로 인하여 소멸되었다면 위 인가처분은 무효선언이나 그 취소처분이 없어도 당연히 실효된다(대법원 1983. 12. 27. 선고 82누491 판결).

판례 102

국가공무원법 제2조 제2항 제2호, 교육공무원법 제2조 제1항 제1호, 제3항, 제8조, 제26조 제1항, 제34조 제2항, 교육공무원임용령 제5조의2 제4항에 의하면, 일정한 자격을 갖추고 소정의 절차에 따라 대학의 장에 의하여 임용된 조교는 법정된 근무기간 동안 신분이 보장되는 교육공무원법상의 교육공무원 내지 국가공무원법상의 특정직공무원 지위가 부여되고, 근무관계는 사법상의 근로계약관계가 아닌 공법상 근무관계에 해당한다. 이와 같이 교육공무원 내지 특정직공무원의 신분을 부여받는 조교는 1년으로 법정된 근무기간이 만료하면 바로 지위를 상실하게 될 뿐만 아니라, 위 기간 만료 후에 다시 종전 지위를 취득하기 위해서는 임용주체의 의사결정에 기한 임명행위로써 공무원의 신분을 새롭게 부여받을 것을 요한다. 또한 조교에 대한 보수 등의 근무조건에 관하여는 교육공무원법 내지 국가공무원법과 그 위임에 따라 제정된 개별 법령이 적용됨으로써, 공무원인 조교의 근무관계에 관하여도 공무원의 '근무조건 법정주의'에 따라 기본적으로 법령에 의해 권리의무의 내용이 정해지고 있다. 이러한 사정들을 고려하면, 교육공무원 내지 특정직공무원의 신분보장을 받는 대신 근무기간이 1년으로 법정된 조교에 대하여는, '기간의 정함이 있는 근로계약을 체결한 근로자'에 대한 불합리한 차별을 시정하고 근로조건 보호를 강화함으로써 노동시장의 건전한 발전에 이바지하기 위한 목적에서 도입된 기간제 및 단시간근로자 보호 등에 관한 법률(이하 '기간제법'이라 한다)이 그대로 적용된다고 볼 수 없다. 특히 기간제법 제4조 제1항, 제2항은 사용자가 기간제근로자를 사용할 수 있는 기간의 허용가능한 범위를 정함과 동시에 일정 요건하에 기간의 정함이 없는 근로계약을 체결한 근로자로 간주하는 규정으로서, 이를 국가와 공무원신분인 조교 간의 근무관계에 곧바로 적용하는 것은 임용주체의 임명행위에 의해 설정되는 공법상 근무관계의 성질은 물론, 조교의 근무기간이 1년으로 법정된 취지 등에도 반하는 것이어서 허용될 수 없다고 봄이 타당하다. 이는 국가 또는 지방자치단체의 기관에 대하여도 기간제법을 적용하도록 기간제법 제3조 제3항이 규정하고 있다거나, 공무원도 임금을 목적으로 근로를 제공하는 근로기준법상의 근로자라고 하여 달리 볼 것은 아니다(대법원 2019. 11. 14. 선고 2015두52531 판결).

◦ 판례 103

갑 등이 을이 출원한 제1 내지 제5 선출원 발명에 대한 특허를 받을 수 있는 권리를 양수하였고, 병이 갑 등으로부터 위 선출원 발명들을 기초로 우선권을 주장하여 특허협력조약(Patent Cooperation Treaty, PCT)이 정한 국제출원을 할 수 있는 권리를 이전받기로 하는 계약을 체결한 후, 중국 특허청에 5개의 PCT 국제출원을 하면서 선출원 발명들을 기초로 우선권을 주장하였는데, 그 후 정 등이 후출원들에 관한 권리를 양수한 후 특허출원인명의를 변경하였고 특허청장에게 후출원들에 관하여 선출원 발명들에 기초한 우선권 주장이 포함된 국내서면을 제출하였으나, 특허청장이 후출원들의 출원시점에서의 출원인과 우선권 주장의 기초가 된 선출원의 출원인이 일치하지 않는다는 등의 이유로 각 우선권 주장을 무효로 하는 처분을 한 사안에서, 병이 우선권을 주장할 수 있는 권리를 정당하게 승계받았는지 여부를 확인하지 아니한 채 국내 특허출원을 기초로 우선권을 주장한 PCT 국제출원에서 후출원 당시에 특허출원인변경신고를 마치지 않았다는 사정만으로 선출원의 출원인과 후출원의 출원인이 다르다고 보아 우선권 주장을 무효로 보아서는 안 된다(대법원 2019. 10. 17. 선고 2016두58543 판결).

◦ 판례 104

토지분할 조건부 건축허가는, 건축허가 신청에 앞서 토지분할절차를 완료하도록 하는 대신, 건축허가 신청인의 편의를 위해 건축허가에 따라 우선 건축공사를 완료한 후 사용승인을 신청할 때까지 토지분할절차를 완료할 것을 허용하는 취지이다. 행정청이 객관적으로 처분상대방이 이행할 가능성이 없는 조건을 붙여 행정처분을 하는 것은 법치행정의 원칙상 허용될 수 없으므로, 건축행정청은 신청인의 건축계획상 하나의 대지로 삼으려고 하는 '하나 이상의 필지의 일부'가 관계 법령상 토지분할이 가능한 경우인지를 심사하여 토지분할이 관계 법령상 제한에 해당되어 명백히 불가능하다고 판단되는 경우에는 토지분할 조건부 건축허가를 거부하여야 한다. 다만 예외적으로 토지분할이 재량행위인 개발행위허가의 대상이 되는 경우, 개발행위에 해당하는 토지분할을 허가할지에 관한 처분권한은 개발행위허가 행정청에 있고, 토지분할 허가 가능성에 관한 건축행정청의 판단이 개발행위허가 행정청의 판단과 다를 여지도 있으므로, 건축행정청은 자신의 심사 결과 토지분할에 대한 개발행위허가를 받기 어렵다고 판단되는 경우에는 개발행위허가 행정청의 전문적인 판단을 먼저 받아보라는 의미에서 건축허가 신청인이 먼저 토지분할절차를 거쳐야 한다는 이유로 토지분할 조건부 건축허가를 거부할 수는 있다. 그러나 이러한 사유가 아니라면 건축행정청은 건축허가신청이 건축법 등 관계 법령에서 정하는 어떠한 제한에 해당되지 않는 이상 같은 법령에서 정하는 건축허가를 하여야 하고, 중대한 공익상의 필요가 없음에도 요건을 갖춘 자에 대한 허가를 관계 법령에서 정하는 제한사유 이외의 사유를 들어 거부할 수는 없다(대법원 2018. 6. 28. 선고 2015두47737 판결).

◦ 판례 105

구 도로법(2015. 1. 28. 법률 제13086호로 개정되기 전의 것) 제61조 제1항에 의한 도로점용허가는 일반사용과 별도로 도로의 특정 부분에 대하여 특별사용권을 설정하는 설권행위이다. 도로관리청은 신청인의 적격성, 점용목적, 특별사용의 필요성 및 공익상의 영향 등을 참작하여 점용허가 여부 및 점용허가의 내용인 점용장소, 점용면적, 점용기간을 정할 수 있는 재량권을 갖는다(대법원 2019. 1. 17. 선고 2016두56721, 56738 판결).

판례 106
(참고판례)

보충역편입처분 및 공익근무요원소집처분의 취소를 구하는 소의 계속중 병역처분변경신청에 따라 제2국민역편입처분으로 병역처분이 변경된 경우, 보충역편입처분은 제2국민역편입처분을 함으로써 취소 또는 철회되어 그 효력이 소멸하였고, 공익근무요원소집처분의 근거가 된 보충역편입처분이 취소 또는 철회되어 그 효력이 소멸한 이상 공익근무요원소집처분 또한 그 효력이 소멸하였다는 이유로, 종전 보충역편입처분 및 공익근무요원소집처분의 취소를 구할 소의 이익이 없다(대법원 2005. 12. 9. 선고 2004두6563 판결).

판례 107
(참고판례)

구 병역법(1999. 2. 5. 법률 제5757호로 개정되기 전의 것) 제5조, 제8조, 제12조, 제14조, 제62조, 제63조, 제65조의 규정을 종합하면, 지방병무청장이 재신체검사 등을 거쳐 현역병입영대상편입처분을 보충역편입처분이나 제2국민역편입처분으로 변경하거나 보충역편입처분을 제2국민역편입처분으로 변경하는 경우 비록 새로운 병역처분의 성립에 하자가 있다고 하더라도 그것이 당연무효가 아닌 한 일단 유효하게 성립하고 제소기간의 경과 등 형식적 존속력이 생김과 동시에 종전의 병역처분의 효력은 취소 또는 철회되어 확정적으로 상실된다고 보아야 할 것이므로 그 후 새로운 병역처분의 성립에 하자가 있었음을 이유로 하여 이를 취소한다고 하더라도 종전의 병역처분의 효력이 되살아난다고 할 수 없다(대법원 2002. 5. 28. 선고 2001두9653 판결).

판례 108
(참고판례)

구 병역법(1999. 12. 28. 법률 제6058호로 개정되기 전의 것) 제2조 제1항 제2호, 제9호, 제5조, 제11조, 제12조, 제14조, 제26조, 제29조, 제55조, 제56조의 각 규정에 의하면, 보충역편입처분 등의 병역처분은 구체적인 병역의무부과를 위한 전제로서 징병검사 결과 신체등위와 학력·연령 등 자질을 감안하여 역종을 부과하는 처분임에 반하여, 공익근무요원소집처분은 보충역편입처분을 받은 공익근무요원소집대상자에게 기초적 군사훈련과 구체적인 복무기관 및 복무분야를 정한 공익근무요원으로서의 복무를 명하는 구체적인 행정처분이므로, 위 두 처분은 후자의 처분이 전자의 처분을 전제로 하는 것이기는 하나 각각 단계적으로 별개의 법률효과를 발생하는 독립된 행정처분이라고 할 것이므로, 따라서 보충역편입처분의 기초가 되는 신체등위 판정에 잘못이 있다는 이유로 이를 다투기 위하여는 신체등위 판정을 기초로 한 보충역편입처분에 대하여 쟁송을 제기하여야 할 것이며, 그 처분을 다투지 아니하여 이미 불가쟁력이 생겨 그 효력을 다툴 수 없게 된 경우에는, 병역처분변경신청에 의하는 경우는 별론으로 하고, 보충역편입처분에 하자가 있다고 할지라도 그것이 당연무효라고 볼만한 특단의 사정이 없는 한 그 위법을 이유로 공익근무요원소집처분의 효력을 다툴 수 없다(대법원 2002. 12. 10. 선고 2001두5422 판결).

판례 109

(참고판례)

조세범 처벌절차법 제15조 제1항에 따른 지방국세청장 또는 세무서장의 조세범칙사건에 대한 통고처분은 법원에 의하여 자유형 또는 재산형에 처하는 형사절차에 갈음하여 과세관청이 조세범칙자에 대하여 금전적 제재를 통고하고 이를 이행한 조세범칙자에 대하여는 고발하지 아니하고 조세범칙사건을 신속·간이하게 처리하는 절차로서, 형사절차의 사전절차로서의 성격을 가진다. 그리고 조세범 처벌절차법에 따른 조세범칙사건에 대한 지방국세청장 또는 세무서장의 고발은 수사 및 공소제기의 권한을 가진 수사기관에 대하여 조세범칙사실을 신고함으로써 형사사건으로 처리할 것을 요구하는 의사표시로서, 조세범칙사건에 대하여 고발한 경우에는 지방국세청장 또는 세무서장에 의한 조세범칙사건의 조사 및 처분 절차는 원칙적으로 모두 종료된다.

위와 같은 통고처분과 고발의 법적 성질 및 효과 등을 조세범칙사건의 처리 절차에 관한 조세범 처벌절차법 관련 규정들의 내용과 취지에 비추어 보면, 지방국세청장 또는 세무서장이 조세범 처벌절차법 제17조 제1항에 따라 통고처분을 거치지 아니하고 즉시 고발하였다면 이로써 조세범칙사건에 대한 조사 및 처분 절차는 종료되고 형사사건 절차로 이행되어 지방국세청장 또는 세무서장으로서는 동일한 조세범칙행위에 대하여 더 이상 통고처분을 할 권한이 없다.

따라서 지방국세청장 또는 세무서장이 조세범칙행위에 대하여 고발을 한 후에 동일한 조세범칙행위에 대하여 통고처분을 하였더라도, 이는 법적 권한 소멸 후에 이루어진 것으로서 특별한 사정이 없는 한 효력이 없고, 조세범칙행위자가 이러한 통고처분을 이행하였더라도 조세범 처벌절차법 제15조 제3항에서 정한 일사부재리의 원칙이 적용될 수 없다(대법원 2016. 9. 28. 선고 2014도10748 판결).

판례 110

(참고판례)

구청장이 사회복지법인에 특별감사 결과 지적사항에 대한 시정지시와 그 결과를 관계서류와 함께 보고하도록 지시한 경우, 그 시정지시는 비권력적 사실행위가 아니라 항고소송의 대상이 되는 행정처분에 해당한다(대법원 2008. 4. 24. 선고 2008두3500 판결).

판례 111

방사능에 오염된 고철은 원자력안전법 등의 법령에 따라 처리되어야 하고 유통되어서는 안 된다. 사업활동 등을 하던 중 고철을 방사능에 오염시킨 자는 원인자로서 관련 법령에 따라 고철을 처리함으로써 오염된 환경을 회복·복원할 책임을 진다. 이러한 조치를 취하지 않고 방사능에 오염된 고철을 타인에게 매도하는 등으로 유통시킴으로써 거래 상대방이나 전전 취득한 자가 방사능오염으로 피해를 입게 되면 그 원인자는 방사능오염 사실을 모르고 유통시켰더라도 환경정책기본법 제44조 제1항에 따라 피해자에게 피해를 배상할 의무가 있다(대법원 2018. 9. 13. 선고 2016다35802 판결).

판례 112
(참고판례)

소득금액변동통지 자체는 독립하여 전심절차나 항고소송의 대상이 되는 조세부과처분이라 할 수 없고 다만 당사자가 소득금액변동통지후에 필연적으로 뒤따르게 될 납세고지처분을 예견하여 미리 심사청구를 한 경우 국세청장이 이를 수리하였다가 납세고지처분이 있은 후에 그 처분에 대한 심사청구로 전환하여 그 납세고지처분의 당부에 관하여 심리판단한 것이라고 볼만한 사정이 있는 경우등에만 위 납세고지처분에 대하여 적법한 전심절차를 거친 것으로 볼 수 있다(대법원 1986. 2. 25. 선고 85누168 판결).

판례 113
(참고판례)

법인이 법인세의 과세표준을 신고하면서 배당, 상여 또는 기타소득으로 소득처분한 금액은 당해 법인이 신고기일에 소득처분의 상대방에게 지급한 것으로 의제되어 그때 원천징수하는 소득세의 납세의무가 성립·확정되며, 그 후 과세관청이 직권으로 상대방에 대한 소득처분을 경정하면서 일부 항목에 대한 증액과 다른 항목에 대한 감액을 동시에 한 결과 전체로서 소득처분금액이 감소된 경우에는 그에 따른 소득금액변동통지가 납세자인 당해 법인에 불이익을 미치는 처분이 아니므로 당해 법인은 그 소득금액변동통지의 취소를 구할 이익이 없다(대법원 2012. 4. 13. 선고 2009두5510 판결).

판례 114
(참고판례)

이른바 복효적 행정행위, 특히 제3자효를 수반하는 행정행위에 대한 행정심판청구에 있어서 그 청구를 인용하는 내용의 재결로 인하여 비로소 권리이익을 침해받게 되는 자는 그 인용재결에 대하여 다툴 필요가 있고, 그 인용재결은 원처분과 내용을 달리하는 것이므로 그 인용재결의 취소를 구하는 것은 원처분에는 없는 재결에 고유한 하자를 주장하는 셈이어서 당연히 항고소송의 대상이 된다(대법원 1997. 12. 23. 선고 96누10911 판결).

판례 115
(참고판례)

[1] 유흥주점에 감금된 채 윤락을 강요받으며 생활하던 여종업원들이 유흥주점에 화재가 났을 때 미처 피신하지 못하고 유독가스에 질식해 사망한 사안에서, 지방자치단체의 담당 공무원이 위 유흥주점의 용도변경, 무허가 영업 및 시설기준에 위배된 개축에 대하여 시정명령 등 식품위생법상 취하여야 할 조치를 게을리 한 직무상 의무위반행위와 위 종업원들의 사망 사이에 상당인과관계가 존재하지 않는다고 한 사례.

[2] 구 소방법(2003. 5. 29. 법률 제6893호 소방기본법 부칙 제2조로 폐지)은 화재를 예방·경계·진압하고 재난·재해 및 그 밖의 위급한 상황에서의 구조·구급활동을 통하여 국민의 생명·신체 및 재산을 보호함으로써 공공의 안녕질서의 유지와 복리증진에 이바지함을 목적으로 하여 제정된 법으로서, 소방법의 규정들은 단순히 전체로서의 공공 일반의 안전을 도모하기 위한 것에서 더 나아가 국민 개개인의 인명과 재화의 안전보장을 목적으로 하여 둔 것이므로, 소방공무원이 소방법 규정에서 정하여진 직무상의 의무를 게을리 한 경우 그 의무 위반이 직무에 충실한 보통 일반의 공무원을 표준으로 할 때 객관적 정당성을 상실하였다고 인정될 정도에 이른 경우에는 국가배상법 제2조에서 말하는 위법의 요건을 충족하게 된다. 그리고 소방공무원의 행정권한 행사가 관계 법률의 규정 형식상 소방공무원의 재량에 맡겨져 있다고 하더라도 <u>소방공무원에게 그러한 권한을 부여한 취지와 목적에 비추어 볼 때 구체적인 상황 아래에서 소방공무원이 그 권한을 행사하지 않은 것이 현저하게 합리성을 잃어 사회적 타당성이 없는 경우에는 소방공무원의 직무상 의무를 위반한 것으로서 위법하게 된다.</u>

[3] 유흥주점에 감금된 채 윤락을 강요받으며 생활하던 여종업원들이 유흥주점에 화재가 났을 때 미처 피신하지 못하고 유독가스에 질식해 사망한 사안에서, <u>소방공무원이 위 유흥주점에 대하여 화재 발생 전 실시한 소방점검 등에서 구 소방법상 방염 규정 위반에 대한 시정조치 및 화재 발생시 대피에 장애가 되는 잠금장치의 제거 등 시정조치를 명하지 않은 직무상 의무 위반은 현저히 불합리한 경우에 해당하여 위법하고, 이러한 직무상 의무 위반과 위 사망의 결과 사이에 상당인과관계가 존재한다</u>(대법원 2008. 4. 10. 선고 2005다48994 판결).

판례 116
(참고판례)

부동산 실권리자명의 등기에 관한 법률(이하 '부동산실명법'이라 한다) 제10조 제1항, 제4항, 제6조 제2항의 내용, 체계 및 취지 등을 종합하면, 부동산의 소유권이전을 내용으로 하는 계약을 체결하고 반대급부의 이행을 완료한 날로부터 3년 이내에 소유권이전등기를 신청하지 아니한 등기권리자 등(이하 '장기미등기자'라 한다)에 대하여 부과되는 이행강제금은 소유권이전등기신청의무 불이행이라는 과거의 사실에 대한 제재인 과징금과 달리, 장기미등기자에게 등기신청의무를 이행하지 아니하면 이행강제금이 부과된다는 심리적 압박을 주어 의무의 이행을 간접적으로 강제하는 행정상의 간접강제 수단에 해당한다. 따라서 <u>장기미등기자가 이행강제금 부과 전에 등기신청의무를 이행하였다면 이행강제금의 부과로써 이행을 확보하고자 하는 목적은 이미 실현된 것이므로 부동산실명법 제6조 제2항에 규정된 기간이 지나서 등기신청의무를 이행한 경우라 하더라도 이행강제금을 부과할 수 없다</u>(대법원 2016. 6. 23. 선고 2015두36454 판결).

판례 117
농지법은 농지 처분명령에 대한 이행강제금 부과처분에 불복하는 자가 그 처분을 고지받은 날부터 30일 이내에 부과권자에게 이의를 제기할 수 있고, 이의를 받은 부과권자는 지체 없이 관할 법원에 그 사실을 통보하여야 하며, 그 통보를 받은 관할 법원은 비송사건절차법에 따른 과태료 재판에 준하여 재판을 하도록 정하고 있다(제62조 제1항, 제6항, 제7항). 따라서 농지법 제62조 제1항에 따른 이행강제금 부과처분에 불복하는 경우에는 비송사건절차법에 따른 재판절차가 적용되어야 하고, 행정소송법상 항고소송의 대상은 될 수 없다(대법원 2019. 4. 11. 선고 2018두42955 판결).

판례 118

부동산실명법은 명의신탁을 금지하면서 실권리자 등기의무를 위반한 명의신탁자에게는 5년 이하의 징역 또는 2억 원 이하의 벌금을, 명의수탁자에게는 3년 이하의 징역 또는 1억 원 이하의 벌금을 부과할 수 있도록 하고 있다. 뿐만 아니라 명의신탁자에게는 해당 부동산 가액의 30/100 범위 내에서 과징금을 부과하고, 과징금을 부과받고도 해당 부동산에 관한 물권을 자신의 명의로 등기하지 않을 경우 매년 1회의 이행강제금을 부과할 수 있다. 이처럼 실권리자 등기의무를 위반한 경우가 농지법을 위반하여 부정한 방법으로 소재지관서의 증명을 받은 경우보다 징역형의 상한과 벌금형의 상한이 더 높다. 농지법상 처분명령을 이행하지 않은 자에 대해서는 이행강제금을 부과할 수 있는 반면, 부동산실명법상 실권리자 등기의무를 위반한 명의신탁자에 대해서는 징역, 벌금의 형벌뿐만 아니라 과징금, 나아가 이행강제금까지 동시에 부과할 수 있다(대법원 2019. 6. 20. 선고 2013다218156 전원합의체 판결).

판례 119
(참고판례)

[1] 지방자치법 제140조 제3항에서 정한 이의신청은 행정청의 위법·부당한 처분에 대하여 행정기관이 심판하는 행정심판과는 구별되는 별개의 제도이나, 이의신청과 행정심판은 모두 본질에 있어 행정처분으로 인하여 권리나 이익을 침해당한 상대방의 권리구제에 목적이 있고, 행정소송에 앞서 먼저 행정기관의 판단을 받는 데에 목적을 둔 엄격한 형식을 요하지 않는 서면행위이므로, 이의신청을 제기해야 할 사람이 처분청에 표제를 '행정심판청구서'로 한 서류를 제출한 경우라 할지라도 서류의 내용에 이의신청 요건에 맞는 불복취지와 사유가 충분히 기재되어 있다면 표제에도 불구하고 이를 처분에 대한 이의신청으로 볼 수 있다.

[2] 갑 주식회사가 관할 구청장의 도로점용료 부과처분에 대하여 지방자치법이 정한 이의신청을 제기하여야 함에도 '행정심판청구서'라는 제목으로 불복신청서를 제출하였다가 행정심판위원회에서 행정심판 대상이 아니라는 이유로 각하결정을 받은 뒤 위 처분에 대한 취소소송을 제기한 사안에서, 비록 표제가 '행정심판청구서'라고 되어 있다 하더라도 갑 회사가 위 서면을 어느 행정청에 접수하였는지, 그리고 서면의 기재 내용이 이의신청 시 기재하여야 할 내용을 포함하고 있는지에 관하여 심리하여 위 서면의 제출을 이의신청으로 선해할 수 있는지 판단하지 아니한 채 행정심판청구가 위법하여 각하된 이상 제소기간은 원처분을 안 날부터 기산하는 것이 타당하다는 이유로 소를 각하한 제1심판결을 유지한 원심판결에 법리오해의 위법이 있다고 한 사례(대법원 2012. 3. 29. 선고 2011두26886 판결).

119-1(참고판례).
가. 농지개량조합과 그 직원과의 관계는 사법상의 근로계약관계가 아닌 공법상의 특별권력관계이고, 그 조합의 직원에 대한 징계처분의 취소를 구하는 소송은 행정소송사항에 속한다.
나. 농지개량조합 고등징계위원회의 재심결정은 일종의 행정심판재결이다(대법원 1995. 6. 9. 선고 94누10870 판결).

○ 판례 120

[1] 과세처분이 당연무효라고 하기 위하여는 그 처분에 위법사유가 있다는 것만으로는 부족하고 그 하자가 법규의 중요한 부분을 위반한 중대한 것으로서 객관적으로 명백한 것이어야 하며, 하자가 중대하고 명백한지를 판별할 때에는 과세처분의 근거가 되는 법규의 목적·의미·기능 등을 목적론적으로 고찰함과 동시에 구체적 사안 자체의 특수성에 관하여도 합리적으로 고찰하여야 한다. 그리고 어느 법률관계나 사실관계에 대하여 어느 법령의 규정을 적용하여 과세처분을 한 경우에 그 법률관계나 사실관계에 대하여는 그 법령의 규정을 적용할 수 없다는 법리가 명백히 밝혀져서 해석에 다툼의 여지가 없음에도 과세관청이 그 법령의 규정을 적용하여 과세처분을 하였다면 그 하자는 중대하고도 명백하다고 할 것이나, 그 법률관계나 사실관계에 대하여 그 법령의 규정을 적용할 수 없다는 법리가 명백히 밝혀지지 아니하여 해석에 다툼의 여지가 있는 때에는 과세관청이 이를 잘못 해석하여 과세처분을 하였더라도 이는 과세요건사실을 오인한 것에 불과하여 그 하자가 명백하다고 할 수 없다.

[2] 과세관청이 법령 규정의 문언상 과세처분 요건의 의미가 분명함에도 합리적인 근거 없이 그 의미를 잘못 해석한 결과, 과세처분 요건이 충족되지 아니한 상태에서 해당 처분을 한 경우에는 법리가 명백히 밝혀지지 아니하여 그 해석에 다툼의 여지가 있다고 볼 수 없다(대법원 2019. 4. 23. 선고 2018다287287 판결).

○ 판례 121

갑이 병원의 실질적 소유자인 을과의 약정에 따라 병원장으로서 대가를 받고 근로를 제공한 근로자인데도 자신의 이름으로 병원의 사업자등록을 마친 후 사업소득에 대한 종합소득세 명목으로 과세관청에 종합소득세를 신고·납부하였는데, 과세관청이 근로소득에 대한 종합소득세 명목으로 갑에게 무신고가산세와 납부불성실가산세를 포함한 종합소득세를 경정·고지하는 처분을 한 사안에서, 갑이 병원에서 근로자로 근무하면서 근로소득을 얻었음에도 자신이 직접 병원을 운영하여 사업소득을 얻은 것처럼 법정신고기한 내에 종합소득 과세표준확정신고 및 납부계산서를 제출하였더라도, 이는 자신이 얻은 근로소득을 사업소득에 포함하여 종합소득 과세표준을 신고한 것으로 볼 수 있으므로, 갑이 종합소득 과세표준을 무신고하였음을 전제로 한 무신고가산세 부과처분은 위법하고, 또한 이러한 하자는 과세처분의 근거가 되는 법규의 목적·의미·기능 등을 목적론적으로 고찰해 볼 때 중대하고 객관적으로도 명백하므로, 무신고가산세 부과처분은 당연무효이고, 갑의 기납부세액 납부의 법률효과는 갑에게 귀속되고 실제사업자인 을이 갑 명의로 직접 납부행위를 하였다고 하여 달리 볼 수 없으며, 갑의 기납부세액이 갑의 체납세액을 초과하는 이상, 갑이 납부의무를 해태함으로써 얻은 금융이익이 있다고 볼 수 없다는 등의 사정에 비추어, 과세관청이 갑에게 갑의 체납세액에 대한 납부불성실가산세를 부과한 것은 납부의무 없는 자에 대한 처분으로 하자가 중대하고 객관적으로 명백하여 당연무효이다(대법원 2019. 5. 16. 선고 2018두34848 판결).

○ 판례 122

도로점용허가를 한 도로관리청은 위와 같은 흠이 있다는 이유로 유효하게 성립한 도로점용허가 중 특별사용의 필요가 없는 부분을 직권취소할 수 있음이 원칙이다. 다만 이 경우 행정청이 소급적 직권취소를 하려면 이를 취소하여야 할 공익상 필요와 그 취소로 당사자가 입을 기득권 및 신뢰보호와 법률생활 안정의 침해 등 불이익을 비교 교량한 후 공익상 필요가 당사자의 기득권 침해 등 불이익을 정당화할 수 있을 만큼 강한 경우여야 한다. 이에 따라 도로관리청이 도로점용허가 중 특별사용의 필요가 없는 부분을 소급적으로 직권취소하였다면, 도로관리청은 이미 징수한 점용료 중 취소된 부분의 점용면적에 해당하는 점용료를 반환하여야 한다.

행정청은 행정소송이 계속되고 있는 때에도 직권으로 그 처분을 변경할 수 있고, 행정소송법 제22조 제1항은 이를 전제로 처분변경으로 인한 소의 변경에 관하여 규정하고 있다. 점용료 부과처분에 취소사유에 해당하는 흠이 있는 경우 도로관리청으로서는 당초 처분 자체를 취소하고 흠을 보완하여 새로운 부과처분을 하거나, 흠 있는 부분에 해당하는 점용료를 감액하는 처분을 할 수 있다. 한편 흠 있는 행정행위의 치유는 원칙적으로 허용되지 않을 뿐 아니라, 흠의 치유는 성립 당시에 적법한 요건을 갖추지 못한 흠 있는 행정행위를 그대로 존속시키면서 사후에 그 흠의 원인이 된 적법 요건을 보완하는 경우를 말한다. 그런데 앞서 본 바와 같은 흠 있는 부분에 해당하는 점용료를 감액하는 처분은 당초 처분 자체를 일부 취소하는 변경처분에 해당하고, 그 실질은 종래의 위법한 부분을 제거하는 것으로서 흠의 치유와는 차이가 있다.

그러므로 이러한 변경처분은 흠의 치유와는 성격을 달리하는 것으로서, 변경처분 자체가 신뢰보호 원칙에 반한다는 등의 특별한 사정이 없는 한 점용료 부과처분에 대한 취소소송이 제기된 이후에도 허용될 수 있다. 이에 따라 특별사용의 필요가 없는 부분을 도로점용허가의 점용장소 및 점용면적으로 포함한 흠이 있고 그로 인하여 점용료 부과처분에도 흠이 있게 된 경우, 도로관리청으로서는 도로점용허가 중 특별사용의 필요가 없는 부분을 직권취소하면서 특별사용의 필요가 없는 점용장소 및 점용면적을 제외한 상태로 점용료를 재산정한 후 당초 처분을 취소하고 재산정한 점용료를 새롭게 부과하거나, 당초 처분을 취소하지 않고 당초 처분으로 부과된 점용료와 재산정된 점용료의 차액을 감액할 수도 있다(대법원 2019. 1. 17. 선고 2016두56721, 56738 판결).

○ 판례 123

[1] 행정처분을 다툴 소의 이익은 개별·구체적 사정을 고려하여 판단하여야 한다. 행정처분의 무효확인 또는 취소를 구하는 소가 제소 당시에는 소의 이익이 있어 적법하였더라도, 소송 계속 중 처분청이 다툼의 대상이 되는 행정처분을 직권으로 취소하면 그 처분은 효력을 상실하여 더 이상 존재하지 않는 것이므로, 존재하지 않는 처분을 대상으로 한 항고소송은 원칙적으로 소의 이익이 소멸하여 부적법하다고 보아야 한다.

다만 처분청의 직권취소에도 완전한 원상회복이 이루어지지 않아 무효확인 또는 취소로써 회복할 수 있는 다른 권리나 이익이 남아 있거나 또는 동일한 소송 당사자 사이에서 그 행정처분과 동일한 사유로 위법한 처분이 반복될 위험성이 있어 행정처분의 위법성 확인 내지 불분명한 법률

문제에 대한 해명이 필요한 경우 행정의 적법성 확보와 그에 대한 사법통제, 국민의 권리구제의 확대 등의 측면에서 예외적으로 그 처분의 취소를 구할 소의 이익을 인정할 수 있다.

[2] 선행처분의 주요 부분을 실질적으로 변경하는 내용으로 후행처분을 한 경우에 선행처분은 특별한 사정이 없는 한 효력을 상실하지만, 후행처분이 선행처분의 내용 중 일부만을 소폭 변경하는 정도에 불과한 경우에는 선행처분은 소멸하는 것이 아니라 후행처분에 의하여 변경되지 아니한 범위 내에서는 그대로 존속한다.

[3] 일반적으로 면허나 인허가 등의 수익적 행정처분의 근거가 되는 법률이 해당 업자들 사이의 과당경쟁으로 인한 경영의 불합리를 방지하는 것도 목적으로 하고 있는 경우, 다른 업자에 대한 면허나 인허가 등의 수익적 행정처분에 대하여 미리 같은 종류의 면허나 인허가 등의 수익적 행정처분을 받아 영업을 하고 있는 기존의 업자는 경업자에 대하여 이루어진 면허나 인허가 등 행정처분의 상대방이 아니라고 하더라도 당해 행정처분의 무효확인 또는 취소를 구할 이익이 있다. 그러나 경업자에 대한 행정처분이 경업자에게 불리한 내용이라면 그와 경쟁관계에 있는 기존의 업자에게는 특별한 사정이 없는 한 유리할 것이므로 기존의 업자가 그 행정처분의 무효확인 또는 취소를 구할 이익은 없다고 보아야 한다.

[4] 어떤 행정처분을 위법하다고 판단하여 취소하는 판결이 확정되면 행정청은 취소판결의 기속력에 따라 그 판결에서 확인된 위법사유를 배제한 상태에서 다시 처분을 하거나 그 밖에 위법한 결과를 제거하는 조치를 할 의무가 있다(대법원 2020. 4. 9. 선고 2019두49953 판결).

○ 판례 124

'공교육의 정상화와 자사고의 바람직한 운영'이라는 공익은 자사고 지정을 유지한 채로 그 운영방식을 개선하는 방법으로도 충분히 달성할 수 있다. 그런데도 원고(서울특별시교육감)는 이 사건 지정취소처분을 하였고, 이로 인하여 침해되는 이 사건 학교들의 사익, 즉 이 사건 학교들이 그 신뢰에 반하여 자사고를 더 이상 운영할 수 없게 되는 불이익은 이 사건 지정취소처분을 통하여 달성하려는 공익보다 결코 작다고 할 수 없다(대법원 2018. 7. 12. 선고 2014추33 판결). 피고는 교육부장관.

○ 판례 125

[1] 병무청장이 병역법 제81조의2 제1항에 따라 병역의무 기피자의 인적사항 등을 인터넷 홈페이지에 게시하는 등의 방법으로 공개한 경우, 병무청장의 공개결정이 항고소송의 대상이 되는 행정처분인지 여부(적극)

[2] 행정처분의 무효확인 또는 취소를 구하는 소송 계속 중 처분청이 다툼의 대상이 되는 행정처분을 직권으로 취소한 경우, 그 처분을 대상으로 한 항고소송이 적법한지 여부(원칙적 소극) 및 예외적으로 그 처분의 취소를 구할 소의 이익을 인정할 수 있는 경우(대법원 2019. 6. 27. 선고 2018두49130 판결)

판례 126

(참고판례)

[1] 행정처분이 당연무효라고 하기 위하여는 처분에 위법사유가 있다는 것만으로는 부족하고 그 하자가 법규의 중요한 부분을 위반한 중대한 것으로서 객관적으로 명백한 것이어야 하며 하자가 중대하고 명백한 것인지 여부를 판별함에 있어서는 그 법규의 목적, 의미, 기능 등을 목적론적으로 고찰함과 동시에 구체적 사안 자체의 특수성에 관하여도 합리적으로 고찰함을 요한다.

[2] 구청장이 서울특별시 조례에 의한 적법한 위임 없이 택시운전자격정지처분을 한 경우, 그 하자가 비록 중대하다고 할지라도 객관적으로 명백하다고 할 수는 없으므로 당연무효 사유가 아니라고 한 사례(대법원 2002. 12. 10. 선고 2001두4566 판결).

판례 127

행정규칙의 내용이 상위법령에 반하는 것이라면 법치국가원리에서 파생되는 법질서의 통일성과 모순금지 원칙에 따라 그것은 법질서상 당연무효이고, 행정내부적 효력도 인정될 수 없다. 이러한 경우 법원은 해당 행정규칙이 법질서상 부존재하는 것으로 취급하여 행정기관이 한 조치의 당부를 상위법령의 규정과 입법 목적 등에 따라서 판단하여야 한다(대법원 2019. 10. 31. 선고 2013두20011 판결).

판례 128

국세환급금의 충당은 납세의무자가 갖는 환급청구권의 존부나 범위 또는 소멸에 구체적이고 직접적인 영향을 미치는 처분이라기보다는 국가의 환급금 채무와 조세채권이 대등액에서 소멸되는 점에서 오히려 민법상의 상계와 비슷하고, 소멸대상인 조세채권이 존재하지 아니하거나 당연무효 또는 취소되는 경우에는 충당의 효력이 없는 것으로서 이러한 사유가 있는 경우에 납세의무자로서는 충당의 효력이 없음을 주장하여 언제든지 이미 결정된 국세환급금의 반환을 청구할 수 있다 (대법원 2019. 6. 13. 선고 2016다239888 판결).

판례 129

(참고판례)

과세관청의 소득처분과 그에 따른 소득금액변동통지가 있는 경우 원천징수의무자인 법인은 소득금액변동통지서를 받은 날에 그 통지서에 기재된 소득의 귀속자에게 당해 소득금액을 지급한 것으로 의제되어 그때 원천징수하는 소득세의 납세의무가 성립함과 동시에 확정되므로 소득금액변동통지는 원천징수의무자인 법인의 납세의무에 직접 영향을 미치는 과세관청의 행위로서 항고소송의 대상이 된다. 그리고 원천징수의무자인 법인이 원천징수하는 소득세의 납세의무를 이행하지 아니함에 따라 과세관청이 하는 납세고지는 확정된 세액의 납부를 명하는 징수처분에 해당하므로 선행처분인 소득금액변동통지에 하자가 존재하더라도 당연무효 사유에 해당하지 않는 한 후행처분인 징수처분에 그대로 승계되지 아니한다. 따라서 과세관청의 소득처분과 그에 따른 소득금액 변동통지가 있는 경우 원천징수하는 소득세의 납세의무에 관하여는 이를 확정하는 소득금액변동통지에 대한 항고소송에서 다투어야 하고, 소득금액변동통지가 당연무효가 아닌 한 징수처분에 대한 항고소송에서 이를 다툴 수는 없다(대법원 2012. 1. 26. 선고 2009두14439 판결).

판례 130

특허심판원이 심판청구가 선행 확정 심결과 동일한 사실·증거에 기초한 것이어서 특허법 제163조에서 정한 '일사부재리 원칙'에 위반되는지를 판단하는 기준 시점(=심결 시) / 일사부재리 원칙 위반을 이유로 등록무효 심판청구를 각하한 심결에 대한 취소소송에서도 심결 시를 기준으로 동일 사실 및 증거 제출 여부를 심리하여 일사부재리 원칙 위반 여부를 판단하여야 하는지 여부(적극) 및 이때 심판청구인이 심판절차에서 주장하지 않은 새로운 등록무효 사유를 주장하는 것이 허용되는지 여부(소극)(대법원 2020. 4. 9. 선고 2018후11360 판결)

판례 131

행정소송법상 취소소송은 처분 등이 있음을 안 날부터 90일 이내에 제기하여야 하고, 처분 등이 있은 날부터 1년을 경과하면 제기하지 못한다(행정소송법 제20조 제1항, 제2항). 그리고 청구취지를 변경하여 구 소가 취하되고 새로운 소가 제기된 것으로 변경되었을 때에 새로운 소에 대한 제소기간의 준수 등은 원칙적으로 소의 변경이 있은 때를 기준으로 하여야 한다.

그러나 선행 처분에 대하여 제소기간 내에 취소소송이 적법하게 제기되어 계속 중에 행정청이 선행 처분서 문언에 일부 오기가 있어 이를 정정할 수 있음에도 선행 처분을 직권으로 취소하고 실질적으로 동일한 내용의 후행 처분을 함으로써 선행 처분과 후행 처분 사이에 밀접한 관련성이 있고 선행 처분에 존재한다고 주장되는 위법사유가 후행 처분에도 마찬가지로 존재할 수 있는 관계인 경우에는 후행 처분의 취소를 구하는 소변경의 제소기간 준수 여부는 따로 따질 필요가 없다(대법원 2019. 7. 4. 선고 2018두58431 판결).

판례 132

행정행위를 한 처분청은 그 행위에 하자가 있는 경우에는 별도의 법적 근거가 없더라도 스스로 이를 취소할 수 있다. 다만 수익적 행정처분을 취소할 때에는 이를 취소하여야 할 공익상의 필요와 그 취소로 당사자가 입게 될 기득권과 신뢰보호 및 법률생활 안정의 침해 등 불이익을 비교·교량한 후 공익상의 필요가 당사자가 입을 불이익을 정당화할 만큼 강한 경우에 한하여 취소할 수 있다. 나아가 수익적 행정처분의 하자가 당사자의 사실은폐나 기타 사위의 방법에 의한 신청행위에 기인한 것이라면 당사자는 처분에 의한 이익이 위법하게 취득되었음을 알아 취소가능성도 예상하고 있었다고 보아야 하므로, 그 자신이 처분에 관한 신뢰이익을 원용할 수 없음은 물론 행정청이 이를 고려하지 아니하였더라도 재량권의 남용이라고 볼 수 없다(대법원 2014. 11. 27. 선고 2013두16111 판결 등 참조).

2) 행정재판에서 형사재판의 사실인정에 구속되는 것은 아니라고 하더라도 동일한 사실관계에 관하여 이미 확정된 형사판결이 유죄로 인정한 사실은 유력한 증거자료가 되므로 행정재판에서 제출된 다른 증거들에 비추어 형사재판의 사실 판단을 채용하기 어렵다고 인정되는 특별한 사정이 없는 한 이와 반대되는 사실은 인정할 수 없다(대법원 2012. 5. 24. 선고 2011두28240 판결 등 참조).(대법원 2020. 2. 27. 선고 2019두39611 판결)

판례 133

행정절차법 제22조 제4항, 제21조 제4항은 위 예외적인 경우에 관하여, '해당 처분의 성질상 의견청취가 현저히 곤란하거나 명백히 불필요하다고 인정될 만한 상당한 이유가 있는 경우' 등을 들고 있는데, 이에 해당하는지 여부는 해당 행정처분의 성질에 비추어 판단하여야 하며, 처분상대방이 이미 행정청에 위반사실을 시인하였다거나 처분의 사전통지 이전에 의견을 진술할 기회가 있었다는 사정을 고려하여 판단할 것은 아니다(대법원 2007. 9. 21. 선고 2006두20631 판결, 대법원 2016. 10. 27. 선고 2016두41811 판결 등 참조).(대법원 2019. 5. 30. 선고 2014두40258 판결)

판례 134

[1] 구 사회기반시설에 대한 민간투자법(2016. 3. 2. 법률 제14044호로 개정되기 전의 것, 이하 '민간투자법'이라 한다)은 '사회기반시설'을 '각종 생산활동의 기반이 되는 시설, 해당 시설의 효용을 증진시키거나 이용자의 편의를 도모하는 시설 및 국민생활의 편익을 증진시키는 시설로서, 다음 각 목의 어느 하나에 해당하는 시설'이라고 정의하면서 각 목에서 대상시설을 열거하고 있고(제2조 제1호), '사회기반시설사업'을 '사회기반시설의 신설·증설·개량 또는 운영에 관한 사업'이라고 정의하며(제2조 제2호), '민간투자사업'을 '제9조에 따라 민간부문이 제안하는 사업 또는 제10조에 따른 민간투자시설사업기본계획에 따라 제7호에 따른 사업시행자가 시행하는 사회기반시설사업'이라고 정의하고 있다(제5호 본문).

이처럼 민간투자법은 일정한 사회기반시설을 민간투자법이 정하는 절차에 따라 시행할 수 있도록 정하고 있을 뿐이고, 민간투자자가 사회기반시설을 설치하여 운영하는 사업을 민간투자법에 따라서만 추진하여야 한다는 '적용우선 규정'을 명문으로 두고 있지 않으므로, 민간투자법이 민간투자법에 따른 민간투자사업 이외에 다른 개별 법률에 근거한 다른 방식의 민간투자사업을 허용하지 아니하는 취지라고 보기는 어렵다. 따라서 다른 개별 법률이 다른 방식의 민간투자사업을 허용하고 있는 이상, 행정청에는 민간투자법 이외에 다른 개별 법률에 근거해서도 다른 방식으로 민간투자사업을 추진할 수 있는 재량이 있다고 봄이 타당하고, 이는 대상시설이 민간투자법상 사회기반시설에 해당하여 민간투자법에 따른 민간투자사업 방식이 가능한 경우에도 마찬가지이다.

[2] 공유재산 및 물품관리법(이하 '공유재산법'이라 한다) 제2조 제1호, 제7조 제1항, 제20조 제1항, 제2항 제2호의 내용과 체계에 관련 법리를 종합하면, 지방자치단체의 장이 공유재산법에 근거하여 기부채납 및 사용·수익허가 방식으로 민간투자사업을 추진하는 과정에서 사업시행자를 지정하기 위한 전 단계에서 공모제안을 받아 일정한 심사를 거쳐 우선협상대상자를 선정하는 행위와 이미 선정된 우선협상대상자를 그 지위에서 배제하는 행위는 민간투자사업의 세부내용에 관한

협상을 거쳐 공유재산법에 따른 공유재산의 사용·수익허가를 우선적으로 부여받을 수 있는 지위를 설정하거나 또는 이미 설정한 지위를 박탈하는 조치이므로 모두 항고소송의 대상이 되는 행정처분으로 보아야 한다.

[3] 지방자치단체의 장이 공유재산 및 물품관리법에 근거하여 민간투자사업을 추진하던 중 우선협상대상자 지위를 박탈하는 처분을 하기 위하여 반드시 청문을 실시할 의무가 있다고 볼 수는 없다. 구체적인 이유는 다음과 같다.

행정절차법 제21조 제1항, 제4항, 제22조 제1항, 제3항, 제4항에 의하면, 행정청이 당사자에게 의무를 부과하거나 권익을 제한하는 처분을 하는 경우에는 미리 '처분의 제목', '처분하려는 원인이 되는 사실과 처분의 내용 및 법적 근거', '이에 대하여 의견을 제출할 수 있다는 뜻과 의견을 제출하지 아니하는 경우의 처리방법', '의견제출기관의 명칭과 주소', '의견제출기한' 등의 사항을 당사자 등에게 통지하여야 하고, 의견제출기한은 의견제출에 필요한 상당한 기간을 고려하여 정하여야 하며, 다른 법령 등에서 필수적으로 청문을 하거나 공청회를 개최하도록 규정하고 있지 아니한 경우에도 당사자 등에게 의견제출의 기회를 주어야 하며, 다만 '해당 처분의 성질상 의견청취가 현저히 곤란하거나 명백히 불필요하다고 인정될 만한 상당한 이유가 있는 경우' 등에 한하여 처분의 사전통지나 의견청취를 하지 아니할 수 있다. 따라서 행정청이 침해적 행정처분을 하면서 당사자에게 위와 같은 사전통지를 하거나 의견제출의 기회를 주지 아니하였다면, 그 사전통지나 의견제출의 예외적인 경우에 해당하지 아니하는 한, 그 처분은 위법하여 취소를 면할 수 없다.

이처럼 행정절차법이 당사자에게 의무를 부과하거나 권익을 제한하는 처분을 하는 경우에 사전통지 및 의견청취를 하도록 규정한 것은 불이익처분 상대방의 방어권 행사를 실질적으로 보장하기 위함이다.

이러한 행정절차법의 규정 내용과 체계에 의하면, 행정청이 당사자에게 의무를 부과하거나 권익을 제한하는 처분을 하는 경우에는 원칙적으로 행정절차법 제21조 제1항에 따른 사전통지를 하고, 제22조 제3항에 따른 의견제출 기회를 주는 것으로 족하며, 다른 법령 등에서 반드시 청문을 실시하도록 규정한 경우이거나 행정청이 필요하다고 인정하는 경우 등에 한하여 청문을 실시할 의무가 있다.

[4] 처분청은 비록 처분 당시에 별다른 하자가 없었고, 또 처분 후에 이를 철회할 별도의 법적 근거가 없더라도 원래의 처분을 존속시킬 필요가 없게 된 사정변경이 생겼거나 또는 중대한 공익상의 필요가 발생한 경우에는 그 효력을 상실케 하는 별개의 처분으로 이를 철회할 수 있다. 다만 수익적 처분을 취소 또는 철회하는 경우에는 이미 부여된 국민의 기득권을 침해하는 것이 되므로, 비록 취소 등의 사유가 있더라도 취소권 등의 행사는 기득권의 침해를 정당화할 만한 중대한 공익상의 필요 또는 제3자의 이익보호의 필요가 있는 때에 한하여 상대방이 받는 불이익과 비교·형량하여 결정하여야 하고, 그 처분으로 인하여 공익상의 필요보다 상대방이 받게 되는 불이익 등이 막대한 경우에는 재량권의 한계를 일탈한 것으로서 허용되지 않는다(대법원 2020. 4. 29. 선고 2017두31064 판결).

○ 판례 135

개정 법률이 전부 개정인 경우에는 기존 법률을 폐지하고 새로운 법률을 제정하는 것과 마찬가지여서 원칙적으로 종전 법률의 본문 규정은 물론 부칙 규정도 모두 효력이 소멸되는 것으로 보아야 하므로 종전 법률 부칙의 경과규정도 실효되지만, 특별한 사정이 있는 경우에는 그 효력이 상실되지 않는다고 보아야 한다. 여기에서 말하는 '특별한 사정'은 전부 개정된 법률에서 종전 법률 부칙의 경과규정에 관하여 계속 적용한다는 별도의 규정을 둔 경우뿐만 아니라, 그러한 규정을 두지 않았다고 하더라도 종전의 경과규정이 실효되지 않고 계속 적용된다고 보아야 할 만한 예외적인 사정이 있는 경우도 포함한다. 이 경우 예외적인 '특별한 사정'이 있는지는 종전 경과규정의 입법 경위·취지, 전부 개정된 법령의 입법 취지 및 전반적 체계, 종전 경과규정이 실효된다고 볼 경우 법률상 공백상태가 발생하는지 여부, 기타 제반 사정 등을 종합적으로 고려하여 개별적·구체적으로 판단하여야 한다.

위 법리를 토대로 앞서 본 건축법의 도로에 관한 규정을 살펴보면, 건축법이 1991. 5. 31. 법률 제4381호로 전부 개정되면서 종전 부칙 제2항과 같은 경과규정을 두지 않은 것은 당시 대부분의 도로가 시장·군수 등의 도로 지정을 받게 됨으로써 종전 부칙 제2항과 같은 경과규정을 존치시킬 필요성이 줄어든 상황을 반영한 것일 뿐, 이미 건축법상의 도로가 된 사실상의 도로를 다시 건축법상의 도로가 아닌 것으로 변경하려고 한 취지는 아니라고 보이는 점, 종전 부칙 제2항이 효력을 상실한다고 보면 같은 규정에 의하여 이미 확정적으로 건축법상의 도로가 된 사실상의 도로들에 관하여 법률상 공백상태가 발생하게 되고 그 도로의 이해관계인들, 특히 그 도로를 통행로로 이용하는 인근 토지 및 건축물 소유자의 신뢰보호 및 법적 안정성 측면에도 문제가 생기는 점 등의 제반 사정을 종합해 볼 때, 종전 부칙 제2항은 1991. 5. 31. 법률 제4381호로 전부 개정된 건축법의 시행에도 불구하고, 여전히 실효되지 않았다고 볼 '특별한 사정'이 있다고 보아야 한다(대법원 2012. 3. 15. 선고 2011두27322 판결 등 참조).(대법원 2019. 10. 31. 선고 2017두74320 판결)

○ 판례 136

식품위생법 제39조 제1항, 제3항에 의한 영업양도에 따른 지위승계 신고를 행정청이 수리하는 행위는 단순히 양도·양수인 사이에 이미 발생한 사법상의 영업양도의 법률효과에 의하여 양수인이 그 영업을 승계하였다는 사실의 신고를 접수하는 행위에 그치는 것이 아니라, 양도자에 대한 영업허가 등을 취소함과 아울러 양수자에게 적법하게 영업을 할 수 있는 지위를 설정하여 주는 행위로서 영업허가자 등의 변경이라는 법률효과를 발생시키는 행위이다. 따라서 양수인은 영업자 지위승계 신고서에 해당 영업장에서 적법하게 영업을 할 수 있는 요건을 모두 갖추었다는 점을 확인할 수 있는 소명자료를 첨부하여 제출하여야 하며(식품위생법 시행규칙 제48조 참조), 그 요건에는 신고 당시를 기준으로 해당 영업의 종류에 사용할 수 있는 적법한 건축물(점포)의 사용권원을 확보하고 식품위생법 제36조에서 정한 시설기준을 갖추어야 한다는 점도 포함된다.

영업장 면적이 변경되었음에도 그에 관한 신고의무가 이행되지 않은 영업을 양수한 자 역시 그와 같은 신고의무를 이행하지 않은 채 영업을 계속한다면 시정명령 또는 영업정지 등 제재처분의 대상이 될 수 있다(대법원 2020. 3. 26. 선고 2019두38830 판결).

◦ 판례 137

체육시설법 제27조 제1항은 상속과 합병 외에 영업양도의 경우에도 체육시설업의 등록 또는 신고에 따른 권리·의무를 승계한다고 정하고, 제2항은 경매를 비롯하여 이와 유사한 절차로 체육시설업의 시설 기준에 따른 필수시설(이하 '체육필수시설'이라 한다)을 인수한 자에 대해서도 제1항을 준용하고 있다. 위와 같은 방법으로 체육시설업자의 영업이나 체육필수시설이 타인에게 이전된 경우 영업양수인 또는 체육필수시설의 인수인 등은 <u>체육시설업과 관련하여 형성된 공법상의 권리·의무뿐만 아니라 체육시설업자와 회원 간의 사법상 약정에 따른 권리·의무도 승계한다</u>(대법원 2018. 10. 18. 선고 2016다220143 전원합의체 판결).

◦ 판례 138

[1] 남녀고용평등과 일·가정 양립 지원에 관한 법률(이하 '남녀고용평등법'이라 한다) 제11조 제1항, 근로기준법 제6조에서 말하는 '남녀의 차별'은 합리적인 이유 없이 남성 또는 여성이라는 이유만으로 부당하게 차별대우하는 것을 의미한다. 사업주나 사용자가 근로자를 합리적인 이유 없이 성별을 이유로 부당하게 차별대우를 하도록 정한 규정은, 규정의 형식을 불문하고 강행규정인 남녀고용평등법 제11조 제1항과 근로기준법 제6조에 위반되어 무효라고 보아야 한다.

[2] 국가나 국가기관 또는 국가조직의 일부는 기본권의 수범자로서 국민의 기본권을 보호하고 실현해야 할 책임과 의무를 지니고 있는 점, 공무원도 임금을 목적으로 근로를 제공하는 근로기준법상의 근로자인 점 등을 고려하면, 공무원 관련 법률에 특별한 규정이 없는 한, <u>고용관계에서 양성평등을 규정한 남녀고용평등과 일·가정 양립 지원에 관한 법률 제11조 제1항과 근로기준법 제6조는 국가기관과 공무원 간의 공법상 근무관계에도 적용된다</u>(대법원 2019. 10. 31. 선고 2013두20011 판결).

◦ 판례 139

[1] <u>지방자치단체가 일방 당사자가 되는 이른바 '공공계약'이 사경제의 주체로서 상대방과 대등한 위치에서 체결하는 사법상 계약에 해당하는 경우 그에 관한 법령에 특별한 정함이 있는 경우를 제외하고는 사적 자치와 계약자유의 원칙 등 사법의 원리가 그대로 적용된다.</u>

[2] <u>행정사건의 심리절차는 행정소송의 특수성을 감안하여 행정소송법이 정하고 있는 특칙이 적용될 수 있는 점을 제외하면 심리절차 면에서 민사소송 절차와 큰 차이가 없으므로, 특별한 사정이 없는 한 민사사건을 행정소송 절차로 진행한 것 자체가 위법하다고 볼 수 없다.</u>

[3] 지방자치단체가 계약의 적정한 이행을 위하여 계약상대방과의 계약에 근거하여 계약당사자 사이에 효력이 있는 계약특수조건 등을 부가하는 것이 금지되거나 제한된다고 할 이유는 없고, <u>사적 자치와 계약자유의 원칙상 관련 법령에 이를 금지하거나 제한하는 내용이 없는데도 그러한 계약내용이나 조치의 효력을 함부로 부인할 것은 아니다.</u>

다만 구 지방자치단체를 당사자로 하는 계약에 관한 법률(2013. 8. 6. 법률 제12000호로 개정되기 전의 것) 제6조 제1항에 따라 공공계약에서 계약상대방의 계약상 이익을 부당하게 제한하는 특약은 효력이 없으나, 이에 해당하기 위해서는 그 특약이 계약상대방에게 다소 불이익하다는 점만으로는 부족하고 지방자치단체 등이 계약상대방의 정당한 이익과 합리적인 기대에 반하여 형평에 어긋나는 특약을 정함으로써 계약상대방에게 부당하게 불이익을 주었다는 점이 인정되어야 한다. 계약상대방의 계약상 이익을 부당하게 제한하는 특약인지는 그 특약에 의하여 계약상대방에게 생길 수 있는 불이익의 내용과 정도, 불이익 발생의 가능성, 전체 계약에 미치는 영향, 당사자들 사이의 계약체결과정, 관계 법령의 규정 등 모든 사정을 종합하여 판단하여야 한다(대법원 2018. 2. 13. 선고 2014두11328 판결).

판례 140

국가공무원법 제2조 제2항 제2호, 교육공무원법 제2조 제1항 제1호, 제3항, 제8조, 제26조 제1항, 제34조 제2항, 교육공무원임용령 제5조의2 제4항에 의하면, 일정한 자격을 갖추고 소정의 절차에 따라 대학의 장에 의하여 임용된 조교는 법정된 근무기간 동안 신분이 보장되는 교육공무원법상의 교육공무원 내지 국가공무원법상의 특정직공무원 지위가 부여되고, 근무관계는 사법상의 근로계약관계가 아닌 공법상 근무관계에 해당한다. 이와 같이 교육공무원 내지 특정직공무원의 신분을 부여받는 조교는 1년으로 법정된 근무기간이 만료하면 바로 지위를 상실하게 될 뿐만 아니라, 위 기간 만료 후에 다시 종전 지위를 취득하기 위해서는 임용주체의 의사결정에 기한 임명행위로써 공무원의 신분을 새롭게 부여받을 것을 요한다. 또한 조교에 대한 보수 등의 근무조건에 관하여는 교육공무원법 내지 국가공무원법과 그 위임에 따라 제정된 개별 법령이 적용됨으로써, 공무원인 조교의 근무관계에 관하여도 공무원의 '근무조건 법정주의'에 따라 기본적으로 법령에 의해 권리의무의 내용이 정해지고 있다. 이러한 사정들을 고려하면, 교육공무원 내지 특정직공무원의 신분보장을 받는 대신 근무기간이 1년으로 법정된 조교에 대하여는, '기간의 정함이 있는 근로계약을 체결한 근로자'에 대한 불합리한 차별을 시정하고 근로조건 보호를 강화함으로써 노동시장의 건전한 발전에 이바지하기 위한 목적에서 도입된 기간제 및 단시간근로자 보호 등에 관한 법률(이하 '기간제법'이라 한다)이 그대로 적용된다고 볼 수 없다. 특히 기간제법 제4조 제1항, 제2항은 사용자가 기간제근로자를 사용할 수 있는 기간의 허용가능한 범위를 정함과 동시에 일정 요건하에 기간의 정함이 없는 근로계약을 체결한 근로자로 간주하는 규정으로서, 이를 국가와 공무원신분인 조교 간의 근무관계에 곧바로 적용하는 것은 임용주체의 임명행위에 의해 설정되는 공법상 근무관계의 성질은 물론, 조교의 근무기간이 1년으로 법정된 취지 등에도 반하는 것이어서 허용될 수 없다고 봄이 타당하다. 이는 국가 또는 지방자치단체의 기관에 대하여도 기간제법을 적용하도록 기간제법 제3조 제3항이 규정하고 있다거나, 공무원도 임금을 목적으로 근로를 제공하는 근로기준법상의 근로자라고 하여 달리 볼 것은 아니다(대법원 2019. 11. 14. 선고 2015두5253).

판례 141

국제표준무도를 교습하는 학원을 설립·운영하려는 자가 체육시설법상 무도학원업으로 신고하거나 또는 학원법상 평생직업교육학원으로 등록하려고 할 때에, 관할 행정청은 그 학원이 소관 법령에 따른 신고 또는 등록의 요건을 갖춘 이상 신고 또는 등록의 수리를 거부할 수 없다고 보아야 한다(대법원 2018. 6. 21. 선고 2015두48655 전원합의체 판결).

◦ 판례 142

공공기관의 정보공개에 관한 법률(이하 '정보공개법'이라 한다)은 공공기관이 보유·관리하는 정보에 대한 국민의 공개청구 및 공공기관의 공개의무에 관한 필요한 사항을 정함으로써 국민의 알 권리를 보장하고 국정에 대한 국민의 참여와 국정운영의 투명성을 확보함을 목적으로, 공공기관이 보유·관리하는 모든 정보를 원칙적 공개대상으로 하면서도, 재판의 독립성과 공정성 등 국가의 사법작용이 훼손되는 것을 막기 위하여 제9조 제1항 제4호에서 '진행 중인 재판에 관련된 정보'를 비공개대상정보로 규정하고 있다. 이와 같은 정보공개법의 입법 목적, 정보공개의 원칙, 위 비공개대상정보의 규정 형식과 취지 등을 고려하면, 법원 이외의 공공기관이 위 규정이 정한 '진행 중인 재판에 관련된 정보'에 해당한다는 사유로 정보공개를 거부하기 위하여는 반드시 그 정보가 진행 중인 재판의 소송기록 그 자체에 포함된 내용의 정보일 필요는 없으나, 재판에 관련된 일체의 정보가 그에 해당하는 것은 아니고 진행 중인 재판의 심리 또는 재판 결과에 구체적으로 영향을 미칠 위험이 있는 정보에 한정된다고 보는 것이 타당하다(대법원 2018. 9. 28. 선고 2017두69892 판결).

◦ 판례 143

독점규제 및 공정거래에 관한 법률(이하 '공정거래법'이라 한다) 제6조, 제22조 등 각 규정을 종합하면, 공정거래위원회는 공정거래법 위반행위에 대하여 과징금을 부과할 것인지 여부와 만일 과징금을 부과할 경우 공정거래법령이 정하고 있는 일정한 범위 안에서 과징금의 액수를 구체적으로 얼마로 정할 것인지에 관하여 재량을 가지고 있으므로, 공정거래위원회의 법 위반행위자에 대한 과징금 부과처분은 재량행위에 해당한다. 다만 이러한 재량을 행사하는 데 과징금 부과의 기초가 되는 사실을 오인하였거나 비례·평등의 원칙에 위배되는 등의 사유가 있다면 재량권 일탈·남용으로서 위법하다(대법원 2018. 4. 24. 선고 2016두40207 판결).

◦ 판례 144

농지법은 농지 처분명령에 대한 이행강제금 부과처분에 불복하는 자가 그 처분을 고지받은 날부터 30일 이내에 부과권자에게 이의를 제기할 수 있고, 이의를 받은 부과권자는 지체 없이 관할 법원에 그 사실을 통보하여야 하며, 그 통보를 받은 관할 법원은 비송사건절차법에 따른 과태료 재판에 준하여 재판을 하도록 정하고 있다(제62조 제1항, 제6항, 제7항). 따라서 농지법 제62조 제1항에 따른 이행강제금 부과처분에 불복하는 경우에는 비송사건절차법에 따른 재판절차가 적용되어야 하고, 행정소송법상 항고소송의 대상은 될 수 없다(대법원 2019. 4. 11. 선고 2018두42955 판결).

◦ 판례 145

경범죄 처벌법은 제3장에서 '경범죄 처벌의 특례'로서 범칙행위에 대한 통고처분(제7조), 범칙금의 납부(제8조, 제8조의2)와 통고처분 불이행자 등의 처리(제9조)를 정하고 있다. 경찰서장으로부터 범칙금 통고처분을 받은 사람은 통고처분서를 받은 날부터 10일 이내에 범칙금을 납부하여야 하고, 위 기간에 범칙금을 납부하지 않은 사람은 위 기간의 마지막 날의 다음 날부터 20일 이내에 통고받은 범칙금에 20/100을 더한 금액을 납부하여야 한다(제8조 제1항, 제2항). 경범죄 처벌법 제8조 제2항에 따른 납부기간에 범칙금을 납부하지 않은 사람에 대하여 경찰서장은 지체 없이 즉결심판을 청구하여야 하고(제9조 제1항 제2호), 즉결심판이 청구되더라도 그 선고 전까지 피고인이 통고받은 범칙금에 50/100을 더한 금액을 납부하고 그 증명서류를 제출하였을 경우에는 경찰서장은 즉결심판 청구를 취소하여야 한다(제9조 제2항). 이와 같이 통고받은 범칙금을 납부한 사람은 그 범칙행위에 대하여 다시 처벌받지 않는다(제8조 제3항, 제9조 제3항).

위와 같은 규정 내용과 통고처분의 입법 취지를 고려하면, 경범죄 처벌법상 범칙금제도는 범칙행위에 대하여 형사절차에 앞서 경찰서장의 통고처분에 따라 범칙금을 납부할 경우 이를 납부하는 사람에 대하여는 기소를 하지 않는 처벌의 특례를 마련해 둔 것으로 법원의 재판절차와는 제도적 취지와 법적 성질에서 차이가 있다. 또한 범칙자가 통고처분을 불이행하였더라도 기소독점주의의 예외를 인정하여 경찰서장의 즉결심판 청구를 통하여 공판절차를 거치지 않고 사건을 간이하고 신속·적정하게 처리함으로써 소송경제를 도모하되, 즉결심판 선고 전까지 범칙금을 납부하면 형사처벌을 면할 수 있도록 함으로써 범칙자에 대하여 형사소추와 형사처벌을 면제받을 기회를 부여하고 있다.

따라서 경찰서장이 범칙행위에 대하여 통고처분을 한 이상, 범칙자의 위와 같은 절차적 지위를 보장하기 위하여 통고처분에서 정한 범칙금 납부기간까지는 원칙적으로 경찰서장은 즉결심판을 청구할 수 없고, 검사도 동일한 범칙행위에 대하여 공소를 제기할 수 없다고 보아야 한다(대법원 2020. 4. 29. 선고 2017도13409 판결).

판례 146

(참고판례)

[1] 관계 법령상 행정대집행의 절차가 인정되어 행정청이 행정대집행의 방법으로 건물의 철거 등 대체적 작위의무의 이행을 실현할 수 있는 경우에는 따로 민사소송의 방법으로 그 의무의 이행을 구할 수 없다. 한편 건물의 점유자가 철거의무자일 때에는 건물철거의무에 퇴거의무도 포함되어 있는 것이어서 별도로 퇴거를 명하는 집행권원이 필요하지 않다.

[2] 행정청이 행정대집행의 방법으로 건물철거의무의 이행을 실현할 수 있는 경우에는 건물철거 대집행 과정에서 부수적으로 건물의 점유자들에 대한 퇴거 조치를 할 수 있고, 점유자들이 적법한 행정대집행을 위력을 행사하여 방해하는 경우 형법상 공무집행방해죄가 성립하므로, 필요한 경우에는 '경찰관 직무집행법'에 근거한 위험발생 방지조치 또는 형법상 공무집행방해죄의 범행방지 내지 현행범체포의 차원에서 경찰의 도움을 받을 수도 있다(대법원 2017. 4. 28. 선고 2016다213916 판결).

146-1.
농지법은 농지 처분명령에 대한 이행강제금 부과처분에 불복하는 자가 그 처분을 고지받은 날부터 30일 이내에 부과권자에게 이의를 제기할 수 있고, 이의를 받은 부과권자는 지체 없이 관할 법원에 그 사실을 통보하여야 하며, 그 통보를 받은 관할 법원은 비송사건절차법에 따른 과태료 재판에 준하여 재판을 하도록 정하고 있다(제62조 제1항, 제6항, 제7항). 따라서 농지법 제62조 제1항에 따른 이행강제금 부과처분에 불복하는 경우에는 비송사건절차법에 따른 재판절차가 적용되어야 하고, 행정소송법상 항고소송의 대상은 될 수 없다.

농지법 제62조 제6항, 제7항이 위와 같이 이행강제금 부과처분에 대한 불복절차를 분명하게 규정하고 있으므로, 이와 다른 불복절차를 허용할 수는 없다. 설령 관할청이 이행강제금 부과처분을 하면서 재결청에 행정심판을 청구하거나 관할 행정법원에 행정소송을 할 수 있다고 잘못 안내하거나 관할 행정심판위원회가 각하재결이 아닌 기각재결을 하면서 관할 법원에 행정소송을 할 수 있다고 잘못 안내하였다고 하더라도, 그러한 잘못된 안내로 행정법원의 항고소송 재판관할이 생긴다고 볼 수도 없다(대법원 2019. 4. 11. 선고 2018두42955 판결).

판례 147

국토계획법 제54조가 준용되지 않는 용도변경 즉, 건축법 제19조 제3항에 따라 건축물대장 기재 내용의 변경을 신청하여야 하는 경우나 임의로 용도변경을 할 수 있는 경우에는 국토계획법 제54조를 위반한 행위가 건축법 제19조 제7항을 위반한 행위가 된다고 볼 수는 없으므로 '국토계획법상 지구단위계획에 맞지 아니한 용도변경'이라는 이유만으로 건축법 제79조, 제80조에 근거한 시정명령과 그 불이행에 따른 이행강제금 부과처분을 할 수는 없다(대법원 2017. 8. 23. 선고 2017두42453 판결).

판례 148

독점규제 및 공정거래에 관한 법률(이하 '공정거래법'이라 한다)상 기업결합 제한 위반행위자에 대한 시정조치 및 이행강제금 부과 등에 관한 구 공정거래법(1999. 2. 5. 법률 제5813호로 개정되기 전의 것) 제17조 제3항, 공정거래법 제7조 제1항 제1호, 제16조 제1항 제7호, 제17조의3 제1항 제1호, 제2항, 독점규제 및 공정거래에 관한 법률 시행령 제23조의4 제1항, 제3항을 종합적·체계적으로 살펴보면, 공정거래법 제17조의3은 같은 법 제16조에 따른 시정조치를 그 정한 기간 내에 이행하지 아니하는 자에 대하여 이행강제금을 부과할 수 있는 근거 규정이고, 시정조치가 공정거래법 제16조 제1항 제7호에 따른 부작위 의무를 명하는 내용이더라도 마찬가지로 보아야 한다. 나아가 이러한 이행강제금이 부과되기 전에 시정조치를 이행하거나 부작위 의무를 명하는 시정조치 불이행을 중단한 경우 과거의 시정조치 불이행기간에 대하여 이행강제금을 부과할 수 있다고 봄이 타당하다(대법원 2019. 12. 12. 선고 2018두63563 판결).

판례 149

개발제한구역법령이 위반행위의 유형별로 이행강제금 부과방식을 달리 정하면서, 토지와 관련한 형질변경 등 위반행위에 대하여는 개별공시지가와 '위반면적'을 고려하여 그 부과액을 산정하도록 정한 문언과 취지에 따르면, 개별적 위반행위의 유형과 위반면적 등 구체적 행위 내용을 기준으로 시정명령 위반에 따른 이행강제금을 산정하게 되어 있음을 알 수 있다. 이러한 전제에서 볼 때, 연접하여 있는 수 필지의 토지에 걸친 일련의 형질변경행위에 대한 시정명령이 있었음에도, 그 위반행위자가 이를 불이행한 경우에는, 그 일련의 형질변경행위의 대상이 된 각 필지별로 위 이행강제금 한도액 규정을 개별적으로 적용할 것은 아니고, 일련의 형질변경행위를 전제로 각 필지별 개별공시지가에 그 위반면적을 곱하는 방식으로 산정된 부과액의 합계액에 대하여 위 한도액 규정을 적용하여야 한다. 침익적 처분의 근거 규정에 관한 엄격해석의 원칙에 비추어 보더라도 이렇게 새김이 타당하다(대법원 2019. 1. 10. 선고 2017두67322 판결).

판례 150

국가유공자 등 예우 및 지원에 관한 법률(이하 '국가유공자법'이라고 한다)은 국가배상법 제2조 제1항 단서의 '다른 법령'에 해당할 수 있다. 다만 국가유공자법은 군인, 경찰공무원 등이 국민의 생명·재산 보호와 직접적인 관련이 있는 직무수행 중 상이(상이)를 입고 전역하거나 퇴직하는 경우 그 상이 정도가 국가보훈처장이 실시하는 신체검사에서 상이등급으로 판정된 사람을 공상군경으로 정하고(제4조 제1항 제6호) 이러한 공상군경에게 각종 급여가 지급되도록 규정하고 있다.
이에 의하면, 국민의 생명·재산 보호와 직접적인 관련이 있는 직무수행 중 상이를 입은 군인 등이 전역하거나 퇴직하지 않은 경우에는 그 상이의 정도가 위 상이등급에 해당하는지 여부와 상관없이 객관적으로 공상군경의 요건을 갖추지 못하여 국가유공자법에 따른 보상을 지급받을 수 없으므로, '다른 법령에 따라 재해보상금 등의 보상을 지급받을 수 있을 때'의 요건을 갖추지 못하여 업무용 자동차종합보험계약의 관용차 면책약관도 적용될 수 없다. 이는 국민의 생명·재산 보호와 직접적인 관련이 없는 직무수행 중 상이를 입은 군인 등이 전역하거나 퇴직하지 않은 경우에도 마찬가지이다(대법원 2019. 5. 30. 선고 2017다16174 판결).

판례 151

[1] 국가배상법 제2조 제1항 단서는 "군인·군무원·경찰공무원 또는 향토예비군대원이 전투·훈련 등 직무 집행과 관련하여 전사·순직하거나 공상을 입은 경우에 본인이나 그 유족이 다른 법령에 따라 재해보상금·유족연금·상이연금 등의 보상을 지급받을 수 있을 때에는 이 법 및 민법에 따른 손해배상을 청구할 수 없다."라고 규정하고 있다. 업무용 자동차종합보험계약의 보험약관 중 일부인 관용자동차 특별약관에서는 "군인, 군무원, 경찰공무원 또는 향토예비군대원이 전투, 훈련 등 직무 집행과 관련하여 전사, 순직 또는 공상을 입은 경우, 이들에 대하여 대인배상 I 및 대인배상 II에 대하여는 보상하지 않는다."라고 규정하고 있다(이하 '관용차 면책약관'이라고 한다). 관용차 면책약관은 위 국가배상법 규정에 따라 군인 등의 피해자가 국가 또는 지방자치단체에 대하여 손해배상을 청구할 수 없는 경우에 국가 또는 지방자치단체를 피보험자로 하여 보험자에 대하여도 그 보상을 청구할 수 없도록 하는 데에 취지가 있다. 위 국가배상법 규정의 내용이나 관용차 면책약관의 취지 등을 고려하면, 관용차 면책약관은 군인 등의 피해자가 다른 법령에 의하여 보상을 지급받을 수 있어 국가나 지방자치단체가 국가배상법 제2조 제1항 단서에 의해 손해배상책임을 부담하지 않는 경우에 한하여 적용된다고 봄이 타당하다.

[2] 구 공무원연금법(2018. 3. 20. 법률 제15523호로 전부 개정되기 전의 것, 이하 '구 공무원연금법'이라고 한다)에 따라 각종 급여를 지급하는 제도는 공무원의 생활안정과 복리향상에 이바지하기 위한 것이라는 점에서 국가배상법 제2조 제1항 단서에 따라 손해배상금을 지급하는 제도와 그 취지 및 목적을 달리하므로, 경찰공무원인 피해자가 구 공무원연금법의 규정에 따라 공무상 요양비를 지급받는 것은 국가배상법 제2조 제1항 단서에서 정한 '다른 법령의 규정'에 따라

보상을 지급받는 것에 해당하지 않는다. 다만 경찰공무원인 피해자가 구 공무원연금법에 따라 공무상 요양비를 지급받은 후 추가로 국가배상법에 따라 치료비의 지급을 구하는 경우나 반대로 국가배상법에 따라 치료비를 지급받은 후 추가로 구 공무원연금법에 따라 공무상 요양비의 지급을 구하는 경우, 공무상 요양비와 치료비는 실제 치료에 소요된 비용에 대하여 지급되는 것으로서 같은 종류의 급여라고 할 것이므로, 치료비나 공무상 요양비가 추가로 지급될 때 구 공무원연금법 제33조 등을 근거로 먼저 지급된 공무상 요양비나 치료비 상당액이 공제될 수 있을 뿐이다. 한편 군인연금법과 구 공무원연금법은 취지나 목적에서 유사한 면이 있으나, 별도의 규정체계를 통해 서로 다른 적용대상을 규율하고 있는 만큼 서로 상이한 내용들로 규정되어 있기도 하므로, 군인연금법이 국가배상법 제2조 제1항 단서에서 정한 '다른 법령'에 해당한다고 하여, 구 공무원연금법도 군인연금법과 동일하게 취급되어야 하는 것은 아니다.

[3] 국가유공자 등 예우 및 지원에 관한 법률(이하 '국가유공자법'이라고 한다)은 국가배상법 제2조 제1항 단서의 '다른 법령'에 해당할 수 있다. 다만 국가유공자법은 군인, 경찰공무원 등이 국민의 생명·재산 보호와 직접적인 관련이 있는 직무수행 중 상이(상이)를 입고 전역하거나 퇴직하는 경우 그 상이 정도가 국가보훈처장이 실시하는 신체검사에서 상이등급으로 판정된 사람을 공상군경으로 정하고(제4조 제1항 제6호) 이러한 공상군경에게 각종 급여가 지급되도록 규정하고 있다.
　이에 의하면, 국민의 생명·재산 보호와 직접적인 관련이 있는 직무수행 중 상이를 입은 군인 등이 전역하거나 퇴직하지 않은 경우에는 그 상이의 정도가 위 상이등급에 해당하는지 여부와 상관없이 객관적으로 공상군경의 요건을 갖추지 못하여 국가유공자법에 따른 보상을 지급받을 수 없으므로, '다른 법령에 따라 재해보상금 등의 보상을 지급받을 수 있을 때'의 요건을 갖추지 못하여 업무용 자동차종합보험계약의 관용차 면책약관도 적용될 수 없다. 이는 국민의 생명·재산 보호와 직접적인 관련이 없는 직무수행 중 상이를 입은 군인 등이 전역하거나 퇴직하지 않은 경우에도 마찬가지이다(대법원 2019. 5. 30. 선고 2017다16174 판결).

o 판례 152

(참고판례)

서울특별시가 점유·관리하는 도로에 대하여 '서울특별시 도로 등 주요시설물 관리에 관한 조례'에 따라 보도 관리 등의 위임을 받은 관할 자치구청장으로부터 도로에 접한 보도의 가로수 생육환경 개선공사를 도급받은 갑 주식회사가 공사를 진행하면서 사용하고 남은 자갈더미를 그대로 도로에 적치해 두었고, 을이 오토바이를 운전하다가 도로에 적치되어 있던 공사용 자갈더미를 발견하지 못하고 그대로 진행하는 바람에 중심을 잃고 넘어지면서 상해를 입은 사안에서, 서울특별시에 국가배상법 제5조 제1항에서 정한 설치·관리상의 하자가 없다고 본 원심판단에 법리오해의 잘못이 있다(대법원 2017. 9. 21. 선고 2017다223538 판결).--)즉, 하자있으므로 <u>배상해야 함</u>

o 판례 153

[1] 구 국가배상법(2005. 7. 13. 법률 제7584호로 개정되기 전의 것) 제2조 제1항은 '국가 또는 지방자치단체는 공무원이 그 직무를 집행함에 당하여 고의 또는 과실로 법령에 위반하여 타인

에게 손해를 가한 때에는 손해를 배상하여야 한다.'고 규정하였는데, 그 '공무원'이란 국가공무원법이나 지방공무원법에 의하여 공무원으로서 신분을 가진 자에 국한하지 않고, 널리 공무를 위탁받아 실질적으로 공무에 종사하고 있는 일체의 자를 가리킨다(현행 국가배상법 제2조 제1항은 '공무를 위탁받은 사인'도 공무원에 해당한다고 명시하고 있다).

[2] 구 부동산소유권 이전등기 등에 관한 특별조치법(1992. 11. 30. 법률 제4502호, 실효, 이하 '구 특별조치법'이라 한다) 제7조 제1항, 제2항, 제10조 제2항, 제3항, 제11조, 구 부동산소유권 이전등기 등에 관한 특별조치법 시행령(1994. 8. 25. 대통령령 제14369호로 개정되기 전의 것) 제5조 내지 제9조, 제11조, 제12조 내지 제15조의 규정들을 종합하면, 구 특별조치법상 보증인은 공무를 위탁받아 실질적으로 공무를 수행한다고 보기는 어렵다. 보증인을 위촉하는 관청은 소정 요건을 갖춘 주민을 보증인으로 위촉하는 데 그치고 대장소관청은 보증서의 진위를 확인하기 위한 일련의 절차를 거쳐 확인서를 발급할 뿐 행정관청이 보증인의 직무수행을 지휘·감독할 수 있는 법령상 근거가 없으며, 보증인은 보증서를 작성할 의무를 일방적으로 부과받으면서도 어떠한 경제적 이익도 제공받지 못하는 반면 재량을 가지고 발급신청의 진위를 확인하며 그 내용에 관하여 행정관청으로부터 아무런 간섭을 받지 않기 때문이다(대법원 2019. 1. 31. 선고 2013다14217 판결).

판례 154

(참고판례)

[1] 군인 등이 직무집행과 관련하여 공상을 입는 등의 이유로 구 국가유공자 등 예우 및 지원에 관한 법률이 정한 국가유공자 요건에 해당하여 보상금 등 보훈급여금을 지급받을 수 있는 경우, 국가를 상대로 국가배상을 청구할 수 있는지 여부(소극)

[2] 직무집행과 관련하여 공상을 입은 군인 등이 먼저 국가배상법에 따라 손해배상금을 지급받은 다음 구 국가유공자 등 예우 및 지원에 관한 법률이 정한 보상금 등 보훈급여금의 지급을 청구하는 경우, 국가배상법에 따라 손해배상을 받았다는 이유로 그 지급을 거부할 수 있는지 여부(소극)(대법원 2017. 2. 3. 선고 2014두40012 판결).
부연 설명하자면, 국가배상법 제2조 제1항 단서는 헌법 제29조 제2항에 근거를 둔 규정으로서, 구 국가유공자법이 정한 보상에 관한 규정은 국가배상법 제2조 제1항 단서가 정한 '다른 법령'에 해당하므로, 구 국가유공자법에서 정한 국가유공자 요건에 해당하여 보상금 등 보훈급여금을 지급받을 수 있는 경우는 구 국가유공자법에 따라 '보상을 지급받을 수 있을 때'에 해당한다(대법원 1994. 12. 13. 선고 93다29969 판결, 대법원 2002. 5. 10. 선고 2000다39735 판결 참조). 따라서 군인·군무원·경찰공무원 또는 향토예비군대원(이하 '군인 등'이라 한다)이 전투·훈련 등 직무집행과 관련하여 공상을 입는 등의 이유로 구 국가유공자법이 정한 국가유공자 요건에 해당하여 보상금 등 보훈급여금을 지급받을 수 있는 경우에는 국가배상법 제2조 제1항 단서에 따라 국가를 상대로 국가배상을 청구할 수 없다고 보아야 한다.

그러나 이와 달리 전투·훈련 등 직무집행과 관련하여 공상을 입은 군인 등이 먼저 국가배상법에 따라 손해배상금을 지급받은 다음 구 국가유공자법이 정한 보상금 등 보훈급여금의 지급을 청구하는 경우 피고로서는 다음과 같은 사정에 비추어 국가배상법에 따라 손해배상을 받았다는 사정을 들어 보상금 등 보훈급여금의 지급을 거부할 수 없다고 보아야 한다.

(1) 국가배상법 제2조 제1항 단서가 명시적으로 '다른 법령에 따라 보상을 지급받을 수 있을 때에는 국가배상법 등에 따른 손해배상을 청구할 수 없다'고 정하고 있는 것과 달리, 구 국가유공자법은 국가배상법에 따른 손해배상금을 지급받은 자를 보상금 등 보훈급여금의 지급대상에서 제외하도록 하는 규정을 두고 있지 아니하다.

(2) 헌법 제29조 제2항 및 국가배상법 제2조 제1항 단서의 취지는, 국가 또는 공공단체가 위험한 직무를 집행하는 군인 등에 대한 피해보상제도를 운영하여, 직무집행과 관련하여 피해를 입은 군인 등이 간편한 보상절차에 의하여 자신의 과실 유무나 그 정도와 관계없이 무자력의 위험부담이 없는 확실하고 통일된 피해보상을 받을 수 있도록 보장하는 대신 피해 군인 등이 국가 등에 대하여 공무원의 직무상 불법행위로 인한 손해배상을 청구할 수 없게 함으로써, 군인 등의 동일한 피해에 대하여 국가 등의 보상과 배상이 모두 이루어짐으로 인하여 발생할 수 있는 과다한 재정지출과 피해 군인 등 사이의 불균형을 방지하기 위한 것이다(대법원 2002. 5. 10. 선고 2000다39735 판결 등 참조).

그런데 구 국가유공자법 제12조가 정한 공상군경 등에 대한 보상금의 액수는 해당 군인 등의 과실을 묻지 아니하고 상이등급별로 구분하여 정해지고, 그 지급수준도 가계조사통계의 전국가구 가계소비지출액 등을 고려하여 국가유공자의 희생과 공헌의 정도에 상응하게 결정되며, 이와 같이 정하여진 보상금은 매월 사망시점까지 지급되는 반면, 국가배상법에 따른 손해배상에서는 완치 후 장해가 있는 경우에도 그 장해로 인한 노동력 상실 정도에 따라 피해를 입은 당시의 월급액이나 월실수입액 또는 평균임금에 장래의 취업가능기간을 곱한 금액의 장해배상만을 받을 수 있고, 해당 군인 등의 과실이 있는 경우에는 그 과실의 정도에 따라 책임이 제한되므로, 대부분의 경우 구 국가유공자법에 따른 보상금 등 보훈급여금의 규모가 국가배상법상 손해배상금을 상회할 것으로 보인다.

이와 같은 국가배상법 제2조 제1항 단서의 입법 취지, 구 국가유공자법이 정한 보상과 국가배상법이 정한 손해배상의 목적과 산정방식의 차이 등을 고려하면, 구 국가배상법 제2조 제1항 단서가 구 국가유공자법 등에 의한 보상을 받을 수 있는 경우 추가로 국가배상법에 따른 손해배상청구를 하지 못한다는 것을 넘어 국가배상법상 손해배상금을 받은 경우 일률적으로 구 국가유공자법상 보상금 등 보훈급여금의 지급을 금지하는 취지로까지 해석하기는 어렵다.

판례 155

(참고판례)

범죄피해자 보호법에 의한 범죄피해 구조금 중 위 법 제17조 제2항의 유족구조금은 사람의 생명 또는 신체를 해치는 죄에 해당하는 행위로 인하여 사망한 피해자 또는 그 유족들에 대한 손실보상을 목적으로 하는 것으로서, 위 범죄행위로 인한 손실 또는 손해를 전보하기 위하여 지급된다는 점에서 불법행위로 인한 소극적 손해의 배상과 같은 종류의 금원이라고 봄이 타당하다.

한편 범죄피해자 보호법 제20조는 "구조피해자나 유족이 해당 구조대상 범죄피해를 원인으로 하여 국가배상법이나 그 밖의 법령에 따른 급여 등을 받을 수 있는 경우에는 대통령령으로 정하는 바에 따라 구조금을 지급하지 아니한다."라고 규정하고, 범죄피해자 보호법 시행령 제16조는 "법 제16조에 따른 구조피해자(이하 '구조피해자'라 한다) 또는 그 유족이 다음 각 호의 어느 하나에 해당하는 보상 또는 급여 등을 받을 수 있을 때에는 법 제20조에 따라 그 받을 금액의 범위에서 법 제16조에 따른 구조금(이하 '구조금'이라 한다)을 지급하지 아니한다."라고 규정하면서 제1호에서 "국가배상법 제2조 제1항에 따른 손해배상 급여"를 규정하고 있다. 이는 수급권자가 동일한 범죄로 범죄피해자 보호법 소정의 구조금과 국가배상법에 의하여 국가 또는 지방자치단체의 부담으로 되는 같은 종류의 급여를 모두 지급받음으로써 급여가 중복하여 지급되는 것을 방지하기 위한 조정조항이라 할 것이다.

따라서 <u>구조대상 범죄피해를 받은 구조피해자가 사망한 경우, 사망한 구조피해자의 유족들이 국가배상법에 의하여 국가 또는 지방자치단체로부터 사망한 구조피해자의 소극적 손해에 대한 손해배상금을 지급받았다면 지구심의회는 유족들에게 같은 종류의 급여인 유족구조금에서 그 상당액을 공제한 잔액만을 지급하면 되고, 유족들이 지구심의회로부터 범죄피해자 보호법 소정의 유족구조금을 지급받았다면 국가 또는 지방자치단체는 유족들에게 사망한 구조피해자의 소극적 손해액에서 유족들이 지급받은 유족구조금 상당액을 공제한 잔액만을 지급하면 된다고 봄이 타당하다</u>(대법원 2017. 11. 9. 선고 2017다228083 판결).

판례 156

[1] 모든 국민의 재산권은 보장되고, 공공필요에 의한 재산권의 수용 등에 대하여는 정당한 보상을 지급하여야 하는 것이 헌법의 대원칙이고(헌법 제23조), 법률도 그런 취지에서 공익사업의 시행 결과 공익사업의 시행이 공익사업시행지구 밖에 미치는 간접손실 등에 대한 보상의 기준 등에 관하여 상세한 규정을 마련해 두거나 하위법령에 세부사항을 정하도록 위임하고 있다.

이러한 공익사업시행지구 밖의 영업손실은 공익사업의 시행과 동시에 발생하는 경우도 있지만, 공익사업에 따른 공공시설의 설치공사 또는 설치된 공공시설의 가동·운영으로 발생하는 경우도 있어 그 발생원인과 발생시점이 다양하므로, 공익사업시행지구 밖의 영업자가 발생한 영업상 손실의 내용을 구체적으로 특정하여 주장하지 않으면 사업시행자로서는 영업손실보상금 지급의무의 존부와 범위를 구체적으로 알기 어려운 특성이 있다. 공익사업을 위한 토지 등의 취득 및 보상에 관한 법률 제79조 제2항에 따른 손실보상의 기한을 공사완료일부터 1년 이내로 제한하면서도 영업자의 청구에 따라 보상이 이루어지도록 규정한 것[공익사업을 위한 토지 등의 취득 및 보상에 관한 법률 시행규칙(이하 '시행규칙'이라 한다) 제64조 제1항]이나 손실보상의 요건으로서 공익사업시행지구 밖에서 발생하는 영업손실의 발생원인에 관하여 별다른 제한 없이 '그 밖의 부득이한 사유'라는 추상적인 일반조항을 규정한 것(시행규칙 제64조 제1항 제2호)은 간접손실로서 영업손실의 이러한 특성을 고려한 결과이다.

위와 같은 공익사업시행지구 밖 영업손실보상의 특성과 헌법이 정한 '정당한 보상의 원칙'에 비추어 보면, 공익사업시행지구 밖 영업손실보상의 요건인 <u>'공익사업의 시행으로 인한 그 밖의 부득이한 사유로 일정 기간 동안 휴업이 불가피한 경우'란 공익사업의 시행 또는 시행 당시 발생한 사유로 휴업이 불가피한 경우만을 의미하는 것이 아니라 공익사업의 시행 결과, 즉 그 공익사업의 시행으로 설치되는 시설의 형태·구조·사용 등에 기인하여 휴업이 불가피한 경우도 포함된다고 해석함이 타당하다.</u>

[2] 공익사업을 위한 토지 등의 취득 및 보상에 관한 법률(이하 '토지보상법'이라 한다) 제79조 제2항(그 밖의 토지에 관한 비용보상 등)에 따른 손실보상과 환경정책기본법 제44조 제1항(환경오염의 피해에 대한 무과실책임)에 따른 손해배상은 근거 규정과 요건·효과를 달리하는 것으로서, 각 요건이 충족되면 성립하는 별개의 청구권이다. 다만 손실보상청구권에는 이미 '손해 전보'라는 요소가 포함되어 있어 실질적으로 같은 내용의 손해에 관하여 양자의 청구권을 동시에 행사할 수 있다고 본다면 이중배상의 문제가 발생하므로, 실질적으로 같은 내용의 손해에 관하여 양자의 청구권이 동시에 성립하더라도 영업자는 어느 하나만을 선택적으로 행사할 수 있을 뿐이고, 양자의 청구권을 동시에 행사할 수는 없다. 또한 '해당 사업의 공사완료일로부터 1년'이라는 손실보상 청구기간(토지보상법 제79조 제5항, 제73조 제2항)이 도과하여 손실보상청구권을 더 이상 행사할 수 없는 경우에도 손해배상의 요건이 충족되는 이상 여전히 손해배상청구는 가능하다.

[3] 공익사업을 위한 토지 등의 취득 및 보상에 관한 법률(이하 '토지보상법'이라 한다) 제26조, 제28조, 제30조, 제34조, 제50조, 제61조, 제79조, 제80조, 제83조 내지 제85조의 규정 내용과 입법 취지 등을 종합하면, 공익사업으로 인하여 공익사업시행지구 밖에서 영업을 휴업하는 자가 사업시행자로부터 공익사업을 위한 토지 등의 취득 및 보상에 관한 법률 시행규칙 제47조 제1항에 따라 영업손실에 대한 보상을 받기 위해서는, 토지보상법 제34조, 제50조 등에 규정된 재결절차를 거친 다음 그 재결에 대하여 불복이 있는 때에 비로소 토지보상법 제83조 내지 제85조에 따라 권리구제를 받을 수 있을 뿐이다. 이러한 재결절차를 거치지 않은 채 곧바로 사업시행자를 상대로 손실보상을 청구하는 것은 허용되지 않는다.

[4] 어떤 보상항목이 공익사업을 위한 토지 등의 취득 및 보상에 관한 법령상 손실보상대상에 해당함에도 관할 토지수용위원회가 사실을 오인하거나 법리를 오해함으로써 손실보상대상에 해당하지 않는다고 잘못된 내용의 재결을 한 경우에는, 피보상자는 관할 토지수용위원회를 상대로 그 재결에 대한 취소소송을 제기할 것이 아니라, 사업시행자를 상대로 공익사업을 위한 토지 등의 취득 및 보상에 관한 법률 제85조 제2항에 따른 보상금증감소송을 제기하여야 한다(대법원 2019. 11. 28. 선고 2018두227 판결).

판례 157

[1] 공익사업을 위한 토지 등의 취득 및 보상에 관한 법률 제20조 제1항, 제22조 제3항은 사업시행자가 토지 등을 수용하거나 사용하려면 국토교통부장관의 사업인정을 받아야 하고, 사업인정은 고시한 날부터 효력이 발생한다고 규정하고 있다. 이러한 사업인정은 수용권을 설정해 주는 행정처분으로서, 이에 따라 수용할 목적물의 범위가 확정되고, 수용권자가 목적물에 대한 현재 및 장래의 권리자에게 대항할 수 있는 공법상 권한이 생긴다.

[2] 산업입지 및 개발에 관한 법률(이하 '산업입지법'이라 한다)도 산업단지지정권자가 "수용·사용할 토지·건축물 또는 그 밖의 물건이나 권리가 있는 경우에는 그 세부 목록"이 포함된 산업단지개발계획을 수립하여 산업단지를 지정·고시한 때에는 공익사업을 위한 토지 등의 취득 및 보상에 관한 법률(이하 '토지보상법'이라 한다)상 사업인정 및 그 고시가 있는 것으로 본다고 규정함으로써, 산업단지 지정에 따른 사업인정을 통해 수용 및 손실보상의 대상이 되는 목적물의 범위를 구체적으로 확정한 다음 이를 고시하고 관계 서류를 일반인이 열람할 수 있도록 함으로써 토지소유

자 및 관계인이 산업단지개발사업의 시행과 그로 인해 산업단지 예정지 안에 있는 물건이나 권리를 해당 공익사업의 시행을 위하여 수용당하거나 사업예정지 밖으로 이전하여야 한다는 점을 알 수 있도록 하고 있다.

따라서 산업입지법에 따른 산업단지개발사업의 경우에도 토지보상법에 의한 공익사업의 경우와 마찬가지로 토지보상법에 의한 사업인정고시일로 의제되는 산업단지 지정 고시일을 토지소유자 및 관계인에 대한 손실보상 여부 판단의 기준시점으로 보아야 한다.

[3] 토지이용규제 기본법(이하 '토지이용규제법'이라 한다)의 입법 취지에 비추어 보면, 토지이용규제법 제3조, 제8조는 개별 법령에 따른 '지역·지구 등' 지정과 관련하여 개별 법령에 지형도면 작성·고시절차가 규정되어 있지 않은 경우에도 관계 행정청으로 하여금 기본법인 토지이용규제법 제8조에 따라 지형도면을 작성하여 고시할 의무를 부과하기 위함이지, 이미 개별 법령에서 '지역·지구 등'의 지정과 관련하여 지형도면을 작성하여 고시하는 절차를 완비해 놓은 경우에 대해서까지 토지이용규제법 제8조에서 정한 '지역·지구 등' 지정의 효력발생시기나 지형도면 작성·고시방법을 따르도록 하려는 것은 아니다. 따라서 이미 개별 법령에서 '지역·지구 등'의 지정과 관련하여 지형도면을 작성하여 고시하는 절차를 완비해 놓은 경우에는 '지역·지구 등' 지정의 효력발생시기나 지형도면 작성·고시방법은 개별 법령의 규정에 따라 판단하여야 한다.

산업입지 및 개발에 관한 법률(이하 '산업입지법'이라 한다)은 산업단지와 관련하여 지형도면을 작성하여 고시하도록 하면서도, 이를 산업단지지정권자가 산업단지 지정·고시를 하는 때가 아니라 그 후 사업시행자의 산업단지개발실시계획을 승인·고시하는 때에 하도록 규정하고 있다. 이는 입법자가 산업단지개발사업의 특수성을 고려하여 지형도면의 작성·고시 시점을 특별히 정한 것이므로, 산업단지 지정의 효력은 산업입지법 제7조의4에 따라 산업단지 지정 고시를 한 때에 발생한다고 보아야 하며, 토지이용규제법 제8조 제3항에 따라 실시계획 승인 고시를 하면서 지형도면을 고시한 때에 비로소 발생한다고 볼 것은 아니다.

손실보상의 대상인지 여부는 토지소유자와 관계인, 일반인이 특정한 지역에서 공익사업이 시행되리라는 점을 알았을 때를 기준으로 판단하여야 하는데, 산업입지법에 따른 산업단지개발사업의 경우 "수용·사용할 토지·건축물 또는 그 밖의 물건이나 권리가 있는 경우에는 그 세부 목록"이 포함된 산업단지개발계획을 수립하여 산업단지를 지정·고시한 때에 토지소유자와 관계인, 일반인이 특정한 지역에서 해당 산업단지개발사업이 시행되리라는 점을 알게 되므로 산업단지 지정 고시일을 손실보상 여부 판단의 기준시점으로 보아야 하고, 그 후 실시계획 승인 고시를 하면서 지형도면을 고시한 때를 기준으로 판단하여서는 아니 된다(대법원 2019. 12. 12. 선고 2019두47629 판결).

○ 판례 158 ○

(참고판례)

공익사업을 위한 토지 등의 취득 및 보상에 관한 법률(이하 '토지보상법'이라고 한다) 제73조 제1항 본문은 "사업시행자는 동일한 소유자에게 속하는 일단의 토지의 일부가 취득되거나 사용됨으로 인하여 잔여지의 가격이 감소하거나 그 밖의 손실이 있을 때 또는 잔여지에 통로·도랑·담장 등의 신설이나 그 밖의 공사가 필요할 때에는 국토교통부령으로 정하는 바에 따라 그 손실이나 공사의 비용을 보상하여야 한다."라고 규정하고 있다.

여기서 특정한 공익사업의 사업시행자가 보상하여야 하는 손실은, 동일한 소유자에게 속하는 일단의 토지 중 일부를 사업시행자가 그 공익사업을 위하여 취득하거나 사용함으로 인하여 잔여지에 발생하는 것임을 전제로 한다. 따라서 이러한 잔여지에 대하여 현실적 이용상황 변경 또는 사용가치 및 교환가치의 하락 등이 발생하였더라도, 그 손실이 토지의 일부가 공익사업에 취득되거나 사용됨으로 인하여 발생하는 것이 아니라면 특별한 사정이 없는 한 토지보상법 제73조 제1항 본문에 따른 잔여지 손실보상 대상에 해당한다고 볼 수 없다(대법원 2017. 7. 11. 선고 2017두40860 판결).

◦ 판례 159 ▶

(1) 토지보상법 시행규칙 제48조에서 정한 영농손실액 보상(이하 '영농보상'이라고 한다)은 편입토지 및 지장물에 관한 손실보상과는 별개로 이루어지는 것으로서, 농지가 공익사업시행지구에 편입되어 공익사업의 시행으로 더 이상 영농을 계속할 수 없게 됨에 따라 발생하는 손실에 대하여 같은 시행규칙 제46조에서 정한 폐업보상과 마찬가지로 장래의 2년간 일실소득을 보상함으로써, 농민이 대체 농지를 구입하여 영농을 재개하거나 다른 업종으로 전환하는 것을 보장하기 위한 것이다. 영농보상은 농민이 기존 농업을 폐지한 후 새로운 직업 활동을 개시하기까지의 준비기간 동안에 농민의 생계를 지원하는 간접보상이자 생활보상으로서의 성격을 가진다(대법원 1996. 12. 23. 선고 96다33051, 33068 판결 참조).

(2) 영농보상은 그 보상금을 통계소득을 적용하여 산정하든, 아니면 해당 농민의 최근 실제소득을 적용하여 산정하든 간에, 모두 장래의 불확정적인 일실소득을 예측하여 보상하는 경우에 해당한다. 물론 입법정책적으로는 장래의 일실소득을 좀 더 정확하게 예측하기 위한 합리적인 방법을 마련하여야 할 것이지만, 기존에 형성된 재산의 객관적 가치에 대한 '완전한 보상'과는 그 법적 성질을 달리한다(대법원 2020. 4. 29. 선고 2019두32696 판결).

◦ 판례 160 ▶

[1] 이주대책대상자와 공익사업의 시행자 사이에 체결된 택지에 관한 특별공급계약에서 구 공익사업을 위한 토지 등의 취득 및 보상에 관한 법률(2007. 10. 17. 법률 제8665호로 개정되기 전의 것, 이하 '구 토지보상법'이라 한다) 제78조 제4항에 규정된 생활기본시설 설치비용을 분양대금에 포함시킴으로써 이주대책대상자가 생활기본시설 설치비용까지 사업시행자에게 지급하게 되었다면, 특별공급계약 중 생활기본시설 설치비용을 분양대금에 포함시킨 부분은 강행법규인 구 토지보상법 제78조 제4항에 위배되어 무효이다.

[2] 공익사업의 시행자가 택지조성원가에서 일정한 금액을 할인하여 이주자택지의 분양대금을 정한 경우에는 분양대금이 '택지조성원가에서 생활기본시설 설치비용을 공제한 금액'을 초과하는지 등 그 상호관계를 통하여 분양대금에 생활기본시설 설치비용이 포함되었는지와 포함된 범위를 판단하여야 한다. 이때 구 공익사업을 위한 토지 등의 취득 및 보상에 관한 법률(2007. 10. 17.

법률 제8665호로 개정되기 전의 것, 이하 '구 토지보상법'이라 한다) 제78조 제4항은 사업시행자가 이주대책대상자에게 생활기본시설 설치비용을 전가하는 것만을 금지할 뿐 적극적으로 이주대책대상자에게 부담시킬 수 있는 비용이나 그로부터 받을 수 있는 분양대금의 내역에 관하여는 규정하지 아니하고 있으므로, 사업시행자가 실제 이주자택지의 분양대금 결정의 기초로 삼았던 택지조성원가 가운데 생활기본시설 설치비용에 해당하는 항목을 가려내어 이를 빼내는 방식으로 '택지조성원가에서 생활기본시설 설치비용을 공제한 금액'을 산정하여야 하고, 이와 달리 이주대책대상자에게 부담시킬 수 있는 택지조성원가를 새롭게 산정하여 이를 기초로 할 것은 아니다(대법원 2019. 3. 28. 선고 2015다49804 판결).

판례 161

[1] 공익사업을 위한 토지 등의 취득 및 보상에 관한 법령이 재결을 서면으로 하도록 하고, '사용할 토지의 구역, 사용의 방법과 기간'을 재결사항의 하나로 규정한 취지는, 재결에 의하여 설정되는 사용권의 내용을 구체적으로 특정함으로써 재결 내용의 명확성을 확보하고 재결로 인하여 제한받는 권리의 구체적인 내용이나 범위 등에 관한 다툼을 방지하기 위한 것이다. 따라서 관할 토지수용위원회가 토지에 관하여 사용재결을 하는 경우에는 재결서에 사용할 토지의 위치와 면적, 권리자, 손실보상액, 사용 개시일 외에도 사용방법, 사용기간을 구체적으로 특정하여야 한다.

[2] 지방토지수용위원회가 갑 소유의 토지 중 일부는 수용하고 일부는 사용하는 재결을 하면서 재결서에는 수용대상 토지 외에 사용대상 토지에 관해서도 '수용'한다고만 기재한 사안에서, 사용대상 토지에 관하여는 공익사업을 위한 토지 등의 취득 및 보상에 관한 법률(이하 '토지보상법'이라 한다)에 따라 사업시행자에게 사용권을 부여함으로써 송전선의 선하부지로 사용할 수 있도록 하기 위한 절차가 진행되어 온 점, 재결서의 주문과 이유에는 재결에 의하여 지방토지수용위원회에 설정하여 주고자 하는 사용권이 '구분지상권'이라거나 사용권이 설정될 토지의 구역 및 사용방법, 사용기간 등을 특정할 수 있는 내용이 전혀 기재되어 있지 않아 재결서만으로는 토지소유자인 갑이 자신의 토지 중 어느 부분에 어떠한 내용의 사용제한을 언제까지 받아야 하는지를 특정할 수 없고, 재결로 인하여 토지소유자인 갑이 제한받는 권리의 구체적인 내용이나 범위 등을 알 수 없어 이에 관한 다툼을 방지하기도 어려운 점 등을 종합하면, 위 재결 중 사용대상 토지에 관한 부분은 토지보상법 제50조 제1항에서 정한 사용재결의 기재사항에 관한 요건을 갖추지 못한 흠이 있음에도 사용재결로서 적법하다고 본 원심판단에 법리를 오해한 잘못이 있다고 한 사례(대법원 2019. 6. 13. 선고 2018두42641 판결).

판례 162

토지보상법 제29조 제3항에 따른 협의 성립의 확인 신청에 필요한 동의의 주체인 토지소유자는 협의 대상이 되는 '토지의 진정한 소유자'를 의미한다. 따라서 사업시행자가 진정한 토지소유자의 동의를 받지 못한 채 단순히 등기부상 소유명의자의 동의만을 얻은 후 관련 사항에 대한 공증을 받아 토지보상법 제29조 제3항에 따라 협의 성립의 확인을 신청하였음에도 토지수용위원회가 신청을 수리하였다면, 수리 행위는 다른 특별한 사정이 없는 한 토지보상법이 정한 소유자의 동의 요건을 갖추지 못한 것으로서 위법하다. 진정한 토지소유자의 동의가 없었던 이상, 진정한 토지소유자를 확정하는 데 사업시행자의 과실이 있었는지 여부와 무관하게 그 동의의 흠결은 위 수리 행위의 위법사유가 된다. 이에 따라 진정한 토지소유자는 수리 행위가 위법함을 주장하여 항고소송으로 취소를 구할 수 있다(대법원 2018. 12. 13. 선고 2016두51719 판결).

판례 163

공익사업을 위한 토지 등의 취득 및 보상에 관한 법률(이하 '토지보상법'이라 한다) 제26조, 제28조, 제30조, 제34조, 제50조, 제61조, 제79조, 제80조, 제83조 내지 제85조의 규정 내용과 입법 취지 등을 종합하면, 공익사업으로 인하여 공익사업시행지구 밖에서 영업을 휴업하는 자가 사업시행자로부터 공익사업을 위한 토지 등의 취득 및 보상에 관한 법률 시행규칙 제47조 제1항에 따라 영업손실에 대한 보상을 받기 위해서는, 토지보상법 제34조, 제50조 등에 규정된 재결절차를 거친 다음 그 재결에 대하여 불복이 있는 때에 비로소 토지보상법 제83조 내지 제85조에 따라 권리구제를 받을 수 있을 뿐이다. 이러한 재결절차를 거치지 않은 채 곧바로 사업시행자를 상대로 손실보상을 청구하는 것은 허용되지 않는다.

어떤 보상항목이 공익사업을 위한 토지 등의 취득 및 보상에 관한 법령상 손실보상대상에 해당함에도 관할 토지수용위원회가 사실을 오인하거나 법리를 오해함으로써 손실보상대상에 해당하지 않는다고 잘못된 내용의 재결을 한 경우에는, 피보상자는 관할 토지수용위원회를 상대로 그 재결에 대한 취소소송을 제기할 것이 아니라, 사업시행자를 상대로 공익사업을 위한 토지 등의 취득 및 보상에 관한 법률 제85조 제2항에 따른 보상금증감소송을 제기하여야 한다(대법원 2019. 11. 28. 선고 2018두227 판결).

판례 164

행정소송법상 항고소송으로 제기하여야 할 사건을 민사소송으로 잘못 제기한 경우에 수소법원이 그 항고소송에 대한 관할도 동시에 가지고 있다면, 전심절차를 거치지 않았거나 제소기간을 도과하는 등 항고소송으로서의 소송요건을 갖추지 못했음이 명백하여 항고소송으로 제기되었더라도 어차피 부적법하게 되는 경우가 아닌 이상, 원고로 하여금 항고소송으로 소 변경을 하도록 석명권을 행사하여 행정소송법이 정하는 절차에 따라 심리·판단하여야 한다.

국방전력발전업무훈령 제113조의5 제1항에 의한 연구개발확인서 발급은 개발업체가 '업체투자연구개발' 방식 또는 '정부·업체공동투자연구개발' 방식으로 전력지원체계 연구개발사업을 성공적으로 수행하여 군사용 적합판정을 받고 국방규격이 제·개정된 경우에 사업관리기관이 개발업체에게 해당 품목의 양산과 관련하여 경쟁입찰에 부치지 않고 수의계약의 방식으로 국방조달계약을 체결할 수 있는 지위(경쟁입찰의 예외사유)가 있음을 인정해 주는 '확인적 행정행위'로서 공권력의 행사인 '처분'에 해당하고, 연구개발확인서 발급 거부는 신청에 따른 처분 발급을 거부하는 '거부처분'에 해당한다.

어떤 군수품을 조달할지 여부나 그 수량과 시기는 국방예산의 배정이나 육·해·공군(이하 '각군'이라 한다)에서 요청하는 군수품 소요의 우선순위에 따라 탄력적으로 결정될 수 있어야 하므로, 관계 법령이나 규정에서 특별히 달리 정하지 않은 이상, 군수품 조달에 관해서는 방위사업청장이나 각군에게 광범위한 재량이 있다. 국방전력발전업무훈령이 업체투자연구개발 방식이나 정부·업체공동투자연구개발 방식으로 연구개발이 완료되어 군사용 적합판정을 받고 국방규격이 제·개정된 품목에 관해서도 반드시 양산하여야 한다거나 또는 수의계약을 체결하여야 한다고 규정하고 있지 않은 것도 이 때문이다. 따라서 개발업체가 전력지원체계 연구개발사업을 성공적으로 수행하였다고 하더라도 언제나 해당 품목에 관하여 수의계약 체결을 요구할 권리가 있는 것은 아니다.

그렇다고 하더라도, 사업관리기관에 의한 연구개발확인서 발급 여부 결정은 수의계약 체결 여부를 결정하기 전에 행해지는 별개의 확인적 행정행위이므로, 개발업체가 국방전력발전업무훈령 제113조의5 제1항에서 정한 발급 요건을 충족한다면 연구개발확인서를 발급하여야 하며, 관련 국방예산을 배정받지 못했다거나 또는 해당 품목이 군수품 양산 우선순위에서 밀려 곧바로 수의계약을 체결하지는 않을 예정이라는 이유만으로 연구개발확인서 발급조차 거부하여서는 안 된다(대법원 2020. 1. 16. 선고 2019다264700 판결).

판례 165

갑 주식회사로부터 '제주일보' 명칭 사용을 허락받아 신문 등의 진흥에 관한 법률(이하 '신문법'이라 한다)에 따라 등록관청인 도지사에게 신문의 명칭 등을 등록하고 제주일보를 발행하고 있던 을 주식회사가, 병 주식회사가 갑 회사의 사업을 양수하였음을 원인으로 하여 사업자 지위승계신고 및 그에 따른 발행인·편집인 등의 등록사항 변경을 신청한 데 대하여 도지사가 이를 수리하고 변경등록을 하자, 사업자 지위승계신고 수리와 신문사업변경등록에 대한 무효확인 또는 취소를 구하는 소를 제기한 사안에서, 신문사업자의 지위는 신문법상 등록에 따라 보호되는 직접적·구체적인 이익으로 사법상 '특정 명칭의 사용권'과 구별되고, 갑 회사와 을 회사 사이에 신문의 명칭 사용 허락과 관련하여 민사상 분쟁이 있더라도 법원의 판단이 있기 전까지 을 회사의 신문법상 지위는 존재하기 때문에, 위 처분은 을 회사가 '제주일보' 명칭으로 신문을 발행할 수 있는 신문법상 지위를 불안정하게 만드는 것이므로, 을 회사에는 무효확인 또는 취소를 구할 법률상 이익이 인정된다는 이유로, 이와 달리 사법상 권리를 상실하면 신문법상 지위도 당연히 소멸한다는 전제에서 을 회사의 원고적격을 부정한 원심판단에 법리를 오해한 잘못이 있다고 한 사례(대법원 2019. 8. 30. 선고 2018두47189 판결)

[1] 신문 등의 진흥에 관한 법률상 관할 시·도지사가 하는 신문 등록의 법적 성격(=행정처분)

[2] 신문 등의 진흥에 관한 법률상 등록에 따라 인정되는 신문사업자의 지위는 사법상 권리인 '특정 명칭의 사용권'과 구별되는 직접적·구체적인 이익인지 여부(적극)

[3] 이미 등록된 신문의 사업자와 새로운 신문사업자 사이에 명칭 사용 허락과 관련하여 민사상 분쟁이 있는 경우 이를 이유로 등록관청이 신규사업자의 신문 등록을 직권으로 취소·철회할 수 있는지 여부(소극) 및 신규사업자의 신문 등의 진흥에 관한 법률상 지위는 법원의 판단이 있기 전까지 존속하는지 여부(적극)

[4] 갑 주식회사로부터 '제주일보' 명칭 사용을 허락받아 신문 등의 진흥에 관한 법률에 따라 등록관청인 도지사에게 신문의 명칭 등을 등록하고 제주일보를 발행하고 있던 을 주식회사가, 병

주식회사가 갑 회사의 사업을 양수하였음을 원인으로 하여 사업자 지위승계신고 및 그에 따른 발행인·편집인 등의 등록사항 변경을 신청한 데 대하여 도지사가 이를 수리하고 변경등록을 하자, 사업자 지위승계신고 수리와 신문사업변경등록에 대한 무효확인 또는 취소를 구하는 소를 제기한 사안에서, <u>위 처분은 을 회사가 '제주일보' 명칭으로 신문을 발행할 수 있는 신문 등의 진흥에 관한 법률상 지위를 불안정하게 만드는 것이므로, 을 회사에 무효확인 또는 취소를 구할 법률상 이익이 인정된다고 한 사례</u>

판례 166

<u>일반적으로 면허나 인허가 등의 수익적 행정처분의 근거가 되는 법률이 해당 업자들 사이의 과당경쟁으로 인한 경영의 불합리를 방지하는 것도 목적으로 하고 있는 경우, 다른 업자에 대한 면허나 인허가 등의 수익적 행정처분에 대하여 미리 같은 종류의 면허나 인허가 등의 수익적 행정처분을 받아 영업을 하고 있는 기존의 업자는 경업자에 대하여 이루어진 면허나 인허가 등 행정처분의 상대방이 아니라고 하더라도 당해 행정처분의 무효확인 또는 취소를 구할 이익이 있다. 그러나 경업자에 대한 행정처분이 경업자에게 불리한 내용이라면 그와 경쟁관계에 있는 기존의 업자에게는 특별한 사정이 없는 한 유리할 것이므로 기존의 업자가 그 행정처분의 무효확인 또는 취소를 구할 이익은 없다고 보아야 한다</u>(대법원 2020. 4. 9. 선고 2019두49953 판결).

판례 167

(참고판례)

법령에서 특정사항에 관하여 조례에 위임을 한 경우 조례가 위임의 한계를 준수하고 있는지를 판단할 때는 당해 법령 규정의 입법 목적과 규정 내용, 규정의 체계, 다른 규정과의 관계 등을 종합적으로 살펴야 하고, 위임 규정 자체에서 그 의미 내용을 정확하게 알 수 있는 용어를 사용하여 위임의 한계를 분명히 하고 있는데도 그 문언적 의미의 한계를 벗어났는지, 수권 규정에서 사용하고 있는 용어의 의미를 넘어 그 범위를 확장하거나 축소하여 위임 내용을 구체화하는 정도를 벗어나 새로운 입법을 하였는지 등도 아울러 고려해야 한다(대법원 2017. 4. 7. 선고 2014두37122 판결).

판례 168

[1] 구 과징금부과 세부기준 등에 관한 고시(2016. 12. 30. 공정거래위원회 고시 제2016-22호로 개정되기 전의 것) Ⅳ. 4. 가. (1), (2)항은 2차 조정을 거쳐 부과과징금을 산정할 때 2차 조정된 산정기준의 조정사유와 감경률 등 조정기준에 대하여 규정하고 있을 뿐, 부과과징금 산정단계에서 각 조정사유에 따른 감경률을 전부 합산하여 적용하여야 하는지, 일부 감경률을 단계적으로 적용할 수 있는지 등을 구체적으로 정하고 있지 않다. 이는 과징금의 제재적 효과 실현, 합리적인 감경률의 적용, 감경률의 남용 방지 필요성 등 과징금제도와 감경제도의 입법 취지 및 공익 목적을 종합적으로 고려하여 기준을 설정할 필요가 있는 사항이고, 관계 법령과 과징금 고시의 관련 규정의 문언에서 곧바로 일의적인 기준이 도출되지는 않는다.

이러한 사정에 더하여, 감경 여부 및 감경률 등을 정하는 것은 공정거래위원회의 재량에 속하고 또한 공정거래위원회가 이에 관한 내부 사무처리준칙을 어떻게 정할 것인지에 대하여도 재량을 갖고 있는 점을 아울러 참작하면, 부과과징금 결정단계의 조정사유별 감경률 적용방식에 관하여 구체적인 규정이 없는 상태에서, 공정거래위원회가 과징금 부과처분을 하면서 적용한 기준이 과징금제도와 감경제도의 입법 취지에 반하지 아니하고 불합리하거나 자의적이지 아니하며, 나아가 그러한 기준을 적용한 과징금 부과처분에 과징금 부과의 기초가 되는 사실을 오인하였거나 비례·평등원칙에 위배되는 등의 사유가 없다면, 그 과징금 부과처분에 재량권을 일탈·남용한 위법이 있다고 보기 어렵다.

[2] 행정처분의 위법 여부는 행정처분이 있을 때의 법령과 사실 상태를 기준으로 판단하여야 하며, 법원은 행정처분 당시 행정청이 알고 있었던 자료뿐만 아니라 사실심 변론종결 당시까지 제출된 모든 자료를 종합하여 처분 당시 존재하였던 객관적 사실을 확정하고 그 사실에 기초하여 처분의 위법 여부를 판단할 수 있다. 행정청으로부터 행정처분을 받았으나 나중에 그 행정처분이 행정쟁송절차에서 취소되었다면, 그 행정처분은 처분 시에 소급하여 효력을 잃게 된다.

구 과징금부과 세부기준 등에 관한 고시(2014. 5. 30. 공정거래위원회 고시 제2014-7호로 개정되기 전의 것, 이하 '구 과징금 고시'라 한다) Ⅳ. 2. 나. (2)항은 과거 시정조치의 횟수 산정 시 시정조치의 무효 또는 취소판결이 확정된 건을 제외하도록 규정하고 있다. 공정거래위원회가 과징금 산정 시 위반 횟수 가중의 근거로 삼은 위반행위에 대한 시정조치가 그 후 '위반행위 자체가 존재하지 않는다는 이유로 취소판결이 확정된 경우' 과징금 부과처분의 상대방은 결과적으로 처분 당시 객관적으로 존재하지 않는 위반행위로 과징금이 가중되므로, 그 처분은 비례·평등원칙 및 책임주의 원칙에 위배될 여지가 있다.

다만 공정거래위원회는 독점규제 및 공정거래에 관한 법령상의 과징금 상한의 범위 내에서 과징금 부과 여부 및 과징금 액수를 정할 재량을 가지고 있다. 또한 재량준칙인 '구 과징금 고시' Ⅳ. 2. 나. (1)항은 위반 횟수와 벌점 누산점수에 따른 과징금 가중비율의 상한만을 규정하고 있다. 따라서 법 위반행위 자체가 존재하지 않아 위반행위에 대한 시정조치에 대하여 취소판결이 확정된 경우에 위반 횟수 가중을 위한 횟수 산정에서 제외하더라도, 그 사유가 과징금 부과처분에 영향을 미치지 아니하여 처분의 정당성이 인정되는 경우에는 그 처분을 위법하다고 할 수 없다(대법원 2019. 7. 25. 선고 2017두55077 판결).

판례 169

가. 일단 성립된 행정처분에 내재하는 하자가 중요한 법규에 위반한 것이고 객관적으로도 명백한 것인 때에는 그 행정처분은 효력을 발생하지 못하는 것이고 여기에서 행정처분의 하자가 객관적으로 명백하다 함은 그 행정처분 자체에 하자가 있음이 외관상 명백함을 말하는 것으로 단순히 행정처분의 대상 자체에 명백한 하자가 있음만을 가리키는 것은 아니므로 귀속휴면법인의 사유지를 국유지로 오인하여 한 일반개간허가처분이 취소할 수 있는 행정처분에 불과한 것이라고 단정할 수는 없으나, 그 하자가 명백하고 중대한 것이라고 인정할 수 없는 한 당연무효의 행정처분이라고는 볼 수 없다.

나. 행정처분에 내재하는 하자가 중요한 규정에 위반한 것이고 객관적으로 명백한 때에는 그 행정처분은 효력을 발생하지 못하는 것이며 하자가 그 정도에 이르지 못하는 때에는 그 행정처분은 취소할 수 있음에 불과한 것으로 볼 것인바, 하자가 중대하고도 객관적으로 명백함으로 인하여 그 행정처분이 당연무효로 되는 것인가 또는 취소할 수 있음에도 불과한 것인가를 구별함에 있어서는 그 법규의 목적, 의미, 기능 등을 목적론적으로 고찰함과 동시에 구체적 사안 자체의 특수성에 관하여도 합리적으로 고찰함을 요할 것이며, 여기에 있어서 <u>행정처분의 하자가 객관적으로 명백하다 함은 그 행정처분 자체에 하자있음이 외관상 명백하다 함을 말하는 것으로서 단순히 행정처분의 대상 자체에 명백한 하자 있음만을 가리키는 것은 아니다</u>(대법원 1965. 10. 19. 선고 65누83 판결).

판례 170

[1] 공증사무는 국가 사무로서 공증인 인가·임명행위는 국가가 사인에게 특별한 권한을 수여하는 행위이다. 그런데 위와 같이 공증인법령은 공증인 선정에 관한 구체적인 심사기준이나 절차를 자세하게 규율하지 않은 채 법무부장관에게 맡겨두고 있다. 위와 같은 공증인법령의 내용과 체계, 입법 취지, 공증사무의 성격 등을 종합하면, 법무부장관에게는 각 지방검찰청 관할 구역의 면적, 인구, 공증업무의 수요, 주민들의 접근가능성 등을 고려하여 공증인의 정원을 정하고 임명공증인을 임명하거나 인가공증인을 인가할 수 있는 광범위한 재량이 주어져 있다고 보아야 한다.

[2] 행정절차법 제20조는 제1항에서 "행정청은 필요한 처분기준을 해당 처분의 성질에 비추어 되도록 구체적으로 정하여 공표하여야 한다. 처분기준을 변경하는 경우에도 또한 같다."라고 정하면서, 제2항에서 "제1항에 따른 처분기준을 공표하는 것이 해당 처분의 성질상 현저히 곤란하거나 공공의 안전 또는 복리를 현저히 해치는 것으로 인정될 만한 상당한 이유가 있는 경우에는 처분기준을 공표하지 아니할 수 있다."라고 정하고 있다.

이와 같이 행정청으로 하여금 처분기준을 구체적으로 정하여 공표하도록 한 것은 해당 처분이 가급적 미리 공표된 기준에 따라 이루어질 수 있도록 함으로써 해당 처분의 상대방으로 하여금 결과에 대한 예측가능성을 높이고 이를 통하여 행정의 공정성, 투명성, 신뢰성을 확보하며 행정청의 자의적인 권한행사를 방지하기 위한 것이다. 그러나 처분의 성질상 처분기준을 미리 공표하는 경우 행정목적을 달성할 수 없게 되거나 행정청에 일정한 범위 내에서 재량권을 부여함으로써 구체적인 사안에서 개별적인 사정을 고려하여 탄력적으로 처분이 이루어지도록 하는 것이 오히려 공공의 안전 또는 복리에 더 적합한 경우도 있다. 그러한 경우에는 <u>행정절차법 제20조 제2항에 따라 처분기준을 따로 공표하지 않거나 개략적으로만 공표할 수도 있다.</u>

[3] 행정절차법 제23조 제1항은 "행정청은 처분을 할 때에는 다음 각호의 어느 하나에 해당하는 경우를 제외하고는 당사자에게 그 근거와 이유를 제시하여야 한다."라고 정하고 있다. 이는 행정청의 자의적 결정을 배제하고 당사자로 하여금 행정구제절차에서 적절히 대처할 수 있도록 하는 데 그 취지가 있다. 따라서 처분서에 기재된 내용, 관계 법령과 해당 처분에 이르기까지 전체적인 과정 등을 종합적으로 고려하여, <u>처분 당시 당사자가 어떠한 근거와 이유로 처분이 이루어진 것인지를 충분히 알 수 있어서 그에 불복하여 행정구제절차로 나아가는 데 별다른 지장이 없었던 것으로 인정되는 경우에는 처분서에 처분의 근거와 이유가 구체적으로 명시되어 있지 않았더라도</u>

이를 처분을 취소하여야 할 절차상 하자로 볼 수 없다.

[4] 행정절차법 제19조 제1항은 "행정청은 신청인의 편의를 위하여 처분의 처리기간을 종류별로 미리 정하여 공표하여야 한다."라고 정하고 있다. 민원 처리에 관한 법률 제17조 제1항은 "행정기관의 장은 법정민원을 신속히 처리하기 위하여 행정기관에 법정민원의 신청이 접수된 때부터 처리가 완료될 때까지 소요되는 처리기간을 법정민원의 종류별로 미리 정하여 공표하여야 한다."라고 정하고 있고, 민원 처리에 관한 법률 시행령(이하 '민원처리법 시행령'이라 한다) 제23조 제1항은 "행정기관의 장은 민원이 접수된 날부터 30일이 지났으나 처리가 완료되지 아니한 경우 또는 민원인의 명시적인 요청이 있는 경우에는 그 처리진행상황과 처리완료 예정일 등을 적은 문서를 민원인에게 교부하거나 정보통신망 또는 우편 등의 방법으로 통지하여야 한다."라고 정하고 있다.

처분이나 민원의 처리기간을 정하는 것은 신청에 따른 사무를 가능한 한 조속히 처리하도록 하기 위한 것이다. 처리기간에 관한 규정은 훈시규정에 불과할 뿐 강행규정이라고 볼 수 없다. 행정청이 처리기간이 지나 처분을 하였더라도 이를 처분을 취소할 절차상 하자로 볼 수 없다. 민원처리법 시행령 제23조에 따른 민원처리진행상황 통지도 민원인의 편의를 위한 부가적인 제도일 뿐, 그 통지를 하지 않았더라도 이를 처분을 취소할 절차상 하자로 볼 수 없다.

[5] 지역별 공증인의 정원은 '공증사무의 적절성과 공정성 확보'라는 공증인법의 입법 목적과 지역별 면적, 인구, 공증사무의 수요, 주민들의 편의 등과 같은 객관적인 사정을 고려하여 결정하여야 하고, 공증인이 되고자 하는 사람의 주관적 이익을 우선할 수는 없다(대법원 2019. 12. 13. 선고 2018두41907 판결).

판례 171

'2008년도 확정 산재보험료, 고용보험료와 그에 대한 가산금 등 부과처분'(이하 '이 사건 처분'이라 한다)의 취소를 구하고 있다.
 이 사건은 개정된 보험료징수법 시행 이전에 보험료 등 부과처분 사유가 발생하였으나, 개정법 시행 이후에 부과처분이 이루어진 사안이다. 따라서 개정된 보험료징수법 시행 이후 국민건강보험공단이 고용노동부장관으로부터 월별보험료 징수권을 위탁받아 외부적으로 자기 명의로 그 부과고지를 하는 현재와는 달리, 이 사건의 경우 개정된 보험료징수법 부칙 제2조가 적용되어 징수 또는 납부하여야 할 보험료 등에 대하여 종전의 규정에 따라야 한다.
 이러한 경우, 보험료 등 부과처분의 취소소송의 피고적격이 근로복지공단 및 국민건강보험공단 중 누구에게 있는지가 이 사건의 쟁점이다.-->처분을 외부적으로 그의 명의로 행한 행정청은 근로복지공단이고, 이 사건 처분의 취소를 구하는 이 사건 소송의 피고적격 역시 근로복지공단에 있다고 보아야 한다(대법원 2018. 9. 13. 선고 2014두5576 판결).

○ 판례 172

[1] 병무청장이 병역법 제81조의2 제1항에 따라 병역의무 기피자의 인적사항 등을 인터넷 홈페이지에 게시하는 등의 방법으로 공개한 경우, 병무청장의 공개결정이 항고소송의 대상이 되는 행정처분인지 여부(적극)

[2] 행정처분의 무효확인 또는 취소를 구하는 소송 계속 중 처분청이 다툼의 대상이 되는 행정처분을 직권으로 취소한 경우, 그 처분을 대상으로 한 항고소송이 적법한지 여부(원칙적 소극) 및 예외적으로 그 처분의 취소를 구할 소의 이익을 인정할 수 있는 경우(대법원 2019. 6. 27. 선고 2018두49130 판결)
관할 지방병무청장의 공개 대상자 결정의 경우 상대방에게 통보하는 등 외부에 표시하는 절차가 관계 법령에 규정되어 있지 않아, 행정실무상으로도 상대방에게 통보되지 않는 경우가 많다. 또한 관할 지방병무청장이 위원회의 심의를 거쳐 공개 대상자를 1차로 결정하기는 하지만, 병무청장에게 최종적으로 공개 여부를 결정할 권한이 있으므로, 관할 지방병무청장의 공개 대상자 결정은 병무청장의 최종적인 결정에 앞서 이루어지는 행정기관 내부의 중간적 결정에 불과하다. 가까운 시일 내에 최종적인 결정과 외부적인 표시가 예정된 상황에서, 외부에 표시되지 않은 행정기관 내부의 결정을 항고소송의 대상인 처분으로 보아야 할 필요성은 크지 않다. 관할 지방병무청장이 1차로 공개 대상자 결정을 하고, 그에 따라 병무청장이 같은 내용으로 최종적 공개결정을 하였다면, 공개 대상자는 병무청장의 최종적 공개결정만을 다투는 것으로 충분하고, 관할 지방병무청장의 공개 대상자 결정을 별도로 다툴 소의 이익은 없어진다.

○ 판례 173

(참고판례)

조세범 처벌절차법 제15조 제1항에 따른 지방국세청장 또는 세무서장의 조세범칙사건에 대한 통고처분은 법원에 의하여 자유형 또는 재산형에 처하는 형사절차에 갈음하여 과세관청이 조세범칙자에 대하여 금전적 제재를 통고하고 이를 이행한 조세범칙자에 대하여는 고발하지 아니하고 조세범칙사건을 신속·간이하게 처리하는 절차로서, 형사절차의 사전절차로서의 성격을 가진다. 그리고 조세범 처벌절차법에 따른 조세범칙사건에 대한 지방국세청장 또는 세무서장의 고발은 수사 및 공소제기의 권한을 가진 수사기관에 대하여 조세범칙사실을 신고함으로써 형사사건으로 처리할 것을 요구하는 의사표시로서, 조세범칙사건에 대하여 고발한 경우에는 지방국세청장 또는 세무서장에 의한 조세범칙사건의 조사 및 처분 절차는 원칙적으로 모두 종료된다.

위와 같은 통고처분과 고발의 법적 성질 및 효과 등을 조세범칙사건의 처리 절차에 관한 조세범 처벌절차법 관련 규정들의 내용과 취지에 비추어 보면, 지방국세청장 또는 세무서장이 조세범 처벌절차법 제17조 제1항에 따라 통고처분을 거치지 아니하고 즉시 고발하였다면 이로써 조세범칙사건에 대한 조사 및 처분 절차는 종료되고 형사사건 절차로 이행되어 지방국세청장 또는 세무서장으로서는 동일한 조세범칙행위에 대하여 더 이상 통고처분을 할 권한이 없다.

따라서 지방국세청장 또는 세무서장이 조세범칙행위에 대하여 고발을 한 후에 동일한 조세범칙행위에 대하여 통고처분을 하였더라도, 이는 법적 권한 소멸 후에 이루어진 것으로서 특별한 사정이 없는 한 효력이 없고, 조세범칙행위자가 이러한 통고처분을 이행하였더라도 조세범 처벌절차법 제15조 제3항에서 정한 일사부재리의 원칙이 적용될 수 없다(대법원 2016. 9. 28. 선고 2014도10748 판결).

판례 174

경범죄 처벌법은 제3장에서 '경범죄 처벌의 특례'로서 범칙행위에 대한 통고처분(제7조), 범칙금의 납부(제8조, 제8조의2)와 통고처분 불이행자 등의 처리(제9조)를 정하고 있다. 경찰서장으로부터 범칙금 통고처분을 받은 사람은 통고처분서를 받은 날부터 10일 이내에 범칙금을 납부하여야 하고, 위 기간에 범칙금을 납부하지 않은 사람은 위 기간의 마지막 날의 다음 날부터 20일 이내에 통고받은 범칙금에 20/100을 더한 금액을 납부하여야 한다(제8조 제1항, 제2항). 경범죄 처벌법 제8조 제2항에 따른 납부기간에 범칙금을 납부하지 않은 사람에 대하여 경찰서장은 지체 없이 즉결심판을 청구하여야 하고(제9조 제1항 제2호), 즉결심판이 청구되더라도 그 선고 전까지 피고인이 통고받은 범칙금에 50/100을 더한 금액을 납부하고 그 증명서류를 제출하였을 경우에는 경찰서장은 즉결심판 청구를 취소하여야 한다(제9조 제2항). 이와 같이 <u>통고받은 범칙금을 납부한 사람은 그 범칙행위에 대하여 다시 처벌받지 않는다</u>(제8조 제3항, 제9조 제3항).

위와 같은 규정 내용과 통고처분의 입법 취지를 고려하면, 경범죄 처벌법상 범칙금제도는 범칙행위에 대하여 형사절차에 앞서 경찰서장의 통고처분에 따라 범칙금을 납부할 경우 이를 납부하는 사람에 대하여는 기소를 하지 않는 처벌의 특례를 마련해 둔 것으로 법원의 재판절차와는 제도적 취지와 법적 성질에서 차이가 있다. 또한 범칙자가 통고처분을 불이행하였더라도 기소독점주의의 예외를 인정하여 경찰서장의 즉결심판 청구를 통하여 공판절차를 거치지 않고 사건을 간이하고 신속·적정하게 처리함으로써 소송경제를 도모하되, 즉결심판 선고 전까지 범칙금을 납부하면 형사처벌을 면할 수 있도록 함으로써 <u>범칙자에 대하여 형사소추와 형사처벌을 면제받을 기회를 부여</u>하고 있다.

따라서 <u>경찰서장이 범칙행위에 대하여 통고처분을 한 이상, 범칙자의 위와 같은 절차적 지위를 보장하기 위하여 통고처분에서 정한 범칙금 납부기간까지는 원칙적으로 경찰서장은 즉결심판을 청구할 수 없고, 검사도 동일한 범칙행위에 대하여 공소를 제기할 수 없다고 보아야 한다</u>(대법원 2020. 4. 29. 선고 2017도13409 판결).

판례 175

(참고판례)

[1] 사전구제절차로서 과세예고 통지와 통지 내용의 적법성에 관한 심사(이하 '과세전적부심사'라 한다) 제도가 가지는 기능과 이를 통해 권리구제가 가능한 범위, 제도가 도입된 경위와 취지, 납세자의 절차적 권리 침해를 효율적으로 방지하기 위한 통제방법 등을 종합적으로 고려하면, 국세기본법 및 구 국세기본법 시행령(2015. 2. 3. 대통령령 제26066호로 개정되기 전의 것)이 과세예고 통지의 대상으로 삼고 있지 않다거나 과세전적부심사를 거치지 않고 곧바로 과세처분을 할 수 있는 예외사유로 정하고 있는 등의 특별한 사정이 없는 한, <u>과세관청이 과세처분에 앞서 필수</u>

적으로 행하여야 할 과세예고 통지를 하지 아니함으로써 납세자에게 과세전적부심사의 기회를 부여하지 아니한 채 과세처분을 하였다면, 이는 납세자의 절차적 권리를 침해한 것으로서 과세처분의 효력을 부정하는 방법으로 통제할 수밖에 없는 중대한 절차적 하자가 존재하는 경우에 해당하므로, 과세처분은 위법하다.

[2] 국세기본법 제81조의15 제2항 각 호는 긴급한 과세처분의 필요가 있다거나 형사절차상 과세관청이 반드시 과세처분을 할 수밖에 없는 등의 일정한 사유가 있는 경우에는 과세전적부심사를 거치지 않아도 된다고 규정하고 있는데, 과세관청이 감사원의 감사결과 처분지시 또는 시정요구에 따라 과세처분을 하는 경우라도 국가기관 간의 사정만으로는 납세자가 가지는 절차적 권리의 침해를 용인할 수 있는 사유로 볼 수 없고, 처분지시나 시정요구가 납세자가 가지는 절차적 권리를 무시하면서까지 긴급히 과세처분을 하라는 취지도 아니므로, 위와 같은 사유는 과세관청이 과세예고 통지를 생략하거나 납세자에게 과세전적부심사의 기회를 부여하지 아니한 채 과세처분을 할 수 있는 예외사유에 해당한다고 할 수 없다(대법원 2016. 4. 15. 선고 2015두52326 판결).

○ 판례 176

형사소송법 제258조 제1항의 처분결과 통지는 불기소결정에 대한 항고기간의 기산점이 되며, 형사소송법 제259조의 공소불제기이유고지 제도는 고소인 등으로 하여금 항고 등으로 불복할지 여부를 결정하는 데 도움을 주도록 하기 위한 것이므로, 이러한 통지 내지 고지는 불기소결정이라는 검사의 처분이 있은 후 그에 대한 불복과 관련한 절차일 뿐 별도의 독립한 처분이 된다고는 볼 수 없다. 만약 검사가 형사소송법 제258조 제1항의 처분결과 통지 의무를 이행하지 않은 경우에는 항고기간이 진행하지 않는 효과가 발생하고, 형사소송법 제259조의 공소불제기이유고지 의무를 이행하지 않은 경우에는 고소인 등이 검사의 불기소결정의 이유를 알 수 없어 그에 대한 불복 여부를 결정하는 데 장애를 초래할 수 있게 되므로, 고소인 등이 검찰청법 제10조 제6항에 따라 '자신에게 책임이 없는 사유로 정하여진 기간 내에 항고를 제기하지 못하여' 그 사유가 해소된 때부터 항고기간이 진행하게 될 여지가 있게 될 뿐이다(대법원 2018. 9. 28. 선고 2017두47465 판결).

○ 판례 177

[1] 공유재산 및 물품관리법(이하 '공유재산법'이라 한다) 제1조, 제6조 제1항, 제20조, 제22조, 제81조 제1항 본문의 내용과 변상금 제도의 입법 취지에 비추어 보면, 사용·수익허가 없이 행정재산을 유형적·고정적으로 특정한 목적을 위하여 사용·수익하거나 점유하는 경우 공유재산법 제81조 제1항에서 정한 변상금 부과대상인 '무단점유'에 해당하고, 반드시 그 사용이 독점적·배타적일 필요는 없으며, 점유 부분이 동시에 일반 공중의 이용에 제공되고 있다고 하여 점유가 아니라고 할 수는 없다.

[2] 서울광장의 사용 및 관리에 관한 조례(이하 '서울광장조례'라 한다) 제2조 제1호는 "사용"이란 서울광장의 일부 또는 전부를 이용함으로써 불특정 다수 시민의 자유로운 광장 이용을 제한하는 행위를 말한다고 규정하고 있으나, 서울광장의 일부를 유형적·고정적으로 점유하는 경우에는

점유 부분에 대한 불특정 다수 시민의 광장 이용이 제한될 것이므로, 서울광장조례에서 정한 바에 따라 광장사용신고 및 서울특별시장의 사용신고 수리를 거치지 않은 채 서울광장을 무단사용한 경우에는 공유재산 및 물품관리법상 변상금 부과대상인 무단점유에 해당한다고 보아야 한다. 즉, 서울광장조례의 서울광장 "사용" 정의규정에 따라 변상금 부과대상인 무단점유인지에 관한 판단이 달라진다고 볼 수는 없다.

[3] 서울광장의 사용 및 관리에 관한 조례(이하 '서울광장조례'라 한다)의 법적 성질과 변상금에 관한 법리를 기초로 공유재산 및 물품관리법 시행령 제14조 제2항의 위임에 따라 서울광장조례 제10조 제1항 [별표]에서 500㎡를 최소 사용면적으로 하여 서울광장의 광장사용료 기준을 정하고 있는 '서울광장 사용료 기준'의 규정 내용을 살펴보면, 서울광장 사용료 기준은 서울광장의 사용·수익허가 또는 사용신고 수리에 적용되는 기준일 뿐이고, 이를 서울광장의 무단점유에 따른 변상금 산정·부과에 적용할 수는 없다. 서울광장의 무단점유에 따른 변상금은 공유재산 및 물품관리법령에서 정한 '무단점유면적 × 해당 공유재산의 면적단위별 평정가격 × 무단점유기간/연 × 사용요율 × 120%'의 계산식에 실제 무단점유면적과 공유재산 및 물품관리법 시행령 제14조 제1항의 위임에 따라 <u>서울특별시 공유재산 및 물품관리 조례 제22조에서 정한 사용요율을 적용하여 산정·부과하여야 한다</u>(대법원 2019. 9. 9. 선고 2018두48298 판결).

판례 178

갑 학교법인이 구황실과 사용대차계약을 체결하여 구황실재산 토지를 무상으로 학교부지로 사용하여 왔는데, 위 토지의 관리·처분에 관한 사무를 위탁받은 한국자산관리공사가 1992년에 위 토지의 관리청이었던 용산구청장이 변상금을 부과·고지함으로써 무상사용의 의사표시를 철회하였다는 이유로 갑 법인에 구 국유재산법(2012. 12. 18. 법률 제11548호로 개정되기 전의 것) 제72조 등에 따라 변상금을 부과한 사안에서, 사용대차계약에 이르게 된 경위, 구 구왕궁재산처분법(1954. 9. 23. 법률 제339호 구황실재산법 부칙 제14조로 폐지), 구 구황실재산법(1963. 2. 9. 법률 제1265호 문화재보호법 부칙 제2조 제1항으로 폐지), 문화재보호법의 제정 및 개정 경위, 그동안 위 토지를 관리한 구황실재산 사무총국장과 문화재관리국장이 사용기간을 따로 정하지 않은 채 수차례 위 토지의 사용을 허락해 온 점, 갑 법인이 설립한 대학교를 정상적으로 운영하여 왔고 현재 위 토지 위에는 교수회관, 대학본부, 학생회관, 대학원관 등의 건물이 있는 점에 비추어, 용산구청장이 종전 변상금 부과처분을 할 당시 사용대차계약 체결 후 상당한 시간이 지났다는 사정만으로 갑 법인이 위 토지를 사용·수익하기에 충분한 기간이 경과한 것으로 볼 수 없다고 본 원심판단이 정당하고, <u>사용대차계약에 해지사유가 인정되지 않는 이상 이와 다른 전제에선 한국자산관리공사의 변상금 부과처분이 위법하다</u>고 한 사례(대법원 2018. 6. 28. 선고 2014두14181 판결).

판례 179

공정거래위원회가 <u>시정명령 및 과징금 부과와 감면 여부를 분리 심리하여 별개로 의결한 다음 과징금 등 처분과 별도의 처분서로 감면기각처분을 하였다면, 원칙적으로 2개의 처분, 즉 과징금 등 처분과 감면기각처분이 각각 성립한 것이고</u>, 처분의 상대방으로서는 각각의 처분에 대하여 함께 또는 별도로 불복할 수 있다. 그러므로 사업자인 원고가 과징금 등 처분과 감면기각처분의 취소를 구하는 소를 함께 제기한 경우에도, 특별한 사정이 없는 한 감면기각처분의 취소를 구할 소의 이익이 인정된다(대법원 2017. 1. 12. 선고 2016두35199 판결).

판례 180

특허심판원에서 진행하는 행정절차로서 심결은 행정처분에 해당한다. 그에 대한 불복 소송인 심결 취소소송은 항고소송에 해당하여 그 소송물은 심결의 실체적·절차적 위법성 여부이므로, 당사자는 심결에서 판단되지 않은 처분의 위법사유도 심결 취소소송 단계에서 주장·입증할 수 있고, 심결 취소소송의 법원은 특별한 사정이 없는 한 제한 없이 이를 심리·판단하여 판결의 기초로 삼을 수 있다. 이와 같이 본다고 해서 심급의 이익을 해친다거나 당사자에게 예측하지 못한 불의의 손해를 입히는 것이 아니다(대법원 2020. 4. 9. 선고 2018후11360 판결).

판례 181

행정소송법상 취소소송은 처분 등이 있음을 안 날부터 90일 이내에 제기하여야 하고, 처분 등이 있은 날부터 1년을 경과하면 제기하지 못한다(행정소송법 제20조 제1항, 제2항). 그리고 청구취지를 변경하여 구 소가 취하되고 새로운 소가 제기된 것으로 변경되었을 때에 새로운 소에 대한 제소기간의 준수 등은 원칙적으로 소의 변경이 있은 때를 기준으로 하여야 한다.

그러나 선행 처분에 대하여 제소기간 내에 취소소송이 적법하게 제기되어 계속 중에 행정청이 선행 처분서 문언에 일부 오기가 있어 이를 정정할 수 있음에도 선행 처분을 직권으로 취소하고 실질적으로 동일한 내용의 후행 처분을 함으로써 선행 처분과 후행 처분 사이에 밀접한 관련성이 있고 선행 처분에 존재한다고 주장되는 위법사유가 후행 처분에도 마찬가지로 존재할 수 있는 관계인 경우에는 후행 처분의 취소를 구하는 소변경의 제소기간 준수 여부는 따로 따질 필요가 없다(대법원 2019. 7. 4. 선고 2018두58431 판결).

판례 182

[1] 특허출원에 대한 심사 단계에서 거절결정을 하려면 그에 앞서 출원인에게 거절이유를 통지하여 의견제출의 기회를 주어야 하고, 거절결정에 대한 특허심판원의 심판절차에서 그와 다른 사유로 거절결정이 정당하다고 하려면 먼저 그 사유에 대해 의견제출의 기회를 주어야만 이를 심결의 이유로 할 수 있다(특허법 제62조, 제63조, 제170조 참조). 위와 같은 절차적 권리를 보장하는 특허법의 규정은 강행규정이므로 의견제출의 기회를 부여한 바 없는 새로운 거절이유를 들어서 거절결정이 결과에 있어 정당하다는 이유로 거절결정불복심판청구를 기각한 심결은 위법하다. 같은 취지에서 거절결정불복심판청구 기각 심결의 취소소송절차에서도 특허청장은 심사 또는 심판 단계에서 의견제출의 기회를 부여한 바 없는 새로운 거절이유를 주장할 수 없다고 보아야 한다. 다만 거절결정불복심판청구 기각 심결의 취소소송절차에서 특허청장이 비로소 주장하는 사유라고 하더라도 심사 또는 심판 단계에서 의견제출의 기회를 부여한 거절이유와 주요한 취지가 부합하

여 이미 통지된 거절이유를 보충하는 데 지나지 아니하는 것이면 이를 심결의 당부를 판단하는 근거로 할 수 있다.

[2] 거절결정불복심판 또는 심결취소소송에서 특허출원 심사 또는 심판 단계에서 통지한 거절이유에 기재된 주선행발명을 다른 선행발명으로 변경하는 경우에는, 일반적으로 출원발명과의 공통점 및 차이점의 인정과 그러한 차이점을 극복하여 출원발명을 쉽게 발명할 수 있는지에 대한 판단 내용이 달라지므로, 출원인에게 이에 대해 실질적으로 의견제출의 기회가 주어졌다고 볼 수 있는 등의 특별한 사정이 없는 한 이미 통지된 거절이유와 주요한 취지가 부합하지 아니하는 새로운 거절이유에 해당한다.

[3] 특허청 심사관이 명칭을 "직구동식 액슬 구동기어"로 하는 갑 외국회사의 출원발명에 대하여, '선행발명은 출원발명의 특허청구범위 제1항과 비교하여 출력 피니언의 구성이 생략되어 있다는 점에서 차이가 있으나, 통상의 기술자가 필요에 따라 선행발명의 링기어에 출력 피니언을 부가하여 사용할 수 있는 것에 불과하다.'라는 이유로 거절결정을 하였고, 갑 회사가 위 거절결정에 대한 불복심판을 청구하였으나 특허심판원이 기각하는 심결을 하자 갑 회사가 제기한 심결취소소송 절차에서 특허청장이 '특허청구범위 제1항 발명은 종래의 직구동식 액슬기어에 선행발명의 클러치를 적용하여 통상의 기술자가 용이하게 도출할 수 있으므로 진보성이 부정된다.'고 주장한 사안에서, 특허청장의 주장사유는 특허출원 심사 단계에서 통지한 거절이유에 기재된 주선행발명을 다른 선행발명으로 변경하는 경우에 해당하여, 거절이유와 주요한 취지가 부합하지 아니한 새로운 거절이유에 해당하므로, 위 심결을 취소한 원심판단이 정당하다고 한 사례(대법원 2019. 10. 31. 선고 2015후2341 판결)

판례 183

공익사업을 위한 토지 등의 취득 및 보상에 관한 법률 제28조, 제30조에 따르면, 편입토지 보상, 지장물 보상, 영업·농업 보상에 관해서는 사업시행자만이 재결을 신청할 수 있고 토지소유자와 관계인은 사업시행자에게 재결신청을 청구하도록 규정하고 있으므로, 토지소유자나 관계인의 재결신청 청구에도 사업시행자가 재결신청을 하지 않을 때 토지소유자나 관계인은 사업시행자를 상대로 거부처분 취소소송 또는 부작위 위법확인소송의 방법으로 다투어야 한다. 구체적인 사안에서 토지소유자나 관계인의 재결신청 청구가 적법하여 사업시행자가 재결신청을 할 의무가 있는지는 본안에서 사업시행자의 거부처분이나 부작위가 적법한가를 판단하는 단계에서 고려할 요소이지, 소송요건 심사단계에서 고려할 요소가 아니다(대법원 2019. 8. 29. 선고 2018두57865 판결).

판례 184

행정처분의 무효확인을 구하는 소에는 원고가 그 처분의 취소를 구하지 아니한다고 밝히지 아니한 이상 그 처분이 당연무효가 아니라면 그 취소를 구하는 취지도 포함되어 있는 것으로 보아야 하고, 그와 같은 경우에 취소청구를 인용하려면 먼저 취소를 구하는 항고소송으로서의 제소요건을 구비하여야 한다(대법원 1986. 9. 23. 선고 85누838 판결 등 참조). 한편 취소소송은 처분 등이 있음을 안 날부터 90일 이내에 제기하여야 하고 행정심판청구를 할 수 있는 경우에 행정심판청구가 있은 때의 기간은 재결서 정본을 송달받은 날부터 기산하며(행정소송법 제20조 제1항), 그 제소기간은 불변기간이며(같은 조 제3항), 다만 당사자가 책임질 수 없는 사유로 인하여 이를 준수할 수 없었던 경우에는 같은 법 제8조에 의하여 준용되는 민사소송법 제173조 제1항에 의하여 그 사유가 없어진 후 2주일 내에 해태된 제소행위를 추완할 수 있다. 여기서 '당사자가 책임질 수 없는 사유'란 당사자가 그 소송행위를 하기 위하여 일반적으로 하여야 할 주의를 다하였음에도 불구하고, 그 기간을 준수할 수 없었던 사유를 말한다(대법원 2018. 10. 25. 선고 2015두38856 판결).

판례 185

구 산업집적활성화 및 공장설립에 관한 법률(2009. 2. 6. 법률 제9426호로 개정되기 전의 것) 제13조 제1항, 제13조의2 제1항 제16호, 제14조, 제50조, 제13조의5 제4호의 규정을 종합하면, 공장설립승인처분이 있고 난 뒤에 또는 그와 동시에 공장건축허가처분을 하는 것이 허용되므로, 공장설립승인처분이 취소된 경우에는 그 승인처분을 기초로 한 공장건축허가처분 역시 취소되어야 하고, 공장설립승인처분에 근거하여 토지의 형질변경이 이루어진 경우에는 원상회복을 해야 함이 원칙이다. 따라서 개발제한구역 안에서의 공장설립을 승인한 처분이 위법하다는 이유로 쟁송취소되었다고 하더라도 그 승인처분에 기초한 공장건축허가처분이 잔존하는 이상, 공장설립승인처분이 취소되었다는 사정만으로 인근 주민들의 환경상 이익이 침해되는 상태나 침해될 위험이 종료되었다거나 이를 시정할 수 있는 단계가 지나버렸다고 단정할 수는 없고, 인근 주민들은 여전히 공장건축허가처분의 취소를 구할 법률상 이익이 있다고 보아야 한다(대법원 2018. 7. 12. 선고 2015두3485 판결).

판례 186

(참고판례)

특허법 제186조는 제2항에서 특허심판원의 심결에 대한 취소의 소는 당사자, 참가인, 해당 심판이나 재심에 참가신청을 하였으나 신청이 거부된 자가 제기할 수 있다고 규정하고, 제3항에서 그 취소의 소는 심결의 등본을 송달받은 날부터 30일 이내에 제기하여야 한다고 규정하고 있다. 한편 특허법 제38조 제4항은 특허출원 후에는 특허를 받을 수 있는 권리의 승계는 상속, 그 밖의 일반승계의 경우를 제외하고는 특허출원인변경신고를 하여야만 그 효력이 발생한다고 규정하고 있다.

이러한 규정들에 의하면, 특허출원인으로부터 특허를 받을 수 있는 권리를 양수한 특정승계인은 특허출원인변경신고를 하지 않은 상태에서는 그 양수의 효력이 발생하지 않아서 특허심판원의 거절결정 불복심판 심결에 대하여 취소의 소를 제기할 수 있는 당사자 등에 해당하지 아니하므로, 그가 제기한 취소의 소는 부적법하다. 특정승계인이 취소의 소를 제기한 후 특허출원인변경신고를 하였더라도, 그 변경신고 시기가 취소의 소 제기기간이 지난 후라면 제기기간 내에 적법한 취소의 소 제기는 없었던 것이므로, 취소의 소가 부적법하기는 마찬가지이다(대법원 2017. 11. 23. 선고 2015후321 판결).

◦ 판례 187

징계사유에 해당하는 행위가 있더라도, 징계권자가 그에 대하여 징계처분을 할 것인지, 징계처분을 하면 어떠한 종류의 징계를 할 것인지는 징계권자의 재량에 맡겨져 있다. 그러나 그 재량권의 행사가 징계권을 부여한 목적에 반하거나, 징계사유로 삼은 비행의 정도에 비하여 균형을 잃은 과중한 징계처분을 선택함으로써 비례의 원칙을 위반하거나 또는 합리적인 사유 없이 같은 정도의 비행에 대하여 일반적으로 적용하여 온 기준과 어긋나게 공평을 잃은 징계처분을 선택함으로써 평등의 원칙을 위반한 경우에는, 그 징계처분은 재량권의 한계를 벗어난 것으로서 위법하다(대법원 2017. 10. 31. 선고 2014두45734 판결 참조).

원심은, 위와 같이 추가로 인정된 징계사유를 고려하더라도 참가인에 대한 원고의 파면은 과중하므로 이를 취소한 피고의 2015. 4. 22.자 결정(이하 '이 사건 결정'이라 한다)의 결론은 타당하나, 일부 징계사유가 추가로 인정되는 이상 이 사건 결정을 취소하여야 한다고 판단하였다.

앞에서 본 법리와 적법하게 채택된 증거들에 의하여 살펴보면, 원심의 위와 같은 징계양정에 관한 판단에 원고의 상고이유 주장과 같이 징계재량권의 일탈·남용에 관한 법리를 오해한 잘못이 없다.

행정처분이 위법한 때에는 이를 취소함이 원칙이고, 그 위법한 처분을 취소·변경하는 것이 도리어 현저히 공공의 복리에 적합하지 않은 경우에 극히 예외적으로 위법한 행정처분의 취소를 허용하지 않는다는 사정판결을 할 수 있으므로, 사정판결의 적용은 극히 엄격한 요건 아래 제한적으로 하여야 하며, 그 요건인 '현저히 공공복리에 적합하지 아니한가'의 여부를 판단할 때에는 위법·부당한 행정처분을 취소·변경하여야 할 필요와 그 취소·변경으로 인하여 발생할 수 있는 공공복리에 반하는 사태 등을 비교·교량하여 그 적용 여부를 판단하여야 한다(대법원 2013. 10. 24. 선고 2012두12853 판결 참조).(대법원 2018. 10. 12. 선고 2016두46670 판결)

◦ 판례 188

공공재인 교과용 도서 가격의 적정성과 안정화, 국가·지방자치단체의 재정 부담 및 학부모의 부담 증가 완화의 필요성 등 피고들이 들고 있는 사정만으로는 행정소송법 제28조에 따른 사정판결을 하여야 할 정도로 이 사건 각 처분의 취소가 현저히 공공복리에 적합하지 않은 경우에 해당한다고 보기 어렵다고 판단하였다(대법원 2019. 1. 31. 선고 2016두64975 판결).

◦ 판례 189

거부처분에 대한 취소의 확정판결이 있음에도 행정청이 아무런 재처분을 하지 아니하거나, 재처분을 하였다 하더라도 그것이 종전 거부처분에 대한 취소의 확정판결의 기속력에 반하는 등으로 당연무효라면 이는 아무런 재처분을 하지 아니한 때와 마찬가지라 할 것이므로 이러한 경우에는 행정소송법 제30조 제2항, 제34조 제1항 등에 의한 간접강제신청에 필요한 요건을 갖춘 것으로 보아야 한다(대법원 2002. 12. 11.자 2002무22 결정 참조).

원심은, 그 판시와 같은 이유로 피신청인이 이 사건 결정 정본을 받은 날부터 30일 이내에 신청인들에 대하여 서울행정법원 2015구합5696 건축허가신청불가처분 취소청구 사건의 확정판결의 취지에 따른 처분을 하지 아니한 때에는 피신청인은 신청인들에게 각 위 기간이 경과한 다음 날부터 처분 시까지 1일 50,000원의 비율로 계산한 돈을 지급하라는 제1심 결정은 정당하다고 판단하였다. 원심의 위와 같은 판단은 앞서 본 법리에 따른 것이어서 정당하고, 거기에 재항고이유 주장과 같이 관련 법리를 오해한 잘못이 없다(대법원 2019. 4. 4. 자 2018무672 결정).

○ 판례 190

[1] 가설건축물은 건축법상 '건축물'이 아니므로 건축허가나 건축신고 없이 설치할 수 있는 것이 원칙이지만 일정한 가설건축물에 대하여는 건축물에 준하여 위험을 통제하여야 할 필요가 있으므로 신고 대상으로 규율하고 있다. 이러한 신고제도의 취지에 비추어 보면, 가설건축물 존치기간을 연장하려는 건축주 등이 법령에 규정되어 있는 제반 서류와 요건을 갖추어 행정청에 연장신고를 한 때에는 행정청은 원칙적으로 이를 수리하여 신고필증을 교부하여야 하고, 법령에서 정한 요건 이외의 사유를 들어 수리를 거부할 수는 없다. 따라서 행정청으로서는 법령에서 요구하고 있지도 아니한 '대지사용승낙서' 등의 서류가 제출되지 아니하였거나, 대지소유권자의 사용승낙이 없다는 등의 사유를 들어 가설건축물 존치기간 연장신고의 수리를 거부하여서는 아니 된다.

[2] 건축법상의 이행강제금은 시정명령의 불이행이라는 과거의 위반행위에 대한 제재가 아니라, 의무자에게 시정명령을 받은 의무의 이행을 명하고 그 이행기간 안에 의무를 이행하지 않으면 이행강제금이 부과된다는 사실을 고지함으로써 의무자에게 심리적 압박을 주어 의무의 이행을 간접적으로 강제하는 행정상의 간접강제 수단에 해당한다. 이러한 이행강제금의 본질상 시정명령을 받은 의무자가 이행강제금이 부과되기 전에 그 의무를 이행한 경우에는 비록 시정명령에서 정한 기간을 지나서 이행한 경우라도 이행강제금을 부과할 수 없다.

나아가 시정명령을 받은 의무자가 그 시정명령의 취지에 부합하는 의무를 이행하기 위한 정당한 방법으로 행정청에 신청 또는 신고를 하였으나 행정청이 위법하게 이를 거부 또는 반려함으로써 결국 그 처분이 취소되기에 이르렀다면, 특별한 사정이 없는 한 그 시정명령의 불이행을 이유로 이행강제금을 부과할 수는 없다고 보는 것이 위와 같은 이행강제금 제도의 취지에 부합한다(대법원 2018. 1. 25. 선고 2015두35116 판결).

행정법

5년간 최신판례

제3편

최신 보충 판례
(2016-2022)

판례 001

《〈참고판례〉》특수업무를 수행하는 한국인 군무원으로서 다른 일반군속과는 달리 정원이 별도로 관리되고 임용 즉시 휴직한 후 주한 미군측에 파견되어 북한의 음성통신을 영어로 번역·전사하는 특수업무를 수행하면서 주한 미군측으로부터 보수를 지급받는 임기 3년의 번역사(군속)로 임용되어 주한 미군측기관에서 근무하여 왔고 그 임기만료 후 승진·재임용되었다가 1980. 12. 31. 법률 제3342호로서 군속인사법이 군무원인사법으로 전면 개정된 후에는 주한 미군측 고용기간을 임기로 한 번역군무원에 임용된 것으로 간주되었는데 주한 미군측에서 위 군무원을 고용해제하자 그 통보를 받은 국방부장관이 위 군무원에 대하여 직권면직의 인사발령을 하였다면, 위 군무원은 군무원관계를 소멸시키기 위한 임면권자의 별도 행정처분을 요하지 아니하고 임기만료로 당연퇴직하였고, 위 직권면직의 인사발령은 그 문면상의 표현에도 불구하고 법률상 당연히 발생한 퇴직의 사유 및 시기를 공적으로 확인하여 알려주는 이른바 관념의 통지에 불과할 뿐 군무원의 신분을 상실시키는 새로운 형성적 행위가 아니므로 ★★★항고소송의 대상이 되는 행정처분이라고 할 수 없다(대법원 1997. 11. 11. 선고 97누1990).

판례 002

[다수의견] 상명하복에 의한 지휘통솔체계의 확립이 필수적인 군의 특수성에 비추어 군인은 상관의 명령에 복종하여야 한다. 구 군인복무규율(2009. 9. 29. 대통령령 제21750호로 개정되기 전의 것) 제23조 제1항은 그와 같은 취지를 규정하고 있다. 군인이 일반적인 복종의무가 있는 상관의 지시나 명령에 대하여 재판청구권을 행사하는 경우에는 재판청구권이 군인의 복종의무와 외견상 충돌하는 모습으로 나타날 수 있다.

그러나 상관의 지시나 명령 그 자체를 따르지 않는 행위와 상관의 지시나 명령은 준수하면서도 그것이 위법·위헌이라는 이유로 재판청구권을 행사하는 행위는 구별되어야 한다. 법원이나 헌법재판소에 법적 판단을 청구하는 것 자체로는 상관의 지시나 명령에 직접 위반되는 결과가 초래되지 않으며, 재판절차가 개시되더라도 종국적으로는 사법적 판단에 따라 위법·위헌 여부가 판가름 나므로 ★★[재판청구권 행사가 곧바로 군에 대한 심각한 위해나 혼란을 야기한다고 상정하기도 어렵다.] [상관의 지시나 명령을 준수하는 이상 그에 대하여 ★★★소를 제기하거나 헌법소원을 청구하였다는 사실만으로 상관의 지시나 명령을 따르지 않겠다는 의사를 표명한 것으로 간주할 수도 없다.] 종래 군인이 상관의 지시나 명령에 대하여 사법심사를 청구하는 행위를 무조건 하극상이나 항명으로 여겨 극도의 거부감을 보이는 태도 역시 모든 국가권력에 대하여 사법심사를 허용하는 법치국가의 원리에 반하는 것으로 마땅히 배격되어야 한다.

따라서 군인이 상관의 지시나 명령에 대하여 재판청구권을 행사하는 경우에 그것이 위법·위헌인 지시와 명령을 시정하려는 데 목적이 있을 뿐, ★★★[군 내부의 상명하복관계를 파괴하고 명령불복종 수단으로서 재판청구권의 외형만을 빌리거나 그 밖에 다른 불순한 의도가 있지 않다면, 정당한 기본권의 행사이므로 군인의 복종의무를 위반하였다고 볼 수 없다](대법원 2018. 3. 22. 선고 2012두26401 전원합의체 판결).

○ 판례 003

[다수의견] 군사법원법 제2조가 '신분적 재판권'이라는 제목 아래 제1항에서 '군형법 제1조 제1항부터 제4항까지에 규정된 사람'이 '범한 죄'에 대하여 군사법원이 재판권을 가진다고 규정하고 있으므로, 위 조항의 문언해석상 군인 또는 군무원이 아닌 국민(이하 '일반 국민'이라 한다)이 군형법 제1조 제4항 각 호에 정한 죄(이하 '특정 군사범죄'라 하고, 그 외의 범죄 등을 '일반 범죄'라 한다)를 범함으로써 군사법원의 신분적 재판권에 속하게 되면 그 후에 범한 일반 범죄에 대하여도 군사법원에 재판권이 발생한다고 볼 여지가 있다. 그러나 헌법 제27조 제2항은 어디까지나 '중대한 군사상 기밀·초병·초소·유독음식물공급·포로·군용물에 관한 죄 중 법률이 정한 경우'를 제외하고는 일반 국민은 군사법원의 재판을 받지 아니한다고 규정하고 있으므로, 이러한 경우에까지 군사법원의 신분적 재판권을 확장할 것은 아니다. 즉, 특정 군사범죄를 범한 일반 국민에게 군사법원에서 재판을 받아야 할 '신분'이 생겼더라도, 이는 군형법이 원칙적으로 군인에게 적용되는 것임에도 특정 군사범죄에 한하여 예외적으로 일반 국민에게 군인에 준하는 신분을 인정하여 군형법을 적용한다는 의미일 뿐, 그 '신분' 취득 후에 범한 다른 모든 죄에 대해서까지 군사법원에서 재판을 받아야 한다고 새기는 것은 헌법 제27조 제2항의 정신에 배치된다.

군사법원법 제2조 제2항은 예컨대 군에 입대하기 전에 어떠한 죄를 범한 사람이 군인이 되었다면 군사법원이 그 죄를 범한 군인에 대하여 재판을 할 수 있도록 하려는 취지임이 명백하다. 군사법체계의 특수성에 비추어 볼 때 이러한 경우에는 군사법원이 재판권을 행사하여야 할 필요성과 합목적성이 충분히 인정된다. 그러나 일반 국민이 특정 군사범죄를 범하였다 하여 그 전에 범한 다른 일반 범죄에 대해서까지 군사법원이 재판권을 가진다고 볼 것은 아니다. 군인 등은 전역 등으로 그 신분을 상실하게 되면 특별한 경우를 제외하고는 군 재직 중에 범한 죄에 대하여 일반법원에서 재판을 받게 된다. 그러나 일반 국민은 특정 군사범죄를 범하여 일단 군사법원의 신분적 재판권에 속하게 되면 그 신분에서 벗어날 수 있는 방법이 없다. 즉, 일반 국민이 군형법 제1조 제4항 각 호의 죄를 범한 경우에 그 전에 범한 어떠한 죄라도 아무런 제한 없이 군사법원에서 재판을 받게 한다면 군인보다 오히려 불리한 처지에 놓이게 된다. 위와 같은 해석은 헌법 제27조의 정신에 부합하지 아니한다.

결론적으로, 군사법원이 군사법원법 제2조 제1항 제1호에 의하여 특정 군사범죄를 범한 일반 국민에 대하여 신분적 재판권을 가지더라도 이는 어디까지나 해당 특정 군사범죄에 한하는 것이지 이전 또는 이후에 범한 다른 일반 범죄에 대해서까지 재판권을 가지는 것은 아니다.

따라서 일반 국민이 범한 수 개의 죄 가운데 특정 군사범죄와 그 밖의 일반 범죄가 형법 제37조 전단의 경합범 관계에 있다고 보아 하나의 사건으로 기소된 경우, ★★특정 군사범죄에 대하여는 군사법원이 전속적인 재판권을 가지므로 일반 법원은 이에 대하여 재판권을 행사할 수 없다. 반대로 그 밖의 일반 범죄에 대하여 군사법원이 재판권을 행사하는 것도 허용될 수 없다. 이 경우 어느 한 법원에서 기소된 모든 범죄에 대해 재판권을 행사한다면 재판권이 없는 법원이 아무런 법적 근거 없이 임의로 재판권을 창설하여 재판권이 없는 범죄에 대한 재판을 하는 것이 되므로, 결국 ★★기소된 사건 전부에 대하여 재판권을 가지지 아니한 일반 법원이나 군사법원은 사건 전부를 심판할 수 없다(대법원 2016. 6. 16.자 2016초기318 전원합의체 결정).

◦ 판례 004

[1] 국가배상법 제2조 제1항 단서는 "군인·군무원·경찰공무원 또는 향토예비군대원이 전투·훈련 등 직무 집행과 관련하여 전사·순직하거나 공상을 입은 경우에 본인이나 그 유족이 다른 법령에 따라 재해보상금·유족연금·상이연금 등의 보상을 지급받을 수 있을 때에는 이 법 및 민법에 따른 손해배상을 청구할 수 없다."라고 규정하고 있다. 업무용 자동차종합보험계약의 보험약관 중 일부인 관용자동차 특별약관에서는 "군인, 군무원, 경찰공무원 또는 향토예비군대원이 전투, 훈련 등 직무 집행과 관련하여 전사, 순직 또는 공상을 입은 경우, 이들에 대하여 대인배상Ⅰ 및 대인배상Ⅱ에 대하여는 보상하지 않는다."라고 규정하고 있다(이하 '관용차 면책약관'이라고 한다). 관용차 면책약관은 위 국가배상법 규정에 따라 군인 등의 피해자가 국가 또는 지방자치단체에 대하여 손해배상을 청구할 수 없는 경우에 국가 또는 지방자치단체를 피보험자로 하여 보험자에 대하여도 그 보상을 청구할 수 없도록 하는 데에 취지가 있다. 위 국가배상법 규정의 내용이나 관용차 면책약관의 취지 등을 고려하면, <u>관용차 면책약관은 군인 등의 피해자가 다른 법령에 의하여 보상을 지급받을 수 있어 국가나 지방자치단체가 국가배상법 제2조 제1항 단서에 의해 손해배상책임을 부담하지 않는 경우에 한하여 적용된다고 봄이 타당하다.</u>

[2] 구 공무원연금법(2018. 3. 20. 법률 제15523호로 전부 개정되기 전의 것, 이하 '구 공무원연금법'이라고 한다)에 따라 각종 급여를 지급하는 제도는 공무원의 생활안정과 복리향상에 이바지하기 위한 것이라는 점에서 국가배상법 제2조 제1항 단서에 따라 손해배상금을 지급하는 제도와 그 취지 및 목적을 달리하므로, 경찰공무원인 피해자가 구 공무원연금법의 규정에 따라 공무상 요양비를 지급받는 것은 국가배상법 제2조 제1항 단서에서 정한 '다른 법령의 규정'에 따라 보상을 지급받는 것에 해당하지 않는다. 다만 경찰공무원인 피해자가 구 공무원연금법에 따라 공무상 요양비를 지급받은 후 추가로 국가배상법에 따라 치료비의 지급을 구하는 경우나 반대로 국가배상법에 따라 치료비를 지급받은 후 추가로 구 공무원연금법에 따라 공무상 요양비의 지급을 구하는 경우, 공무상 요양비와 치료비는 실제 치료에 소요된 비용에 대하여 지급되는 것으로서 같은 종류의 급여라고 할 것이므로, 치료비나 공무상 요양비가 추가로 지급될 때 구 공무원연금법 제33조 등을 근거로 먼저 지급된 공무상 요양비나 치료비 상당액이 공제될 수 있을 뿐이다. 한편 군인연금법과 구 공무원연금법은 취지나 목적에서 유사한 면이 있으나, 별도의 규정체계를 통해 서로 다른 적용대상을 규율하고 있는 만큼 서로 상이한 내용들로 규정되어 있기도 하므로, <u>군인연금법이 국가배상법 제2조 제1항 단서에서 정한 '다른 법령'에 해당한다고 하여, 구 공무원연금법도 군인연금법과 동일하게 취급되어야 하는 것은 아니다.</u>

[3] 국가유공자 등 예우 및 지원에 관한 법률(이하 '국가유공자법'이라고 한다)은 국가배상법 제2조 제1항 단서의 '다른 법령'에 해당할 수 있다. 다만 국가유공자법은 군인, 경찰공무원 등이 국민의 생명·재산 보호와 직접적인 관련이 있는 직무수행 중 상이(상이)를 입고 ★★★전역하거나 퇴직★★★하는 경우 그 상이 정도가 국가보훈처장이 실시하는 신체검사에서 상이등급으로 판정된 사람을 공상군경으로 정하고(제4조 제1항 제6호) 이러한 공상군경에게 각종 급여가 지급되도록 규정하고 있다.

이에 의하면, 국민의 생명·재산 보호와 직접적인 관련이 있는 직무수행 중 상이를 입은 군인 등이 [전역하거나 퇴직하지 ★★★않은 경우]에는 ★★그 상이의 정도가 위 상이등급에 해당하는지 여부와 상관없이 [객관적으로 공상군경의 요건을 갖추지 못하여 국가유공자법에 따른 보상을 지급받을 수 없으므로], '다른 법령에 따라 재해보상금 등의 보상을 지급받을 수 있을 때'의 요건을 갖추지 못하여 업무용 자동차종합보험계약의 관용차 면책약관도 적용될 수 없다. 이는 국민의 생명·재산 보호와 직접적인 관련이 없는 직무수행 중 상이를 입은 군인 등이 전역하거나 퇴직하지 않은 경우에도 마찬가지이다(대법원 2019. 5. 30. 선고 2017다16174 판결).

◦ 판례 005

[1] 군인사법 제53조의2 제6항의 위임을 받은 군인 명예전역수당지급 규정 제6조 제1항, 제3항의 각 규정에 의하면, 각 군 참모총장은 군인 명예전역수당 지급신청을 받아 이를 심사하고 수당 지급대상자를 선정하여 국방부장관에게 추천하며, 국방부장관은 각 군 참모총장으로부터 수당지급대상자의 추천을 받아 수당지급대상자를 최종적으로 심사·결정하도록 규정되어 있다. 이 규정에 따라 각 군 참모총장이 수당지급대상자 결정절차에 대하여 수당지급대상자를 추천하거나 신청자 중 일부를 추천하지 아니하는 행위는 행정기관 상호간의 내부적인 의사결정과정의 하나일 뿐 그 자체만으로는 직접적으로 국민의 권리·의무가 설정, 변경, 박탈되거나 그 범위가 확정되는 등 기존의 권리상태에 어떤 변동을 가져오는 것이 아니므로 이를 항고소송의 대상이 되는 처분이라고 할 수는 없다.

[2] 군인사법 제53조의2 제1항, 군인 명예전역수당지급 규정 제2조 제1항, 제2항, 제6조 제2항, 제3항의 각 규정과 명예전역수당 지급업무 처리지침 제1항, 제7항의 각 규정 내용 등을 종합하여 보면, 국방부장관이 수당지급대상자로 결정하거나 배제하는 행위는 20년 이상 근속한 군인들 중 정년 전에 자진하여 전역하는 사람의 신청을 받아 심사한 후 그 지급대상자 및 지급액 등을 결정할 수 있는 재량행위에 해당한다고 보아야 한다.

[3] 군인사법 등 관련 법령이 각 군 참모총장의 추천에 따라 국방부장관이 최종적으로 군인 명예전역수당 지급대상자를 결정하도록 규정하고 있는 이상 ★★★각 군 참모총장의 추천거부행위에 실체상·절차상의 위법사유가 존재하는 경우 그 위법사유를 이유로 국방부장관의 거부처분의 취소를 구할 수 있다(대법원 2009. 12. 10. 선고 2009두14231 판결).

◦ 판례 006

[다수의견] 구 군인사법(1999. 1. 29. 법률 제5703호로 개정되기 전의 것) 제53조의2 제3항은 같은 조 제1항 소정의 명예전역수당 및 같은 조 제2항 소정의 명예전역수당의 각 지급대상범위를 정한 구 군인명예전역수당지급규정(1999. 5. 10. 대통령령 제16290호로 개정되기 전의 것) 제2조 제1항의 위임근거 법조항으로서 그 수임규정인 위 군인명예전역수당지급규정이 같은 법 제53조의2 제1항 및 제2항 소정의 명예전역수당의 각 지급대상범위를 정하는 데에 어떠한 구체적인 제한을 덧붙이지 아니하고 있음이 법문상 명백하므로 위 군인명예전역수당지급규정에서 같은 법 제53조의2 제1항 및 제2항 소정의 명예전역수당의 각 지급대상범위를 정함에 있어서 각각의 명예전역수당의 성격에 반하지 아니하는 한 합리적 범위 내에서 그 범위를 제한하더라도 위법이 아니라고 할 것이고, 같은 법 제53조의2 제2항을 그 소정의 명예전역수당의 지급대상의 요건의 하나로 '군인으로서 20년 이상 근속'이 요구되지 않는 것으로 해석하여야 할 필연성이 있다고 보

기 어려울뿐더러, 같은 법 제53조의2 제3항의 명시적 위임에 근거한 위 군인명예전역수당지급규정 제2조 제1항 제2호에서 예산상의 부담 및 입법 취지 등을 고려하여 같은 법 제53조의2 제2항 소정의 ★★명예전역수당의 지급대상범위를 20년 이상 근속한 군인으로 제한하고 있는 데에 합리성도 있다고 할 것이어서 위 군인명예전역수당지급규정 제2조 제1항 제2호 중 군인으로서 20년 이상 근속할 것을 같은 법 제53조의2 제2항 소정의 명예전역수당의 지급대상요건 중의 하나로 규정하고 있는 부분은 적법하고 모법에 저촉되거나 모법의 위임한계를 벗어난 것으로서 무효라고 할 수 없다(대법원 1999. 12. 16. 선고 97누9864 전원합의체 판결).

○ 판례 007

헌법 제29조 제2항 및 이를 근거로 한 국가배상법 제2조 제1항 단서 규정의 입법 취지는, 국가 또는 공공단체가 위험한 직무를 집행하는 군인·군무원·경찰공무원 또는 향토예비군대원에 대한 피해보상제도를 운영하여, 직무집행과 관련하여 피해를 입은 군인 등이 간편한 보상절차에 의하여 자신의 과실 유무나 그 정도와 관계없이 무자력의 위험부담이 없는 확실하고 통일된 피해보상을 받을 수 있도록 보장하는 대신에, 피해 군인 등이 국가 등에 대하여 공무원의 직무상 불법행위로 인한 손해배상을 청구할 수 없게 함으로써, 군인 등의 동일한 피해에 대하여 국가 등의 보상과 배상이 모두 이루어짐으로 인하여 발생할 수 있는 과다한 재정지출과 피해 군인 등 사이의 불균형을 방지하고, 또한 가해자인 군인 등과 피해자인 군인 등의 직무상 잘못을 따지는 쟁송이 가져올 폐해를 예방하려는 데에 있고, 또 군인, 군무원 등 이 법률 규정에 열거된 자가 전투, 훈련 기타 직무집행과 관련하는 등으로 공상을 입은 데 대하여 재해보상금, 유족연금, 상이연금 등 별도의 보상제도가 마련되어 있는 경우에는 이중배상의 금지를 위하여 이들의 국가에 대한 국가배상법 또는 민법상의 손해배상청구권 자체를 [절대적으로 배제]하는 규정이므로, 이들은 국가에 대하여 손해배상청구권을 행사할 수 없는 것인바, 따라서 국가배상법 제2조 제1항 단서 규정은 다른 법령에 보상제도가 규정되어 있고, 그 법령에 규정된 상이등급 또는 장애등급 등의 요건에 해당되어 그 권리가 발생한 이상, 실제로 그 권리를 행사하였는지 또는 그 권리를 행사하고 있는지 여부에 관계없이 적용된다고 보아야 하고, ★★★[그 각 법률에 의한 보상금청구권이 시효로 소멸되었다 하여 적용되지 않는다고 할 수는 없다.]

공상을 입은 군인이 국가배상법에 의한 손해배상청구 소송 도중에 국가유공자등예우및지원에관한법률에 의한 국가유공자 등록신청을 하였다가 인과관계가 없어 공상군경 요건에 해당되지 않는다는 이유로 비해당결정 통보를 받고 이에 불복하지 아니한 후 위 법률에 의한 보상금청구권과 군인연금법에 의한 재해보상금청구권이 모두 시효완성된 경우, 국가배상법 제2조 제1항 단서 소정의 ★★★['다른 법령에 의하여 보상을 받을 수 있는 경우'라 하여] 국가배상청구를 할 수 없다(대법원 2002. 5. 10. 선고 2000다39735 판결).

○ 판례 008

[다수의견] 헌법 제29조 제2항, 국가배상법 제2조 제1항 단서의 입법 취지를 관철하기 위하여는, 국가배상법 제2조 제1항 단서가 적용되는 공무원의 직무상 불법행위로 인하여 직무집행과 관련하여 피해를 입은 군인 등에 대하여 위 불법행위에 관련된 일반국민(법인을 포함한다. 이하 '민간인'

이라 한다)이 공동불법행위책임, 사용자책임, 자동차운행자책임 등에 의하여 그 손해를 자신의 귀책부분을 넘어서 배상한 경우에도, 국가 등은 피해 군인 등에 대한 국가배상책임을 면할 뿐만 아니라, 나아가 민간인에 대한 국가의 귀책비율에 따른 구상의무도 부담하지 않는다고 하여야 할 것이다. 그러나 위와 같은 경우, 민간인은 여전히 공동불법행위자 등이라는 이유로 피해 군인 등의 손해 전부를 배상할 책임을 부담하도록 하면서 국가 등에 대하여는 귀책비율에 따른 구상을 청구할 수 없도록 한다면, 공무원의 직무활동으로 빚어지는 이익의 귀속주체인 국가 등과 민간인과의 관계에서 원래는 국가 등이 부담하여야 할 손해까지 민간인이 부담하는 부당한 결과가 될 것이고(가해 공무원에게 경과실이 있는 경우에는 그 공무원은 손해배상책임을 부담하지 아니하므로 민간인으로서는 자신이 손해발생에 기여한 귀책부분을 넘는 손해까지 종국적으로 부담하는 불이익을 받게 될 것이고, 가해 공무원에게 고의 또는 중과실이 있는 경우에도 그 무자력 위험을 사용관계에 있는 국가 등이 부담하는 것이 아니라 오히려 민간인이 감수하게 되는 결과가 된다.), 이는 위 헌법과 국가배상법의 규정에 의하여도 정당화될 수 없다고 할 것이다. 이러한 부당한 결과를 방지하면서 위 헌법 및 국가배상법 규정의 입법 취지를 관철하기 위하여는, 피해 군인 등은 위 헌법 및 국가배상법 규정에 의하여 국가 등에 대한 배상청구권을 상실한 대신에 자신의 과실 유무나 그 정도와 관계 없이 무자력의 위험부담이 없는 확실한 국가보상의 혜택을 받을 수 있는 지위에 있게 되는 특별한 이익을 누리고 있음에 반하여 민간인으로서는 손해 전부를 배상할 의무를 부담하면서도 국가 등에 대한 구상권을 행사할 수 없다고 한다면 부당하게 권리침해를 당하게 되는 결과가 되는 것과 같은 각 당사자의 이해관계의 실질을 고려하여, <u>위와 같은 경우에는 공동불법행위자 등이 부진정연대채무자로서 각자 피해자의 손해 전부를 배상할 의무를 부담하는 공동불법행위의 일반적인 경우와 달리 예외적으로 민간인은 피해 군인 등에 대하여 그 손해 중 [국가 등이 민간인에 대한 구상의무를 부담한다면] 그 내부적인 관계에서 부담하여야 할 부분을 제외한 ★★★★[나머지 자신의 부담부분에 한하여 손해배상의무]를 부담하고, 한편 국가 등에 대하여는 그 귀책부분의 구상을 청구할 수 없다고 해석함이 상당하다</u> 할 것이고, 이러한 해석이 손해의 공평·타당한 부담을 그 지도원리로 하는 손해배상제도의 이상에도 맞는다 할 것이다(대법원 2001. 2. 15. 선고 96다42420 전원합의체 판결).

판례 009

[1] 국가유공자 등 예우 및 지원에 관한 법률 제4조 제1항 제5호에 의하여 순직군경으로 인정되기 위하여 필요한 '직접적인 원인관계'는 단순히 직무수행이나 교육훈련과 사망 사이에 상당인과관계가 있는 것만으로는 부족하고, <u>그 사망이 국가의 수호 등과 직접 관련이 있는 직무수행이나 교육훈련을 직접적인 주된 원인으로 하여 발생한 것이어야 한다.</u>

[2] 보훈보상대상자 지원에 관한 법률(이하 '보훈보상자법'이라 한다) 제2조 제1항은 "다음 각호의 어느 하나에 해당하는 보훈보상대상자, 그 유족 또는 가족(다른 법률에서 이 법에 규정된 지원 등을 받도록 규정된 사람을 포함한다)은 이 법에 따른 지원을 받는다."라고 규정하고, 제1호로 "재해사망군경: 군인이나 경찰·소방 공무원으로서 국가의 수호·안전보장 또는 국민의 생명·재산 보호와 직접적인 관련이 없는 직무수행이나 교육훈련 중 사망한 사람(질병으로 사망한 사람을 포함한다)"을 들고 있다.

여기서 보훈보상대상자의 '직무수행이나 교육훈련 중 사망'은 직무수행 또는 교육훈련과 사망 사이에 상당인과관계가 있는 경우를 말하고, 이는 군인 등의 ★★★사망이 자살로 인한 경우에도 마찬가지이다.

그리고 보훈보상자법 제2조 제3항은 "제1항 각호에 따른 요건에 해당되는 사람이 다음 각호의 어느 하나에 해당되는 원인으로 사망하거나 상이(질병을 포함한다)를 입으면 제1항 및 제4조에 따라 등록되는 보훈보상대상자, 그 유족 또는 가족에서 제외한다."라고 하면서 제1호로 "불가피한 사유 없이 본인의 고의 또는 중대한 과실로 인한 것이거나 관련 법령 또는 소속 상관의 명령을 현저히 위반하여 발생한 경우"를 들고 있으나, 이는 교육훈련 또는 직무수행과 사망 등과의 사이에 상당인과관계를 인정하기 어려운 경우를 예시하여 교육훈련 또는 직무수행과 사망 등과의 사이에 상당인과관계가 없는 경우에는 보훈보상대상자에서 제외된다는 취지를 주의적·확인적으로 규정한 것이라고 보아야 한다.

따라서 군인 등이 복무 중 자살로 사망한 경우에도 보훈보상자법 제2조 제1항의 '직무수행이나 교육훈련 중 사망'에 해당하는지 여부는 직무수행 또는 교육훈련과 사망 사이에 상당인과관계가 있는지 여부에 따라 판단하여야 하고, 직무수행 또는 교육훈련과 사망 사이에 상당인과관계가 인정되는데도 그 사망이 ★★[자살로 인한 것이라는 이유만으로, 또는 자유로운 의지가 완전히 배제된 상태에서의 자살이 아니라는 이유로 보훈보상자에서 제외되어서는 안 된다.]

또한 직무수행과 자살로 인한 사망 사이의 상당인과관계는 이를 주장하는 측에서 증명하여야 하지만, 반드시 의학적·자연과학적으로 명백히 증명되어야 하는 것이 아니며 [규범적 관점]에서 상당인과관계가 인정되는 경우에는 증명이 된 것으로 보아야 한다.

[3] 군인 등이 직무상 과로나 스트레스로 우울증 등 질병이 발생하거나 ★★★[직무상 과로나 스트레스가 우울증 등 질병의 주된 발생원인과 겹쳐서 질병이 유발 또는 악화]되고, 그러한 질병으로 정상적인 인식능력이나 행위 선택 능력, 정신적 억제력이 현저히 저하되어 합리적인 판단을 기대할 수 없을 정도의 상황에서 자살에 이르게 된 것이라고 추단할 수 있는 때에는 직무수행과 사망 사이에 상당인과관계를 인정할 수 있다. 그리고 이와 같은 상당인과관계를 인정하기 위하여는 자살자가 담당한 직무의 내용·성질·업무의 양과 강도, 우울증 등 질병의 발병 경위 및 일반적인 증상, 자살자의 연령, 신체적·심리적 상황 및 자살자를 에워싸고 있는 주위상황, 자살에 이르게 된 경위 등 제반 사정을 종합적으로 고려하여야 한다(대법원 2020. 2. 13. 선고 2017두47885 판결).

판례 010

구 군인연금법(2013. 3. 22. 법률 제11632호로 개정되기 전의 것, 이하 '법'이라 한다) 제8조 제1항은 '급여를 받을 권리'는 '그 급여의 사유가 발생한 날'로부터 5년간 이를 행사하지 아니할 때에는 시효로 인하여 소멸한다고 규정하고 있고, 이는 군인연금법상 급여를 받을 모든 권리에 대하여 적용되는 것이므로, ① 군인의 공무상 사망으로 선순위 유족이 법 제26조 제1항 제3호 규정에 따라 곧바로 취득하는 추상적 유족연금청구권뿐 아니라, ② 구 군인연금법 시행령(2010. 11. 2. 대통령령 제22467호로 개정되기 전의 것) 제53조에 따른 유족연금 최초 청구를 하여 국방부장관의 지급결정을 거쳐 구체적 유족연금수급권을 취득한 선순위 유족이 망인의 공무상 사망일 다음 달부터 갖게 되는 월별 수급권이나, ③ 선순위 유족에게 법 제29조 제1항 각호에서 정한 사유가 발생하여 구체적 유족연금수급권을 상실함에 따라 법 제29조 제2항 규정에 의하여 곧바로 구체적 유족연금수급권을 취득한 동순위 또는 차순위 유족이 갖게 되는 월별 수급권에 대하여도 <u>5년의 소멸시효 기간이 적용</u>된다. 따라서 법 제8조 제1항에서 소멸시효의 기산점으로 규정한 '급여의 사유가 발생한 날'이란, 추상적 유족연금청구권의 경우에는 '급여를 받을 권리가 발생한 원인이 되는 사실이 발생한 날'을, 월별 수급권의 경우에는 '매달 연금지급일'을 의미한다(대법원 2019. 12. 27. 선고 2018두46780 판결).

판례 011

[1] 헌법불합치결정(헌법재판소 2010. 6. 24. 선고 2008헌바128 전원재판부 결정)에 나타난 구 군인연금법(2011. 5. 19. 법률 제10649호로 개정되기 전의 것) 제23조 제1항(이하 '구법 조항'이라 한다)의 위헌성, 구법 조항에 대한 헌법불합치결정 및 잠정적용 이유 등에 의하면, 헌법재판소가 구법 조항의 위헌성을 확인하였음에도 일정 시까지 구법 조항의 계속 적용을 명한 것은 구법 조항에 근거한 기존 상이연금 지급대상자에 대한 상이연금 지급을 계속 유지할 필요성 때문이고, 구법 조항이 상이연금 지급대상에서 배제한 '퇴직 후 폐질상태가 확정된 군인'에 대한 상이연금수급권 요건 및 수준, 군인연금법상 관련 규정의 정비 등에 관한 입법형성권 존중이라는 사유는 구법 조항에 대하여 단순 위헌결정을 하는 대신 입법개선을 촉구하는 취지가 담긴 헌법불합치결정을 해야 할 필요성에 관한 것으로 보일 뿐, 구법 조항에 의한 불합리한 차별을 개선입법 시행 시까지 계속 유지할 근거로는 보이지 않는다. 따라서 <u>위 헌법불합치결정에서 구법 조항의 계속 적용을 명한 부분의 효력은 [기존 상이연금 지급대상자에게 상이연금을 계속 지급할 수 있는 근거규정이라는 점에 미치는 데 그치고], 나아가 ['군인이 퇴직 후 공무상 질병 또는 부상으로 인하여 폐질상태로 된 경우'에 대하여 상이연금 지급을 배제하는 근거규정이라는 점까지는 미치지 않는다]</u>고 보는 것이 타당하다. 즉 구법 조항 가운데 해석상 <u>'군인이 퇴직 후 공무상 질병 등으로 인하여 폐질상태로 된 경우'를 상이연금 지급대상에서 제외한 부분은 여전히 적용중지 상태</u>에 있다고 보아야 한다.

[2] 어떤 법률조항에 대하여 헌법재판소가 헌법불합치결정을 하여 입법자에게 그 법률조항을 합헌적으로 개정 또는 폐지하는 임무를 입법자의 형성 재량에 맡긴 이상, 개선입법의 소급적용 여부와 소급적용 범위는 원칙적으로 입법자의 재량에 달린 것이기는 하지만, 구 군인연금법(2011. 5. 19. 법률 제10649호로 개정되기 전의 것) 제23조 제1항(이하 '구법 조항'이라 한다)에 대한 헌법불합치결정(헌법재판소 2010. 6. 24. 선고 2008헌바128 전원재판부 결정)의 취지나 위헌심판의 구체적 규범통제 실효성 보장이라는 측면을 고려할 때, 적어도 헌법불합치결정을 하게 된 당해 사건 및 헌법불합치결정 당시에 구법 조항의 위헌 여부가 쟁점이 되어 법원에 계속 중인 사건에 대하여는 <u>헌법불합치결정의 소급효가 미친다고 해야</u> 하므로, 비록 현행 군인연금법 부칙(2011. 5. 19.)에 소급 적용에 관한 경과조치를 두고 있지 않더라도 이들 사건에 대하여는 구법 조항을 그대로 적용할 수는 없고, 위헌성이 제거된 현행 군인연금법 규정이 적용되는 것으로 보아야 한다.

[3] 해병대 부사관으로 복무하다가 만기 전역한 후 외상후성 정신장애가 발생한 갑이 관할관청에 상이연금 지급청구를 하였으나 구 군인연금법(2011. 5. 19. 법률 제10649호로 개정되기 전의 것) 제23조 제1항에서 정한 '공무상 질병 또는 부상으로 인하여 폐질상태로 되어 퇴직한 때'에 해당하지 않는다는 이유로 거부되자 법원에 거부처분 취소를 구하는 소송을 제기하는 한편 취소소송 계속 중 위 조항에 대한 위헌확인을 구하는 헌법소원을 제기하여 헌법불합치결정을 받은 사안에서, 이는 ★★★['당해 사건'으로서 헌법불합치결정의 소급효가 미치는 경우에 해당하므로,] [비록 현행 군인연금법 부칙(2011. 5. 19.)에 그 소급 적용에 관한 경과규정이 없더라도 법 개정을 통해 위헌성이 제거된 현행 군인연금법의 상이연금 관련 규정이 적용]되어야 한다(대법원 2011. 9. 29. 선고 2008두18885 판결).

◦ 판례 012

갑 등 베트남전 참전군인들이 을 외국법인 등에 의해 제조되어 베트남전에서 살포된 고엽제 때문에 당뇨병 등 각종 질병에 걸렸다며 을 법인 등을 상대로 제조물책임 등에 따른 손해배상을 구한 사안에서, 고엽제 노출과 당뇨병 등 비특이성 질환 사이에 통계학적 연관성이 있다는 사정과 참전군인들 중 일부가 비특이성 질환에 걸렸다는 사정만으로 그들 개개인이 걸린 비특이성 질환이 베트남전 당시 살포된 고엽제에 노출되어 발생하였을 개연성을 인정할 수 없는데도, 일부 참전군인들이 고엽제의 TCDD에 노출되어 당뇨병 등 비특이성 질환이 발생하는 손해를 입었다고 본 원심판결에 역학적 인과관계와 개연성 등에 관한 법리오해 등 위법이 있다(대법원 2013. 7. 12. 선고 판결).

◦ 판례 013

[1] 갑이 육군 부사관으로 전역하면서 국가에 퇴직수당을 청구하였는데, 퇴직수당의 결정에 관하여 국방부장관의 위임을 받은 국군재정관리단장은 갑이 군인복지기금에서 대부받은 민간주택임대자금의 상환지연이자를 퇴직수당에서 공제하여 지급하였고, 이에 갑이 국가를 상대로 공제된 퇴직수당의 지급을 구한 사안에서, 갑이 전역할 당시 시행되던 구 군인연금법(2019. 12. 10. 법률 제16760호로 전부 개정되기 전의 것) 제15조의2 제4호, 군인복지기금법 제4조의3 제1항 제1호 (다)목에 따르면 국가는 군인이 군인복지기금에서 지원받은 민간주택임대자금의 상환지연이자를 구 군인연금법에 따른 급여에서 공제하고 지급할 수 있는데도, 공제에 정당한 법령상 근거가 있다는 국가의 주장을 배척한 원심판단에 ★★★군인복지기금을 재원으로 한 대부금의 상환지연이자를 구 군인연금법에 따른 급여에서 공제할 수 있는 법규에 관하여 필요한 심리를 다하지 않은 잘못이 있다고 한 사례.

[2] 행정사건 제1심판결에 대한 항소사건은 고등법원이 심판해야 하고(법원조직법 제28조 제1호), 원고가 고의나 중대한 과실 없이 행정소송으로 제기하여야 할 사건을 민사소송으로 잘못 제기하고 단독판사가 제1심판결을 선고한 경우에도 그에 대한 항소사건은 ★★[고등법원의 전속관할]이다(대법원 2022. 1. 27. 선고 2021다219161).

제3편 최신 보충 판례(2016-2022) | 337

○ 판례 014

[다수의견] 헌법 제29조 제1항 단서는 공무원이 한 직무상 불법행위로 인하여 국가 등이 배상책임을 진다고 할지라도 그 때문에 공무원 자신의 민·형사책임이나 징계책임이 면제되지 아니한다는 원칙을 규정한 것이나, ★★★그 조항 자체로 공무원 개인의 구체적인 손해배상책임의 범위까지 규정한 것으로 보기는 어렵다(대법원 1996. 2. 15. 선고 95다38677 전원합의체 판결).

○ 판례 015

군인연금법 제33조 제3항은 군인 또는 군인이었던 자가 형법상의 내란의 죄나 군형법상의 반란의 죄 등을 범하여 금고 이상의 형을 받은 경우에는 같은 법에 의한 급여를 지급하지 아니하는 것으로 규정하고 있고, 그 제15조 제1항 제2호는 급여를 받은 후 급여의 사유가 소급하여 소멸된 경우에는 그 급여액을 환수하여야 하는 것으로 규정하고 있으나, 이러한 취지의 규정들은 군인연금법이 1994. 1. 5.자로 개정되면서 비로소 신설된 것으로서, 위 개정 군인연금법의 부칙(1994. 1. 5.) 제2항은 그 시행일인 1994. 7. 1. 이전에 급여의 사유가 발생한 자에 대한 급여는 종전의 규정에 의하도록 규정하고 있으므로 위 개정 군인연금법이 시행되기 이전에 이미 전역하여 군인연금법상의 급여 사유가 발생하였음이 분명한 자들에 대하여는 위와 같은 규정들이 적용될 여지가 없고, 그 외 위 개정 이전의 구 군인연금법(1987. 11. 28. 법률 제3957호 개정 전후의 법률) 제15조 및 제33조 제1항과 그 시행령(1987. 12. 31. 대통령령 제12356호 개정 전후의 시행령) 제41조 및 제42조의 규정도 그 내용과 취지에 비추어 볼 때 전역 또는 퇴역 후 소정 기준 이상의 형을 받았음을 이유로 그 형 확정 이전에 지급받은 군인연금법상의 급여 부분까지 환수할 수 있는 근거가 되지는 아니함이 분명하고, 퇴역 후 다시 공무원으로 임용된 자가 재직기간 합산 신청을 함으로써 군 복무기간에 대하여도 공무원연금법에 따라 퇴직연금을 지급받게 되었다고 하더라도 공무원연금법상 재직기간의 합산은 당해 공무원의 신청에 의하여 이루어지는 것으로서 기본적으로 당해 공무원의 이익을 위하여 인정된 제도인 점과 구 공무원연금법(2000. 1. 12. 법률 제6124호로 개정되기 전의 것) 제70조에서 퇴역연금의 이체에 관하여 규정하고 있는 것도 그 퇴역연금 부분은 군인연금과 공무원연금 간의 통산방식에도 불구하고 여전히 군인연금에서 부담하는 것을 전제로 한 것인 점 등에 비추어 볼 때, 군 복무기간에 대한 합산 신청을 한 경우에도 군 복무기간에 대한 군인연금법상의 퇴역연금에 해당하는 부분은 여전히 군인연금법에 따라 그 환수 여부가 결정되고, 공무원연금법의 규정은 그 근거가 될 수 없다고 봄이 타당하다(대법원 2001. 4. 24. 선고 99두7258 판결).

○ 판례 016

[1] 관용자동차 종합보험계약상의 관용차면책약관은 국가배상법 제2조 제1항 단서의 규정에 따라 군인 등의 [피해자]가 [다른 법령에 의하여 보상을 지급받을 수 있기 때문에] 국가 또는 지방자치단체에 대하여 손해배상을 청구할 수 없는 경우에 국가 또는 지방자치단체를 피보험자로 하여 보험자에 대하여도 그 보상을 청구할 수 없도록 함에 그 취지가 있는 점에 비추어 보면, [보험자는 군인, 군무원, 경찰공무원 등이 전투, 훈련 기타 직무 집행과 관련하여 전사, 순직 또는 공상을 입은 경우 또는 피보험자동차에 탑승중 전사, 순직 또는 공상을 입은 경우에는 보험금을 지급할 의무를 부담하지 아니한다]고 해석함이 상당하다.

[2] 교통사고로 부상을 입은 군인 등의 피해자가 반드시 피보험자동차에 탑승중인 경우에 한하여 관용차면책약관이 적용되는 것으로 해석하여야 하는 것은 아니다.

[3] 교통사고로 인하여 군인 등의 피해자가 입은 부상이 반드시 전투, 훈련에 준하는 직무 집행과 관련된 것인 경우에 한하여 관용차면책약관에 의해 보험회사가 면책된다고 볼 수는 없다.

[4] 경찰공무원이 교통보조업무를 담당하면서 횡단보도를 건너다가 국방부 소속 통근버스에 의하여 들이받혀 두개골 선상골절 등의 상해를 입은 경우, 그 교통사고는 경찰공무원의 직무 집행과 관련하여 공상을 입은 경우에 해당하여 관용차면책약관이 적용된다(대법원 1997. 10. 28. 선고 97다32703 판결).

판례 017

국방부장관 등이 하는 급여지급결정은 단순히 급여수급 대상자를 확인·결정하는 것에 그치는 것이 아니라 구체적인 급여수급액을 확인·결정하는 것까지 포함한다. 구 군인연금법령상 급여를 받으려고 하는 사람은 우선 관계 법령에 따라 [국방부장관 등에게 급여지급을 청구하여 국방부장관 등이 이를 거부하거나 일부 금액만 인정하는 급여지급결정을 하는 경우 그 결정을 대상으로 항고소송을 제기하는 등]으로 [구체적 권리를 인정받은 다음] [비로소 당사자소송으로 그 급여의 지급을 구해야 한다.] 이러한 ★★★★구체적인 권리가 발생하지 않은 상태에서 곧바로 국가를 상대로 한 당사자소송으로 급여의 지급을 소구하는 것은 허용되지 않는다(대법원 2021. 12. 16. 선고 2019두45944 판결).

판례 018

1. 사건개요

청구인은 ○○구치소에 수용 중인 사람이다. 청구인은 피청구인이 2022. 1. 19.부터 심판청구일 현재까지 손톱깎이 등을 제공하지 않는 등 '형의 집행 및 수용자의 처우에 관한 법률' 제30조의 의무를 이행하지 않고, 또한 같은 기간 동안 실외운동 및 목욕을 전면금지하여 같은 법 제33조 제1항을 위반하였다고 주장하며, 2022. 3. 3. 위 행위들의 위헌확인을 구하는 이 사건 헌법소원심판을 청구하였다.

   2. 판단

1.

헌법소원은 국민의 기본권침해를 구제하는 제도이므로 헌법소원심판청구가 적법하려면 심판청구 당시는 물론 결정 당시에도 권리보호이익이 있어야 한다(헌재 2016. 10. 27. 2014헌마626 참조).

이 사건 기록에 의하면 피청구인은 청구인이 보호실에 수용되어 있던 2022. 2. 2.부터 2022. 2. 6.까지의 기간을 제외한 나머지 기간 동안 손톱깎이 등을 제공한 사실, ○○구치소 내에서 코로나바이러스감염증 확진자가 집단적으로 발생함에 따라 피청구인은 2022. 2. 3.부터 실외운동 및 샤워실을 이용한 목욕을 중지하였고, 2022. 3. 16.부터 이를 재개한 사실이 인정된다. 이와 같이 청구인이 위헌확인을 구하는 피청구인의 행위들은 이미 종료되었으므로, 이 사건 심판청구가 인용된다고 하여도 청구인의 권리구제에는 도움이 되지 않는다.
따라서 이 사건 심판청구는 권리보호이익이 없고, 달리 이 사건에서 헌법적 해명의 필요성도 인정되지 않는다(헌재 2022. 4. 12. 2022헌마272).

판례 019

1. 사건개요
청구인은 ○○교도소에 수용 중인 사람이다. 청구인은 2022. 3. 3. 작업 거부를 이유로 조사수용된 후 2022. 3. 11. 징벌위원회로부터 금치 22일 처분과 함께 그 기간 동안 접견, 집필, 서신수수 등의 제한을 받았는데 이러한 징벌처분은 징벌권의 남용이고, 청구인이 코로나바이러스감염증 확진을 받음에 따라 금치처분의 집행이 정지된 2022. 3. 13.부터 2022. 3. 22.까지의 기간을 피청구인이 금치기간에 산입하지 않은 것은 부당하며, 피청구인이 청구인에게 교도작업을 부과하는 것은 기본권을 침해한다고 주장하며, 2022. 3. 24. 이 사건 헌법소원심판을 청구하였다.

2. 판단
가. 헌법재판에 있어서 심판청구서의 청구취지는 심판대상을 확정하기 위한 전제로서의 의미만 갖고 헌법재판소가 이에 전적으로 구속되는 것은 아니므로, 헌법재판소는 심판청구서에 기재된 청구취지에 구애됨이 없이 청구인의 주장요지를 종합적으로 판단하여 심판대상을 확정할 수 있다(헌재 2013. 11. 28. 2007헌마1189등).
나. 청구인은 징벌권 남용, 접견 등 처우의 제한, 금치기간의 미산입, 피청구인의 청구인에 대한 교도작업 부과 등을 대상으로 헌법소원심판을 청구하고 있다. 그러나 이 사건 심판청구의 실질은 결국 청구인의 작업 거부를 이유로 피청구인이 2022. 3. 11. 청구인에 대하여 한 징벌처분을 대상으로 헌법소원심판을 청구하고 있는 것에 불과하다.
다. 헌법소원은 다른 법률에 구제절차가 있는 경우에는 그 절차를 모두 거친 후에 심판청구를 하여야 한다(헌법재판소법 제68조 제1항 단서). ★청구인은 피청구인의 금치처분에 대하여 행정심판을 청구하거나 행정소송을 제기하여 다툴 수 있는데(헌재 2018. 1. 9. 2017헌마1358 참조), 청구인이 그와 같은 구제절차를 거쳤음을 인정할 만한 아무런 자료가 없다. 따라서 이 사건 심판청구는 보충성 요건을 갖추지 못하였다(헌재 2022. 4. 12. 2022헌마365).

판례 020

'군인의 지위 및 복무에 관한 기본법' 제24조 제1항, 제36조 제2항 및 제4항에 근거하여, 육군참모총장은 직무와 관계가 있고 권한 내의 사항이라면 육군 장교를 지휘·감독하는 내용의 명령을 할 수 있다. 군인사법 제25조 제1항 등에서는 육군참모총장에게 육군 장교 중 진급대상자 추천 권한을 부여하면서, 같은 법 시행령 제33조 제1항 제2호 다목에서 그 평가항목 중 하나로 '상벌사항'을 규정하고 있다. 따라서 육군참모총장이 상벌사항을 파악하는 일환으로 육군 장교에게 ★★★[민간법원에서 약식명령을 받아 확정된 사실을 자진신고 하도록 명령]하는 것은 법률에 근거가 있다. 20년도 육군지시 자진신고조항 및 21년도 육군지시 자진신고조항은 법률유보원칙에 반하여 일반적 행동의 자유를 침해하지 않는다.

형사사법정보시스템과 육군 장교 관련 데이터베이스를 연동하여 신분을 확인하는 방법 또는 범죄경력자료를 조회하는 방법 등은, 군사보안 및 기술상의 한계가 존재하고 파악할 수 있는 약식명령의 범위도 한정되므로, 자진신고의무를 부과하는 방법과 같은 정도로 입법목적을 달성하기 어렵다. 청구인들이 자진신고의무를 부담하는 것은 수사 및 재판 단계에서 의도적으로 신분을 밝히지 않은 행위에서 비롯된 것으로서 이미 예상가능한 불이익인 반면, '군사법원에서 약식명령을 받아 확정된 경우'와 그 신분을 밝히지 않아 '민간법원에서 약식명령을 받아 확정된 경우' 사이에 발생하는 인사상 불균형을 방지함으로써 군 조직의 내부 기강 및 질서를 유지하고자 하는 공익은 매우 중대하다. 20년도 육군지시 자진신고조항 및 21년도 육군지시 자진신고조항은 과잉금지원칙에 반하여 일반적 행동의 자유를 침해하지 않는다(헌재 2021. 8. 31. 2020헌마12).

판례 021

1. 예비전력관리 군무원을 일반군무원으로 전환하는 시기를 규정한 군무원인사법 부칙(2014. 5. 20. 법률 제12598호, 이하 '법 부칙'이라 한다) 제1조 단서의 제2조 제2항 중 '예비전력관리' 부분(이하 '이 사건 시행일조항'이라 한다) 및 제4조 전문 중 '별정군무원' 부분(이하 '이 사건 전환조항'이라 한다)이 일반군무원으로 전환되기 전에 퇴직한 이 사건 별정군무원 청구인들의 평등권을 침해하는지 여부(소극)
2. 일반군무원으로 전환된 경우 정년의 단계적 연장을 규정한 법 부칙 제3조 중 '부칙 제4조' 부분(이하 '이 사건 정년특례조항'이라 한다)이 청구인들의 평등권을 침해하는지 여부(소극)

【결정요지】
1. 이 사건 시행일조항 및 전환조항에서 법 공포 후 3개월이 지난 후에야 별정군무원에서 일반군무원으로 전환되는 규정이 시행되도록 한 것은, 국가가 예비전력관리 업무를 담당하는 군무원의 근로조건을 개선하는 과정에서 국가재정 상태 등의 현실적인 측면을 고려하여 별정군무원에서 일반군무원으로 전환되는 대상을 법 공포 후 3개월이 지난 2014. 8. 21. 현재 재직 중인 별정군무원에 한정한 것으로 볼 수 있으므로, 이 사건 시행일조항 및 전환조항이 합리적 이유 없이 이 사건 별정군무원 청구인들을 차별 취급한다고 보기 어렵다. 따라서 이 사건 시행일조항 및 전환조항은 이 사건 별정군무원 청구인들의 평등권을 침해하지 않는다.
2. 일반군무원은 이미 그 정년이 60세인 데에 반하여, 이 사건 정년특례조항이 별정군무원에서 전환된 자들의 정년은 2020년이 되어야 60세가 되도록 한 것은, 국가재정상태, 인력수급 상황 등 여러 현실적인 사정을 감안하여 국가로 하여금 일반군무원으로의 전환에 필요한 준비를 할 수 있도록 하기 위하여 그 정년을 단계적으로 연장하도록 한 것이므로, 그 결과 청구인들에게 어떠한 차별이 발생한다 하더라도 이를 합리적 이유 없는 차별이라고 단정하기는 어렵다. 따라서 이 사건 정년특례조항은 청구인들의 평등권을 침해하지 않는다(헌재 2016. 3. 31. 2014헌마581).

판례 022

판시사항

가. 구 군형법(2009. 11. 2. 법률 제9820호로 개정되고, 2014. 1. 14. 법률 제12232호로 개정되기 전의 것) 제94조 중 '연설, 문서 또는 그 밖의 방법으로 정치적 의견을 공표한 사람' 부분 가운데 제1조 제3항 제1호의 군무원에 관한 부분(이하 '심판대상조항'이라 한다)이 죄형법정

주의의 명확성원칙에 위반되는지 여부(소극)
나. 심판대상조항이 군무원의 정치적 표현의 자유를 침해하는지 여부(소극)

결정요지

가. 공무원과 국군의 정치적 중립성을 선언한 헌법의 입법목적, 심판대상조항의 입법취지 그리고 관련 규범들과의 관계 등을 종합적으로 고려하면, 심판대상조항에서 금지하는 "정치적 의견을 공표"하는 행위는 '군무원이 그 지위를 이용하여 특정 정당이나 특정 정치인 또는 그들의 정책이나 활동 등에 대한 지지나 반대 의견 등을 공표하는 행위로서 군조직의 질서와 규율을 무너뜨리거나 민주헌정체제에 대한 국민의 신뢰를 훼손할 수 있는 의견을 공표하는 행위'로 한정할 수 있다.
이와 같이 해석되는 이상, 심판대상조항이 수범자의 예측가능성을 해한다거나 법집행 당국의 자의적인 해석과 집행을 가능하게 한다고 보기는 어려우므로, 죄형법정주의의 명확성원칙에 위반된다고 할 수 없다.

나. 군조직의 질서와 규율을 유지·강화하여 군 본연의 사명인 국방의 임무에 전력을 기울이도록 하고, 우리나라의 민주헌정체제와 이에 대한 국민의 신뢰를 보호하려는 심판대상조항의 입법목적은 정당하고, 심판대상조항에서 군무원이 연설, 문서 또는 그 밖의 방법으로 정치적 의견을 공표하는 것을 금지하고 이를 위반하면 처벌하도록 하는 것은 그러한 입법목적을 달성하기 위한 효과적이고 적합한 수단이 된다.
<u>군무원은 그 특수한 지위로 인하여 헌법 제7조와 제5조 제2항에 따라 그 정치적 표현의 자유에 대해 엄격한 제한을 받을 수밖에 없으므로, 그 정치적 의견을 공표하는 행위 역시 이를 엄격히 제한할 필요가 있다.</u> 그런데 심판대상조항은 가.항에서 본 바와 같이 군무원의 정치적 표현의 자유에 대한 제한을 최소한으로 줄이고 있다. 또한 군무원의 정치적 의견 공표 행위의 목적이나 내용을 고려하여 금지되는 행위를 세분화하는 등의 방법을 사용하는 것만으로는 심판대상조항의 입법목적을 충분히 달성할 수 있다고 볼 수는 없다. 그리고 심판대상조항에서 금지하는 행위는 개정된 군형법 제94조 제1항 제2호와 제5호 중 제2호에 해당하는 행위 부분에서 금지하는 행위에 대체로 포함되므로, 심판대상조항이 금지하는 정치 관여 행위를 지나치게 포괄적으로 규정하고 있다고 볼 수도 없다. 이상을 종합적으로 고려하여 보면, 심판대상조항은 침해의 최소성원칙에 위반되지도 않는다.
심판대상조항은 금지되는 정치 관여 행위를 최소화함으로써 군무원의 정치적 표현의 자유에 대한 제한을 축소하고 있는 반면, 심판대상조항이 달성하고자 하는 공익은 헌법 제5조 제2항에 명문화된 국민의 결단으로부터 유래하는 것이므로 매우 엄중하다. 따라서 <u>심판대상조항으로 보호하고자 하는 공익이 군무원이 심판대상조항으로 인하여 받게 되는 불이익보다 더 크다고 할 것이므로, 심판대상조항은 법익의 균형성원칙에 위반되지도 않는다.</u>
결국 심판대상조항은 과잉금지원칙에 반하여 군무원의 정치적 표현의 자유를 침해한다고 볼 수도 없다(헌재 2018. 7. 26. 2016헌바139).

판례 023

판시사항

<u>채용 예정 분야의 해당 직급에 근무한 실적이 있는 군인을 전역한 날부터 3년 이내에 군무원으로 채용하는 경우 특별채용시험으로 채용할 수 있도록 한 구 군무원인사법(2009. 4. 1. 법률 제</u>

9558호로 개정되고, 2015. 9. 1. 법률 제13501호로 개정되기 전의 것) 제7조 제2항 중 '전역한 날부터 3년 이내' 부분과, 임용예정일을 기준으로 전역 후 3년 이내인 자를 예비전력관리 업무담당자로 선발하도록 하는 예비전력관리 업무담당자 선발 규칙(2010. 3. 10. 국방부령 제705호로 개정된 것) 제5조 제2항(이하 위 두 조항을 합하여 '심판대상조항'이라 한다)이 청구인의 공무담임권을 침해하는지 여부(소극)

결정요지

심판대상조항이 예비전력관리 업무담당자 및 군무원 선발시험 응시기간을 전역 후 3년 이내로 제한하고 있는 것은 현역군인으로 근무했던 전문성과 경험을 별도의 교육훈련 없이 현장에서 바로 활용하여 업무의 효율성을 높이기 위한 것이므로, 그 입법목적이 정당하다. 전역한 뒤 오랜 시간이 지나면 군 복무 중 얻은 실무경험과 전문지식이나 기술 등은 없어지거나 낡은 것이 되기 마련이어서 업무 적합성이 상대적으로 떨어질 수 있으므로, 심판대상조항이 업무담당자 선발시험 및 군무원 특별채용시험의 응시기간을 전역 후 일정한 기간 내로 정한 것은 입법목적 달성을 위한 적절한 수단이 된다.

전역을 앞둔 군인은 전역 후 3년 이내에 예비전력관리 업무담당자 선발시험에 최소 6회 응시할 수 있고, 전역군인을 대상으로 하는 군무원 특별채용시험은 공개경쟁채용시험과 같은 시기에 정기적으로 실시하거나 각 부대에서 필요한 때마다 수시로 실시하여 충분한 기회를 제공하고 있다. 따라서 심판대상조항에서 정한 시험 응시기간이 지나치게 짧아 예비전력관리 업무담당자 또는 군무원 임용을 원하는 사람의 응시기회를 실질적으로 차단한다거나 제한할 정도에 이르렀다고 보기는 어려우므로, 침해의 최소성 원칙에 위반되지 아니한다.

심판대상조항으로 인하여 청구인이 입는 불이익은 예비전력관리 업무담당자 선발시험 또는 군무원 특별채용시험에 응시할 수 있는 기회가 전역 후 일정 기간 내로 제한되는 것이다. 반면에 시험응시기간을 설정함으로써 달성할 수 있는 공익은 전역군인이 가지고 있는 전문성을 활용하여 예비전력관리업무 및 군무원 업무의 효율성과 적시성을 극대화하는 것으로서 청구인이 입는 불이익보다 중대하다. 따라서 심판대상조항은 법익의 균형성 원칙을 준수하고 있다.

그러므로 심판대상조항은 청구인의 공무담임권을 침해하지 아니한다(헌재 2016. 10. 27. 2015헌마734).

판례 024

판시사항

1. "대통령령으로 정하는 바에 따라 ······★★국방부의 보조기관 및 차관보·보좌기관과 병무청 및 방위사업청의 보조기관 및 보좌기관은 현역군인으로 ······ 보할 수 있다."라고 규정한 정부조직법(2008. 2. 29. 법률 제8852호로 전부 개정된 것) 제2조 제7항(이하 '이 사건 법률조항'이라 한다)이 군무원인 청구인들의 ★★기본권을 직접 제한하고 있는지 여부(적극)

2. 이 사건 법률조항이 군무원인 청구인들의 공무담임권을 제한하는지 여부(소극)

3. 현역군인만을 국방부의 보조기관 및 차관보·보좌기관과 병무청 및 방위사업청의 보조기관 및 보좌기관(이하 국방부, 병무청 및 방위사업청을 함께 부를 때는 이를 '국방부 등'이라고 하고, 보조기관·차관보 및 보좌기관을 함께 부를 때는 이를 '보조기관 등'이라 한다)에 보할 수 있도록 정하여 군무원을 제외하고 있는 이 사건 법률조항이 군무원인 청구인들의 ★★★평등권을 침해하는지 여부(소극)

결정요지

1. 이 사건 법률조항의 의미는 국방부 등의 보조기관 등을 현역군인으로 보할 것인지 아니면 군무원으로도 보할 것인지를 대통령령으로 정하겠다는 것이 아니라, 현역군인으로만 보하되 그와 관련된 구체적인 사항에 대해서는 대통령령으로 정하겠다는 것이다. 그러므로 현역군인이 아닌 군무원은 대통령령에 규정될 내용에 관계없이 국방부 등의 보조기관 등에 보해질 수 없음이 이 사건 법률조항에 의해 확정되어 있다고 할 것이어서 이 사건 법률조항은 ★기본권침해의 직접성이 인정된다.

2. 공무담임권의 보호영역에는 일반적으로 공직취임의 기회보장, 신분박탈, 직무의 정지가 포함되는 것일 뿐, 여기서 더 나아가 공무원이 특정의 장소에서 근무하는 것 또는 특정의 보직을 받아 근무하는 것을 포함하는 일종의 '공무수행의 자유'까지 그 보호영역에 포함된다고 보기는 어렵다. 따라서 이 사건 법률조항이 특정직공무원으로서 군무원인 청구인들의 공무담임권을 제한하는 것은 아니다.

3. 군인과 군무원은 모두 국군을 구성하며 국토수호라는 목적을 위해 국가와 국민에게 봉사하는 특정직공무원이기는 하지만 각각의 책임·직무·신분 및 근무조건에는 상당한 차이가 존재한다. 이 사건 법률조항이 현역군인에게만 국방부 등의 보조기관 등에 보해질 수 있는 특례를 인정한 것은 국방부 등이 담당하고 있는 지상·해상·상륙 및 항공작전임무와 그 임무를 수행하기 위한 교육훈련업무에는 평소 그 업무에 종사해 온 현역군인들의 작전 및 교육경험을 활용할 필요성이 인정되는 반면, 군무원들이 주로 담당해 온 정비·보급·수송 등의 군수지원분야의 업무, 행정 업무 그리고 일부 전투지원분야의 업무는 국방부 등에 근무하는 일반직공무원·별정직공무원 및 계약직공무원으로서도 충분히 감당할 수 있다는 입법자의 합리적인 재량 판단에 의한 것이다. 따라서 이와 같은 차별이 입법재량의 범위를 벗어나 현저하게 불합리한 것이라 볼 수는 없으므로 이 사건 법률조항은 청구인들의 ★★평등권을 침해하지 않는다(헌재 2008. 6. 26. 2005헌마1275).

판례 025

법인세법에 의하여 부과되는 법인세액은 법인세분의 과세표준에 지나지 아니하므로, 법인세 부과처분에 대한 불복과는 별개로 과세표준이 되는 해당 법인세액의 결정이 위법하다는 이유로 법인세분 부과처분의 취소를 구할 수 있다.

룩셈부르크의 집합투자기구에 관한 법에 의하여 설립된 회사 형태의 집합투자기구들인 갑 투자회사 등이 국내 상장 주식 또는 채권에 투자하면서 을 은행 등을 보관기관으로 선임하여 을 은행 등으로부터 위 주식 또는 채권 관련 배당과 이자(이하 '배당 등'이라 한다)를 수취하였고, 을 은행 등은 6년 동안 갑 회사 등에 배당 등을 지급하면서, '대한민국 정부와 룩셈부르크대공국 정부 간의 소득 및 자본에 대한 조세의 이중과세회피와 탈세방지를 위한 협약'(이하 '한·룩 조세조약'이라 한다) 제10조 제2항 (나)목의 15% 제한세율과 제11조 제2항의 10% 제한세율을 각 적용하여 법인세를 원천징수하여 납부하였는데, 갑 회사 등이 한·룩 조세조약의 적용대상이 아니라는 이유로 관할 과세관청 등이 을 은행 등에 배당 등에 대하여 구 법인세법(2011. 12. 31. 법률 제11128호로 개정되기 전의 것) 제98조 제1항 제3호에 따른 20% 등의 세율을 적용한 해당 사업연도 원천징수 법인세와 구 지방세법(2011. 12. 31. 법률 제11137호로 개정되기 전의 것) 제96조에 따른 특별징수 법인세분 지방소득세를 각 부과처분한 사안에서, 제반 사정에 비추어 갑 회사 등은 룩셈부르크에서 포괄적인 납세의무를 부담하는 룩셈부르크의 거주자에 해당하고, 룩셈부르크 법에 의하여 법인세가 면제된다는 이유로 룩셈부르크의 거주자가 아니라고 할 수 없으며, 갑 회사 등의 설립 목적과 사업 내역, 투자자와 투자대상, 을 은행 등의 갑 회사 등에 대한 배당 등의 지급 등을 비롯한 여러 사정들 및 갑 회사 등에 관한 룩셈부르크 법령 등을 종합적으로 고려하면, 갑 회사 등은 집합투자기구로서 투자자 모집, 투자, 투자수익 분배 등 고유한 경제적 활동을 하였고, 그에 따라 배당 등에 대하여 수익적 소유자가 되었다고 보아야 하므로, 배당 등은 수익적 소유자로서 룩셈부르크 거주자인 갑 회사 등에 지급된 것이어서 한·룩 조세조약 제10조 제2항 (나)목의 15% 제한세율과 제11조 제2항의 10% 제한세율이 적용되어야 하며, 갑 회사 등은 한·룩 조세조약 제28조에서 한·룩 조세조약을 적용하지 않는 대상으로 정하고 있는 '이 협약 서명 후 룩셈부르크에 의하여 제정될 유사한 법에서 의미하는 지주회사'로 볼 수 없는데도, 이와 달리 본 위 처분이 위법하다(대법원 2020. 1. 16. 선고 2016두35854).

○ 판례 026

형사소송법 제420조 제5호에서 정한 재심사유인 무죄 등을 인정할 '증거가 새로 발견된 때'라 함은 재심대상이 되는 확정판결의 소송절차에서 발견되지 못하였거나 또는 발견되었다 하더라도 제출할 수 없었던 증거로서 이를 새로 발견하였거나 비로소 제출할 수 있게 된 때를 말한다(대법원 2013. 4. 18.자 2010모363 결정 등 참조). 조세의 부과처분을 취소하는 행정판결이 확정된 경우 그 부과처분의 효력은 처분 시에 소급하여 효력을 잃게 되어 ★그에 따른 납세의무가 없으므로, 확정된 행정판결은 조세포탈에 대해 무죄로 판단하거나 원심판결이 인정한 죄보다 경한 죄를 인정할 명백한 증거에 해당한다(대법원 1985. 10. 22. 선고 83도2933 판결, 대법원 2015. 10. 29. 선고 2013도14716 판결 등 참조).

○ 판례 027

[2] 공유재산 및 물품관리법(이하 '공유재산법'이라 한다) 제2조 제1호, 제7조 제1항, 제20조 제1항, 제2항 제2호의 내용과 체계에 관련 법리를 종합하면, 지방자치단체의 장이 공유재산법에 근거하여 기부채납 및 사용·수익허가 방식으로 민간투자사업을 추진하는 과정에서 사업시행자를 지정하기 위한 전 단계에서 공모제안을 받아 일정한 심사를 거쳐 ★★★[우선협상대상자를 선정하는 행위와 이미 선정된 우선협상대상자를 그 지위에서 배제하는 행위]는 민간투자사업의 세부내용에 관한 협상을 거쳐 공유재산법에 따른 공유재산의 사용·수익허가를 우선적으로 부여받을 수 있는 지위를 설정하거나 또는 이미 설정한 지위를 박탈하는 조치이므로 ★★★모두 항고소송의 대상이 되는 행정처분으로 보아야 한다(대법원 2020. 4. 29. 선고 2017두31064).

○ 판례 028

농지법은 농지 처분명령에 대한 이행강제금 부과처분에 불복하는 자가 그 처분을 고지받은 날부터 30일 이내에 부과권자에게 이의를 제기할 수 있고, 이의를 받은 부과권자는 지체 없이 관할 법원에 그 사실을 통보하여야 하며, 그 통보를 받은 관할 법원은 비송사건절차법에 따른 과태료 재판에 준하여 재판을 하도록 정하고 있다(제62조 제1항, 제6항, 제7항). 따라서 농지법 제62조 제1항에 따른 이행강제금 부과처분에 불복하는 경우에는 ★[비송사건절차법]에 따른 재판절차가 적용되어야 하고, 행정소송법상 항고소송의 대상은 될 수 없다.

농지법 제62조 제6항, 제7항이 위와 같이 이행강제금 부과처분에 대한 불복절차를 분명하게 규정하고 있으므로, 이와 다른 불복절차를 허용할 수는 없다. 설령 관할청이 이행강제금 부과처분을 하면서 ★재결청에 행정심판을 청구하거나 관할 행정법원에 행정소송을 할 수 있다고 ★잘못 안내하거나 관할 행정심판위원회가 각하재결이 아닌 기각재결을 하면서 관할 법원에 행정소송을 할 수 있다고 잘못 안내하였다고 하더라도, 그러한 잘못된 안내로 행정법원의 항고소송 재판관할이 생긴다고 볼 수도 없다(대법원 2019. 4. 11. 선고 2018두42955).

★비송사건절차법
[非訟事件節次法]
사권(私權)의 발생·변경 또는 소멸에 관하여 국가의 후견적 임무를 수행하는 절차법.

〈내용〉
즉, 법원이 관여하는 ★사생활관계사건 중 소송사건 이외의 사건을 심판하는 절차법을 말한다.

민사소송을 민사사법(民事司法), 비송(非訟)을 민사행정(民事行政)이라 부르기도 한다. 소송사건과 비송사건을 구별하는 실익(實益)은 어느 사건에 대하여 <민사소송법>과 <비송사건절차법> 중 어느 것을 적용할 것이냐를 결정할 표준을 세우는 데 있다.

소송사건이면 반드시 법원에 소송하여 재판을 하여야 하지만, 비송사건은 반드시 법원에서 관장함을 요하지 않고 행정관청이 독립적으로 또는 법원의 감독하에 관장할 수 있다. <가사심판법>은 비송사항과 민사소송사항을 혼합하여 규정하고 있어 전체적인 성격으로는 비송사건에 관한 법으로 간주되고 있다.

(1) 비송사건의 종류

① 민사비송사건 : <비송사건절차법>에 규정된 사건으로서 법인에 관한 사건, 신탁에 관한 사건, 재판상의 대위(代位)에 관한 사건, 보존·공탁·보관 및 감정에 관한 사건, 법인 및 부부재산약정의 등기가 있다. 위 이외에 경매법상의 경매사건, 조정사건과 중재판정사건 등이 민사비송사건에 속한다.

② 상사비송사건(商事非訟事件) : <비송사건절차법> 중에 규정된 사건으로서 회사 및 경매에 관한 사건, 사채(社債)에 관한 사건, 회사의 청산에 관한 사건, 상업등기 등이 있다.

(2) 비송사건절차의 특질

<비송사건절차법>에 규정된 전형적 비송사건절차의 특질을 민사소송과 대비하여 설명하면, ① 민사소송에서는 절차의 개시는 당사자의 신청을 요하고(처분권주의), 비송절차는 당사자의 신청에 의하여 개시되는 경우가 많으나, 특수한 사건은 검사의 청구 또는 법원의 직권으로 개

시되는 경우가 있다. 직권주의가 인정되는 경우 사건을 취하할 수가 없으며, 처분권주의가 인정되는 경우에도 사건을 취하할 수 있느냐의 여부는 사건의 성질에 의하여 결정된다.

② 민사소송에 있어서는 소송자료의 제출을 당사자에 일임하는 변론주의를 채택하나 비송사건에서는 공익에 관한 것이 많고 당해 법률관계를 당사자의 임의처분에 맡길 수 없는 것이므로 법원은 객관적 진실을 탐구하여 실질적 진실을 발견하여 사리에 맞는 재판을 할 필요가 있기 때문에 [재판자료의 현출(顯出)에도 원칙으로 직권주의를 채택]한다.

민사소송에서는 증거의 종류와 형식을 한정하여 추정·의제(擬制)의 제도를 두어 자백의 구속력을 인정한 결과 법원의 사실인정에는 현저하게 자유속박을 받으므로 그 인정사실이 반드시 절대진실에 합치하지 않는 경우가 있다. 이에 반하여 비송사건에서는 법원은 현실에 적합한 사권관계를 형성하여야 하기 때문에 그 기본이 되는 사실인정은 어디까지나 진실에 합치하여야 한다.

③ 비송사건의 재판결과는 소송사건에 비교하면 경미하고 신속을 요하기 때문에 비송사건의 심리는 간이·신속함을 요한다. 민사소송은 공개주의를 채택하나 비송사건은 비공개로 심리한다.

변론에 관하여서는 민사소송은 필요적 변론임에 비하여 비송사건은 필요적이 아니다. 비송사건절차에 있어서는 증인 또는 감정인의 심문에 관하여는 조서를 작성하고 기타의 심문에 관하여는 필요하다고 인정하는 경우에 한하여 조서를 작성한다.

재판의 방식은 민사소송에서는 판결인데, 비송절차에서는 결정이다. 민사소송에서는 재판은 형식적 확정에 의하여 효력이 발생하는데, ★비송사건의 재판은 당사자에 대한 [고지(告知)]에 의하여 그 효력이 생긴다. 항고는 특별한 규정이 있는 경우를 제외하고는 집행정지의 효력이 없다.

④ 비송사건의 재판은, 보통은 [기판력(旣判力)을 가지지 않으며] 형식적으로 확정한 재판이라 하더라도 법원은 재판한 뒤에 그 재판이 위법 또는 부당하다고 인정할 때에는 이를 취소 또는 변경할 수 있다. 그러므로 [비송사건의 재판절차에 대하여서는 재심제도가 없다.]

판례 029

[1] 항고소송의 대상인 '처분'이란 행정청이 행하는 구체적 사실에 관한 법집행으로서의 공권력의 행사 또는 그 거부와 그 밖에 이에 준하는 행정작용(행정소송법 제2조 제1항 제1호)을 말한다. 행정청의 행위가 항고소송의 대상이 될 수 있는지는 추상적·일반적으로 결정할 수 없고, 구체적인 경우에 관련 법령의 내용과 취지, 행위의 주체·내용·형식·절차, 행위와 상대방 등 이해관계인이 입는 불이익 사이의 실질적 견련성, 법치행정의 원리와 행위에 관련된 행정청이나 이해관계인의 태도 등을 고려하여 개별적으로 결정하여야 한다. 또한 어떠한 처분에 법령상 근거가 있는지, 행정절차법에서 정한 처분절차를 준수하였는지는 본안에서 당해 처분이 적법한가를 판단하는 단계에서 고려할 요소이지, 소송요건 심사단계에서 고려할 요소가 아니다.

[2] 불이익처분의 상대방은 직접 개인적 이익의 침해를 받은 자로서 원고적격이 인정된다. 행정처분의 직접 상대방이 아닌 자라 하더라도 행정처분의 근거 법규 또는 관련 법규에 의하여 개별적·직접적·구체적으로 보호되는 이익이 있는 경우 처분의 취소를 구할 원고적격이 인정된다.

[3] 행정소송법상 항고소송으로 제기하여야 할 사건을 민사소송으로 잘못 제기한 경우에 수소법원이 항고소송에 대한 관할도 동시에 가지고 있다면, 전심절차를 거치지 않았거나 제소기간을 도과하는 등 항고소송으로서의 소송요건을 갖추지 못했음이 명백하여 항고소송으로 제기되었더라도 어차피 부적법하게 되는 경우가 아닌 이상, 원고로 하여금 항고소송으로 소 변경을 하도록 석명권을 행사하여 행정소송법이 정하는 절차에 따라 심리·판단하여야 한다.

[4] 법무사의 사무원 채용승인 신청에 대하여 소속 지방법무사회가 '채용승인을 거부'하는 조치 또는 일단 채용승인을 하였으나 법무사규칙 제37조 제6항을 근거로 '채용승인을 취소'하는 조치는 공법인인 지방법무사회가 행하는 구체적 사실에 관한 법집행으로서 공권력의 행사 또는 그 거부에 해당하므로 ★항고소송의 대상인 '처분'이라고 보아야 한다. 구체적인 이유는 다음과 같다.

법무사가 사무원을 채용하기 위하여 지방법무사회의 승인을 받도록 한 것은, 그 사람이 법무사법 제23조 제2항 각호에서 정한 결격사유에 해당하는지 여부를 미리 심사함으로써 법무사 사무원의 비리를 예방하고 법무사 직역에 대한 일반국민의 신뢰를 확보하기 위함이다. 법무사 사무원 채용승인은 본래 법무사에 대한 감독권한을 가지는 소관 지방법원장에 의한 국가사무였다가 지방법무사회로 이관되었으나, 이후에도 소관 지방법원장은 지방법무사회로부터 채용승인 사실의 보고를 받고 이의신청을 직접 처리하는 등 지방법무사회의 업무수행 적정성에 대한 감독을 하고 있다. 또한 법무사가 사무원 채용에 관하여 법무사법이나 법무사규칙을 위반하는 경우에는 소관 지방법원장으로부터 징계를 받을 수 있으므로, [법무사]에 대하여 [지방법무사회]로부터 [채용승인을 얻어 사무원을 채용할 의무]는 [법무사법에 의하여 강제되는 공법적 의무이다.]

이러한 법무사 사무원 채용승인 제도의 법적 성질 및 연혁, 사무원 채용승인 거부에 대한 불복절차로서 소관 지방법원장에게 이의신청을 하도록 제도를 규정한 점 등에 비추어 보면, 지방법무사회의 법무사 사무원 채용승인은 단순히 지방법무사회와 소속 법무사 사이의 내부 법률문제라거나 지방법무사회의 고유사무라고 볼 수 없고, 법무사 감독이라는 국가사무를 위임받아 수행하는 것이라고 보아야 한다. 따라서 지방법무사회는 법무사 감독 사무를 수행하기 위하여 법률에 의하여 설립과 법무사의 회원 가입이 강제된 공법인으로서 법무사 사무원 채용승인에 관한 한 공권력 행사의 주체라고 보아야 한다.

[5] 지방법무사회가 법무사의 사무원 채용승인 신청을 거부하거나 채용승인을 얻어 채용 중인 사람에 대한 채용승인을 취소하면, 상대방인 법무사로서도 그 사람을 사무원으로 채용할 수 없게 되는 불이익을 입게 될 뿐만 아니라, 그 사람도 법무사 사무원으로 채용되어 근무할 수 없게 되는 불이익을 입게 된다. 법무사규칙 제37조 제4항이 이의신청 절차를 규정한 것은 채용승인을 신청한 ★★[법무사뿐만 아니라 사무원이 되려는 사람의 이익도 보호]하려는 취지로 볼 수 있다. 따라서 지방법무사회의 사무원 채용승인 거부처분 또는 채용승인 취소처분에 대해서는 처분 상대방인 법무사뿐만 아니라 그 때문에 사무원이 될 수 없게 된 사람도 이를 다툴 원고적격이 인정되어야 한다.

[6] 법률 하위의 법규명령은 법률에 의한 위임이 없으면 개인의 권리·의무에 관한 내용을 변경·보충하거나 법률이 규정하지 아니한 새로운 내용을 정할 수는 없지만, 법률의 시행령이나 시행규칙의 내용이 모법의 입법 취지와 관련 조항 전체를 유기적·체계적으로 살펴보아 모법의 해석상 가능한 것을 명시한 것에 지나지 아니하거나 모법 조항의 취지에 근거하여 이를 구체화하기 위한 것인 때에는 모법의 규율 범위를 벗어난 것으로 볼 수 없으므로, 모법에 이에 관하여 직접 위임하는 규정을 두지 아니하였다고 하더라도 이를 무효라고 볼 수는 없다.

[7] '소속 지방법무사회는 법무사 사무원이 법무사 사무원으로서의 업무수행에 지장이 있다고 인정되는 행위를 하였을 경우에는 그 채용승인을 취소하여야 한다'고 규정한 법무사규칙 제37조 제6항 후단 부분이 모법인 법무사법 제23조 제4항의 위임 범위를 일탈한 것이어서 법률유보원칙에 위배되는지 문제 된 사안에서, 법무사법 제23조 제4항이 변동하는 사회경제 상황에 대처하여 탄력적으로 대응할 수 있도록 법무사 사무원 채용에 관하여 대법원규칙으로 구체화할 사항을 폭넓게 위임하고 있는 점, 위 규칙조항에 다소 추상적인 면이 있더라도 법무사 사무원 채용승인 제도의 입법 목적인 법무사 사무의 공익성·전문성 확보를 위하여 필요하고 법관의 법해석작용을 통하여 그 의미가 구체화·명확화될 수 있는 점 등을 고려하면, ★★위 규칙조항이 모법의 위임 범위를 일탈한 것으로 볼 수 없다(대법원 2020. 4. 9. 선고 2015다34444 판결).

판례 030

구 공익사업을 위한 토지 등의 취득 및 보상에 관한 법률(2010. 4. 5. 법률 제10239호로 일부개정되기 전의 것, 이하 '구 공익사업법'이라 한다) 제91조에 규정된 환매권은 상대방에 대한 의사표시를 요하는 형성권의 일종으로서 재판상이든 재판 외이든 위 규정에 따른 기간 내에 행사하면 매매의 효력이 생기는 바(대법원 2008. 6. 26. 선고 2007다24893 판결 참조), 이러한 ★★[환매권의 존부에 관한 확인]을 구하는 소송 및 구 공익사업법 제91조 제4항에 따라 [환매금액의 증감]을 구하는 소송 역시 ★★[민사소송]에 해당한다.

기록에 의하면, 이 사건 소 중 주위적 청구는 구 공익사업법 제91조에 따라 환매권의 존부 확인을 구하는 소송이고, 예비적 청구는 같은 조 제4항에 따라 환매대금 증액을 구하는 소송임을 알 수 있으므로, 위 각 소송은 모두 민사소송에 해당한다고 보아야 한다(대법원 2013. 2. 28. 선고 판결).

판례 031

[1] 사무관리가 성립하기 위하여는 우선 사무가 타인의 사무이고 타인을 위하여 사무를 처리하는 의사, 즉 관리의 사실상 이익을 타인에게 귀속시키려는 의사가 있어야 하며, 나아가 사무의 처리가 본인에게 불리하거나 본인의 의사에 반한다는 것이 명백하지 아니할 것을 요한다. 다만 타인의 사무가 국가의 사무인 경우, 원칙적으로 사인이 법령상 근거 없이 국가의 사무를 수행할 수 없다는 점을 고려하면, 사인이 처리한 국가의 사무가 사인이 국가를 대신하여 처리할 수 있는 성질의 것으로서, 사무 처리의 긴급성 등 국가의 사무에 대한 사인의 개입이 정당화되는 경우에 한하여 사무관리가 성립하고, 사인은 그 범위 내에서 국가에 대하여 국가의 사무를 처리하면서 지출된 필요비 내지 유익비의 상환을 청구할 수 있다.

[2] 갑 주식회사 소유의 유조선에서 원유가 유출되는 사고가 발생하자 해상 방제업 등을 영위하는 을 주식회사가 피해 방지를 위해 해양경찰의 직접적인 지휘를 받아 방제작업을 보조한 사안에서, 갑 회사의 조치만으로는 원유 유출사고에 따른 해양오염을 방지하기 곤란할 정도로 긴급방제조치가 필요한 상황이었고, 위 방제작업은 을 회사가 국가를 위해 처리할 수 있는 국가의 의무영역과 이익 영역에 속하는 사무이며, 을 회사가 방제작업을 하면서 해양경찰의 지시·통제를 받았던 점 등에 비추어 을 회사는 국가의 사무를 처리한다는 의사로 방제작업을 한 것으로 볼 수 있으므로, 을 회사는 [사무관리]에 근거하여 국가에 방제비용을 청구할 수 있다(대법원 2014. 12. 11. 선고 2012다15602).★★★사무관리 분쟁은 민사소송으로 해결

○ 판례 032

[양벌규정]에 의한 법인의 처벌은 ★[형벌]이다. 따라서 행정상 제재처분이나 민사상 불법행위처분과 다르다(대판 2019. 11.14 대판 요약).

○ 판례 033

헌법재판소의 위헌결정의 효력은 위헌제청을 한 당해 사건, 위헌결정이 있기 전에 이와 동종의 위헌 여부에 관하여 헌법재판소에 위헌여부심판제청을 하였거나 법원에 위헌여부심판제청신청을 한 경우의 당해 사건과 따로 위헌제청신청은 아니하였지만 당해 법률 또는 법률의 조항이 재판의 전제가 되어 법원에 계속중인 사건뿐만 아니라 ★★★[위헌결정 이후에 위와 같은 이유로 제소된 일반사건에도 미친다](대법원 1993. 1. 15. 선고 91누5747).

○ 판례 034

공공기관의 운영에 관한 법률(이하 '공공기관운영법'이라 한다)이나 그 하위법령은 공기업이 거래상대방 업체에 대하여 공공기관운영법 제39조 제2항 및 공기업·준정부기관 계약사무규칙 제15조에서 정한 범위를 뛰어넘어 추가적인 제재조치를 취할 수 있도록 위임한 바 없다. 따라서 한국수력원자력 주식회사가 조달하는 기자재, 용역 및 정비공사, 기기수리의 공급자에 대한 관리업무 절차를 규정함을 목적으로 제정·운용하고 있는 '공급자관리지침' 중 등록취소 및 그에 따른 ★★★[일정 기간의 거래제한조치에 관한 규정]들은 공공기관으로서 행정청에 해당하는 한국수력원자력 주식회사가 상위법령의 구체적 위임 없이 정한 것이어서 대외적 구속력이 없는 ★★★[행정규칙]이다.

[4] 한국수력원자력 주식회사가 자신의 '공급자관리지침'에 근거하여 등록된 공급업체에 대하여 하는 ★★★['등록취소 및 그에 따른 일정 기간의 거래제한조치']는 행정청이 행하는 구체적 사실에 관한 법집행으로서의 [공권력의 행사인 '처분']에 해당한다(대법원 2020. 5. 28. 선고 2017두66541).

◦ 판례 035

국가를 당사자로 하는 계약에 관한 법률에 따라 국가가 당사자가 되는 이른바 공공계약은 사경제 주체로서 상대방과 대등한 위치에서 체결하는 사법상 계약으로서 본질적인 내용은 사인 간의 계약과 다를 바가 없으므로, 그에 관한 법령에 특별한 정함이 있는 경우를 제외하고는 사적 자치와 계약자유의 원칙 등 사법의 원리가 그대로 적용된다(대법원 2020. 5. 14. 선고 2018다298409). 민사소송으로 해결.

◦ 판례 036

대통령기록물 관리에 관한 법률에서 5년 임기의 별정직 공무원으로 규정한 ★★★대통령기록관장으로 임용된 원고를 직권면직한 처분으로서, 원고에 대하여 의무를 과하거나 원고의 권익을 제한하는 처분이고, 구 공무원징계령(2010. 6. 15. 대통령령 제22199호로 개정되기 전의 것, 이하 같다) 제22조 제1항은 "별정직공무원에게 국가공무원법 제78조 제1항 각 호의 징계사유가 있으면 직권으로 면직하거나 이 영에 따라 징계처분할 수 있다."고 규정하고 있어서, 별정직 공무원에 대한 직권면직의 경우에는 징계처분과 달리 징계절차에 관한 구 공무원징계령의 규정도 적용되지 않는 등 행정절차에 준하는 절차를 거치도록 하는 규정이 없으며, 이 사건 처분이 성질상 행정절차를 거치기 곤란하거나 불필요하다고 인정되는 처분에도 해당하지 아니하고, (2) 나아가 원고가 대통령 기록유출 혐의에 관하여 수사를 받으면서 비위행위에 관하여 해명할 기회를 가졌다거나 위 수사에 관하여 국민적 관심이 높았고 유출행위가 적법한지 여부 등에 관한 법리적 공방이 언론 등을 통하여 치열하게 이루어졌던 사정만으로 이 사건 처분이 구 행정절차법 제21조 제4항 제3호, 제22조 제4항에 따라 원고에게 사전통지를 하지 않거나 의견제출의 기회를 주지 아니하여도 되는 예외적인 경우에 해당한다고 할 수 없다는 이유로, (3) 원고에게 사전통지를 하지 않고 의견제출의 기회를 주지 아니한 이 사건 처분은 구 행정절차법 제21조 제1항, 제22조 제3항을 위반한 절차상 하자가 있어 위법하다고 판단하였다(대법원 2013. 1. 16. 선고 2011두30687).

◦ 판례 037

병무청장이 법무부장관에게 '가수 갑이 공연을 위하여 국외여행허가를 받고 출국한 후 미국 시민권을 취득함으로써 사실상 병역의무를 면탈하였다'는 이유로 입국 금지를 요청함에 따라 법무부장관이 갑의 입국금지결정을 하였는데, 갑이 재외공관의 장에게 재외동포(F-4) 체류자격의 사증발급을 신청하자 재외공관장이 처분이유를 기재한 사증발급 거부처분서를 작성해 주지 않은 채 갑의 아버지에게 전화로 [사증발급이 불허되었다고 통보]한 사안에서, 사증발급 거부처분에는 행정절차법 제24조 제1항을 위반한 하자가 있고, 재외공관장이 13년 7개월 전에 입국금지결정이 있었다는 이유만으로 그에 구속되어 사증발급 거부처분을 한 것이 비례의 원칙에 반하는 것인지 판단했어야 함에도, 입국금지결정에 따라 사증발급 거부처분을 한 것이 적법하다고 본 원심판단에 법리를 오해한 잘못이 있다(대법원 2019. 7. 11. 선고 2017두38874). 즉, ★법률상 이익이 있음

○ 판례 038

국민권익위원회가 소방청장에게 인사와 관련하여 부당한 지시를 한 사실이 인정된다며 이를 취소할 것을 요구하기로 의결하고 그 내용을 통지하자 소방청장이 국민권익위원회 조치요구의 취소를 구하는 소송을 제기한 사안에서, 처분성이 인정되는 국민권익위원회의 조치요구에 불복하고자 하는 소방청장으로서는 조치요구의 취소를 구하는 항고소송을 제기하는 것이 유효·적절한 수단으로 볼 수 있으므로 ★[소방청장]이 예외적으로 당사자능력과 원고적격을 가진다(대법원 2018. 8. 1. 선고 2014두35379).

○ 판례 039

교사에 대한 임용권자가 교육공무원법 제12조에 따라 임용지원자를 특별채용하는 경우, 임용지원자가 임용권자에게 자신의 임용을 요구할 법규상 또는 조리상 권리가 없다. 피고가 관할하는 경기도의 각 초등학교 병설유치원에 임시강사로 채용되어 3년 이상 근무하여 온 자들로서 정교사 자격증을 가지고 있어 교육공무원법 제12조 및 교육공무원임용령 제9조의2 제2호의 규정에 의한 특별채용 대상자로서의 자격을 갖추고 있고, 원고 등과 유사한 지위에 있는 전임강사에 대하여는 피고가 정규교사로 특별채용한 전례가 있다 하더라도 그러한 사정만으로 임용지원자에 불과한 원고 등에게 피고에 대하여 교사로의 특별채용을 요구할 법규상 또는 조리상의 권리가 있다고 할 수는 없으므로, 피고가 원고 등의 특별채용 신청을 거부하였다고 하여도 그 거부로 인하여 원고 등의 권리나 법적 이익에 어떤 영향을 주는 것이 아니어서 그 거부행위가 항고소송의 대상이 되는 행정처분에 해당한다고 할 수 없다(대법원 2005. 4. 15. 선고 2004두11626).

○ 판례 040

민원사무처리에 관한 법률(이하 '민원사무처리법'이라 한다) 제18조 제1항에서 정한 거부처분에 대한 이의신청(이하 '민원 이의신청'이라 한다)은 행정청의 위법 또는 부당한 처분이나 부작위로 침해된 국민의 권리 또는 이익을 구제함을 목적으로 하여 행정청과 별도의 행정심판기관에 대하여 불복할 수 있도록 한 절차인 행정심판과는 달리, 민원사무처리법에 의하여 민원사무처리를 거부한 처분청이 민원인의 신청 사항을 다시 심사하여 잘못이 있는 경우 스스로 시정하도록 한 절차이다. 이에 따라, 민원 이의신청을 받아들이는 경우에는 이의신청 대상인 거부처분을 취소하지 않고 바로 최초의 신청을 받아들이는 새로운 처분을 하여야 하지만, 이의신청을 받아들이지 않는 경우에는 다시 거부처분을 하지 않고 그 결과를 통지함에 그칠 뿐이다. 따라서 이의신청을 받아들이지 않는 취지의 기각 결정 내지는 그 취지의 통지는, 종전의 거부처분을 유지함을 전제로 한 것에 불과하고 또한 거부처분에 대한 행정심판이나 행정소송의 제기에도 영향을 주지 못하므로, 결국 민원 이의신청인의 권리·의무에 새로운 변동을 가져오는 공권력의 행사나 이에 준하는 행정작용이라고 할 수 없어, 독자적인 항고소송의 대상이 된다고 볼 수 없다고 봄이 타당하다.

행정소송법 제18조 내지 제20조, 행정심판법 제3조 제1항, 제4조 제1항, 민원사무처리에 관한 법률(이하 '민원사무처리법'이라 한다) 제18조, 같은 법 시행령 제29조 등의 규정들과 그 취지를 종합하여 보면, 민원사무처리법에서 정한 민원 이의신청의 대상인 거부처분에 대하여는 민원 이의신청과 상관없이 행정심판 또는 행정소송을 제기할 수 있으며, 또한 민원 이의신청은 민원사무처리에 관하여 인정된 기본사항의 하나로 처분청으로 하여금 다시 거부처분에 대하여 심사하도록 한 절차로서 행정심판법에서 정한 행정심판과는 성질을 달리하고 또한 사안의 전문성과 특수성을 살리기 위하여 특별한 필요에 따라 둔 행정심판에 대한 특별 또는 특례 절차라 할 수도 없어 행정소송법에서 정한 행정심판을 거친 경우의 제소기간의 특례가 적용된다고 할 수도 없으므로, 민원 이의신청에 대한 결과를 통지받은 날부터 취소소송의 제소기간이 기산된다고 할 수 없다. 그리고 이와 같이 민원 이의신청 절차와는 별도로 그 대상이 된 거부처분에 대하여 행정심판 또는 행정소송을 제기할 수 있도록 보장하고 있는 이상, 민원 이의신청 절차에 의하여 국민의 권익 보호가 소홀하게 된다거나 헌법 제27조에서 정한 재판청구권이 침해된다고 볼 수도 없다(대법원 2012. 11. 15. 선고 2010두8676).

판례 041

중앙토지수용위원회에 이의신청-->행정심판법상 행정심판 제기X(준사법절차이므로)
    난민법상 난민불인정 이의신청-->행정심판법상 행정심판 제기X(난민법 규정: 제21조)
    정보공개법상 비공개에 대한 이의신청-->행정심판법상 행정심판 제기O
    민원사무처리법상 거부처분에 대한 이의신청-->행정심판법상 행정심판 제기O(이의신청이
                                                                                         므로 나중에 행정심판을 제기할 수 있음)

판례 042

토지보상금 증감소송-->당사자소송(대판 1991. 11. 26 참조)

판례 043

구 식품위생법 시행규칙(2014. 3. 6. ★총리령 제1068호로 개정되기 전의 것, 이하 '시행규칙'이라 한다) 제36조 [별표 14](이하 '시행규칙 조항'이라 한다)에 규정된 업종별 시설기준의 위반은 시설개수명령[식품위생법(이하 '법'이라 한다) 제74조 제1항]이나 영업정지 및 영업소폐쇄 등(법 제75조 제1항 제6호) 행정처분의 대상이 될 뿐만 아니라 곧바로 형사처벌의 대상도 되므로(법 제97조 제4호), 업종별 시설기준은 식품위생법상 각 영업의 종류에 따라 필수적으로 요구되는 시설의 기준을 제한적으로 열거한 것이다. 그리고 시행규칙 조항은 침익적 행정행위의 근거가 되는 행정법규에 해당하므로 엄격하게 해석·적용하여야 하고 행정행위의 상대방에게 불리한 방향으로 지나치게 확장해석하거나 유추해석해서는 안 되며, 입법 취지와 목적 등을 고려한 목적론적 해석이 전적으로 배제되는 것은 아니라고 하더라도 해석이 문언의 통상적인 의미를 벗어나서는 아니 된다.

그런데 시행규칙 조항에는 일반음식점에서 손님들이 춤을 출 수 있도록 하는 시설(이하 '무도장'이라 한다)을 설치해서는 안 된다는 내용이 명시적으로 규정되어 있지 않고, 다만 시행규칙 제89조가 법 제74조에 따른 행정처분의 기준으로 마련한 [별표 23] 제3호 8. 라. 1)에서 위반사항을 '유흥주점 외의 영업장에 무도장을 설치한 경우'로 한 행정처분 기준을 규정하고 있을 뿐이다. 그

러나 이러한 행정처분 기준은 행정청 내부의 재량준칙에 불과하므로, 재량준칙에서 위반사항의 하나로 '유흥주점 외의 영업장에 무도장을 설치한 경우'를 들고 있다고 하여 이를 위반의 대상이 된 금지의무의 근거규정이라고 해석할 수는 없다. 또한 업종별 시설기준에 관한 시행규칙 조항의 '8. 식품접객업의 시설기준'의 구체적 내용을 살펴보더라도, 시설기준 위반의 하나로서 '유흥주점 외의 영업장에 무도장을 설치한 경우'를 금지하고 있다고 해석할 만한 규정이 없고, 달리 식품위생법령에 이러한 내용의 시설기준 위반 금지의무를 부과하고 있는 규정을 찾아보기 어렵다.

그리고 법 제37조 제1항, 제4항, 식품위생법 시행령 제21조가 식품접객업의 구체적 종류로 허가 대상인 유흥주점영업과 신고 대상인 일반음식점영업을 구분하고 있지만, 업종 구분에 기반한 영업질서를 해치는 위반행위를 반드시 업종별 시설기준 위반으로 규제해야 하는 것은 아니고, 이를 업태 위반(법 제94조 제1항 제3호)이나 식품접객영업자의 준수사항 위반(법 제44조 제1항, 제75조 제1항 제13호)으로도 규제할 수 있는 것이므로, 이러한 식품위생법령상 업종 구분만으로 일반음식점에 무도장을 설치하는 것이 업종별 시설기준을 위반한 것이라고 볼 수는 없다.

또한 업종별 시설기준은 각 영업의 종류에 따라 갖추어야 할 최소한의 기준을 정한 것일 뿐이므로, 업종별 시설기준에서 명시적으로 설치를 금지하지 아니한 개개 시설의 이용 형태나 이용 범위를 제한하는 것은 본질적으로 업태 위반이나 식품접객영업자의 준수사항 위반으로 규율해야 할 영역이라고 보인다.

이상과 같은 여러 사정과 식품위생법령의 전반적인 체계 및 내용을 종합하면, 업종별 시설기준에 관한 시행규칙 조항에서 '유흥주점 외의 영업장에 무도장을 설치한 것'을 금지하고 있다고 보기 어려우므로, 일반음식점 내 무도장의 설치·운영행위가 업태 위반으로 형사처벌의 대상이 되는 등은 별론으로 하더라도, 이러한 행위가 시행규칙 조항에 정한 업종별 시설기준 위반에 해당하여 시설개수명령의 대상이 된다고 볼 수는 없다(대법원 2015. 7. 9. 선고 2014두47853 판결).

○ 판례 044
과징금 반환소송--〉민사소송

○ 판례 045
청소년고용과 유통기간 지난 식품판매--〉기본적 사실관계동일성 부정--〉처분사유의 추가변경 부정

○ 판례 046
국민건강보험공단이 갑 등에게 '직장가입자 자격상실 및 자격변동 안내' 통보 및 '사업장 직권탈퇴에 따른 가입자 자격상실 안내' 통보를 한 사안에서, 국민건강보험 직장가입자 또는 지역가입자 자격 변동은 법령이 정하는 사유가 생기면 별도 처분 등의 개입 없이 사유가 발생한 날부터 변동의 효력이 당연히 발생하므로, 국민건강보험공단이 갑 등에 대하여 가입자 자격이 변동되었다는

취지의 ★★★[직장가입자 자격상실 및 자격변동 안내' 통보를 하였거나, 그로 인하여 사업장이 국민건강보험법상의 적용대상사업장에서 제외되었다는 취지의 '사업장 직권탈퇴에 따른 가입자 자격상실 안내' 통보]를 하였더라도, 이는 갑 등의 가입자 자격의 변동 여부 및 시기를 확인하는 의미에서 한 사실상 통지행위에 불과할 뿐, 위 각 통보에 의하여 가입자 자격이 변동되는 효력이 발생한다고 볼 수 없고, 또한 위 각 통보로 갑 등에게 지역가입자로서의 건강보험료를 납부하여야 하는 의무가 발생함으로써 갑 등의 권리의무에 직접적 변동을 초래하는 것도 아니라는 이유로, 위 각 ★★★통보의 처분성이 인정되지 않는다고 보아 그 취소를 구하는 갑 등의 소를 모두 각하한 원심판단이 정당하다(대법원 2019. 2. 14. 선고 2016두41729).

판례 047

가해자가 행한 불법행위로 인하여 피해자에게 어떤 행정처분이 부과되고 확정되었다면 그 행정처분에 중대하고 명백한 하자가 있어 무효로 되지 아니한 이상 행정처분의 당사자인 피해자는 이를 이행할 의무를 부담하게 된다. 따라서 행정처분의 이행에 비용이 발생하는 경우에는 특별한 사정이 없는 한 행정처분 당시에 그 비용 상당의 손해가 현실적으로 발생한 것으로 볼 수 있다. 그러나 행정처분이 있은 이후 행정처분을 이행하기 어려운 장애사유가 있어 오랫동안 이행이 이루어지지 않았고, 해당 행정관청에서도 이러한 사정을 참작하여 그 이행을 강제하기 위한 조치를 취하지 않고 불이행된 상태를 방치하는 등 특별한 사정이 있는 경우에는 손해가 현실화되었다고 인정하는 데 보다 신중할 필요가 있다. 이와 같은 경우에 행정처분의 이행에 따른 비용 상당의 손해가 현실적·확정적으로 발생하였다고 보기 위해서는 행정처분 당시의 자료와 사실심 변론종결 시점까지 제출된 모든 자료를 종합하여 행정처분의 존재분만 아니라 그 행정처분의 이행가능성과 이행필요성이 인정되어야 한다. 특히 당사자에게 부과된 행정처분을 이행하는 것이 기술적으로 매우 어렵고, 설령 가능하다고 하더라도 막대한 비용이 예상되어 실현가능성이 희박해 보이며, 행정처분 발령 당시와 달리 사실심 변론종결 시점에는 그 행정처분의 이행을 강행하여야 할 필요성에 의문이 제기되는 등의 예외적인 상황이 존재하고, 실제로 행정관청에서 장기간 행정처분이 불이행되고 있음에도 특별한 조치를 취하지 않고 있을 뿐만 아니라 제반 사정에 비추어 볼 때 부과된 행정처분이 ★취소나 철회될 가능성도 배제할 수 없는 경우라면, 행정처분을 받은 당사자가 가까운 장래에 그 행정처분을 이행할 개연성을 인정하기 부족하여 이행에 따른 비용 상당의 손해가 확정적으로 발생하였다고 보기는 어렵다. 그리고 불법행위로 인한 손해배상청구에서 위와 같은 손해의 발생 사실은 행정처분을 받은 당사자인 피해자가 이를 증명하여야 한다(대법원 2020. 7. 9. 선고 2017다56455).

갑 등이 토지 위에 건축물을 신축하면서 을 지방자치단체에 건축신고를 하였는데, 을 지방자치단체 소속 공무원이 위 ★토지가 군사기지 및 군사시설 보호법상 폭발물 관련 제한보호구역으로 지정되어 있었음에도 관할부대장에게 협의요청을 하지 않은 채 건축신고를 수리하였고, 이후 관할부대장이 공사중지 등을 요청하여 을 지방자치단체가 갑에게 건축물 신축을 중지하라는 명령을 내리자, 갑 등이 을 지방자치단체를 상대로 건축신고 수리가 적법하게 이루어진 것으로 믿고 건축물의 신축에 이르렀다가 이를 철거해야 할 의무를 지게 되었다는 이유로 손해배상을 구한 사안에서, 을 지방자치단체 소속 공무원의 과실은 인정되나, 위 건축물은 원심 변론종결 시점까지 사용승인을 받지 못한 관계로 건축법 제22조 제3항에 따라 위 건축물을 사용하여서는 아니 되는 의무가 부과되고 있을 뿐이고, 종전에 수리된 건축신고가 취소되거나 건축법 제79조 제1항에 따라 위 건축물의 철거를 명하는 시정명령이 내려지지는 않은 상태이며, 이는 그 취소나 시정명령이 후행처분으로서 실제로 이루어질 가능성에 의문을 제기하게 하거나 앞으로도 그와 같은 조치가 이루어지지 아니할 상당한 가능성이 있는 것은 아닌지 의문을 갖게 하는 사정에 해당하므로, 원심 변론종결 시점까지 위 건축물에 관한 사용승인이 반려된 상태가 지속되고 있다는 점만으로 갑 등에게 가까운 장래에 위 건축물의 철거 내지 이를 전제로 하는 손해의 결과가 현실적·확정적으로 발생하였다고 단정하기 어렵다.

○ 판례 048

[1] 교원소청심사위원회가 한 결정의 취소를 구하는 소송에서 그 결정의 적부는 결정이 이루어진 시점을 기준으로 판단하여야 하지만, 그렇다고 하여 소청심사 단계에서 이미 주장된 사유만을 행정소송의 판단대상으로 삼을 것은 아니다. 따라서 ★★소청심사 결정 후에 생긴 사유가 아닌 이상 소청심사 단계에서 주장하지 아니한 사유도 행정소송에서 주장할 수 있고, 법원도 이에 대하여 심리·판단할 수 있다.

[2] 교원소청심사위원회의 결정은 학교법인 등에 대하여 기속력을 가지고 이는 그 결정의 ★★★[주문에 포함된 사항]뿐 아니라 그 전제가 된 요건사실의 인정과 판단, 즉 불리한 처분 등의 구체적 [위법사유에 관한 판단에까지 미친다.] 따라서 교원소청심사위원회가 사립학교 교원의 소청심사청구를 인용하여 불리한 처분 등을 취소한 데 대하여 행정소송이 제기되지 아니하거나 그에 대하여 학교법인 등이 제기한 행정소송에서 법원이 교원소청심사위원회 결정의 취소를 구하는 청구를 기각하여 그 결정이 그대로 확정되면, 결정의 주문과 그 전제가 되는 이유에 관한 판단만이 학교법인 등을 기속하게 되고, 설령 판결 이유에서 교원소청심사위원회의 결정과 달리 판단된 부분이 있더라도 이는 기속력을 가질 수 없다. 그러므로 ★★★사립학교 교원이 어떠한 불리한 처분을 받아 교원소청심사위원회에 소청심사청구를 하였고, 이에 대하여 교원소청심사위원회가 그 사유 자체가 인정되지 않는다는 이유로 [양정의 당부에 대해서는 나아가 판단하지 않은 채] [처분을 취소하는 결정을 한 경우], ★★★[그에 대하여 학교법인 등이 제기한 행정소송 절차에서 심리한 결과 처분사유 중 일부 사유는 인정된다고 판단되면 법원으로서는 교원소청심사위원회의 결정을 취소하여야 한다.] 법원이 교원소청심사위원회 결정의 결론이 타당하다고 하여 학교법인 등의 청구를 기각하게 되면 결국 행정소송의 대상이 된 교원소청심사위원회의 결정이 유효한 것으로 확정되어 학교법인 등이 이에 기속되므로, 그 결정의 잘못을 바로잡을 길이 없게 되고 학교법인 등도 해당 교원에 대하여 적절한 재처분을 할 수 없게 되기 때문이다.

[3] 교원소청심사위원회가 학교법인 등이 교원에 대하여 불리한 처분을 한 근거인 내부규칙이 위법하여 효력이 없다는 이유로 학교법인 등의 처분을 취소하는 결정을 하였고 그에 대하여 학교법인 등이 제기한 행정소송 절차에서 심리한 결과 내부규칙은 적법하지만 교원이 그 내부규칙을 위반하였다고 볼 증거가 없다고 판단한 경우에는, 비록 ★★교원소청심사위원회가 내린 결정의 전제가 되는 이유와 판결 이유가 다르다고 하더라도 법원은 교원소청심사위원회의 결정을 취소할 필요 없이 학교법인 등의 청구를 기각할 수 있다고 보아야 한다. 왜냐하면 교원의 내부규칙 위반 사실이 인정되지 않는 이상 학교법인 등이 해당 교원에 대하여 다시 불리한 처분을 하지 못하게 되더라도 이것이 교원소청심사위원회 결정의 기속력으로 인한 부당한 결과라고 볼 수 없기 때문이다.

그리고 ★★행정소송의 대상이 된 교원소청심사위원회의 결정이 유효한 것으로 확정되어 학교법인 등이 이에 기속되더라도 그 기속력은 당해 사건에 관하여 미칠 뿐 다른 사건에 미치지 않으므로, 학교법인 등은 다른 사건에서 문제가 된 내부규칙을 적용할 수 있기 때문에 법원으로서는 이를 이유로 취소할 필요도 없다(대법원 2018. 7. 12. 선고 2017두65821).

판례 049

[1] 구 국토이용관리법 시행령(2002. 12. 26. 대통령령 제17816호로 폐지) 제14조 제1항 제1호에 따르면, 준농림지역 안에서는 특정대기유해물질 배출시설의 설치가 금지되었기 때문에, 그 범위에서 특정대기유해물질이 발생하는 공장시설을 설치하여 운영하려는 자의 직업수행의 자유, 준농림지역 안에서 토지나 건물을 소유하고 있는 자의 재산권이 제한받을 수 있다. 그러나 위 규정이 헌법 제37조 제2항의 과잉금지원칙을 위반하였다고 볼 수는 없다.

[2] 준농림지역(이후 자연녹지지역으로 변경)에서 레미콘 공장을 설립하여 운영하던 갑 주식회사가 아스콘 공장을 추가로 설립하기 위하여 관할 시장으로부터 공장설립 변경승인을 받고 아스콘 공장 증설에 따른 대기오염물질 배출시설 설치 변경신고를 마친 다음 아스콘 공장을 운영하였는데, 위 공장에 대하여 실시한 배출검사에서 대기환경보전법상 특정대기유해물질에 해당하는 포름알데히드 등이 검출되자 시장이 자연녹지지역 안에서 허가받지 않은 특정대기유해물질 배출시설을 설치·운영하였다는 사유로 대기환경보전법 제38조 단서에 따라 위 공장의 대기오염물질 배출시설 및 방지시설을 폐쇄하라는 명령을 한 사안에서, 위 공장설립 당시의 관계 법령에 따르면 준농림지역 안에서 특정대기유해물질이 발생하는 위 공장의 설치가 금지되어 있었고, 위 공장은 국토의 계획 및 이용에 관한 법률 시행령 제71조 제1항 제16호 [별표 17] 제2호 (차)목에 따라 처분 당시 변경된 자연녹지지역에 설치가 금지된 경우에 해당하므로 대기환경보전법 제38조 단서에 따른 폐쇄명령의 대상이며, 공장설립 당시에 갑 회사가 위 공장에서 특정대기유해물질은 배출되지 않고 토석의 저장·혼합 및 연료 사용에 따라 먼지와 배기가스만 배출될 것이라는 전제에서 허위이거나 부실한 배출시설 및 방지시설 설치 계획서를 제출하였으므로 시장이 만연히 갑 회사의 계획서를 그대로 믿은 데에 과실이 있더라도, 시장의 착오는 갑 회사가 유발한 것이므로, 위 공장에 대하여 특정대기유해물질 관련 규제가 적용되지 않으리라는 갑 회사의 기대는 보호가치가 없다는 등의 이유로, 위 처분이 신뢰보호원칙, 행정의 자기구속 법리, 실효의 원칙에 위배되지 않는다(대법원 2020. 4. 9. 선고 2019두51499).

판례 050

갑 등은 을 조합이 시행하는 주택재개발정비사업의 사업시행구역 내 각 부동산의 소유자들이자 점유자들로서 분양신청 기간 내에 분양신청서를 제출한 사람들인데, 관리처분계획인가의 고시가 있은 후 을 조합이 갑 등에게 각 부동산의 인도를 구하자, 갑 등이 을 조합이 조합장의 공언과 달리 관리처분계획인가 시점부터 상당한 기간이 지나도록 정관에서 정한 분양계약 체결절차를 진행하지 않음으로써 갑 등에게 현금청산자가 될 기회를 주지 않은 채 미리 부동산의 인도를 구하는 것은 신의칙에 반한다는 항변을 한 사안에서, 을 조합의 정관이 '조합은 조합원이 분양신청을 하지 아니한 자, 분양신청을 철회한 자 등에 해당하는 경우에는 그 해당하게 된 날부터 150일 이내에 건축물 또는 그 밖의 권리에 대하여 현금으로 청산한다'고 규정하면서, '조합원은 관리처분계획인가 후 조합에서 정한 기간 내에 분양계약을 체결하여야 하며 분양계약 체결을 하지 않은 경우 위 규정을 준용한다'는 조항을 두고 있으나, 위 정관의 '분양신청을 철회한 자'는 분양신청기간 내에 분양신청을 하였으나 그 기간이 종료하기 전에 이를 철회한 사람을 의미할 뿐 분양신청을 한 후 분양신청기간이 종료한 다음 임의로 분양신청을 철회하는 사람까지 이에 해당된다고 볼 수 없고, 나아가 위 조항은 조합이 조합원들에게 분양계약 체결을 요구하는데도 분양계약 체결 의무를 위반하여 분양계약을 체결하지 아니한 조합원을 현금청산대상자로 한다는 의미이지 조합이 사업 진행상 조합원들에게 분양계약 체결 자체를 요구하지 아니한 경우에 그러한 사정만으로 조합원들이 당연히 현금청산대상자가 된다는 의미는 아니며, 그 밖에 을 조합이 조합장의 발언을 통해 갑 등에게 추가적인 분양신청 철회 기회를 부여하겠다는 공적인 견해표명을 하였다거나, 을 조합이 분양계약 체결절차를 진행하거나 추가적인 분양신청 철회의 기회를 부여하지 않고 부동산의 인도를 구하는 것이 정의관념에 비추어 도저히 용인할 수 없는 정도라고 볼 수 없는데도, 갑 등의 신뢰보호원칙 및 신의칙에 기한 항변을 받아들여 을 조합의 청구를 모두 기각한 원심판결에는 법리오해의 잘못이 있다(대법원 2018. 12. 27. 선고 2018다261216).

판례 051

특정 사항에 관하여 신뢰보호원칙상 행정청이 그와 배치되는 조치를 할 수 없다고 할 수 있을 정도의 행정관행이 성립되었다고 하려면 상당한 기간에 걸쳐 그 사항에 관하여 동일한 처분을 하였다는 객관적 사실이 존재할 뿐만 아니라, ★★행정청이 그 사항에 관하여 다른 내용의 처분을 할 수 있음을 알면서도 어떤 특별한 사정 때문에 그러한 처분을 하지 않는다는 의사가 있고 이와 같은 의사가 명시적 또는 묵시적으로 표시되어야 한다. 단순히 착오로 어떠한 처분을 계속한 경우는 이에 해당되지 않고, 따라서 처분청이 추후 오류를 발견하여 합리적인 방법으로 변경하는 것은 신뢰보호원칙에 위배되지 않는다(대법원 1993. 6. 11. 선고 92누14021 판결 등 참조).(대법원 2020. 7. 23. 선고 2020두33824)

판례 052

바나나 등의 농산물 수출입업을 하는 갑 주식회사가 부두 안의 부지에 물류센터를 신축하고 그 부지에 관한 항만시설 전용사용허가를 받아 이를 사용하였고, 지방해양수산청장이 전체부지가 항만부지에 해당한다고 보고 '무역항 등의 항만시설 사용 및 사용료에 관한 규정'에서 정한 '항만부지의 사용료율'을 적용하여 항만시설 전용사용료를 산정·부과하였는데, 갑이 전체부지 중 물류창고 앞 공터는 야적장으로 사용하고 있어 그 부분은 '야적장의 사용료율'을 적용하여 사용료를 산정·부과해 달라고 요청함에 따라 지방해양수산청장이 전체부지 중 공터 부분에 관해서는 '야적장의 사용료율'을, 나머지 부분에 관해서는 '항만부지의 사용료율'을 적용하여 사용료를 산정·부과하다가, ★★★[해양수산부 감사 결과] 위 공터가 야적장이 아니라 물류창고 부속토지이므로 '항만부지의 사용료율'을 적용하여 사용료를 다시 산정·부과할 것을 지적함에 따라 '항만부지의 사용료율'을 적용하여 산정한 사용료와 기존의 '야적장의 사용료율'을 적용하여 산정한 사용료의 차액을 추가 사용료로 부과하는 처분을 한 사안에서, 갑이 지방해양수산청장의 사실오인을 유발하였으므로 지방해양수산청장이 위 공터의 용도를 야적장으로 인정하여 사용료를 산정·부과하리라는 갑의 신뢰는 보호가치가 없다는 등의 이유로 위 처분이 신뢰보호원칙에 위배된다고 볼 수 없다(대법원 2019. 9. 9. 선고 2019두34548).

판례 053

공익사업을 위한 토지 등의 취득 및 보상에 관한 법률 시행규칙 부칙(2013. 4. 25.) 제4조 제1항이 영농보상금액의 구체적인 산정방법·기준에 관한 2013. 4. 25. 국토교통부령 제5호로 개정된 공익사업을 위한 토지 등의 취득 및 보상에 관한 법률 시행규칙(이하 '개정 시행규칙'이라 한다) 제48조 제2항 단서 제1호를 개정 시행규칙 시행일 전에 사업인정고시가 이루어졌으나 개정 시행규칙 시행 후 보상계획의 공고·통지가 이루어진 공익사업에 대해서도 적용하도록 규정한 것은 ★★★진정소급입법에 해당하지 않는다(대법원 2020. 4. 29. 선고 2019두32696).
  토지보상법 시행규칙 제48조에 따른 영농보상은 수용개시일 이후 편입농지에서 더 이상 영농을 계속할 수 없게 됨에 따라 발생하는 손실에 대하여 장래의 2년간 일실소득을 예측하여 보상하는 것이므로, 수용재결 당시를 기준으로도 ★★영농보상은 아직 발생하지 않은 장래의 손실에 대하여 보상하는 것이다.

판례 054

[1] 조합의 총회는 재건축정비사업조합의 최고의사결정기관이고 정관 변경이나 관리처분계획의 수립·변경은 총회의 결의사항이므로, 조합의 총회는 상위법령과 정관이 정한 바에 따라 새로운 총회결의로써 종전 총회결의의 내용을 철회하거나 변경할 수 있는 자율성과 형성의 재량을 가진다. 구 도시 및 주거환경정비법(2016. 1. 27. 법률 제13912호로 개정되기 전의 것, 이하 '구 도시정비법'이라 한다)은 '재건축정비사업조합이 조합의 비용부담에 관한 정관을 변경하고자 하는 경우에는 제16조 제2항의 규정에도 불구하고 조합원 3분의 2 이상의 동의를 얻어 시장·군수의 인가를 받아야 한다'고 규정(제20조 제3항, 제1항 제8호)하고, '총회의 소집절차·시기 및 의결방법 등에 관하여는 정관으로 정한다'고 규정(제24조 제6항)하고 있으므로, 조합의 정관이 조합의 비용부담 등에 관한 총회의 소집절차나 의결방법에 대하여 상위법령인 구 도시정비법이 정한 것보다 더 엄격한 조항을 두지 않은 이상 조합의 비용부담에 관한 정관을 변경하고자 하는 총회결의에는 조합원 3분의 2 이상의 의결정족수가 적용되고, 변경되는 정관의 내용이 상가 소유자 등 특정 집단의 이해관계에 직접적인 영향을 미치는 경우라 할지라도 구 도시정비법 제16조 제2항이 적용되거나 유추적용된다고 볼 수는 없다.

[2] 단체의 총회에 소집공고 등 절차상 하자가 있더라도 구성원들의 총회 참여에 어떠한 지장도 없었다면 그와 같은 절차상 하자는 경미한 것이어서 총회결의는 유효하다.

[3] 신뢰보호의 원칙은 행정청이 공적인 견해를 표명할 당시의 사정이 그대로 유지됨을 전제로 적용되는 것이 원칙이므로, ★★사후에 그와 같은 사정이 변경된 경우에는 그 공적 견해가 더 이상 개인에게 신뢰의 대상이 된다고 보기 어려운 만큼, 특별한 사정이 없는 한 행정청이 그 견해표명에 반하는 처분을 하더라도 신뢰보호의 원칙에 위반된다고 할 수 없다.

한편 재건축조합에서 일단 내부 규범이 정립되면 조합원들은 특별한 사정이 없는 한 그것이 존속하리라는 신뢰를 가지게 되므로, 내부 규범 변경을 통해 달성하려는 이익이 종전 내부 규범의 존속을 신뢰한 조합원들의 이익보다 우월해야 한다. 조합 내부 규범을 변경하는 총회결의가 신뢰보호의 원칙에 위반되는지를 판단하기 위해서는, 종전 내부 규범의 내용을 변경하여야 할 객관적 사정과 필요가 존재하는지, 그로써 조합이 달성하려는 이익은 어떠한 것인지, 내부 규범의 변경에 따라 조합원들이 침해받은 이익은 어느 정도의 보호가치가 있으며 침해 정도는 어떠한지, 조합이 종전 내부 규범의 존속에 대한 조합원들의 신뢰 침해를 최소화하기 위하여 어떤 노력을 기울였는지 등과 같은 여러 사정을 종합적으로 비교·형량해야 한다(대법원 2020. 6. 25. 선고 2018두34732).

판례 055

화물자동차 운수사업법은 유가보조금의 지급과 환수에 관한 규정을 두고 있다. 특별시장·광역시장·특별자치시장·특별자치도지사·시장 또는 군수(이하 '특별시장 등'이라 한다)는 운송사업자, 운송가맹사업자와 제40조 제1항에 따라 화물자동차 운송사업을 위탁받은 자(이하 '운송사업자 등'이라 한다)에게 유가보조금을 지급할 수 있다(제43조 제2항 참조). 국토교통부장관이나 특별시장 등은 거짓이나 부정한 방법으로 제43조 제2항의 보조금을 교부받은 운송사업자 등에게 보조금의 반환을 명하여야 한다(제44조 제3항 참조).

특별시장 등이 거짓이나 부정한 방법으로 화물자동차 유가보조금(이하 '부정수급액'이라 한다)을 교부받은 운송사업자 등으로부터 부정수급액을 반환받을 권리에 대해서는 지방재정법 제82조 제1항에서 정한 5년의 소멸시효가 적용된다. 그 소멸시효는 부정수급액을 지급한 때부터 진행하므로, 반환명령일을 기준으로 이미 5년의 소멸시효가 완성된 부정수급액에 대해서는 반환명령이 위법하다(대법원 2019. 10. 17. 선고 2019두33897).

판례 056

현행법이 시행되기 이전에 [위반행위가 종료되었더라도] 그 시행 당시 구법 제49조 제4항의 [처분시효가 경과하지 않은 사건]에 대하여, 이 사건 부칙조항에 따라 구법에 비하여 처분시효를 연장한 현행법 제49조 제4항을 적용하는 것은 현재 진행 중인 사실관계나 법률관계를 대상으로 하는 것으로서 부진정소급에 해당하고, 헌법상 법률불소급의 원칙에 반하지 않는다(대법원 2019. 2. 14. 선고 2017두68103 판결, 헌법재판소 2019. 11. 28. 선고 2016헌바459 등 전원재판부 결정 참조).

나아가 현행법 제49조 제4항의 개정 취지에 비추어 이를 적용할 공익상의 요구가 중대함에 비하여 구법에 따른 처분시효가 경과하지 않은 상태에서 아직 피고의 조사가 개시되지 않았다는 사정만으로는 구법의 존속에 대한 신뢰를 보호할 가치가 크지 않으므로, 위와 같은 사건의 경우 신뢰보호원칙에 따라 예외적으로 현행법 제49조 제4항의 적용이 제한되어야 한다고도 볼 수 없다(대법원 2020. 12. 24. 선고 2019두34319).

★2012. 3. 21. 법률 제11406호로 개정된 독점규제 및 공정거래에 관한 법률이 시행(2012. 6. 22.)되기 이전에 위반행위가 종료되었더라도 시행 당시 구 독점규제 및 공정거래에 관한 법률 제49조 제4항의 처분시효가 경과하지 않은 사건에 대하여, 부칙(2012. 3. 21.) 제3조에 따라 구법보다 처분시효를 연장한 현행법 제49조 제4항을 적용하는 것이 헌법상 법률불소급의 원칙에 반하는지 여부(소극) 및 이 경우 신뢰보호원칙에 따라 예외적으로 현행법 제49조 제4항의 적용이 제한되어야 하는지 여부(소극)

판례 057

교과용도서에 관한 규정 제33조 제2항에서 정한 '각호의 사유로 검정도서와 인정도서의 가격이 부당하게 결정될 우려가 있다'는 이유로 가격 조정 명령을 하기 위한 요건 및 가격 조정 명령 대상 교과용 도서에 대하여 위 조항 각호의 사유가 인정되는 경우 곧바로 '그 교과용 도서의 가격이 부당하게 결정될 우려'가 추정되는지 여부(소극)--)즉, 추정 안 됨(대법원 2019. 1. 31. 선고 2015두60020)

판례 058

원고는 이 사건 신청 전에 피고로부터 개발행위허가를 발급받을 수 있을 것으로 예측하여 이 사건 신청지를 매수하고, 이 사건 동물화장시설의 건축을 위한 계획을 수립하거나 설계 용역계약을 체결하였으나, 이 사건 거부처분으로 인하여 그 공사에 착수하지 못한 이상 원고로서는 이 사건 신청지를 매도하는 방법으로 매수자금을 회수할 수 있으므로, 이 사건 거부처분으로 인하여 원고에게 발생하는 불이익이나 금전적 손해가 크다고 보기도 어렵다.

이 사건 신청이 있은 때로부터 약 한 달 후에 '개정 후 조례조항'이 시행되었고, 그 후 피고가 도시계획위원회의 심의 등을 거쳐 약 6개월 후 이 사건 처분을 한 점 등에 비추어 보면, 피고가 정당한 이유 없이 이 사건 신청의 처리를 지연하였다고 볼 수도 없다.

요컨대, 이 사건에서 '개정 전 조례조항'의 존속에 관한 원고의 신뢰가 '개정 후 조례조항'이 추구하는 공익보다 더 보호가치가 있다고 할 수 없으므로, 피고가 이 사건 신청에 대하여 처분 당시의 법령인 '개정 후 조례조항'을 적용한 것이 신뢰보호원칙을 위반한 것이라고 볼 수는 없다. '개정 후 조례조항'은 상위법령의 위임에 근거하여 전주시가 제정한 조례로서 대외적으로 구속력 있는 법규이고, 만약 이 사건 신청지가 '개정 후 조례조항'에서 정한 '10호 이상 주민이 거주하는 주거밀집지역 경계로부터 200m 이내인 지역'에 해당한다면 거기에서 동물화장시설을 설치하는 개발행위는 '개정 후 조례조항'에 의하여 금지되어 있으므로, 전주시 소속 행정청인 피고는 '개정 후 조례조항'에 의하여 이 사건 신청을 불허하는 처분을 할 수밖에 없고, 그에 관하여 어떠한 재량이 있다고 볼 수 없다(대법원 2020. 10. 15. 선고 2020두41504).

☆인허가 신청 후 처분 전에 관계 법령이 개정·시행된 경우, 변경된 법령 및 허가기준에 따라 한 불허가처분을 위법하다고 할 수 있는지 여부(원칙적 소극) 및 개정된 허가기준의 적용을 제한할 여지가 있는 경우

판례 059

대한불교 ★[조계종] 승적을 취득하여 승려가 된 갑이 공군 군종장교로 임관하여 복무하던 중 조계종으로부터 종헌을 위반하여 ★[혼인]하였다는 이유로 승적 제적처분을 받자 ★[태고종]으로 종파를 변경하였는데, 공군본부 현역복무부적합 조사위원회 및 전역심사위원회가 '갑이 조계종 계율을 위반하고 종단에서 승적이 박탈되는 등 장교의 품위를 실추시켰다'는 등의 이유로 갑에 대한 현역복무 부적합 의결을 함에 따라 국방부장관이 갑에게 군인사법 제37조, 군인사법 시행령 제49조에 따른 ★★★[현역복무 부적합 전역처분을 한 사안]에서, 위 처분이 신뢰보호의 원칙이나 소급적용금지의 원칙 등에 [위배되지 않는다](대법원 2019. 12. 27. 선고 2019두39659).

판례 060

[1] 지방자치법 제4조 제3항부터 제7항에서 행정안전부장관 및 소속 위원회의 매립지 관할 귀속에 관한 의결·결정의 실체적 결정기준이나 고려요소를 구체적으로 규정하지 않은 것이 헌법상 보장된 지방자치제도의 본질을 침해하거나 명확성원칙, 법률유보원칙에 반하는지 여부(★소극)

[2] 매립지 관할 귀속에 관하여 이해관계가 있는 매립면허관청이나 관련 지방자치단체의 장이 준공검사 전까지 행정안전부장관에게 관할 귀속 결정을 신청하도록 한 지방자치법 제4조 제4항의 입법 취지 및 위 규정에서 정한 대로 매립면허관청이나 관련 지방자치단체의 장이 준공검사 전까지 관할 귀속 결정을 신청하지 않은 것이 행정안전부장관의 관할 귀속 결정을 취소해야 할 위법 사유인지 여부(★소극)(대법원 2021. 2. 4. 선고 2015추528)

판례 061

[1] 구 도로법(2015. 1. 28. 법률 제13086호로 개정되기 전의 것) 제61조 제1항에 의한 도로점용허가는 일반사용과 별도로 도로의 특정 부분에 대하여 특별사용권을 설정하는 설권행위이다. 도로관리청은 신청인의 적격성, 점용목적, 특별사용의 필요성 및 공익상의 영향 등을 참작하여 점용허가 여부 및 점용허가의 내용인 점용장소, 점용면적, 점용기간을 정할 수 있는 재량권을 갖는다.

[2] 도로점용허가는 도로의 일부에 대한 특정사용을 허가하는 것으로서 도로의 일반사용을 저해할 가능성이 있으므로 그 범위는 점용목적 달성에 필요한 한도로 제한되어야 한다. ★★도로관리청이 도로점용허가를 하면서 특별사용의 필요가 없는 부분을 점용장소 및 점용면적에 포함하는 것은 그 재량권 행사의 기초가 되는 사실인정에 잘못이 있는 경우에 해당하므로 그 도로점용허가 중 특별사용의 필요가 없는 부분은 위법하다.

이러한 경우 도로점용허가를 한 도로관리청은 위와 같은 흠이 있다는 이유로 유효하게 성립한 도로점용허가 중 특별사용의 필요가 없는 부분을 직권취소할 수 있음이 원칙이다. 다만 이 경우 행정청이 소급적 직권취소를 하려면 이를 취소하여야 할 공익상 필요와 그 취소로 당사자가 입을 기득권 및 신뢰보호와 법률생활 안정의 침해 등 불이익을 비교 교량한 후 공익상 필요가 당사자의 기득권 침해 등 불이익을 정당화할 수 있을 만큼 강한 경우여야 한다. 이에 따라 도로관리청이 도로점용허가가 중 특별사용의 필요가 없는 부분을 소급적으로 직권취소하였다면, 도로관리청은 이미 징수한 점용료 중 취소된 부분의 점용면적에 해당하는 점용료를 반환하여야 한다.

[3] 행정청은 행정소송이 계속되고 있는 때에도 직권으로 그 처분을 변경할 수 있고, 행정소송법 제22조 제1항은 이를 전제로 처분변경으로 인한 소의 변경에 관하여 규정하고 있다. 점용료 부과처분에 취소사유에 해당하는 흠이 있는 경우 도로관리청으로서는 당초 처분 자체를 취소하고 흠을 보완하여 새로운 부과처분을 하거나, 흠 있는 부분에 해당하는 점용료를 감액하는 처분을 할 수 있다. 한편 흠 있는 행정행위의 치유는 원칙적으로 허용되지 않을 뿐 아니라, 흠의 치유는 성립 당시에 적법한 요건을 갖추지 못한 흠 있는 행정행위를 그대로 존속시키면서 사후에 그 흠의 원인이 된 적법 요건을 보완하는 경우를 말한다. 그런데 앞서 본 바와 같은 흠 있는 부분에 해당하는 점용료를 감액하는 처분은 당초 처분 자체를 일부 취소하는 변경처분에 해당하고, 그 실질은 종래의 위법한 부분을 제거하는 것으로서 흠의 치유와는 차이가 있다.

그러므로 이러한 변경처분은 흠의 치유와는 성격을 달리하는 것으로서, 변경처분 자체가 신뢰보호 원칙에 반한다는 등의 특별한 사정이 없는 한 점용료 부과처분에 대한 취소소송이 제기된 이후에도 허용될 수 있다. 이에 따라 특별사용의 필요가 없는 부분을 도로점용허가의 점용장소 및 점용면적으로 포함한 흠이 있고 그로 인하여 점용료 부과처분에도 흠이 있게 된 경우, 도로관리청으로서는 도로점용허가 중 특별사용의 필요가 없는 부분을 직권취소하면서 특별사용의 필요가 없는 점용장소 및 점용면적을 제외한 상태로 점용료를 재산정한 후 당초 처분을 취소하고 재산정한 점용료를 새롭게 부과하거나, 당초 처분을 취소하지 않고 당초 처분으로 부과된 점용료와 재산정된 점용료의 차액을 감액할 수도 있다.

[4] 구 도로법 시행령(2015. 12. 22. 대통령령 제26753호로 개정되기 전의 것) 제69조 제1항 [별표 3] 비고 제2항은 점용료 산정의 기준이 되는 토지가격은 도로점용 부분과 닿아 있는 토지의 개별공시지가로 하되, 도로점용 부분과 닿아 있는 토지가 2필지 이상인 경우에는 각 필지 가격의 산술평균가격으로 하도록 규정하고 있다. 여기서 인근 토지가 도로점용 부분과 닿아 있는지는 인근 토지와 도로점용 부분이 물리적으로 닿아 있는지를 기준으로 판단하여야 한다.

[5] 구 도로법(2015. 1. 28. 법률 제13086호로 개정되기 전의 것, 이하 같다) 제68조는 "도로관리청은 도로점용허가의 목적이 다음 각호의 어느 하나에 해당하면 대통령령으로 정하는 바에 따라 점용료를 감면할 수 있다."라고 규정하고 있다. 그 위임에 따른 구 도로법 시행령(2015. 12. 22. 대통령령 제26753호로 개정되기 전의 것) 제73조 제3항은 구 도로법 제68조에 열거된 감면 사유에 따른 감면비율을 규정하고 있다.

이러한 규정들의 문언, 내용 및 체계 등에 비추어 보면, 도로점용허가를 받은 자가 구 도로법 제68조의 감면사유에 해당하는 경우 도로관리청은 감면 여부에 관한 재량을 갖지만, 도로관리청이 감면사유로 규정된 것 이외의 사유를 들어 점용료를 감면하는 것은 원칙적으로 허용되지 않는다 (대법원 2019. 1. 17. 선고 2016두56721, 56738).

○ 판례 062

수익적 행정처분을 취소할 수 있는 경우 / 수익적 행정처분의 하자가 당사자의 사실은폐나 기타 사위의 방법에 의한 신청행위에 기인한 경우, 당사자의 처분에 관한 신뢰이익을 고려해야 하는지 여부(소극)(대법원 2020. 2. 27. 선고 2019두39611)

○ 판례 063

준농림지역에서 레미콘 공장을 설립하여 운영하던 갑 주식회사가 아스콘 공장을 추가로 설립하기 위하여 관할 시장으로부터 공장설립 변경승인을 받고 아스콘 공장 증설에 따른 대기오염물질 배출시설 설치 변경신고를 마친 다음 아스콘 공장을 운영하였는데, 위 공장에 대하여 실시한 배출검사에서 대기환경보전법상 특정대기유해물질에 해당하는 포름알데히드 등이 검출되자 시장이 자연녹지지역 안에서 허가받지 않은 특정대기유해물질 배출시설을 설치·운영하였다는 사유로 대기환경보전법 제38조 단서에 따라 위 공장의 대기오염물질 배출시설 및 방지시설을 폐쇄하라는 명령을 한 사안에서, 위 처분이 신뢰보호원칙, 행정의 자기구속 법리, 실효의 원칙에 위배되지 않는다(대법원 2020. 4. 9. 선고 2019두51499).

○ 판례 064

[1] 행정처분을 다툴 소의 이익은 개별·구체적 사정을 고려하여 판단하여야 한다. 행정처분의 무효확인 또는 취소를 구하는 소가 제소 당시에는 소의 이익이 있어 적법하였더라도, 소송 계속 중 처분청이 다툼의 대상이 되는 행정처분을 직권으로 취소하면 그 처분은 효력을 상실하여 더 이상 존재하지 않는 것이므로, 존재하지 않는 처분을 대상으로 한 항고소송은 원칙적으로 소의 이익이 소멸하여 부적법하다고 보아야 한다.

다만 처분청의 직권취소에도 완전한 원상회복이 이루어지지 않아 무효확인 또는 취소로써 회복할 수 있는 다른 권리나 이익이 남아 있거나 또는 동일한 소송 당사자 사이에서 그 행정처분과 동일한 사유로 위법한 처분이 반복될 위험성이 있어 행정처분의 위법성 확인 내지 불분명한 법률문제에 대한 해명이 필요한 경우 행정의 적법성 확보와 그에 대한 사법통제, 국민의 권리구제의 확대 등의 측면에서 예외적으로 그 처분의 취소를 구할 소의 이익을 인정할 수 있다.

[2] ★선행처분의 주요 부분을 실질적으로 변경하는 내용으로 후행처분을 한 경우에 선행처분은 특별한 사정이 없는 한 효력을 상실하지만, 후행처분이 선행처분의 내용 중 일부만을 소폭 변경하는 정도에 불과한 경우에는 선행처분은 소멸하는 것이 아니라 후행처분에 의하여 변경되지 아니한 범위 내에서는 그대로 존속한다.

[3] 일반적으로 면허나 인허가 등의 수익적 행정처분의 근거가 되는 법률이 해당 업자들 사이의 과당경쟁으로 인한 경영의 불합리를 방지하는 것도 목적으로 하고 있는 경우, 다른 업자에 대한 면허나 인허가 등의 수익적 행정처분에 대하여 미리 같은 종류의 면허나 인허가 등의 수익적 행정처분을 받아 영업을 하고 있는 기존의 업자는 경업자에 대하여 이루어진 면허나 인허가 등 행

정처분의 상대방이 아니라고 하더라도 당해 행정처분의 무효확인 또는 취소를 구할 이익이 있다. 그러나 경업자에 대한 행정처분이 경업자에게 불리한 내용이라면 그와 경쟁관계에 있는 기존의 업자에게는 특별한 사정이 없는 한 유리할 것이므로 기존의 업자가 그 행정처분의 무효확인 또는 취소를 구할 이익은 없다고 보아야 한다.

[4] 어떤 행정처분을 위법하다고 판단하여 취소하는 판결이 확정되면 행정청은 취소판결의 기속력에 따라 그 판결에서 확인된 위법사유를 배제한 상태에서 다시 처분을 하거나 그 밖에 위법한 결과를 제거하는 조치를 할 의무가 있다(대법원 2020. 4. 9. 선고 2019두49953).

판례 065

과세처분이 당연무효라고 하기 위하여는 그 처분에 위법사유가 있다는 것만으로는 부족하고 그 하자가 법규의 중요한 부분을 위반한 중대한 것으로서 객관적으로 명백한 것이어야 하며, 하자가 중대하고 명백한지를 판별할 때에는 과세처분의 근거가 되는 법규의 목적·의미·기능 등을 목적론적으로 고찰함과 동시에 구체적 사안 자체의 특수성에 관하여도 합리적으로 고찰하여야 한다. 그리고 어느 법률관계나 사실관계에 대하여 어느 법령의 규정을 적용하여 과세처분을 한 경우에 그 법률관계나 사실관계에 대하여는 그 법령의 규정을 적용할 수 없다는 법리가 명백히 밝혀져서 해석에 다툼의 여지가 없음에도 과세관청이 그 법령의 규정을 적용하여 과세처분을 하였다면 그 하자는 중대하고도 명백하다고 할 것이나, 그 법률관계나 사실관계에 대하여 그 법령의 규정을 ★ [적용할 수 없다는 법리가 명백히 밝혀지지 아니하여 해석에 다툼의 여지가 있는 때]에는 과세관청이 이를 잘못 해석하여 과세처분을 하였더라도 이는 과세요건사실을 오인한 것에 불과하여 [그 하자가 명백하다고 할 수 없다](대법원 2018. 7. 19. 선고 2017다242409).

판례 066

행정절차법의 규정 내용과 체계에 의하면, 행정청이 당사자에게 의무를 부과하거나 권익을 제한하는 처분을 하는 경우에는 원칙적으로 행정절차법 제21조 제1항에 따른 사전통지를 하고, 제22조 제3항에 따른 의견제출 기회를 주는 것으로 족하며, 다른 법령 등에서 반드시 청문을 실시하도록 규정한 경우이거나 행정청이 필요하다고 인정하는 경우 등에 한하여 청문을 실시할 의무가 있다.

처분청은 비록 처분 당시에 별다른 하자가 없었고, 또 처분 후에 이를 철회할 별도의 법적 근거가 없더라도 원래의 처분을 존속시킬 필요가 없게 된 사정변경이 생겼거나 또는 중대한 공익상의 필요가 발생한 경우에는 그 효력을 상실케 하는 별개의 처분으로 이를 철회할 수 있다. 다만 수익적 처분을 취소 또는 철회하는 경우에는 이미 부여된 국민의 기득권을 침해하는 것이 되므로, 비록 취소 등의 사유가 있더라도 취소권 등의 행사는 기득권의 침해를 정당화할 만한 중대한 공익상의 필요 또는 제3자의 이익보호의 필요가 있는 때에 한하여 상대방이 받는 불이익과 비교·형량하여 결정하여야 하고, 그 처분으로 인하여 공익상의 필요보다 상대방이 받게 되는 불이익 등이 막대한 경우에는 재량권의 한계를 일탈한 것으로서 허용되지 않는다(대법원 2020. 4. 29. 선고 2017두31064).

판례 067

갑이 국토의 계획 및 이용에 관한 법률에 따라 농림지역 및 농업진흥구역으로 지정된 지목이 '답'인 토지 중 7,457㎡ 부분에서 돼지 축사 10개 동을 건축하기 위하여 건축허가를 신청하였고, 관할 건축행정청이 갑의 의뢰에 따라 축사를 설계한 건축사 을이 제출한 '건축허가조사 및 검사조서'의 기재를 그대로 믿고 건축허가를 발급하였는데, 이후 건축허가에 대한 민원이 제기되자 건축허가를 직권으로 취소한 사안에서, 제반 사정에 비추어 건축행정청이 직권으로 건축허가를 취소할 수 있는 사유가 인정되고, 위 직권취소 처분이 수익적 행정처분 직권취소 제한 법리에 위배되지 않는다(대법원 2020. 7. 23. 선고 2019두31839).

판례 068

주택재개발정비사업조합의 최초 사업시행계획이 폐지인가를 받아 실효된 후 최초 사업시행계획에 따른 분양신청절차에서 분양신청을 하지 않아 조합원 자격을 상실한 현금청산대상자들 중 일부가 참여한 총회에서 새로운 사업시행계획이 수립되고 인가를 받자 주택재개발사업구역 내 부동산 소유자들이 사업시행계획의 취소를 구하는 소를 제기한 사안에서, ★★★조합원 자격이 없는 현금청산대상자들이 총회결의에 일부 참여하였다는 점만으로 총회결의가 무효라거나 총회결의를 통해 수립된 사업시행계획에 이를 취소하여야 할 정도의 위법사유가 있다고 단정하기는 어렵다(대법원 2021. 2. 10. 선고 2020두48031).

판례 069

사법보좌관의 처분(매각허가결정)에 대하여 이의신청하는 취지로 갑이 즉시항고장을 제출하자, 사법보좌관의 소속법원(제1심법원)이 즉시항고장의 우측 상단에 판사의 날인만 하였을 뿐 사법보좌관규칙 제4조 제6항 제5호가 정한 단독판사 등의 인가결정 절차 등을 제대로 거치지 않은 채 항고법원인 원심법원에 사건기록을 송부한 사안에서, ★즉시항고장의 우측 상단에 아무런 문언의 기재 없이 행하여진 판사의 날인만으로는 사법보좌관이 한 처분에 대한 단독판사 등의 판단행위로서 사법보좌관규칙 제4조 제6항 제5호에 따른 '인가'결정이 있었다고 보기 어렵고, 사건기록을 다시 사법보좌관의 소속법원에 이송하여 적법한 절차를 거치도록 하였어야 하는데도, 사법보좌관의 처분(매각허가결정)을 제1심결정으로 표시하여 갑의 즉시항고를 기각한 원심결정에 법리오해의 잘못이 있다(대법원 2021. 9. 9.자 2021마167).

판례 070

지방자치단체의 관할구역은 본래 지방자치제도 보장의 핵심영역, 본질적 부분에 속하는 것이 아니라 입법형성권의 범위에 속하는 점, 해상 공유수면 매립지의 경우 국가의 결정에 의하여 비로소 관할 지방자치단체가 정해지는 것인 점, 2009. 4. 1. 법률 제9577호로 개정된 지방자치법 제4조는 제1항에서 지방자치단체의 관할구역은 법령으로 정하는 것을 원칙으로 하면서도, 제3항에서 예외적으로 공유수면 매립지의 경우 종전에 헌법재판소의 권한쟁의심판 절차를 통해 해상경계선을 기준으로 관할 지방자치단체가 결정됨에 따라 발생하는 문제들을 해소하기 위하여 특별히 행정안전부장관으로 하여금 일정한 의견청취 절차를 거쳐 신중하게 관할 귀속 결정을 할 수 있는 권한을 위임한 것인 점, 국가는 해상 공유수면 매립지의 관할 지방자치단체를 결정할 때 관련 지방자치단체나 주민들의 이해관계 외에도 국토의 효율적이고 균형 있는 이용·개발과 보전(헌법 제120조 제2항, 제122조), 지역 간의 균형 있는 발전(헌법 제123조 제2항)까지도 고려하여 비교형량하여야 하는데 이러한 고려요소나 실체적 결정기준을 법률에 더 구체적으로 규정하는 것은 입법기술적으로도 곤란한 측면이 있는 점 등을 종합하면, 지방자치법 제4조 제3항부터 제7항이 ★★[행정안전부장관 및 그 소속 위원회의 매립지 관할 귀속에 관한 의결·결정의 실체적 결정기준이나 고려요소를 구체적으로 규정하지 않았다고 하더라도] 지방자치제도의 본질을 침해하였다거나 명확성원칙, ★★[법률유보원칙에 반한다고 볼 수 없다](대법원 2021. 2. 4. 선고 2015추528).

판례 071

입찰참가자격 제한 처분은 위와 같은 입법 목적을 달성하기 위하여 경쟁의 공정한 집행이나 계약의 적정한 이행을 해칠 염려가 있거나 그 밖에 입찰에 참가시키는 것이 적합하지 아니하다는 객관적 사실 및 평가에 착안하여 가하는 제재이므로 반드시 현실적인 행위자가 아니라도 ★법령상 책임자로 규정된 자에게 부과될 수 있다. 이는 대리인 등 타인을 사용하여 이익을 얻는 부정당업자는 그로 인한 위험이나 불이익을 감수하는 것이 타당하다는 점에서도 그러하다.

이 사건 시행령 조항 단서 중 '그 행위를 방지하기 위하여 상당한 주의와 감독'을 해야 하는 것은 입찰참가자격 제한 사유의 발생을 방지하기 위한 계약상대자 등 자신의 의무이다. 이 사건 시행령 조항 단서에 의하여 입찰참가자격 제한 사유의 발생에 관하여 ★독자적인 책임이 없는 계약상대자 등은 제재의 대상에서 제외된다.

이처럼 이 사건 시행령 조항은 ★국가계약법의 위임에 따라 입찰참가자격 제한 요건을 구체화하면서, 계약상대자 등의 독자적인 책임이 인정되지 않는 경우에는 입찰참가자격을 제한하지 않도록 규정하고 있으므로, 법률유보원칙이나 자기책임원칙에 반하여 무효라고 볼 수 없다(대법원 2020. 2. 27. 선고 2017두39266).

판례 072

구 고용보험법(2019. 1. 15. 법률 제16269호로 개정되기 전의 것, 이하 같다)은 육아휴직급여 청구권의 행사에 관하여 제70조 제2항에서는 신청기간을 규정하고, 이와 별도로 제107조 제1항에서는 육아휴직급여 청구권의 소멸시효기간을 규정하고 있다. 제70조 제2항은 통상적인 '제척기간'에 관한 규정 형식을 취하고 있는 반면, 제107조 제1항은 소멸시효에 관한 규정임을 명시하고 있다. 이러한 점으로 볼 때, 제70조 제2항과 제107조 제1항은 사회보장수급권의 권리행사기간에 관한 입법 유형 중 제척기간에 관한 규정과 소멸시효에 관한 규정이 병존하는 유형에 해당하는 경우로서, 제70조 제2항에서 정한 신청기간은 추상적 권리의 행사에 관한 ★★★'제척기간'이다.

구 고용보험법 제70조 제2항은 육아휴직급여에 관한 법률관계를 조속히 확정시키기 위한 강행규정이다. 근로자가 육아휴직급여를 지급받기 위해서는 제70조 제2항에서 정한 신청기간 내에 관할 직업안정기관의 장에게 급여 지급을 신청하여야 한다. 다시 말하면, <u>육아휴직급여 신청기간을 정한 제70조 제2항은 훈시규정이라고 볼 수 없다</u>(대법원 2021. 3. 18. 선고 2018두47264).

○ 판례 073

갑 주식회사가 조달청과 물품구매계약을 체결하고 국가종합전자조달시스템인 나라장터 종합쇼핑몰 인터넷 홈페이지를 통해 납품요구를 하는 수요기관에 제품을 납품하였는데, 조달청이 '규격서 내용을 허위로 기재하거나 과장하였다'는 등의 이유로 물품구매계약 추가특수조건 규정에 따라 갑 회사에 대하여 ★★★[6개월간 나라장터 종합쇼핑몰에서의 거래를 정지한다고 통보]한 사안에서, 위 거래정지 조치는 ★★★<u>항고소송의 대상이 되는 행정처분에 해당한다</u>(대법원 2018. 11. 29. 선고 2017두34940).

○ 판례 074

구청장이 구 폐기물처리시설 설치촉진 및 주변지역지원 등에 관한 법률 제6조에 따라 폐기물처리시설을 설치하거나 그 설치비용에 해당하는 금액을 납부할 의무를 부담하는 택지개발사업의 사업시행자에게 '서울특별시 송파구 택지개발에 따른 폐기물처리시설 설치비용 산정에 관한 조례' 규정에 따라 ★★★[폐기물처리시설 설치비용 산정의 기준이 되는 부지면적에 주민편익시설의 면적을 포함시켜 산정한 폐기물처리시설 부담금을 부과]한 사안에서, 위 조례 규정은 <u>상위법령의 가능한 해석범위를 넘어 이를 확장함으로써 위임의 한계를 벗어난 새로운 입법을 한 것과 다름없으므로</u> ★★★[효력이 없다](대법원 2019. 1. 10. 선고 2016두54039).

○ 판례 075

구 지방세법(2015. 12. 29. 법률 제13636호로 개정되기 전의 것, 이하 같다)제20조 제4항, 제21조 제1항, 구 지방세법 시행령(2016. 12. 30. 대통령령 제27710호로 개정되기 전의 것) 제36조 제1항, 제2항, 구 지방세법 시행령(2019. 2. 8. 대통령령 제29512호로 개정되기 전의 것) 제35조(이하 '위 시행령 조항'이라고 한다), <u>부동산등기법 제29조 제10호의 문언과 내용 및 체계 등에 비추어 보면, 납세의무자는 취득세 과세물건을 등기 또는 등록하려면 등기 또는 등록의 신청서를 등기·등록관서에 접수하는 날까지 취득세를 신고·납부하여야 하고,</u> ★[설령 등기관이 등기신청서의 접수일 다음 날까지 취득세 등의 보정을 허용한다고 하여 취득세의 신고·납부기한이 변경된다고 볼 수는 없으므로], 구 지방세법 제20조 제4항이 정한 재산권 등의 이전 등을 등기 또는 등록하려는 경우의 취득세 신고·납부기한인 '등기 또는 등록을 하기 전까지'는 위 시행령 조항이 정한 바와 같이 '등기 또는 등록의 신청서를 등기·등록관서에 접수하는 날까지'를 의미한다. 따라서 <u>위 시행령 조항은 구 지방세법 제20조 제4항의 해석 가능한 것을 명시한 것이거나 이를 구체화한 것으로서 구 지방세법 제20조 제4항이 이에 관하여 직접 위임하는 규정을 두지 않았더라도,</u> ★무효라고 볼 수 없다(대법원 2020. 10. 15. 선고 2017두47403).

◦ 판례 076

구 항만공사법 시행령(2017. 6. 20. 대통령령 제28139호로 개정되기 전의 것) 제13조 제3항이 항만공사에 대납경비 지급 여부에 관한 재량을 부여하는 규정인지 문제 된 사안에서, 위 조항은 해양수산부령에 대납경비청구권의 내용과 절차를 구체화하도록 수권하는 규정일 뿐, 항만공사에 대납경비 지급 여부에 관한 ★[재량을 부여하는 규정이 아니다](대법원 2021. 12. 16. 선고 2018다204114).

◦ 판례 077

'위반사업자 또는 그 소속 임원·종업원이 위반행위 조사를 거부·방해 또는 기피한 경우' 과징금을 가중할 수 있도록 규정한 구 과징금부과 세부기준 등에 관한 고시 Ⅳ. 3. 나. (4)항의 법적 근거 및 법적 성질(=재량준칙)(대법원 2020. 11. 26. 선고 2017두36083)

◦ 판례 078

갑 주식회사가 을 지방자치단체와 구 사회기반시설에 대한 민간투자법(2011. 3. 31. 법률 제10522호로 개정되기 전의 것, 이하 '구 민간투자법'이라 한다) 제4조 제1호에서 정한 이른바 BTO(Build-Transfer-Operate) 방식의 '지하주차장 건설 및 운영사업' 실시협약을 체결한 후 관리운영권을 부여받아 지하주차장 등을 운영하던 중 파산하였는데, 갑 회사의 파산관재인이 채무자 회생 및 파산에 관한 법률(이하 '채무자회생법'이라 한다) 제335조 제1항에 따른 해지권을 행사할 수 있는지 문제 된 사안에서, 쌍무계약의 특질을 가진 공법적 법률관계에도 쌍방미이행 쌍무계약의 해지에 관한 채무자회생법 제335조 제1항이 적용 또는 유추적용될 수 있고, 이때 개별 계약관계의 법률적 특징과 내용을 기초로 잔존 급부의 대가성, 의존성, 견련성 등을 검토한 대법원 판례의 태도는 민간투자법령의 규율을 받아 공법적 법률관계로서의 특수성이 강한 위 실시협약의 사업시행자가 파산한 경우에 채무자회생법 제335조 제1항을 유추적용하는 경우에도 고려되어야 하므로, 쌍방미이행 쌍무계약으로 해지권을 행사할 수 있는지를 판단함에 있어서 구 민간투자법의 입법 취지와 공법적 특수성, 파산선고 당시 위 실시협약의 진행 정도, 파산선고 당시 당사자들에게 남아 있는 구체적인 권리와 의무의 내용과 관계 등을 종합하여 판단하여야 하는바, 채무자회생법상 해지권의 입법 취지와 해석론 및 판례의 태도, 구 민간투자법의 내용과 위 실시협약의 공법적 성격 및 내용, 파산 당시 갑 회사가 보유한 관리운영권의 내용과 법률적 성질 등을 종합하면, ① 파산 당시 갑 회사와 을 지방자치단체 사이의 법률관계는 상호 대등한 대가관계에 있는 법률관계라고 할 수 없고, ② 갑 회사와 을 지방자치단체 사이의 법률관계 사이에 성립·이행·존속상 법률적·경제적으로 견련성이 없으며, ③ 오히려 을 지방자치단체가 갑 회사의 파산 이전에 이미 관리운영권을 설정해 줌으로써 위 실시협약에서 '상호 대등한 대가관계에 있는 채무로서 서로 성립·이행·존속상 법률적·경제적으로 견련성을 갖고 있어서 서로 담보로서 기능하는 채무'의 이행을 완료하였다고 봄이 타당하고, 따라서 파산 당시 갑 회사와 을 지방자치단체 사이의 법률관계는 채무자회생법 제335조 제1항에서 정한 쌍방미이행 쌍무계약에 해당한다고 보기 어려우므로, 갑 회사의 파산관재인의 해지권이 인정되지 않는다(대법원 2021. 5. 6. 선고 2017다273441).

○ 판례 079

헌법재판소의 위헌정당 해산결정에 따라 해산된 정당 소속 비례대표 지방의회의원 갑이 공직선거법 제192조 제4항에 따라 지방의회의원직을 상실하는지가 문제 된 사안에서, 공직선거법 제192조 제4항은 소속 정당이 헌법재판소의 정당해산결정에 따라 해산된 경우 비례대표 지방의회의원의 퇴직을 규정하는 조항이라고 할 수 없어 갑이 비례대표 지방의회의원의 지위를 상실하지 않았다(대법원 2021. 4. 29. 선고 2016두39825).

○ 판례 080

독점규제 및 공정거래에 관한 법률(이하 '공정거래법'이라 한다)상 기업결합 제한 위반행위자에 대한 시정조치 및 이행강제금 부과 등에 관한 구 공정거래법(1999. 2. 5. 법률 제5813호로 개정되기 전의 것) 제17조 제3항, 공정거래법 제7조 제1항 제1호, 제16조 제1항 제7호, 제17조의3 제1항 제1호, 제2항, 독점규제 및 공정거래에 관한 법률 시행령 제23조의4 제1항, 제3항을 종합적·체계적으로 살펴보면, 공정거래법 제17조의3은 같은 법 제16조에 따른 시정조치를 그 정한 기간 내에 이행하지 아니하는 자에 대하여 이행강제금을 부과할 수 있는 근거 규정이고, 시정조치가 공정거래법 제16조 제1항 제7호에 따른 부작위 의무를 명하는 내용이더라도 마찬가지로 보아야 한다. 나아가 이러한 이행강제금이 부과되기 전에 시정조치를 이행하거나 부작위 의무를 명하는 시정조치 불이행을 중단한 경우 ★과거의 시정조치 불이행기간에 대하여 이행강제금을 부과할 수 있다고 봄이 타당하다(대법원 2019. 12. 12. 선고 2018두63563).

○ 판례 081

[1] 교원소청심사위원회가 한 결정의 취소를 구하는 소송에서 그 결정의 적부는 결정이 이루어진 시점을 기준으로 판단하여야 하지만, 그렇다고 하여 소청심사 단계에서 이미 주장된 사유만을 행정소송의 판단대상으로 삼을 것은 아니다. 따라서 소청심사 결정 후에 생긴 사유가 아닌 이상 소청심사 단계에서 ★★★주장하지 아니한 사유도 행정소송에서 주장할 수 있고, 법원도 이에 대하여 심리·판단할 수 있다.

[2] 교원소청심사위원회의 결정은 학교법인 등에 대하여 기속력을 가지고 이는 그 결정의 주문에 포함된 사항뿐 아니라 그 전제가 된 요건사실의 인정과 판단, 즉 불리한 처분 등의 구체적 위법사유에 관한 판단에까지 미친다. 따라서 교원소청심사위원회가 사립학교 교원의 소청심사청구를 인용하여 불리한 처분 등을 취소한 데 대하여 행정소송이 제기되지 아니하거나 그에 대하여 학교법인 등이 제기한 행정소송에서 법원이 교원소청심사위원회 결정의 취소를 구하는 청구를 기각하여 그 결정이 그대로 확정되면, 결정의 주문과 그 전제가 되는 이유에 관한 판단만이 학교법인 등을 기속하게 되고, 설령 판결 이유에서 교원소청심사위원회의 결정과 달리 판단된 부분이 있더라도 이는 기속력을 가질 수 없다. 그러므로 사립학교 교원이 어떠한 불리한 처분을 받아 교원소청심사위원회에 소청심사청구를 하였고, 이에 대하여 교원소청심사위원회가 그 사유 자체가 인정되지 않는다는 이유로 양정의 당부에 대해서는 나아가 판단하지 않은 채 처분을 취소하는 결정을 한 경우, 그에 대하여 학교법인 등이 제기한 행정소송 절차에서 심리한 결과 처분사유 중 일부 사유는 인정된다고 판단되면 법원으로서는 교원소청심사위원회의 결정을 취소하여야 한다. 법원이

교원소청심사위원회 결정의 결론이 타당하다고 하여 학교법인 등의 청구를 기각하게 되면 결국 행정소송의 대상이 된 교원소청심사위원회의 결정이 유효한 것으로 확정되어 학교법인 등이 이에 기속되므로, 그 결정의 잘못을 바로잡을 길이 없게 되고 학교법인 등도 해당 교원에 대하여 적절한 재처분을 할 수 없게 되기 때문이다.

[3] 교원소청심사위원회가 학교법인 등이 교원에 대하여 불리한 처분을 한 근거인 내부규칙이 위법하여 효력이 없다는 이유로 학교법인 등의 처분을 취소하는 결정을 하였고 그에 대하여 학교법인 등이 제기한 행정소송 절차에서 심리한 결과 ★★[내부규칙은 적법하지만 교원이 그 내부규칙을 위반하였다고 볼 증거가 없다고 판단한 경우]에는, 비록 교원소청심사위원회가 내린 결정의 전제가 되는 이유와 판결 이유가 다르다고 하더라도 법원은 교원소청심사위원회의 결정을 취소할 필요 없이 학교법인 등의 청구를 기각할 수 있다고 보아야 한다. 왜냐하면 교원의 내부규칙 위반 사실이 인정되지 않는 이상 학교법인 등이 해당 교원에 대하여 다시 불리한 처분을 하지 못하게 되더라도 이것이 교원소청심사위원회 결정의 기속력으로 인한 부당한 결과라고 볼 수 없기 때문이다.

그리고 행정소송의 대상이 된 교원소청심사위원회의 결정이 유효한 것으로 확정되어 학교법인 등이 이에 기속되더라도 그 기속력은 당해 사건에 관하여 미칠 뿐 다른 사건에 미치지 않으므로, ★★학교법인 등은 다른 사건에서 문제가 된 내부규칙을 적용할 수 있기 때문에 법원으로서는 이를 이유로 취소할 필요도 없다(대법원 2018. 7. 12. 선고 2017두65821).

판례 082

원고가 고의 또는 중대한 과실 없이 행정소송으로 제기하여야 할 사건을 민사소송으로 잘못 제기한 경우, 수소법원으로서는 만약 그 행정소송에 대한 관할도 동시에 가지고 있다면 이를 행정소송으로 심리·판단하여야 하고, 그 행정소송에 대한 관할을 가지고 있지 아니하다면 관할법원에 이송하여야 한다. 다만 해당 소송이 이미 행정소송으로서의 ★★★[전심절차 및 제소기간을 도과하였거나 행정소송의 대상이 되는 처분 등이 존재하지도 아니한 상태]에 있는 등 행정소송으로서의 소송요건을 결하고 있음이 명백하여 행정소송으로 제기되었더라도 어차피 부적법하게 되는 경우에는 ★★★[이송할 것이 아니라 각하]하여야 한다(대법원 2020. 10. 15. 선고 2020다222382).

판례 083

조세는 국가존립의 기초인 재정의 근간으로서, 세법은 공권력 행사의 주체인 과세관청에 부과권이나 우선권 및 자력집행권 등 세액의 납부와 징수를 위한 상당한 권한을 부여하여 공익성과 공공성을 담보하고 있다. 따라서 조세채권자는 세법이 부여한 부과권 및 자력집행권 등에 기하여 조세채권을 실현할 수 있어 특별한 사정이 없는 한 납세자를 상대로 소를 제기할 이익을 인정하기 어렵다.

다만 납세의무자가 무자력이거나 소재불명이어서 체납처분 등의 자력집행권을 행사할 수 없는 등 구 국세기본법(2013. 1. 1. 법률 제11604호로 개정되기 전의 것) 제28조 제1항이 규정한 사유들에 의해서는 조세채권의 소멸시효 중단이 불가능하고 조세채권자가 조세채권의 징수를 위하여 가능한 모든 조치를 충실히 취하여 왔음에도 조세채권이 실현되지 않은 채 소멸시효기간의 경과가 임박하는 등의 특별한 사정이 있는 경우에는, 그 시효중단을 위한 재판상 청구는 예외적으로 소의 이익이 있다고 봄이 타당하다.

국가 등 과세주체가 당해 확정된 조세채권의 소멸시효 중단을 위하여 납세의무자를 상대로 제기한 ★★★조세채권존재확인의 소는 공법상 당사자소송에 해당한다(대법원 2020. 3. 2. 선고 2017두41771).

○ 판례 084

관계 법령의 해석상 급부를 받을 권리가 법령의 규정에 의하여 직접 발생하는 것이 아니라 ★★★급부를 받으려고 하는 자의 신청에 따라 관할 행정청이 지급결정을 함으로써 구체적인 권리가 발생하는 경우에는, 급부를 받으려고 하는 자는 우선 [관계 법령에 따라 행정청에 급부지급을 신청]하여 행정청이 이를 ★★★[거부하거나 일부 금액만 인정하는 지급결정을 하는 경우 그 결정을 대상으로 항고소송을 제기]하고, ★★★[취소·무효확인판결의 기속력에 따른 재처분을 통하여 구체적인 권리를 인정받은 다음] ★★★비로소 공법상 당사자소송으로 급부의 지급을 구하여야 하고, ★★★[구체적인 권리가 발생하지 않은 상태에서 곧바로 행정청이 속한 국가나 지방자치단체 등을 상대로 한 당사자소송이나 민사소송으로 급부의 지급을 소구하는 것은 허용되지 않는다](대법원 2020. 10. 15. 선고 2020다222382).

○ 판례 085

★★★토지구획정리조합으로부터 조합원에 대한 구 토지구획정리사업법(2000. 1. 28. 법률 제6252호로 폐지)상의 ★★★청산금채권을 양수한 사람은 행정소송법 제3조 제2호에서 정한 ★★★당사자소송에 의하여 양수금의 지급을 구할 수 있다(대법원 2021. 4. 15. 선고 2019다244980, 244997).

○ 판례 086

민간투자사업 실시협약을 체결한 당사자가 공법상 당사자소송에 의하여 그 실시협약에 따른 재정지원금의 지급을 구하는 경우에, 수소법원은 단순히 주무관청이 재정지원금액을 산정한 절차 등에 위법이 있는지 여부를 심사하는 데 그쳐서는 아니 되고, 실시협약에 따른 적정한 재정지원금액이 얼마인지를 구체적으로 심리·판단하여야 한다(대법원 2019. 1. 31. 선고 2017두46455).

○ 판례 087

구 도시정비법 제65조 제2항의 입법 취지와 구 도시정비법(제1조)의 입법 목적을 고려하면, 위 후단 규정에 따른 정비기반시설의 소유권 귀속에 관한 국가 또는 지방자치단체와 정비사업시행자 사이의 법률관계는 공법상의 법률관계로 보아야 한다. 따라서 위 후단 규정에 따른 정비기반시설의 소유권 귀속에 관한 소송은 공법상의 법률관계에 관한 소송으로서 행정소송법 제3조 제2호에서 규정하는 ★★★당사자소송에 해당한다.

원고가 고의 또는 중대한 과실 없이 행정소송으로 제기하여야 할 사건을 민사소송으로 잘못 제기한 경우, 수소법원으로서는 만약 그 행정소송에 대한 관할을 동시에 가지고 있다면 이를 행정소송으로 심리·판단하여야 하고, 그 행정소송에 대한 관할을 가지고 있지 아니하다면 당해 소송이 이미 행정소송으로서의 전심절차와 제소기간을 도과하였거나 행정소송의 대상이 되는 처분 등이 존재하지도 아니한 상태에 있는 등 행정소송으로서 소송요건을 결하고 있음이 명백하여 행정소송으로 제기되었더라도 어차피 부적법하게 되는 경우가 아닌 이상 이를 부적법한 소라고 하여 각하할 것이 아니라 관할법원에 이송하여야 한다(대법원 2018. 7. 26. 선고 2015다221569).

○ 판례 088

행정처분의 집행정지는 행정처분집행 부정지의 원칙에 대한 예외로서 인정되는 일시적인 응급처분이라 할 것이므로 집행정지결정을 하려면 이에 대한 본안소송이 법원에 제기되어 계속 중임을 요하고(대법원 1975. 11. 11. 선고 75누97 판결 등 참조), 따라서 ★[집행정지신청 기각결정 후 본안소송이 취하되었다면 위 기각결정에 대한 재항고는 그 실익이 없어 [각하될 수밖에 없다](대법원 1980. 4. 30.자 79두10 결정 등 참조).

기록에 의하면 신청인은 신청인의 집행정지신청을 배척한 원심결정이 있은 후인 2019. 6. 19. 본안소송을 취하하였음을 알 수 있는바, 그렇다면 원심결정을 다투는 신청인의 재항고는 그 실익이 없다(대법원 2019. 6. 27.자 2019무622).

○ 판례 089

★★★[시장이 도시환경정비구역을 지정하였다가 해당구역 및 주변지역의 역사·문화적 가치 보전이 필요하다는 이유로 정비구역을 해제하고 개발행위를 제한하는 내용을 고시함에 따라 사업시행예정구역에서 설립 및 사업시행인가를 받았던 갑 도시환경정비사업조합에 대하여 구청장이 조합설립인가를 취소]하자, 갑 조합이 해제 고시의 무효확인과 인가취소처분의 취소를 구하는 소를 제기하고 판결 선고 시까지 각 처분의 효력 정지를 신청한 사안에서, 정비구역 지정이 취소되고 이에 대하여 불가쟁력이 발생하는 경우 정비사업 시행을 전제로 하는 후속 처분들은 모두 그 의미를 상실하게 되고 갑 조합에 대한 조합설립인가 취소처분은 갑 조합이 적법하게 취득한 공법인의 지위를 갑 조합의 귀책사유 없이 사후적 사정변경을 이유로 박탈하는 것이어서 신중하게 판단해야 하므로 위 각 처분의 위법성에 관하여 갑 조합이 본안소송에서 주장·증명할 기회가 충분히 보장되어야 하는 점, 각 처분의 효력을 정지하지 않을 경우 갑 조합이 정비사업과 관련한 후속 조

치를 실행하는 데 사실상, 법률상 장애가 있게 될 뿐 아니라 시장 및 구청장이나 관계 행정청이 정비사업의 진행을 차단하기 위한 각종 불이익 조치를 할 염려가 있는 점 등을 종합하면, 각 처분의 효력을 정지하지 않을 경우 갑 조합에 특별한 귀책사유가 없는데도 정비사업의 진행이 법적으로 불가능해져 갑 조합에 회복하기 어려운 손해가 발생할 우려가 있으므로 이러한 손해를 예방하기 위하여 각 ★★★[처분의 효력을 정지할 긴급한 필요가 있다](대법원 2018. 7. 12.자 2018무600).

○ 판례 090

중소기업제품 구매촉진 및 판로지원에 관한 법률에 따른 1차 직접생산확인 취소처분에 대하여 중소기업자가 제기한 취소소송절차에서 집행정지결정이 이루어졌다가 본안소송에서 중소기업자의 패소판결이 확정되어 집행정지가 실효되고 취소처분을 집행할 수 있게 되었으나 1차 취소처분 당시 유효기간이 남아 있었던 직접생산확인의 전부 또는 일부가 집행정지기간 중 유효기간이 모두 만료되고 집행정지기간 중 새로 받은 직접생산확인의 유효기간이 남아 있는 경우, ★★★관할 행정청이 직접생산확인 취소 대상을 '1차 취소처분 당시' 유효기간이 남아 있었던 모든 제품에서 '1차 취소처분을 집행할 수 있게 된 시점 또는 그와 가까운 시점'을 기준으로 유효기간이 남아 있는 모든 제품으로 변경하는 처분을 할 수 있다(대법원 2020. 9. 3. 선고 2020두34070).

○ 판례 091

행정소송법 제23조에 의한 집행정지결정의 효력은 결정 주문에서 정한 종기까지 존속하고, 종기가 도래하면 그 효력이 당연히 소멸함과 동시에 집행정지되었던 행정처분의 효력이 부활한다(대법원 2013. 4. 26.자 2013무4 결정 등 참조).

원심은 재항고인이 2017. 6. 5. 신청인에 대하여 한 강제퇴거명령 및 보호명령의 집행을 서울고등법원 2017누71545 강제퇴거명령취소 사건의 판결선고 시까지 정지한다는 이 사건 집행정지결정을 하였다. 그러나 2017. 11. 14. 서울고등법원이 위 강제퇴거명령취소 사건에서 판결을 선고함으로써 위 집행정지 기간이 이미 경과함에 따라 이 사건 집행정지결정은 그 ★효력이 소멸하였다. 따라서 더 이상 재항고인이 이 사건 집행정지결정의 취소를 구할 이익이 없으므로 이 사건 재항고는 부적법하다(대법원 2018. 3. 7.자 2017무846).

○ 판례 092

[1] 행정소송법 제23조에 따른 집행정지결정의 효력은 결정 주문에서 정한 종기까지 존속하고, 그 종기가 도래하면 당연히 소멸한다. 따라서 효력기간이 정해져 있는 제재적 행정처분에 대한 취소소송에서 법원이 본안소송의 판결 선고 시까지 집행정지결정을 하면, 처분에서 정해 둔 효력기간(집행정지결정 당시 이미 일부 집행되었다면 그 나머지 기간)은 판결 선고 시까지 진행하지 않다가 판결이 선고되면 그때 집행정지결정의 효력이 소멸함과 동시에 처분의 효력이 당연히 부활하여 처분에서 정한 효력기간이 다시 진행한다. 이는 처분에서 효력기간의 시기(시기)와 종기

(종기)를 정해 두었는데, 그 시기와 종기가 집행정지기간 중에 모두 경과한 경우에도 특별한 사정이 없는 한 마찬가지이다. 이러한 법리는 행정심판위원회가 행정심판법 제30조에 따라 집행정지결정을 한 경우에도 그대로 적용된다. ★★★행정심판위원회가 행정심판 청구 사건의 재결이 있을 때까지 처분의 집행을 정지한다고 결정한 경우에는, 재결서 정본이 청구인에게 송달된 때 재결의 효력이 발생하므로(행정심판법 제48조 제2항, 제1항 참조) ★★★[그때 집행정지결정의 효력이 소멸함과 동시에 처분의 효력이 부활]한다.

[2] 효력기간이 정해져 있는 제재적 행정처분의 효력이 발생한 이후에도 행정청은 특별한 사정이 없는 한 상대방에 대한 별도의 처분으로써 효력기간의 시기와 종기를 다시 정할 수 있다. 이는 당초의 제재적 행정처분이 유효함을 전제로 그 구체적인 집행시기만을 변경하는 후속 변경처분이다. 이러한 후속 변경처분도 특별한 규정이 없는 한 의사표시에 관한 일반법리에 따라 상대방에게 고지되어야 효력이 발생한다. 위와 같은 ★★★후속 변경처분서에 효력기간의 시기와 종기를 다시 특정하는 대신 당초 제재적 행정처분의 집행을 특정 소송사건의 판결 시까지 유예한다고 기재되어 있다면, 처분의 효력기간은 원칙적으로 그 사건의 판결 선고 시까지 진행이 정지되었다가 판결이 선고되면 다시 진행된다. 다만 이러한 후속 변경처분 권한은 특별한 사정이 없는 한 당초의 제재적 행정처분의 효력이 유지되는 동안에만 인정된다. 당초의 제재적 행정처분에서 정한 효력기간이 경과하면 그로써 처분의 집행은 종료되어 처분의 효력이 소멸하는 것이므로(행정소송법 제12조 후문 참조), 그 후 동일한 사유로 다시 제재적 행정처분을 하는 것은 위법한 이중처분에 해당한다(대법원 2022. 2. 11. 선고 2021두40720).

판례 093

[1] 농지법은 농지 처분명령에 대한 이행강제금 부과처분에 불복하는 자가 그 처분을 고지받은 날부터 30일 이내에 부과권자에게 이의를 제기할 수 있고, 이의를 받은 부과권자는 지체 없이 관할 법원에 그 사실을 통보하여야 하며, 그 통보를 받은 관할 법원은 비송사건절차법에 따른 과태료 재판에 준하여 재판을 하도록 정하고 있다(제62조 제1항, 제6항, 제7항). 따라서 ★★★[농지법 제62조 제1항에 따른 이행강제금 부과처분에 불복]하는 경우에는 ★★★[비송사건절차법에 따른 재판절차가 적용]되어야 하고, ★★[행정소송법상 항고소송의 대상은 될 수 없다.]

★농지법 제62조 제6항, 제7항이 위와 같이 이행강제금 부과처분에 대한 불복절차를 분명하게 규정하고 있으므로, 이와 다른 불복절차를 허용할 수는 없다. 설령 관할청이 이행강제금 부과처분을 하면서 재결청에 행정심판을 청구하거나 관할 행정법원에 행정소송을 할 수 있다고 ★★[잘못 안내하거나 관할 행정심판위원회가 각하재결이 아닌 기각재결을 하면서 관할 법원에 행정소송을 할 수 있다고 잘못 안내]하였다고 하더라도, 그러한 잘못된 안내로 행정법원의 항고소송 재판관할이 생긴다고 볼 수도 없다(대법원 2019. 4. 11. 선고 2018두42955).

판례 094

갑 주식회사가 고층 아파트 신축사업을 계획하고 토지를 매수한 다음 을 지방자치단체와 협의하여 사업계획 승인신청을 하였고, 수개월에 걸쳐 을 지방자치단체의 보완 요청에 응하여 사업계획

승인에 필요한 요건을 갖추었는데, 을 지방자치단체의 장이 위 사업계획에 관하여 부정적인 의견을 제시한 후, 을 지방자치단체가 갑 회사에 주변 경관 등을 이유로 사업계획 불승인처분을 한 사안에서, ★★★을 지방자치단체의 담당 공무원이 경관 훼손 여부를 검토하기 위해 수행한 업무는 현장실사를 나가 사진을 촬영하여 분석자료를 작성한 것이 전부이고, 그 분석자료의 내용이 실제에 부합하는 방식으로 작성되었다고 볼 수 없는 등 위 불승인처분은 경관 훼손에 관한 객관적인 검토를 거치지 않은 채 이루어진 것으로 볼 수 있고, 사업계획 승인 업무의 진행경과, 위 사업의 규모와 경관 훼손 여부를 판단하기 위한 합리적이고 신중한 검토 필요성 등에 비추어, 담당 공무원의 업무 수행은 보통 일반의 공무원을 표준으로 하여 볼 때 ★★★객관적 주의의무를 소홀히 한 것이므로, 을 지방자치단체의 국가배상책임이 인정된다고 볼 여지가 있다(대법원 2021. 6. 30. 선고 2017다249219).

판례 095

[1] 상대방 있는 행정처분은 특별한 규정이 없는 한 의사표시에 관한 일반법리에 따라 상대방에게 고지되어야 효력이 발생하고, ★★★상대방 있는 행정처분이 상대방에게 고지되지 아니한 경우에는 상대방이 다른 경로를 통해 행정처분의 내용을 알게 되었다고 하더라도 행정처분의 효력이 발생한다고 볼 수 없다.

[2] 취소소송의 제소기간 기산점으로 행정소송법 제20조 제1항이 정한 '처분 등이 있음을 안 날'은 ★★★유효한 행정처분이 있음을 안 날을, 같은 조 제2항이 정한 '처분 등이 있은 날'은 ★★★그 행정처분의 효력이 발생한 날을 각 의미한다. 이러한 법리는 행정심판의 청구기간에 관해서도 마찬가지로 적용된다.

[3] 구 공무원연금법(2018. 3. 20. 법률 제15523호로 전부 개정되기 전의 것, 이하 같다) 제80조에 의하면, 급여에 관한 결정 등에 관하여 이의가 있는 자는 급여에 관한 결정 등이 있었던 날부터 180일, 그 사실을 안 날부터 90일 이내에 ★★★'공무원연금급여 재심위원회'에 심사를 청구할 수 있을 뿐이고(제1항, 제2항), 행정심판법에 따른 행정심판을 청구할 수는 없다(제4항).

이와 같은 공무원연금급여 재심위원회에 대한 심사청구 제도의 입법 취지와 심사청구기간, 행정심판법에 따른 일반행정심판의 적용 배제, 구 공무원연금법 제80조 제3항의 위임에 따라 구 공무원연금법 시행령(2018. 9. 18. 대통령령 제29181호로 전부 개정되기 전의 것) 제84조 내지 제95조의2에서 정한 공무원연금급여 재심위원회의 조직, 운영, 심사절차에 관한 사항 등을 종합하면, ★★★[구 공무원연금법상 공무원연금급여 재심위원회에 대한 심사청구 제도]는 사안의 전문성과 특수성을 살리기 위하여 특히 필요하여 행정심판법에 따른 일반행정심판을 갈음하는 특별한 행정불복절차(행정심판법 제4조 제1항), 즉 ★★★[특별행정심판]에 해당한다(대법원 2019. 8. 9. 선고 2019두38656).

판례 096

법령상 보상금 지급에 대한 처분 권한은, 국가사무인 예방접종피해보상에 관한 보건복지부장관의 위임을 받아 보상금 지급 여부를 결정하고, 보상금을 지급함으로써 대외적으로 보상금 지급 여부에 관한 의사를 표시할 수 있는 ★★질병관리본부장에게 있다(대법원 2019. 4. 3. 선고 2017두52764).

판례 097

수익적 행정행위 신청에 대한 거부처분은 당사자의 신청에 대하여 관할 행정청이 거절하는 의사를 대외적으로 명백히 표시함으로써 성립되고, 거부처분이 있은 후 당사자가 다시 신청을 한 경우에는 신청의 제목 여하에 불구하고 그 내용이 새로운 신청을 하는 취지라면 관할 행정청이 이를 다시 거절하는 것은 ★★★새로운 거부처분으로 봄이 원칙이다(대법원 2019. 4. 3. 선고 2017두52764).

판례 098

★★★구 여신전문금융업감독규정(2012. 10. 15. 금융위원회 고시 제2012-24호로 개정되기 전의 것) 제25조 제1항 제2호는, '부가서비스를 부당하게 변경하는 행위'에 해당하는지를 판단할 수 있는 보다 구체화된 기준과 요건 등을 제시하거나 위 기준 등에 근거한 금지행위의 유형화는 전혀 시도하지 않은 채, 신용카드업자가 부가서비스를 변경할 경우 일정 기간 동안 부가서비스를 유지해 왔고 6개월 이전에 변경 사유 등을 정해진 방법으로 고지하는 등의 절차만 준수한다면 부가서비스 변경이 신용카드회원 등의 권익을 부당하게 침해하는지에 대한 어떠한 고려도 없이 변경행위가 금지되지 않는 것으로 정하고 있다. 이는 법과 시행령의 위임 범위를 벗어난 고시규정을 통하여 '부가서비스를 부당하게 변경하는 행위'를 금지하고자 한 법과 시행령의 입법 취지를 본질적으로 변질시킨 것으로도 볼 수 있다. 결국 ★★★위 고시규정은 그 내용이 법과 시행령의 위임 범위를 벗어난 것으로서 법규명령으로서의 대외적 구속력을 인정할 수 없다(대법원 2019. 5. 30. 선고 2016다276177).

판례 099

구 법인세법 시행령 제11조 제9호의2 (가)목이 구 법인세법 제15조 제3항의 위임 범위를 벗어난 것인지 문제 된 사안에서, 법인이 정당한 사유 없이 특수관계가 소멸되는 날까지 회수하지 않은 업무무관 가지급금 등은 구 법인세법 제15조 제1항이 정한 익금에는 해당하지 않지만 소득처분을 위한 조세정책상 이유로 익금으로 보는 것으로서 ★★★구 법인세법 제15조 제3항의 위임 범위를 벗어난 것이라고 볼 수 없다(대법원 2021. 7. 29. 선고 2020두39655).

◦판례 100

법원이 법규명령 등이 위헌·위법인지를 심사하려면 그것이 '재판의 전제'가 되어야 한다. 여기에서 '재판의 전제'란 구체적 사건이 법원에 계속 중이어야 하고, 위헌·위법인지가 문제되는 법규명령 등의 특정 조항이 해당 소송사건의 재판에 적용되는 것이어야 하며, 그 조항이 위헌·위법인지에 따라 그 사건을 담당하는 법원이 다른 판단을 하게 되는 경우를 말한다(대법원 2019. 6. 13. 선고 2017두33985 판결 등 참조). 앞서 본 바와 같이 이 사건 시행령 조항에 의하더라도 원고가 취득한 이 사건 주식에 의료법인 을지병원이 취득하여 보유하고 있는 연합뉴스티브이 주식을 합하여 주식보유 제한비율 초과 여부를 판단할 수 없어 이 사건 처분이 위법한 이상, 이 사건 시행령 조항의 무효 여부에 따라 법원이 이 사건 처분의 위법 여부를 달리 판단하게 된다고 볼 수 없다. 따라서 ★이 사건 시행령 조항의 무효 여부는 이 사건의 '재판의 전제'가 되지 않는다(대법원 2021. 6. 24. 선고 2016두58659).

◦판례 101

상급행정기관이 하급행정기관에 대하여 업무처리지침이나 법령의 해석적용에 관한 기준을 정하여 발하는 이른바 행정규칙은 일반적으로 행정조직 내부에서만 효력을 가질 뿐 대외적인 구속력을 갖는 것은 아니다. 하지만 ★법령의 규정이 특정 행정기관에 그 법령 내용의 구체적 사항을 정할 수 있는 권한을 부여하면서 그 권한 행사의 절차나 방법을 특정하고 있지 아니한 관계로 수임행정기관이 행정규칙의 형식으로 그 법령의 내용이 될 사항을 구체적으로 정하고 있다면 그와 같은 행정규칙은 위에서 본 행정규칙이 갖는 일반적 효력으로서가 아니라, 행정기관에 법령의 구체적 내용을 보충할 권한을 부여한 법령 규정의 효력에 의하여 그 내용을 보충하는 기능을 갖게 된다. 따라서 이와 같은 행정규칙은 해당 법령의 위임한계를 벗어나지 않는 한 그것들과 결합하여 대외적인 구속력이 있는 법규명령으로서의 효력을 가진다. 그리고 이러한 경우 특정 행정규칙이 위임의 한계를 준수하고 있는지는 해당 법령 규정의 목적과 규정 내용, 규정의 체계, 다른 규정과의 관계 등을 종합적으로 살펴 판단하여야 하는데, 해당 법령의 해석상 가능한 것을 명시한 것에 지나지 아니하거나 해당 법령 조항의 취지에 근거하여 이를 구체화하기 위한 것인 때에는 위임 범위를 벗어난 것으로 볼 수 없다(대법원 2019. 10. 17. 선고 2014두3020, 3037).

◦판례 102

★★★신용협동조합법 제83조 제1항, 제2항, 제84조 제1항 제1호, 제2호, 제42조, 제99조 제2항 제2호, 신용협동조합법 시행령 제16조의4 제1항, 금융위원회의 설치 등에 관한 법률(이하 '금융위원회법'이라 한다) 제17조 제2호, 제60조, ★★★금융위원회 고시 '금융기관 검사 및 제재에 관한 규정' 제2조 제1항, 제2항, 제18조 제1항 제1호 (가)목, 제2항의 규정 체계와 내용, 입법 취지 등을 종합하면, 위 고시 제18조 제1항은 ★★★금융위원회법의 위임에 따라 법령의 내용이 될 사항을 구체적으로 정한 것으로서 ★★★금융위원회 법령의 위임 한계를 벗어나지 않으므로 그와 결합하여 대외적으로 구속력이 있는 법규명령의 효력을 가진다(대법원 2019. 5. 30. 선고 2018두52204).

◦ 판례 103

★★★법무사의 사무원 채용승인 신청에 대하여 소속 지방법무사회가 '채용승인을 거부'하는 조치 또는 일단 채용승인을 하였으나 법무사규칙 제37조 제6항을 근거로 '채용승인을 취소'하는 조치는 공법인인 지방법무사회가 행하는 구체적 사실에 관한 법집행으로서 공권력의 행사 또는 그 거부에 해당하므로 ★★★항고소송의 대상인 '처분'이라고 보아야 한다. 구체적인 이유는 다음과 같다.

법무사가 사무원을 채용하기 위하여 지방법무사회의 승인을 받도록 한 것은, 그 사람이 법무사법 제23조 제2항 각호에서 정한 결격사유에 해당하는지 여부를 미리 심사함으로써 법무사 사무원의 비리를 예방하고 법무사 직역에 대한 일반국민의 신뢰를 확보하기 위함이다. 법무사 사무원 채용승인은 본래 법무사에 대한 감독권한을 가지는 소관 지방법원장에 의한 국가사무였다가 지방법무사회로 이관되었으나, 이후에도 소관 지방법원장은 지방법무사회로부터 채용승인 사실의 보고를 받고 이의신청을 직접 처리하는 등 지방법무사회의 업무수행 적정성에 대한 감독을 하고 있다. 또한 법무사가 사무원 채용에 관하여 법무사법이나 법무사규칙을 위반하는 경우에는 소관 지방법원장으로부터 징계를 받을 수 있으므로, 법무사에 대하여 지방법무사회로부터 채용승인을 얻어 사무원을 채용할 의무는 법무사법에 의하여 강제되는 공법적 의무이다.

이러한 법무사 사무원 채용승인 제도의 법적 성질 및 연혁, 사무원 채용승인 거부에 대한 불복절차로서 소관 지방법원장에게 이의신청을 하도록 제도를 규정한 점 등에 비추어 보면, 지방법무사회의 법무사 사무원 채용승인은 단순히 지방법무사회와 소속 법무사 사이의 내부 법률문제라거나 지방법무사회의 고유사무라고 볼 수 없고, 법무사 감독이라는 국가사무를 위임받아 수행하는 것이라고 보아야 한다. 따라서 지방법무사회는 법무사 감독 사무를 수행하기 위하여 법률에 의하여 설립과 법무사의 회원 가입이 강제된 공법인으로서 법무사 사무원 채용승인에 관한 한 공권력 행사의 주체라고 보아야 한다.

지방법무사회가 법무사의 사무원 채용승인 신청을 거부하거나 채용승인을 얻어 채용 중인 사람에 대한 채용승인을 취소하면, 상대방인 법무사로서도 그 사람을 사무원으로 채용할 수 없게 되는 불이익을 입게 될 뿐만 아니라, 그 사람도 법무사 사무원으로 채용되어 근무할 수 없게 되는 불이익을 입게 된다. 법무사규칙 제37조 제4항이 이의신청 절차를 규정한 것은 채용승인을 신청한 법무사뿐만 아니라 사무원이 되려는 사람의 이익도 보호하려는 취지로 볼 수 있다. 따라서 지방법무사회의 사무원 채용승인 거부처분 또는 채용승인 취소처분에 대해서는 ★★★처분 상대방인 법무사뿐만 아니라 그 때문에 사무원이 될 수 없게 된 사람도 이를 다툴 원고적격이 인정되어야 한다(대법원 2020. 4. 9. 선고 2015다34444).

◦ 판례 104

청송군 도시계획 조례 제23조의2 제1항 제1호, 제2호가 상위법령의 위임한계를 일탈하였는지 문제 된 사안에서, 위 조례 조항의 위임근거가 되는 국토의 계획 및 이용에 관한 법령 규정들의 문언과 내용, 체계, 입법 취지 및 지방자치단체가 개발행위에 관한 세부기준을 조례로 정할 때 형성의 여지가 보다 넓게 인정되어야 하는 점, 태양광발전시설이 가져올 수 있는 환경훼손의 문제점과 청송군의 지리적·환경적 특성, 조례 조항에 따른 이격거리 기준을 적용하지 않는 예외사유를 인정하고 있는 점, 국토의 계획 및 이용에 관한 법령에서 개발행위허가기준의 대강과 한계만을 정하고 구체적인 세부기준은 각 지방자치단체가 지역의 특성, 주민 의견 등을 고려하여 지방자치단체의 실정에 맞게 정할 수 있도록 위임하고 있는 취지 등을 관련 법리에 비추어 살펴보면, ★★★위 조례 조항이 '고속도로, 국도, 지방도, 군도, 면도 등 주요도로에서 1,000미터 내'와 '10호 이상 주거 밀집지역, 관광지, 공공시설 부지 경계로부터 500미터 내'의 태양광발전시설 입지를 제한하고 있다고 하여 국토의 계획 및 이용에 관한 법령에서 위임한 한계를 벗어난 것이라고 볼 수 없다(대법원 2019. 10. 17. 선고 2018두40744).

○ 판례 105

이 사건 (공무원) 수당규정 제15조 등의 위임에 근거한 이 사건 지침이 ★동일한 근무시간에 대하여 시간외근무수당과 휴일근무수당의 병급을 금지한 것은 이 사건 수당규정의 해석상 가능한 것을 명시한 것이거나 구체화하기 위한 것에 불과하므로, 위임 범위를 벗어난 것으로 볼 수 없고, ★결국 대외적 구속력이 있는 법규명령으로서 효력을 가진다(대법원 2019. 10. 31. 선고 2013두5845).

○ 판례 106

[1] 구 도시 및 주거환경정비법(2013. 12. 24. 법률 제12116호로 개정되기 전의 것)에 기초하여 주택재개발정비사업조합이 수립한 사업시행계획은 관할 행정청의 인가·고시가 이루어지면 이해관계인들에게 구속력이 발생하는 독립된 행정처분에 해당하고, 관할 행정청의 사업시행계획 인가처분은 사업시행계획의 법률상 효력을 완성시키는 보충행위에 해당한다. 따라서 기본행위인 사업시행계획에는 하자가 없는데 보충행위인 인가처분에 고유한 하자가 있다면 그 인가처분의 무효확인이나 취소를 구하여야 할 것이지만, ★★★인가처분에는 고유한 하자가 없는데 사업시행계획에 하자가 있다면 사업시행계획의 무효확인이나 취소를 구하여야 할 것이지 사업시행계획의 무효를 주장하면서 곧바로 그에 대한 인가처분의 무효확인이나 취소를 구하여서는 아니 된다.

[2] 주택재개발정비사업조합의 조합원이 분양신청절차에서 분양신청을 하지 않으면 분양신청기간 종료일 다음 날에 현금청산대상자가 되고 조합원의 지위를 상실한다. 그 후 그 분양신청절차의 근거가 된 사업시행계획이 사업시행기간 만료나 폐지 등으로 실효된다고 하더라도 이는 장래에 향하여 효력이 발생할 뿐이므로 그 이전에 발생한 조합관계 탈퇴라는 법적 효과가 소급적으로 소멸하거나 이미 상실된 조합원의 지위가 자동적으로 회복된다고 볼 수는 없다. 조합이 새로운 사업시행계획을 수립하면서 현금청산대상자들에게 새로운 분양신청 및 조합 재가입의 기회를 부여하는 것은 단체 자치적 결정으로서 허용되지만, 그 기회를 활용하여 분양신청을 함으로써 조합에 재가입할지 여부는 현금청산대상자들이 개별적으로 결정할 몫이지, 현금청산대상자들의 의사와 무관하게 조합이 일방적으로 현금청산대상자들이 조합원의 지위를 회복하는 것으로 결정하는 것은 현금청산사유가 발생하면 150일 이내에 현금청산을 하도록 규정한 구 도시 및 주거환경정비법(2013. 12. 24. 법률 제12116호로 개정되기 전의 것) 제47조 제1항의 입법 취지에도 반하고, 현금청산대상자들의 의사와 이익에도 배치되므로 허용되지 않는다고 보아야 한다.

[3] 주택재개발정비사업조합의 최초 사업시행계획이 폐지인가를 받아 실효된 후 최초 사업시행계

획에 따른 분양신청절차에서 분양신청을 하지 않아 조합원 자격을 상실한 현금청산대상자들 중 일부가 참여한 총회에서 새로운 사업시행계획이 수립되고 인가를 받자 주택재개발사업구역 내 부동산 소유자들이 사업시행계획의 취소를 구하는 소를 제기한 사안에서, 총회결의에 조합원 자격이 없는 현금청산대상자들이 참여하였으나 그들을 제외하더라도 사업시행계획 수립을 위한 의결정족수를 넉넉히 충족하여 사업시행계획 수립에 관한 총회결의의 결과에 어떤 실질적인 영향을 미쳤다고 볼 만한 특별한 사정이 없는 이상, ★★★조합원 자격이 없는 현금청산대상자들에게 소집통지가 이루어졌고 그들이 총회결의에 일부 참여하였다는 점만으로 총회결의가 무효라거나 총회결의를 통해 수립된 사업시행계획에 이를 취소하여야 할 정도의 위법사유가 있다고 단정하기는 어렵다(대법원 2021. 2. 10. 선고 2020두48031).

○ 판례 107

수도시설 중 급수설비에 관한 공사의 비용(이하 '급수공사비'라 한다) 부담에 관하여 정액제를 채택하는 경우 그에 따라 산정한 급수공사비가 실제 공사비와 편차가 발생하는 것은 불가피하다. 지방자치단체의 조례로 정액제를 도입하면 주민들은 그러한 편차를 원칙적으로 받아들여야 한다. 다만 정액 급수공사비 제도에서도 비용부담의 원칙에 부합하도록 가급적 관계 법령에서 정하고 있는 산정요소를 정확하게 반영하여 편차가 지나치게 크지 않도록 해야 한다. 따라서 ★시장이 정한 정액 급수공사비 고시가 개별 산정요소를 제대로 반영하지 않은 채 일률적으로 급수공사비를 정하여 비용부담의 원칙을 중대하게 침해하는 결과를 야기하는 경우 그러한 고시는 조례의 위임 취지에 반할 뿐 아니라 비례의 원칙에도 반하여 위법하다.

법원이 법률 하위의 법규명령, 규칙, 조례, 행정규칙 등(이하 '규정'이라 한다)이 위헌·위법인지를 심사하려면 그것이 '재판의 전제'가 되어야 한다. 여기에서 '재판의 전제'란 구체적 사건이 법원에 계속 중이어야 하고, 위헌·위법인지가 문제 된 경우에는 규정의 특정 조항이 해당 소송사건의 재판에 적용되는 것이어야 하며, 그 조항이 위헌·위법인지에 따라 그 사건을 담당하는 법원이 다른 판단을 하게 되는 경우를 말한다. 따라서 법원이 구체적 규범통제를 통해 위헌·위법으로 선언할 심판대상은, 해당 규정의 전부가 불가분적으로 결합되어 있어 일부를 무효로 하는 경우 나머지 부분이 유지될 수 없는 결과를 가져오는 특별한 사정이 없는 한, 원칙적으로 해당 규정 중 재판의 전제성이 인정되는 조항에 한정된다(대법원 2019. 6. 13. 선고 2017두33985).

○ 판례 108

★'집행증서 작성사무 지침' 제4조는 법률에 의하여 허용되는 쌍방대리 형태의 촉탁행위에 대하여 '대부업자 등'의 금전대부계약에 따른 채권·채무에 관한 경우에는 행정규칙의 형식으로 일반적으로 공증인에게 촉탁을 거절하여야 할 의무를 부과하는 것이어서 '법률우위원칙'에 위배되어 무효라고 보아야 한다(대법원 2020. 11. 26. 선고 2020두42262).

○ 판례 109

상급행정기관이 소속 공무원이나 하급행정기관에 대하여 세부적인 업무처리절차나 법령의 해석·적용 기준을 정해 주는 '행정규칙'은 상위법령의 구체적 위임이 있지 않는 한 행정조직 내부에서만 효력을 가질 뿐 대외적으로 국민이나 법원을 구속하는 효력이 없다. 다만 행정규칙이 이를 정한 행정기관의 재량에 속하는 사항에 관한 것인 때에는 그 규정 내용이 객관적 합리성을 결여하였다는 등의 특별한 사정이 없는 한 법원은 이를 존중하는 것이 바람직하다.

그러나 행정규칙의 내용이 상위법령에 반하는 것이라면 법치국가원리에서 파생되는 법질서의 통일성과 모순금지 원칙에 따라 그것은 법질서상 당연무효이고, 행정내부적 효력도 인정될 수 없다. 이러한 경우 법원은 해당 행정규칙이 법질서상 부존재하는 것으로 취급하여 행정기관이 한 조치의 당부를 상위법령의 규정과 입법 목적 등에 따라서 판단하여야 한다(대법원 2019. 10. 31. 선고 2013두20011).

○ 판례 110

갑이 하사로 임관하여 해군교육사령부 정보통신학교 등에서 교육을 받고 함선에서 근무하던 중 자살한 사안에서, 갑이 해군교육사령부에서 받은 인성검사에서 '부적응, 관심, 자살예측'이라는 결과가 나왔음에도 자살예방 및 생명존중문화 조성을 위한 법률 및 장병의 자살예방 대책과 관련한 부대관리훈령 등에 따른 자살우려자 식별과 신상파악 등의 조치가 이루어지지 아니한 사정 등을 이유로 국가의 배상책임을 인정한다(대법원 2020. 5. 28. 선고 2017다211559).

○ 판례 111

상급행정기관이 소속 공무원이나 하급행정기관에 대하여 업무처리지침이나 법령의 해석·적용 기준을 정해 주는 '행정규칙'은 일반적으로 행정조직 내부에서만 효력을 가질 뿐 대외적으로 국민이나 법원을 구속하는 효력이 없다. 처분이 행정규칙을 위반하였다고 해서 그러한 사정만으로 곧바로 위법하게 되는 것은 아니고, 처분이 행정규칙을 따른 것이라고 해서 적법성이 보장되는 것도 아니다. ★[처분이 적법한지는 행정규칙에 적합한지 여부가 아니라] ★★★[상위법령의 규정과 입법 목적 등에 적합한지 여부에 따라 판단]해야 한다.

상급행정기관이 소속 공무원이나 하급행정기관에 하는 개별·구체적인 지시도 마찬가지이다. 상급행정기관의 지시는 일반적으로 행정조직 내부에서만 효력을 가질 뿐 대외적으로 국민이나 법원을 구속하는 효력이 없다. 대외적으로 처분 권한이 있는 처분청이 상급행정기관의 지시를 위반하는 처분을 하였다고 해서 그러한 사정만으로 처분이 곧바로 위법하게 되는 것은 아니고, 처분이 상급행정기관의 지시를 따른 것이라고 해서 적법성이 보장되는 것도 아니다. 처분이 적법한지는 ★★★상급행정기관의 지시를 따른 것인지 여부가 아니라, 헌법과 법률, 대외적으로 구속력 있는 법령의 규정과 입법 목적, 비례·평등원칙과 같은 법의 일반원칙에 적합한지 여부에 따라 판단해야 한다(대법원 2019. 7. 11. 선고 2017두38874).

○ 판례 112

상급행정기관이 하급행정기관에 대하여 업무처리지침이나 법령의 해석적용에 관한 기준을 정하여 발하는 이른바 행정규칙은 일반적으로 행정조직 내부에서만 효력을 가질 뿐 대외적인 구속력을 갖는 것은 아니다. 하지만 법령의 규정이 특정 행정기관에 그 법령 내용의 구체적 사항을 정할 수 있는 권한을 부여하면서 그 권한 행사의 절차나 방법을 특정하고 있지 아니한 관계로 수임행정기관이 행정규칙의 형식으로 그 법령의 내용이 될 사항을 구체적으로 정하고 있다면 그와 같은 행정규칙은 위에서 본 행정규칙이 갖는 일반적 효력으로서가 아니라, 행정기관에 법령의 구체적 내용을 보충할 권한을 부여한 법령 규정의 효력에 의하여 그 내용을 보충하는 기능을 갖게 된다. 따라서 이와 같은 행정규칙은 해당 법령의 위임한계를 벗어나지 않는 한 그것들과 결합하여 대외적인 구속력이 있는 법규명령으로서의 효력을 가진다. 그리고 이러한 경우 특정 행정규칙이 위임의 한계를 준수하고 있는지는 해당 법령 규정의 목적과 규정 내용, 규정의 체계, 다른 규정과의 관계 등을 종합적으로 살펴 판단하여야 하는데, 해당 법령의 해석상 가능한 것을 명시한 것에 지나지 아니하거나 해당 법령 조항의 취지에 근거하여 이를 구체화하기 위한 것인 때에는 위임 범위를 벗어난 것으로 볼 수 없다(대법원 2019. 10. 17. 선고 2014두3020, 3037).

○ 판례 113

구 국민건강보험법(2016. 2. 3. 법률 제13985호로 개정되기 전의 것, 이하 같다) 제41조 제2항, 구 국민건강보험 요양급여의 기준에 관한 규칙(2018. 9. 28. 보건복지부령 제595호로 개정되기 전의 것) 제5조 제1항 [별표 1] 제1호 (마)목, 제2항의 위임에 따라 보건복지부장관이 정하여 고시한 ★★★'요양급여의 적용기준 및 방법에 관한 세부사항'(2008. 1. 24. 보건복지부 고시 제2008-5호) Ⅰ. '일반사항' 중 '요양기관의 시설·인력 및 장비 등의 공동이용 시 요양급여비용 청구에 관한 사항' 부분(이하 '고시 규정'이라 한다)은 ★★★상위법령의 위임에 따라 제정된 '요양급여의 세부적인 적용기준'의 일부로 상위법령과 결합하여 대외적으로 구속력 있는 '법령보충적 행정규칙'에 해당하므로, 요양기관이 위 고시 규정에서 정한 절차와 요건을 준수하여 요양급여를 실시한 경우에 한하여 요양급여비용을 지급받을 수 있다.

MEMO

행정법
5년간 최신판례

제4편 실전 판례

판례 001

★★★법외노조 통보는 적법하게 설립된 노동조합의 법적 지위를 박탈하는 중대한 침익적 처분으로서 원칙적으로 국민의 대표자인 입법자가 스스로 형식적 법률로써 규정하여야 할 사항이고, 행정입법으로 이를 규정하기 위하여는 반드시 법률의 명시적이고 구체적인 위임이 있어야 한다. 그런데 노동조합 및 노동관계조정법 시행령(이하 '노동조합법 시행령'이라 한다) 제9조 제2항은 ★★★[법률의 위임 없이 법률이 정하지 아니한] [법외노조 통보에 관하여 규정]함으로써 헌법상 노동3권을 본질적으로 제한하고 있으므로 그 자체로 무효이다.

고용노동부장관이 전국의 국공립학교와 사립학교 교원을 조합원으로 하여 설립된 갑 노동조합의 노동조합 설립신고를 수리하고 신고증을 교부하였는데, 그 후 갑 노동조합에 대하여 '두 차례에 걸쳐 해직자의 조합원 가입을 허용하는 규약을 시정하도록 명하였으나 이행하지 않았고, 실제로 해직자가 조합원으로 가입하여 활동하고 있는 것으로 파악된다'는 이유로 해당 규약 조항의 시정 등의 조치를 요구하였으나 갑 노동조합이 이를 이행하지 않자 교원의 노동조합 설립 및 운영 등에 관한 법률 제14조 제1항, 노동조합 및 노동관계조정법 제12조 제3항 제1호, 제2조 제4호 (라)목 및 교원의 노동조합 설립 및 운영 등에 관한 법률 시행령 제9조 제1항, 노동조합 및 노동관계조정법 시행령 제9조 제2항에 따라 갑 노동조합을 '교원의 노동조합 설립 및 운영 등에 관한 법률에 의한 노동조합으로 보지 아니함'을 통보한 사안에서, 법외노조 통보에 관한 노동조합 및 노동관계조정법 시행령 제9조 제2항은 헌법상 법률유보의 원칙에 위반되어 그 자체로 무효이므로 그에 기초한 위 법외노조 통보는 법적 근거를 상실하여 위법하다

법외노조 통보는 이미 법률에 의하여 법외노조가 된 것을 사후적으로 고지하거나 확인하는 행위가 아니라 그 통보로써 비로소 법외노조가 되도록 하는 형성적 행정처분이다. 이러한 법외노조 통보는 단순히 노동조합에 대한 법률상 보호만을 제거하는 것에 그치지 않고 헌법상 노동3권을 실질적으로 제약한다. 그런데 노동조합 및 노동관계조정법(이하 '노동조합법'이라 한다)은 법상 설립요건을 갖추지 못한 단체의 노동조합 설립신고서를 반려하도록 규정하면서도, 그보다 더 침익적인 설립 후 활동 중인 노동조합에 대한 법외노조 통보에 관하여는 아무런 규정을 두고 있지 않고, 이를 시행령에 위임하는 명문의 규정도 두고 있지 않다. 더욱이 법외노조 통보 제도는 입법자가 반성적 고려에서 폐지한 노동조합 해산명령 제도와 실질적으로 다를 바 없다. 결국 노동조합법 시행령 제9조 제2항은 법률이 정하고 있지 아니한 사항에 관하여, 법률의 구체적이고 명시적인 위임도 없이 헌법이 보장하는 노동3권에 대한 본질적인 제한을 규정한 것으로서 ★★★법률유보원칙에 반한다(대법원 2020. 9. 3. 선고 2016두32992).

판례 002

[1] 구 도시 및 주거환경정비법(2013. 3. 23. 법률 제11690호로 개정되기 전의 것) 제11조 제1항 본문은 계약 상대방 선정의 절차와 방법에 관하여 조합총회에서 ★★['경쟁입찰'의 방법으로 하도록 규정함으로써], 계약 상대방 선정의 방법을 법률에서 직접 제한하고 제한의 내용을 구체화하고 있다. 다만 경쟁입찰의 실시를 위한 절차 등 세부적 내용만을 국토해양부장관이 정하도록 규정하고 있을 뿐이고, 이것이 계약의 자유를 본질적으로 제한하는 사항으로서 입법자가 반드시 법률로써 규율하여야 하는 사항이라고 보기 어렵다. 또한 '경쟁입찰'은 경쟁의 공정성을 유지하는 가운데 입찰자 중 입찰 시행자에게 가장 유리한 입찰참가인을 낙찰자로 하는 것까지를 포괄하는

개념이므로 위 규정이 낙찰자 선정 기준을 전혀 규정하지 않고 있다고 볼 수 없다. 따라서 위 규정은 법률유보의 원칙에 반하지 않는다.

[2] 구 도시 및 주거환경정비법(2013. 3. 23. 법률 제11690호로 개정되기 전의 것, 이하 '구 도시정비법'이라 한다) 제11조 제1항 본문은 정비사업의 시공자 선정과정에서 공정한 경쟁이 가능하도록 하는 절차나 그에 관한 평가와 의사결정 방법 등의 세부적 내용에 관하여 국토해양부장관이 정하도록 위임하고 있는데, 이는 전문적·기술적 사항이자 경미한 사항으로서 업무의 성질상 위임이 불가피한 경우에 해당한다. 그리고 입찰의 개념이나 민사법의 일반 원리에 따른 절차 등을 고려하면, 위 규정에 따라 국토해양부장관이 규율할 내용은 경쟁입찰의 구체적 종류, 입찰공고, 응찰, 낙찰로 이어지는 세부적인 입찰절차와 일정, 의사결정 방식 등의 제한에 관한 것으로서 공정한 경쟁을 담보할 수 있는 방식이 될 것임을 충분히 예측할 수 있으므로 포괄위임금지의 원칙에 반하지 않는다. 따라서 구 도시정비법 제11조 제1항 본문이 시공자 선정에 관해 매우 추상적인 기준만을 정하여 명확성 원칙에 위배된다고 볼 수도 없다.

또한 위 규정은 정비사업의 시공자 선정절차의 투명성과 공정성을 제고하기 위한 것으로서, 달리 시공자 선정의 공정성을 확보하면서도 조합이나 계약 상대방의 자유를 덜 제한할 수 있는 방안을 찾기 어렵고, 그로 인하여 사업시행자인 조합 등이 받는 불이익이 달성되는 공익보다 크다고 할 수 없으므로 과잉금지의 원칙에 반하여 계약의 자유를 침해한다고 볼 수 없다.

[3] 구 도시 및 주거환경정비법(2013. 3. 23. 법률 제11690호로 개정되기 전의 것, 이하 '구 도시정비법'이라 한다) 제11조 제1항 본문의 내용과 입법 취지, 이 규정을 위반한 행위를 유효로 한다면 정비사업의 핵심적 절차인 시공자 선정에 관한 조합원 간의 분쟁을 유발하고 그 선정 과정의 투명성·공정성이 침해됨으로써 조합원들의 이익을 심각하게 침해할 것으로 보이는 점, 구 도시정비법 제84조의3 제1호에서 위 규정을 위반한 경우에 형사처벌을 하고 있는 점 등을 종합하면, 구 도시정비법 제11조 제1항 본문은 강행규정으로서 이를 위반하여 경쟁입찰의 방법이 아닌 방법으로 이루어진 입찰과 시공자 선정결의는 당연히 무효라고 보아야 한다. 나아가 형식적으로는 경쟁입찰의 방법에 따라 조합총회에서 시공자 선정결의를 하였다고 하더라도 실질적으로 구 도시정비법 제11조 제1항 본문에서 경쟁입찰에 의하여 시공사를 정하도록 한 취지를 잠탈하는 경우에도 위 규정을 위반한 것으로 볼 수 있다. 가령 조합이나 입찰 참가업체가 시공자 선정과정에서 조합원들에게 금품을 제공하여 시공자 선정동의서를 매수하는 등 시공자 선정 기준, 조합의 정관, 입찰참여지침서나 홍보지침서 등에서 정한 절차나 금지사항을 위반하는 부정한 행위를 하였고, 이러한 부정행위가 시공자 선정에 관한 총회결의 결과에 영향을 미쳤다고 볼 수 있는 경우를 들 수 있다(대법원 2017. 5. 30. 선고 2014다61340).

○ 판례 003

살수차 사용요건-->신체의 자유 중대제한-->법적 근거를 두어야 함(헌재결, 2018. 5. 31)

◦ 판례 004

자동차이용 범죄--〉범죄 기여를 고려하여 운전면허를 취소해야 함(헌재결, 2005. 11. 24)

◦ 판례 005

[1] 구 의료법 제55조 등 관련 법률 자체로 보건복지부장관에게 사실상 전공의 수련과정을 마친 치과의사들에 대한 치과의사전문의 자격시험 응시자격 부여 등 경과조치에 관한 사항과 관련한 행정입법 의무가 곧바로 도출되는지 여부(소극) 및 이는 국민권익위원회가 보건복지부장관에게 그러한 경과조치를 마련하라는 의견표명을 하였더라도 마찬가지인지 여부(적극)

[2] 헌법재판소 1998. 7. 16. 선고 96헌마246 결정이 사실상 전공의 수련과정을 마친 치과의사들에게 그 수련경력에 대한 기득권을 인정하는 경과조치를 마련하지 않은 보건복지부장관의 행정입법부작위가 위헌·위법하다고 판시한 것인지 여부(소극)

[3] ★★★입법예고를 통해 법령안의 내용을 국민에게 예고한 것만으로 국가가 이해관계자들에게 법령안에 관련된 사항을 약속하거나 신뢰를 부여하였다고 볼 수 있는지 여부(★★★소극)(대법원 2018. 6. 15. 선고 2017다249769)

◦ 판례 006

[1] '대한민국과 동남아시아국가연합 회원국 정부 간의 포괄적 경제협력에 관한 기본협정하의 상품무역에 관한 협정'(이하 '한·아세안 FTA'라고 한다) 부속서 원산지 규정의 이행을 위한 절차적 사항을 담은 부록 '원산지 규정을 위한 원산지 증명 운영절차' 제19조의 문언, 체계, 경위, 한·아세안 FTA 부속서를 비롯한 관련 법령의 직접운송에 관한 규정들의 취지와 목적 등을 모두 종합할 때, 위 조항은 한·아세안 FTA 부속서 3(원산지 규정) 제9조의 직접운송 규정을 원활히 실시·집행하기 위하여 관세당국에 제출할 증명서류에 관하여 일반적으로 신빙성을 높게 보는 대표적인 증빙서류들을 정하고 있는 것으로서, 이를 제출하기 어려운 사정이 있는 경우에는 다른 신빙성 있는 자료로 대체할 수 있다. 따라서 가호의 '수출 당사국에서 발행된 통과 선하증권'을 발급받기 어려운 사정이 있는 경우에는 같은 조 라호에 따라 다른 신빙성 있는 증명서류를 제출하여 직접운송 간주 요건의 충족을 증명할 수 있고, 단지 위 '통과 선하증권'이 제출되지 않았다는 형식적인 이유만으로 한·아세안 FTA 직접운송의 요건을 충족하지 못한다고 단정하여 협정세율 적용을 부인할 수는 없다.

[2] 조세법률관계에서 신의성실의 원칙이 적용되기 위한 과세관청의 공적인 견해 표명은 당해 언동을 하게 된 경위와 그에 대한 납세자의 신뢰가능성에 비추어 실질에 의하여 판단하여야 하나, ★납세자가 구 자유무역협정의 이행을 위한 관세법의 특례에 관한 법률(2015. 12. 29. 법률 제13625호로 전부 개정되기 전의 것) 제10조에 따라 수입신고 시 또는 그 사후에 협정관세 적용을 신청하여 세관장이 형식적 심사만으로 수리한 것을 두고 그에 대해 과세하지 않겠다는 공적인 견해 표명이 있었다고 보기는 어렵다(대법원 2019. 2. 14. 선고 2017두63726).

○ 판례 007

내국법인인 갑 주식회사가 영국 법인인 을 회사가 생산한 물품을 싱가포르 법인인 병 회사를 통해 수입하였고, 갑 회사가 '대한민국과 유럽연합 및 그 회원국 간의 자유무역협정'(이하 '자유무역협정'이라 한다)에 따른 협정세율(0%)을 적용하는 내용의 수입신고를 하면서, 판매회사인 병 회사가 생산회사인 을 회사의 인증수출자 번호를 잘못 기재하여 발급한 원산지신고서를 제출하였다가, 이후 갑 회사가 을 회사 명의로 작성되고 인증수출자 번호가 제대로 기재된 원산지신고서를 제출하였는데, 관할 세관장이 위 자유무역협정에 따른 협정세율의 적용을 배제하고, 관세율 8%를 적용하여 산출한 관세 등을 결정·고지하는 처분을 한 사안에서, 구 자유무역협정의 이행을 위한 관세법의 특례에 관한 법률(2015. 12. 29. 법률 제13625호로 전부 개정되기 전의 것) 제16조 제1항, 자유무역협정 제15.13조, 자유무역협정 부속 '원산지제품'의 정의 및 행정협력의 방법에 관한 의정서 제15조 내지 제17조, 제27조 제6항, 제7항의 체계·내용과 자유무역협정에서 6,000유로 초과 수입물품에 대해서 오직 유효한 인증수출자가 작성한 원산지신고서에 근거해서만 협정관세를 적용받을 수 있도록 한 취지 등을 종합하면, 관할 세관장이 원산지신고서의 진정성에 대하여 합리적인 의심을 갖게 되어 영국 관세당국에 검증을 요청하였고, 이에 대하여 영국 관세당국이 위 원산지신고서는 모두 인증수출자인 을 회사가 작성한 것이 아니라는 이유로 위 수입물품이 자유무역협정의 특혜관세 적용요건을 충족하지 못하여 특혜관세대우의 자격이 없다고 회신하였으므로, 위와 같은 원산지신고서에 따라 자유무역협정의 협정관세를 적용받을 수는 없고, 이는 을 회사가 위 수입물품에 관한 수입신고일 이후 2년 이상이 지나 갑 회사에 원산지증명과 관련된 서류를 작성해 주었다고 하더라도 달리 볼 수 없는데도, 위 처분이 위법하다고 본 원심판단에 법리오해의 잘못이 있다(대법원 2020. 2. 27. 선고 2016두63408).

○ 판례 008

[1] ★★★휴양 콘도미니엄업이 교육환경 보호에 관한 법률 제9조 제27호에서 교육환경보호구역에서의 금지행위 및 시설로 규정한 '공중위생관리법 제2조 제1항 제2호에 따른 숙박업'에 해당하는지 여부(적극)

[2] 갑 주식회사가 교육환경보호구역에 해당하는 사업부지에 콘도미니엄을 신축하기 위하여 교육환경평가승인신청을 한 데 대하여, 관할 교육지원청 교육장이 갑 회사에 ★★★'관광진흥법 제3조 제1항 제2호 (나)목에 따른 휴양 콘도미니엄업이 교육환경 보호에 관한 법률에 따른 금지행위 및 시설로 규정되어 있지는 않으나 성매매 등에 대한 우려를 제기하는 민원에 대한 구체적인 예방대책을 제시하시기 바람'이라고 기재된 보완요청서를 보낸 후 교육감으로부터 '콘도미니엄업에 관하여 교육환경보호구역에서 금지되는 행위 및 시설에 관한 교육환경 보호에 관한 법률 제9조 제27호를 적용하라'는 취지의 행정지침을 통보받고 갑 회사에 교육환경평가승인신청을 반려하는 처분을 한 사안에서, ★★★위 처분은 신뢰의 대상이 되는 교육장의 공적 견해표명이 있었다고 보기 어렵고, ★★★교육장의 교육환경평가승인이 공익 또는 제3자의 정당한 이익을 현저히 해할 우려가 있는 경우에 해당하므로 신뢰보호원칙에 반하지 않는다(대법원 2020. 4. 29. 선고 2019두52799).

○ 판례 009

[1] 구 국토이용관리법 시행령(2002. 12. 26. 대통령령 제17816호로 폐지) 제14조 제1항 제1호에 따르면, 준농림지역 안에서는 특정대기유해물질 배출시설의 설치가 금지되었기 때문에, 그 범위에서 특정대기유해물질이 발생하는 공장시설을 설치하여 운영하려는 자의 직업수행의 자유, 준농림지역 안에서 토지나 건물을 소유하고 있는 자의 재산권이 제한받을 수 있다. 그러나 위 규정이 헌법 제37조 제2항의 과잉금지원칙을 위반하였다고 볼 수는 없다.

[2] ★★★준농림지역(이후 자연녹지지역으로 변경)에서 레미콘 공장을 설립하여 운영하던 갑 주식회사가 아스콘 공장을 추가로 설립하기 위하여 관할 시장으로부터 공장설립 변경승인을 받고 아스콘 공장 증설에 따른 대기오염물질 배출시설 설치 변경신고를 마친 다음 아스콘 공장을 운영하였는데, 위 공장에 대하여 실시한 배출검사에서 대기환경보전법상 특정대기유해물질에 해당하는 ★★★포름알데히드 등이 검출되자 시장이 자연녹지지역 안에서 허가받지 않은 특정대기유해물질 배출시설을 설치·운영하였다는 사유로 대기환경보전법 제38조 단서에 따라 위 공장의 대기오염물질 배출시설 및 방지시설을 폐쇄하라는 명령을 한 사안에서, 위 공장설립 당시의 관계 법령에 따르면 준농림지역 안에서 특정대기유해물질이 발생하는 위 공장의 설치가 금지되어 있었고, 위 공장은 국토의 계획 및 이용에 관한 법률 시행령 제71조 제1항 제16호 [별표 17] 제2호 (차)목에 따라 처분 당시 변경된 자연녹지지역에 설치가 금지된 경우에 해당하므로 대기환경보전법 제38조 단서에 따른 폐쇄명령의 대상이며, 공장설립 당시에 갑 회사가 위 공장에서 특정대기유해물질은 배출되지 않고 토석의 저장·혼합 및 연료 사용에 따라 먼지와 배기가스만 배출될 것이라는 전제에서 허위이거나 부실한 배출시설 및 방지시설 설치 계획서를 제출하였으므로 시장이 만연히 갑 회사의 계획서를 그대로 믿은 데에 과실이 있더라도, 시장의 착오는 갑 회사가 유발한 것이므로, 위 ★★★공장에 대하여 특정대기유해물질 관련 규제가 적용되지 않으리라는 갑 회사의 기대는 보호가치가 없다는 등의 이유로, 위 처분이 신뢰보호원칙, 행정의 자기구속 법리, 실효의 원칙에 위배되지 않는다(대법원 2020. 4. 9. 선고 2019두51499).

○ 판례 010

가. 징계처분이 중대하고 명백한 흠 때문에 당연무효의 것이라면 징계처분을 받은 자가 이를 용인하였다 하여 그 흠이 치료되는 것은 아니다.

나. 피징계자가 징계처분에 중대하고 명백한 흠이 있음을 알면서도 퇴직시에 지급되는 퇴직금 등 급여를 지급받으면서 그 징계처분에 대하여 위 흠을 들어 항고하였다가 곧 취하하고 그 후 5년 이상이나 그 징계처분의 효력을 일체 다투지 아니하다가 위 비위사실에 대한 공소시효가 완성되어 더이상 형사소추를 당할 우려가 없게 되자 새삼 위 흠을 들어 그 징계처분의 무효확인을 구하는 소를 제기하기에 이르렀고 한편 징계권자로서도 그후 오랜 기간동안 피징계자의 퇴직을 전제로 승진·보직 등 인사를 단행하여 신분관계를 설정하였다면 피징계자가 이제와서 위 흠을 내세워 그 징계처분의 무효확인을 구하는 것은 신의칙에 반한다(대법원 1989. 12. 12. 선고 88누8869).

○ 판례 011

[1] 직업능력개발훈련과정 인정을 받은 사업주가 거짓이나 그 밖의 부정한 방법으로 훈련비용을 지원받은 경우에는 해당 훈련과정의 인정을 취소할 수 있고, 인정이 취소된 사업주에 대하여는 인정취소일부터 5년의 범위에서 구 근로자직업능력 개발법(2012. 2. 1. 법률 제11272호로 개정되기 전의 것, 이하 '직업능력개발법'이라 한다) 제24조 제1항에 의한 직업능력개발훈련과정 인정을 하지 않을 수 있으며, 1년간 직업능력개발훈련 비용을 지원하지 않을 수 있다[직업능력개발법 제24조 제2항 제2호, 제3항, 제55조 제2항 제1호, 구 근로자직업능력 개발법 시행규칙(2011. 3. 11. 고용노동부령 제20호로 개정되기 전의 것) 제22조 [별표 6의2]].

관할관청이 직업능력개발훈련과정 인정을 받은 사업주에 대하여 거짓이나 그 밖의 부정한 방법으로 훈련비용을 지원받았다고 판단하여 위 규정들에 따라 일정 기간의 훈련과정 인정제한처분과 훈련비용 지원제한처분을 하였다면, 사업주는 제한처분 때문에 해당 제한 기간에는 실시예정인 훈련과정의 인정을 신청할 수 없고, 이미 실시한 훈련과정의 비용지원도 신청할 수 없게 된다(설령 사업주가 신청을 하더라도, 관할관청은 제한처분이 있음을 이유로 훈련과정 인정이나 훈련비용 지원을 거부할 것임이 분명하다).

그런데 그 제한처분에 대한 쟁송절차에서 해당 제한처분이 위법한 것으로 판단되어 취소되거나 당연무효로 확인된 경우에는, 예외적으로 사업주가 해당 제한처분 때문에 관계 법령이 정한 기한 내에 하지 못했던 훈련과정 인정신청과 훈련비용 지원신청을 사후적으로 할 수 있는 기회를 주는 것이 취소판결과 무효확인판결의 기속력을 규정한 행정소송법 제30조 제1항, 제2항, 제38조 제1항의 입법 취지와 법치행정 원리에 부합한다.

[2] 관할관청이 위법한 직업능력개발훈련과정 인정제한처분을 하여 사업주로 하여금 제때 훈련과정 인정신청을 할 수 없도록 하였음에도, 인정제한처분에 대한 취소판결 확정 후 사업주가 인정제한 기간 내에 실제로 실시하였던 훈련에 관하여 비용지원신청을 한 경우에, 관할관청은 단지 해당 훈련과정에 관하여 사전에 훈련과정 인정을 받지 않았다는 이유만을 들어 훈련비용 지원을 거부할 수는 없음이 원칙이다. 이러한 ★★거부행위는 위법한 훈련과정 인정제한처분을 함으로써 사업주로 하여금 제때 훈련과정 인정신청을 할 수 없게 한 장애사유를 만든 행정청이 사업주에 대하여 사전에 훈련과정 인정신청을 하지 않았음을 탓하는 것과 다름없으므로 신의성실의 원칙에 반하여 허용될 수 없다.

따라서 사업주에 대한 훈련과정 인정제한처분과 훈련비용 지원제한처분이 쟁송절차에서 위법한 것으로 판단되어 취소되거나 당연무효로 확인된 후에 사업주가 인정제한 기간에 실제로 실시한 직업능력개발훈련과정의 비용에 대하여 사후적으로 지원신청을 하는 경우, 관할관청으로서는 사업주가 해당 훈련과정에 대하여 미리 훈련과정 인정을 받아 두지 않았다는 형식적인 이유만으로 훈련비용 지원을 거부하여서는 아니 된다. 관할관청은 사업주가 인정제한 기간에 실제로 실시한 직업능력개발훈련과정이 구 근로자직업능력 개발법 시행령(2011. 12. 30. 대통령령 제23467호로 개정되기 전의 것) 제22조 제1항에서 정한 훈련과정 인정의 실체적 요건들을 모두 충족하였는지, 각 훈련생이 구 사업주에 대한 직업능력개발훈련 지원규정(2011. 12. 30. 고용노동부고시 제2011-73호로 개정되기 전의 것) 제8조 제1항에서 정한 지원금 지급을 위한 수료기준을 충족하였는지 등을 심사하여 훈련비용 지원 여부와 지원금액의 규모를 결정하여야 한다. 나아가 관할관청은 사업주가 사후적인 훈련비용 지원신청서에 위와 같은 심사에 필요한 서류를 제대로 첨부하지 아니한 경우에는 사업주에게 상당한 기간을 정하여 보완을 요구하여야 한다(행정절차법 제17조 제5항).(대법원 2019. 1. 31. 선고 2016두52019).

판례 012

2013. 4. 25. 국토교통부령 제5호로 개정된 공익사업을 위한 토지 등의 취득 및 보상에 관한 법률 시행규칙 시행일 전에 사업인정고시가 이루어졌으나 위 시행규칙 시행 후 보상계획의 공고·통지가 이루어진 공익사업에 대해서도 ★★★영농보상금액의 구체적인 산정방법·기준에 관한 위 시행규칙 제48조 제2항 단서 제1호를 적용하도록 규정한 위 시행규칙 부칙(2013. 4. 25.) 제4조 제1항이 ★★★진정소급입법에 해당하지 않는다(대법원 2020. 4. 29. 선고 2019두32696).

판례 013

국가공무원법 제2조 제2항 제2호, 교육공무원법 제2조 제1항 제1호, 제3항, 제8조, 제26조 제1항, 제34조 제2항, 교육공무원임용령 제5조의2 제4항에 의하면, 일정한 자격을 갖추고 소정의 절차에 따라 대학의 장에 의하여 임용된 조교는 법정된 근무기간 동안 신분이 보장되는 교육공무원법상의 교육공무원 내지 국가공무원법상의 특정직공무원 지위가 부여되고, 근무관계는 사법상의 근로계약관계가 아닌 ★★★공법상 근무관계에 해당한다. 이와 같이 교육공무원 내지 특정직공무원의 신분을 부여받는 조교는 1년으로 법정된 근무기간이 만료하면 바로 지위를 상실하게 될 뿐만 아니라, 위 기간 만료 후에 다시 종전 지위를 취득하기 위해서는 임용주체의 의사결정에 기한 임명행위로써 공무원의 신분을 새롭게 부여받을 것을 요한다. 또한 조교에 대한 보수 등의 근무조건에 관하여는 교육공무원법 내지 국가공무원법과 그 위임에 따라 제정된 개별 법령이 적용됨으로써, 공무원인 조교의 근무관계에 관하여도 공무원의 '근무조건 법정주의'에 따라 기본적으로 법령에 의해 권리의무의 내용이 정해지고 있다. 이러한 사정들을 고려하면, 교육공무원 내지 특정직공무원의 신분보장을 받는 대신 근무기간이 1년으로 법정된 조교에 대하여는, '기간의 정함이 있는 근로계약을 체결한 근로자'에 대한 불합리한 차별을 시정하고 근로조건 보호를 강화함으로써 노동시장의 건전한 발전에 이바지하기 위한 목적에서 도입된 기간제 및 단시간근로자 보호 등에 관한 법률(이하 '기간제법'이라 한다)이 그대로 적용된다고 볼 수 없다. 특히 기간제법 제4조 제1항, 제2항은 사용자가 기간제근로자를 사용할 수 있는 기간의 허용가능한 범위를 정함과 동시에 일정 요건하에 기간의 정함이 없는 근로계약을 체결한 근로자로 간주하는 규정으로서, 이를 국가와 공무원신분인 조교 간의 근무관계에 곧바로 적용하는 것은 임용주체의 임명행위에 의해 설정되는 공법상 근무관계의 성질은 물론, 조교의 근무기간이 1년으로 법정된 취지 등에도 반하는 것이어서 허용될 수 없다고 봄이 타당하다. 이는 국가 또는 지방자치단체의 기관에 대하여도 기간제법을 적용하도록 기간제법 제3조 제3항이 규정하고 있다거나, 공무원도 임금을 목적으로 근로를 제공하는 근로기준법상의 근로자라고 하여 달리 볼 것은 아니다(대법원 2019. 11. 14. 선고 2015두52531).

판례 014

헌법상 기본권은 제1차적으로 개인의 자유로운 영역을 공권력의 침해로부터 보호하기 위한 방어적 권리이지만 다른 한편으로 헌법의 기본적인 결단인 객관적인 가치질서를 구체화한 것으로서, 사법(사법)을 포함한 모든 법 영역에 그 영향을 미치는 것이므로 사인 간의 사적인 법률관계도 헌법상의 기본권 규정에 적합하게 규율되어야 한다. 다만 기본권 규정은 성질상 사법관계에 직접 적용될 수 있는 예외적인 것을 제외하고는 관련 법규범 또는 사법상의 일반원칙을 규정한 민법 제2조, 제103조 등의 내용을 형성하고 그 해석기준이 되어 ★간접적으로 사법관계에 효력을 미치게 된다.

국내외 항공운송업을 영위하는 갑 주식회사가 턱수염을 기르고 근무하던 소속 기장 을에게 ★'수염을 길러서는 안 된다'고 정한 취업규칙인 '임직원 근무복장 및 용모규정' 제5조 제1항 제2호를 위반하였다는 이유로 비행업무를 일시 정지시킨 데 대하여, 을이 부당한 인사처분에 해당한다며 노동위원회에 구제신청을 하였고 중앙노동위원회가 위 비행정지가 부당한 처분임을 인정하는 판정을 하자, 갑 회사가 중앙노동위원회위원장을 상대로 재심판정의 취소를 구한 사안에서, 위 취업규칙 조항은 항공운송업을 영위하는 사기업으로서 항공사에 대한 고객의 신뢰와 만족도 향상, 직원들의 책임의식 고취와 근무기강 확립 등을 위하여 소속 직원들의 용모와 복장들을 제한할 수 있는 갑 회사의 영업의 자유와 을의 일반적 행동자유권이 충돌하는 결과를 가져오는데, 위 취업규칙 조항이 두 기본권에 대한 이익형량이나 조화로운 조정 없이 영업의 자유와 관련한 필요성과 합리성의 범위를 넘어 일률적으로 소속 직원들의 일반적 행동자유권을 전면적으로 제한하고 있는 것은 기본권 충돌에 관한 형량과 기본권의 상호조화 측면에서 문제가 있는 점, 오늘날 개인 용모의 다양성에 대한 사회 인식의 변화 등을 고려할 때 갑 회사 소속 직원들이 수염을 기른다고 하여 반드시 고객에게 부정적인 인식과 영향을 끼친다고 단정하기 어려운 점, 더욱이 기장의 업무 범위에 항공기에 탑승하는 고객들과 직접적으로 대면하여 서비스를 제공하는 것이 당연히 포함되어 있다고 볼 수 없으며, 을이 자신의 일반적 행동자유권을 지키기 위해서 선택할 수 있는 대안으로는 갑 회사에서 퇴사하는 것 외에는 다른 선택이 존재하지 않는데도 수염을 일률적·전면적으로 기르지 못하도록 강제하는 것은 합리적이라고 볼 수 없는 점 등에 비추어 보면, 갑 회사가 헌법상 영업의 자유 등에 근거하여 제정한 위 취업규칙 조항은 을의 헌법상 일반적 행동자유권을 침해하므로 근로기준법 제96조 제1항, 민법 제103조 등에 따라서 ★무효이다(대법원 2018. 9. 13. 선고 2017두38560).

판례 015

[1] 국가유공자등예우및지원에관한법률 제4조 제1항 제6호(공상군경)에서 말하는 '교육훈련 또는 직무수행중 상이(공무상의 질병을 포함한다)'라 함은 군인 또는 경찰공무원이 교육훈련 또는 직무수행중 부상하거나 질병에 걸리는 것을 뜻하므로, 위 규정이 정한 상이가 되기 위하여는 교육훈련 또는 직무수행과 그 부상·질병 사이에 상당인과관계가 있어야 하고, 위 같은 조항 제4호(전상군경)에서 말하는 '전투 또는 이에 준하는 직무수행중 상이'의 경우에도 이러한 상당인과관계가 있어야 하며, 그 직무수행 등과 부상 등 사이의 인과관계에 관하여는 이를 주장하는 측에서 입증을 하여야 한다.

[2] 6·25전쟁중 안면부에 부상을 입어 치료를 마치고 7년 동안 정상적으로 군복무를 하다가 아무런 이상 없이 만기 전역한 후 1997년에 비로소 비중격 천공이라는 진단을 받은 경우, 직무수행 등과 부상 사이에 상당인과관계를 인정하기 어렵다(대법원 2003. 9. 23. 선고 2003두5617).

판례 016

구 국가유공자등예우및지원에관한법률(2002. 1. 26. 법률 제6648호로 개정되기 전의 것)에 의하여 국가유공자와 유족으로 등록되어 보상금을 받고, 교육보호 등 각종 보호를 받을 수 있는 권리는 국가유공자와 유족에 대한 응분의 예우와 국가유공자에 준하는 군경 등에 대한 지원을 행함으로써 이들의 생활안정과 복지향상을 도모하기 위하여 당해 개인에게 부여되어진 일신전속적인 권리이어서, 같은 법 규정에 비추어 상속의 대상으로도 될 수 없다고 할 것이므로 ★전상군경등록거부처분취소청구소송은 원고의 사망과 동시에 종료하였고, 원고의 상속인들에 의하여 승계될 여지는 없다(대법원 2003. 8. 19. 선고 2003두5037).

판례 017

상명하복에 의한 지휘통솔체계의 확립이 필수적인 군의 특수성에 비추어 군인은 상관의 명령에 복종하여야 한다. 구 군인복무규율(2009. 9. 29. 대통령령 제21750호로 개정되기 전의 것) 제23조 제1항은 그와 같은 취지를 규정하고 있다. 군인이 일반적인 복종의무가 있는 상관의 지시나 명령에 대하여 재판청구권을 행사하는 경우에는 재판청구권이 군인의 복종의무와 외견상 충돌하는 모습으로 나타날 수 있다.

그러나 상관의 지시나 명령 그 자체를 따르지 않는 행위와 상관의 지시나 명령은 준수하면서도 그것이 위법·위헌이라는 이유로 재판청구권을 행사하는 행위는 구별되어야 한다. 법원이나 헌법재판소에 법적 판단을 청구하는 것 자체로는 상관의 지시나 명령에 직접 위반되는 결과가 초래되지 않으며, 재판절차가 개시되더라도 종국적으로는 사법적 판단에 따라 위법·위헌 여부가 판가름 나므로 재판청구권 행사가 곧바로 군에 대한 심각한 위해나 혼란을 야기한다고 상정하기도 어렵다. 상관의 지시나 명령을 준수하는 이상 그에 대하여 소를 제기하거나 헌법소원을 청구하였다는 사실만으로 상관의 지시나 명령을 따르지 않겠다는 의사를 표명한 것으로 간주할 수도 없다. 종래 군인이 상관의 지시나 명령에 대하여 사법심사를 청구하는 행위를 무조건 하극상이나 항명으로 여겨 극도의 거부감을 보이는 태도 역시 모든 국가권력에 대하여 사법심사를 허용하는 법치국가의 원리에 반하는 것으로 마땅히 배격되어야 한다.

따라서 군인이 상관의 지시나 명령에 대하여 재판청구권을 행사하는 경우에 그것이 위법·위헌인 지시와 명령을 시정하려는 데 목적이 있을 뿐, 군 내부의 상명하복관계를 파괴하고 명령불복종 수단으로서 재판청구권의 외형만을 빌리거나 그 밖에 다른 불순한 의도가 있지 않다면, 정당한 기본권의 행사이므로 군인의 복종의무를 위반하였다고 볼 수 없다(대법원 2018. 3. 22. 선고 2012두26401).---〉★★★군인이 상관의 지시와 명령에 대하여 헌법소원 등 재판청구권을 행사하는 것이 군인의 복종의무에 위반되는지 여부(원칙적 소극)

○ 판례 018

[1] 지방재정법 제87조 제1항에 의한 변상금부과처분이 당연무효인 경우에 이 변상금부과처분에 의하여 납부자가 납부하거나 징수당한 오납금은 지방자치단체가 법률상 원인 없이 취득한 ★★부당이득에 해당하고, 이러한 오납금에 대한 납부자의 부당이득반환청구권은 처음부터 법률상 원인이 없이 납부 또는 징수된 것이므로 납부 또는 징수시에 발생하여 확정되며, 그 때부터 소멸시효가 진행한다.

[2] 당연무효인 1차 변상금부과처분을 비롯하여 여러 차례에 걸친 변상금부과처분과 이에 의한 각 납부 또는 징수가 있은 후에 이와 같이 여러 차례에 걸쳐 부과되었던 변상금의 부과대상, 점유기간, 적용요율 등에 오류 또는 누락이 있다는 이유로 변상금 총액을 새로이 산정하여 그 동안 납부 또는 징수된 금원과의 차액에 관하여 추가로 변상금부과처분이 이루어졌다고 하더라도, 당연무효인 1차 변상금부과처분에 의하여 납부 또는 징수당한 오납금에 대한 부당이득반환청구권의 소멸시효의 기산일이 달라진다고 할 수 없다(대법원 2005. 1. 27).

○ 판례 019

근로자가 입은 부상이나 질병이 업무상 재해에 해당하는지 여부에 따라 요양급여 신청의 승인, 휴업급여청구권의 발생 여부가 차례로 결정되고, 따라서 근로복지공단의 요양불승인처분의 적법 여부는 사실상 근로자의 휴업급여청구권 발생의 전제가 된다고 볼 수 있는 점 등에 비추어, 근로자가 ★[요양불승인에 대한 취소소송의 판결확정시까지 근로복지공단에 휴업급여를 청구하지 않았던 것은] 이를 행사할 수 없는 [사실상의 장애사유가] 있었기 때문이라고 보아야 하므로, ★[근로복지공단의 소멸시효 항변은 신의성실의 원칙에 반하여 허용될 수 없다](대법원 2008. 9. 18. 선고 2007두2173).

○ 판례 020

신문을 발행하려는 자는 신문의 명칭('제호'라는 용어를 사용하기도 한다) 등을 주사무소 소재지를 관할하는 시·도지사(이하 '등록관청'이라 한다)에게 등록하여야 하고, 등록을 하지 않고 신문을 발행한 자에게는 2천만 원 이하의 과태료가 부과된다(신문 등의 진흥에 관한 법률 제9조 제1항, 제39조 제1항 제1호). 따라서 ★등록관청이 하는 신문의 등록은 신문을 적법하게 발행할 수 있도록 하는 행정처분에 해당한다(대법원 2019. 8. 30. 선고 2018두47189).

○ 판례 021

갑 주식회사로부터 '제주일보' 명칭 사용을 허락받아 신문 등의 진흥에 관한 법률(이하 '신문법'이라 한다)에 따라 등록관청인 도지사에게 신문의 명칭 등을 등록하고 제주일보를 발행하고 있던 을 주식회사가, 병 주식회사가 갑 회사의 사업을 양수하였음을 원인으로 하여 사업자 지위승계신고 및 그에 따른 발행인·편집인 등의 등록사항 변경을 신청한 데 대하여 도지사가 이를 수리하고 변경등록을 하자, 사업자 지위승계신고 수리와 신문사업변경등록에 대한 무효확인 또는 취소를 구하는 소를 제기한 사안에서, ★[신문사업자의 지위]는 신문법상 등록에 따라 보호되는 직접적·구체적인 이익으로 사법상 '특정 명칭의 사용권'과 구별되고, 갑 회사와 을 회사 사이에 신문의 명칭 사용 허락과 관련하여 민사상 분쟁이 있더라도 법원의 판단이 있기 전까지 을 회사의 신문법상 지위는 존재하기 때문에, 위 처분은 을 회사가 '제주일보' 명칭으로 신문을 발행할 수 있는 신문법상 지위를 불안정하게 만드는 것이므로, 을 회사에는 무효확인 또는 취소를 구할 ★[법률상 이익이 인정]된다(대법원 2019. 8. 30. 선고 2018두47189).

판례 022

담배자동판매기의 설치를 금지하고 설치된 판매기를 철거하도록 한 조례-->주민의 권리의무사항-->법률의 위임이 필요함(헌재결 1995. 4. 20)

판례 023

★★★영유아보육법이 보육시설 종사자의 정년에 관한 규정을 두거나 이를 지방자치단체의 조례에 위임한다는 규정을 두고 있지 않음에도 보육시설 종사자의 정년을 규정한 '서울특별시 중구 영유아 보육조례 일부개정조례안' 제17조 제3항은, 법률의 위임 없이 헌법이 보장하는 직업을 선택하여 수행할 권리의 제한에 관한 사항을 정한 것이어서 그 효력을 인정할 수 없으므로, 위 조례안에 대한 재의결은 무효이다(대법원 2009. 5. 28. 선고 2007추134).

판례 024

위임명령은 법률이나 상위명령에서 구체적으로 범위를 정한 개별적인 위임이 있을 때에 가능하고, 여기에서 구체적인 위임의 범위는 규제하고자 하는 대상의 종류와 성격에 따라 달라지는 것이어서 일률적 기준을 정할 수는 없지만, 적어도 위임명령에 규정될 내용 및 범위의 기본사항이 구체적으로 규정되어 있어서 누구라도 당해 법률이나 상위법령으로부터 위임명령에 규정될 내용의 대강을 예측할 수 있어야 하나, 이 경우 그 예측가능성의 유무는 당해 위임조항 하나만을 가지고 판단할 것이 아니라 그 위임조항이 속한 법률의 전반적인 체계와 취지 및 목적, 당해 위임조항의 규정형식과 내용 및 관련 법규를 유기적·체계적으로 종합하여 판단하여야 하며, 나아가 각 규제 대상의 성질에 따라 구체적·개별적으로 검토함을 요한다.

또한 법률에서 위임받은 사항을 [전혀 규정하지 않고] 재위임하는 것은 복위임금지 원칙에 반할 뿐 아니라 위임명령의 제정 형식에 관한 수권법의 내용을 변경하는 것이 되므로 허용되지 않으나 위임받은 사항에 관하여 대강을 정하고 그 중의 [특정사항을 범위를 정]하여 하위법령에 다시 위임하는 경우에는 재위임이 허용된다.

이러한 법리는 조례가 지방자치법 제22조 단서에 따라 주민의 권리제한 또는 의무부과에 관한 사항을 법률로부터 위임받은 후, 이를 다시 지방자치단체장이 정하는 ★★★['규칙'이나 '고시' 등에 재위임하는 경우에도 마찬가지]이다(대법원 2015. 1. 15. 선고 2013두14238).

판례 025

국가를 당사자로 하는 계약에 관한 법률 및 시행령상 입찰절차나 낙찰자 결정기준-->행정규칙으로 법규성 부정

판례 026

제주도학원설립운영조례, 제주도학원업무처리지침의 수강료기준-->행정규칙

판례 027

한국수력원자력 주식회사의 공급자관리지침-->행정규칙

판례 028

법무부장관 작성 집행증서 작성사무지침-->행정규칙

판례 029

여객자동차운수사업자가 범한 여러 가지 위반행위에 대하여 관할 행정청이 사업정지처분을 갈음하는 과징금 부과처분을 하기로 선택하는 경우, 여러 가지 위반행위에 대하여 1회에 부과할 수 있는 과징금 총액의 최고한도액(=5,000만 원) 및 관할 행정청이 여객자동차운송사업자의 여러 가지 위반행위를 인지한 경우, ★인지한 여러 가지 위반행위 중 일부에 대해서만 우선 과징금 부과처분을 하고 나머지에 대해서는 차후에 별도의 과징금 부과처분을 할 수 없다(대법원 2021. 2. 4. 선고 2020두48390).

판례 030

[1] 구 화물자동차 운수사업법 시행령(2017. 1. 10. 대통령령 제27782호로 개정되기 전의 것, 이하 '구 시행령'이라 한다) 제5조 제1항 [별표 1] 제재처분기준 제2호 및 비고 제4호에서 정한 '위반행위의 횟수에 따른 가중처분기준'은 위반행위에 따른 제재처분을 받았음에도 또다시 같은 내용의 위반행위를 반복하는 경우에 더욱 중하게 처벌하려는 데에 취지가 있다. 이러한 제도의 취지와 구 시행령 [별표 1] 비고 제4호의 문언을 종합하면, '위반행위의 횟수에 따른 가중처분기준'이 적용되려면 실제 선행 위반행위가 있고 그에 대하여 유효한 제재처분이 이루어졌음에도 그 제재처분일로부터 1년 이내에 다시 같은 내용의 위반행위가 적발된 경우이면 족하다고 보아야 한다. ★선행 위반행위에 대한 선행 제재처분이 반드시 구 시행령 [별표 1] 제재처분기준 제2호에 명시된 처분내용대로 이루어진 경우이어야 할 필요는 없으며, 선행 제재처분에 처분의 종류를 잘못 선택하거나 처분양정(양정)에서 재량권을 일탈·남용한 하자가 있었던 경우라고 해서 달리 볼 것은 아니다.

[2] 화물자동차 운송사업자가 화물자동차 운수사업법(이하 '화물자동차법'이라 한다) 제19조 제1항 각호에서 정한 사업정지처분사유에 해당하는 위반행위를 한 경우에는 화물자동차법 제19조 제1항에 따라 사업정지처분을 하는 것이 원칙이다. 다만 입법자는 화물자동차 운송사업자에 대하여 사업정지처분을 하는 것이 운송사업의 이용자에게 불편을 주거나 그 밖에 공익을 해칠 우려가 있으면 대통령령으로 정하는 바에 따라 사업정지처분을 갈음하여 과징금을 부과할 수 있도록 허용하고 있다. 이처럼 입법자는 대통령령에 단순히 '과징금의 산정기준'을 구체화하는 임무만을 위임한 것이 아니라, 사업정지처분을 갈음하여 과징금을 부과할 수 있는 '위반행위의 종류'를 구체화하는 임무까지 위임한 것이라고 보아야 한다. 따라서 구 화물자동차 운수사업법 시행령(2017. 1. 10. 대통령령 제27782호로 개정되기 전의 것) 제7조 제1항 [별표 2] '과징금을 부과하는 위반행위의 종류와 과징금의 금액'에 열거되지 않은 위반행위의 종류에 대해서 사업정지처분을 갈음하여 과징금을 부과하는 것은 허용되지 않는다고 보아야 한다(대법원 2020. 5. 28. 선고 2017두73693).

판례 031

★★★★★효력기간이 경과한 제재적 행정처분에서 가중사유가 규정된 경우 소의 이익
　〈1〉 가중요건이 법률 또는 대통령령(시행령)으로 규정된 경우--〉소의 이익인정
　　　선행위반행위에 대한 1차 제재처분이 유효할 뿐만 아니라 적법할 필요가 없음
　〈2〉 가중요건이 부령(시행규칙)인 경우--〉소의 이익인정

판례 032

신용협동조합법 제83조 제1항, 제2항, 제84조 제1항 제1호, 제2호, 제42조, 제99조 제2항 제2호, 신용협동조합법 시행령 제16조의4 제1항, 금융위원회의 설치 등에 관한 법률(이하 '금융위원회법'이라 한다) 제17조 제2호, 제60조, ★★★금융위원회 고시 '금융기관 검사 및 제재에 관한 규정' 제2조 제1항, 제2항, 제18조 제1항 제1호 (가)목, 제2항의 규정 체계와 내용, 입법 취지 등을 종합하면, 위 고시 제18조 제1항은 ★★★금융위원회법의 위임에 따라 법령의 내용이 될 사항을 구체적으로 정한 것으로서 금융위원회 법령의 위임 한계를 벗어나지 않으므로 그와 결합하여 대외적으로 구속력이 있는 법규명령의 효력을 가진다(대법원 2019. 5. 30. 선고 2018두52204).

판례 033

★★신재생에너지이용 발전전력의 기준가격 지침--〉법규명령(고시형식)

판례 034

구 석유 및 석유대체연료 사업법(2007. 12. 21. 법률 제8768호로 개정되기 전의 것, 이하 '구 석유사업법'이라 한다) 제18조 제1항 제1호, 제19조 제1항, 제3항, 구 석유 및 석유대체연료 사

업법 시행령(2008. 6. 20. 대통령령 제20840호로 개정되기 전의 것, 이하 '구 석유사업법 시행령'이라 한다) 제27조 제1항 제1호, 제2호, 제4항, ★★구 석유 및 석유대체연료의 수입·판매부과금의 징수, 징수유예 및 환급에 관한 고시(2007. 12. 28. 산업자원부고시 제2007-154호로 개정되기 전의 것, 이하 '구 산자부 고시'라 한다) 제21조 제1항 제1호, 제2항 제1호, 제23조 제1항 본문, 제24조 제1항 제1호, 제2항 제1호, 제25조 제1항 제1호, 제2호, 제26조 제1항, 수출용 원재료에 대한 관세 등 환급에 관한 특례법 제2조 제4호, 제10조 제1항, 수출용 원재료에 대한 관세 등 환급에 관한 특례법 시행령 제11조 제1항, 제4항, 구 소요량의 산정 및 관리와 심사(2008. 11. 3. 관세청고시 제2008-36호로 개정되기 전의 것, 이하 '구 관세청 고시'라 한다) 제1-2조 제2호, 제7호, 제12호, 제2-4조 제2항, 제2-5조 제2항, 제2-14조 제1항, 제2항, 제4항의 내용, 형식 및 취지 등을 종합하면, 구 산자부 고시와 구 관세청 고시의 각 규정들은 ★★★['환급금의 환급기준 내지 환급의 대상·규모·방법 등'을 장관으로 하여금 정하여 고시]하도록 규정한 구 석유사업법과 구 석유사업법 시행령의 위임에 따른 것으로서, 법령 규정의 내용을 보충하면서 그와 결합하여 대외적인 구속력이 있는 ★★★법규명령으로서의 효력을 가지는 것으로 보아야 한다(대법원 2016. 10. 27. 선고 2014두12017).

○ 판례 035

행정규칙에 대한 위임입법-->국회입법원칙에 반하지 않음(헌재결 2004. 10. 28)

○ 판례 036

[1] 구 국민건강보험법(2016. 2. 3. 법률 제13985호로 개정되기 전의 것) 제57조 제1항은 '속임수나 그 밖의 부당한 방법'으로 보험급여비용을 받은 요양기관에 대하여 그 보험급여비용에 상당하는 금액의 전부 또는 일부를 징수한다고 규정하고 있다. 여기에서 '속임수나 그 밖의 부당한 방법'이란 요양기관이 요양급여비용을 받기 위하여 허위의 자료를 제출하거나 사실을 적극적으로 은폐할 것을 요하는 것은 아니고, 국민건강보험법령과 그 하위 규정들에 따르면 요양급여비용으로 지급받을 수 없는 비용임에도 이를 청구하여 지급받는 행위를 모두 포함한다.

[2] 구 국민건강보험법(2016. 2. 3. 법률 제13985호로 개정되기 전의 것, 이하 같다) 제41조 제2항, 구 국민건강보험 요양급여의 기준에 관한 규칙(2018. 9. 28. 보건복지부령 제595호로 개정되기 전의 것) 제5조 제1항 [별표 1] 제1호 (마)목, 제2항의 위임에 따라 보건복지부장관이 정하여 고시한 '요양급여의 적용기준 및 방법에 관한 세부사항'(2008. 1. 24. 보건복지부 고시 제2008-5호) Ⅰ. '일반사항' 중 '요양기관의 시설·인력 및 장비 등의 공동이용 시 요양급여비용 청구에 관한 사항' 부분(이하 '고시 규정'이라 한다)은 ★★★상위법령의 위임에 따라 제정된 '요양급여의 세부적인 적용기준'의 일부로 상위법령과 결합하여 대외적으로 구속력 있는 '법령보충적 행정규칙'에 해당하므로, 요양기관이 위 고시 규정에서 정한 절차와 요건을 준수하여 요양급여를 실시한 경우에 한하여 요양급여비용을 지급받을 수 있다.

국민건강보험법과 의료법은 국민보건이나 국민 건강 보호·증진을 위한 법률이라는 점에서는 목적이 같지만, 국민건강보험법은 국가공동체가 구성원인 국민에게 제공하는 가장 기본적인 사회안전

망인 국민건강보험 제도의 적정한 운영과 그에 필요한 요양급여의 실시에 관하여 규정하는 법률임에 비하여, 의료법은 모든 국민이 수준 높은 의료 혜택을 받을 수 있도록 하기 위해 의료인, 의료기관 및 의료행위 등에 관하여 규정하는 법률로서, 입법 목적과 규율대상이 다르다.

비록 의료법 제39조 제1항에서 의료기관의 시설 등에 대한 공동이용을 규정하면서 의료법 하위 법령에 관련 사항을 위임하고 있지는 않으나, 위 고시 규정이 상위법령인 국민건강보험법의 위임에 근거한 것이고, 특정 의료행위 내지 진료방법이 의료법상 허용되는 의료행위에 포함되는지 여부와 국민건강보험법상 요양급여대상에 해당하는지 여부는 별개의 문제이다. 따라서 요양급여비용과 관련한 위 고시 규정 등이 공동이용기관 신고 및 물리치료와 관련하여 의료법에서 정하지 아니한 절차적인 부분을 규정하고 있더라도 이를 무효로 볼 수 없다.

결국 요양기관이 위 고시 규정에서 정한 절차와 요건을 준수하지 아니하고 요양급여를 실시한 다음 그에 대한 요양급여비용을 청구하여 지급받았다면 국민건강보험법령과 그 하위 규정들에 따르면 요양급여비용으로 지급받을 수 없는 비용임에도 이를 청구하여 지급받는 행위로서 구 국민건강보험법 제57조 제1항에서 정한 '속임수나 그 밖의 부당한 방법'에 해당한다.

[3] 구 국민건강보험법(2016. 2. 3. 법률 제13985호로 개정되기 전의 것, 이하 같다) 제41조 제2항, 구 국민건강보험 요양급여의 기준에 관한 규칙(2018. 9. 28. 보건복지부령 제595호로 개정되기 전의 것) 제5조 제1항 [별표 1] 제1호 (마)목, 제2항의 위임에 따라 보건복지부장관이 정하여 고시한 '요양급여의 적용기준 및 방법에 관한 세부사항'(2008. 1. 24. 보건복지부 고시 제2008-5호) Ⅰ. '일반사항' 중 '요양기관의 시설·인력 및 장비 등의 공동이용 시 요양급여비용 청구에 관한 사항' 부분(이하 '고시 규정'이라 한다) 제1항은 '시설·장비 등을 공동으로 이용하고자 하는 요양기관은 공동이용기관임을 확인할 수 있는 서류를 제출한 후 공동이용하여야 하며 해당 항목의 요양급여비용은 실제 환자를 진료하고 있는 요양기관에서 청구하여야 함'이라고 규정하고 있고, 구 국민건강보험법 제41조 제1항은 요양급여의 종류를 진찰·검사, 약제·치료재료의 지급, 처치·수술 및 그 밖의 치료, 예방·재활, 입원, 간호, 이송으로 구분하고 있으므로, 요양기관이 지급받은 요양급여 중 위 고시 규정 제1항을 위반하여 공동이용의 대상이 된 해당 항목의 요양급여비용이 부당이득징수대상이 된다(대법원 2021. 1. 14. 선고 2020두38171).

판례 037

행정규제기본법 제4조 (규제법정주의) ①규제는 법률에 근거하여야 하며, 그 내용은 알기 쉬운 용어로 구체적이고 명확하게 규정되어야 한다.

②규제는 법률에 직접 규정하되, 규제의 세부적인 내용은 법률 또는 상위법령이 구체적으로 범위를 정하여 위임한 바에 따라 대통령령·총리령·부령 또는 조례·규칙으로 정할 수 있다. 다만, 법령이 전문적·기술적 사항이나 경미한 사항으로서 업무의 성질상 위임이 불가피한 사항에 관하여 구체적으로 범위를 정하여 위임한 경우에는 고시등으로 정할 수 있다.

③행정기관은 법률에 근거하지 아니한 규제로 국민의 권리를 제한하거나 의무를 부과할 수 없다.

판례 038

헌법의 위임입법형식-->예시적

판례 039

기초연금법(2014. 5. 20. 법률 제12617호로 제정된 것) 제2조 제4호 및 제3조 제1항 중 <u>기초연금을 소득인정액이 보건복지부장관이 정하여 고시하는 금액-->'선정기준액'</u>은 기초연금 수급자가 65세 이상인 사람 중 100분의 70 수준이 되도록 정해야 하는 것으로, 이는 전체 노인가구의 소득·재산 수준과 생활실태를 다양한 자료에 의해 파악한 다음 이를 통계화하여 분석하고 그밖에 물가상승률, 국가재정상황 등도 종합적으로 고려하여 <u>전문적·기술적으로 판단할 수밖에 없는데 그러한 판단을 하려면 고도의 전문성이 필요하므로, 이러한 내용을 법규명령이 아닌 보건복지부 고시에 위임하는 것은 허용</u>된다.

'선정기준액'은 65세 이상인 사람 중 기초연금 수급자가 100분의 70 수준이 되는 범위에서 노인가구의 소득·재산수준과 생활실태, 물가상승률 및 국가의 재정상황 등을 고려하여 정해질 것임을 예측할 수 있으므로, 이 사건 선정기준액 조항은 <u>포괄위임금지원칙에 위배되지 않는다</u>(헌재결 2016. 2. 25).

판례 040

★검사에 대한 경고조치 관련 규정을 위 법리에 비추어 살펴보면, 검찰총장이 사무검사 및 사건평정을 기초로 대검찰청 자체감사규정 제23조 제3항, 검찰공무원의 범죄 및 비위 처리지침 제4조 제2항 제2호 등에 근거하여 검사에 대하여 하는 '경고조치'는 일정한 서식에 따라 검사에게 개별 통지를 하고 이의신청을 할 수 있으며, 검사가 검찰총장의 경고를 받으면 1년 이상 감찰관리 대상자로 선정되어 특별관리를 받을 수 있고, <u>경고를 받은 사실이 인사자료로 활용되어 복무평정, 직무성과금 지급, 승진·전보인사에서도 불이익을 받게 될 가능성이 높아지며, 향후 다른 징계사유로 징계처분을 받게 될 경우에 징계양정에서 불이익을 받게 될 가능성이 높아지므로, 검사의 권리 의무에 영향을 미치는 행위로서 항고소송의 대상이 되는 처분이라고 보아야 한다</u>(대법원 2021. 2. 10. 선고 2020두47564).

판례 041

★★★★★<u>국방전력발전업무훈령 제113조의5 제1항에 의한 연구개발확인서 발급</u>은 개발업체가 '업체투자연구개발' 방식 또는 '정부·업체공동투자연구개발' 방식으로 전력지원체계 연구개발사업을 성공적으로 수행하여 군사용 적합판정을 받고 국방규격이 제·개정된 경우에 사업관리기관이 개발업체에게 해당 품목의 양산과 관련하여 경쟁입찰에 부치지 않고 수의계약의 방식으로 국방조달계약을 체결할 수 있는 지위(경쟁입찰의 예외사유)가 있음을 인정해 주는 '확인적 행정행위'로서 공권력의 행사인 '처분'에 해당하고, 연구개발확인서 발급 거부는 신청에 따른 처분 발급을 거부하는 '<u>거부처분</u>'에 해당한다(대법원 2020. 1. 16. 선고 2019다264700).

○ 판례 042

공공기관의 운영에 관한 법률(이하 '공공기관운영법'이라 한다)이나 그 하위법령은 공기업이 거래상대방 업체에 대하여 공공기관운영법 제39조 제2항 및 공기업·준정부기관 계약사무규칙 제15조에서 정한 범위를 뛰어넘어 추가적인 제재조치를 취할 수 있도록 위임한 바 없다. 따라서 한국수력원자력 주식회사가 조달하는 기자재, 용역 및 정비공사, 기기수리의 공급자에 대한 관리업무 절차를 규정함을 목적으로 제정·운용하고 있는 '공급자관리지침' 중 ★★등록취소 및 그에 따른 일정 기간의 거래제한조치에 관한 규정들은 공공기관으로서 행정청에 해당하는 한국수력원자력 주식회사가 ★★★상위법령의 구체적 위임 없이 정한 것이어서 대외적 구속력이 없는 행정규칙이다.

한국수력원자력 주식회사가 ★★★자신의 '공급자관리지침'에 근거하여 등록된 공급업체에 대하여 하는 '등록취소 및 그에 따른 일정 기간의 거래제한조치'는 행정청이 행하는 구체적 사실에 관한 법집행으로서의 공권력의 행사인 '처분'에 해당한다(대법원 2020. 5. 28. 선고 2017두66541).

○ 판례 043

행정기관이 소속 공무원이나 하급행정기관에 대하여 세부적인 업무처리절차나 법령의 해석·적용 기준을 정해 주는 '행정규칙'은 상위법령의 구체적 위임이 있지 않는 한 조직 내부에서만 효력을 가질 뿐 대외적으로 국민이나 법원을 구속하는 효력이 없다. 행정규칙이 이를 정한 행정기관의 재량에 속하는 사항에 관한 것인 때에는 그 규정 내용이 객관적 합리성을 결여하였다는 등의 특별한 사정이 없는 한 법원은 이를 존중하는 것이 바람직하다. 그러나 행정규칙의 내용이 상위법령이나 법의 일반원칙에 반하는 것이라면 법치국가원리에서 파생되는 법질서의 통일성과 모순금지 원칙에 따라 그것은 법질서상 당연무효이고, 행정내부적 효력도 인정될 수 없다. 이러한 경우 법원은 해당 행정규칙이 법질서상 부존재하는 것으로 취급하여 행정기관이 한 조치의 당부를 상위법령의 규정과 입법 목적 등에 따라서 판단하여야 한다(대법원 2020. 5. 28. 선고 2017두66541).

○ 판례 044

공공기관운영법 제5조 제3항 제1호에 따라 '시장형 공기업'으로 지정·고시된 '공공기관'이다. 한국수력원자력 주식회사는 공공기관운영법에 따른 '공기업'으로 지정됨으로써 공공기관운영업 제39조 제2항에 따라 입찰참가자격제한처분을 할 수 있는 권한을 부여받았으므로 '법령에 따라 행정처분권한을 위임받은 공공기관'으로서 행정청에 해당한다(대법원 2020. 5. 28. 선고 2017두66541).

○ 판례 045

병무청장이 법무부장관에게 '가수 갑이 공연을 위하여 국외여행허가를 받고 출국한 후 미국 시민권을 취득함으로써 사실상 병역의무를 면탈하였으므로 재외동포 자격으로 재입국하고자 하는 경우 국내에서 취업, 가수활동 등 영리활동을 할 수 없도록 하고, 불가능할 경우 입국 자체를 금지해 달라'고 요청함에 따라 법무부장관이 갑의 입국을 금지하는 결정을 하고, 그 정보를 내부전산망인 '출입국관리정보시스템'에 ★★★[입력하였으나, 갑에게는 통보하지 않은 사안]에서, 위 입국금지결정은 항고소송의 대상이 되는 '처분'에 해당하지 않는다(대법원 2019. 7. 11. 선고 2017두38874).

◦ 판례 046

[1] 주택건설촉진법 제33조 소정의 대지조성사업계획의 승인은 상대방에게 권리나 이익을 부여하는 효과를 수반하는 이른바 수익적 행정처분으로서 법령상 그 승인요건에 관하여 일의적으로 규정되어 있지 아니한 이상 행정청의 ★재량행위에 속한다.

[2] 주거지역으로 지정된 지역 내에 위치한 토지에 대한 대지조성사업계획의 승인을 신청하여 온 경우, 도시계획법상 당해 토지에 대한 특별한 제한규정을 두고 있지 아니하고, 또한 당해 토지를 포함한 인근 일대 토지에 대하여 도시계획상 토지구획정리사업 및 근린공원지정이 계획 중에 있을 뿐 그 계획 자체가 아직 확정되지 않았다고 하더라도, 행정청으로서는 반드시 그 대지조성사업계획을 승인하여야 하는 것은 아니고, 일정한 절차를 통하여 당해 토지에 대한 대지조성사업계획을 심사한 다음 아직 확정되지 아니한 도시계획을 내세워 대지조성사업계획의 승인을 거부한다고 하더라도 그것이 재량권을 남용하거나 그 범위를 일탈하지 않는 한 위법하다고 할 수 없다.

[3] 지방자치단체장이 확정되지 아니한 도시계획을 이유로 당해 회사의 대지조성사업계획승인을 거부한 조처가 공익상 필요, 형평성 등 여러 사정에 비추어 재량권의 일탈·남용이 아니다(대법원 1997. 12. 9. 선고 97누4999).

◦ 판례 047

[1] 도시공원법 제6조 제2항에 의하여 공원관리청이 도시공원 또는 공원시설의 관리를 공원관리청이 아닌 자에게 위탁하면서 그 공원시설 등을 사용·수익할 권한까지 허용하고 있는 것은 상대방에게 권리나 이익을 부여하는 효과를 수반하는 수익적 행정행위로서, 관계 법령에 행정처분의 요건에 관하여 일의적으로 규정되어 있지 아니한 이상 관리청의 ★재량행위에 속하고, 이러한 재량행위에 있어서는 관계 법령에 명시적인 금지규정이 없는 한 행정목적을 달성하기 위하여 부관을 붙일 수 있으며, 그 부관의 내용이 이행 가능하고 비례의 원칙 및 평등의 원칙에 적합하며 행정처분의 본질적 효력을 저해하지 아니하는 한도 내의 것인 이상 거기에 부관의 한계를 벗어난 위법이 있다고 할 수 없다.

[2] 도시공원시설 관리수탁권의 양도금지조건 위반을 이유로 한 공원관리청의 원 수탁자에 대한 관리위탁 취소나 양수인에 대한 관리위탁 양도양수승인신청 거부처분이 정당하다(대법원 1998. 10. 23. 선고 97누164).

판례 048

공정한 업무처리에 대한 사의로 두고 간 돈 30만원이 든 봉투를 소지함으로써 피동적으로 금품을 수수하였다가 돌려 준 20여년 근속의 경찰공무원에 대한 해임처분이 사회통념상 현저하게 타당성을 잃어 재량권의 남용에 해당한다(대법원 1991. 7. 23. 선고 90누8954).

판례 049

장교 등 군인의 전역허가 여부는 전역심사위원회 등 관계 기관에서 원칙적으로 자유재량에 의하여 판단할 사항으로서 군의 특수성에 비추어 명백한 법규 위반이 없는 이상 군 당국의 판단을 존중하여야 할 것인데(대법원 1997. 5. 9. 선고 97누2948 판결, 1980. 9. 9. 선고 80누291 판결 등 참조), 원고에 대한 이 사건 전역거부처분에 있어서 군 당국의 법규 위반이 있다고 보여지지 않고, 또한 원고가 주장하는 바와 같은 헌법상 보장된 원고의 직업선택의 자유, 행복추구권, 평등권 등 기본적 인권보호의 필요성을 고려하더라도 원심이 적법하게 인정한 장기복무 의무장교의 확보 필요성 등에 비추어 볼 때 위 처분이 재량의 범위를 일탈하였거나 남용하였다고 할 수도 없다. ★★★★★군의관에 대한 전역거부처분이 재량권의 일탈·남용에 해당하지 않는다(대법원 1998. 10. 13. 선고 98두12253).

판례 050

도시공원 및 녹지 등에 관한 법률(이하 '공원녹지법'이라 한다) 제16조 제3항, 제4항, 제21조 제1항, 제21조의2 제1항, 제8항, 제12항의 내용과 취지, 공원녹지법령이 공원조성계획 입안 제안에 대한 심사기준 등에 대하여 특별한 규정을 두고 있지 않은 점, 쾌적한 도시환경을 조성하여 건전하고 문화적인 도시생활을 확보하고 공공의 복리를 증진시키는 데 이바지하기 위한 공원녹지법의 목적 등을 종합하여 볼 때, 행정청이 복수의 ★민간공원추진자로부터 자기의 비용과 책임으로 공원을 조성하는 내용의 공원조성계획 입안 제안을 받은 후 도시·군계획시설사업 시행자지정 및 협약체결 등을 위하여 순위를 정하여 그 제안을 받아들이거나 거부하는 행위 또는 특정 제안자를 우선협상자로 지정하는 행위는 ★재량행위로 보아야 한다(대법원 2019. 1. 10. 선고 2017두43319).

판례 051

도시계획시설인 공원시설 부지에 도시공원을 설치하여 기부채납하되 공원부지 일부에 아파트를 건축·분양하여 설치비용을 회수하고 일정 이윤을 얻겠다는 갑 주식회사의 민간특례사업 제안을 관할 시장이 받아들였다가, 공원조성계획변경안을 심사하는 과정에서 도시계획위원회가 공원조성계획변경안을 부결함에 따라 갑 회사의 공원조성계획변경신청을 거부하고 갑 회사에 대한 민간특례사업 제안수용 결정을 취소한 사안에서, 민간공원추진자의 제안을 받아들인 다음에도 행정청은 후속 심사절차에서 드러나는 여러 공익과 사익의 요소를 형량하여 공원조성계획의 내용을 형성해야 하기 때문에 최종적으로 갑 회사의 사업계획이 좌절되었더라도 이는 제안을 받아들일 당시부터 예정되어 있던 결과의 하나로 볼 수 있어 갑 회사로서는 이러한 결과를 충분히 예상할 수 있었으므로 민간특례사업 시행에 관한 갑 회사의 신뢰가 확고하다고 할 수 없는 점, 위 제안수용 취소처분은 국토의 계획 및 이용에 관한 법률이 정한 도시계획시설결정 실효시한 안에 공원사업을 시행하기 위한 불가피한 조치로서 공익상 필요성이 크다고 볼 수 있는 점을 종합하여 갑 회사의 신뢰와 비교·형량하여 볼 때, 위 제안수용 취소처분에는 갑 회사가 입을 불이익을 정당화할 만한 충분한 공익상의 필요가 있음에도 이와 달리 본 원심판단에 법리오해의 위법이 있다(대법원 2021. 9. 30. 선고 2021두34732).

판례 052

국토의 계획 및 이용에 관한 법률(이하 '국토계획법'이라 한다) 제2조 제11호, 제58조 제1항 제3호, 제3항, 국토의 계획 및 이용에 관한 법률 시행령 제56조 제1항 [별표 1의2] 제1호 (다)목 규정의 내용, 체계 및 도시·군계획사업에 관한 제반 절차 등에 비추어 보면, 국토계획법 제58조 제1항 제3호에서 개발행위허가 기준의 하나로 정하고 있는 "도시·군계획사업의 시행에 지장이 없을 것"에서 말하는 도시·군계획사업은 반드시 개발행위허가신청에 대한 처분 당시 이미 도시·군계획사업이 결정·고시되어 시행이 확정되어 있는 것만을 의미하는 것이 아니고, 도시·군계획사업에 관한 구역 지정 절차 내지 도시·군관리계획 수립 등의 절차가 구체적으로 진행되고 있는 등의 경우에는 행정청으로서는 그와 같이 구체적으로 시행이 예정되어 있는 도시·군계획사업의 시행에 지장을 초래하는 개발행위에 대해서 이를 허가하지 아니할 수 있다(대법원 2021. 4. 29. 선고 2020두55695).

판례 053

2017. 1. 17. 개정 전 구 건축법은 가설건축물이 축조되는 지역과 용도에 따라 허가제와 신고제를 구분하면서, 가설건축물 신고와 관련하여서는 국토의 계획 및 이용에 관한 법률에 따른 개발행위허가 등 인·허가 의제 내지 협의에 관한 규정을 전혀 두고 있지 아니하다. 이러한 신고대상 가설건축물 규제 완화의 취지를 고려하면, 행정청은 특별한 사정이 없는 한 개발행위허가 기준에 부합하지 않는다는 점을 이유로 ★★가설건축물 축조신고의 수리를 거부할 수는 없다(대법원 2019. 1. 10. 선고 2017두75606).

판례 054

국토계획법 제56조 제1항에 의한 ★★[개발행위허가]는 허가기준 및 금지요건이 불확정개념으로 규정된 부분이 많아 그 요건에 해당하는지 여부는 행정청의 ★★재량판단의 영역에 속한다(대법원 2020. 8. 27. 선고 2019두60776).

판례 055

행정청이 처분 당시에 제시한 구체적 사실을 변경하지 않는 범위 내에서 단지 처분의 근거 법령만을 추가·변경하거나 당초의 처분사유를 구체적으로 표시하는 것에 불과한 경우에는 새로운 처분사유를 추가하거나 변경하는 것이라고 볼 수 없다(대법원 2008. 2. 28. 선고 2007두13791, 13807 판결 등 참조).(대법원 2020. 8. 27. 선고 2019두60776)

판례 056

[1] 의료법 제64조 제1항의 문언과 규정 체계, 입법 취지 등을 종합하면 다음과 같이 보아야 한다. 의료법 제64조 제1항에서 정하고 있는 의료기관 개설 허가의 취소와 의료기관 폐쇄명령은 의료법상 의무를 중대하게 위반한 의료기관에 대해서 의료업을 더 이상 영위할 수 없도록 하는 제재처분으로서, 실질적으로 동일한 법적 효과를 의도하고 있다. 다만 의료법 제33조 제4항에 따라 허가에 근거하여 개설된 의료기관에 대해서는 개설 허가 취소처분의 형식으로 하고, 제33조 제3항과 제35조 제1항 본문에 따라 신고에 근거하여 개설된 의료기관에 대해서는 폐쇄명령의 형식으로 해야 한다.

의료기관이 의료법 제64조 제1항 제1호에서 제7호, 제9호의 사유에 해당하면 관할 행정청이 1년 이내의 의료업 정지처분과 개설 허가 취소처분(또는 폐쇄명령) 중에서 제재처분의 종류와 정도를 선택할 수 있는 재량을 가지지만, ★의료기관이 의료법 제64조 제1항 제8호에 해당하면 관할 행정청은 반드시 해당 의료기관에 대하여 더 이상 의료업을 영위할 수 없도록 개설 허가 취소처분(또는 폐쇄명령)을 하여야 할 뿐 선택재량을 가지지 못한다(기속행위).

[2] 의료법 제33조 제2항에 따르면, 의료기관은 의사, 치과의사, 한의사 또는 조산사(제1호)와 같은 의료인(자연인)이 개설할 수도 있지만, 의료업을 목적으로 설립된 법인(제3호), 민법이나 특별법에 따라 설립된 비영리법인(제4호) 등과 같은 법인도 개설할 수 있다. 자연인이 의료기관을 개설한 경우에는 해당 의료기관에서 거짓으로 진료비를 청구하였다는 범죄사실로 개설자인 자연인이 금고 이상의 형을 선고받고 그 형이 확정된 때에, 법인이 의료기관을 개설한 경우에는 해당 의료기관에서 거짓으로 진료비를 청구하였다는 범죄사실로 법인의 대표자가 금고 이상의 형을 선고받고 그 형이 확정된 때에 의료법 제64조 제1항 제8호에 따라 진료비 거짓 청구가 이루어진 해당 의료기관의 개설 허가 취소처분(또는 폐쇄명령)을 해야 한다(대법원 2021. 3. 11. 선고 2019두57831).

판례 057

★★★★★구 군사기지 및 군사시설 보호법(2014. 12. 30. 법률 제12902호로 개정되기 전의 것, 이하 '구 군사기지법'이라 한다) 제2조 제6호 (나)목, 제8호, 제4조, 제5조 제1항 제2호 (다)목, 제6조 제1항 [별표 1], 제13조 제1항 제1호, 제7호, 제2항 제1호, 제10조 제1항 제4호, 구 군사기지 및 군사시설 보호법 시행규칙(2016. 2. 29. 국방부령 제884호로 개정되기 전의 것) 제7조 제2항의 문언, 체제, 형식과 군사기지 및 군사시설을 보호하고 군사작전을 원활히 수행하기 위하여 필요한 사항을 규정함으로써 국가안전보장에 이바지하려는 구 군사기지법의 목적(제1조) 등을 종합하면, 협의 요청의 대상인 행위가 군사작전에 지장을 초래하거나 초래할 우려가 있는지, 그러한 지장이나 우려를 해소할 수 있는지, 항공등화의 명료한 인지를 방해하거나 항공등화로 오인될 우려가 있는지 등은 해당 부대의 임무, 작전계획, 군사기지 및 군사시설의 유형과 특

성, 주변환경, 지역주민의 안전에 미치는 영향 등을 종합적으로 고려하여 행하는 고도의 전문적·군사적 판단 사항으로서, 그에 관해서는 국방부장관 또는 관할부대장 등에게 ★★★★★재량권이 부여되어 있다(대법원 2020. 7. 9. 선고 2017두39785).

판례 058

건축허가는 대물적 성질을 갖는 것이어서 행정청으로서는 허가를 할 때에 건축주 또는 토지 소유자가 누구인지 등 인적 요소에 관하여는 형식적 심사만 한다. 건축주가 토지 소유자로부터 ★★★토지사용승낙서를 받아 그 토지 위에 건축물을 건축하는 대물적 성질의 건축허가를 받았다가 착공에 앞서 건축주의 귀책사유로 해당 토지를 사용할 권리를 상실한 경우, 건축허가의 존재로 말미암아 토지에 대한 소유권 행사에 지장을 받을 수 있는 토지 소유자로서는 건축허가의 철회를 신청할 수 있다고 보아야 한다. 따라서 토지 소유자의 위와 같은 신청을 거부한 행위는 ★항고소송의 대상이 된다(대법원 2017. 3. 15. 선고 2014두41190).